Schriftenreihe

BOETHIANA

Forschungsergebnisse zur Philosophie

Band 67

ISSN 1435-6597

Verlag Dr. Kovač

Harald Seubert

Geschichtszeichen zwischen den Zeiten: Studien zur Epochengeschichte von 1770 bis 2000

Ausgewählte Arbeiten zu System und Geschichte

Verlag Dr. Kovač

Hamburg
2005

VERLAG DR. KOVAČ

Leverkusenstr. 13 · 22761 Hamburg · Tel. 040 - 39 88 80-0 · Fax 040 - 39 88 80-55

E-Mail info@verlagdrkovac.de · Internet www.verlagdrkovac.de

Bibliografische Information Der Deutschen Bibliothek
Die Deutsche Bibliothek verzeichnet diese Publikation
in der Deutschen Nationalbibliographie;
detaillierte bibliografische Daten sind im Internet
über http://dnb.ddb.de abrufbar.

ISSN 1435-6597
ISBN 3-8300-2054-6

Walter Falk (1924-2000) zum Gedächtnis

„Das *was ist* zu begreifen, ist die Aufgabe der Philosophie, denn das *was ist*, ist die Vernunft. Was das Individuum betrifft, so ist ohnehin jedes ein *Sohn seiner Zeit*; so ist auch die Philosophie *ihre Zeit in Gedanken erfaßt*. Es ist ebenso töricht zu wähnen, irgendeine Philosophie gehe über ihre gegenwärtige Welt hinaus, als, ein Individuum überspringe seine Zeit, springe über Rhodus hinaus. Geht seine Theorie in der Tat darüber hinaus, baut es sich eine Welt, *wie sie sein soll,* so existiert sie wohl, aber nur in seinem Meinen – einem weichen Elemente, dem sich alles Beliebige einbilden läßt [...]. Wenn die Philosophie ihr Grau in Grau malt, dann ist eine Gestalt des Lebens alt geworden, und mit Grau in Grau läßt sie sich nicht verjüngen, sondern nur erkennen; die Eule der Minerva beginnt erst mit der einbrechenden Dämmerung ihren Flug" (Hegel, Grundlinien der Philosophie des Rechts, aus der ‚Vorrede').

INHALT

VORWORT

Nur einen Tag nach dem 25jährigen Jubiläum des Marburger Kreises für Epochenforschung starb dessen Begründer und Spiritus Rector Walter Falk, zugleich Herausgeber der 'Beiträge zur neuen Epochenforschung' seit deren 1. Band, im September 2000 nach kurzer schwerer Krankheit in Marburg. In seinem Kern war der vorliegende Sammelband bereits in der Kooperation mit Walter Falk geplant. Er dokumentiert in seinem zweiten Teil meine Vorträge und Aufsätze, die seit 1996 entstanden sind und in der Regel zuerst auf den herbstlichen Tagungen des Marburger Kreises für Epochenforschung vorgetragen wurden. Darin sedimentiert sich die Auseinandersetzung eines Philosophen mit einem der avanciertesten Versuche der Erschließung von Sinnpotentialen in Einzeltext und Epoche. Fortschreibungen, Entwürfe für Anschließbarkeiten im Feld der Philosophiegeschichte und systematisch philosophischer Fragestellungen, vor allem auf dem Gebiet der Ontologie und Ästhetik sind in diesem Teil versammelt, durchaus mit bewusst skizzenhaftem Charakter und als Grundriss angelegt. Dabei insistiere ich darauf, dass Falks bewusste - und für viele provozierende - Erweiterung der Methode über die strukturalistische binäre Epochenform in ein triadisches Modell von bleibender Bedeutung ist. Sie ist auch geeignet, einer triadisch dialektischen Konzeption Paroli zu bieten. Heute darf ergänzend vor allem auf das bei Ferdinand Schöningh, Paderborn, von mir herausgegebene nachgelassene Nachlassmanuskript 'Wissen und Glauben um 2000' hingewiesen werden, das den Bogen zu Falks Anfängen schließt und der philosophischen Relektüre besonders nahe liegt. Mit ihm habe ich mich bereits früh befasst und ihn mit Falk diskutiert, ohne seinerzeit zu ahnen, dass die Publikation einmal mir übertragen sein würde. Parallel dazu wurden einschlägige Studien zur Literatur der neunziger Jahre von ihm vorbereitet, und aus beiden Arbeitssträngen hätte sich eine systematische Visiologie oder Inspirationslehre herauskristallisieren sollen. Dazu ist es nicht mehr gekommen; ich hoffe indes, dass auch die Literatur-Vorlesungen bald öffentlich bekannt gemacht werden: jeder, der Kenntnis von Falks eigener Gewichtung des Zusammenhangs dieser Arbeiten hat, weiß auch, wie vordringlich eine solche Publikation wäre.

Jene Beiträge des II. Teils markieren methodisch eine Außenperspektive, die die Explikationskraft der Epochenforschung auf Feldern und in Rayons erprobt und zur Anwendung bringt, auf denen sie nicht genuin beheimatet war. Die Überlegungen zur Philosophiegeschichte - den Forschungsinteressen des Verfassers gemäß insbesondere zur Metaphysik der frühen Neuzeit, des deutschen Idealismus und der philosophischen Physiognomik des 20. Jahrhunderts - sind Orientierungspunkte, auch insofern innerhalb ihrer Engpässe philosophischer Forschung zu konstatieren sind, die mit dem Instrumentarium der neuen Epochenforschung Marburger Prägung mit einiger Aussicht auf

Erfolg korrigiert werden können. Einem Missverständnis ist dabei zu begegnen: ich suche weder auf Falks Bahnen Weiterentwicklungen des komponentialen Ansatzes im Detail zu gewinnen, noch ‚Parallelen in der Philosophie' aufzuweisen, sondern die Ergebnisse dieser bedeutsamen und zu wenig bekannten Konzeption auf die entscheidende Frage von Philosophie und Philosophiegeschichte zu beziehen.

Den I. Teil des Bandes bildet eine kleine, doch grundlegende geschichtsphilosophische Reflexion, die im Gegenblick zu Hegel und aus dem Schatten Burckhardts, das Problem einer ‚Ordnung in der Geschichte' als Grundlegungsfrage philosophischer Selbstbesinnung zu fassen versucht. Der Sache nach orientieren sich die Überlegungen am Gang der neuzeitlichen Geschichtsphilosophie und der systematischen Brüchigkeit des Zusammenhangs von Vernunft und Geschichte. Eine Antwort auf dieses prekäre Verhältnis gab das neuzeitliche Lehrstück vom Fortschreiten der Vernunft. Es müsste, wie hier gezeigt wird, zwingend durch die Ordnung von Wiederholungsstrukturen ergänzt werden, auf deren Notwendigkeit mitunter verwiesen wurde, die aber nur selten in eine kohärente Begründung überführt worden sind. Wie man unschwer feststellen wird, bleiben meine Erörterungen der Hegelschen Maxime verpflichtet, dass Philosophie die eigene Zeit in Gedanken zu erfassen hat, was einschließt, dass sie zu sagen hat, ‚was ist'.

Die Intrade wird durch eine, ebenfalls eigens für diesen Band geschriebene Schlussabhandlung ergänzt, die sich mit dem Problem von Kreativität und Anfang auseinandersetzt und dabei in der Sache das Verhältnis von Natur und Geist zu durchdenken versucht, das in jeder ontologischen Überlegung eine Rolle spielen muss. In diesem Zusammenhang wird versucht, den Frageansatz der Neuen Epochenforschung mit der Prozess-Metaphysik Whiteheads einerseits und andrerseits mit dem späten Schelling in einen Bezug zu setzen. Hier liegt der Akzent eher auf der Programmatik als dass ein entfalteter Ansatz resümiert werden sollte.

Im III. Teil folgen Interpretationen dichterischer Texte und Phänomene der Kunst aus philosophischer Wahrnehmung, Teil eines Gesprächs mit der Welt-Dichtung, die dem Philosophierenden im Sinn einer Einsicht Schellings, immer schon ‚voraus-spricht' und sein ‚Organon' sein könnte.

Die Abhandlungen zeigen an ausgewählten Beispielen, was philosophische Deutung literarischer Texte - in dem Gefälle von Mündlichkeit und Schrift - methodisch und in der Sache sein könnte. Wesentliche Impulse gaben mir vor allem Arbeiten und Vorbild von Erich Heintel (+), Günter Rohrmoser und Vittorio Hösle, deren die Dichtung einschließendem Philosophiebegriff ich vieles verdanke und denen ich entsprechend verpflichtet bin. Im IV. Teil dann wende ich mich einzelnen großen Umbruchphasen der jüngeren Vergangenheit zu, die allesamt in der Neuen Epochenforschung eine herausragende Rolle spielen: hier werden Abhandlungen zu Goethe, Jean Paul, Nietzsche, Jünger und Thomas Mann dokumentiert, die zum Teil als Festvorträge entstanden sind und sich dementsprechend zunächst an ein breiteres Publikum wenden. Die von der Marburger Epochenforschung thematisierten Einschnitte werden hier in Einzelanalysen vor Augen geführt. Ich verfahre nicht dezidiert komponentialanalytisch, die Parallelität zu den Ergebnissen komponential-analytischer Forschung wird aber deutlich werden.

Thomas Mann hat in seinem Goethe-Essay von 1948 darauf hingewiesen, dass Goethe einerseits vor dem Fokus Deutscher Klassik, gleichsam dem engsten und familialsten Raster, betrachtet werden könnte, sodann aber auch vor dem denkbar weitesten Blickpunkt einer Jahrtausendperspektive. Der mittlere Ort zwischen beiden Sichtweisen ist der humanistische Höhenweg bürgerlicher Kultur, der wie selbstverständlich noch von Dilthey mit dem Deutschen Idealismus gleichgesetzt wurde und der von Erasmus und Luther bis in das Desaster des 19. Jahrhunderts reicht:[1] deshalb wird der III. Teil auch auch im Verweis auf das bürgerliche Zeitalter konzipiert. Thomas Manns Intention scheint mir der Überlegung wert: weshalb zum Ende von ihm selbst die Rede ist, als einem späten Klassiker, der die Lineatur von Goethe bis zum Niedergang des bürgerlichen Zeitalters nicht zuletzt als einen Folgezusammenhang von Krisen zu sehen lehrte. Jean Paul, der andere Meister von Bayreuth, der Chinese in Rom, hat davon in der Hochzeit der Weimarer Klassik vielleicht am meisten gewusst. Das Zeitalter zwischen Goethe und Nietzsche markiert eine Welt-Erschütterung, die Alt-Europa, in freier Variierung eines Bonmots von Gottfried Benn, wie Asche in alle Winde verstreut hat und dessen Zerreißungen im gegenwärtigen Weltalter sichtbar bleiben.

Es geht mir in diesem Zusammenhang anders als in ausgreifenden historischen Untersuchungen, darum, exemplarische Züge aus dem Material freizulegen. Deshalb wurde auch nicht versucht, manche, zum Teil schon einige Jahre alte Arbeiten zu aktualisieren, im Blick etwa auf die Einzelforschungen zu Celan oder die Einzelstudien zu Ernst Jünger. Der exemplarische Blick, der das Detail nicht geringachtet, wird durch solche Ergebnisse nicht grundsätzlich revidiert.

Alle Beiträge, die zuvor gedruckten und ungedruckten, sind noch einmal kritisch durchgesehen worden. Dabei habe ich ihnen aber ihre ursprüngliche Gestalt gelassen, so dass die Streuung von Fußnoten und wissenschaftlichem Apparat, dem Textduktus gemäß, unterschiedlich ausfällt, und in unterschiedlicher Weise auch der Vortragsgestus gewahrt ist. Vor allem sollte

---

[1] Vgl. dazu vorläufig meinen Band *Spekulation und Subjektivität*. Hamburg 2003.

es darum gehen, wo erforderlich, Nachweise anzugeben und den Leser auf Studien, die im Hintergrund meiner Argumentation eine Rolle spielten, hinzuweisen.

Das Frontispiz, ein Ausschnitt aus Dürers 'Melancholia', wurde gewählt, weil es die Verbindung creatorischen Schöpfertums mit der ihm eigenen Schwermut verbildlicht. Leonhard Richter hat Dürers Werk seinen metaphysischen Sinn und Hintersinn abgespürt; auf seine in den 'Perspektiven der Philosophie' 1998 und 1999 erschienenen Abhandlungen sei nachdrücklich verwiesen.[2]

Ich danke meiner geliebten Frau Chris für vielfache Hilfe und eine wieder einmal bewährte symphonische Zusammenarbeit, ohne die nicht nur dieser Band nicht zustande gekommen wäre. Nicht zuletzt aber hat mein Vater, Helmut Seubert, in Zeiten, in denen Sekretariatsstunden an deutschen Universitäten und Ausstattungen bis ins Skandalöse vermeintlichen Sparzwängen geopfert werden, großen Anteil an der technischen Erfassung und Fertigstellung der Druckvorlage. – Zugedacht ist der Band insgesamt, bei Beibehaltung von einzelnen Widmungen, Walter Falks Andenken im Jahr seines 80. Geburtstags.

Harald Seubert   Nürnberg, im Frühjahr 2005

---

[2] Hierzu ist einschlägig: Leonhard G. Richter, *Dürers Weltethik. Eine philosophische Deutung der ,Melencolia § I'*, in: Perspektiven der Philosophie 24 (1998), S. 15 ff. und ders., *Ö- Zeit. Endzeit oder letzte Chance? Metaphysische Reflexionen zu Dürers ,Melencolia I'*, in: Perspektiven der Philosophie 25 (1999), S. 63 ff.

I. Teil

‚GESCHICHTSZEICHEN': SCHWIERIGKEITEN DER GESCHICHTSPHILOSOPHIE UND NEUE EPOCHENFORSCHUNG

I

Die Anekdote hat wohl jeder in verschiedenen Versionen gehört, der mit
großen alten Männern der Philosophie des 20. Jahrhunderts Umgang hatte.
Heidegger verabschiedet Husserl vor dessen Reise nach Paris, wo Husserl die
Urform der Cartesianischen Meditationen in Vortragsfassung präsentieren
wird. Husserl skizziert dem Jüngeren den Gang der geplanten Vorträge,
worauf ihn Heidegger nach der Geschichte fragt und Husserl einwendet: Die
habe er vergessen.

Dass damit eine Charakterisierung von Husserls Philosophie im ganzen, bis zu
der späten ‚Krisis'-Schrift, gegeben ist, ist das eine. Das andere, systematische
Problem ist, dass solches Vergessen durchaus Methode und Sinn haben kann.
Karl Löwith, einer der versiertesten Nietzsche-Interpreten seiner Generation,
hat in seiner Philosophie eine Rückwendung aus der Geschichte in die Natur
umrissen: in eine Unschuld des Werdens, die keine Zielrichtung kennt und
deren Zeitsinn nicht progredierend, sondern zyklisch angelegt ist. Löwith
versuchte, seine Motive ins Dunkel zu hüllen. Nach der postumen Publikation
der Erinnerungen seiner Japanischen Emigrationsjahre konnte man klarer
erkennen,[1] dass sie in den Tragödien des 20. Jahrhunderts grundgelegt ist, die
Löwith erfahren hat. Es ist Paul Valérys Neigung zum Augenblick, die wohl
nur in mediterranem Lebensumfeld gelebt werden kann, und es ist vor allem
Nietzsches ‚amor fati', die bei Löwith das Vorbild für die Rückwendung in ein
zyklisches Zeitdenken abgeben, das sich aus der Linearität der Heilsgeschichte
verabschiedet, die er - wohl nicht ganz zu Recht - als Patin der Fortschrittsgeschichte begreift. Husserl mochte, wenige Jahre bevor ihn Hitlers
Regime aus der Sprachheimat zwang, gute Gründe haben, sie zu ‚vergessen'.
Der Versuch einer totalen Synthesis der Monadenwelten, zu dem die
transzendentale Phänomenologie aufbrach, war nur in einer Jenseitigkeit der
Geschichte zu gewinnen. So verständlich derartige Wendungen vor dem Hin-
tergrund der Zeitsignatur sein mögen, in der Sache sind sie nicht letzte
Positionen,   sondern   selbst   aufschlussreiche   Zeugnisse   für   die
Transformationen des Problems von System und Historie, das in
philosophischer Argumentation und in der Bestimmung der geistigen
Koordinaten der Zeit unaufgebbar scheint, ohne dass dadurch die Vorstellung
rehabilitiert werden dürfte, dass am tiefsten Grund des ‚Brunnens der
Vergangenheit' die ARCHE der Wahrheit aufgefunden werden könne.

---

[1] Vgl. dazu vor allem K. Löwith, *Nietzsches Philosophie der ewigen Wiederkehr des Gleichen*
(1935), in: Löwith, Sämtliche Schriften Band 6 (Nietzsche). Stuttgart 1987, S. 101 ff., vgl. zu der
Abgrenzung gegenüber dem linearen Geschichtsbegriff auch ders., Sämtliche Schriften Band 2:
Weltgeschichte und Heilsgeschehen und: Band 9: Gott, *Mensch und Welt- G.B. Vico-Paul Valéry*
(vor allem die Valéry-Studien).

Kant verband mit der Rede von ,Geschichtszeichen' einen deutlichen Begriff
(conceptus). Als Geschichtszeichen gedeutet, verweisen Ereignisse analogisch
auf einen Plan der Natur, „der auf die vollkommene bürgerliche Vereinigung
in der Menschengattung abziele" (AA VIII, S. 28). Dass Kant also in seinen
,Ideen' davon ausgeht, dass der Paradieseszustand im Zustand der Historie
verlassen werden müsste, hat seine Ursache darin, dass die „Rechtfertigung der
Natur" oder - wie gleichbedeutend gesagt wird - der Vorsehung nur situiert
werden kann, sofern der Horizont der Hinterwelt leer ist, die Flucht in ein
außergeschichtliches A-sylon verstellt ist.

Der ,Fortschritt im Bewusstsein der Freiheit' verlangt als sein Korrelat eine
vollkommen bürgerliche Verfassung, nach Kant die „höchste Aufgabe der
Natur für die Menschengattung", die auf anderen Wegen „ihre Absichten mit
unserer Gattung" nicht erreichen könne (ibid., S. 22). Kant spricht an dieser
Stelle von ,philosophischer Geschichte', und meint damit einen Auslegungs-
Schlüssel für das faktisch Geschehene, der im Sinn einer aufgegebenen,
niemals der faktischen ablesbaren Progression anzusetzen ist. Dies ist das
Profil, das dem Verhältnis einer Ordnung in der Geschichte zu geben ist; das
andere wird parallel zu Kant, und von ihm mit großer Aufmerksamkeit
verfolgt, von Herder freigelegt. Die infinite Kette ist Herders Metapher für
Geschichte; die er als einen universalen Verbrennungs- und Fluk-
tuierungsvorgang begreift, der aber Palingenesien, Gestaltungen und
Umgestaltungen aus sich entbindet. Geschichte führt nicht auf die Progression,
sondern die Metamorphose: Die ,translatio imperii' ergänzt jenes Sinnbild und
legt nahe, dass der „Genius der Humanität" sich auch in fernere „Völker,
Generationen und Geschlechter" hindurchziehe. Für Herder stellt sich aber
bereits das geschichtsphilosophische Grundproblem, das Droysen später
entwickeln wird: dass eine philosophische Geschichte ,Theodizee' zu sein
habe: „Goldene Kette der Bildung also [...], seitdem ich dich ersah und in
deinen schönsten Gliedern, den Vater- und Mutter-, den Freundes- und Lehrer-
Empfindungen verfolgte, ist mir die Geschichte nicht mehr, was sie mir sonst
schien, ein Gräuel der Verwüstung auf einer heiligen Erde. Tausend
Schandtaten stehen da, mit hässlichem Lobe verschleiert; Tausend andere
stehen in ihrer ganzen Hässlichkeit daneben, um allenthalben doch das
sparsame wahre Verdienst wirkender Humanität auszuzeichnen, das auf
unserer Erde immer still und verborgen ging und selten die Folgen kannte,
welche die Vorsehung aus seinem Leben, wie den Geist aus der Masse
hervorzog".[2] Diese Variierung des Theodizee-Motivs war, wie jede Form der
Theodizee, Jacob Burckhardt, dem des ausgehenden 19. Jahrhunderts, suspekt,

---

[2] Herder, *Ideen zur Philosophie der Geschichte der Menschheit*, Herders Sämtliche Werke, hgg.
von B. Suphan. Berlin 1887, Band 13, S. 343 ff., hier zit. Nach: K. Rossmann (Hg.), *Deutsche
Geschichtsphilosophie. Ausgewählte Texte von Lessing bis Jaspers*. München 1969, S. 110.

seine Implikation, dass Geschichte eine nicht-naturhafte Metamorphose ist,
führt indes in das Zentrum seiner 'Weltgeschichtliche[n] Betrachtungen' -
'Über das Studium der Geschichte'. So begreift Burckhardt in einem zu Recht
bekannten Brief an Karl Fresenius Geschichte als „wundersamen Prozess von
Verpuppungen und neuen, ewig neuen Enthüllungen des Geistes" (19. Juni
1842, in: Briefe Band II, S. 208).

Droysen dagegen notierte mit Herder, nicht so sehr mit Kant, dem geschehene
Geschichte eine Kärrnerlast war, die im ganzen nicht interessieren müsse, in
seinen 'Vorlesungen über die Freiheitskriege': „Das ist die Geschichte; sie
zerrt und bröckelt an jedem Natürlichen, geht daran, es zu zersetzen und
aufzulesen; aber was sie selbst so zerstörend schafft, Gedanken, Prinzipien,
Erkenntnisse, eine Idealwelt, wie der neugeworde Geist sie wirklich fordert,
sofort setzt es sich hinab in die Masse, eint sich annaturt sich ihr" (Burckhardt,
Weltgeschichtliche Betrachtungen ed. Ganz, S. 16). Hier scheint ein
Grundmuster durch, das in der Verortung der Geschichte in Hegels
Systemtektonik wieder aufgenommen werden wird. Der endlose Antäuskampf,
die unendlichen Verpuppungen des Geistes, der mithin nur in seinen
geschichtlichen Metamorphosen fassbar ist, führt aus der abendländischen
Eidetik heraus. Die Musen der Geschichte sind eher asiatischen Gottheiten wie
Shiwa verwandt, der zugleich erbaut und zerstört. Bei dem Hegel des
ausgeführten Enzyklopädie-Systems ist die Hieroglyphe des Geistes, der Staat,
als Schlussstein gesetzt, ehe die Reflexion sich mit der Weltgeschichte
auseinandersetzt, in der die Staaten, Garanten einer Rechtsgesetzlichkeit nach
innen, sich zueinander im naturrechtlichen Hobbesianischen Kriegszustand
verhalten.

II

Die Frage von System und Geschichte ist in einer späten und kurzen Phase
europäischer Überlieferung als ein doppelgesichtiges Problem in der
Denkperiode zwischen Kant und Herder einerseits und Nietzsche andrerseits,
verortet. Hegel hat den Zusammenhang so zu durchmessen versucht, dass ihre
ganze Reichweite ans Licht kommt. Dabei ergibt sich, wenn das Problem nur
formal schematisch in den Blick wird, die folgende Struktur, die die Abfolge
der Hegelschen Texte noch nicht berücksichtigt: 1. ist im Sinn der
'Phänomenologie des Geistes' Geschichte das Medium, in dem der Geist
einzig zu sich selbst kommt, und 2. hat Hegel, wie in anderem Zusammenhang
in diesen Studien noch zu zeigen sein wird, die geschehende Geschichte
schlechterdings als Anderes der Vernunft begriffen. Die Relation ist in dem
genitivischen Zusammenhang zwar angedeutet, doch ist erst die Differenz
aufzureißen, um den Zusammenhang in den Blick zu bringen. Dies führt 3. zu

der mehrfachen Staffelung, in der Hegel im ausgearbeiteten System das
Problem der Geschichte interpretiert. Die Weltgeschichte zerschlägt die
Illusion, innerhalb der Institutionenlehre des objektiven Geistes, also auf der
Ebene von Rechtlichkeit und großer staatlicher Form, könnte der Fortgang des
Bewusstseins zur Freiheit oder gar die Selbsterkenntnis des Delphischen
‚Gnothi seauton' bzw. mit Lessing die ‚Erziehung des Menschengeschlechts'
zu ihrem Ziel gebracht werden. Sie legt damit einen Sprung in den absoluten
Geist nahe, der sich freilich auf dem Terrain der Geschichte vorbereitet. Denn
die Abfolge der vier Reiche ist nach dem Modell der *translatio imperii*
gebildet und zeigt Hegel zufolge an, dass in jedem der Reiche der Geist sich
reiner zur Selbstanschauung bringen kann.

Weiterhin begegnet Geschichte nicht nur in der Form der Weltgeschichte,
sondern auch der ‚Geschichte der Philosophie'. Als solche ist sie mit den
zentralen Kategorien der Logik eng verflochten (insofern in der Logik
Weltstrukturen vorgebildet sind, die nach und nach geschichtlich ans Licht
kommen müssen), sie zeigt aber wie diese, nur auf unterschiedlichen Plateaus,
gleichsam in der infiniten Wühlarbeit des Maulwurfs, zur Erscheinung
kommen können. Damit wird, auch wenn Hegel diese Verflechtung selbst nur
transitorisch im Blick auf die anderen Sphären des absoluten Geistes, Kunst
und Religion, gelten lässt, ein Band (vinculum) hergestellt, so dass der
endliche Geist den logischen Kategorien nicht nur ‚zusehen', sondern sie selbst
vollziehen kann.

Indem Hegel seine Verortung der Weltgeschichte um den Satz aus einem
Schiller-Gedicht: „Die Weltgeschichte ist das Weltgericht" baut, korrigiert er
einen Kurzschluss, der vor und nach ihm gleichermaßen verbreitet ist und
wonach die Probleme der Geschichtsphilosophie in Analogie zu
Erkenntnisurteilen im Kontext einer ‚Kritik der reinen historischen' Vernunft
zu erörtern seien. Ein solches Unterfangen schwebte Dilthey vor, es kursiert
unter wechselnden Konkretionen bis heute.

Ob Historizität sich auf den Status historischer Aussagen reduzieren lässt, und
ob bzw. inwiefern diese Urteilsstruktur aufweisen, ist dabei ungeklärt. Es
könnte eher das Reflexionsurteil von Kants dritter Kritik sein, das zu einem
gegebenen Besonderen erst das Allgemeine zu suchen aufgibt, welches
historischen Urteilen entspricht als das Erkenntnisurteil; insofern könnte auch
die Erkenntnis der Geschichte auf das Spezifikum einer Urteilskraft verweisen,
die nicht zu erlernen, wohl aber im Gebrauch einzuüben ist.

Die ästhetische - und teleologische - Urteilskraft können sich nach Kant aber
aus der Analogie mit dem sittlich praktischen Urteil artikulieren. Dies ist beim
‚historischen Urteil' versagt. Es kommt, wie Hegel gelehrt hat zumal in der
Gestalt der philosophischen Geschichte, immer zu spät; weshalb es gleichsam
nur aus der negatorischen Perspektive des Gewissens eingenommen werden

kann, das sich selbst durch die Geschichte gerichtet sieht, wie wohl dieses
Gericht stets kontingenten Charakter hat.

Wiebke Schrader hat die Aporetik, die sich mit Hegel stellt, überspitzt, aber in
der Sache zutreffend mit der Formel des „Golgatha der Individuen" benannt.
Sie benennt den neuralgischen Punkt, dass nach Hegel das zu sich Kommen
und sich seiner selbst bewusst Werden des absoluten Geistes der Opferstätte
der einzelnen Geister bedarf.[3] Indes ist damit keineswegs ein einfaches
‚Opfern' des Individuellen für das Allgemeine gemeint. Eine solche Deutung
führt sich schon daran ad absurdum, dass der absolute Geist selbst nicht die
Verfassung der Allgemeinheit, sondern der größt möglichen Konkretion haben
muss. Und zugleich ist der Individualität dadurch Rechnung getragen, dass die
betonte Rede von der Er-Innerung zweifach zu verstehen ist: sie meint den
Rückgang der individuellen Geister in den absoluten Geist, wodurch sie aber
zugleich auf sich zurückgehen, und sich ihrer selbst erinnern. Zumindest auf
der Ebene der 'Phänomenologie des Geistes', in einer ungleich komplexeren
Begriffsform in der Tektonik des ganzen Systems, ist die Erinnerung nicht
einfache eine Rücknahme oder Überformung konkreter Gestalt, sondern deren
Selbstdeutung. Dilthey hat in seiner nachgelassenen Breslauer Ausarbeitung
den Ansatz von Hegels 'Phänomenologie des Geistes' treffend freigelegt,
andrerseits aber durch den zentralen Begriff des ‚Erlebnisses' verdeckt: „Ohne
eine Welt hätten wir kein Selbstbewusstsein und ohne dieses
Selbstbewusstsein wäre für uns keine Welt vorhanden. Was in diesem Akte der
Berührung sozusagen sich vollzieht, ist das Leben - nicht ein theoretischer
Vorgang, sondern was in dem Ausdruck Erlebnis von uns bezeichnet wird,
Druck und Gegendruck, Position den Dingen gegenüber, die selber Positionen
sind, Lebensmacht in uns und um uns, welche [...] beständig erfahren wird,
und da ist".[4]
Die geschehende Geschichte ist mithin zwar das letzte Faktum, zu dem die Re-
flexion Dilthey zufolge gelangen kann. Sie ist aber selbst nur Rohstoff, der vor
der Unbedingtheit einer Kategorialität, dem ‚Kathartikon' der
Erkenntnistheorie, wie Dilthey in der gegenüber Hegel arbiträren
Begriffssprache des 19. Jahrhunderts sagt, in eine reinere Währung

---

[3] Vgl. dazu W. Schrader, *Die Dringlichkeit der Frage nach dem Individuum. Ein Problemaufriss*,
in: Perspektiven der Philosophie. Neues Jahrbuch 8 (1981), S. 45, Anmerkung 3 mit Bezug auf
Hegel, *Phänomenologie des Geistes*, Theorie-Werkausgabe Band 3, S. 591.
[4] So Diltheys Breslauer Ausarbeitung, S. 188 (Man.) hier zit. Nach M. Riedel, Einleitung, in: ders.
(Hg.), Dilthey, *Der Aufbau der geschichtlichen Welt in den Geisteswissenschaften*. Frankfurt/Main
1981, S. 45. Wie Riedels Arbeiten gezeigt haben, skizziert Dilthey keineswegs nur eine
Erkenntnistheorie, sondern eine Metaphysik historischen Bewusstseins. Vgl. dagegen den
konventionell bleibenden Ansatz bei H. Ineichen, *Erkenntnistheorie und geschichtlich-
gesellschaftliche Welt. Diltheys Logik der Geisteswissenschaften*. Frankfurt/Main 1975.

umgemünzt werden muss.[5] Damit wird bei aller begrifflichen Unstimmigkeit
ein entscheidendes Problem der Geschichtsphilosophie aufgeworfen, das
Dilthey intuitiv zwischen Hegels Phänomenologie und Logik positioniert. „Der
Zusammenhang der geistigen Welt geht im Subjekt auf, und es ist die
Bewegung des Geistes bis zur Bestimmung des Bedeutungszusammenhanges
dieser Welt, welche die einzelnen logischen Vorgänge miteinander verbindet.
So ist einerseits diese geistige Welt die Schöpfung des auffassenden Subjekts,
andrerseits aber ist die Bewegung des Geistes darauf gerichtet, ein objektives
Wesen in ihr zu erreichen" (Dilthey, GS Band VII, S. 88).

III

Diese wenigen Bemerkungen über den Hegelschen Geschichtsbegriff lassen
sich im Blick auf die spezifische Struktur des christlichen Geschichtsdenkens
weiter zuspitzen. Es ist gerade nicht, wie Löwith meinte, ausschließlich durch
die lineare heilsgeschichtliche Gerichtetheit ausgezeichnet, sondern dadurch,
dass ihm in Kreuz und Auferstehung ein für alle Mal (ephapax) die Mitte
gesetzt ist, die eschatologisch auf die künftige Erlösung der Welt und die
erwartete Parousie verweist. Jenes Eschaton ist mit der Paulinischen und
Johanneischen Verbindung zwischen hellenistischer Philosophie und frühem
Christentum doppelt qualifiziert: als strictu sensu monotheistische All-
Einheitslehre. Die sprechendsten Belege findet man etwa in der Areopag-Rede
des Paulus in der Apostelgeschichte und in den Schlussparänesen des
Johannesevangeliums: Gott selbst, und das meint: der Gott Abrahams, Isaaks
und Jakobs soll ‚alles in allem' sein.
Die derart eschatologisch von der Mitte her gedeutete Zeit formt die jüdische
Apokalyptik um, insofern sie aller erst von der Mitte aus exponiert werden
kann, die für den Alten Bund selbst in der Verheißung liegt. Gleichzeitig bleibt
die Zeit jenseits der Mitte gedehnte, zerdehnte Zeit - einen Nachklang gibt die
Augustinische Rede von der ‚Distentio' im berühmten XI. Buch der
'Confessiones'. Sie kann in einem, liturgisch, kultisch und im Gebet zu
stiftenden Rückgang auf sich zur Ruhe in Gott geführt werden. Prekär ist die
eschatologische Geschichtsform auch darin, dass sie dem Leben des einzelnen
Christen, der Gemeinde und der Weltgeschichte dieselbe Grundform
vorzeichnet. Ein Vorgriff auf das Eschaton (die Prolepse) ist in der christlichen
Überlieferung ausdrücklich vergegenwärtigt. Er kann sich via negationis in
Differenz-Anzeigen des Ganz anders-Seins ebenso manifestieren wie in der
Einübung eines Ethos der Schwebe (das Paulinische ouk on: besitzen als

---

[5] Vgl. dazu Riedel, a.a.O., S. 50 ff., siehe auch Dilthey, Vorrede zu Band V, Ges. Schriften. S. 5
sowie ders., *Übersicht meines Systems* (1895/97), Band VIII, S. 184.

besäße man nicht) und er kann sogar im Rekurs auf die Einheit aus der
Distentio vorausblicken;[6] Letzteres ist allerdings auf den Gestus des Rück-
gangs in sich, mit dem 2. Korintherbrief, eines Übergangs von den sichtbaren
zu den nicht-sinnlichen Dingen angewiesen, so dass dabei ohne jede
Verbildlichung auszukommen ist. Die einzig mögliche Verbildlichung ist die
kultische Evokation des eschatologischen Geschichtssinnes in der Liturgie.
Erik Peterson hat daher, mit guten Gründen, Kultus und Apokalypsis als
Parallelphänomene christlicher Geschichtstheologie expliziert.[7]

Bei allen Divergenzen, die antike und neuzeitliche Denkweise setzen, die bekannte Querelle des anciens et des modernes, ist es, wie Hegel zeigt, nicht
denkbar, dass die geschichtliche Vernunft in einem Großreich, das seine
Pazifizierung über das bekannte Weltganze erstreckt, zur Erscheinung kommt.
Dies gilt auch, wenn eine hoch differenzierte politische Form in einem
markanten Teil der Welt prädominiert. Leibniz gewann Anstöße für die Lehre
von der prästabilierten Harmonie aus der gänzlich a-harmonischen,
einheitslosen europäischen Situation vom Ende des Dreißigjährigen Krieges.
Harmonie, als Möglichkeit einen Konnex zwischen Verschiedenem zu
erzeugen, und Akkord, der Zusammenklang von verschiedenen Welt-Enden
her, bringt er dabei in einen Zusammenhang.[8] Die metaphysische Grundfrage
nach dem Zusammenhang von System und Geschichte hat ihre Grundform in
der Frage, ob historische ‚exempla' etwas lehren können. So ist die römische
Philosophie historisch auf das exemplum, das Vorbild der Älteren, bezogen.
Sie kennt aber, aus der griechischen Überlieferung, auch die kosmogonische
Frage nach der Geschichte, die zugleich eine Frage nach der Dauer historischer
Gebilde ist. Dass das Werdende und Vergehende erkannt werden kann, wurde
von Platon bestritten. Dies tilgt aber nicht die Notwendigkeit aus, die
bleibende Ideen-Gestalt auf ihre Einprägung im Werdenden und Vergehenden
hin zu untersuchen: bekanntlich ist dies eine Zielrichtung der Suche nach Ur-
Athen in 'Kritias' und 'Timaios', das darauf hinweist, dass der Zustand der
idealen Polis schon einmal realisiert war, aber vergessen wurde. Letztlich kann
sich Platon die Urgenesis von Geschichtlichkeit freilich nicht archäologisch

---

[6] Dazu sehr erhellend R. Berlinger, *Augustins dialogische Metaphysik*. Frankfurt/Main 1962. Siehe
auch Johann Kreuzer, Einleitung in: Aurelius Augustinus, De trinitate. Hamburg 2001, S.VII ff.
Siehe auch ders., *Pulchritudo. Vom Erkennen Gottes bei Augustin*. München 1995.
[7] Besonders sinnfällig wird dies bei E. Peterson, *Brief an die Römer*, aus dem Nachlass
herausgegeben von Barbara Nichtweiß. München 1996.
[8] Vgl. dazu u.a. H. Seubert, *Harmonie, Europäisches Gleichgewicht und ewiger Friede: Zu
Leibniz' und Kants Begriff eines europäischen Ethos*, in: ders., *Spekulation und Subjektivität.
Studien zur Philosophie des deutschen Idealismus*. Hamburg 2003, S. 16 ff. siehe auch M. Riedel,
Europa in Leibniz' Geschichtsdenken, in: R. Enskat (Hg.), *Amicus Plato magis amica veritas*.
Festschrift für Wolfgang Wieland zum 65. Geburtstag. Berlin, New York 1998, S. 194 ff.

denken, sie hat keine feste ARCHE, ihr Anfang ist nicht begrifflich, sondern im Mythos als Abkettung der Welt von einem Zustand der götter-gelenkten Bewegung zu kennzeichnen. Das geschichtliche Aion folgt nicht der Bewegung der Harmonie, sondern der Andersheit, des a-harmonischen Wechsels.

Die Göttergleichheit des Menschen, die prägnant darin symbolisiert ist, dass es keinen Tod gibt, sondern die Alten in einer selbstverständlichen Palingenesie wie Phönix wieder jung werden, so dass Natur und Geschichte konvergieren, ist in einen Zustand der Gottferne aufgelöst, der - man denke nur an den Mythos des Platonischen 'Politikos' - durch den Schmerz der Anamnesis gesteigert wird. Die Menschen können sich an die Vergangenheit erinnern, so dass sie in völliger Bewusstheit ermessen können, dass ihnen die früheren Gaben (charis), der selbstverständliche Umgang mit dem Feuer oder die auf immer verlorene Fähigkeit zu friedlicher Koinonie, im gegenwärtigen Aion fehlen.

Es ist reizvoll, von solchen Anfängen auf einen späten Punkt in der Reflexion geschichtlicher Verlaufsformen zu blicken: Jacob Burckhardts 'Weltgeschichtliche Betrachtungen' weisen, vermittelt über Lasaulx, einen Schelling-Schüler der späten Münchener Jahre, auf die Potenzenlehre in Schellings ,Weltalter'-Philosophie hin. Für den späten Schelling, um in starker Vereinfachung von der Münchner Weltalter-Ausarbeitung der Jahre 1827/28 auszugehen, sind drei Potenzen als „welterzeugende [...], wahre Kategorien" zu denken und als „Begriffe der wahren Urmächte des Seins" (F.W.J. Schelling, System der Weltalter, ed. Peetz, S. 139).[9] Der Kategorialität kommt, vergleichbar zu Hegels Logik, gleichermaßen ontologische und gnoseologische Bedeutung zu. Sie markiert die Grundcharaktere von allem, was der Fall sein kann. Anders als in der Hegelschen Dialektik, sind die Schellingschen Kategorien aber selbst Bewegung, sie müssen nicht erst durch die Arbeit des Begriffs in eine Bewegung gebracht werden. Schelling zufolge beginnt in den drei Potenzen „alle Verständlichkeit". „Das Chaos hat sich gestaltet, es ist das Chaos, das zum Janus geworden ist. Janus ward abgebildet mit 2 Gesichtern, mit dem vorderen setzt er das zur Vergangenheit Werden, mit dem anderen setzt er das Vorgehensollende als Vergangenes. Aber zwischen beiden befindet sich ein meines Wissens noch wenig beachtetes Symbol, ein zunehmender Mond, das Seinsollende ausdrückend" (F.W. J. Schelling, System der Weltalter ed. Peetz. S.140). Die erste Potenz meint, in Anlehnung an die antike, im Platonischen 'Philebos' philosophisch geklärte Kategorie des ,apeiron' die Urmacht des

---

[9] Vgl. dazu im einzelnen den letzten Beitrag dieses Bandes: *Kreativität und Anfang sowie die Schelling-Hinweise in dem Beitrag: Epochenbestimmung und Gegenwart. Walter Falk zum Gedenken.*

uneingeschränkten Seins, das - indem es keinerlei Bestimmung findet - „das
Seinkönnende (ist), das nichts voraussetzt" (ibid., S. 139). Es ist daher erst die
zweite Potenz, die Bestimmung setzt, in der Sprache der 'Freiheitsschrift', der
Wille, der sich dem Ursein, die bestimmte Existenz, die sich dem Grund
entgegenstellt. Ihr Status ist prekär, insofern sie einzig aufgrund ihrer
Reflexion-in-sich Potenz ist, jedoch von der ersten Potenz gefordert wird. „Als
Seinmüssendes ist es (sc. das Seinkönnende der 2. Potenz Zusatz H.S.)
Nichtsein" (ibid., S. 140), was man bei Schelling präzisierend auf den
griechischen Urtext zurückbeziehen kann, wo von einem 'ouk on': einem nicht
aus sich Sein, aber nicht dem mè on: dem schlechterdings nicht-Sein zu
sprechen wäre. Die dritte Potenz begreift Schelling als „das Seinsollende", das
bei sich als frei ankomme (ibid., S. 140). Diese Kategorie ist ingeniös aus einer
Zusammenschau des reinen Sittengesetzes und der teleologischen Urteilskraft
bei Kant geschöpft, die der formalen Voraussetzung von Freiheit - im
Sittengesetz - einen Ort in der gegebenen Welt zuweist. Diesen
Zusammenhang, der den Konnex zwischen dem Menschen in seiner
Selbstdeutung als Bürger zweier Welten, der noumenalen und der
phänomenhaften, denkbar macht, hat bereits Kant beabsichtigt, wenn er in
seinem 'Opus postumum' die Einheit der Philosophie als Einheit aus Moral
und Physik zu fassen dachte. In Schellings Sinnbildlichkeit gesprochen, das
Sollen ist als frei und zweckhaft gleichermaßen zu fassen, als eine Mitte
zwischen den einander entgegengesetzten Richtungen des Januskopfes, der auf
das Pleroma, die Fülle, vorausdeutet. In einer Summa dieser Potenzenlehre
kann sie Schelling deshalb mit der Paränese des Hebräerbriefes: „Jesus
Christus ist derselbe gestern und heute und in Ewigkeit" und mit der Plutarch
entnommenen Wendung to chorismenón kaì teleîon (nach Plutarch, De Iside et
Osiride, c. 55) verknüpfen. Zu seiner Kategorienlehre merkt er an: „In diesem
Typus ist alle Vernunft enthalten, welche hier selbst als göttlich gesetzt
erkannt wird. Darin ist auch die ganze Logik enthalten etc." (ibid., S. 140).

Burckhardt fasste die Potenzen hypostatisch als Staat, Religion und Kultur auf.
Systematisch ist nicht diese Grobgliederung strukturierend, sondern die in sie
eingelegte, absichtlich aber nur zu begrenzter Begriffsklarheit geführte
wechselseitige Bedingung der drei Grundpfeiler und ihre schichtenweise
Übereinanderlegung, in der sie teilweise aktiv, teilweise passiv zur Sprache
stehen. Burckhardt markiert einen Hiat, der bei Schelling zwischen negativer
und positiver Philosophie verläuft, als „Eitelkeit unserer Constructionen"
(Weltgeschichtliche Betrachtungen, ed. P. Ganz, S. 256) ungleich deutlicher.
Die Schematisierung kann nach Burckhardt nur den Zweck haben, genug Licht
zu geben, „dass man sehe, was für ein Abgrund vor uns liegt" (ibid., S. 256).
Ein solcher Hiat zeigt sich, wo die (in der Tradition von Schelling und
Burckhardt unbeachtete) Frage Vicos nach dem 'anfänglich Wahren'

aufgeworfen wird: wo die Urstiftung der Staatlichkeit oder die Anfangsgenesis einer Nation zur Entscheidung steht.

Dass Burckhardt seine „Sturmlehre", die Anatomie geschichtlicher Criseis in ein Zentrum der 'Weltgeschichtlichen Betrachtungen' rückt, hat in diesem Zusammenhang - und keineswegs nur in der Positionierung des altbaseler Patriziers gegenüber der Französischen Revolution seinen sachlichen Grund. Wie Burckhardt im Blick auf die Staatswerdung notiert, ist am Anfang großer geschichtlicher Genesen zumeist ein „Blitzstrahl" zu beobachten, der unterschiedlichste Syndrome zu einem neuen Material zusammenschmilzt. Dass die Entstehung des Staates „furchtbare Crisen" gekostet habe (ibid., S. 257), könne man den Vorrechten ablesen, die ihm in befriedeten Zeiten eingeräumt wurden. Dies gilt - alles in allem - für jede Ordnungsform. Diese Insitenz auf bleibenden Formen verdeutlicht, dass Burckhardt, anders als Schelling, die Potenzen nicht im Sinn eines abgestimmten Kräfteparallelogramms deutet, sie sind vielmehr durch tektonische Beben initiiert und diese geben auch aller erst die Optik auf eine pathographische Historiographie frei, in der der Mensch als leidender, wie er immer war, ist und sein wird, den Ausgangspunkt bezeichnet. Ausschnittweise, im Sinn einer pars-pro-toto-Relation, lässt sich dies an der Behandlung der Rückkehr von Emigranten nach einer Krisenzeit verdeutlichen, die wohl eine idealtypische Verlaufsform bezeichnet. Burckhardt konstruiert die folgende Handlungskette: während „man einige Trümmer und Principien des Vergangenen wiederaufzustellen bemüht" sei, habe man es mit einer neuen Generation zu tun, die bereits seit der Crisis aufgewachsen sei. Sie, nur noch vom Hörensagen an dem vergangenen Umsturz beteiligt, „betrachtet [...] die Restitution, die man von ihr verlangt, als Verletzung eines erworbenen Rechtes. Daneben in lockender Verklärung das Bewusstsein: wie leicht einst der Umsturz gewesen, wogegen die Erinnerung an die Leiden verblasst" (ibid., S. 363). Vor diesem Hintergrund könnte es, nach Burckhardts Worten, wünschenswert scheinen, „dass die Emigranten nie zurückkehrten, das Erlittene als ihr Theil Erdenschicksal auf sich nähmen und ein Gesetz der Verjährung anerkennten, das nicht bloß nach Jahren, sondern nach der Größe des Risses seine Entscheide gäbe. Denn die neue Generation, von der man verlangt, dass sie ihrerseits in sich gehen sollte, thut es eben nicht sondern sinnt auf neuen Umsturz als auf Beseitigung einer erlittenen Schmach" (ibid., S. 363).

Über solche Racheakte kann der Geschichtsdenker nach Burckhardts Auffassung seinerseits keine richterliche Funktion beanspruchen. Seine Methode wird sich in einer Oszillation zwischen zwei Positionen halten, zwischen denen nicht vermittelt werden kann: die *pathographische* Tendenz müsste zur Stabilisierung tendieren, die *kathartische* Deutung der Krisen lässt umgekehrt die Scheu vor dem Bestehenden in Zweifel ziehen.

Wenn Burckhardt einen Leitfaden für die Deutung der Weltgeschichte im ganzen zurechtgelegt hätte, so wie er in Kants Lehre von den ,Geschichtszeichen' vorliegt, könnte dieser auf den „unvermeidliche[n], [...] endliche[n] Sturz" der Institutionen, die sekundäre und tertiäre Neubildung der Crisis ad infinitum hinausgelaufen sein (ibid., S. 363).

Nietzsche ist als ein Geschichtsdenker zu verstehen, der der Problematik auf der Höhe Burckhardts ein eigenes Profil gibt und die Kant-Hegelische Konfiguration weiterspinnt. Die II. Unzeitgemäße Betrachtung wendet sich gegen die historistische Epoche, der Nietzsche zwei Tendenzen zuweist, die selten nebeneinander begegneten, ihm aber schon zu einem Phänomen zusammentreten: das nicht-Vergessenkönnen, die antiquarische Manie, die auf den Verlust ,plastischer Kraft' in einer späten Kultur hinweist, und die bei Eduard von Hartmann trivialisierte Deutung der Geschichte nach dem Leitfaden eines Fortschritts-Instrumentes, die Nietzsche, wie manche nach ihm, als ,Hegelianismus' versteht. Die Rückübersetzung menschlicher Kultur in die Schrift des ,homo natura', für die sich Nietzsche ausspricht und die die Kunst des Vergessens verlangt, ist indes immer als Abarbeitung am je eigenen Geschichtshorizont zu begreifen. Denn die über den gewonnenen Welthorizont hinausgehende Selbstdeutung, für die Nietzsche später die Signatur des ,Übermenschen' verwandt hat, kann nur gelingen, wenn die eigene Herkunfts-Genealogie gekannt ist. Mithin ist das Ideal des Weisen, das Nietzsche mit den Philosophenschulen der Antike erträumt, ohne die Vorgestalten des Epikureers und Stoikers gar nicht denkbar. Auch der Kleriker formt das Ethos des zukünftigen Weisen. Geschichte wird geradezu zum Charakter, zum tief geritzten Ethos einer Lebensform. Der genealogisch operierende Psychologe begreift diese Ritzungen als Torturen. Doch am Vermögen, gegenüber den eigenen Torturen gerecht sein zu können, hat sich eine genuin geschichtliche Urteilskraft zu erproben, eine Gerechtigkeit, die nicht wie das Standbild der Iustitia blind urteilt, sondern sehenden Auges; und - Vorgestalt des späten ,schwersten Gedankens' - die Wiederkehr des Gewesenen und ihrer selbst bejahen kann, weil sie nicht Rache an sich selbst üben muss. Selbstgefühl und ,kritisch monumentalische', nämlich erinnernde, Erkenntnis der Geschichte kommen hier in einen engen Zusammenhang. Es ist keineswegs trivial, dass diese Selber-Lebens-Bejahung Nietzsche selbst, der sich als Neunzehnjähriger erstmals um eine Autobiographie bemühte, nicht geglückt ist. Jede mit Kindheitsregressionen verbundene Rückkehr auf eine ,unberührte' Natur hat sich Nietzsche untersagt. Die Figur einer ,Philosophie des Vormittags' könnte in diese Richtung deuten. Es wäre, wie Nietzsche in seinem Vademecum 'Menschliches - Allzumenschliches' anmerkt, vielleicht die Philosophie des Schmetterlings, der keine Lektionen gibt, sondern nur eine Glückssekunde gegenwärtig ist. Die Selbsteinrede gibt aber zu verstehen, dass dies nicht die eigene Philosophie sein könne. Nietzsches abgründlichster Gedanke von der ewigen Wiederkehr des Gleichen ist im Vormittagslicht nicht zu denken. Nietzsche hat diese verschiedenen Theoriestücke niemals in eine wohl abgestimmte Proportion zueinander gebracht. Wenn sie sich derart transparent machen ließen, so rückte Heideggers Deutung der Geschichtlichkeit in anderer methodischer Verfahrungsweise nahe an Nietzsches Intentionen.[10] Heidegger geht es, im Grundriss in 'Sein und Zeit' und dann in den seinsgeschichtlichen Erörterungen der Kehre um eine Destruktion geschichtlicher Sedimentierungen, um den erfahrbaren Grundsinn des Seins transparent zu machen, der sich aber nur in einem verborgenen Modus in dieser Geschichte zeigt. Deshalb insistiert er auf der Verfugung zwischen erstem und anderem Anfang, dem Rückgang in die Geschichtlichkeit des Seins und dem Sprung in die A-LETHEIA, weshalb er den Grundriss der Seinsgeschichte gegenüber dem Missverständnis verteidigen musste, es sei eine Deszendenz- oder gar Dekadenzgeschichte.

IV

In die auf diesem neuzeitlichen Höhenweg der Geschichtsphilosophie umrissene Tiefengrammatik von System und Geschichte scheinen, aus welchen Gründen immer, die philosophischen Hauptströmungen des 20. Jahrhunderts kaum hineinzuleuchten.

Gadamers Hermeneutik hat zwar Heideggers Einsicht, wonach alles Sein geschichtlich ist, fortgeschrieben. Das hermeneutische Überlieferungsgeschick initiiert aber eher eine sym-philosophierende Geschichte der Zwiesprache über die Zeiten hinweg, die - wie die Gespräche in der Platonischen Akademie - nicht abreißen kann. Dem ‚Golgatha der Individuen' blickt sie nicht ins Auge. Eher schon scheint sie, um die Gadamer wohlbekannte Platonische Kosmogonie und Lehre von der Geschichte zu variieren, einer Geschichte im göttlichen Weltalter nachgebildet zu sein als jener in dem gott-entfernten genuin menschlichen Zeitalter.

Dass sich die geschichtsphilosophische Problematik deutlich auf Narrativität fokussiert hat - in hermeneutischen und analytischen Kontexten und in der Schnittmenge zwischen beiden, deren Komplexität Paul Ricoeur vorbildlich explizierte, scheint die Problematik der *Erzählbarkeit* eher zu übergehen, die Stephan Otto im Anschluss an Hegel und Dilthey prononciert als

---

[10] Siehe dazu Heidegger, *Sein und Zeit*. Tübingen 1984, §§ 76 und 77 die Freilegung der Zeitstruktur der Geschichte aus Nietzsches ‚Unzeitgemäßen Betrachtungen' und dem Briefwechsel zwischen Dilthey und dem Grafen Yorck von Wartenburg.

Konvertibilitäts-Axiom historischer Vernunft in dem Sinn formuliert hat, dass alles Denkbare darstellbar und alles Darstellbare denkbar sein müsse. Eben hier klafft aber ein vermittlungslogisch erst zu schließender Hiatus irrationalis, der dadurch schwieriger wird, dass er das Problem des Zeitflusses mit in Rechnung zu stellen hat.

Erschleichungen lassen sich in konstruktivistischer Methode leicht gewinnen, insofern keine Rücksicht auf den Zeitsinn genommen wird.

Ohne überhaupt in die Konstitution des historischen Factum brutum vorzudringen, dürfte ein Konstruktivismus dieser Art bereits am temporalen Problem der Wiedererinnerung sich als methodisch untauglich zeigen. Husserl hat in Nr. 51 seiner Überlegungen zur ‚Phänomenologie des inneren Zeitbewusstseins' diese Problematik auf die Aussicht eines möglichen ‚radikalen Skeptizismus' verlängert, der dazu führt, dass lediglich ein punktuelles Jetzt, ein ‚to de ti' als gegeben erkannt werden kann. „*Könnte nicht alle Wiedererinnerung Täuschung sein*, könnte sie uns nicht gleichsam versichern, es sei früher einmal etwas gegeben gewesen, während es nie und nimmer etwas gab?" (ibid., S. 216). Diese Gefahr besteht, wie Husserl hervorhebt, auch wenn der Fußpunkt des transzendentalen ‚Cogito', eines apodiktisch gewissen „absoluten Ausgangspunkts" gewählt wird, mit dem das zu Konstituierende in reiner Selbstgegebenheit zu setzen ist.

In welchem komplexen Verhältnis Narration und die Selbstformierung der verschiedenen, teilweise auseinanderlaufenden Fäden bewussten Lebens zueinander gelagert sind, zeigt sich bereits in autobiographischen Zusammenhängen, zumal dann, wenn diese wie in Prousts Recherche zu einem kunstvollen Teppich verwoben sind. Heimito von Doderers Romantheorie gibt dafür ein bemerkenswertes Beispiel, wenn sie auf dem Schibboleth des Objektiven insistiert und den Grundsatz römischer Historiographie der ‚Exempla' „Res gestae comparabiles et ineffabiles simul" in folgender Weise paraphrasiert: „Es gab alles immer: Hätte es irgendwas irgendwann überhaupt nicht gegeben, und dafür dann einmal etwas absolut Niedagewesenes: wir wären niemals zu Geschichte gelangt, die ja vor allem Continuität voraus setzt, Gedächtnis [...]. Unter Geschichte versteht man also die Kenntnis von dem, was immer einzigartig und immer vergleichbar in einem ist".[11]

Diese Simultaneität hat gerade in der Romankunst, etwa in Walter Kempowskis ‚Echolot'-Projekt eine Resonanz gefunden. Obgleich in diesem monumentalen Unterfangen die interpretierende oder kommentierende Stimme eines Erzählers schweigt, verknüpfen sich die einzelnen Dokumente zu jener

---

[11] Siehe H. von Doderer, *Die Wiederkehr der Drachen*. Aufsätze/Traktate/Reden, hgg. von W. Schmidt-Dengeler. München 1996, S. 288 f. (Es handelt sich dabei um einen Abschnitt aus Doderers erstmals 1948 publizierter Abhandlung *‚Sexualität und totaler Staat'*).

großen symphonischen Form, die Doderer vom Roman forderte: dass jeder der Teile „zum anderen ein Jenseits im Diesseits darstellt". Die Idee kam ihm, so hat Kempowski mehrfach erzählt, als er auf einem Hofgang im Zuchthaus Bautzen Vibrationen und Schwingungen wie aus einem Bienen-Stock hörte und von einem Mithäftling erfuhr, dass dies die flüsternd mitgeteilten Lebensgeschichten der Häftlinge seien. Das Profil einer neuen Epochenforschung, das mit der Mitte des 20. Jahrhunderts, ausgehend von Arbeiten Foucaults, Nitschkes, Lepenies' und mancher anderen erkennbar wird, und die Parallelphänomene auf verschiedenen Feldern der Geschichtsforschung von der Verfassung über Literatur und Kunst bis zu Äußerungen des Sports freilegte, müsste, wenn es den Vorzeichnungen ‚philosophischer Geschichte' von Kant bis Burckhardt in systematischer Hinsicht folgte, dieses Stimmenensemble als seine Totalität voraussetzen, die sich in den Analysen immer klarer ausdifferenziert. Im Ensemble neuer Epochenforschung verdient der Ansatz von Walter Falk besondere Aufmerksamkeit, weil er dem Phänomen von Parallelstrukturen nachgegangen ist, und mit eigentümlicher Konsequenz sich der ontologischen Problematik zugewandt hat. Dies führt auf die Freilegung eines potentialen Grundmusters der Geschichte, das - am ehesten wohl Schellings ‚Weltaltern' vergleichbar, weder den von Hegel bis Dilthey in der ‚Phänomenologie' der geschichtlichen Welt konstatierten Verbrennungs- und Metabolismusvorgang noch den möglichen Fortschritt im Bewusstsein der Freiheit ausdrücklich zum Thema macht.[12] Die Wiederholung der Sturkturformen und das je eigene freie Spiel ihrer Realisierung sind in der von Falk so benannten ‚Potentialgeschichte' derart aufeinander bezogen, dass diesem Fragezusammenhang Raum gegeben werden kann.

Es muss nicht verwundern, dass damit das ontologische Problem des Werdens selbst zur Entscheidung gestellt ist. Wie Kreativität, die Urgenesis von Neuem aus einer Ereignisstruktur, die jeden Jetztpunkt als Resultante aus einem vielfältigen Parallelogramm zeigt, möglich ist: dies hat Falk, ohne auf Whitehead den Inaugurator rein-rationaler Ereignismetaphysik zu rekurrieren,

---

[12] Siehe dazu näheres weiter unten II. 7.: *Der mehrfache Anfang und die amphibolische Mitte neuzeitlicher Philosophie.* Vgl. auch M. Riedel, *Geschichtsphilosophie als kritische Geschichtsdeutung. Kants Theorie der historischen Erkenntnis,* in: ders., *Verstehen oder Erklären? Zur Theorie und Geschichte der hermeneutischen Wissenschaften,* a.a.O., S. 189 ff. und die kleine Edition desselben: Kant, Schriften zur Geschichtsphilosophie. Stuttgart (1980). In dem nachgelassenen großen Manuskript: *Wissen und Glauben um 2000.* hat Walter Falk Kants geschichtsphilosophische Schriften der 1780er Jahre in deutlicher Abweichung von der hier skizzierten Sicht der Dinge als Teil eines linearen Fortschrittszusammenhangs begriffen. Im Gespräch hat er diese Sicht in späteren Jahren modifiziert.

als den Fluchtpunkt der Geschichtsontologie begriffen. Das ontologische
Problem der Geschichte kommt indes im Zusammenhang jedweder
geschichtlichen Aussage und ihrer Faktizität zum Zug. Die Periodisierung, die
Setzung von Zäsuren weist auf die Frage nach der ARCHE geschichtlichen
Seins hin, die selbst weder ideativ noch geschichtlich verfasst ist: selbst wenn
der Historiograph medias in res beginnt wird er die Vorgeschichte als eine
Vorgeschichte des Ereignisses begreifen müssen, das er zu erhellen versucht.
Dem suche ich im Folgenden Rechnung zu tragen, indem ich an das Ende des
Buches Vorstudien zu einer Protologie der Kreativität rücke.

V

Zu Anfang dieser Überlegungen war auf Husserls aufschlussreiches
Geschichtsvergessen hinzuweisen. Zum Ende erinnere ich, um in einer
knappen Vorzeichnung anzuzeigen, worin die Lektion neuer
Epochenforschung für die Geschichtsphilosophie bestehen kann und worin
umgekehrt diese einer geschichtsphilosophischen Entschlüsselung und
Ausdeutung bedarf, an das bekannte Frontispiz zu Vicos 'Prinzipien einer
neuen Wissenschaft' (1744), eine einzigartige Allegorie im aufgeklärten
Zeitalter.[13]
Wie an späterer Stelle zu zeigen sein wird, balanciert die Dame Metaphysik
auf einer in der Schwebelage befindlichen Erdkugel, deren eine Seite ins Licht,
deren andere aber in den Schatten gehüllt ist. Die schattenhafte Seite,
allegorisch durch die Figur Homers weiter verdeutlicht, bezeichnet den
metaphysischen Wahrheitsbegriff, der nur historisch, als archaiologischer
Rückgang in das anfänglich Wahre zu erschließen ist.
Die sonnenabgewandte Seite der Ersten Philosophie sollte in Vicos „Neuer
Wissenschaft' die Aufmerksamkeit gelten; ein Votum, das einige Aktualität
beanspruchen darf: Wenn der Eindruck einer Geschichtslosigkeit oder
Ahistorizität die Philosophie des späten 20. Jahrhunderts trifft, so wird das
anfänglich Wahre nicht nur für die Metaphysik (wie eine deskriptive
Metaphysik ohne die Auslotung der spezifischen Bedingungen historischer
Erkenntnis zu gewinnen ist, ist schwer zu erkennen!), sondern auch für den
Leitfaden philosophischer Reflexion, der in der Sprache, dem Zeichen-

---

[13] In die vorliegenden, stark von der vermittlungslogischen Figur des „Anderen der Vernunft'
geprägten Überlegungen wäre Whiteheads eigenständige Konzeption einer Bewegung der
Geschichte in ders., *Adventures of Ideas*. New York 1933 (deutsch von E. Bubser, *Abenteuer der
Ideen*. Frankfurt/Main [1]1971) einzubeziehen. Vgl. hierzu den letzten Beitrag dieses Bandes; die
weitere Ausführung des Problemzusammenhangs muss späteren Arbeiten vorbehalten bleiben.

gebrauch und kurz: dem Habitus der Kultur gesucht wird, auf die geschichtsphilosophische Reflexion verwiesen sein. Semiosen, auf denen Interpretierbarkeit beruht, sind ihrerseits in einem historischen Gefälle zu verorten, das von Ernst Cassirer entwickelte System symbolischer Repräsentationen hat sich nicht nur von Hegels spekulativer Methode entfernt, es hat auch die Gefährdungen und ‚Verbrennung', die einer historischen Substantiierung vorausgehen, ignoriert. Jene Philosophie, auf die man sich beim Rekurs auf Lebensformen vor allem zu beziehen beliebt, diejenige Wittgensteins, greift auf Sprachspiele zurück. Deren Orientierung auf ein Regelwerk impliziert aber die Neigung, die im Spiel gespielte und verspielte Zeit kaum zu berücksichtigen. Auch Wittgensteins reflexive Umkreisungen und Erwägungen von Sprachspielen sind innerzeitlich verankert.[14]

---

[14] Dies geschah erst vergleichsweise spät in dem eindrucksvollen Ansatz von R. Brandom, *Expressive Vernunft. Begründung, Repräsentation und diskursive Festlegung.* Frankfurt/Main 2000, wodurch sich ein systematischer Zusammenhang zwischen Wittgenstein und dem – vor allem – jungen Hegel der 'Phänomenologie des Geistes' abzeichnet. Charles Taylors Hegel-Buch (deutsch 1978) mit der Betonung eines philosophischen ‚Expressionismus' markiert einen ähnlichen Ansatzpunkt, wenngleich auf schwächere Weise.

II. TEIL

EINER SPUR FOLGEN: AUFSÄTZE UND VORTRÄGE ZUR NEUEN EPOCHENFORSCHUNG (1996-2001)

1. Vom Sinn in Text und Geschichte. Anmerkungen zu Walter Falks 'Handbuch der Komponentenanalyse'

Walter Falk war in der deutschen Gelehrtenwelt seiner Generation eine Ausnahmeerscheinung, ein später Universalgelehrter. Das umfängliche Lebenswerk des 1924 Geborenen umfasst Untersuchungen zum Spanischen Stierkampf ebenso wie zum literarischen Expressionismus und zur Gegenwartsdiagnostik. Von Heideggers Denken empfing Falk eine nachhaltige Prägung, die er aber in einen eigenen, methodischen Ansatz überführte, ausgehend von einem frühen, wenig bekannten Brief an Heidegger, in dem Falk klarsichtig auf das monologische Defizit des Hauptwerks 'Sein und Zeit' hinweist.

Ein derart reiches und breites Oeuvre bedarf offensichtlich einer starken Mitte, einer leitenden methodischen Orientierung, die die Forschungen in Bewegung hält und die sich in ihrem Gang weiter klären und erhellen wird. Im Falle Falks erweist sich die ‚Komponentenanalyse' als diese Mitte, eine auf Sinnerschließung im einzelnen Text und der Epoche gerichtete Methode. Die Einführung in diese Konzeption liegt nun in zweiter, erweiterter und überarbeiteter Auflage (1. Auflage Peter Lang - Verlag 1983) in Handbuch-Gestalt vor.[1] Um es vorwegzunehmen: Falks Darstellung verbindet das durch die Schwierigkeit der Sache geforderte hohe Abstraktionsniveau mit Einzelinterpretationen aus der eigenen Feder und aus dem Schülerkreis; wodurch Allgemeines und Besonderes einander ergänzen.

I

Die Komponentenanalyse nimmt ihren Ausgang beim Ungenügen am werkimmanenten Ansatz der „Kunst der Interpretation" und an den strukturalistischen Verfahren, etwa von Lévi-Strauss und Jakobson, entzieht sich beiden Konzeptionen doch das Sinnganze eines Textes; dem werkinterpretatorischen Ansatz, indem er es als dunkles Schibboleth, als „das Unaussprechlich Identische" des Stils (Staiger) fasst; den Strukturalisten, indem ihre binäre, auf Gegensatz-Relationen begrenzte Methode vor ihm kapitulieren muss. Demgegenüber profiliert die komponentiale Strukturierung *drei* Textebenen: eine erste Ebene der isolierbaren Einzelbestandteile oder Elemente. Sie ist quantitativer Art. Anders schon die zweite Ebene der Relationen zwischen diesen Elementen und der Gesamtheit all dieser

---

[1] Walter Falk, *Handbuch der Komponentenanalyse. Erschließen von Sinn in Text und Epoche.* 2. überarbeitete und erweiterte Auflage, Taunusstein und Mikulásovice 1996. Alle Seitenzahlen im Text beziehen sich auf diesen Band.

Relationen. Eine dritte Ebene gilt dann dem Sinnganzen des Textes. Der ersten Ebene liegt ein unitäres Prinzip zugrunde, der zweiten ein binäres (das Prinzip strukturaler gegenseitiger Ausschließung) und der dritten ein ternäres Prinzip, die Dreiheit einer allen sinnhaften Texten eigenen Gegensätzlichkeit und eines die Gegensätze verbindenden Momentes. Indem die Komponentenanalyse von dieser universalen und unbedingten, dabei aber inhaltlich gänzlich freien und nur formal anzeigenden Verfasstheit aller Texte ausgeht, bewährt sie sich als ebenso strenges wie offenes Verfahren. Die Absenz von Schule bildender Dogmatik wird auch in der Darstellungsart deutlich. Sie führt in einem maieutischen Parlando auf die Eigenheiten der komponentialanalytischen Methode hin, um sie dann in einer kristallinen Darlegung der einzelnen Methodenschritte gleichsam ‚more geometrico' zu demonstrieren.

Was das Vorwort versichert, wird dadurch plausibel: dass dieses Verfahren der Textdeutung leicht zu erlernen sei, und deshalb den Weg aus dem akademischen Bezirk in den Schulunterricht finden kann (wofür es bemerkenswerte Versuche gibt). Dass sich die gedankliche Profilierung aber einer langjährigen entsagungsvollen Arbeit und der ständigen Bereitschaft zur Revision gewonnener Einsichten verdankt, mehr noch: einem Lebensweg, der auf höchstem philosophischem Reflexionsniveau den akademischen 'main streams' nicht folgte, dies ist in Falks Lebensarbeit eindrücklich belegt.

Die glückliche Verbindung von Strenge und Offenheit bewährt sich in den einzelnen Methodenschritten. Sie sind als Überprüfung einer Hypothese, also falsifikationistisch, angelegt. Die Hypothese bildet sich aus einer ersten Text-lektüre, ihrer reflektierten Bündelung zu einer Gehaltssynthesis und aus dem Versuch, sie auf das skizzierte ternäre Gefüge zu transformieren. Indem ein ganzer Text, oder bei größeren Texteinheiten exemplarische Partien, unter der Frage durchgearbeitet werden, ob sie sich den drei vorläufig formulierten Komponententiteln zuordnen lassen, stehen diese Titel selbst zur Disposition. Textpassagen, die zunächst den Komponententiteln nicht kommensurabel sind, werden in einer Liste Y gesammelt, und Textschichten, deren Bedeutung unerhellbar bleibt, sind aus der Analyse vorläufig auszuklammern. Ersichtlich bedarf die Hypothese einer Revision, wenn nur in einem einzigen Fall der Versuch einer Zuordnung zu einem der Komponententitel dauerhaft scheitert. Die Revision kann auch in einer späten Phase noch nötig werden, bei der Erweiterungslektüre, in der sich die Aufmerksamkeit Momenten eines Textes zuwendet, die bislang keine Berücksichtigung fanden. Erfordert die Methode vom Verstehenden, den Falk zu Recht 'Analytiker' nennt, ein erhebliches Maß an Entzentrierungsfähigkeit, des Vermögens also, über sein eigenes Vorverständnis hinauszublicken, so vertieft sich in einem Methodenschritt, den Walter Falk ‚Kontroll-Lektüre' nennt, diese an Karl Popper erinnernde Maxime der schrittweisen, methodengeleiteten Selbstüberprüfung zu einer modernen Variation von Platons ‚Hypothesis'- Lehre oder von Nietzsches

Wissen darum, dass der Verstehende sich selbst mit fremden Augen entgegenblicken müsse. Am Ende ist der Text noch einmal neu zu lesen, aber aus einer umgekehrten Richtung, in der es leitende Erkenntnisabsicht ist, die komponentiale Hypothese zu *falsifizieren*.

Diese Gegenläufigkeit der Methodenschritte erklärt sich daraus, dass das komponentialanalytische Grundproblem ein Problem der Übersetzung ist, der Transformation der Oberflächenansicht einer Textgestalt in den Textsinn (Ebene III). Von der Vorderseite des Sinnganzen gelangt die Analyse mittels der Hypothesen zur ‚Rückseite' - und damit zu einem ausweisfähigen Erkennen des Sinnganzen, das, wie die Komponentenanalyse wohl begründet nahelegt, nur zu gewinnen ist, „wenn im Prozeß der Würdigung des Einzelphänomens alle seine einzigartigen und zugleich seine gattungs- und bereichsbedingten Qualitäten überschritten werden"(Handbuch, S. 37).

An dieser Stelle könnte sich der Einwand nahelegen, dass, da die Komponentenanalyse doch von einer *Gehaltssynthese* ihren Ausgang nimmt, die Kontrapunktik von Form und Gehalt zu kurz komme. Da die dritte Komponente aber nur als „Ergebnis der Begegnung der zwei anderen" gedacht werden kann, ist dem keineswegs so. Formale wie inhaltliche Gesichtspunkte müssen schon in die vorgreifende Gehaltssynthese Eingang finden, um eine hinreichend begründende Hintergrundsansicht des Textes zu profilieren. Dies zeigt sich besonders eindrücklich bei Falks Hinweis auf die Schwierigkeiten, auf die der Komponentialanalytiker treffen kann: solche Probleme ergeben sich, wenn Texten eine komponentiale Doppelstruktur eingeschrieben ist, oder wenn sie einen Konzeptionsbruch erkennen lassen, also eine selbst nicht thematisierte Vorgeschichte, auf die zwischen den Zeilen Bezug genommen ist. Die Einzelanalysen von Texten Georges, Hofmannsthals, Benns und Döblins bieten schöne Belege für Differenziertheit und Offenheit des Verfahrens, das sich in actu bewähren muss.

II

Es ist eine Crux im Selbstverständnis der Komponentenanalyse, dass sie über die Erhellung einzelner Texte hinausweist und auf „sinnhaften Strukturen" im weiteren Sinne, also vor allem auf die Ordnung der Geschichte anwendbar sein soll. Der zweite Teil des Handbuchs ist deshalb als eigenständiger und bedenkenswerter Beitrag zu jener ‚Neuen Epochenforschung' angelegt, die von Foucaults 'Ordnung der Dinge' 'Les mots et les choses' (1967) angeregt wurde: den Arbeiten von August Nitschke - er stand zeitweise in engem Austausch mit Falks Projekt - Wolfgang Stürner im Bereich der historischen Mediävistik, oder auf dem Sektor der Wissenschaftshistorie Wolf Lepenies verdankt Falk Anstöße zu seiner Fragestellung. Bei allen Genannten läßt sich

Vom Sinn in Text und Geschichte. Anmerkungen zu
Walter Falks ‚Handbuch der Komponentenanalyse'

35

eine intensive Aneignung des Strukturalismus beobachten, die zu einer
Ablösung von den überkommen Methoden der hermeneutisch orientierten
Geistesgeschichtsschreibung führt. Die Neue Epochenforschung ist auch durch
die strukturalistische Schulung in allen ihren Ausprägungen für die Gefahr
einer Verwechslung von Epochenstruktur und Symptomen sensibilisiert.
Umgekehrt aber erfährt der Strukturalismus eine Revision seiner
‚ahistorischen' Züge.

Die Bedeutung der doppelten Korrektur kann dadurch verdeutlicht werden,
dass auch die Neue Epochenforschung ähnlich wie große strukturalistische
Ansätze, etwa die Ikonologie des früh gestorbenen Max Imdahl, das „nec
varietur" kennt, jenes „Alles ist so, wie es ist, es sei denn, alles wäre anders".[2]
Es hat bei ihr aber einen anderen Oberton gewonnen: der Möglichkeit des
Anders-seins eignet nicht der Grundakzent einer brüchigen letzten Wahrheit,
sondern eine Methodenstrenge, die qua Methode auf eine tendenziell
unendliche Selbstrevidierbarkeit verweist.

Dieser Aspekt bewahrheitet sich in Falks Beiträgen zum Panorama der Neuen
Epochenforschung. Er legt Wert darauf, dass seine Methode *in sich selbst*
geschichtlich sei: sie soll helfen, Feststehendes in der Geschichte zu ermitteln;
und zugleich soll sie die Erkenntnis „für das Eintreten zukünftiger, neuer Erfahrungen" (S. 216) offenhalten. Deshalb liegt bei ihm, wie auch bei Nitschke,
der Akzent immer auf der *Genesis* eines Epochenprofils, nicht so sehr auf
seiner *Geltung*.

Dahinter verbirgt sich eine anschauungsgesättigte, geschichtsphilosophische
Konzeption, die auch auf die Rolle der Verfasserschaft in der Einzeltext-
Analyse zurückstrahlt. Falk exponiert das Problem der Historizität nämlich im
Lichte einer Theorie menschlicher Produktion, die nicht auf die ‚Poiesis', das
Werkschaffen, begrenzt ist, sondern auch die ‚Praxis' menschlicher
Handlungsvollzüge einschließt. Deshalb mündet diese Erörterung in eine
Skizze schöpferischer menschlicher Weltnatur, die - wie nebenher - die
methodologisch vielfach umkreiste Scheinalternative zwischen einer
Produktions- und einer Rezeptionsästhetik in das überzeugende Theorieprofil
einer gegenseitigen Integration beider Sichtweisen überführt. In ihrem
Grundriss ist dieser Theorieansatz *modalanalytisch* angelegt. Die
Innovationskraft des Schaffenden oder Handelnden spielt in der Sphäre der
‚Möglichkeit', sie entbindet aus dem gegebenen Wirklichen ein Mögliches, das
als neue Wirklichkeit Gestalt gewinnt, sich aber erst dem Zusammenspiel von
Möglichem und Wirklichem verdankt.

---

[2] Vgl. dazu Werner Hofmann, *Sehendes Sehen. Versuch über Max Imdahl*, in: Merkur 573,
Dezember 1996, S.1145-1151.

Der skizzierte Gedankengang mündet in einen ‚hiatus irrationalis', den Falk - zu Recht - nicht zu versöhnen sucht. Er begreift ihn vielmehr als einen seinerseits ‚unvordenklichen' Wesenszug der ‚conditio humana'. Es lässt sich nämlich (ehe auf die Grundbedingung von Kreativität verwiesen wird) mit gleichermaßen gutem Recht von einer *Priorität* des Wirklichen wie des Möglichen sprechen. Wirklichkeit ist vor allen Aktuierungen menschlicher Inventionskraft schon da, sie grenzt sich - im Sinne von Selbsterhaltung und -stabilisierung gegen das Mögliche ab. Dennoch verdankt sich jede kreative Genesis von Neuem einer durch das gegebene Seiende nicht überformten Freiheit - eben der Dimension des Möglichen. Eine Grunderfahrung der Moderne, etwa der russischen Formalisten, dass die Invention nicht ‚Creatio ex nihilo' ist, sondern Evolution, oder mit Cassirers 'Philosophie der symbolischen Formen' gesprochen: schaffende Strukturierung einer schon strukturierten Welt, wird komponentialanalytisch fruchtbar gemacht; nicht anders als die (bei Falk freilich weniger eingestandene!) Aristotelische Verhältnisbestimmung zwischen ‚Dynamis' als der je neuen Möglichkeit und 'Entelechie' als deren zielhaften Leitgestalt.

Falk gibt zu erkennen, dass ‚Möglichkeit' und ‚Wirklichkeit' epochenspezifisch sehr unterschiedlich aufeinander bezogen sein können: im Horizont des schon Gestalteten stellen sich epochenspezifisch unterschiedliche Leerstellen des zu Gestaltenden ein. Bereits strukturell ist nicht in jeder Zeit alles nur Denkbare auch real möglich. Falk spricht hier von ‚epochalen Metra', die den Schaffensprozess konditionieren.

Wird das Feld der Trias von Aktual - Potential - und Resultativkomponente von der Seite des Werkschaffenden her durchlaufen, so mündet im Organon der ‚Gestaltung' Möglichkeit in eine neue Wirklichkeit. Der verstehende (‚entdeckende') Rezipient des Werkes vollzieht den selben Akt aber in umgekehrter Richtung: indem er mit dem Text, dem Bild, der Partitur Umgang hat und sich in sie vertieft, werden ihm Möglichkeitsintentionen wieder sprechend, die im Werk verwirklicht wurden; und über sie hinaus vielleicht Möglichkeitsdimensionen der Verständigung seiner selbst, die am Werk nur Anhalt haben.

Indem Falk diese Produktionstheorie als Leitgestalt der Reflexion auf Geschichte zugrunde legt, wird die Theorie der Geschichte einer Revolution unterzogen. Es ergibt sich eine Position, die, nachdem die Weltideologien kollabiert sind, weit über den akademischen Bezirk hinaus Beachtung verdienen würde: Denkbar wird nämlich ein Sinn in der Geschichte, der - in methodischer Grundlegung von Intentionen Hamanns, Herders oder Rankes - in der Immanenz der Struktur der einzelnen Epoche aufzufinden ist. Kein Fortschrittsgesetz muss konjiziert werden. Weder das aufklärerische Modell

Vom Sinn in Text und Geschichte. Anmerkungen zu
Walter Falks ‚Handbuch der Komponentenanalyse'

37

noch der Hegelsche Logismos von der Vermittelung der Vernunft mit der Geschichte als ihrem Anderen ist vorauszusetzen.

Signifikant für den Abstand zu einer tradierten Geschichtsmetaphysik ist es, dass Falks Geschichtsdenken immer im Status des Hypothetischen, der Erwägung, bleibt. Dies kann nicht darüber hinwegtäuschen, dass die „Hypothesen zur europäischen Potentialgeschichte", die Falk vorträgt, durch vielfache Forschungen, keineswegs nur aus dem Umkreis des Verfassers, Kontur gewonnen haben und dass der Abriss, den das 'Handbuch' gibt, in aller lakonischen Kürze ahnen lässt, welchen Reichtum an Entdeckungen die potentialgeschichtliche Epochenbetrachtung birgt, die freilich verlangt, sich von gewohnten, obgleich im Grundsätzlichen ungeklärt bleibenden Epochenbegriffen zu lösen. Dieser Blickwechsel wird reich belohnt werden. Es eröffnet sich nämlich die Einsicht in subtilere epochale Sequenzen: vom übergreifenden *Zeitalter* (Antike, Mittelalter, Neuzeit) über *Ären,* die ihrerseits wieder *Perioden* erkennnen lassen, welche schließlich weiter in *Phasen* zerfallen können. Bemerkenswert sind die Titel, die Falk - indem er die Blickpunkte vorausgehender Einzelforschung bündelt - für die einzelnen Abschnitte findet: Kennzeichen, Symbola im besten Wortsinn, in denen die Dichte der Erkenntnis sich in sinnfällige Plausibilität steigert. Die mittelalterliche Welt wird etwa als ‚Ordoistik' erkannt. Sie wird abgelöst durch ein Zeitalter der ‚Egotistik', in dem die menschliche Schöpferkraft in den Vordergrund tritt. Es beginnt, genau betrachtet, weder mit Bacon noch mit Descartes. Vielmehr kann der Übergang in der Renaissance-Philosophie, etwa mit der Akzentuierung von Nicolaus Cusanus' Begriff der ‚vis creativa', erkannt werden. Die Transformation des egotistischen Weltalters in ein Zeitalter der Kollektivistik ist hingegen mit Nietzsche und Marx gebahnt.

Von weiteren Einsichten, die bis in die Dimension der Phasen hinabreichen müssten, kann hier nicht gehandelt werden. Nur zweierlei ist hervorzuheben: Falk markiert die Jahre um den Ersten Weltkrieg als eine Schlüsselzeit der Krisis. Durch jene Zwischenperiode, die er seit seinen frühen Arbeiten zum Expressionismus besonders genau erforschte, setzt im egotistischen Zeitalter und der seit etwa 1770 datierenden ‚Epoche der Evolution', die sich in verschiedenen Neuerungen seit 1880 aus der mimetischen Reproduktion zur Kreativistik, einer ästhetischen Hypostase des schöpferischen Ich, verdichtete, eine tiefgehende Irritation ein. Das Ich wird in einen Sog der Destruktion gezogen, der in der Periode der Kreativistik (in Rilkes Ding-Dichtung oder in Hofmannsthals Chandos-Brief) gewollt ist, sich aber zunehmend verselbständigt, wie es zumal Kafka-Texte zeigen können - man denke an die von Falk mehrfach sublim gedeutete Skizze: „Ich mache Pläne".

Zum anderen ist der Ausblick in die Gegenwart zu akzentuieren, deren Spezifikum Falk an der sich schon seit einigen Jahrzehnten andeutenden Ablösung der orientierenden Grundstruktur des Raumes durch die der Zeit fixiert. Die

‚tempistische' Welterfahrung impliziert eine ‚Revolution der Denkart' in ver-
schiedensten Bereichen kulturierten Lebens. Sie lässt tradierte Hierarchie-
Folgen ebenso fraglich werden, wie die raumhaften Schemata der
Nebeneinanderordnung: Simultaneitäten und fluide Erneuerungen, wie sie
Kybernetik oder Systemtheorie begrifflich zu fassen suchen, kommen hier zum
Tragen. Foucaults Versuch, Macht nicht mehr hierarchisch sondern als Netz
von wechselseitig einander bedingenden Dispositiven zu verstehen, mag
zugleich ein bedeutendes Symptom und eine bemerkenswerte Reflexion dieser
Denkart sein.

Bereits diese kargen Bemerkungen mögen angedeutet haben, dass die neue
Epochenforschung, nicht zuletzt in ihrer komponentialen Ausformung, in
concreto mehr und anders zu sehen lehrt, als es im Bezugsrahmen
eingeschliffener Epochenbegriffe für gewöhnlich möglich ist. Sie lässt
Verbindungen zwischen Werken und historischen Phänomenen erkennen, die
der Dogmatismus der Epochenbegriffe streng teilte. Bei Falk rücken zum
Beispiel Stefan Georges Algabal-Zyklus und Gerhart Hauptmanns frühe
Dramen in einen engen Zusammenhang. Ohne den lebensweltlichen Spezifika
Gewalt anzutun, können Sphären wie Tanz und Dichtung zusammen gesehen
werden, die durch keine verordnete oder geförderte Transzdisziplinarität mehr
zusammengebunden werden könnten. Eben hier könnte das Gespräch zwischen
Neuer Epochenforschung und den Erkundungen der ‚longue durée' einsetzen,
zu der die französischen Annalisten von der von Marc Bloch artikulierten
Grunderfahrung her aufbrachen, dass Geschichte ein Gespräch zwischen
Lebenden und Toten sei.

Synoptische und zugleich unterscheidende Kraft kommt Falks
Geschichtsdenken dank seines Leitbegriffes der ‚Repräsentation' als einer
Wiederkehr des Gleichen auf anderer Ebene, oder als einer ‚inhaltlichen
Differenz bei struktureller Kongruenz' zu. Von hier her werden nicht nur die
Nahtstellen zwischen Zeitaltern oder Epochen untereinander, sondern auch die
Verschweißungen von Zeitaltern mit Epochen und Phasen transparent
gemacht. Noch mehr: von hier her verbinden sich auch die Epochensequenzen
mit den Komponenten des Produktionsgeschehens, Aktual-, Potential- und
Resultativkomponente, da zwischen Epochen oder zwischen einzelnen
Perioden und deren Phasen die Prioritäten innerhalb des Ternars sich
verlagern. Auf diese Weise kann der Zusammenhang von System und
Geschichte expliziert werden, was Folgen für das Verständnis schaffender
Subjektivität haben wird, die immer geschichtlich konditioniert ist, wie in
einer Übersetzung von Heideggers Grundeinsicht, dass wir immer beides sind:
in unsere Geschichtlichkeit geworfene und sich in ihr Entwerfende.

Vom Sinn in Text und Geschichte. Anmerkungen zu
Walter Falks ‚Handbuch der Komponentenanalyse'

39

III

Man kann die Bedeutung jener Gedanken, Ergebnisse und Forschungsprogramme, die das Handbuch von Walter Falk entfaltet, zuerst im gegenwärtigen akademischen Diskurs sehen. Schon hier ist zu bemerken, dass Falks Ansatz Brückenschläge ermöglicht und begründet, die alles andere als selbstverständlich sind. Hermeneutik und falsifikationistische Methodenstrenge kommen zusammen, so dass die Frage, ob Snows ‚zwei Kulturen', Geistes- und Naturwissenschaften, mit zwingenden, aus methodischer Inkongruenz resultierenden Gründen bis zur Gesprächslosigkeit voneinander geschieden bleiben müssten, neu aufzuwerfen ist; eine Frage, die holistische Theorien, wie Whiteheads Prozess-Philosophie schon seit langem aufwarfen. Auch empirische Einzelforschung und philosophische Reflektiertheit sind in bemerkenswerter Weise zusammengeführt. Dabei hat sich Falk stets dem Wort seines großen Lehrers Heidegger widersetzt, dass die Wissenschaft nicht denke - ein Diktum, das den Gesprächsfaden abschneidet, ehe es noch irgend zu einer Zwiesprache kommen kann. Auch wenn man der Möglichkeit zu Korrespondenzen zwischen den Wissenschaften misstraut, wofür es gute Gründe gibt, wird man konzedieren müssen, dass sie in Falks Lebensarbeit zu erstaunlichen Ergebnissen geführt haben und dadurch eine eigene Überzeugungskraft gewinnen. Es legt sich der Eindruck nahe, dass hier für die wissenschaftliche und lebensweltliche Gegenwart Diltheys Grundintention noch einmal wiederholt würde, das nicht-rationale Geheimnis der Manifestationen des Geistes schrittweise durch methodengeleitete Erkenntnis einzuholen, statt beide Sphären, so wie dies die von Max Weber konstatierte ‚Entzauberung der Welt' nahe legt, auseinanderzureißen. Mit Dilthey, von dem Falk bei aller grundsätzlichen methodischen Differenz mit Achtung spricht, teilt er auch die Annahme eines unverfügbaren Restes in der künstlerischen Hervorbringung, einer zugleich konditionierten und absoluten Innovation, die man Inspiration nennen mag.

„Du mußt es dreimal sagen". Soll Mephistos Maxime auch hier gelten? Das 'Handbuch der Komponentenanalyse' erschien 1996 in zweiter Auflage. Es ist bei seiner ersten Publikation (1983) von der innerdeutschen Germanistik kaum rezipiert worden und fand doch weltweite Beachtung. Übersetzungen ins Japanische und eine im Erscheinen begriffene Übertragung ins Koreanische zeugen davon, nicht weniger die weitausgreifende Lehr- und Forschungstätigkeit Falks im spanischen und im arabisch ägyptischen Kulturraum. Vermehrte Aufmerksamkeit ist dem Ansatz daher endlich auch in der ‚verspäteten Nation' zu wünschen, da er nicht nur Philosophie und Wissenschaft verbindet, sondern auch Wissenschaft und Ethos. Auch in dieser Verbindung folgt Falk Diltheys Spuren. Das Ethos der Komponentenanalyse ist schon durch ihre bisherige Topographie gekennzeichnet; ein west-östliches

Gespräch sowohl im weltweiten wie im europäischen Zusammenhang. Von ersterem zeugt die Sensibilität junger Gelehrter aus dem fernen Osten für Falks Gedanken, von letzterem zeugen seine Erkundungen der europäischen Potentialitätsgeschichte immer auch von den Rändern her - der ‚Parallele Ägypten' oder dem Phänomen des spanischen Stierkampfs. Nicht zuletzt zeugt davon auch der Umstand, dass das 'Handbuch' heute in einem Verlag erscheint, der zum Teil in Tschechien beheimatet ist und dass es durch Falks tiefgründige Erörterung von Václav Havels Briefen aus dem Gefängnis flankiert wird, die das zugrundeliegende Ethos ausdrücklich zur Sprache bringen, in Antworten auf die Frage, „wo der Mensch zu Hause ist".

Falks Handbuch ist ein ‚Manuale' im besten Sinn und eine ‚manudictio' - eine Handreichung, die dazu dienen kann, in eigenen Forschungsgebieten über den Bereich der deutschen Literaturgeschichte hinaus, in dem bislang vor allem komponentialgeschichtlich gearbeitet wurde, mit der komponentialen Struktur zu experimentieren und es legt das Gespräch mit vergleichbaren Ansätzen nahe, von denen - neben der Historik der Annales-Schule - insbesondere in der Sphäre der Philosophie einige in Sicht sind: Heribert Boeders geschichtliche Topologie der Metaphysik etwa, die strukturanthropologischen Forschungen Heinrich Rombachs oder die gleichfalls von einem subjektivitäts- und modaltheoretischen Konzept getragenen geschichtsphilosophischen Erörterungen Stephan Ottos. Ihnen ist, obgleich sie unabhängig voneinander entstanden sind, gemeinsam, dass sie in Zeiten, in denen Hegels Wort, wonach das Wahre das Ganze sei, vielfach bezweifelt wird, und in denen zugleich das ‚postmoderne' und ‚postideologische' Zeitalter der 'courts récits' in eine so tiefe Krise geraten ist, dass Proklamationen von deren Ende nur Variationen des Krisensymptoms sind, versuchen, System und Geschichte zusammenzudenken. Walter Falk ist auf diesem Weg bemerkenswert weit gekommen.

Eine Spur bahnen. Paradigmata zu einer philosophischen Rezeption
der Komponentenanalyse in Aneignung und Auseinandersetzung

41

2. Eine Spur bahnen. Paradigmata zu einer philosophischen Rezeption der Komponentenanalyse in Aneignung und Auseinandersetzung

Im Folgenden geht es um eine erste, noch sehr vorläufige Skizze einer möglichen und notwendigen philosophischen Rezeption des Ansatzes der neuen Epochenforschung, vor allem in der Ausprägung, die ihr Walter Falk gegeben hat; einer, wie sich in den letzten Jahren je länger je mehr, aber auch unter immer schwierigeren Bedingungen zeigt, ‚Neuen Wissenschaft'.[1] Wenn das Epitheton Vicos sinnvoll gebraucht werden kann, dann hier. Damit ist schon ein erster Orientierungspunkt bezeichnet: Walter Falks Lebenswerk ist als eine vielsträngige Widerlegung von Heideggers Diktum zu begreifen: „Die Wissenschaft denkt nicht".[2] Damit muss die Einsicht in die Wunden, die die neuzeitliche Wissenschaft der Welt geschlagen hat, nicht gemildert werden. Möglicherweise berührt sich jene Widerlegung sogar mit Heideggers Versuch, die ihr selbst nicht bewussten metaphysischen Voraussetzungen neuzeitlicher Wissenschaft und Technik freizulegen.

Ich überschreibe meine Überlegungen mit dem Titel *„eine Spur bahnen"*. Darin klingen bewusst Heidegger-Reminiszenzenen an. Die Spur ist der Denkweg, der sich im Gehen erst erschließt, indem das Gesetz entdeckt wird, dem er folgt, während er den Raum nach verschiedenen Richtungen durchmisst. Darin klingt freilich auch Hölderlins Satz aus der Hymne 'Der Einzige' an: „Es bleibet aber eine Spur/ Doch eines Wortes; die ein Mann erhaschet. Der Ort aber war // Die Wüste".[3]

Um der Spur in der Sache näher zu kommen, verfolge ich im einzelnen drei verschiedene Gänge: im ersten Teil verweise ich auf fünf philosophische Grundfragen, die sich in Walter Falks Werk im Lauf der Zeit zunehmend erkennen lassen und deute an, worin ihr spezifisches Gewicht für das philosophische Denken liegt (I).

Dann gehe ich Entsprechungen und einer möglichen Übertragung der Ergebnisse der Marburger Epochenforschung auf die Philosophie-geschichtsschreibung (insbesondere des 20. Jahrhunderts) nach (II).

---

[1] Damit nehme ich Bezug auf Vicos *Neue Wissenschaft* (1744 u.ö.). Vgl. dazu S. Otto, *G. Vico.* Stuttgart und andere 1990, sowie die Edition dieses großen Werkes in der Philosophischen Bibliothek des Meiner Verlags durch Vittorio Hösle und Christoph Jermann.

[2] Vgl. Heidegger, *Was heißt Denken?*, in: ders., *Vorträge und Aufsätze.* Pfullingen [6] 1990, S. 123-157.

[3] Zitiert nach Otto Pöggeler, *Das Gedicht als Spur*, in: ders., *Neue Wege mit Heidegger.* Freiburg und andere 1992, S. 315-359.

Schließlich richte ich den Blick von der Epochen- auf die Dominanzen-Struktur und akzentuiere von hier aus das Gewicht eines vergleichsweise schmalen jüngeren Aufsatzes von Falk. Er kann philosophisch als fundamentaler Beitrag zur Ästhetik gelesen werden (III).

Diese drei Wege wären durch andere zu ergänzen. Dennoch liegt der Skizze ein nicht willkürliches Schema zugrunde. Sie folgt einer inneren Tektonik, die sich im Lauf der komponentialanalytischen Arbeit zunehmend zu erkennen gab.

I. Philosophische Grundfragen in Walter Falks Ansatz

Wenn im Folgenden fünf philosophische Grundfragen in Walter Falks Oeuvre umrissen werden, so bedeutet dies eine *Verfremdung*, nämlich: eine Übersetzung in spezifische Fragen der 'Philosophia perennis', auf die, in literatur- und geistesgeschichtlicher Arbeit gewonnene methodische Einsichten erst nach und nach transparent wurden.

Zugleich aber soll auf diese Weise gezeigt werden, weshalb das philosophische Nachdenken Impulse der neuen Epochenforschung fruchtbar machen könnte. Bei Heidegger stößt man in den Nachlassaufzeichnungen, kontrafaktisch zu dem Wort von der nicht-denkenden Wissenschaft, auf die Bemerkung, es könne aus den Wissenschaften, etwa einer detaillierten philologischen Sachklärung, eine grundlegende Wendung zur Einsicht in das zu Denkende kommen, nicht notwendig aus einer Philosophie, deren Gegenwartssprache die der Überlieferung je länger je mehr zu verlieren droht.

Die fünf Problemkreise, denen ich mich zuwende, betreffen:

1. Das Erkenntnisproblem von Wahrheit und Methode.
2. „Die eigene Zeit in Gedanken gefaßt" : Überlegungen zu Bild und Begriff der Geschichte, insbesondere der Geschichte de Philosophie.
3. Das Verhältnis von Ethik - Ästhetik - und erster Philosophie.
4. Die Frage nach der Wahrheit.
5. Glauben und Wissen als Überschreitung der Metaphysik.

1. Zur Frage von ‚Wahrheit und Methode'

„Wahrheit und Methode", in ihrer Exposition durch Gadamer durchaus in ein Spannungsverhältnis gebracht, können einander ergänzen. Dies wird umso eher möglich sein, je mehr drei methodische Grundprinzipien einander konvergieren:

- einem der Forschung vorausgehenden spezifischen Ethos, das sich aus unverwechselbaren Grunderfahrungen speist,
- einem Begründungsanspruch
- der falsifikationistischen Selbstrevision und Korrektur auch im grundsätzlichen.

In Falks Arbeiten zur neuen Epochenforschung ist die Objektivierung niemals so weit getrieben, dass die hermeneutischen Urstiftungen, die für die Theoriebildung fundierend, selbst aber nicht theoretischer Natur sind, aus dem Blick kämen. Es sind ganz bestimmte Denkerfahrungen, auf die der, der sich mit Walter Falks Denken auseinandersetzt, trifft: vor vielem anderen die Einsicht in die welterschließende Macht der Dichtung. Sie bezeichnet eine Gegenposition zu dem ästhetizistischen l'art pour l'art und ging ihm bei der schulischen 'Antigone' - Lektüre auf, die eine Gegen-Welt gegenüber dem Nationalsozialismus erschloss. Solche ‚Urszenen' sind immer Denkerfahrungen. Hier beginnen Fragen, die mitunter erst Jahrzehnte später ihre gehärteten epistemischen Antworten finden, die aber eigene Forschungsanstrengung implizit anleiten mögen.

Wenn es um *Selbstrevisionen* geht, könnten zuerst die Schwierigkeiten in der Bestimmung des Verhältnisses von Epochen- und Wiederholungsstrukturen zur Abhebung gebracht werden,[4] die den *Wesensunterschied* beider Strukturmuster sehen ließen. Wenn man an die Erklärens-Verstehens-Kontroverse zwischen Hermeneutik und Geistesgeschichte in der Dilthey-Zeit denkt,[5] könnte dieses Verhältnis als ‚individuelles Allgemeines' begriffen werden. Epochen sind auf ihre Singularität und Unverwechselbarkeit hin zu erschließen; Wiederholungsstrukturen kehren dagegen in Modifizierungen in verschiedenen Epochen wieder. Beides miteinander zu verwechseln liegt nahe. Es versteht sich, dass auch Grundbegriffe der neuen Epochenforschung ständiger Revision und Fortschreibung unterlagen: Hier wäre an die Korrektur der zuerst gefundenen Terminologie von Haupt- und Nebenkomponente, die über die Modalität nichts aussagt, in die spätere Begrifflichkeit von Aktual-, Potential-, und Resultativkomponente zu denken. Auch die terminologische Abwandlung von ‚Thema' in ‚Komponente' müsste aufmerksame Berücksichtigung finden. Denn der spätere Begriff erfasst im Unterschied zu dem zuerst gebrauchten die formale wie die inhaltliche Seite eines Textes. Alle diese Veränderungen bedürfen eines Leitfadens: der früh gewonnenen Einsicht

---

[4] Vgl. dazu grundsätzlich: Walter Falk, *Brücken zwischen Human- und Naturwissenschaften. Gemeinsames in Thesen eines Germanisten und des Biochemikers Rupert Sheldrake.* Frankfurt/Main und andere 1998, S. 15 ff. und S. 63 ff., sowie derselbe, *Glauben und Wissen um 2000.* Paderborn 2003.

[5] Dazu Manfred Riedel, *Verstehen oder Erklären? Zur Theorie und Geschichte der hermeneutischen Wissenschaften.* Stuttgart 1978, insbesondere S. 134 ff.

in die Unzulänglichkeit der binären Grundverfassung des Strukturalismus und die methodengeleitete Frage nach dem Sinnganzen.

Methode und Sache werden dabei so aufeinander bezogen, dass die ‚Zetematik', der Weg des Suchens, eine immer weitergehende Klärung findet. Dabei wird im Sinn des Popperschen Wissenschaftsbegriffs danach gesucht, dass das Ergebnis Schritt für Schritt objektiver Nachprüfbarkeit offen ist. Dies ist für philosophische Reflexion zwischen System und Struktur, die sich vor der Gefahr zu starker ebenso wie zu schwacher Begründungen zu sichern hat, von Bedeutung: Es setzt freilich ein Vertrauen in die Überprüfbarkeit und Erschließungskraft wissenschaftlicher Methoden voraus.

Falk wendet die wissenschaftliche, methodisch spezifizierte Zetematik bewusst auf das Sinnganze an, „während bei herkömmlichen Interpretationen nur die Aussagen zu einzelnen Bestandteilen geprüft und gegebenenfalls korrigiert werden können, nie aber die zum Sinnganzen" (vgl. seine nachgelassene Vorlesung zu Haupttendenzen der deutschen Gegenwartsliteratur. Marburg 1998, Man. S. 80).

Über die Folgerungen, die aus einer solchen Methode in fundamentalphilosophischer Absicht zu ziehen sind, kann man eine Vermutung anstellen, wenn man eine Erwägung von Walter Falk aufnimmt: dass das komponentenanalytische Modell deshalb nicht allgemein akzeptiert - ja oft nicht einmal nur verstanden - worden sei, weil es gegen das Zweistufen-Denken von Teil und Ganzem verstoße, das so alt ist wie die Erste Wissenschaft selbst und an dem auch die ‚Holistik', wie sie etwa in der Akzentuierung des Gestaltbegriffs maßgebend wurde, nichts habe ändern können (Falk, Vorlesung, Nachlass, S. 80). Wenn über die sich von Aristoteles herschreibende Grundfigur der Teil-Ganzes-Relatio (des ‚Merismos') hinausgefragt wird, könnte wohl zur Erläuterung jener Differenz beigetragen werden, die Heidegger als ‚Sein des Seienden' gefasst hatte und die, wie er betonte, in der über 2000-jährigen abendländischen Denkgeschichte vergessen war. Für Falk indes bleibt sie keine bloße Form. Sie gewinnt, wie wir noch sehen werden, ein personales Antlitz.

Anders gefasst: das Sinnganze, um das es letztlich in der Komponentenanalyse geht, ist nicht ohne Orientierung auf die Bestandteile und damit auf den Wortlaut eines Werkes oder Sachzusammenhangs freizulegen. Doch es führt über die Segmenten-Ordnung der Teile hinaus.

2. Methode

Obgleich der Begriff der Geschichte in der neuen Epochenforschung von einer ziel- oder zweckhaften Teleologie absieht, mutet der Versuch, den Sinn und die Ordnung der Geschichte zu ermitteln, nicht weniger als die Annahme einer

- formal anzeigenden - Prognostizierbarkeit der Geschichte zu. Dass diese Prognostik für die geistige Situation der Jahre um 1980 schlagend gelang, ist sprechend genug.[6] Doch verlangt es immerhin, dass sich der Historiker nicht nur im Sinn des Schlegelschen Diktums als ‚rückwärts gewandter Prophet' verstehen soll.

Aufgrund seiner Absage an ein Konstrukt des Verlaufs der Geschichte im Ganzen ist Falks Geschichtsdenken darauf orientiert, einen jeweiligen Ursprungspunkt, die Findung von ‚Neuem', aufzuspüren. Dieses Problem wird mit der Erkenntnis von Verlaufsformen der Geschichte weitgehend identisch, und man kann darin eine vollständige historische Umformung und Grundgebung von Kants Frage nach der Bedingung der Möglichkeit synthetischer Sätze apriori sehen - in die Frage danach, wie, um die etwas nonchalante Reformulierung durch Odo Marquard zu paraphrasieren, Neues möglich ist, das kein Korrelat in der Erfahrung hat.

Der Grundzug dieses Geschichtsdenkens ist zu präzisieren: Falk schließt einen Aufsatz über die Wiederkehr der Engel mit den Sätzen: „Wissenschaftler sind es gewesen, die einst damit begannen, bei der Erscheinung eines Engels die Augen zu schließen und ihn in eine bemalte Holzfigur umzudeuten, wie Franz Kafka das dargestellt hat. Wissenschaftler können jetzt dazu beitragen, dass das Wirken von Engeln für viele Menschen erkennbar wird".[7]

Dieser Gedanke kann weitergeführt werden; und dabei wird erkennbar werden, dass er eine Leerstelle enthält: Zwischen beiden von Falk erwähnten Evokationen des Engels im 20. Jahrhunderts steht das Bild einer Inversion der tradierten Engelsgestalt, unter dessen mahnendem Zeichen das Geschichtsdenken am Ende eines Säkulums der Katastrophen stehen könnte. Ich verweise auf den 'Angelus Novus' aus Walter Benjamins IX. Geschichtsphilosophischer These: „Der Engel hat das Antlitz der Vergangenheit zugewendet. Wo eine Kette von Begebenheiten vor *uns* erscheint, da sieht *er* eine einzige Katastrophe, die unablässig Trümmer auf Trümmer häuft und sie ihm vor die Füße schleudert. Er möchte wohl verweilen, die Toten wecken und das Zerschlagene wieder zusammenfügen. Aber ein Sturm weht vom Paradiese her, der sich in seinen Flügeln verfangen hat und so stark ist, dass der Engel sie nicht mehr schließen kann. Dieser Sturm treibt ihn unaufhaltsam in die Zukunft, der er den Rücken kehrt, während der Trümmerhaufen vor ihm zum Himmel wächst. Das, was wir den Fortschritt nennen, ist *dieser* Sturm."[8]

---

[6] Dazu erstmals Walter Falk, *Epochale Hintergründe der antiautoritären Bewegung.* Frankfurt/Main und andere 1983, S. 9 ff. und S. 256 ff.
[7] Dazu Falk, *Die Wiederentdeckung der Engel,* in: ders., *Brücken zwischen Human- und Naturwissenschaft,* a.a.O., S. 143-220, Zitat S. 219.
[8] Walter Benjamin, Gesammelte Schriften, hg. von R. Tiedemann und H. Schweppenhäuser. Band 1. Frankfurt/Main 1974, S. 697 f.

Bewusst oder unbewusst hat Walter Falk ihm immer Rechnung getragen. Dies aber heißt, dass die Suche nach der „Ordnung in der Geschichte" nicht zufällig am Ende des Zeitalters der Ideologien vordringlich wird, vor dessen Hintergrund sie zugleich auf die strengste Probe gestellt ist.

3. Ethik - Ästhetik - Erste Philosophie

Walter Falk hat immer Ethik und Ästhetik zusammengedacht, da ihnen eine Strukturgleichheit eigen ist: Im Ethos wie im eigenständigen Entwurf ist der Mensch Antwortender und Schaffender zugleich. Dies kann in den binären Rastern des Strukturalismus nicht transparent gemacht werden. Dazu ist vielmehr die Inanspruchnahme des dritten Horizontes erforderlich. In diesem Sinn hat Falk in seinen späten Jahren von der ‚Inspiration' gesprochen. Deren Medium ist in seinem Sinn gerade kein „Anderes der Vernunft". Ihr kann nachgeforscht werden, wobei sich, wie Falk darzulegen versuchte, zeigen wird, dass sie in der Tektonik der Vernunft vorgezeichnet ist. Es ergäbe sich auf diesem Weg ein Verständnis der Ordnung in der Geschichte, das nicht (wie etwa das Überlieferungsgeschehen, von dem bei Gadamer die Rede ist) auf die Zufälligkeiten des Überlieferungszusammenhangs verwiesen ist, der aus kontingenten Gründen abbrechen kann.

In der Sprache der philosophischen Tradition bedeutet dies: Falk erweist die Trennung zwischen erster und zweiter Philosophie als hinfällig. Es ist keine Verständigung über das Sinnganze (Theorie) möglich, die sich nicht in der Form der Poiese oder des Handelns manifestierte, und es ist kein Begriff über das gute Handeln oder über das gelingende Kunstwerk zu gewinnen, das nicht auf einen Begriff der Welt im Ganzen vorausgriffe. Wenn der dritte Horizont des Sinnganzen im Blick steht, ist Sinn nicht als ein ‚immer schon' uns umspielendes Wahrheitsgeschehen aufzufassen, das entzogen bleibt. Er hat eine dezidiert ethische Komponente und ist in jeder praktischen Handlung präsent.

4. Zum Begriff der Wahrheit

Wer nach Sinn fragt, der fragt nach Wahrheit, wobei Wahrheit ihrer Grundbedeutung nach nicht als semantische oder logische Satzwahrheit, sondern als Sinnerschließung gefasst werden soll, als ‚sich Zeigen' dessen, was ist. Die Konturen eines solchen Wahrheitsbegriffes hat, der die Fenster des Maschinenhauses, in dem sich die Fortschrittsmaschine der Neuzeit befindet, öffnet; dies hat Heideggers Wahrheitsbegriff gezeigt, indem er auf den griechischen Ursinn von Wahrheit ‚A-letheia' verwies und verdeutlichte, dass dieser wesentlich *geschehenshaft* zu verstehen ist: als ‚aletheuein'. Sinngemäß wäre die Verbalform als ein ‚bewahrheiten' wiederzugeben, in dem ausgesagt ist, dass sich die Wahrheit selbst bewahrheitet.[9] Falk denkt aber Heideggers Wahrheitsbegriff in entgegengesetzter Richtung weiter. Er geht nicht von der ‚A-letheia' aus, die der Verbergung entrissen wird. Seine Denkrichtung nimmt ihren Anfang vielmehr beim Offenen. Eine ähnliche Umkehrung gegenüber Heidegger findet man auch bei Hans Urs von Balthasar,[10] der sie allerdings nicht begrifflich methodisch einzulösen versucht, sondern im Wunder und der numinosen Erscheinung fixiert. Falk geht es hingegen darum zu zeigen, wie alle epistemische Rekonstruktion den Hintergrund der Evidenzwahrheit voraussetzt.

5. Glauben und Wissen als Überschreitung der Metaphysik

Das 20. Jahrhundert ist eine Zeit, in der die Krise der Metaphysik offensichtlich zu sein scheint: jedenfalls findet sie vielberufenes Echo. Hermeneutik, der linguistic turn der analytischen Philosophen, jedoch auch die - längst wieder bröckelnde - Prädominanz der Sozialwissenschaften (Habermas, Apel), zeigen dies in je verschiedener Weise. All diese Tendenzen laufen jedoch auf eine Entmächtigung philosophischer Reflexionskraft hinaus. Unaufgebbar bliebe die Auseinandersetzung mit den Wegbahnen der Metaphysik, der Versuch, im Labyrinth der philosophia perennis den Ariadnefaden zu entdecken. Niemand hat dies insistenter als Martin Heidegger unternommen - an dem Leitfaden, dass alle Ansetzung letzter Begriffe ‚meta ta physika' führe, die abgründige und zugleich gründende Herkunft der Denkbestimmungen zu vergessen suchte:[11] Heidegger betont indes auch umgekehrt, dass sich die Seinsfrage nur aus den vergangenen Zeugnissen, der Seinsvergessenheit, zuspiele. In der ‚Vergessenheit' liegt Heidegger zufolge geradezu das *Geschick* der abendländischen Denkgeschichte. Dass das sich Zeigende außer acht gelassen werden muss, belegt, dass es keinen ihr selbst nicht zugehörigen Horizont gibt,

---

[9] Hans Urs von Balthasar, *Theologik Band III. Geist der Wahrheit*. Einsiedeln 1987 pass. Dazu auch meinen Aufsatz: *Das religionsphilosophische Erbe des Hans Urs von Balthasar*, in: Edith Stein-Jahrbuch 1 (2000), S. 291 ff. und die Fortsetzung in: Edith Stein-Jahrbuch 2 (2001), S. 211 ff.

[10] Vgl. meinen unter FN 9 genannten Aufsatz über Balthasar.

[11] Vgl. Heidegger, *Nietzsche. Band 2*. Pfullingen 1961, S. 399 ff. und ders., *Überwindung der Metaphysik*, in: Heidegger, *Vorträge und Aufsätze*. Pfullingen [6] 1990, S. 67-97. Vgl. zum Problem der Metaphysik auch Theodor W. Adorno, *Negative Dialektik*. Hier nach Frankfurt/Main 1975, darin insbesondere: *„Meditationen zur Metaphysik"*, S. 401 ff., sowie ders., *Metaphysik. Begriff und Probleme*. (1965). Vorlesung aus dem Sommersemester 1965. Aus dem Nachlass herausgegeben Frankfurt/Main 1998.

auf den hin sich ein Ausgang aus der labyrinthischen Metaphysik öffnen ließe. Es zeigt sich vielmehr auch in der geschichtlichen Erörterung des Problems, dass der Anfang allen Wahrheitsgeschehens die Verborgenheit ('Lethé') bleibt. Die Rückerinnerung an Heidegger soll eine spezifische Differenz sichtbar machen. Denn Falk spricht nicht von einer 'Überwindung der Metaphysik' oder ihrer 'Verwindung': er artikuliert ihre 'Überschreitung'. Die rechtfertigt sich aus dem *triadischen* Ansatz der neuen Epochenforschung. Aus dessen Blickpunkt bleiben sowohl die Metaphysik in ihren verschiedenen Ausformungen als auch ihre Überwindungsversuche im strukturalistischen Muster der Antithetik befangen. An Heideggers 'Aletheia' kann man dies nicht anders als an Hegels Dreischritt erkennen, der doch auf eine Dualität zurückgeht, oder an der Kantischen Verfügung von Anschauung und Begriff.

Da Falk, anders als sein philosophischer Lehrer aus den ersten Freiburger Nachkriegsjahren, nicht von den Verfinsterungen der Lethe ausgeht, sondern von der offenen 'Wahrheit als Entdeckung' muss er nicht wie Heidegger immanent, aus den Labyrinthen der Metaphysik schöpfend, einzelne Ausblicke namhaft machen, die durch die Gewalt des Begründungszusammenhangs wieder 'verschlossen' werden. Er kann vielmehr, wie sich am Bild der Fortschrittsmaschine zeigt, die Ausweitung einer Grundkonstellation, wie jener der technischen Neuzeit soweit verfolgen, dass erkennbar wird, wie diese von innen her porös wird und sich damit auf den Sinnhorizont hin öffnet.[12]

Dabei ist die *Überschreitung* der Metaphysik von der Komplementarität von Glauben und Wissen bewegt, die strikt voneinander unterschieden bleiben müssen, obgleich sie einander wechselseitig erfordern. „Wissen besteht aus einem mit wohl bekannten Einzelheiten ausgefüllten Gesamtbild, das jederzeit vergegenwärtigt werden kann. Glaube ist Antwort auf die Aufforderung, ins Neuartige aufzubrechen."

Für den Philosophen ist die 'Überschreitung' der Metaphysik aufschlussreich, weil deren Fragen- und Problemgefüge nicht suspendiert wird, wie es selbst ein so bedeutsamer Ansatz wie Hans Blumenbergs visiologisches, metaphorologisches Denken nahelegt. Dabei zeigt sich bei genauerer Betrachtung die Revision der hellenistischen Untermischung des Glaubens mit der griechischen Ontologie oder der Anselmischen „fides quaerens intellectum" nicht als Rücknahme, sondern als Neuansicht auf das metaphysische Denken, das erst in epistemische Einzelschritte zerlegt werden müsste, um seine Durchlässigkeit auf den Glauben anzuzeigen. Das Haus der Metaphysik ist, in Variierung eines Bonmots von Hofmannsthal, stets durchlässig – und auf diese Weise kommen die Sterne mit zum Fest. Es könnte

---

[12] Dazu Falk, *Glauben und Wissen um 2000*, passim. Im Folgenden ist weiterhin grundlegend: Falk, *Handbuch der Komponentenanalyse. Erschließen von Sinn in Text und Epoche*. Taunusstein und Mikulasovice 1996, insbesondere S. 217-238 und die tabellarische Übersicht S. 243 ff.

sein, dass erst einer solchen Gedankenkonstellation der Titel eines 'nachmetaphysischen' Denkens gebührt, wenn er denn sinnvoll ist.

II. Entsprechungen? Die Epochenbestimmung des Marburger Kreises und der Weg der Philosophie im 20. Jahrhundert

Entsprechungen der Philosophie zu einem Ansatz, der primär an der deutschen Literaturgeschichte, namentlich der Zeit nach 1770, entwickelt wurde, verstehen sich offensichtlich nicht von selbst. Im Folgenden sollen daher nur einige Fragen und Schwierigkeiten formuliert werden, die begegnen, wo Philosophiehistorie als Medium und Organon systematischen Philosophierens begriffen wird, und die erste Grundlinien für eine mögliche philosophische Rezeption der Arbeiten von Walter Falk vorzeichnen können

1. Die Erkundung der von Falk exponierten Zeitalter der *europäischen Potentialgeschichte* könnte gerade von der Philosophie ausgehen. Die Betrachtungsweise durch das Okular der Marburger Epochenforschung, die auf vielen der hier primär zu untersuchenden Felder freilich keine eigenständigen Forschungen vorzuweisen hat, und philosophiehistorische Fragestellungen könnten wechselseitig Aufschlüsse erbringen; wobei auch gezeigt werden könnte, wie die Philosophie sich zu anderen Kulturhervorbringungen verhält und wie diese auf sie zurückschwingen. Für die neue Epochenforschung ist die Entdeckung der ‚vis creativa' als einer dem Menschen eigenen Kraft bei dem Cusaner (vorbereitet bei Meister Eckhart und anderen) ein grundlegendes Signum des Übergangs vom Zeitalter der Ordoistik zum Zeitalter der Egotisik, des Wechsels von der Aktual- zur Potentialpriorität.[13] Dieses Raster wird man auch auf der Ebene der Ären wiederfinden können. Denn wenn man das Charakteristikum der dritten Ära des ordoistischen Zeitalters (ab 1200), mit Falk, nicht mehr durch den Substanzbegriff, sondern durch das Widerspiel von *Mangel* und *Vervollkommnung* kennzeichnet, und dafür die theologische Summa des Heiligen Thomas von Aquin als wesentlichen Beleg nimmt, hat man die sachliche Zusammengehörigkeit zwischen scholastischem Denken und dem eines Cusaners trefflicher ausgewiesen, als dies in einer positivistisch doxographischen Betrachtungsart möglich wäre. Damit ist, wohlgemerkt, nur eine Hypothese für geistesgeschichtliche Forschung formuliert, die aber mit Gewinn dem nervus probandi der Forschung auszusetzen wäre.
Überraschend ist es, um ein Beispiel vom anderen Problemrand zu geben, Nietzsches Philosophieren als Markierung des Übergangs vom egotistischen zum kollektivistischen Zeitalter zu sehen. Dennoch könnte diese

---

[13] Vgl. dazu Falk, *Handbuch*, S. 221 ff. und zur Begrifflichkeit ibid., S. 213 f. und S. 216.

Epochenbestimmung heuristisch Anlass geben, die Ambivalenzen von Nietzsches Denkstil auszuloten. Denn bei Nietzsche wird beides sichtbar: die Überbietung des Menschlichen in einer Selbsthypostase zum Übermenschen und die Vorfindlichkeit in der ewigen Wiederkehr des Gleichen. Die schematisierende Kennzeichnung deutet schon an, dass Nietzsches Denken sich nicht als System darstellen lässt; und dass seine Denktopoi sich nicht, wie noch Heidegger meinte, auf die tradierten Bezüge von Dass-Sein und Was-Sein fixieren ließen. Ebenso weit ist diese Betrachtung aber von der poststrukturalen Lesart eines „Nietzsche aus Frankreich" entfernt, der vermeintlich alle Sinnerschließung hinter sich gelassen hat und nur sich gegenseitig interpretierende Zeichenwelten aneinanderfügt. Sieht man die Dinge unter der Optik an, die Falks Skizze der neuzeitlichen Epochenplateaus eröffnet, so sind Nietzsches Strenge und zerreißende Ambivalenz in ein stimmigeres Verhältnis zu bringen; was freilich erst in detaillierter Einzelinterpretation geschehen kann.

Die verfeinernde Übertragung auf die *Ären* des egotistischen Zeitalters verspricht weitergehende philosophische und philosophiehistorische Erhellung. Denn der Einblick in eine Ära der *Repräsentation mit Aktualpriorität* macht eher begreiflich, wie es zu der bei Leibniz sich vollendenden Begriffsbewegung seit 1630 kommen konnte. Leibniz' 'Monadologie' und sein Konzept einer „philosophia practica universalis" entsprechen aufs genaueste der von Falk für die fragliche Epoche ermittelten Resultativkomponente - der „Repräsentation der ewigen Ordnung in den räumlichen Dingen". Dies ist aus philosophiehistorischer Sicht deshalb bedeutsam, da die rationale Metaphysik (auch in ihren systematischen onto-theologischen Ausformungen bei Wolff und Crusius) in vielen bisherigen Versuchen, einen Begriff über die gesamte Denkbewegung der neuzeitlichen Metaphysik zu gewinnen, als retardierendes Moment zwischen Descartes und Kant erscheint. Diese sachlich unangemessene Gewichtung eines weiten denk-geschichtlichen Areals könnte mit Hilfe der neuen Epochenforschung grund-legend korrigiert werden.

Licht könnte auch auf einen Komplex von Syndromen am Ausgang des 18. Jahrhunderts fallen - auf die Brüchigkeit rationaler Metaphysik um 1770 und auf den Jenenser Aufbruch 1794/95 mit Hölderlin, Schelling, Hegel einerseits, den Frühromantikern andererseits. Von der Falkschen Epochensignatur her würde dies als „subjektiver Wille zur Erneuerung" zu begreifen sein: mit derart unterschiedlichen Ausprägungen wie Hegels Verflüssigung der Begriffe, dem ‚Ich bin Ich' bei Fichte oder dem Andenken (der Erinnerung) des in seine exzentrische Lebensbahn geworfenen Selbst an den Ursinn von ‚Seyn' bei Hölderlin. Für Kant brachten die spekulativen

Bemühungen der jüngeren Generation, insofern er sie zur Kenntnis nahm, die überaus irritierende Erfahrung mit sich, dass eine Vielzahl von Konzeptionen entstand, die sich weit von seinem ‚kritischen Geschäft' abgelöst hatten, während er selbst der Auffassung gewesen war, man werde mit der Rezeption für mehr als eine Generation hinreichend beschäftigt sein.

Um 1770 beginnt nach der Kennzeichnung der Neuen Epochenforschung parallel dazu eine neue Ära, mit Potentialpriorität: die Ära der Evolution. Sie führt, mitunter wider die eigene Sicht der Phänomene (man denke an Goethes Wort von der „Literaturrevolution!"), den in der ‚Ära der Repräsentation' (1630-1770) angesponnenen Faden weiter. In der Philosophiegeschichte ließe sich dies an den Grundfragen der Metaphysik, den Abschluss- und Systemgedanken zeigen, die in anderes Terrain versetzt werden, aber Probleme wieder aufnehmen, die auch schon das Denken der frühen Neuzeit in Atem gehalten hatten: Etwa die Frage nach der Teleologie der Natur oder der Theodizee Gottes vor dem Forum des Unglücks der Welt. Dies mag ein Grund dafür sein, dass die jüngere Generation, ebenso übrigens wie der späte Kant selbst, es nicht beim kritischen Geschäft belassen.[14]

An dieser Stelle sind drei Schwierigkeiten zu formulieren, die erwarten lassen, dass die fundierte Übertragung des Marburger Ansatzes auf die Philosophiegeschichtsschreibung eine Ergänzung des Rasters erfordern wird, wenn auch keine vollständige Revision.

(1.) Die philosophischen Entwicklungen des Abendlandes verlaufen eruptiv. Es gibt lange Zeiten der Wüste, der Epigonalität. Man denke nur an das asymmetrische Verhältnis von erster und zweiter Hälfte des 20. Jahrhunderts. Demgegenüber kondensiert sich mitunter in wenigen Jahren eine Vielsträngigkeit von Ansätzen. Neben den attischen Jahrzehnten zwischen Sokrates und Aristoteles und den europäischen Denkgesprächen und Korrespondenzen in der frühen Neuzeit muss, wenn der Blick auf die höchsten Gipfel gehen soll, an die fünf Jeneser Jahre zwischen 1794 bis 1800 gedacht werden - mit Fortführungen bis 1850. Man mag für die langen Wüstenzeiten des Gedankens eine Theorie suchen. Lediglich ein Erfahrungssatz sei erlaubt: Offensichtlich vermögen es Dichtung und Kunst in anderer Weise als der begründende Gedanke Leere, Not, - und sei es die von Heidegger beschworene „Not der Notlosigkeit", selbst noch zur Sprache zu bringen. Der Gedanke wird in der Wüste entweder resistent oder selbst belanglos.

---

[14] Vgl. dazu aus der umfangreichen jüngeren Forschung: Dieter Henrich, *Konstellationen*. Stuttgart 1992, derselbe, *Der Grund im Bewußtsein*. Stuttgart 1993 und, im Blick auf die philosophische Frühromantik, Manfred Frank, *'Unendliche Annäherung'. Die Anfänge der philosophischen Frühromantik*. Frankfurt/Main 1997.

Es wird von Bedeutung sein, vor dem Hintergrund übergreifender Epochenprofile, wie sie in Marburg entwickelt worden sind, Kategorien zu finden, um die Verdichtung und Entzerrung innerhalb der Philosophie ihrerseits thematisieren zu können. Dazu könnte eine durch komponentialanalytisch perspektivierte Einzelstudien geförderte Theorie der Genesis der verschiedenen Konzeptionen in den Jahren um die Wende zum 19. Jahrhundert hilfreich sein, die diese mit der Fortschreibung des *Impulses* um 1770 in Verbindung bringt: Es ist evident, dass aus einem solchen Unterfangen einerseits Studien zu Hegel, Schelling und Hölderlin und ihrer beginnenden Systemkonzeption, andrerseits zu der Genese der kritischen Philosophie beim jungen Kant hervorgehen müssten.

Dass hier ein Desiderat liegt, das unter der Ägide keines anderen geschichtsphilosophischen Ansatzes bislang eingelöst werden konnte, scheint mir evident zu sein. Bekanntlich konnte ungeachtet einer Flut höchst beachtlicher Einzelforschungen der letzten Jahre (ich nenne das Münchener Jena-Projekt unter der Leitung von Dieter Henrich, ich nenne die Schelling-Kommission bei der Münchner Akademie der Wissenschaften) eine Summa des Weges ‚von Kant bis Hegel' nicht vorgelegt werden. Man bleibt, während sich die Forschung weiter organisiert und auf immer detailliertere Problemfacetten begrenzt, nach wie vor auf Richard Kroners großes, doch in seinem Kantianismus schon im Ansatz fragwürdig gewordenes Werk 'Von Kant bis Hegel' (1921/1924) angewiesen.

(2.) Das philosophische Gespräch vollzieht sich, ungleich mehr als die literarische Evolution, in Satz und Gegensatz. Umbrüche, Retardierungen werden explizit gemacht. Diese argumentative Antithetik, die der Philosophie seit der Sokratischen Auseinandersetzung mit den Sophisten eingeschrieben ist, könnte nun auch umgekehrt für die Epochenforschung aufschlussreich sein. Man denke an den Beginn der *Ära der inneren Kraft*, die zwischen 1450 und 1630 angesetzt wird. Für Bacon nicht anders wie für Descartes und die mit diametral entgegengesetzten Mitteln geometrischer Repräsentation arbeitende Renaissancephilosophie ist die Potentialkomponente vorherrschend. Die innere Kraft zeigt sich als schöpferischer Wille. Hier wie dort geht es, teils in Vorformen transzendentaler Subjektphilosophie, teils in empirischer Innovation darum, die „subjektive Ordnung" der Dinge aufzufinden. Die heuristische Plausibilität der Beschreibungen in Begriffen der neuen Epochenforschung scheint zunächst fraglos. Sind aber auch die Differenzen zwischen den einzelnen Ausprägungen frühneuzeitlicher Philosophie auf diese Weise zu beschreiben?

Walter Falk selbst hat in seinem nachgelassenen Buchmanuskript 'Glauben und Wissen um 2000' die große epochenbestimmende Leitmetapher von der Fortschrittsmaschine durch Kontraste aufgehellt; indem er sie mit

Eine Spur bahnen. Paradigmata zu einer philosophischen Rezeption
der Komponentenanalyse in Aneignung und Auseinandersetzung

53

Gegenstimmen konfrontierte. Nur an zweierlei sei hier erinnert: an den Widerspruch, den Kant durch Hamann, Herder, Humboldt erfuhr, wobei vor allem die Kritik an einer progredierenden Fortschrittsgeschichte und die Freilegung der eminenten Sprachnatur des Menschen in den Blick kommt. Falk stellt diesen Denkern Friedrich Schlegel an die Seite, der eine Generation später gegen Kants Rechtfertigungsversuch und Notwendigkeitserweis der Vertreibung des Menschen aus dem Paradies darauf insistierte, dass der Mensch das Paradies verlassen hat, dass es aber als ein Weltzustand noch andauert. Der Endzweck „jener Geschichte, die mit dem Sündenfall anhob", ist also die Rückkehr in den verlorenen Paradieseszustand, auf den hin jene Geschichte aufzuheben wäre. Dass dies ein konsequentes Antidotum gegenüber dem neuzeitlichen Fortschrittsbegriff bedeutet, dürfte offenkundig sein. Es bedürfte aber eines geklärten Modells, um zu zeigen, woraus Gegenstimmen schöpfen oder warum sich diametrale Gedanken-Ansätze in einer und derselben Epoche ausbilden. Auf ihre eigene Ära, Periode oder Phase sind sie kontrafaktisch bezogen, indem sie etwa Vergessenes bewahren und weit in die Blickbahnen der Geschichte zurücksehen.

(3.) Das philosophische Gespräch ist ein - zumindest abendländisches - *Weltgespräch* über lange Zeiten, Jahrtausende hinweg; immer wieder kondensiert es sich in einer ‚Querelle des anciens et des modernes'. Soll es in seinen Grundstrukturen erfasst werden, so sind nationale Grenzen immer schon aufzusprengen. Übersetzungsprobleme, wie die des Griechischen in die lateinische Schulsprache und dann ins Deutsche oder andere europäische Vulgärsprachen sind für die Systematik von strukturbildender Bedeutung. Heidegger spricht in seiner Habilitationsschrift en passant davon, dass es in der Philosophie um die „Auswicklung einiger weniger entscheidender Probleme" gehe. Dabei kann es auch von Interesse sein, einmal darauf zu achten, was geschieht, wenn dieses Weltgespräch der 'Philosophia perennis' vergessen wird, wie seit dem „Logischen Positivismus" in weiten Bereichen der maßgeblichen analytischen Philosophie. Fraglich ist, wie es dann wieder eingeholt werden kann. In all dem liegen große Probleme und Komplizierungen für die Epochenforschung; zugleich zeigt sich aber die Möglichkeit, in der Welt des Gedankens Gesetzen und Parallelen zwischen verschiedenen Epochen näher zukommen als in schmaleren Gegenstandsfeldern.

Ich will immerhin vermuten, dass Falks Ermittlung eines ‚universalen Dominanzensystems' von Wiederholungsstrukturen weiterhelfen kann, wenn es denn in angemessener Weise mit dem epochalen System in Verbindung gebracht wird.

Die Schwierigkeit einer philosophischen Rezeption hat Walter Falk selbst einmal indirekt so benannt: Der Umstand, dass die Komponentenanalyse den

Zusammenhang eines Produkts mit seiner Epoche auf unmittelbare Weise erfasst, „bringt allerdings mit sich, dass ausschließlich die unmittelbaren epochalen Verhältnisse, nämlich die von der Wertigkeit einer Phase und einer Periode, durch komponential-analytische Operationen erhellt werden können. Dieser Nachteil der Komponentenanalyse ist die Kehrseite ihres Vorzugs der Nähe zur individuellen Gestalt". Und weiter: „Während bei der Bestimmung epochaler *Strukturen* Objektivität erreichbar ist, wird jede Deutung eines epochalen *Sinnes* insofern subjektiv bleiben, als sie von dem jeweils erreichten Erfahrungsstand des Deutenden abhängt. Dementsprechend besteht das höchste Ziel einer Sinndeutung in der Herbeiführung eines intersubjektiven Konsenses".[15] Dieses Grundproblem könnte gerade Anlass einer verstärkten Orientierung auf philosophische Zeugnisse sein; wobei es eine *Mindestanforderung* bleibt, dass sich der konstatierte Konsens vertieft.

2. (1.) An diese vorläufige Vermessung der großen Landkarte sollen einige wenige Bemerkungen zum philosophischen Weg des 20. Jahrhunderts angeschlossen werden, bezogen auf besonders naheliegende und deshalb schlagende Wiedererkennungsszenen und Verschiebungen, die sich in Zwiesprache mit der Epochenforschung Marburger Provenienz ergeben.

Der Grundriss eines *kollektivistischen Zeitalters* (seit 1920) ließe sich in philosophischen Konzeptionen verifizieren, die auf die ‚Gegebenheit' einer Welt verweisen und ihre Begründungen an diesem vorletzten Haltepunkt abbrechen. Dies führte zu Befragungen der grundsätzlichen, meta-phyischen Reichweite des philosophischen Begriffs wie sie sich auch tatsächlich konstatieren lassen. Die ‚Gegebenheit der Welt', die Falk konstatiert, gliedert sich nun so, dass die erste Periode des kollektivistischen Zeitalters als „Periode der Spatistik" durch Raumstrukturen bestimmt wird. Bei näherem Hinblick auf literarische Zeugnisse bewährte sie sich an *vorderseitlich sehr verschiedenen* Text- und Denkformen. Hier Affinitäten in der Differenz und Differenzen in der Affinität klarer sehen zu können, wäre auch ein systematischer Gewinn, der aller erst die Sprachfähigkeit zwischen unterschiedlichen Denkweisen wiederherstellte, wenn über die gegenwärtigen Vagheiten hinaus der epochale und der sachliche Zusammenhang der unterschiedlichen philosophischen Wege im frühen 20. Jahrhundert aufgewiesen werden soll: der Zusammenhang der Besinnung auf das ausgelegte Leben in der Hermeneutik, der Sprachanalytik, der Wissenschaftsphilosophie (von Frege bis Kuhn und Popper) oder der ‚Bestimmung des Menschen', die sich in vielen, untereinander kontroversen oder gesprächslosen Strömungen zeigt. Wie sehr jeder Einheitssinn zerfallen ist, sieht man schon an dem begrifflich kaum befriedigenden Befund, dass man kontinentale und angelsächsische

---

[15] Falk, *Handbuch*, a.a.O., S. 216.

Philosophietraditionen zu unterscheiden sich angewöhnt hat, obgleich Wittgenstein, der Ahnherr der letzteren, aus dem Herzen Europas stammt. Eine äußerliche, überdies geschichtsblinde Geographie, kann eine innere Topologie nicht ersetzen, die verlangt wäre, zu der aber kaum die Instrumente bereitliegen.

(2.) Man wird gut daran tun, zur Schärfung dieser Diagnostik von Heidegger und Wittgenstein auszugehen. Dass das binäre Nacheinander ihre in die Zwanziger Jahre gehörenden frühen Hauptwerke - 'Sein und Zeit' und den 'Tractatus' – bestimmt, kann hier nur angedeutet werden. Eine genauere Analyse würde die Benennungen der neuen Epochenforschung wohl teilen können: Man erinnere sich der beiden großen Anfragen, die Walter Falk in einem frühen Brief 1957 an Heidegger, richtete - genauer: die er als „Fehler" an 'Sein und Zeit' bemängelte.[16] Falk wies darauf hin, dass Sprache in Heideggers Hauptwerk noch mit 'Logos' im Sinn von urteilender Vernunft gleichgesetzt werde, nicht aber als das „einem Hörer zugesprochene Wort" verstanden sei; und dass das ekstatische Verständnis der Zeit unzulänglich bleibe, da die Gegenwart, anders als Vergangenheit und Zukunft, nicht *ekstatisch* exponiert werden könne. Wie Falk damals vermutete, liegt dies daran, dass Heidegger den auszeichnenden Zug der Gegenwart phänomenologisch nicht benennen konnte. Deshalb war er der Auffassung, dass die Temporalitätsanalysen der schwächste Teil von 'Sein und Zeit' seien. Dies indiziert zum einen, dass von dem ausgeführten ersten Teil des Hauptwerks keine Verbindung zu der geplanten ‚gekehrten' Fortschreibung, die ‚Zeit und Sein' hätte heißen sollen, existiert. Es gibt dafür aber noch tieferliegende Gründe: denn in dem Hauptwerk sind Raummetaphern, wie 'In-Sein', in-der-Welt-Sein, Da-sein bestimmend.

Bei Wittgenstein ist es ähnlich. Er reißt in seinem 'Tractatus' den Inbegriff dessen, was der Fall ist und was klar gesagt werden kann und die Fragen, die das Dass-Sein der Welt betreffen, über das man nur schweigen könne, auseinander. Dabei bestimmen räumliche Hierarchisierungsverhältnisse das Begriffsbild des *Aussagezusammenhangs:* Die Welt ist auf all jenes begrenzt, das (raum-zeitlich) der Fall sein kann. Dabei zeigt sich als Unschärfe der Konzeption, dass wenn alles über die Welt gesagt werde, das eigentlich zu Sagende noch nicht gesagt sei. Wittgenstein deutet in einen Bereich der Ethik und der Mystik, den „es gibt" (oder der sich gibt, wie Heidegger später sagen wird), der aber nicht in Sätzen aussprechbar und auf einen räumlichen Begriffssinn abbildbar ist.

---

[16] Dieses grundlegende Dokument: *Ein Brief an Martin Heidegger* ist erschienen in: Walter Falk, *Die Entdeckung der potentialgeschichtlichen Ordnung. Kleine Schriften* 1956-1984. Band I. Frankfurt/Main und andere 1985, S. 61-83.

Es dürfte auf die Fokussierung auf den Raum zurückzuführen sein, dass Aktualität dominierte, auch wenn auf Verhältnisse des Potentialen hingewiesen ist. Man betrachte dann die gleichen Denker um 1950. Die späten Vierziger Jahre sind die Zeit, in der Heideggers Schriften der sogenannten „Kehre", nach langer Vorbereitungszeit, zu einer ersten Mitteilung gebracht werden, und im Jahr 1952 werden Wittgensteins 'Philosophische Untersuchungen' - nach einer ähnlich langen Inkubationszeit von G.H. von Wright aus dem Nachlass ediert. Die ,Kehre' Heideggers verweist auf das Sein als die Mitte des Grundverhältnisses, der ,ontologischen Differenz' von Sein und Seiendem. Der Versuch, die Seinsdifferenz anzudeuten, bringt die Sprache an den Rand der Aussagemöglichkeiten und des grammatisch Explizierbaren. Zugleich akzentuiert sich erst in der ,Kehre' ein Vorrang der Temporalität: gegen eine Ontologie des zeitübergreifenden Substrates. Sein und Wahrheit sind zeitlich und im Vollzug zu erkennen. In Analogie dazu, dass Heidegger vom Seinsgeschick handelt, spricht Wittgenstein im Umkreis seiner 'Philosophischen Untersuchungen' davon, dass das Denken ,widerfährt': „es denkt" ist wie „es blitzt".[17] Und im Rückgriff auf vollzogene Lebensformen und das Regel-Gebrauchen dringt Wittgenstein in einen Bereich vor, der, folgt man dem 'Tractatus', erst ins Spiel kommen kann, wenn alles gesagt ist: Die Sprachspiele von Lebenspraxis und Handlung.

Ein weiterer Schritt auf die Konstellationen um das Jahr 1980 legt sich nahe: Walter Falk formuliert im Manuskript seiner 1998/99 gehaltenen Marburger Vorlesung über das „Aufbrechen der christlichen Erfahrung bei den Dichtern": „Nun war vom Aktualbereich des Sinnsystems auch zu sagen, dass er alle ungelösten Probleme der Tempistik in sich aufnehmen können musste, zumal auch die bedeutsamsten und schwierigsten" (Manuskript, Nachlass, S. 91). Derartige Fragen, die auf die lange Zeit verdrängte oder eingeklammerte metaphysische Dimension der Überlieferung, der vergessenen, doch nicht vergehenden Schatten der Ersten Philosophie verweisen und die allenthalben anzeigen, dass zwischen den Schülern und Epigonen Heideggers und Wittgensteins ein Gespräch eigentlich nicht mehr möglich war, aber doch eine ähnliche Mitte hier und dort umkreist wurde, begegnen tatsächlich nicht nur in den von Falk untersuchten literarischen Zeugnissen, sondern auch in der Philosophie. An dieser Stelle scheint es mir sehr sprechend zu sein, dass ein Philosoph wie Paul Ricoeur (in seinem großen Buch: 'Soi-même comme un autre'. 1990 dt.: 'Das Selbst als ein Anderer'. München 1996) einen Zusammenhang zwischen Sprachanalyse und Hermeneutik zu explizieren und

---

[17] Wittgenstein, *Tagebücher*, S. 172 ff., sowie G. E. Moore, *Wittgenstein's Lectures in 1930-33*, III, in: Mind 64 (1955), S. 13 f.

die philosophische Tradition neu in Wiederholung und Verwandlung zur Sprache zu bringen versucht hat.

Man denke weiterhin an Dieter Henrichs 1980 formuliertes Konzept einer Verschränkung von Metaphysik und Moderne,[18] die er gegen Habermas' Auffassung entwickelt, dass sich der Fragehorizont der Metaphysik nurmehr ‚rekonstruieren' lasse und offensichtlich einem vergangenen Weltalter angehört. Es ist gerade die Aporetik von Konzeptionen, die hier wohl ähnlich wie in der Literatur anzeigt, dass das Tabu der Modernität in vollem Bewusstsein *überschritten* wird und die ihr selbst nicht einholbaren Voraussetzungen der Moderne zum Thema gemacht werden.

Die Konturen des Verständnisses für den Umbruch um 1980 ließen sich schärfer zeichnen, wenn parallele Selbstmodifizierungen innerhalb der analytischen Philosophie, bei den Erben von Wittgenstein, wahrgenommen würden. Bei Strawson ist dies im Programm von „Metaphysik und Analyse" erkennbar, bei Donald Davidson in einer immer deutlicher zu Tage tretenden Fokussierung der Semantik von Handlungen auf deren Sinngehalt, bei Arthur Danto auf den Versuch, mit Mitteln analytisch semantischer Beschreibung Geschichte und die ‚Verklärung des Gewöhnlichen' in der Kunst phänomenal transparent zu machen. Dabei zeigt sich, besonders deutlich bei Danto und in der pragmatistischen Wende der sprachanalytischen Tradition[19] oder der Symboltheorie von Goodman, die Bedeutung des Zeitfaktors, ein tempistischer Zug, was bei analytischen Philosophen auffallend genug ist, da in der Frühphase der Sprachanalyse der Ereignisbegriff mit viel Scharfsinn und durchaus programmatisch auf eine Entität in Raum und Zeit reduziert werden sollte.[20] Noch mehr würde sich das Spektrum erweitern, wenn man die aporetischen Überlegungen der französischen Philosophen heranzöge: zu denken ist an die späten Derrida, Deleuze, Lyotard. Hier träfe man gerade an den Fragen der Ethik nach Auschwitz, der Konstitution von Sozialität, der Radikalisierung von Andersheit oder in Wiederaufnahme der Kategorie des Erhabenen auf die „extremsten Problemsituationen" am Ende einer

---

[18] Dieter Henrich, *Was ist Metaphysik - was Moderne? Zwölf Thesen gegen Jürgen Habermas*, in: derselbe, *Konzepte. Essays zur Philosophie in der Zeit*. Frankfurt/Main 1987, S. 11-44. Falk, *Handbuch*, a.a.O., S. 235.

[19] Dies wird im einzelnen dargelegt von Paul Ricoeur, *Das Selbst als ein Anderer*. München 1996, S. 55 ff. und S. 73 ff. (Zweite und Dritte Abhandlung).

[20] Wie bei Ricoeur a.a.O. gezeigt wird, wurde jene Einzelding-Ontologie im Verlauf der Geschichte sprachanalytischer Philosophie zunehmend einer Revision unterzogen. Sie dominiert aber bis heute argumentationsanalytische Rekonstruktionen vergangenen, nicht einzeldingontologischen Denkens, wie sich exemplarisch an analytischen Arbeiten zur Platonischen Dialektik zeigen ließe. Maßgeblich ist hier geworden P. Strawson, *Individuals*. London 1959; dt.: *Einzelding und logisches Subjekt. Ein Beitrag zur deskriptiven Metaphysik*. Stuttgart 1972. Siehe auch W.V. Quine, *Wort und Gegenstand (Word and Object)*. Stuttgart 1987 (E.A. Cambrdige Mass. 1960).

tempistischen Periode in der Eröffnung des Möglichkeitsraumes zwischen Gut und Böse,[21] die zugleich den Ausblick in neues Terrain erlauben.

(3.) Ein Problem eigenen Karates ergibt sich, wenn man nach Ähnlichkeiten oder Spiegelungen fragt, die innerhalb der Philosophie zu der von der Marburger Epochenforschung konstatierten bislang singulären Zwischenperiode der *Äternistik* erkennbar sein könnten. Walter Falk weist im 'Handbuch der Komponentenanalyse', im Ansatz bereits in der Monographie 'Die Ordnung in der Geschichte' darauf hin, dass „mit dieser Periode (in der Zeit um den Ersten Weltkrieg) eine noch sehr viel weiter gedehnte, bis in die Antike zurückreichende Epoche zu Ende ging".[22] Ein philosophisches Denken, das dieser Erschütterung der neuzeitlichen Epochenstruktur entsprechen könnte, die wohl nirgends eindrücklicher als im Werk Kafkas sichtbar wird, hat sich erst im Nachhall artikuliert. Wieder kann nur auf einige sprechenden Beispiele hingewiesen werden: Die messianisch apokalyptischen, in Radikalität auf das ‚älteste Alte' zurückgehenden Entwürfe von Ernst Bloch, Walter Benjamin, und - bei ganz anderer Außenseite - des jungen Heidegger gehören hier her, nicht minder die Traktate von Carl Schmitt und Erik Petersons Rückwendung der Theologie zur apokalyptischen Naherwartung.[23] Dabei werden mit der Gnosis und dem Manichäismus neben der Messias-erwartung Weltwahrnehmungen in die Begriffsform gefasst, die sich der ‚Legitimität' aufklärerischer Neuzeit zu entziehen scheinen; ein Problem, das unter dem Topos der ‚Erbschaft dieser Zeit' vielfach erörtert wurde. Die Außenseite solcher Texte berührt sich zwar oftmals mit expressionistischem Gestus, womit über ihre Sinnstruktur aber wenig gesagt ist.[24] Epochale Grundzüge, die Walter Falk an literarischen Texten der Tempistik herausarbeiten konnten: die erfahrbare Zerstörbarkeit von Menschen in ihrer zeitlichen Existenz als Ergebnis des Aktualwerdens der Übersteigerung zum Übermenschlichen, die Bejahung dieser Zerstörung und schließlich, in der sogenannten „Absurdismus"-Phase (zwischen 1911 und 1914 dokumentiert) die Perzeption, dass der Versuch, sich in seiner eigenen Zeitlichkeit aufheben zu wollen, in Widersprüche verstrickt, reflektieren sich (in welchen epochenhistorischen Proportionen zu den Signaturen von Literatur und Kunst, dies wäre freilich zu untersuchen!) besonders prägnant in Ernst Blochs 'Geist der Utopie' und den 'Geschichtsphilosophischen Thesen' Walter Benjamins.

---

[21] Vgl. Falk, *Vorlesungen zur Gegenwartsliteratur*, unpubliziertes Typoskript 1998, S. 91.

[22] Falk, *Handbuch*, a.a.O., S. 235.

[23] Eine Sonderstellung, die die Zuspitzung und eine Reflexion miteinander verbindet, welche vom christlichen Horizont her die Zeitpositionen ad absurdum führt, finde ich in Hans Urs von Balthasars *Apokalypse der deutschen Seele* (erstmals 1937 ff.). Dazu wieder meine in FN 9 genannte Abhandlung.

[24] Ich beziehe mich im Folgenden auf Walter Falk, *Selbstorganisation und Gattungspoetik*, in: ders., *Brücken*, a.a.O., S. 63-117.

Schlagend ist auch der folgende Befund, der mit den Mitteln der neuen Epochenforschung besser verständlich zu machen ist, dass das messianische Denken dort, wo es die eigene Bedrohtheit am tiefsten spiegelt, oftmals einer atavistischen Selbstopferung zuneigt. Bezeichnenderweise waren die Konzessionen, die Benjamin dem Stalinismus machte, sehr viel weitergehend als die eines ungleich konventionelleren Theoretikers wie Herbert Marcuse, der den epochalen Äonenbruch kaum aufgenommen hat; auch von Heideggers ‚Katastrophe' im Jahr 1933 wäre vor diesem Hintergrund zu handeln. Insofern es heute gilt, diese intellektuell beunruhigende Seite der Vorgeschichte der europäischen und deutschen Katastrophe zu verstehen, müsste die Suche nach geeigneten, hinreichend komplexen Beschreibungskategorien besonderes Augenmerk finden.

Ebenso wie für die Literaturgeschichte deutet sich auch für die Philosophie des 20. Jahrhunderts an, dass es Denker gab, die die äternistische Phase nicht mitvollzogen - zu nennen ist Karl Jaspers, oder, die sich mit ihr erst sehr viel später konfrontiert sahen, wie vielleicht (näheres ist Einzelforschungen zu überlassen) der Husserl der ‚Krisis'-Schrift.

3. Ich lasse es bei diesen Anmerkungen und komme zu einem letzten Schritt meiner Überlegungen. Es bleibt anzudeuten, weshalb der komponentialgeschichtliche Ansatz auch gegenüber einer nicht doxographischen, sondern begrifflich starken Philosophiegeschichtsschreibung, die - wie immer im einzelnen perspektiviert - die Philosophiehistorie als zu-sich-selbst-Kommen der Vernunft begreift, ein hilfreiches Korrektiv abgibt. Diese Verständigung scheint erforderlich, nachdem die Grenze gegenüber einem dem systematischen Gedankengang äußerlich bleibenden doxographischen Tun bereits gezogen worden ist.

Die starke Verbindung von Philosophie und ihrer Geschichte, die den inneren Gang des Begriffs mit Notwendigkeit abbilden soll, ist im deutschen Idealismus mit Hegel und Schelling zu ihrer äußersten Höhe und zugleich an ihr Ende gelangt. Nicht minder starke Implikationen zeigen sich in einer Blickbahn auf die vergangene Denkgeschichte, die diese als ein Geschehen des sich Zeigens oder sich Verschließens der Wahrheit auffasst und Bewahrung bzw. Erinnerung nur als Destruktion gegebener Denkformen vollzieht; Heideggers Position ist hier besonders markant, sie ist indes durch Nietzsches Genealogien eindeutig vorgezeichnet.

Der Versuch, komponentialgeschichtlicher Auffindung einer Ordnung in der Geschichte verhält sich gegenüber solchen Ausprägungen, Verlaufsformen auf einen Abschlusspunkt hin zu orientieren, offener. Er führt nicht, wie sowohl die idealistische als die Heideggersche Denkgeschichte, auf ein immanent in ihm gelegenes Ziel oder Ende. Er gibt schlechterdings kein Konstrukt des Geschichtsverlaufs vor. Potentialität bleibt die Achse der Rekonstruktionen.

Auch steht nicht apriori fest, welche philosophischen Ausformungen in die Betrachtung einbezogen werden und welche nicht. In anders gerichteten Konzeptionen ist dies keineswegs zwingend der Fall. Ich verweise auf Heribert Boeders 'Vernunft-Gefüge der Moderne'; einen bemerkenswerten Beitrag in der Folge Heideggers, der es unternimmt, aus dem in sich Verschlossen-sein der Metaphysik, deren Wegbahn insgesamt zu überblicken. Doch neben den Einsichten finden sich zweifelhafte Aussperrungen, die aus einem Vorherwissen stammen, das der Überprüfung nicht zugänglich ist. Wer wird sich damit abfinden, Karl Jaspers oder Romano Guardini für den Denkweg des 20. Jahrhunderts als irrelevant abgetan zu sehen?

Die umrissene Konzeption der neuen Epochenforschung wird es wohl eher ermöglichen, dem Subjekt, das einen Gedanken denkt, *und* seiner Wirkungsgeschichte, dem Gesprächszusammenhang über die Zeiten *und* seinem konkreten historischen Ort, gleichermaßen Rechnung zu tragen: denn einerseits verlaufen auch Gedanken trivialerweise in Raum und Zeit; und zugleich tendieren sie über ihre jeweilige aktuale geometrische Situierung hinaus auf eine ‚objektive', raum- und zeitüberlegene Unsterblichkeit. Diese verschiedenen Züge sind in eine tragfähige Proportion zu bringen. Dass in der Philosophiegeschichtsschreibung Defizite bestehen, so dass es geraten sein kann, auf dieses Remedium zurückzugreifen, kann man dem Schwanken auf hohem epistemischen Niveau zwischen rein argumentationsanalytischer Rekonstruktion und Auflösung der Theorie in Narration ablesen,[25] das gegenwärtige Ansätze der Philosophiegeschichtsschreibung bestimmt - oftmals in hektischer Folge die Arbeiten derselben Autoren. Eine Korrektur wird darin bestehen müssen, Sacharbeit und historischen Ort in einen Zusammenhang zu bringen. Eine philosophiehistorische Rezeption des Marburger Ansatzes könnte daher von dem Versuch ausgehen, die großen philosophiegeschichtlichen Umbruchkonstellationen in den Blick zu nehmen:

1. Frühe Neuzeit (Descartes, Bacon, und die Renaissance - bis hin zu Leibniz)
2. Frühidealismus und Frühromantik: Von Kant zu Hegel
3. stellt sich die skizzierte ganz konkrete Aufgabe, das Problem der ‚Periode der Äternistik' in der Philosophie zu durchforschen.

---

[25] Beispielhaft für die Möglichkeiten und Grenzen einer solchen genetischen Analyse ist: Kurt Flasch, *Nikolaus von Kues. Vorlesungen zur Geschichte seiner Entwicklung.* Frankfurt/Main 1998.

III. Lösung einer Aporie?

Spekulative Gattungspoetik in Idealismus und Frühromantik und
Walter Falks Ermittlung eines ‚universalen Dominanzensystems'. Ein
fundamental-ästhetischer Beitrag

1. Im dritten Teil dieser Darlegungen geht es, ausgehend von der Findung eines universalen Dominanzensystems, um den Nachweis, dass ein solches System zeit-invariant zur Geltung gebracht werden kann, obgleich seine Strukturen mit solchen Mustern in Zusammenhang stehen, die das Sinnganze der Geschichte ordnen. Dabei wird sich zeigen, dass diese Perspektive nicht auf die ästhetische Dimension begrenzt bleibt. Die Frage nach der Kunst gehört zwar im Sinn der Aristotelischen Systematik unstrittig der Zweiten Philosophie an, die als jenes Denken zu begreifen ist, das sich auf das bewegte Seiende bezieht, auf Natur, Ethik und Politik, in der griechischen Begriffssprache: auf Poiesis und Praxis. Sie verweist aber, wie die Analyse der Wissensformen im VI. Buch der 'Nikomachischen Ethik' zeigt, auf die Ontologie und das theoretische Wissen. Der Ausgangspunkt von Walter Falks gattungspoetischen Arbeiten ist ganz in diesem Sinn wesentlich ontologisch, er führt auf Motive einer Theorie der Kreativität und damit auf Überlegungen über die Verfassung des Anfangs.[26]

Das universale Dominanzensystem ist eine Spezifizierung des Ursprunges von Kreativität. Die Komponenten sind Gliederungsmomente einer Einheit: also muss der Schöpfungsakt, dem sie entsprungen sind, einen Origopunkt voraussetzen.

Falk schließt, dass dabei Wesensverschiedenes gewirkt haben muss; dies kann weiter erhellt werden, wenn der Urschöpfungsakt als Prozess vorgestellt wird. Philosophisch ist es von großer Bedeutung, dass nicht einfach, wie es sich von Schelling her nahe legen könnte, auf die ‚Unvordenklichkeit' der Urschöpfung verwiesen wird. Obgleich der Urschöpfungsakt nicht komponential zergliedert werden kann, muss versucht werden, seine Struktur aufzuklären.

2. Es ist dieser methodische Ausgangspunkt, von dem her die Verwechslung von Epochen- und Wiederholungsstrukturen vermieden werden kann, die, wie Falk weiß, die lebhaft bewegte spekulative gattungspoetische Diskussion um 1800 bestimmte.[27]

---

[26] Solche ontologischen Grundlegungen bleiben selbstredend im Zusammenhang antiker, namentlich Aristotelischer Prägungen. Darüber hat sich Falk nicht immer hinreichend Rechenschaft abgelegt.

[27] Vgl. im einzelnen die Verweise bei Falk, *Brücken*, a.a.O., S. 114 f.

Am Anfang steht bei Falk die Einsicht, dass der Mensch *Zweitschöpfer* ist. Er findet sich immer schon in einer Welt vor, die er weitergestaltet, die aber vorgeformt ist. Seine Con-creativität zu erkennen,[28] dürfte der therapeutische Hebel des *kulturmedizinischen* Charakters geisteswissenschaftlicher Erörterung sein, die Walter Falk sehr zu Recht anmahnt. „Bisher hat man nämlich [...] geglaubt, man könne von dem Umstand ganz absehen, dass der Mensch sich immer in einer Natur vorfindet, die den Charakter der Geschaffenheit hat, und insofern nie ein originärer, sondern immer nur ein sekundärer Schöpfer sein kann".[29]

In der Skizze des universalen Dominanzensystems wird zunächst auf der Ebene einer Resultativkomponente 1 die Positionierung des Menschen in der organischen und anorganischen Natur, und dann in der Kultur gekennzeichnet. Auf diesem Fundament erscheint im Zug einer weiteren Spezifizierung der Mensch als *Zeichensetzer*, wobei sprachliche Artikulation eine Differenzierung des Zeichensetzens neben anderen ist, die zudem jeweils konventionell und gesellschaftlich situiert sind (Vgl. Falk, Brücken zwischen Human- und Naturwissenschaft, a.a.O., S. 63-117).

Erst von dieser Plattform her formt sich systematisch die Trias Dichter, Propagandist, Gelehrter aus. Dies ist der Ort, die Verwirrung zu korrigieren, die der Begriff der ,*didaktischen Poesie'* wiederholt, etwa in Biedermeier und Jungem Deutschland, auslösen konnte. Das Lehrgedicht nämlich gehört nicht der Sageweise des Dichters, sondern den Äußerungen des Gelehrten an. Die Spezifik der Dichtung zur Abhebung zu bringen, schien Falk erst im Zusammenhang der ,*antiautoritären Bewegung'* vordringlich, der grundsätzlichen ideologischen Infragestellung dichterischer Rede und ihrer mimetischen Reduktion auf die bürgerliche Welt, den ,Unterbau', der ihre Exponenten entstammten. Vor dem Hintergrund heutiger Diffusionen des dichterischen Propriums durch neue Medialitäten im Computerzeitalter und den iconic turn der Kultur, wäre es gleichfalls vordringlich, wohl begründet die Grundzüge aufzuweisen, die dem dichterischen Wort unhintergehbar eigen sind.

Mit der zuletzt genannten Trias öffnet sich eine weitere Verzweigung. Der Dichter kann als Lyriker (Potentialdominanz), Dramatiker (Aktualdominanz), Epiker (Resultativdominanz) in Erscheinung treten. Damit wird innerhalb des Konzepts eine Zäsur erforderlich, die zwischen der ,Naturformen'- Trias und diversen, aus der rhetorischen Tradition entstandenen Schreibweisen unterscheiden lässt. Falk trägt diesem Umstand in einem methodischen Blickwechsel vom sich äußernden Subjekt des Zweitschöpfers in

---

[28] Falk, *Brücken*, S. 111.
[29] Ibid., S. 112.

verschiedenen Modifikationen zu den Schriftzeugnissen selbst Rechung. Die Gattungsstile differenzieren sich zu Rollenstilen, was, wie Falk zu verstehen gibt, nur aus der Innenansicht der Texte zu erkennen ist. Mikrologisch beschreibende Poetik und auf Allgemeingesetzlichkeit abzielende Philosophie der Kunststile finden damit eine Vermittlung. Ebenso ist dies die Nahtstelle zwischen Wiederholungs- und Epochenstrukturen. Komponentialgeschichtlich kann das bevorzugte Auftreten bestimmter Rollenstile zu bestimmten Zeiten durchleuchtet werden. Die vermeintliche Antinomie zwischen Goethescher Trias der Naturformen der Dichtung und spekulativer Gattungspoetik einerseits und historisch orientierter Unterscheidung der Dichtarten, die keineswegs in der Grundgliederung aufgehen andrerseits, ist damit aufeinander zu beziehen.

3. In diesem Zusammenhang kann nicht im einzelnen auf die gattungspoetische Diskussion in Frühromantik und Idealismus Bezug genommen werden, vor allem nicht auf den Versuch einer Vermittlung von induktivem und deduktivem Vorgehen, auf dem Friedrich Schlegel insistiert hatte, und den Hegel in seiner Verbindung von der geschichtlich situierten Kunstformenlehre (symbolisch, klassisch, romantisch) und ihr zugeordneten systematischen Kunstarten, die sich nach der Subjekt-Objekt-Differenz gliedern, zu entfalten suchte. Jede geschichtsphilosophisch perspektivierte Kunstformenlehre in Klassik und Romantik gruppiert sich um dieses doppelte Raster. Dabei ist Friedrich Schlegels spezifische Position besonders zu akzentuieren.

Falk setzt in seinen späten Untersuchungen an einem tieferen Punkt an als die Diskussion um 1800, indem er Wiederholungs- und Epochenstruktur zunächst strictu sensu voneinander unterscheidet. Von größtem Interesse ist es zu bemerken, dass sich aufgrund des universalen Dominanzensystems eine Lösung des gattungspoetischen Problems abzeichnet, das der junge Friedrich Schlegel (und mit ihm, ohne seine Dankesschuld freilich irgend abzustatten, Hegel) formulierten. Einige Belege mögen dies verdeutlichen[30]: Schlegel formuliert 1797 im 'Lyceum' das Grundproblem der systematischen Gattungspoetik seit der Aufklärung: „Man hat schon so viele Theorien der Dichtarten. Warum hat man noch keinen Begriff von Dichtart? Vielleicht würde man sich dann mit einer einzigen Theorie der Dichtarten behelfen müssen".[31] Bei Schlegel findet sich auch der Gedankenzug, dass den *Dichtarten* eine übersubjektive Individualität zukomme. Sie sind „ursprünglich

---

[30] Vgl. im Folgenden vor allem Peter Szondi, *Friedrich Schlegels Theorie der Dichtarten. Versuch einer Rekonstruktion auf Grund der Fragmente aus dem Nachlass*, in: Szondi, Schriften Band II. Frankfurt/Main 1978, S.32-59, vgl. auch Szondi, *Vorlesungen zu Poetik und Geschichtsphilosophie*, Bd. 1 und 2, hgg. von Senta Metz und anderen. Frankfurt/Main 1974.
[31] Schlegel, Kritische Ausgabe, hg. von Ernst Behler 1958 ff., Band 2, S. 154.

(also sind sie) Naturpoesie";[32] sie sind aber nicht vom einzelnen Künstler hervorgebracht. Er findet sie vor und kann ihre Gesetzmäßigkeit nicht ignorieren. Aus diesem Ansatz folgert Schlegel, dass prinzipienhafte Deduktion und Induktion, die sich am Gang der Geschichte orientiere, zusammenkommen müssten. Anders ist es nicht zu verstehen, dass er in einer, mehrfach das Paradoxon berührenden Ausdrucksweise, die Poesie „als eine ewige Naturgeschichte des Geschmacks und der Kunst" bezeichnet. Besonders prägnant wird die Verbindung von Geschichte und System im 434. Athenäums-Fragment ausgedrückt. „Soll denn die Poesie schlechthin eingeteilt sein? oder soll sie die eine und untheilbare bleiben? oder wechseln zwischen Trennung und Verbindung? Die meisten Vorstellungsarten vom poetischen Weltsystem sind noch so roh und kindisch, wie die ältern vom astronomischen vor Kopernikus. Die gewöhnlichen Einteilungen der Poesie sind nur totes Fachwerk für einen beschränkten Horizont. Was einer machen kann, oder was eben gilt, ist die ruhende Erde im Mittelpunkt. Im Universum der Poesie selbst aber ruht nichts, alles wird und verwandelt sich und bewegt sich harmonisch; und auch die Kometen haben unabänderliche Bewegungsgesetze. Ehe sich aber der Lauf dieser Gestirne nicht berechnen, ihre Wiederkunft nicht vorherbestimmen lässt, ist das wahre Weltsystem der Poesie noch nicht entdeckt."[33] Hier ist angedeutet, dass es einer gegenseitigen Bezugsetzung von Epochen- und Wiederholungsstrukturen bedürfte, nicht aber einer Verwechslung beider und dass dieser Konnex nicht nur zur rückwärts gewandten Explikation beizutragen hat, sondern zu einer begründeten, Form- und Inhaltsverhältnisse im voraus entwerfenden, insofern also deskriptiven, Wissenschaft von der Dichtung.

Schlegel verdeutlicht diese Überlegungen durch den Hinweis, dass das System der Dichtarten in der griechischen Poesie bereits vollendet und ausgeschritten sei. Sonst, meint er, ließe sich gar nicht von einem ‚System' sprechen. Jenes vergangene System wird also nur ‚wiederholt' und kombinatorisch variiert werden können. Die Normativität der griechischen Dichtung wäre dann nicht um ihrer selbst willen festzuhalten. Sie begründet sich daraus, dass im hellenischen Kulturkreis eine Struktur erstmals exemplarisch begegnet ist. Die Formbegriffe des 'Klassischen' und 'Romantischen' sind historisch fundierte Hilfskategorien, die jene Wiederholungsstrukturen beschreiben sollen. Bei Schlegel dringt diese Entdeckung aber nicht mit letzter Konsequenz ans Licht, da er die Dichtarten nach dem gemein-idealistischen Schematismus von ‚Subjektivität' und ‚Objektivität' einteilt.

Man muss an dieser Stelle fragen, ob Schlegel fand, was er suchte. Mir scheint, im Unterschied zu seinem ingeniösen Interpreten Peter Szondi, dass es sich

---

[32] Vgl. auch Schlegel KA 18, S. 60 ff.
[33] Schlegel KA 2, S. 252.

nicht so verhält. Schlegels Fragmente sind gerade ein eindrucksvoller Verweis auf die Aporetik, in die sein Ansatz weist. Dies ist symptomatisch daran zu erkennen, dass, gruppiert um den Zeiten-Bruch zwischen Antike und Moderne, seine Poetik auf Gegensätze begründet ist, zwischen denen sie oszilliert. Der Widerspruch ist gemäß dem Fragmentcharakter ‚progessiver Universal-Poesie' die eigentliche Lehre: „Man kann eben so gut sagen, es gibt unendlich viele als es gibt nur Eine progressive Dichtart. Also gibt es eigentlich gar keine; denn Art läßt sich ohne Mitart nicht denken". „Der modernen Dichtarten sind nur Eine oder unendlich viele. Jedes Gedicht eine Gattung für sich".[34]

Diese Hinweise dürften hinreichen, um anzudeuten, dass, wenn die gattungspoetische Problematik im Licht der Ermittlung eines universalen Dominanzensystems wiederaufgenommen wird, die aporetische Diffusion vermieden werden kann, ohne dass das hohe Problem- und Anspruchsniveau Schlegels preisgegeben werden müsste, das in der Verschränkung von induktiver und deduktiver Verfahrensweise von Schlegel her seinen unhintergehbaren Maßstab findet.

4. Doch nicht nur Schlegels Aporetik lässt sich auflösen. Es klärt sich auch das sehr schwierige Verhältnis zwischen der Geschichte der Gattungen und dem, was Goethe die ‚Naturformentrias' nennt. Diesen „Naturformen" erkennt Goethe zwar zu, dass sie im einzelnen dichterischen Gebilde in Durchmischung auftreten. Sie sind aber ewige Grundgestalten, den Wechselfällen der Geschichte entzogen. Falk zeigt, dass diese Konsequenz keinesfalls zwingend ist. Die Naturformen seien auch als ‚universale Strukturen' aufzufassen, die je verschieden und in historischen Variierungen im Rollen- und Darstellungsstilen manifest werden.

Zu wünschen und anzuregen wäre eine Untersuchung, die die Ermittlung des universalen Dominanzensystems für die Klärung jener Debatten fruchtbar machte, die aufs engste mit der gattungspoetischen Diskussion um 1800 verbunden sind: die deutsche Version der „Querelle des anciens et des modernes", die um 1800 die Gestalt dramatischer Dichtung und das Verhältnis zwischen Epos und Roman betraf. Dies könnte auch zu einer Neuformulierung von Grundbegriffen führen, die im Umkreis jener Auseinandersetzung in Umlauf kamen, wie der Dichotomie des Naiven und Sentimentalischen in Schillers Selbstbeschreibung gegenüber Goethe.[35] Es dürfte zu erwarten sein, dass damit nicht allein literarhistorische Einzelklärungen erbracht werden können, sondern grundlegende Erhellungen des eingangs angedeuteten Zusammenhangs von Geschichte, Ästhetik, Poetik und Ontologie. Auf solchen Wegen würde aller erst wieder jener ernste und eigentliche Begriff der Kunst

---

[34] Schlegel, *Literary Notebooks*. hg. von Hans Eichner. London 1957, S. 116.

[35] Vgl. dazu P. Szondi, *Das Naive ist das Sentimentalische. Zur Begriffsdialektik in Schillers Abhandlung*, in: ders., Schriften II. Frankfurt/Main 1978, S. 59 ff.

einholbar, wie ihn ein Schelling, bei dem am Ende des Identitäts-Systems die Rückkehr der Wissenschaft und der Philosophie zur Poesie steht, ein Hegel mit dem Wort von der Kunst als ‚Mimesis des Absoluten' oder ein Heidegger, der Kunst als das ins-Werk-Setzen der Wahrheit denkt, grundlegten. Damit verbindet sich von Falks Dichtungsbegriff her eine literarästhetische Grundauffassung, der zufolge es in großer, eminenter Dichtung immer um Sinnerschließung zu tun ist; was ein wichtiges Antidotum sowohl gegen die Ideologien vergangener Jahre wie gegen die fenster- und sichtlosen Textwelten postmoderner Semiotiken bleibt. Man erinnere sich an die ebenso triviale wie unwidersprechliche Mahnung, dass, wo Zeichen sind, auch ein in ihnen Gezeigtes sein müsse.

Vor diesem Horizont wäre nicht zuletzt auch der Fußpunkt einer Auseinandersetzung mit Emil Staigers ‚Grundbegriffe[n] der Poetik' zu finden. Walter Falk nimmt in seinen eigenen gattungsgeschichtlichen Arbeiten die seinerzeit von Germanisten und Romanisten der jüngeren Generation geführte Kritik an Staigers Konzeption, einer anthropologisch grundgelegten und von Heideggers fundamentalontologischen Kategorien zehrenden Wiederbelebung der spekulativen Gattungslehre auf. Exemplarisch zu nennen ist Stanzels Verweis auf die Diversität der „Rollenstile", zu erinnern ist auch an Scherpes und Hempfers Rekonstruktion der historischen Kontingenz der Gattungstrias, die sich vor allem an der allmählichen Kristallisation eines homogenen Lyrik-Begriffs im 18. Jahrhundert orientiert.[36] Doch sollte die Kritik nicht umgekehrt den Anschein nahelegen, eine universale Gattungspoetik sei unmöglich. Dies ist sie in Falks Sichtweise eben nicht, sie ist nur bislang in einer ontologisch defizienten Weise exponiert worden, indem Verhaltensweisen des menschlichen Da-seins nicht aber Grundbedingungen von ‚Kreativität und Con-kreativität' in die Reflexion Eingang fanden, und das führt auf eine grundsätzlichere Maxime: Wer begründet vom Ende der Neuzeit zur reden versucht, darf sich neuzeitlichem Reflexionsniveau nicht verweigern, er muss aber durch dessen Fixierungen wie durch ein Prisma hindurchzuschauen vermögen.

Dazu ist aber erst die Verbindung von historischer Forschung mit grundsätzlicher Problemarbeit an den vergangenen Konstellationen in der Lage. Die Perspektive, der die Auffindung des universalen Dominanzensystems folgt, entzieht sich den Aporien, in die sich die Debatte um 1800 verfing. Falk orientiert sich, anders als die Debatte um 1800, nicht an einander gegenseitig in Verwirrung bringenden Vermittlungen von Subjekt und Objekt. Er fragt vielmehr, auf einen Urbegriff von Kreativität orientiert,

---

[36] Vgl. dazu in kategorialer Hinsicht: Klaus W. Hempfer, *Gattungstheorie.* München 1973 (Reihe: Information und Synthese Band 1) und zu den einzelnen Ausprägungen: Klaus R. Scherpe, *Gattungspoetik im 18. Jahrhundert. Historische Entwicklung von Gottsched bis Herder.* Stuttgart 1968.

Eine Spur bahnen. Paradigmata zu einer philosophischen Rezeption
der Komponentenanalyse in Aneignung und Auseinandersetzung

67

strukturell nach der Verfassung des Dominanzensystems und bringt diese
Überlegungen mit dem Subjekt des menschlichen Zweitschöpfers und seinen
jeweiligen Manifestationsformen auf unterschiedlichen Ebenen zusammen. In
der Sprechweise der Aristotelischen Logik des pros ti (‚in Hinsicht auf') und
nicht ganz unähnlich dem Verhältnis, das Heidegger als ‚delotische Synthesis'
begriff,[37] vollzieht sich die Differenzierung im Blick auf als-Strukturen (der
Sprecher *als...* , der Dichter *als....*) als eine Verbindung von Subjektivität und
Selbstorganisation, von Geschichte und System. „Die Strukturen des
Dominanzensystems sind bei der Produktion unentbehrlich, aber sie verfügen
selbst über keine Produktionskraft. Man kann sie mit dem in einem Klavier
angelegten Tönesystem vergleichen."[38] Die produzierende Kraft ist also vom
Dominanzensystem verschieden und wiederholt doch sein Strukturmuster.
Bemerkenswert daran ist die folgende Erwägung: die Freiheit kommt in dem
strukturellen und gesetzhaften System durch das Subjekt zustande, das aber
nicht über sie verfügt, sondern sich ihr, als einem ihr vorausspielenden
Orientierungszusammenhang, öffnet. Hier ist eine Theorie dichterischer
Inspiration, die Falk in seinen späten Jahren beabsichtigte, systematisch
begründet. Sie führt auf die Annahme eines über die Subjektivität
hinausweisenden ‚unbedingten Sinnes', der sich am Faktum eines Werkes
einstellt. „Während ein Autor über das Dominanzensystem zu verfügen
vermag, kann er den Sinn nie erzwingen. Er erscheint in ihm durch einen
Einfall in der Art eines Geschenks. Allerdings ist dieses Geschenk besonderer
Art, insofern der Autor völlig auf es angewiesen ist [...]. Wenn der
Gestaltungsakt beendet ist, entschwindet der mit dem Einfall gekommene Sinn
aus dem Autor. Er existiert jedoch weiter im Werk. Hier können ihm nun
Menschen begegnen, die selbst den vom Autor aufgenommen Einfall nicht
hatten [...]. Der in einem menschlichen Werk enthaltene Sinn ist immer
neuartig. Aber er hat Anteil an dem weiten Sinnzusammenhang einer Epoche,
und dieser gehört in den kaum mehr übersehbaren Zusammenhang der
Geschichte aller Epochen".[39] Martin Walsers schöne Selbstaussage: „Geschrieben zu haben, gelesen zu haben nützt nichts. Nur Schreiben hilft. Lesen
hilft" rührt an diesen Zusammenhang.
Im Sinn der Abständigkeit vom Subjekt-Objekt-Modus wird das Grundraster
der Gattungsstile des Epischen, Lyrischen und Dramatischen umorientiert: auf
das Grundverhältnis von Möglichkeit und Wirklichkeit (dynamis/energeia).

---

[37] Vgl. dazu insbesondere Heidegger, GA II, Band 21. *Logik. Die Frage nach der Wahrheit.*
Frankfurt/Main 1976, S. 127 ff. Siehe zum ‚deloun' auch Heidegger, *Sein und Zeit,* hier nach
Einzelausgabe Tübingen 1984, S. 32 ff. und S. 154 ff.
[38] W. Falk, *Selbstorganisation und Gattungspoetik- Annäherungen an ein universales
Dominanzensystem,* in: ders., *Brücken zwischen Human und Naturwissenschaft,* a.a.O., S. 111.
[39] Ibid., S. 112.

Ich komme damit zum Schluss - mit einem Hinweis darauf, wie die skizzenhafte Synopse, die ich hier nur bieten konnte, insgesamt in eine ausgreifende philosophische Rezeptionsarbeit zu überführen wäre. Die ‚kulturmedizinische' Dimension, die in dem umrissenen Ansatz angelegt ist, hat dabei, zumal in der wissenschaftlichen Krisis der Gegenwart, die nahe an die Heillosigkeit heranzurücken scheint, besonderes Gewicht. Der Begriff der ‚Univesitas litterarum' wird letztlich erst vor einem solchen Anspruch wieder seine volle Bedeutung gewinnen. Falks nachgelassenes Buch 'Glauben und Wissen um 2000' und als Komplement dazu seine, noch nicht gedruckten Vorlesungen über 'Haupttendenzen der Gegenwartsliteratur' warten noch auf ihre Rezeption. Die dort niedergelegten Erwägungen bieten das Instrumentarium für ein Desiderat, das anderwärts eher konstatierend als „Reflexivität der Moderne" (Ulrich Beck) bezeichnet wird. Reflexivwerden, wo immer sein Begriff sinnvoll sein soll, erfordert, was in solchen jüngeren zeitdiagnostischen Einlassungen zu wenig bewusst gemacht ist, ein Nachsinnen, das methodisch überprüfbar bleibt.
Damit ist auf das *Ethos* in der neuen Wissenschaft von der Geschichte hingewiesen. Es verweist auf Husserls Bemerkung in der ‚Krisis'-Schrift, wonach Europa Einsicht sei und auf die Brüchigkeit jener phronetischen Grundtugend nach dem Ende Alteuropas seit den Jahren um 1910. Es könnte sinnvoll sein, mit Mitteln der neuen Epochenforschung auf jene Knotenpunkte der Geschichte Europas zurückzukommen, an denen sich die Husserlsche Maxime besonders bewahrheitete - vom vielstimmigen Gespräch über den Religionsfrieden über Abaelard zu Cusanus' 'De pace fidei' bis hin zu Lessing. In einer historisch begründeten Besinnung, die in der Differenz das Universale zu gewinnen hat, gewinnt ein Ethos der Oikoumene erst Gestalt. Ebenso selbstverständlich gehört der in der jüngsten Vergangenheit wieder vergessene Friede mit der Natur in den kulturmedizinischen Zusammenhang; der in einer Ontologie der Kreativität zu verankern wäre. Treffend scheinen mir vor diesem Hintergrund die Bemerkungen von Rainer Paslack: „Es scheint an der Zeit, die Natur selbst als kreative und geschichtliche zu rehabilitieren, d.h. als 'natura naturans' wiederzuentdecken und insofern ‚wieder-zuverzaubern' was ja nicht ausschließt, dass sie trotzdem auch eine ‚natura naturata', eine Schöpfung, ist, insofern sie nämlich überhaupt existiert. ‚Nicht wie die Welt ist, ist das Mysterium, sondern dass sie ist', meinte schon Wittgenstein'."[40]
In Paul Claudels 'Soulier de satin', großem Welttheater, findet man eine Zeile, die Maxime für Walter Falks Lebensarbeit sein könnte: „Statt den Dingen Widerstand zu leisten, sollten wir so geschickt sein, in sie einzusteigen, in

---

[40] So R. Paslack, *Potentialismus und Selbstorganisation*, in: H. Bernsmeier und H.-P. Ziegler (Hgg.), *Wandel und Kontinuum. FS für Walter Falk zum 65. Geburtstag*. Frankfurt/Main u.a. 1992, S. 59 ff., Zitat, S. 108.

ihren seligen Seegang!" (Übersetzung von Hans Urs v. Balthasar, S. 168). Dies ist die aus dem dritten Horizont formulierte Antwort auf eine Moderneerfahrung, die James Joyce im 'Ulysses' so ausdrückt: „History is a nightmare from which I am trying to awake". Der Akzent auf dem Erwachen wäre wohl ganz in Walter Falks Sinn. Denn er besagt, dass Wissenschaft wieder Sorge für ihre eigene Zeit wird: Epimeleia als ‚Sorge um die Seele'.

3. Zeit- und Weltdenken heute -
Zu Walter Falks nachgelassenem Buch 'Wissen und Glauben um 2000'

An der Jahrtausendwende nach dem Niedergang der weltbeherrschenden Ideologien ist unser Nachdenken gefordert, selbst dann, wenn nur die gegenwärtige Lage *beschrieben* werden soll. Doch die neue Welt-Unordnung hat bislang wenig überzeugende Antworten gefunden. Es bleibt bei feuilletonistischen Diagnosen wie jener von der „zweiten Moderne" (Ulrich Beck). Die Forschheit solcher Proklamationen kontrastiert bemerkenswert der Hilflosigkeit und fehlenden Orientierung. Es müsste mit historischer Tiefenschärfe gefragt werden, um die aktuelle Lage zu erkennen. Wer derart fragt, exponiert sich. Die gängige Spezialisierung, selbst in der Philosophie, scheint diesem Desiderat entgegenzustehen. Einen umso größeren Glücksfall bedeutet es, dass Walter Falk in seinem Buch 'Wissen und Glauben um 2000' einen Versuch vorlegt, die „weltbewegende Problematik" der Gegenwart in ihrer Herkunftsgeschichte und ihrem sachlichen Problemzusammenhang zu erörtern. Falk, Polyhistor mit philosophischem Blick, dessen Welterfahrung durch spanische und ägyptische Forschungs- und Dozentenjahre weiter an Profil gewann, ist für ein solches Unterfangen geeignet wie kaum ein zweiter: denn er übersieht nicht nur souverän verschiedenste Zweige der Geisteswissenschaften, er vermag sich auch über die Schranke der 'zwei Kulturen' hinwegzusetzen und geistesgeschichtliche Reflexionen mit Erkenntnissen der modernen Naturwissenschaft ins Gespräch zu bringen. Falk scheut sich auch nicht, seine Erwägungen bis zu einem Absolutpunkt, der Perspektive des Glaubens, zu verfolgen. Dies alles geschieht in einer angesichts der Komplexität der Gedankengänge und -zusammenhänge erstaunlichen Anschaulichkeit, in einer luziden und klaren Darstellungsweise, wie sie nur lange gereiften und vielfach auf den Prüfstand gestellten Gedanken eigen ist.

I

Schlüssel einer Deutung der Gegenwart ist für Falk das Verhältnis von Glauben und Wissen. In einer grundsätzlichen Reflexion hält er fest, dass Wissen nicht ohne Glauben und Glauben nicht ohne Wissen auskomme, obgleich beide scharf voneinander zu unterscheiden sind. „Wissen besteht aus einem mit wohlbekannten Einzelheiten ausgefüllten Gesamtbild, das jederzeit vergegenwärtigt werden kann. Glaube ist Antwort auf die Aufforderung, ins Neuartige aufzubrechen".

An der Unterscheidungskunst, der alten Tugend der ‚discretio', ist Falk von
vorneherein gelegen. Es ist die gleiche Tugend, die auch Romano Guardini in
seinem nachneuzeitlichen Denken zur Geltung gebracht hat. In
nachneuzeitlichem Sinn eine absolute Perspektive wiederzugewinnen: in dieser
Maxime kommen Falk und Guardini miteinander überein.

Die erforderlichen Unterscheidungen lassen sich indes nicht in abstrakten
Definitionen treffen, sie sind nur als Ergebnis einer genealogischen Erörterung
aufzufinden. Als folgenreiche, aber konstitutive Verzeichnung im
Wissensbestand der Neuzeit legt Falk frei, dass die Geschichte als Maschine
gedacht wurde, und die Züge des Maschinenhaften im Naturbegriff der
modernen Naturwissenschaft eine Verabsolutierung erfuhren. Im ersten Teil
seines Buches weist er auf die Vorgestalten des neuzeitlichen
Maschinendenkens im späten Mittelalter hin - auf die Mechanische Uhr und
die Erfindung der Zentralperspektive. Und er zeigt, wie sich an dieser
Umbruchstelle Glauben und Wissen noch gegenseitig ergänzten: war doch der
Zentralpunkt der Perspektivenkunst noch als Auge Gottes gemeint.

Diese ambivalente Ausgangsstellung bewegt Falk dazu, die Wirkmächtigkeit
des neuzeitlich aufklärerischen Maschinendenkens von Gegenpositionen her
zu erhellen, die nicht ähnlich wirkmächtig geworden sind, die aber eben
deshalb in einer Zeit, in der sich Indizien für das ‚Ende der Neuzeit'
abzeichnen, zu denken geben.

Es ist der Einblick in die qualitativen Wandlungen der Geschichte, die um
1770 gegenüber der Aufklärung einsetzende Dynamisierung des Weltbildes, in
deren Horizont Herder den Menschen als Sprachwesen und die Geschichte als
Ergebnis eines Dialoges zwischen Gott Mensch versteht, in Kontrastierung zu
dem aufklärerischen Fortschrittsmodell, das ohne Gott auskommt. Die
Herdersche Sicht geht freilich in Comtes Positivismus, der Konzeptualisierung
der Naturordnung als anonymer Gott, unter. Doch ist die Wirklichkeit des
Positivismus die ganze Wirklichkeit? Diese Frage könnte man als Leitmotiv
jener Gedankengänge auffassen, die Falk in einer Deutung des späteren
Denkens von Friedrich Schlegel zur Geltung bringt. Für Schlegel ist, anders als
für die Geschichtsphilosophie der Aufklärung bis zu Kant, der Ausgang des
Menschen aus dem Paradies keinesfalls eine Notwendigkeit. Der Mensch gab,
Schlegel zufolge, das Paradies zwar preis, es dauert aber gleichwohl an.
Deshalb ist Endzweck „jener Geschichte, die mit dem Sündenfall anhob", die
Rückkehr in den verspielten Paradieseszustand. Ein solches rückwärts
weisendes Telos lässt sich nicht in utopischen Konstrukten von der
menschheitlichen Progression in einen Vollendungszustand finden, sondern im
inneren Hören auf das Wesen des menschlichen Selbst. Das genuine
Humanum zeichnet sich, wie Schlegels anthropologische Erörterungen zeigen,
nicht durch analytische Vernunft, sondern zugleich durch das Vermögen zu

Sinnverstehen (,Verstand'), die Kraft zur Bildung von Neuem (,Phantasie')
und die Fähigkeit zur Wahl zwischen Gutem und Bösem (,Wille') aus.
Zwar konnten die Herdersche und Schlegelsche Anthropologie und
Geschichtsphilosophie nicht ungedacht gemacht, sie konnten aber gründlich
vergessen werden. Die Folgen erörtert Falk in seiner pointierten Marx- und
Darwininterpretation. Das eherne Gesetz der Reproduktion folgt ebenso wie
die Selektionstheorie dem Paradigma von der Weltmaschine, und beide
müssen sich dabei in einen tiefen Widerspruch verstricken, der sich im Ansatz
bereits bei Kant finden lässt: die Maschine folgt Gesetzen eines linearen
Fortgangs, und zugleich soll im Horizont der neuzeitlichen Wissenschaft das
Maschinendenken den Übergang in neue Zustände (sei es im
Evolutionsmodell, sei es in der Marxschen Periodisierung der Geschichte)
erklärbar machen. Dass es dies nicht kann, wird verdeckt durch eine Methode,
die auch zu verdrängen erlaubt, dass die „Große Weltmaschine" ein für
menschliche Erfahrung nicht aufweisbares Phantom ist: die Dialektik, die sich
jenes Grundes begeben hat, auf dem die antike Dialektik in ihren Platonischen
Ursprüngen aufruhte, des Gesprächs.

II

Jene Dialektik kehrte sich gegen sich selbst; Falk macht in einer tiefdringenden
Analyse namhaft, wie das Paradigma der Weltmaschine auf dem Weg des
20. Jahrhunderts immer weiter überdehnt und dabei zunehmend brüchig
wurde. Zunächst werden um 1880 in verschiedensten Bereichen der Kultur, in
den Naturwissenschaften nicht anders als in der Philosophie, schöpferische,
nicht positiv vorgegebene Tendenzen erkannt. Hierher gehört die Entdeckung
der selbsttätigen Umwandlung von Uranerz durch Röntgen, neben
Erkenntnissen in der Frühgeschichte der modernen Physik, die zeigen, dass die
Weltmaschine sich nicht in mechanischen Kräfteverhältnissen erschöpft,
sondern dass ihr gleichsam eine zweite Gangart, eine genuin schöpferische
Dimension, eigen ist. Ähnliches konstatiert Falk in einem sensiblen Blick auf
Freud: die seit 1899 entwickelte Lehre von der Traumdeutung zeigt, dass
Träume nicht allein Wirklichkeitsreproduktionen sind, sondern auf inneren
Bildern der Seele aufruhen, die einen eigenständigen seinshaften Status haben.
In den gleichen Zusammenhang gehören schließlich die Wiederentdeckung des
,Sinnganzen' in der Diltheyschen Geistesgeschichtsschreibung und die
Freilegung der schaffenden dionysischen Kraft bei Nietzsche.
Eine zweite Stufe in der Unterhöhlung des Maschinenparadigmas erkennt Falk
im Ausgang vom Bild des Schiffes auf bedrohlichen Wellen, auf dem die
Weltmaschine befestigt ist: denn seit 1910 und in den Jahren des Ersten
Weltkrieges, als die europäischen Zivilisationen nach dem Wort von Valéry

ihre Sterblichkeit vor Augen geführt bekamen, wird sinnfällig, dass das Urböse
untilgbarer Grund menschlicher Kultur und Zivilisation bleibt. Freuds Schrift
'Zeitgemäßes über Krieg und Tod' ist ein klassisches Zeugnis für diese
Wiederkehr des Abgründigen, ein anderer ist die von Falk zu Recht wieder
erinnerte 'Kosmogonie' von Christian von Ehrenfels. Ehrenfels sucht
dazulegen, dass – als ein nie ganz in Formverhältnisse zu überführender Rest -
Chaos aller Gestaltwerdung zugrunde liegt. In diesen Zusammenhang gehört
auch das Zerbrechen der Zentralperspektive, als Antidotum zu ihrer
spätmittelalterlichen Urstiftung: erstmals prägnant greifbar mit Picassos
'Demoiselles d'Avignon' (1907), einem Fanal dafür, dass der neuzeitliche
Sinnzusammenhang überschritten und die Zerstörung der Selbstdefinition
humaner Sinngestalt erfahren wurde.

Lässt sich aber verstehen, wie das Schiff auf das Meer gelangt ist, lässt sich
das Urböse auf ein Urgutes im außermoralischen Sinn des genuin Tauglichen,
Ermöglichenden hin umzeichnen? Diese Frage bewegt Falks konzentrierte
Kafka-Interpretationen. In der von ihm bereits in früheren Arbeiten in ihrer
epochalen Bedeutung erkannten Skizze 'Ich mache Pläne' evoziert Kafka die
vernichtende Kraft des Urbösen, doch er erinnert, wie einst Friedrich Schlegel,
in einer Reihe von Aphorismen in den Jahren 1917/18 in derselben Zeit an das
unzerstörbar bleibende Paradies. Wir sind aus ihm vertrieben, die Ewigkeit des
Vorganges der Vertreibung „macht es trotzdem möglich, dass wir nicht nur
dauernd im Paradiese bleiben könnten, sondern [es] tatsächlich dauernd sind,
gleichgültig, ob wir es hier wissen oder nicht".

Der Wissenschafts- und Denkgeschichte seit den Zwanziger und verstärkt seit
den Fünfziger Jahren spürt Falk deshalb auf einer dritten Stufe eine Tendenz
ab, das ‚Maschinenhaus' zu öffnen. Er sieht vor diesem
problemgeschichtlichen Hintergrund verschiedene wissenschaftsgeschichtliche
Innovationen in mitunter überraschender Weise zusammen; allein schon die
Synopse wirkt sinnerschließend. Konstatieren lässt sich nämlich - in
Heideggers Hauptwerk 'Sein und Zeit' ebenso wie in der strukturalistischen
Ethnologie von Lévi-Strauss oder in der Quantentheorie Heisenbergs - eine
Überschreitung der dinglichen Welt auf eine Welt, die aus Strukturen gebildet
ist. Dies ermöglicht ein Weltverhältnis, in dem der Mensch den vorfindlichen
Dingen gegenüber eine Distanz zurückgewinnen kann, die es allererst erlaubt,
sich auf Über-Dingliches zu beziehen. Auch Zeit ist dann, wie vor allem
Heidegger lehrt, nicht als Anschauungsform für die erscheinende Dingwelt
und nicht als messbar zu denken, sondern als *ek-statisches* Verhältnis des
Menschen zu Vergangenheit und Zukunft. Falk macht indes sowohl am
existentialen wie am strukturellen Weltverstehen einen Mangel namhaft:
einerseits erscheint die Geschichtslosigkeit des binären, unterscheidenden
Verfahrens des Strukturalismus als unzureichend. Ihr ist es nach seiner
wohlbegründeten Ansicht geschuldet, dass der Strukturalismus nicht jenen von

Lévi-Strauss beabsichtigten Neueinsatz der Kulturtheorie einlösen konnte, der Fortschrittsideologie und die Unterscheidung zwischen primitiven und hoch entwickelten Kulturen hätte hinter sich lassen können. Andrerseits verstehe Heidegger zwar die Zeitsinne von Vergangenheit und Zukunft ek-statisch, nicht aber die Gegenwart. Eben auf die Defizienz in der Auslotung der Gegenwart möchte Falk Heideggers Verstrickung in die Anfänge des nationalsozialistischen Totalitarismus im Jahr 1933 bezogen wissen. Der zweite Teil von 'Sein und Zeit' musste aufgrund dieses Mangels ungeschrieben bleiben. Heideggers ‚Kehre', in der die ‚Exzentrizität' vertieft wird auf den Gedanken eines dem menschlichen Selbstverstehen vorgängigen Seinsgeschehens, die Anbahnung eines ‚anderen Anfangs', findet seit der Jahrhundertmitte, meist unthematisiert, von sehr verschiedenen Seiten, und ohne dass dabei Heideggers Seinsdenken ausdrücklich rezipiert werden müsste, Widerhall in den einzelnen Wissenschaften. Was dabei in Rede steht, ist die Rückkehr der Frage nach Ursprung und Entstehung von ‚Neuem', die sich in so unterschiedlichen Ansätzen wie der Wissenschaftsgeschichtsschreibung Thomas Kuhns, der Verfassungs- und Sozialgeschichte August Nitschkes oder in Chomskys generativer Grammatik geltend machte. In diesen Zusammenhang gehört, Falks Selbsteinschätzung zufolge, auch die neue Epochenforschung, zu der er einen eigenen, über die strukturalistische Konzeption hinausführenden Ansatz beigetragen hat.[1]

Die Frage nach dem Anfang des Neuen führt, wie Falk zeigt, auf einen „Faktor X", das letztendliche Rätsel einschneidender Epochenzäsuren, Diskontinuitäten, die sich aus vorausgehenden Verlaufsformen schlechterdings nicht erhellen lassen. Foucault weist auf sie ebenso hin wie Konrad Lorenz, wenn er den Nachweis erbringt, dass sich Lebenssysteme „fulgurativ" verändern, dass sich der stammesgeschichtliche Wandel der Arten also, anders als Darwins Dogma nahe legt, nicht in allmählicher Evolution, sondern blitzartig vollzieht.

III

Indes bleibt in allen skizzierten Ansätzen seit Mitte des Jahrhunderts dunkel, wie der ‚Faktor X' seinerseits beschaffen ist. Falk versucht zu zeigen, dass gegenläufige geistige Profilbildungen es verhinderten, dass diese Konstellation zu weitergehender Klarheit gelangte; dabei führt er etwa die Theorie der

---

[1] Durch diese starke Gewichtung der Einzelwissenschaften korrigiert Falk nicht nur Heideggers Diagnose, dass die Wissenschaft nicht denke, er modifiziert auch den Eindruck einer ‚Entwirklichung des Geistes' in der Folge des Niedergangs des deutschen Idealismus seit Hegels Tod.

Selbstorganisation von Systemen und den Neomarxismus an, die angetan
gewesen seien, das Paradigma der Weltmaschine zu verfestigen.

Falk macht gleichwohl seit etwa 1980 eine weitere geistesgeschichtliche Zäsur
namhaft, mit der das Unbekannte explizit zu einem Problematon der
Forschung avancierte. Zu diesem Ende müsste das Denkbild von der
Weltmaschine weiter ergänzt werden. Sie ist nicht nur auf einem Schiff, das
sich auf wild bewegtem Meer befindet, vorzustellen, ins Maschinenhaus
eingeschlossen, doch mit offenen Fenstern. Die Entdeckung des ‚Faktors X'
lehrt, dass dieses Schiff segelt. Eine selbst nicht-machinale Windkraft hält es
in Bewegung. Soll der Richtungssinn des ‚Windhauches' geortet werden, so
gilt es, die Empfänglichkeit für sein Einwirken zu beschreiben, gleichsam
‚Takelung' und ‚Masten'. Man wird, wenn man sich der schönen und
stimmigen Logik der Metapher überlässt, zu einem seit der Renaissance
weitgehend verschütteten ‚Denken in Bildern' veranlasst, deren Abfolge die
Schritte der Theoriebildung vorzeichnet. Falk geht davon aus, dass das
aufklärerische Weltmodell - fokussiert auf die Weltmaschine - nicht zurückgenommen werden konnte. Es wird aber ‚verwunden', indem es ergänzt wird.
Und hier macht sich die profilierte Auffassung des Verfassers geltend, dass die
Heilung der Wunden, welche die Reduktion von Natur und Geschichte auf
eine Maschine der Kultur geschlagen hat, gerade von der modifizierten und
zusehends ihre Bedingtheit erkennenden Wissenschaft zu erwarten ist, von der
die europäische Krisis ausging.

Nach Takelung und Masten zu fragen heißt, die epistemische Verständigung,
die binäre Denkweise des Strukturalismus, in eine triadische Logik
umzuzeichnen; was bei Falk dazu führt, dass der nicht-dinghafte Weltbezug in
einem Absoluten grundgelegt gesehen wird, das am Ende als personhaft
aufgewiesen werden kann.

Es ist bemerkenswert, dass Falk seit 1980 in Dichtung und Wissenschaft Zeug-
nisse für diese letzte Modifizierung des Maschinengangs der Welt ausnimmt.
Der Niedergang des Kommunismus und mit ihm des Glaubens an eine
Menschheitserlösung durch ‚Weltgesetze' ist dadurch als Moment eines
weiteren geschichtlichen Zusammenhangs zu verstehen. Falk findet weltweit
Gesprächspartner in seinem Ausblick auf die Gegenwart, die er gekonnt in
einen imaginären Dialog bringt: da sind Václav Havels 'Briefe aus dem
Gefängnis', denen Falk schon früher eine bewegende Deutung gewidmet hat.
In ihrem Zentrum steht der Gedanke von den drei Horizonten menschlichen
Lebens: dem Horizont der Isoliertheit, für Havel erfahrbar in der Realität
seiner Haft als ‚Dissident', wobei es sprechend ist, dass der eigene ideelle Ort
nur mit der negativen Zuschreibung von Seiten der kommunistischen
Staatsmacht zu benennen ist, dem Horizont personaler Beziehungen, und dem
dritten Horizont, der das Gefüge eigenen Lebens erst als ein in sich
gegliedertes Sinnganzes verstehen lässt. Zum anderen nennt Falk die

Mythentheorie von René Girard, welche die grundsätzliche Unterscheidung zwischen Evangelien und antikem Mythos darin erkennt, dass im Evangelium das Böse nicht durch die Übertragung auf einen Sündenbock, sondern durch den einzigen Menschen (und wahren Gott), der frei von Sünde ist, gesühnt wird; eine Lebensmöglichkeit eröffnend, die im antiken Welthorizont verschlossen bleibt. Und schließlich wird deutlich, dass diese bewegenden Fragen auch in der modernen Naturwissenschaft ein Echo finden. Deshalb sucht Falk das Gespräch mit Stephen Hawking und Rupert Sheldrake. Der moderne Feldbegriff der Physik führt zur Annahme von „morphische[n] Felder[n]" (Sheldrake), „die, weil sie keine Materie enthalten, den Gesetzen der materiellen Welt nicht unterworfen sind" (Falk). Sie sind aber nicht, wie im Strukturalismus, in ein binäres Raster gespannt, sie sind vielmehr, wie Havels dritter Horizont, oder das Sinnganze, das Falks Komponentialanalyse aus Texten und Epochen freilegt, als absoluter Horizont auf die einzelnen Ding-Entitäten und ihre Verknüpfung gleichermaßen bezogen.

Indem die reichen Erwägungen am Ende um Phantasie und Verantwortung zentriert werden, löst sich die Wiederaufnahme des großen Problemtitels von ‚Glauben und Wissen' aus der Frühzeit von Romantik und Idealismus um 1800 erst vollständig ein: auch für das ‘Älteste Systemprogramm' wies sich das Ganze unseres Weltverstehens darin aus, dass Ethik und Ästhetik zusammengeführt und für theoretische Reflexion ebenso wie für praktischen Lebensvollzug zur Grundorientierung werden können. Walter Falk spricht in diesem Sinne davon, dass alle Anthropologie Visiologie werden müsse: Deutung des Seinsverstehens, das menschlichen Handlungen - der sittlichen Tat ebenso wie der künstlerischen Schöpfung - vorausgeht.

Der Kenner des Werkes von Guardini wird allenthalben bemerken, wie sehr Falks Reflexionen in eigenständiger Weise Guardinis Impulse nachneuzeitlichen Denkens und der Wiedergewinnung eines Standpunktes des Absoluten im Bezugsrahmen kultureller Vielfalt weiterführen. Der genaue Leser von Falks Buch wird sich überdies darüber klar werden, dass hier noch einmal eine große Alternativ-Deutung zu dem Weltmaschinen-Modell vorliegt, ein Entwurf also, der im Licht der Gegenwart und nicht zuletzt ihrer epistemischen Vernunftformen auf Herder und Schlegel antwortet. Walter Falk selbst und seiner eindrucksvollen Geschichte neuzeitlichen und nachneuzeitlichen Wissens, nicht zuletzt aber auch der Öffentlichkeit, wird daher zu wünschen sein, dass seine Stimme, anders als die seiner großen Vorgänger, dauerhaft gebührend gehört werde, im Westen ebenso wie in Mittel- und Osteuropa, dessen beste Traditionen in Falk einen glänzenden Advokaten und Bewahrer finden.

4. Geschichte, Wiederholung, Struktur –
Einige Aporien von Hermeneutik und Geistesgeschichte seit der Romantik und der Marburger Ansatz

Es ist nicht zwingend naheliegend, aus den eindrücklichen Analysen, die aus der Applikation der Komponentenanalyse auf vorwiegend literarische Texte, dem Grundgerüst neuer Epochenforschung, Evidenzen dargelegt aber auch überprüfbar und bezweifelbar gemacht haben, eine methodische Fragestellung herauszulösen. Denn bei jedem ernsthaften gedanklichen Ansatz sind Methode und Sache schwerlich zu trennen. Eine philosophische Wahrnehmung, der Versuch, den Findungen und Frageweisen Walter Falks einen Resonanzboden auf dem Terrain einer anderen Disziplin wie der Philosophie zu geben, nötigt freilich zu einem Abstand, der mitunter das *,sermo quid'* , die genuine Thematik, klarer zu sehen erlaubt. Das Medium des Marburger Ansatzes der neuen Epochenforschung ist keinesfalls zufällig die Maxime, dass dichterische Texte beim Wort zu nehmen sind.

Ich setze deshalb im *ersten* Teil meines Vortrags mit einer Reihe von Aporien ein. Bei der Aporetik beginnt nach der Sokratisch Platonischen Überlieferung die Weisheit des Nicht-Wissens, gleichsam die Sokratische Einsicht. Für Aristoteles setzt der Erkenntnisweg zu gesicherter Einsicht damit ein, dass in den verschiedenen Meinungen zu einer Sache Widersprüche und Weglosigkeiten der Forschung, also eben Aporien, sichtbar werden. Ich werde, in einer Verbindung beider Überlegungen, die am Methodenanfang abendländischer Philosophie situiert sind, darzulegen versuchen, dass mit der Grundstruktur der Komponentialanalyse und ihren Implikationen über einige der zentralen Aporien von Hermeneutik und hermeneutischer Philosophie hinauszugehen ist. Die leitende Frage ist dabei auf das Verhältnis von Erklären und Verstehen gerichtet, und damit auf die Relation von Individuellem und Allgemeinem, Stoff und Form.

Im *zweiten* Teil gehe ich dem Grundriss des Ganzen der Marburger Epochenforschung nach, orientiert an der Freilegung des ,universalen Dominanzensystems' der Gattungspoetik, wobei sich zeigt, was diese Überlegungen über ihren gattungssystematischen Sinn hinaus für den zentralen hermeneutischen Fragepunkt des Schönen als des erscheinenden Wahren, des Sinns in der Geschichte, austragen. Die Gegenwärtigkeit der vorgetragenen Gedanken muss schließlich besonders akzentuiert werden.

I. Das individuelle Allgemeine: Hermeneutische Aporien und die komponentialanalytische Arbeit

(1) An prägnanter und vergleichsweise später Stelle hat Wilhelm Dilthey die Aporie zwischen geschichtlicher Relativität der Erkenntnis und dem Versuch einer zeit-invarianten Fundierung der Geisteswissenschaften erörtert. Wie ist, so Diltheys Frage am Ausgang des Historismus, eine „allgemeingültige Erkenntnis der Einzelpersonen, ja der großen Formen singulären menschlichen Daseins überhaupt" möglich? (vgl. seine Breslauer Ausarbeitung, hier nach Dilthey, Der Aufbau der geschichtlichen Welt, hg. M. Riedel. Frankfurt/Main 1970, S.46 ff.). Dilthey erkennt darin den Kreuzungspunkt in der Krisis der modernen Welt, dass die Rankesche Forderung an den Historiker, die Dinge zu erkennen, wie sie eigentlich gewesen, nicht einlösbar ist. Ein Okular zu sein wie Ranke, das im großen Bilderbogen die Vergangenheit auffängt, ist demjenigen, der die Welt des varianten Geistes beleuchtet, nicht mehr gegeben, zumindest dann nicht, wenn er sich zugleich als Zeitgenosse in der Epoche später Neuzeit begreift. Er kann von den Zerreißungen und Krisen seiner Zeit nur um den Preis intellektueller Redlichkeit absehen; die Erfahrung der Crisis wird seine Sicht des Vergangenen aber notwendig mit prägen.[1] Dilthey weiß, dass die verbliebenen Überreste und Zeugnisse vergangener Zeiten ein Gegebenes sind, ‚factum brutum'. Wie sie zum Anlass für die Entstehung von Neuem werden, kann er nicht erklären. Obwohl Dilthey nach Brücken sucht, um das ‚individuelle Allgemeine' in der Folge Schleiermachers begrifflich und deskriptiv zu fassen, zerfällt es ihm doch wieder - in zwei Welten: denn einerseits legt er den methodischen Maßstab einer *Kritik der historischen Vernunft* an, so als ließe sich die Kantische Analyse von Urteilsformen der Vernunft auf die Welt der Geschichte übertragen und als könnte das formende, gestaltende Moment wesentlich kritischer Natur sein. Auf die andere Seite tritt das Erlebnis, aus dem Produktivität und Inspiration, also die genuinen Momente potentialer Geschichte, gewonnen werden sollen. Dass beide Seiten nicht koinzidieren, mag das folgende Zitat aus Diltheys umfänglichen Studien zu einer ‚Grundlegung der Geisteswissenschaften' beleuchten: „Wie Rohstoff in der Industrie mehreren Arten der Bearbeitung unterworfen wird, so werden auch die Reste der Vergangenheit durch verschiedene Prozeduren hindurch zum vollen geschichtlichen Verständnis erhoben. Kritik, Auslegung und das Verfahren, welches die Einheit in dem Verständnis eines historischen Vorgangs herbeiführt, greifen ineinander" (Dilthey, Ges. Schriften VII, S. 161).

---

[1] Vgl. heute dazu die Studien über den Historismus von Fulvio Tessitore, *Für einen problematischen Historismus. Gesammelte Aufsätze.* Köln, Weimar, Wien 2004, die in der Spannung zwischen Humboldt und Max Weber oder Meinecke diesen Problemata deutlicher und klarer nachgehen, als dies in der deutschen Diskussion zumeist der Fall ist.

Es ist aus dieser und ähnlichen Aussagen zu erahnen, dass die Kritik und jenes nur in vagen Worten umschriebene ‚Verfahren' nicht eigentlich aufeinander bezogen und wechselseitig füreinander fruchtbar gemacht werden können. Dilthey nimmt die „Anarchie in allen tiefen Überzeugungen" als Signum der modernen Welt wahr. Insofern es ihm darum geht, Geschichte und Ethik nicht auseinanderdriften zu lassen, kann ihm diese Situierung der Lage aber nicht genügen. Aus der geschichtlichen Welt gälte es ein Allgemeines zu gewinnen, so formuliert Dilthey das Desiderat, womit nicht mehr als eine Problemanzeige gegeben ist. Indem Dilthey einen radikalen Historismus als Schluss-Stein in der Emanzipationsgeschichte der europäischen Geistesgeschichte evoziert, bleibt er hinter der Struktur des ‚individuellen Allgemeinen' zurück, dessen Schleiermacherscher Formulierung er neues Leben geben wollte. Die Aporie zeigt sich in der Maxime, „jedem Erlebnis [sei] sein [...] Gehalt abzugewinnen"; es gelte, „sich ihm ganz hinzugeben, als wäre kein System von Philosophie oder Glauben, das Menschen binden könnte," wo doch umgekehrt schon die Aufsuchung eines ‚Typus', des ‚individuellen Allgemeinen', vom ‚System' nicht ganz absehen lässt.

Man beachte das ‚Als ob' in solchen Bemerkungen: es scheint in Analogie zu den Kantischen Postulaten formuliert zu sein. Diese ließen die Entscheidung über Existenz oder Nicht-Existenz des Postulierten offen. Bei Dilthey wird, ähnlich wie in der 'Philosophie des Als Ob' von Hans Vaihinger die Nicht-Existenz vorausgesetzt. Hier ist es aufschlussreich, dass Dilthey wie in einem Vermächtnis seiner geistesgeschichtlichen Forschungen formuliert hat, dass das Problem der Bedeutung und des Sinns in der Geschichte sich in der „Zentrierung der Zeitalter und Epochen in sich selbst" löse. Denn diesen ist aufgrund ihrer Immanenz schöpferische Qualität zuzuerkennen, wie Dilthey in Formulierungen festgehalten hat, die sich mit der fast gleichzeitigen Exposition der Gestalt' als eines überfaktischen und a-kausalen Ganzen, bei Christian von Ehrenfels oder der Rückgewinnung des aristotelischen Begriffs der ‚Entelechie' bei Hans Driesch berühren. Die Differenzlinien verlaufen seinerzeit noch nicht strikt zwischen Natur- und Geisteswissenschaften. „Aus höchst mannigfachen und veränderlichen Momenten bildet sich ein kompliziertes Ganzes. Und dieses bestimmt nun die Bedeutung, welche allem, was in dem Zeitalter wirkt, zukommt [....]. Alles hat in einem Zeitalter seine Bedeutung durch die Beziehung auf die Energie, die ihm die Grundrichtung gibt" (Vgl. Ges. Schr. II, S. 153).

(2) In der Geschichte der Hermeneutik und der Wissenschaftstheorie im Gang des 20. Jahrhunderts lassen sich Antworten auf Diltheys Aporetik finden: man

denke zuerst an Gadamers Setzung eines Überlieferungsgeschickes, und diehermeneutische Vorgabe einer ‚Horizontverschmelzung'. [2]

Es wird dabei in der Sache fraglich sein, ob die eigene Zeit zu vergangenen Zeiten noch in den bei Gadamer unterstellten unmittelbaren Gesprächszusammenhang treten kann, auch scheint es problematisch, das Grundschema der Platonischen Dialoge, das Gefüge von Frage und Antwort, an Zeugnisse der Vergangenheit wie überlieferte Texte anzulegen. Wird hier nicht vom Fragenden ausgegangen, statt das Gebilde, sei es eine Text- oder Epochenstruktur, an ihr selbst zu betrachten? Wird der Eigenzeit des betrachteten Gegenstandes und seinem Eigenrecht, mit Celans ‚Meridian'-Rede: den Daten, die in ihn eingeschrieben sind, hinreichend Rechnung getragen, wenn sich das Augenmerk auf den Gesprächszusammenhang der Auslegung konzentriert?

Gadamer hat die Universalität der Hermeneutik auf die Sprache begründet gesehen, die er in der Folge Herders und Humboldts als Vollzug der Conditio humana begreift. Aus der Einheit des Wortes stammt erst die Vielheit von Handlungen und Gedanken. Doch zwischen den methodologischen und den sprachphilosophischen Erörterungen des Gadamerschen Hauptwerks ’Wahrheit und Methode’ eröffnet sich eine Differenz. Man wird vergeblich nach einer Erörterung suchen, die zeigen kann, woher das Potential der Sprache seinerseits stammt. Stattdessen finden sich Verweise auf den ‚eminenten Text’ der Dichtung, freilich mit Einschränkung auf einen spezifischen Kanon, über dessen Konstitution allererst Rechenschaft zu geben wäre.

Auch bei Heidegger, dessen Schüler Walter Falk in frühen Freiburger Jahren gewesen ist, ist das Verhältnis von Geschichte und Struktur, der Mitte von Allgemeinem und Besonderen offen.

Falk hat sehr früh, in einem Brief, den er im Jahr 1957 an Heidegger richtete, auf solche neuralgischen Punkte hingewiesen. Zum einen bleibt es aporetisch, dass sich Heidegger gegen das lineare Zeitverständnis der Tradition wendet und einem ek-statischen Zeitbegriff das Wort redet, in dem Gewesenes und Zukünftiges einander begegnen, der Gegenwart aber kein ek-statischer Zeitsinn zukommt. Die Fundierung eines Sinns in der Geschichte ist vor diesem Hintergrund nur vor- oder rücklaufend, nicht aber in einer standhaltenden Deutung der eigenen Zeit möglich.

---

[2] Vgl. die deutliche, wenn auch zumeist indirekte Hermeneutikkritik aus der Perspektive eines problematischen Historismus bei Tessitore, a.a.O.

Weiter: Sprache bleibt in 'Sein und Zeit' Logos, Vernunft. Die Bedeutung der Anrede aber kennt Heidegger nur in einem stummen Zwiegespräch mit sich selbst, dem Ruf des Gewissens, der aus uns und zugleich über uns kommt.[3] Diese Aporetik wird zwar teilweise aufgebrochen, wenn Heidegger in seinen Spätschriften - im Zusammenhang eines ‚hörenden' Zwiegesprächs mit der Sprache - davon ausgeht, dass die Sprache *spreche und uns anspreche*. Es stellt sich aber die Frage, ob das 'individuelle Allgemeine' im Sinn Schleiermachers in einem Umgang mit der Sprache aufgefunden werden kann, die sich nur um sich selbst bekümmert.[4]

Heidegger orientiert sich schon in 'Sein und Zeit' auf das Ganz-sein-Können des Daseins, das sich ausformt, indem es jeweils seine Welt erschließt. Wiederum legte sich eine Frage nahe: Ist das Dasein in seiner Welt noch auf die scharf diagnostizierte Welt des ‚Man', der ins Leere laufenden konventionalisierten Interaktionen bezogen? Nach Falk besteht eher der Eindruck, als stünden zwei monolithische Blöcke einander gegenüber.

(3) Der Falsifikationismus in der Folge Karl Poppers könnte ein Instrument sein, die hermeneutische Vorausannahme eines vorauszusetzenden Verstehens und Verständlichseins von Grund auf zu korrigieren. Poppers strikte Wendung gegen jeden Historizismus, jedwede „orakelnde" Hypostase der Geschichte und jeden Versuch, prognostische Aussagen über historische Verlaufsformen zu treffen, müsste auch die Vorausannahme eines Überlieferungsgeschehens im Gadamerschen Sinn treffen. Die falsifikationistische Erkenntniskritik geht von einer schrittweisen Annäherung an eine nicht-bedingte, objektive Wahrheit aus und entwirft Kriterien, wie diese Approximation befördert werden kann.

Indem sie in ihrem politisch ethischen Subtext eine Verbesserung der Lebens-verhältnisse in den Blick nimmt, trifft sie die Unterscheidung zwischen Tatsachen und Normen nicht nur in deskriptiver, sondern in normativer Absicht, indem sie der faktischen Geschichte durch rationale Ameliorisierung einen Sinn aufzuprägen versucht. Dies führt über die Neutralität der offenen Gesellschaft und ihrer Selbsterhaltung um der Individuen willen hinaus. Definiens offener Gesellschaft soll es gerade sein, dass sie den Status quo nicht fixiert, sondern dass in ihr Irrtümer korrigiert werden können. Die Konzeption politischer und ethischer Ameliorisierung schließt an die tradierte Erwartung einer Perfektibilität der Menschheit, in der Folge des Kantischen ‚Reiches der

---

[3] Ich trete hier nicht in eine Diskussion der Berechtigung dieser Einwände ein, die im Blick auf die phänomenologische Tektonik von 'Sein und Zeit' modifiziert werden könnten. Ich erörtere und loziiere sie vielmehr im Blick auf ihre Bedeutung für Falks Ansatz.

[4] So das Novalis-Wort aus dem ‚Monolog', das Heidegger als Leitfaden seiner späten Lehre von der Sprache exponiert. Heidegger, *Der Weg zur Sprache*, in: ders., *Unterwegs zur Sprache*. Pfullingen 1959, S. 241 ff., hier S. 241.

Zwecke' an, ohne doch den Idealpunkt der erreichten Vollkommenheit vorauszuentwerfen. Erst in seinem Spätwerk trägt Popper diesem Weltbegriff Rechnung, wenn er drei Welten unterscheidet und neben der Welt der sinnlichen Dinge und beobachteten Strukturverhältnisse auch die Welt der Theorien und Ideen in ihrer Eigenständigkeit profiliert. Er möchte eine wechselseitige Beeinflussbarkeit zwischen diesen Welten annehmen. Freilich bleibt die Möglichkeit der ‚Welt 3' bei Popper weitgehend unbestimmt. Er versucht sie evolutiv aus den vorausgehenden Welten zu erläutern und auf diese Weise mit dem Darwinismus in ein Zusammenspiel zu bringen, aber er erkennt nicht, dass hier eine fulgurative, durch einen Bruch einsetzende Erfahrung des Neuen einsetzen wird, die schlechterdings nicht mehr in den überkommenen evolutiven Kriterien rekonstruierbar ist.

(4) Eine Erinnerung an die Goethesche Morphologie mag an dieser Stelle verdeutlichen, was das Spezifikum des Ansatzes von Walter Falk gegenüber den skizzierten hermeneutischen und falsifikationistischen Aporetik ausmacht. Schleiermachers ‚Synthesis'-Formel des 'individuellen Allgemeinen', die darin jeweils als verfehlt erscheint, beschreibt im Goetheschen Sinn eine „unmögliche Synthese"; eine Art von Synthese also, an der der Olympier aus Weimar gerade interessiert ist. *Parallelität* und *Steigerung*, die beiden Grundverhältnisse seiner Morphologie, vereinigen, ohne die bestehende Trennung aufzuheben, ganz im Sinn der vorplatonischen Formel des ‚HEN DIAPHORON HEAUTO'. Er ehre Sprüche, bemerkte Goethe einmal, die dazu anregen, „das Entgegengesetzte zu überschauen und in Übereinstimmung zu bringen". Oder: „Unser Leben ist, wie das Ganze, in dem wir enthalten sind, auf eine unbegreifliche Weise aus Freiheit und Notwendigkeit zusammengesetzt. Unser Wollen ist ein Vorausverkünden dessen, was wir unter allen Umständen tun werden. Diese Umstände aber ergreifen uns auf ihre eigene Weise. Das Was lieg in uns, das Wie hängt selten von uns ab".[5] Der Morphologe betrachtet Gestalten, in der Art wie es Goethe im Botanischen Garten von Palermo tat. Er versucht nicht, seine eigene Optik auf das Phänomen zu übertragen, wie es Goethe zufolge selbst der strenge Experimentator nicht umhin kann zu tun: Newtons Farbenlehre und das Prisma; die Keplerschen Gesetze und das Fernrohr sind einander wechselweise bedingende Faktoren veränderter Empirie und Theoriebildung. Freilich ist die Morphologie nicht einfach Beobachtung von Gegebenen, sondern ein Heraussehen des Wesens aus der Erscheinung. Dies verlangt Strenge mit sich selbst, die Methode muss durch Übung zu einer Kunst des Sehens werden, eine Hexis der ‚zarten Empirie', die vom Laborexperiment strictu sensu zu

---

[5] Vgl. zu dieser und anderen Goetheschen Selbstdeutungen: G. Baumann, *Goethe- Dauer im Wechsel.* Freiburg/Br. [2]1999.

Geschichte, Wiederholung, Struktur - Einige Aporien von Hermeneutik und Geistesgeschichte seit der Romantik und der Marburger Ansatz

83

unterscheiden ist, das unter zeitfreien Bedingungen immer gleichförmig abläuft und deshalb nicht, wie die morphologische Seh-Kunst, der geübten Urteilskraft bedarf.

Walter Falk hat wiederholt, auch in autobiographischer Perspektive, darauf hingewiesen, dass sich die Findung einer Antwort in der Forschung zumeist mit einer spezifischen unerwarteten unerhörten Lebenssituation verband: zumeist sei dies ungeplant geschehen. Eine solche konstitutive Rolle des Einfalls in der eigenen Forschung mag an Goethes 'Naturwissenschaftliche Schriften' erinnern, die von Reminiszenzen an den glücklichen Augenblick des Fundes durchzogen sind; die Schilderung der Umstände nimmt mitunter mehr Raum ein, als der 'unerhörte Augenblick', in dem sich das Phänomen zeigt. Man denke an die Schilderungen der Urpflanze in der 'Italienischen Reise' oder die Begehung des Kammerbergs zu Eger.

Eine derartige Zugangsweise ist selbst Synthesis von Individuellem und Allgemeinem. Dass in dem Profil, das Falk der neuen Epochenforschung gab, vieles absichtslos gefunden wurde, obgleich an einem methodisch kontrollierten Leitfaden danach gesucht wird, ist festzustellen, wenn man Paradigmenwechsel im Stierkampf mit solchen der europäischen Geistesgeschichte in ein Verhältnis gesetzt sieht. Hierher gehört die Einsicht, dass der Schlüssel nicht immer, oder gar zumeist nicht, dort liegt, wo man ihn vermuten würde. Die Findung verbindet sich bei Falk freilich auch mit der Revision, der Falsifkation und der Erweiterung des Ansatzes. Die Unterscheidung zwischen Epochen- und Wiederholungsstrukturen ist etwa erst relativ spät stringent entwickelt worden, ebenso ließ die frühe Terminologie, die Rede von Haupt- und Kontrastkomponente, noch nichts von den modal-ontologischen Verhältnissen erkennen, die der Komponentialstruktur eigentümlich sind und die sich in der Begrifflichkeit von Aktual-, Potential- und Resultativkomponente niederschlagen sollten. Jene zuerst gewählte Begrifflichkeit war auch nicht in der Lage, die Prozessualität der komponentialen Strukturen erkennen zu lassen, die entscheidend dafür ist, dass ein Schritt über die Entgegensetzungen im binären Code des Strukturalismus hinaus getan werden kann.

Die Morphologie scheint nach Methode und Sache für Falk einen Maßstab abzugeben - als Heraussehen der Gestalten, als Typos-Wissen, in dem für individuale Erscheinungen Spielraum bleibt. So verwies er darauf, dass der um 1980 konstatierte „Epochenwandel" nur in struktureller Hinsicht konstatiert werden kann. Falk notiert: „Eine inhaltliche Füllung bleibt unmöglich, solange die neue Welterfahrung noch nicht zur Wirkung kommt".

Und es ist für ein morphologisches Denken in der Folge Goethes charakterisierend, dass es sich in näherer und fernerer Begegnung auch selbst

Gestalt wird.[6] Mit der Abarbeitung an der großen Metapher der Weltmaschine wird freilich das morphologische in ein visiologisches Denken transponiert, das nicht nur den Typus, sondern die Innenseite des jeweiligen Epochenprofils zur Kenntlichkeit bringt.

II. Das universelle Dominanzensystem zwischen Vernunft und Geschichte Eine Näherbestimmung

In Hegels 'Vorlesungen über die Ästhetik' findet sich die Bemerkung, dass das Schöne immer die Idee des Schönen sei, also auf eine Zeitenthobenheit, ein Immer-sein verweist, sich aber zugleich in der Geschichte, dem Anderen der Vernunft, zeigt. Im Bezugszusammenhang der neuzeitlichen Geschichtsphilosophie beschreibt der Übergang vom Schönen zu seiner Idee, ein ‚Anhodos', den das Platonische 'Symposion' vorzeichnet, das Problem von System und Geschichte: Morphologie und Visiologie nehmen darauf in unterschiedlicher Nähe zur Rückseite des Sinnganzen Bezug.

Hegel lotete in seiner 'Phänomenologie des Geistes', dem frühen Hauptwerk, das im Untertitel 'Wissenschaft der Erfahrung des Bewusstseins' heißt, diesen Zusammenhang aus (der Abschluss des legendären Werkes und seine Publikation datieren in das Jahr 1807). Die Verwirklichungsformen des Geistes, wie Moralität, Sittlichkeit, die Einsamkeit des Gewissens in der schönen Seele entsprechen sehr konkreten Gestalten der Geschichte, der Geistesgeschichte ebenso wie der Realgeschichte.

Das Problem der Vernunft in der Geschichte ist damit aber für die idealistischen Problemdenker keineswegs zu Ende geführt, denn der Zusammenhang von System und Geschichte steht auch in Rede, wenn gefragt wird, in welcher Sphäre des absoluten Geistes die Wahrheit in ihrem eigenen Medium erscheinen könne: also - im Sinn des Idealismus - in der Kunst oder der Religion, oder, wie Hegel meint, allen Anscheins entkleidet, als Wissen und Selbstwissen zugleich, im Begriff. Man darf dabei nicht verkennen, dass Hegel selbst die Differenz zwischen Geschichte und System offengehalten hat: Philosophie ist ihre Zeit in Gedanken erfasst. Gleichwohl kommt die philosophische Erkenntnis immer zu spät. Sie erkennt nur schon abgelebte Gestalten des Geistes und kann nur ihr Grau in Grau malen. Die Eule der

---

[6] Dilthey, *Der Aufbau der geschichtlichen Welt in den Geisteswissenschaften*, hgg. von Manfred Riedel. Frankfurt/Main 1970. Wie vor allem Riedels Rekonstruktionen (vgl. ders., *Erklären oder Verstehen?* Stutgart 1980) gezeigt haben, hat Diltheys Geschichtsdenken eine gleichermaßen methodische und metaphysische Zielrichtung. Diesen Gedankenzusammenhang führt systematisch weiter: S. Otto, *Rekonstruktion der Geschichte. Zur Kritik der historischen Vernunft.* II. Teil. München 1982, indem er an Dilthey, stärker aber noch an Hegels Geschichtsphilosophie anknüpft.

Minerva beginnt ihren Flug in der Dämmerung, und wie die Formulierungen Hegels weiter lauten. [7] Von hier her kommt den Kunst- und dann im einzelnen den Dichtungsarten eine entscheidende Rolle zu. Denn in ihnen überschreitet sich der endliche Menschengeist auf die Sphäre des Absoluten; zugleich manifestiert er sich in überzeitlichen Strukturen. Die Kunst- und Dichtformen erscheinen deshalb als ,Naturstile', von denen Goethe meinte, dass sie der Historie entzogen seien, womit er seinem eigenen Grundgesetz, dem Epirrhema von „Gestaltung - Umgestaltung - ewgen Sinnes ewge Unterhaltung", der Dauer im Wechsel, untreu wurde.

Friedrich Schlegel machte deshalb auch vor dem Hintergrund dieser Diskussion den Widerspruch zum Dreh- und Angelpunkt der spekulativen Poetik. Er hält mit Goethe fest: „Die Dichtarten sind ursprünglich [also sind sie] Naturpoesie" (Lit. Notebooks 1797-1801, ed. Hans Eichner, S. 196). Doch er fügt andernorts hinzu: „Man kann ebenso gut sagen, es gibt unendlich viele, als es gibt nur Eine progressive Dichtart. Also gibt es eigentlich gar keine; denn Art lässt sich ohne Mitart nicht denken". Und: „Der modernen Dichtarten sind nur Eine oder unendlich Viele. Jedes Gedicht eine Gattung für sich". Schlegel sucht vor dem Horizont der ,modernen' Verwirrungen in dem Universum der Poesie, in dem nichts ruht, in dem alles *wird,* sich verwandelt und bewegt, das mit den rhetorischen Einteilungsschemata der - normativen oder nur deskriptiven - Poetik der Barockzeit und der Aufklärung nicht mehr zu erfassen ist, nach den „unabänderlichen Bewegungsgesetzen der Planeten" (Schlegel, KA 2, S. 252). „Ehe sich aber der Lauf dieser Gestirne nicht berechnen, ihre Wiederkunft nicht vorherbestimmen lässt, ist das wahre Weltsystem der Poesie noch nicht entdeckt" (ibid.).

Walter Falk hat die Gattungsproblematik in der Mitte eines Aufsatzbandes abgehandelt, dessen erster Beitrag den Brückenschlag zur Naturwissenschaft, namentlich die Zwiesprache mit Rupert Sheldrakes Theorie der morphischen Felder, eine der konsequentesten Verabschiedungen der Erklärung von Neuerungen aus einem materialistischen Grundkonzept, expliziert und der mit einer Theorie der Inspiration schließt. [8] Sheldrakes Theorem, das auf ungleich höherem Reflexionsniveau in Whiteheads Prozessphilosophie thematisiert wurde, beschreibt ein Grundverhältnis, das erstmals der Platonische Dialog 'Timaios' in der Frühgeschichte der griechischen Ontologie thematisierte - die

---

[7] Hegel, Grundlinien der Philosophie des Rechts. Theorie-Werkausgabe Band 7, S. 28. Dilthey, *Grundlegung der Geisteswissenschaften*, Gesammelte Schriften VII, S. 161f.
Die Rede vom Rohstoff variiert, offensichtlich ohne eine explizite Marx-Rezeption, Marxsche Motive.
[8] Vgl. dazu den vorausgehenden Aufsatz des vorliegenden Bandes: II. 3.: *Zeit- und Weltdenken heute - Zu Walter Falks nachgelassenem Buch 'Wissen und Glauben um 2000'.*

Einprägung der Form in das nicht-geformte All-Chaos am Weltanfang. Insofern die morphischen Felder unteilbar sind, können sie nur ganz oder gar nicht ins Sein treten. Sie müssen sich plötzlich und jäh (der alte griechische Ausdruck, der etwa in Platons VII. Brief verwendet wird, heißt *exaiphnès')* einstellen.

Es mag ungewohnt erscheinen, ist aber nur sachgemäß, wenn gattungstheoretische Erwägungen in diesem weiten Umkreis behandelt werden. Dadurch wird verdeutlicht, dass die Gattungsstile von Kunst und Literatur eine Spezifizierung der ontologischen Grundstruktur der Wirklichkeit sind. Falk nimmt seinen Ausgang von der Einsicht, dass der Mensch immer Zweitschöpfer sei. Von diesem Grundfaktum der Con-Kreativität her lässt es sich als ein universaler Systemzusammenhang verstehen, dass menschliches Ingenium auf verschiedenen Ebenen seiner Vorfindlichkeit in der wirklichen Welt einer Potentialdominanz, einer Akutaldominanz oder einer Resultativ-Dominanz folgen kann. Hier hat aller erst die ,Entscheidung' ihren Ort, dass ein Schreiber Dichter (Potentialdominanz), Propagandist (Aktualdominaz) oder Gelehrter (Resultativdominanz) werden kann. Und von hier her spezifiziert sich wiederum die Dichtung in die drei Hauptgattungen. Von dieser ontologischen Grundlegung her kann dann die strukturelle Unterscheidung zwischen den *Medien* des Werkschaffens ins Spiel kommen: der Potentialdominanz in der Musik, der Sprache, in der Aktuales dominiert, da sie sich immer schon in einer vorgeformten Welt vorfindet, und der Bildhaftigkeit (mit ihrer Resultativdominanz).

Das Dominanzensystem wiederholt sich. Es reproduziert sich aber nicht einfach. Die Wiederholung ist Wiederkehr nicht in der ermüdenden Gleichförmigkeit technischer Reproduktionskreisläufe, sondern als Transparenz je spezifischer Individualitäten auf ein gleichbleibendes Grundgerüst hin.

In dreifacher Hinsicht ist das Spezifikum dieses Schemas zu kennzeichnen:

1. Es akzentuiert von der Einsicht in das Zweitschöpfertum des Menschen her, dass die Grundgattungen nicht willkürlich zu vermehren oder zu mischen sind, sie haben einen ontologischen Ort, der im letzten kulturell invariant ist. Sie sind insofern zu Recht als ,Naturformen' zu charakterisieren. Als Natur im Sinn neuzeitlicher Naturgesetzlichkeit ist diese Verortung freilich nicht misszuverstehen. Denn die in Frage stehende Natur ist nicht opake Naturgesetzlichkeit, sie ist transparent auf die freie Fortschreibung und Umgestaltung und selbst als geschichtlich und schöpferisch zu verstehen. Der in jeder Individualgestalt erkennbare Schematismus bleibt jedoch in verschiedensten historischen Entfaltungen derselbe. Deshalb sind Wiederholungs- und Epochenstrukturen durch das nämliche modale

Strukturgefüge aufeinander bezogen, aufgrund des Mediums, in dem dieses sich zeigt, sind sie aber voneinander unterschieden - es ergibt sich dann eine, mit Goethe gesprochen, ,unmögliche Synthese' zwischen Besonderem und Allgemeinem. Die Epochenstruktur wird vom Einzelfall ausgehend gefunden; wobei sich zeigt, dass eine einzelne Epoche eine wiederkehrende Variierung des Allgemeinen ist. Das Dominanzensystem dagegen geht von der Wiederholungsstruktur aus und nähert sich der Spezifik des einzelnen Phänomens. Dahinter wird indes das wohlgegliederte Sinnganze erkennbar, das sich individueller Handhabung entzieht.

Jener in sich unterschiedene Zusammenhang von System und Geschichte war in der Gattungsdiskussion der Frühromantik, vor allem bei Friedrich Schlegel, durchaus präsent. So hält er fest, das systematische Spezifikum einer einzelnen Lesart lasse sich erst auffinden, wenn der gesamte geschichtliche Gedankenkreis ausgeschritten ist. Darin liegt nach Schlegel die bleibende Vorbildfunktion der griechischen Kunst- bzw. Dichtungsgeschichte; die systematische Erkenntnis muss sich dann freilich aus dem Fluss der Geschichte zu lösen versuchen.

2. Falk hat die Problematik der Gattungsfrage dadurch verschoben, dass er sie von der Eichung auf Subjektivität und Objektivität in Frühidealismus und Romantik löste und auf die modalontologische Zweiheit von Möglichkeit und Wirklichkeit hin umzeichnete. So sehr dabei im Sinn der Einsicht in das Zweitschöpfertum des Menschen eine gegebene Wirklichkeit ,immer schon' dem Möglichen vorausgehen muss, so orientiert sich die Gesamtkonzeption am Ursprungspunkt des Möglichen. Dies zeigt auch der ältere Titel für die neue Epochenforschung an, der sie als *Potentialgeschichte* ausweist. Jede Generierung eines Momentes des Dominanzensystems beruht auf einer Wahl, die auf ein, wenngleich nicht im letzten propositional geklärtes Wissen Bezug nimmt und daher, auch in künstlerischen Akten, von der Vernunft begleitet ist. Obgleich Falk den Vergleich nicht zog, haben Aristotelische Züge der Wahl des guten Lebens im Sinn der Prohairesis-Lehre der 'Nikomachischen Ethik' hier unverkennbar Eingang gefunden. Ob jene Wahl aber zu einer glückenden Vergegenwärtigung von Sinn führt, unterliegt nicht der Verfügung im jeweiligen poietischen Akt.

3. Damit hängt eng zusammen, dass sich die Konzeption der Zeit verschiebt. Sie ist nicht durch Vergehen - und ebenso wenig durch lineares Fortschreiten gegliedert, sondern durch die Entstehung von Neuem, die Wiederholungen in sich einbegreift.

III. Über das Allgemeinbewusstsein hinaus: Zumutung und Anmutung

(1) Es bleibt nach dem in diesem Aufriss zugrundgelegten Begriff der Wissenschaft zu fragen, der sich die empirische Überprüfung in methodisch kontrollierter Schrittfolge zur Voraussetzung macht, gleichwohl aber auf eine Selbstbewegung in der Epochenstruktur, mit Whitehead: auf Abenteuer des Geistes verweist.

Vor diesem Hintergrund ist zunächst noch einmal auf die kulturmedizinische Aufgabe der Neuen Epochenforschung zu verweisen, womit einerseits die Heilung gegenüber dem Größenwahn einer vermeintlich unbedingt autonomen, sich selbst bestimmenden szientifischen Verstandeshypostase verbunden ist. In diesem Sinne meinte Franz Rosenzweig gegen Ende seines Lebens die Metapher vom Philosophen als Arzt der Kultur verstehen zu sollen, als er in dem „Nicht-mehr-Buch", seinem 'Büchlein vom gesunden und kranken Menschenverstand', den Abschied von den großen, hyperbolischen Zielen und eine Zuwendung zu den nächsten Dingen anempfahl.

Falk meint dies und zugleich mehr: er macht nämlich eine Kehrseite der kritisierten Tendenz als ihr eines Moment aus, die positivistische Selbstbeschränkung der Wissenschaft auf raumzeitliche Tatsachenwahrheiten, ohne Berücksichtigung des ihr - oftmals unthematisch- eingeschriebenen Momentes der Ethik.[9]

Er deutet, im Zusammenhang der Diskussion über die Findung von qualitativen Neuerungen in der Natur, die auf überdinglichen Strukturmustern beruhen (Sheldrake etwa sprach von den ‚morphischen Feldern'), an, dass eine Distanzierung von dem Finsteren der Aufklärung zugleich bedeuten müsse, dass deren Licht erst bejaht werden kann. Die Nebenstimmen zu der sich in sich verschließenden Fortschrittsmaschine werden von der aufklärenden Frage nach der genuinen condition humaine zusammengehalten: von Herder über Schlegel bis zu Kafkas Diagnose der Residuen des Paradieses. Dieser Befund schreibt Horkheimers und Adornos Diagnosen zur ‚Dialektik der Aufklärung' fort, freilich nicht ‚negativistisch', sondern im Blick einer veritablen Erweiterung des Rationalitätskonzeptes auf ein con-kreatives Denken.

Eine aktuelle Zuspitzung mag die Problematik, in die Walter Falks Denken hineinführt, abschließend prägnanter ans Licht bringen. Falk hat gelegentlich daran erinnert, dass die Frage nach dem Sinnganzen, die Wiedergewinnung der Anfangsdimension in einer Erforschung der Generierungen von Kreativität

---

[9] Heidegger sprach, höchst aufschlussreich in diesem Zusammenhang, in seiner Vorlesung *'Die Grundprobleme der Phänomenologie'* (SS 1927) von „Weltanschauungs-Bildung, Magie und die ihrer eigenen Grenzen vergessenden positiven Wissenschaften" in einem Atemzug. Sie alle konterkarieren die streng wissenschaftliche Philosophie großen Stils, als deren Exponenten Heidegger Platon, Aristoteles und Kant hervorhebt, GA 24, S. 467 f.

und zuletzt die Frage nach dem personalen Gott lange Zeit in der europäischen Wissenschaftskultur, zumal der deutschen, geächtet worden sei. Er hat vermutet, dies könnte unter anderem damit zu tun haben, dass in der Wissenschaftslandschaft der Bundesrepublik Deutschland „alles der eigenen Kontrolle Entzogene" missachtet werden und „als Gegenkraft ein [....] Kult des Ungefährlichen" entstehen sollte" (Falk, Brücken, zwischen Human- und Naturwissenschaft, S. 51). Falk spricht wohl zutreffend von der tabuierenden Wirkung des Schattens Hitlers, der auch nach Jahrzehnten noch den Verrat an der um sich selbst wissenden, über sich selbst und ihre (absolute) Grenze aufgeklärten Vernunft, zugunsten eines ‚kontrollierten' Denkens sanktioniere.[10] In einer bindungslosen Gesellschaft könnte die Sphäre des Sinns paradoxerweise das letzte Tabu sein.

Falk hat vor diesem Hintergrund die Erfahrung der ekstatischen Zeit mit dem Glauben an die gerichtete, endliche Zeit verknüpft - und in der Beziehung von Wissen und Glauben jener Tabuierung von Grund auf widersprochen. Damit verbunden hat er der Metaphysik griechisch paganer Provenienz den Abschied gegeben - mitunter allzu undifferenziert, denn der demiurgische Glaube, der philosophische Monotheismus, könnte als Nebenstimme hier durchaus eine Rolle spielen; und eine Klärung des Verhältnisses von Glauben und Wissen bedarf letztlich des Widerlagers von griechischer Urstiftung der Wissenschaft und des konstitutiven Monotheismus der christlich-jüdischen Tradition.

(2) Indessen hat Falk gezeigt, dass gegen die Wurzeln des Totalitarismus eine Frageweise immunisiert, die sich dem Wunder der Erstheit öffnet und letztlich erst die Erschließung eines dritten Horizontes (neben dem ersten der disjunktiv nebeneinander seienden Dinge und dem zweiten der Mitwelt) ermöglicht. Václav Havel beschrieb diesen Horizont als die Lichtquelle, die sich in den eminenten Begegnungen des zweiten Horizontes und den Findungen von Sinnzusammenhängen zeigt, in keiner von ihnen aber erschöpft ist.

Falk verfolgt diese Frage auf zweifachem Weg: die Entstehung von qualitativ Neuem in Natur und Kultur macht eine Kreativität verstehbar, die verfehlt wird, wo in der Folge von Darwinismus und Marxismus Genesis nur als Reproduktion aufgefasst werden soll. Zum anderen kann das Wiedergegenwärtigwerden von Vergangenem und die zeitliche Parallelität von Erscheinungen (können auch ‚Naturformen des Geistes'), der stärkste Indikator eines ‚Sinnes in der Geschichte' und in der Natur sein, der sich menschlicher Kreativität nie in seiner Erstheit, sondern immer nur in einer Zweitgestalt zeigt. Dies ist der systematische Ort, an dem die Theorie der

---

[10] Dieser Eindruck könnte durch das folgende Zitat aus dem Umkreis des Widerstandes vom 20. Juli 1944 verdeutlicht werden. Ein junger Holländer schreibt dem Freundeskreis um Wolfgang Frommel im Frühjahr 1945: „Das geistige Deutschland wird – was auch kommen mag – weiter existieren. Das übrige Deutschland wird man zur Mittelmäßigkeit erziehen".

Kreativität auf eine Ontologie der Urnatur und des Anfangs verweist. Für den
Begriff der Zeit bedeutet dies, dass kontrapunktisch zu Heidegger gerade der
Sinnhorizont der jeweils schöpferischen Gegenwart der Gegenwart ekstatisch -
als Kreuzungspunkt der anderen Zeitekstasen - zu verstehen ist.

Der ekstatische Zeitbegriff, der Kairos der schaffenden und bewahrenden
Sinnerfahrung von Schöpfungszeit, darf nicht von der realen Zeit abgetrennt
werden; denn dies hieße, die Endlichkeitssigniertheit der Conditio humana zu
verkennen. Anfang und Ende müssen mithin im Zeitsinn bewahrt werden. Er
darf nicht nur, mit Nietzsches Wort, auf eine ‚große Minute Ewigkeit'
zugespitzt sein. Falk setzte sich an eben diesem Problempunkt mit Stephen
Hawking auseinander: Hielt Hawking doch fest, dass es der Physik nicht
möglich sei, über den Urknall hinauszudenken, dass also der physikalische
Anspruch, eine Welttheorie auszubilden, auf einem brüchigen Fundament ruht.
Hawking löste das Problem, wie man weiß, durch die Konstruktion einer
imaginären Zeit. Diese kann aber nicht verdecken, dass die Physik an eine
‚absolute Grenze' am Beginn des Universums stößt, die sie selbst nicht weiter
aufklären kann - eine Einsicht, die sich Hawking selbst zunehmend nahegelegt
zu haben scheint.

Der unverfügbare Anfang ist nicht nur in der 'Physik', sondern auch in jener
Disziplin als Grenze gezogen, die seit der antiken Philosophie ihr als zweite
Strebe in der Tektonik der endlichen Vernunft an die Seite gestellt wird, der
‚Ethik'. Dem opaken Grund der Materie entspricht die Einsicht in eine
eigenständige Potenz der Negierung, so dass die „vernichtende Kraft des
Urbösen", die in der Aufklärung tabuiert werden sollte, wieder in den Blick
kommt. Daran kann sich dann die Ahnung ausbilden, „dass wir nicht nur
dauernd im Paradiese bleiben könnten, sondern (es) tatsächlich sind,
gleichgültig, ob wir es hier wissen oder nicht". Die skizzierte Auffassung, für
die sich die Fenster des Maschinenhauses der Weltmaschine öffnen, erkennt
Falk als charakteristisch für die Wissensgeschichte der Zeit um das Jahr 1920;
sie ist also Korrelat der in Philosophie (Heidegger, 'Sein und Zeit'),
Naturwissenschaft (Heisenberg), und vielen anderen Disziplinen parallel
gewonnenen Einsicht, dass die Welt aus Strukturen gebildet ist. Und damit
eröffnet sich eine bislang verschlossenen Aussicht aus dem Maschinenhaus,
die es dem menschlichen Geist erlaubt, seine Freiheit gegenüber der
vorfindlichen   mechanisch   geordneten   Dingwelt   wiederzugewinnen.[11]

Vergegenwärtigt man sich diese Architektonik der Variierungen des linear-
aufklärerischen Weltmaschinenbildes im 20. Jahrhundert, so wird erkennbar,
dass hier noch einmal, wie in der Renaissance, wie in den Anfängen von
Idealismus und Romantik, in Bildern gedacht wird und dass diese Bilder ihre
Kraft gerade darin erweisen, dass sie zeigen, wie die neuzeitliche Wissenschaft

---

[11]   Zu den weiteren Einzelheiten des Maschinensinnbildes vgl. den vorausgehenden
Rezensionsaufsatz II. 3.

über ihre dogmatische Begrenzung hinausgelangt, indem sich Voraussetzungen ihrer vermeintlich voraussetzungslosen Verfahrensweisen in ihr selbst abzeichnen. Insofern durchdringt die Konkretionskraft der Visiologie das historische Material jener Geschichte, die auf die ihr selbst stets fragliche ‚Legitimität der Neuzeit' begründet war.[12] Die Methode der Visiologie macht namhaft, wie die Geschichte einer Epoche den systematischen Gesichtspunkt aus sich freilegt, der in ihr selbst gerade nicht erkennbar wird, umso drängender aber im Blick auf ihre Genese sich anzeigt. Jenes visiologische Denken, das die morphologische Strukturbetrachtung ergänzt, kann allerdings in seinem Eigengewicht nur dann angemessen gewürdigt und verstanden werden, wenn man es nicht mit vermeintlich Verwandtem verwechselt. Falk denkt im Bild und bezieht seine Forschung auf das Bild. Doch löst er Begriffs- und Begründungsverhältnisse nicht ins Bild auf, wie die französischen Dekonstruktivisten. Und er suspendiert auch nicht, wie der große Theoretiker der Unbegrifflichkeit, Hans Blumenberg, dem Falk als Polyhistor geistes- und rangverwandt ist, die Grundlagenfragen von Wissenschaft und Metaphysik um begriffsentzogener Gesichtspunkte willen.

Dabei ist die Visiologie keineswegs einsträngig ausgerichtet: Man sollte die bildgeleitete Besinnung auf die Weltmaschine im 20. Jahrhundert nicht isoliert freilegen. Sie zeigt auch, wie es zu der Selbstermächtigung des Denk-Bildes von der Weltmaschine kam; und sie umschreibt deshalb die Geschichte einer Verengung der Perspektive, die sowohl die Vielheit des Seienden als die Absolutheit aus den Augen verliert. Gegenstimmen, Verweise auf die genuine vox humana werden dabei vergessen, gleichwohl aber ist die Progressionsgeschichte der Aufklärung nicht umgekehrt als eine Deszendenz- und Dekadenzgeschichte zu deuten. Denn sonst könnte sich Falk nicht in der Wiedergewinnung der anderen Perspektive an eben jenes leitende Paradigma und seinen inneren Zugzusammenhang halten. Falks Aufsuchung potentialer Ordnung in der Geschichte ist jenseits des Dogmas vom Fortschritt und jenseits des Dogmas vom Niedergang verortet.

---

[12] Zu diesem Topos, der sich Hans Blumenberg verdankt, vgl. weiter unten den Blumenberg-Aufsatz des vorliegenden Bandes: III. 3: *Metapher und Wahrheit. Bemerkungen zum Kern von Hans Blumenbergs Philosophie der Unbegrifflichkeit.*

5. Verantwortung, Verlorenheit, Wahrheit - Meditationen zum Ethos Mitteleuropas anlässlich von Walter Falks Buch über das Denken von Václav Havel

Václav Havels Briefe aus dem Gefängnis haben Walter Falk zu denken gegeben. Diesen Gedanken lohnt es nachzudenken, obgleich - oder gerade weil- sie der eigenen Zeit in radikaler Selbst-Unterscheidung von ihr entgegenblicken und eben auf diese Weise sagen, was an der Zeit sein könnte.[1]

I. Grundrisse: Die Reflexionen aus dem Gefängnis

(1) Ein einziges Leitmotiv schimmert in diesen Briefen immer wieder auf: der Gedanke von drei Horizonten, in denen der Mensch als sinnhaftes Wesen lebt.[2] Zuerst ist da das ‚Pseudozuhause', als das Havel, als er in den späten Siebziger Jahren die Briefe an seine Frau Olga schreibt, das Gefängnis in Pilsen erfährt. Er nimmt es als den Ort äußerster Entfremdung wahr. Hinter den Mauern ist ein anderer Horizont verdeckt, der des wirklichen Zuhause-Seins bei vertrauten Menschen. Er ist nur erinnernd oder hoffend zu vergegenwärtigen, wodurch sich der Schmerz über seinen realen Verlust noch steigert. Wie Falks Lektüre von Havels Briefen zeigt, wird darin ein dritter Horizont sichtbar – Falk umschreibt ihn als einne Horizont des Absoluten. Er eröffnet sich schon in der Zuwendung zu einer Sache, in eminenter Weise aber in der personalen Begegnung. Beziehen wir uns aufeinander in vertrautem Umgang - und nicht wie Dinge in der Welt - in instrumentellem Bezug, so erschließt sich das menschliche Dasein, das eigene nicht anders als das des Anderen, als *Möglichkeit.* Diese Möglichkeitsdimension beschreibt Havel in Analogie zum Aufschein eines Lichtes, „das die ganze Welt immer aufs neue erleuchtet". Sie ist nicht nur Faktum oder Datum, sie ist „zugleich eine Botschaft, die auf das Absolute weist".[3] So beharrlich Havel der Frage nach dem Selbstverhältnis nachgeht, ist ihm das Selbstwissen – noch lange ehe er auf das Denken von Emmanuel Lévinas traf - immer zugleich Denken des Anderen. Personale *Identität* versteht er von der Bezogenheit auf den anderen Menschen her, in der

---

[1] Vgl. zum folgenden stets das wichtige, bislang nicht genügend gewürdigte Buch von Walter Falk, *Václav Havels Briefe aus dem Gefängnis. Wo der Mensch zu Hause ist. Ein Dialog.* Taunusstein und Sebnitz 1994. Vgl. zudem V. Havel, *Briefe an Olga. Betrachtungen aus dem Gefängnis.* Reinbek bei Hamburg 1989. Zum Sinnbild des Entgegenblickens vgl. Nietzsche, *Zweite Unzeitgemäße Betrachtung,* in: Colli, Montinari, Nietzsche, Kritische Studienausgabe Band 1, a.a.O., S. 281 ff.

[2] Dazu Falk, *Havels Briefe,* a.a.O., S. 37 ff., Havel, Briefe, S. 73 ff.

[3] Havel, *Briefe,* ibid., S. 87 f., vgl. auch ibid. 287 und S. 289.

‚Verantwortung' allererst gründen muss; anders würde sie zum nichtssagenden ‚flatus vocis'. ‚Verantwortung' im Sinn eines Prinzips, als Teil einer formalen Sollensethik, doch auch einer materialen Werte-Ethik verstanden, sagt nicht genug über die ontologische, streng genommen: unbedingte Dimension, die dabei in Rede steht.[4] Indem er den inneren Kern des Verantwortungs-Problems aus dem Selbstwissen freilegt, begreift Havel Verantwortung als „einzige echte Schöpferin der Freiheit",[5] als einen unbedingten Bezug des Menschen auf sich, der nicht in der Weise der Selbsterhaltung, sondern als Einstehen für sich phänomenologisch zu fassen ist, eine Verhaltensweise, für die es keine Stellvertretung geben kann. Auf diese Weise versucht Havel tastend die eigene traumatische Grunderfahrung zu bedenken: dass er aus seiner ersten vierzehnwöchigen Strafhaft im März 1977 durch eine Petition freikam - worauf die Behörden den Eindruck erweckten, er habe sich von der Sache der Charta 77 distanziert. Havel zog daraus Konsequenzen. Einer späteren vierjährigen Haft, die ihn nahe an an den physischen Ruin trieb, setzte er durch kein Gesuch mehr ein vorläufiges Ende.

Ihn bewegt zu Anfang seiner Briefe die Frage nach dem Wesen der Verantwortung als einer Sorge um sich selbst; und er erkennt als ihr Herzstück das Problem, ob wir uns als verantwortliche Subjekte gleichsam selbst erschaffen. Schon mit seiner Formulierung, dass Verantwortung „das Messer sei, mit dem wir unseren unwiederholbaren Umriss in das Panorama des Seins einschneiden", geht Havel aber über den Anschein einer Möglichkeit zur Selbst-Poiese hinaus. Die Frage nach dem Richtungssinn der Verantwortung bleibt indes lange Zeit ebenso quälend wie unentscheidbar.[6]

Sich selbst setzende Verantwortung als Konstitutens unbedingter Freiheit war ein Gedanke der Neuzeit, den Fichte in extremale Höhen trieb und den Sartre das letzte Mal zu hohen Ehren brachte;[7] es ist - wie schon Raymond Aron Sartre, dem petit camerad seiner Jugend- und Studienjahre entgegenhielt - ein tendenziell totalitärer Gedanke.[8] Sartre gibt die Probe auf diese Vermutung wenn er annimmt, dass die Instanz solcher Freiheit die Auslieferung des

---

[4] Vgl. dazu vor allem Havel, a.a.O., S. 94 f. Siehe zu einer ähnlichen Denkstruktur auch Emmanuel Lévinas, *Ethik und Unendlichkeit*. Wien 1992.
[5] Havel ibid. Es ist mitzubedenken, dass die phänomenale und zugleich transzendente Dimension, in der hier Verantwortung gesehen wird, über die Konstellation von Hans Jonas, *Das Prinzip Verantwortung*. Frankfurt/Main 1979 u.ö. hinausgeht. Manche blinde Flecken der Fernsten-Ethik wären von der Denkweise her wohl zu vermeiden, die sich bei Havel und Patočka studieren lässt.
[6] Havel, *Briefe*, ibid., S. 94.
[7] Wohlverstanden geht es dabei um die Möglichkeiten, die die Fichtesche ‚Grundlegung aus dem Ich' in der Rezeption, namentlich der Sittenlehre, eröffnete, nicht um eine Charakterisierung des Fichteschen Ansatzes etwa in der 'Grundlegung' seiner Wissenschaftslehre 1794.
[8] Vgl. dazu Raymond Aron, *Erkenntnis und Verantwortung. Lebenserinnerungen*. München und Zürich 1983, S. 72 ff. und S. 232 ff.

einzelnen an das revoltierende Kollektiv bedeuten könne, samt seiner Unterordnung unter Konspirations- und Opferriten.

Als der Begriff der Verantwortung für ihn erstmals klare Konturen annimmt, beginnt Havel eine zweite Serie seiner Briefe, denen eine neue, bislang ungekannte Sicherheit gleichsam als Grundstimmung abzulesen ist. Sie sollen, wie er anmerkt, *vor der Ewigkeit* existieren können, keine Jota an ihnen soll revidierbar sein.[9]

Die zentrale Einsicht von Emmanuel Lévinas,[10] die Havel durch einen Brief seines Bruders Ivan bekannt wurde, katalysierte seine Verständigung über das Wesen von Verantwortung, sie wirbelte die Gedanken des Häftlings in Pilsen auf. Es ist der, wie Havel festhält, „von nichts gefilterte, von aller Spekulation freie" Gedanke, dass wir immer schon in der Verantwortung sind. Verantwortung geht auch der Identität des Ich mit sich selbst noch voraus. Sie kann daher nicht, wie etwa Sartre nahe legt, auf die Subjekt-Identität begründet werden: Zuerst finde ich mich in der Verantwortung und erst dann „konstituiere ich mich als der, der ich bin".[11]

Havels Reflexion dieses Grundaktes nimmt allerdings eine andere Richtung als jene von Lévinas. Er begnügt sich nicht mit der Beschreibung des Phänomens, dass im Antlitz des Anderen Absolutheit, das unbedingt geltende Gebot des Einen Gottes, erfahrbar wird, dass sich Verantwortung also unbedingt - in jeder personalen Begegnung mitteilt, in dem impliziten Appell, der vom Anblick eines Menschenantlitzes ausgeht: „Töte mich nicht!"; wiewohl dieser Appell durch den Kontext einer Begegnung unkenntlich oder doch: unauffällig werden kann.

Havel rekurriert gegenüber der radikalisierenden Alteritätsbeschreibung bei Lévinas auf das Selbstverhältnis: Ich erfahre mich als bewusstes Leben, das aber nicht immer schon mit sich vertraut ist. In seinen auffälligen Selbstwahrnehmungen wird es sich vielmehr auch in schmerzhafter Weise als von sich selbst geschieden seiner selbst inne. Es sind - ähnlich wie im modernen Roman, etwa bei Proust, einzelne Reminiszenzen aus dem eigenen Leben, an deren Leitfaden entlang sich Havel das Grundphänomen verdeutlicht. So erinnert er sich an die traumatische Situation der eigenen Jugend, als ‚Herrensöhnchen' vom proletarischen Treiben der Kinder ausgeschlossen zu sein, oder er vergegenwärtigt sich das Bild einer Meteorologin im Fernsehen, die, schon auf Sendung, bemerkt, dass der Ton ausgefallen ist. „Bis auf den

---

[9] Havel, *Briefe*, ibid., S. 306, ein Passus, der die ironischen Selbstrelativierungen, die Havel seinen Reflexionen immer wieder unterlegt, illustriert. Vgl. dazu auch ibid., S. 95. Siehe auch die treffende Rekonstruktion der Genesis solcher Gedanken bei Havel: Falk, *Havels Briefe*, a.a.O., S. 55 ff. u.ö.

[10] Vgl. dazu vor allem das grundlegende denkerische Werk von Lévinas: *Totalität undUnendlichkeit. Versuch über die Exteriorität.* Freiburg und andere 1993. Vgl. auch ders., *Die Spur des Anderen. Untersuchungen zur Phänomenologie und Sozialphilosophie.* Freiburg 1992.

[11] Havel, *Briefe*, a.a.O., S. 256.

Grund der Peinlichkeit sinkend, stand sie dort in der ganzen ursprünglichen
Nacktheit der menschlichen Ohnmacht, von Angesicht zu Angesicht mit der
bösen Welt und sich selbst, mit der Absurdität ihrer Stellung und der
verzweifelten Frage, was sie mit sich selbst tun soll."[12] In der Wahrnehmung
derartiger Situationen dämmert ein Staunen auf, das zugleich ein Erschrecken
ist - das Staunen gegenüber dem „Geheimnis des Ich".[13] Derartige Situationen
erschließen dem einzelnen nämlich, wie sehr er als Ich in der Welt von Anfang
her fremd war. Personale Existenz bedeutet, von Geburt ‚anders' zu sein, und
davon zumindest in einer Ahnung Kenntnis zu haben. Jedes Ich ist anders
gegen alles - und es ist als Ich zugleich anders gegen sich selbst. In Anspielung
auf Heidegger spricht Havel davon, dass unser Ich als Ich nicht im ‚Sein'
beheimatet sein kann. Umso mehr sehnt es sich danach, in jenem Sein, das uns
und die Dinge der Welt umgreift, heimisch zu werden. Dieses eine,
unverletztliche Sein erfährt das Ich allerdings nur als eine
Vergangenheitsgestalt, als gewesen, untergegangen, allenfalls erinnerbar. Im
Rückgriff auf solche Gedanken mag man man sich an das (Havel zum
Zeitpunkt der Niederschrift mit einiger Sicherheit unbekannte) Fragment über
‚Urteil und Sein' aus der Feder des jungen Hölderlin erinnert fühlen, in dem
sich eine ähnliche Grunderfahrung spekulativ ausspricht.[14]

Die Höhle, Sinnbild eines pränatalen Zustandes, könnte in mythischer Gestalt
das verlorene Sein sinnfällig machen. Dieses Symbol verzerrte aber die Weise,
wie Sein gewusst wird, denn es malt es vor dem Bewusstsein, während es zur
‚conditio humana' gehört, sich das Verlorene in Bewusstheit denken zu
können, ja in seinem bewussten Leben auf es orientiert sein zu müssen.[15]
Daher verbietet sich die mythische Verbildlichung.[16] Es bleibt einzig das
Phänomen des Schmerzes, dort nicht sein zu können, wohin das Selbstgefühl
neigt, und dort, wo wir immer schon sind, im emphatischen Sinn nicht

---

[12] Havel, ibid., S. 255 f. Dazu die treffenden Bemerkungen bei Falk, *Havels Briefe*, a.a.O.,
S. 123 ff.

[13] Diese Formulierungen fallen bei Havel, *Briefe*, ibid., S. 253. Siehe dazu auch die tiefdringenden
Reflexionen: Gerhard Funke, *Homo nonnescius*, in: Erich Heintel (Hg.)., *Der philosophische
Begriff des Menschen*. Wien 1994, S. 33-59.

[14] Dieses schmale Fragment ist heute ein Grundtext für die Erforschung der Vorgeschichte des
frühen Idealismus, vgl. dazu D. Henrich, *Der Grund im Bewusstsein. Untersuchungen zu
Hölderlins Denken (1794-1795)*. Stuttgart 1993.

[15] Hölderlin, Werke, Große Stuttgarter Ausgabe Band IV, 1, S. 216 f.

[16] Vgl. im Blick auf Hölderlin: Dieter Henrich, *Der Grund im Bewußtsein. Untersuchungen zu
Hölderlins Denken (1794-1795)*, a.a.O. S. 515 ff. und S. 760 ff. Ähnliche Erwägungen
durchziehen in ganz anderer Perspektive auch Adornos Denken. Vgl. etwa: *Negative Dialektik*.
Frankfurt/Main 1975 (E.A. 1966), Adorno, Gesammelte Schriften Band 6, S. 394 ff. Siehe auch
die phänomenorientierten Bemerkungen bei Hans Blumenberg, *Höhlenausgänge*. Frankfurt/Main
1989, insbesondere S. 11 ff.

heimisch werden zu können. Diese Zerspaltenheit in jedem Moment menschlichen am-Leben-Seins formuliert Havel in Gestalt einer hypothetischen Erwägung, obgleich es sich doch jeweils mit apodiktischer Gewissheit einstellt: *„In gewissem Sinn"* habe das getrennte menschliche Sein das Sein selbst verloren, doch bleibe ihm dieser Verlust als ein Stück seines Wesens eigen.[17] Dadurch sei es erst möglich, dass der Geist, das, was er nicht ist und nicht hat, gleichsam exzentrisch schafft - in Werken der Kunst oder in seinen Handlungen.

Die Mangel- und Schmerzerfahrung wird Havel zufolge dadurch zu einer Urszene von Sorge und Verantwortlichkeit, dass die eigene Heimatlosigkeit in anderen wiedererkannt werden kann. Nicht nur eigenes Ausgesetztsein und eigene Verwundbarkeit wird im Spiegel des Anderen sichtbar, auch das verlorene *eine Sein* wird es. Widerspruch gegen eine ungerechte oder widrige Situation, die ein anderer erleidet, kann deshalb in eminentem Sinn *Selbst- und Seinserinnerung* sein. Havel spricht in einer rückwärts gerichteten messianischen Metapher von der Erinnerung an den verlorenen Para-dieseszustand.[18]

Sequenzen der Erinnerung schwingen mit, wenn das Ich durch die kathartische Versetzung in eine Situation und eine Person, die ihm nicht einmal bekannt ist wie die Fernseh-Meteorologin eminenten Aufschluss über sich und sein Sein in der Welt gewinnen kann. Wie nebenher kommt von solchen Erfahrungen her dem Sorge- und Verantwortungsverhältnis eine Universalität zu, die durch keine Begründung nahegelegt, durch keine moralische Gesetzgebung geboten werden muss. Verantwortung als sich-inne-Sein der gemeinsamen prekären ‚condition humaine' wird niemals universalistische Schein-Verantwortung für alles sein.[19] Sie ist ohne die genuine Bezugnahme auf das Antlitz dieses oder dieser Anderen gar nicht denkbar; das Signum der Endlichkeit ist mithin für sie konstitutiv. Ein bis ins Psychotische sich steigerndes Trauma, ein „Verstummen und Vergessen alles Daseyns, wo uns ist, als hätten wir alles verloren,"[20] kann den dialogischen Erfahrungszusammenhang erschließen.

Damit ist wohl auf die, alle ethischen Verhältnisse fundierende Bedeutung der Scham (aischyné) hingewiesen, die schon Platon in den Blick nimmt: man

---

[17] Zu erinnern ist hier vor allem an Adornos Warnung, dass dem Mythos schon eine reifizierende, dialektisch aufklärerische, Funktion eignen könne. Vgl. Horkheimer, Adorno, *Dialektik der Aufklärung*. Frankfurt/Main 1969, insbesondere S. 11 ff.

[18] Vgl. Havel, *Briefe*, a.a.O., S. 263. Dazu die Bemerkungen bei Falk, *Havels Briefe*, a.a.O., S. 127 f.

[19] So Havel, *Briefe*, a.a.O., S. 258, eine Bemerkung, die die teils zwanghaften Versuche einer Begründung universalistischer Ethik bemerkenswert transzendiert. Dazu Falk, a.a.O., S. 122.

[20] Dies Wort findet sich bei Hölderlin, Große Stuttgarter Ausgabe III, S. 42. Vgl. dazu auch Jürgen Wertheimer, *Sprachzeichen: Zeichensprache-Hyperions Weg ins dialogische Abseits*, in: Gerhard Kurz und andere (Hgg.), *Hölderlin und die Moderne. Eine Bestandsaufnahme*. Tübingen 1995, S. 213-224.

Verantwortung, Verlorenheit, Wahrheit - Meditationen zum Ethos Mittel-
europas anlässlich von Walter Falks Buch über das Denken von Václav Havel

97

denke nur an das Grundmotiv im Platonischen 'Gorgias'. Havel wies die
Scham in seiner Biographie in concreto nach: Sie fixierte sich nachgerade
traumatisch auf das Freiheitsgesuch. Fünf Jahre lang kann er über diesen
Flecken in seiner Vergangenheit nicht unbefangen nachdenken. Er sucht
einerseits nach einer Entlastung, andrerseits befreit ihn keine
Entschuldigungsfloskel davon, das Trauma in schier endloser Selbstquälerei
weiter umkreisen zu müssen. Alle eigenen Rettungsversuche folgen, wie er
sich später eingesteht, dem gleichen Schema. Sie verschieben die Wurzeln des
aus Scham und Peinlichkeit gewobenen Traumas eigenen Versagens aus der
Sphäre des *Ich* in jene des *Nicht-Ich*, in den Versuch einer Erklärung durch
fremdes Verschulden oder äußere Umstände. Die Identität mit sich selbst wird
dadurch unkenntlich gemacht; ist es doch, wie sich nun von selbst verstehen
dürfte, eine Identität gerade mit solchen Szenen und Zügen meiner selbst, die
mir fremd - vielleicht verachtenswert - sind. In der derart gebrochenen
Vertrautheit mit sich selbst wird die Stimme des Seins hörbar. Dies setzt keine
Konversion der eigenen Lebensbahn voraus,[21] sondern verlangt nur einen
Schritt beiseite. Adorno wies gelegentlich darauf hin, dass er Konversionen, eo
ipso nur widermoralisch finden könne, setzen sie doch einen Bruch mit allem
Gewesenen voraus,[22] die irrwitzige Annahme, die kalendarische Zeitrechung
der Geschichte oder des eigenen Lebens könne noch einmal mit dem Jahr Null
beginnen. Wie moralisch ihre Motivationen auch seien, entfernen sich
Konversionen auf diese Weise von der einzig konkreten Verantwortung: jener
für das eigene Leben, in den Verlaufsformen seiner Vergangenheit. Die
konsequenteste Form der Konversion wäre wohl der Freitod, der zumindest in
der Selbstwahrnehmung das Kontinuum der Eigenzeiterfahrung tatsächlich zu
durchschneiden erlaubte.

(2) Havels Verantwortungs-Denken ist eng mit seiner Theater-Konzeption
verknüpft. Sie hält sich bemerkenswert in der Schwebe zwischen Brechtscher
Verfremdung und einem an der frühen attischen Tragödie orientierten
Katharsis-Konzept. Da die Identität erst aus der Einsicht in eigene Nicht-
Identität, des Verlustes des einen Seins, gewonnen werden kann, ist es gerade
die *Künstlichkeit* des Theaters, auf die Havel das Augenmerk seiner
Theaterpoetik richtet. Indem das Bühnengeschehen immer wieder die Frage
„Wer ist das?" aufnötigt, weckt es die Frage „Wer bin ich, wer bist du?".[23]
Künstlichkeit meint, dass eminente Erfahrung theatralischer Wahrheit

---

[21] Vgl. Havel, *Briefe*, S. 288 f.
[22] Adorno, Kierkegaard. Konstruktion des Ästhetischen. Frankfurt/Main 1974, S. 7 ff.
[23] Vgl. Havel, *Briefe*, a.a.O., S. 230 ff. Siehe zu Havels Reflexionen über das Theater: Falk, *Havels
Briefe*, S. 71 ff., wo überzeugend der Zusammenhang zwischen Havels Theater-Ästhetik und
seinem Durchbruch zur Mitverantwortung dargetan wird. Die Formulierung *'Wer bin ich?' 'Wer
bist du?'* verdankt sich den Celan-Kommentaren von Hans-Georg Gadamer: ders., Gesammelte
Werke Band 9. Tübingen 1993, S. 383-452, insbesondere S. 390 ff.

untrennbar ist vom artistischen Spielcharakter. Die Bedeutungsfülle des
Theaters wäre, wie Havel unterstreicht, ohne Spielcharakter nicht möglich.
Das Theater verwirrt bewusst; sein Effekt wird, zumal in einer Spätzeit, umso
eindrücklicher sein, je mehr es mit der Verwirrung kalkuliert, die Künstlichkeit
der Masken kann in jedem Augenblick aufhören, noch als Künstlichkeit zu
erscheinen. Gerade darin, dass das illusionierende und verzaubernde ‚Als Ob'
sich in illusionären Schein verwandelt und die Katharsis auf den
Scheincharakter des Agierens zurückverweist, zeigt sich die sinnerschließende
Kraft des Theaters. Mit Havels umsichtigem Interpreten Walter Falk
gesprochen: „Zum Wesen des Menschen gehört es, dass er wahrhaft er selbst
nur dann sein kann, wenn er auch etwas ist, das er nicht ist. Diese
geheimnisvolle Wahrheit kann im Theater, falls es sich treu bleibt, immer
wieder ausdrücklich erfahren werden."[24]
Dies schließt *Distanz* ein. Theater ist nicht ohne Konvention denkbar. Havel
plädiert deshalb keineswegs für eine Wiederkehr des in Lebensvollzüge
eingebetteten Theaters, so wie Nietzsche oder Wagner sie erträumt hatten. Das
irisierende Widerspiel zwischen der Wahrnehmung fremden Geschehens und
dem „Tua res agitur!" lebt nämlich gerade von der *Trennung* zwischen Bühne
und Zuschauerraum. Es setzt nicht den kultischen Raum der griechischen
Tragödie, sondern die Wirkungsgeschichte der Guckkastenbühne voraus. Dem
‚Happening', das solche Grenzen aufzusprengen verspricht, misstraut Havel
mit guten Gründen. Wird nicht leicht durch physische Kontakte die fragile
Aussicht auf geistige Kontakte supponiert? Man kann gehen und fragen, ob
nicht der suggestive Bruch mit aller Konvention eine Unmittelbarkeit der
Zwiesprache suggeriert, die es nirgends geben kann, gerade nicht im nicht-
theatralen Feld wechselseitiger menschlicher Interaktion. Was auf der Bühne
zur Darstellung kommt, „ist zwar wirkliches Leben, aber eines, das ein anderes
vorführt"[25] - daraus bezieht es seine deiktische Kraft. Doch ähnlich wie einst
Nietzsche in Reflexion der griechischen Tragödie, aus einer Fern-Optik, weiß
auch Havel, der die theatrale Praxis in einer totalitären Lebenswelt sehr genau
kennt, aus der Nah-Ansicht, dass im Drama das Wort als lebendig auftönendes
- und wieder verhallendes Werk Ereignis wird, indem es den Schrecken zur
Form gerinnen lässt, ihn dadurch allererst erträglich macht, ohne ihn zu
verhüllen oder gar zu verdrängen - wie es nach alter Meinung der Rhapsode
tut, der immer lügt. War für die Griechen die Tragödie eine essentiell
gemeinsinnige Erfahrung der in ihre Poleis zerrissenen vielen Völkerschaften,
so wiederholt sich nach Havel diese Gemeinsinnigkeit auch im Samisdat-
Theater der unterdrückten Intellektualität im eigenen Umkreis. Das Publikum
trifft zufällig zusammen, und gleichwohl kann es zu einer Übereinstimmung,

---

[24] Havel, *Briefe*, S. 232.
[25] Havel, *Briefe*, a.a.O., S. 196.

ja einer Verbündung kommen, die keiner Aussprache bedarf, obwohl sich in jedem einzelnen Zuschauer das Schauspiel unterschiedlich konkretisiert.

II. Faust und die Diagnose der totalitären Erfahrung

Der Grundriss von Havels Verantwortungsdenken verschärft sich in der Analyse und Darstellung der ‚Ordnung des Todes', in der sich „das frostige Werk des Menschen als ‚Bild des Teufels'" zu erkennen gibt.[26] Dies zeigt sich besonders unverstellt in seinem Faust-Drama 'Versuchung', das ihn in immer neuen Anläufen in Atem hielt und dessen Ausarbeitung, ähnlich wie die Genesis Thomas Manns Faustus-Roman, von physischen und psychischen Stagnationsphasen und Zusammenbrüchen gestört und beinahe destruiert wurde.[27] Dr. Heinrich Faustka, der Professor und Mitarbeiter in einem Institut zur Bekämpfung des Aberglaubens, begegnet Fistula, einem Unterteufel, zu erkennen am eisigen Händedruck, dem Hinkefuß und Schwefelgeruch, und doch nur ein kleiner externer Höllenmitarbeiter. Deren gibt es viele, auch Faustkas Chef gehört dieser Personengruppe an.

Es ist wiederum vor allem ein einziges Motiv, das wie ein Elixier das Stück in Bewegung hält: die Phänomenologie des ‚Diabolos', als des Verwirrers und Verkehrers.[28] Diabolisch sind die Verwechslungen und der Verlust des Vertrauens zwischen Faustka und seiner Freundin Wilma. Beide spielen einander frivol Eifersucht vor, das Spiel wird indes bitterer Ernst. Faustka misstraut Wilma und vermutet, sie werde ihn denunzieren. Diabolisch ist auch die Metamorphose der Gretchentragödie, die Havel entwirft. Gegenüber Margret, der Institutssekretärin, die Faustka gewinnen möchte, spricht er, offiziell der sozialistisch realistische Aufklärer, von Transzendenz und sittlicher Tat. Er redet wahre Sätze, doch folgen sie nicht wahrhaftigen Maximen. Faustka missbraucht die Gedanken „kaum merklich", wie Havel in einer Regiebemerkung notiert, um das Mädchen zu verführen. Margret weiß nichts von der Masken-Kunst. Sie verschreibt sich dem Geliebten ohne allen Rückhalt. Ein Leben mit ihm und in der Wahrheit ziehe sie einem Leben ohne

---

[26] Vgl. ibid., S. 133. Siehe dazu auch Falk, *Havels Briefe*, S. 170 ff, zur Epochensignatur der Wiederkehr des Teufels.

[27] Vgl. dazu unter anderem: Havel, *Fernverhör*. Reinbek bei Hamburg 1991, S. 86 und S. 222 f. Siehe ferner auch Eda Kriseová, *Václav Havel. Dichter und Präsident*. Die autorisierte Biografie. Berlin 1991, S. 220 ff.

[28] Die Rolle des Begriffsverwirrers spricht in besonderer Weise auch Dietrich Bonhoeffer dem Teufel zu und er findet sie im Wesen des totalitären NS-Staates wieder. Vgl.Dietrich Bonhoeffer, *Nach zehn Jahren. Rechenschaft an der Wende zum Jahr 1943*, in: ders., *Widerstand und Ergebung*. Herausgegeben von Eberhard Bethge. Hier nach München 1990, S. 9-27.

ihn und in der Lüge vor, sagt sie; und bemerkt noch nicht, dass ein Leben mit ihm ein Leben in der Lüge sein muss.[29]
Auch dieses Gretchen verliert alles, wie zumeist in der Geschichte des Faust-Stoffes. Sie verteidigt Faustka, als er unter den Beschuss der Oberen gerät. Wie abgründig er sein Spiel mit der Wahrheit trieb, enthüllt sich erst an dieser Stelle der dramatischen Verwicklungen. Denn der Geliebte von gestern leugnet seine Wahrheitsworte, und plädiert dafür, Gretchen in die Psychiatrie einzuweisen. Es bleibt - wie im Urfaust - ein verhallendes Gretchenecho, ein vergeblicher Selbstmordversuch und der Weg in den totalitär verordneten Wahnsinn. Die lakonische Regiebemerkung spricht für sich: „barfuß, die Haare aufgelöst, auf dem Kopf einen Kranz von Feldblumen, sie trägt ein weißes Nachthemd, unten ein großer Stempel mit der Aufschrift ‚Psychiatrie'."[30]
Daneben bleiben Faustische Lügen. Sie treffen mit kathartischer Prägnanz, da sie in einer ‚Pseudowelt' des Unzuhause, in der alles darauf ankommt, verwechselt zu werden, naheliegend scheinen und der Theaterbesucher geneigt sein wird, sie zu entschuldigen. Havels Trauma der Selbstbegnadigung klingt noch einmal nach. Des Irrationalismus angeklagt, behauptet Faustka, die Beziehung zum Teufelchen Fistula nur aufgenommen zu haben, um den Exponenten der Widervernunft und des Aberglaubens ausforschen zu können - und er glaubt am Ende selbst seine Version der Geschichte. Die Diabolie nötigt aber zu wiederholten Selbst-Verstellungen. Denn als er sich der Identität der anklagenden Macht mit dem Verführer bewusst wird, ist plötzlich alles wieder ganz anders gewesen. Die vermeintliche Abkehr vom Teufel war ihrerseits Tarnung. Doch etwas Irritierendes geschieht. Als Faustka versucht, Fistula zu umarmen, schrickt der vor der Kälte des anderen zurück. Der Faust ist eisiger, also teuflischer geworden als der Teufel selbst.
In der zehnten und letzten Szene verkehren sich alle diese Verkehrungen selbst, ein Maskenfest im Institut wird zum Spielort der Wahrheit. Der Chef verwandelt sich, wie der Besucher in Adrian Leverkühns Palestrina, in den atavistischen Teufel mit allen seinen Insignien und seinem Hofstaat, und Faustka sieht ein, dass es eine Narrheit bedeutete, zu meinen, den Teufel ausnutzen zu können, ohne sich ihm zu verschreiben. Sein „Vermächtnis an diese Welt" - ein Wort ohne Masken und eine rigide Absage an die totalitäre Macht - spricht er in eine dionysische Szene karnevalesker Auflösung hinein, einen wilden Tanzkreis, durch den Faustka selbst orientierungslos taumelt. Sein Mantel fängt während dieser Szene Feuer. Der Auftritt der Feuerwehr, der

---

[29] Vgl. dazu Havel, *Vanek-Trilogie*, a.a.O., S. 141 ff, die Liebesbeschwörungen Gretchens. Siehe dazu auch Havel, *Versuch, in der Wahrheit zu leben*. Reinbek bei Hamburg 1989.
[30] So *Vanek-Trilogie*, a.a.O., S. 192. Meine Bemerkungen verdanken den einfühlsamen Interpretationen im Epilog von Falk, *Havels Briefe*, a.a.O., S. 207 ff. sehr viel.

Verantwortung, Verlorenheit, Wahrheit - Meditationen zum Ethos Mittel-
europas anlässlich von Walter Falks Buch über das Denken von Václav Havel

101

teils als Relikt des epischen, teils als Echo des absurden Theaters erscheinen
könnte, bedeutet mehr: er signalisiert aus dem Pathos der Distanz, dass
vielleicht noch nicht alle Endspiele ausgespielt sind, dass „das höllische Feuer,
das Faustka ergriffen hat", vielleicht noch gelöscht werden *könnte*.

Man bemerkt, dass sich in Havels Faust-Dichtung eine Phänomenologie des
‚radikal Bösen' andeutet, der totalitären Lügen- und Verstellungsstruktur, in
der sich, wie das Studium diverser Hinterlassenschaften des 20. Jahrhunderts
belegen kann, auch der Wohlmeinende wie selbstverständlich verfängt. Havel
bannt damit strukturelle Grundzüge der ‚totalitären Erfahrung' in ein
prägnantes Bild: auf diese Weise könnte Karl Poppers Einsicht eindrücklich
illustriert werden, dass die Hölle auf Erden entsteht, wenn immer der Himmel
auf Erden ‚produziert' werden soll.[31] Ebenso wird verdichtet sichtbar, wie
diabolische Urszenen und Verhaltensweisen, wenn das Totalitäre in einer
Geschichte langer Dauer zur Gewohnheit geworden ist, in den Charakter der
handelnden Personen eingehen.
Der Teufel ist bei Havel Exponent einer ideologisch gewordenen Aufklärung.
Er wählt sich die Maske des Entmythologisierers. Dadurch erweist sich die
Janusköpfigkeit der - von Horkheimer und Adorno aufgedeckten - Tendenz der
Aufklärung, den Menschen die Furcht zu nehmen. Diese Weltsicht, deren
Ethik, wie Adorno wusste, konsequenterweise nicht zu Kant, sondern zum
Marquis de Sade führen wird,[32] enthüllt sich bei Havel als Versuch der
Verdrängung des Geheimnisses. Ein Blick auf manche leitenden Mythen der
Aufklärung, wie den Blitzableiter oder die geschichtsphilosophische
Konstruktion, wonach Autonomie und Freiheit den ‚Sündenfall' voraussetzen,
können illustrieren, dass damit nicht weniger als das Problem der ‚Legitimität
der Neuzeit' aufgeworfen ist: ist doch die Geschichte von Faust als Gestalt der
Unruhe zwischen Atavismus und unbedingter Selbstsetzung der vielleicht
prägnanteste Aufklärungsmythos.[33]
Der Nachgeschichte der Aufklärung gehört nach Havel auch die Spätmoderne
von Gegenwart und jüngster Vergangenheit an und dies bei allen
Unterschieden im freiheitlich demokratischen Gemeinwesen ebenso wie im

---

[31] Von ihr ist Poppers Werk: *Die offene Gesellschaft und ihre Feinde*, hier nach Tübingen 1992,
geprägt. Vgl. auch Karl Popper, *Gegen den Zynismus in der Interpretation der Geschichte*.
Regensburg 1992, in: Eichstätter Materialien Band 14, S. 25-36.
[32] Horkheimer, Adorno, *Dialektik der Aufklärung*, Nachdruck Frankfurt/Main 1969.; dazu
Habemas, *Der philosophische Diskurs der Moderne*. Frankfurt/Main [4]1988, S. 130 ff.
[33] Vgl. unter anderem die Übersicht zu den verschiedenen Arbeiten am Faust Mythos bei Karl-
Heinz Hucke, *Figuren der Unruhe. Faustdichtungen*. Tübingen 1992. Siehe auch den
Sammelband: Frank Möbus u.a. (Hgg.), *Faust. Annäherung an einen Mythos*. Göttingen 1995.
Sehr wichtig scheint hier auch Kafkas Traum von der Wiederkehr des Teufels angesichts der
höchsten Steigerung menschlicher Einbildungskraft: Kafka, *Tagebücher*. Frankfurt/ Main 1954
u.ö., S. 383 ff unter dem Titel *'Ich mache Pläne'*.

totalen Staat. Sie ist mithin ihrem Wesen nach Teil einer ‚Ordnung des Todes'. Gerade deshalb ist es signifikant, dass für Havel paradoxerweise das reale Gefängnis, der Ort seiner Niederschrift, zum Ort der Wahrheit wird. Wie im Brennglas zeigen sich hier Dinge und Menschen „in ihrer wahren Gestalt. Lüge und Heuchelei verschwinden".[34] Havel beschrieb das Gefängnis nicht nur als Spiegel totalitärer Erfahrung, sondern - ungleich wichtiger! - als ein Kaleidoskop der ‚conditio moderna'. Nirgends zeigen sich so unverhüllt wie im Alltag des Häftlings die in der modernen Lebenswelt schier allgegenwärtigen Grunderfahrungen: etwa, dass sich Seiendes nur durch den Filter der Isolierung hindurch mitteilt, dass die Natur in Zweck-Mittel-Relationen eingespannt wird und die Fähigkeit zur synästhetischen Perzeption verloren geht, so dass - wie es ähnlich auch schon Adorno und Horkheimer feststellten - die Lebenswelt nur punktualisiert und atomisiert wahrgenommen werden kann. Im Pilsener Gefängnis tritt diese Erfahrung ungeschützt ans Licht, die reduktive Wahrnehmungs- und Denkart[35] verliert den Anschein der Selbstverständlichkeit, wenn die sorgenden Nahverhältnisse und ein emphatisches Verständnis der Mit-Welt jäh in den Blick kommen: in den Briefen an die abwesende geliebte Frau, in den Anzeichen des Frühlings im Hof. „Es beginnt sich auf einmal zu zeigen, dass das, was gestern noch als völlig tote, vereinsamte, zufällige und zwecklose Einzelheit erscheinen konnte, in Wirklichkeit Natur ist [...], die ihre große und rätselhafte Ordnung hat, ihre Richtung, ihren unzählige Male wiederkehrenden Aufstieg und Fall, ihr Leben."[36]

Walter Falk hat zu dieser Nachgeschichte der Aufklärung von Havel her wichtige Erwägungen angestellt, die – etwas vereinfachend gesprochen - darauf orientiert sind, die Ordnung des Todes als binäre Ordnung disjunktiver Unterscheidungen eines Seienden von einem anderen zu verstehen. Diese binäre Ordnung verabsolutiert sich im neuzeitlichen Lebenszusammenhang. Indem sie unbedingt wird, emanzipiert sie sich von dem ruhenden Einheitssinn, der auch dem disjunktiven Weltverhältnis vorausgehen muss, damit es überhaupt zu Synthesisakten gelangen kann, wie sie aller Erkenntnis als Korrelat von Urteilen unabdingbar sind. Jenes aller Disjunktion und Differenz vorausgehende *eine* Sein ist aber, so zeigte sich, verloren. Es bedarf daher erinnernder Rekonstruktion. Unter raumzeitlichen Bedingungen kann es sie in der in sich geschlossenen Gestalt erfahren, deren grundlegender geometrischer Vorentwurf der Triangel sein kann.[37] Er verdeutlicht eine

---

[34] Havel, Briefe , a.a.O., S. 14.
[35] Diese Formulierung gebrauche ich in Anschluss an Kants Rede von der ‚Revolution der Denkart', in: Kant, *Die Religion innerhalb der Grenzen der bloßen Vernunft*, A 125 ff.
[36] Havel, *Briefe*, a.a.O., S. 203.
[37] Vgl. dazu Falk, *Havels Briefe*, a.a.O., S. 104 ff. und S. 178 ff. Näher ausgeführt ist dieses eindrucksvolle hier nur vorläufig anzureißende Konzept bei Falk, *Handbuch der li-*

gegenstrebige Tendenzen zueinander fügende und sich so konstituierende Einheit, die nicht nur als schlechterdings Eines zu verstehen ist, sondern als das einzelne Seiende, das, indem es sich zeigt, Welt erschließt. Damit gewinnt die Tiefensemantik des einzelnen Seienden (Aristotelisch: des *to de ti*) Gestalt, das nicht als Ding im seriell disjunktiven Verständnis von Welt zu verstehen ist, sondern Inbegriff des Bestimmten sein soll.[38] Das Einzelne als Eines ist als bestimmtes Ding unerkennbar, „weil wir in es so wenig hineinsehen können wie in das Sonnenlicht"; es erschließt sich mit dem Goetheschen Wort als ,offenbares Geheimnis' (Epirrhema), das sich nur als lichtlose Finsternis zu verstehen gibt.

In der verabsolutierten Disjunktion wird nicht nur die Formalstruktur der Einheit, sondern auch die einzelne Gestalt ad absurdum geführt. Die Zweiheit disjunktiver Unterscheidung und Selbstunterscheidung ist ontologisch als Inbegriff menschlicher Tätigkeit und als jene Bewegung zu verstehen, die Goethe im 'Faust' durch ein schluchtenreiches Lebenslabyrinth zur Erlösung führte und die doch wie Goethe selbst wusste, auf die Dauer bankrott macht.[39] Diabolisch verkehrend wird sie, wenn sie leer läuft, wie es im maschinenhaften Geklapper des ,dialektischen Materialismus' und in allen Reproduktionen totalitärer Ideologien der Fall ist. Die Zweiheit lässt sich aber auch als innere Neigung auf das Eine deuten. Dann wird die Kehrseite des Begriffs vom Menschen als eines Bildes des Teufels erkennbar - die Einsicht menschlicher Gottebenbildlichkeit.[40] Von hier her enthüllen sich sprechende Implikationen der Zweizahl. Es wird erkennbar, dass in ihr auch eine Verständigung über menschliche Zwienatur zwischen Verlorenheit und möglicher Verantwortung angelegt ist, und die erotische Zweiheit im Widerfahrnis der Liebe.[41] Gerade den letzten, erotischen Akzent sollte man nicht überlesen, sind doch Havels Briefe aus dem Gefängnis auch ein diskreter, schöner Text von der Liebe, Zeugnis eines irdischen Paradieses zwischen Havel, dem „verlegenen Intellektuellen", und seiner mittlerweile verstorbenen, langjährigen Frau Olga, dem „sehr urwüchsige[n] Proletarierkind, unsentimental nüchtern, von Zeit zu Zeit ziemlich großmäulig und widerwärtig."[42]

---

teraturwissenschaftlichen Komponentenanalyse. Theorie, Operationen, Praxis einer Methode der Neuen Epochenforschung. Frankfurt und andere 1983 (Neuauflage 1996).

[38] Vgl.dazu u.a. H. Rombach, *Strukturontologie*. Freiburg 1971 und ders., *Welt und Gegenwelt. Umdenken über die Wirklichkeit: Die philosophische Hermetik*. Basel 1983. Vgl. auch Kant, *Kritik der reinen Vernunft* B 599 f und A 570 ff.

[39] So Goethe, *Maximen und Reflexionen* Nummer 1081, Hamburger Ausgabe Band 12, 517. Siehe auch Hermann Schmitz, *Goethes Altersdenken im problemgeschichtlichen Zusammenhang*. Bonn 1959, S. 129 ff.

[40] Falk, *Havels Briefe* S. 132 ff. hat die Bedeutung der arkanen Frage nach dem personhaften Gott aus Havels Texten herausgearbeitet.

[41] Man vergleiche schon die Grundlegung der Philosophie des Eros im Platonischen *'Symposion'*.

[42] Hierzu unter anderem Havel, *Briefe*, S. 133.

Sie, die ihm nie als ideale Lebenspartnerin erschien, obwohl es ihm auch unvorstellbar sei, mit einer anderen Frau zu leben, ist, wie Havel im gleichen Zusammenhang einmal bemerkte, die heimliche Heldin seines Nachdenkens.[43]

---

[43] Vgl. dazu die bemerkenswerte Liebeserklärung in Havel, *Fernverhör*, a.a.O., S. 191 ff.

6. Geschichtliches Dasein nach dem Ende Europas?
Das Vermächtnis Jan Patočkas

„Er war unauffällig, von nobler Erscheinung, und jedes seiner Worte berührte mich: Das war sie, die andere, tiefere und wahrhaftigere Sprache, die mich in den ‚nicht ausleihbaren' Büchern so anzog, und die ich in der Welt, die mich umgab, so selten vernahm."[1] Die Rede ist von Jan Patočka, dem herausragenden tschechischen Husserl-Schüler und Phänomenologen, mit Havel zu Anfang des Jahres Sprecher der Charta 77, nach einem Verhör in den Mühlen der Polizei im März des gleichen Jahres gestorben. Zu behaupten, prekäre Verhältnisse hätten seinen Denkgang konstant begleitet, ist fast ein Euphemismus. Kaum einem Denken hat sich die doppelte totalitäre Erfahrung dieses Jahrhunderts so ins Fleisch geritzt, wie jenem von Patočka. Nur von 1945 bis 1949 kann er an der Prager Universität lehren, dann wird er in der Hoch-Zeit des Stalinismus aus dem Lehrkörper ausgeschlossen, 1968 erst wird er Ordinarius der Philosophie, die vorzeitige Pensionierung 1972 setzt auch dieser Phase ein jähes Ende, nachdem auf den Frühling ein bitterer Winter gefolgt war. Seit 1971 konnten seine Schriften nur noch in Samisdat-Form erscheinen, seine Vorlesungen und Seminare wurden zu konspirativen Veranstaltungen.

Patočkas Philosophieren soll hier in einigen seiner Momente erinnert und als großes Movens verstanden werden, das etwa in Václav Havels Reflexionen und seiner Dramatik nachklingt (vgl. den vorausgehenden Aufsatz). In dem Bogen, der dabei am Leitfaden von einigen Grundmotiven dieses ebenso schlüssig sich entfaltenden wie reichen Denkwerks freizulegen ist, wird sich als eine grundsätzliche Intention zeigen, dass das Denken zugleich als Handeln aufzufassen ist und die spekulative Verständigung über Sein und Wahrheit zugleich die Verständigung über die eigene Zeit sein muss.[2]

I

Beginnen wir mit der Frage nach der Geschichte. Ausgehend von Husserls ‚Krisis'-Schrift, deren Entstehen er als junger Mann aus der Nähe mit

---

[1] Das Zitat nach Umschlagtext von Patočka, *Kunst und Zeit*. Stuttgart 1987.
[2] Im Folgenden ist dankbar darauf hinzuweisen, dass die bedeutendsten Schriften Patočkas in einer fünfbändigen Ausgabe, die Klett-Cotta 1987-1990 veranstaltete, dem deutschsprachigen Leser zugänglich sind. Als herausgebende Institution fungierte das Wiener Institut für die Wissenschaften vom Menschen. Patočkas ungemein wirkmächtige und faszinierende Privatvorlesungen sind nach Mitschriften und Stenogrammen mittlerweile in mehreren französischen Ausgaben greifbar. Eine deutschsprachige Übersetzung erscheint als dringendes Desiderat.

verfolgen konnte, und vor allem von Heideggers Denken wird der späte
Patočka in den sechziger und siebziger Jahren, durch die Zeitläufe dazu
genötigt, zum Geschichtsdenker. Anders als Husserl, der zu Beginn der
dreißiger Jahre sah, dass Europa im Begriff sei, sein Wesen, Weltort der
Einsicht, des Logos zu sein, zu verleugnen, blickt Patočka auf Europa zurück.
Es ist ihm zur Vergangenheitsgestalt geworden. Die Umbrüche dieses
Jahrhunderts hin zur Katastrophe kann man zwischen den Äußerungen des
alten Husserl und der Spätzeit seines Schülers datieren. Patočka versteht das
20. Jahrhundert als einen einzigen Krieg – ausgehend von Barracloughs
Diagnosen[3] und in Erinnerung an Jacob Burckhardts höchst erhellende
„Sprache der Nacht", seine Untersuchung der welthistorischen Crisis zumal
seit der Französischen Revolution. Sein ketzerischer Begriff der Geschichte
hat Abschied von jeder Fiktion einer zwangsläufig fortschrittshaften
Geschichtslogik genommen, jenem Gemeinplatz, den Osten und Westen
miteinander teilten.[4] Dies bedeutet nach Patočka gerade nicht, dass der
Geschichte nicht Sinn inhärierte. Wie er mit Heidegger weiß, ist Sinn unlösbar
vom Sein, der Welt in ihren phänomenalen Erscheinungsweisen.

Aus dem Rückblick auf Europa und indem wir uns dem vor Augen liegenden
Beweis aussetzen, den der Krieg dieses Säkulums gab,[5] stellt sich dieser Sinn
im Affekt der *Erschütterung* ein, in der Ahnung, dass Europa reif zum
Untergang sei. Die Einsicht in diese fragile Sinndimension ist alt. Patočka
findet sie etwa in Heraklits Wort vom Polemos vorgezeichnet.[6] Solche
Vorgestalten werden Patočka zufolge in der katastrophischen Weltlage des
totalitären Jahrhunderts aber unmittelbar und affektiv erfahrbar.

Von hier her erschließt sich auch als Evidenz, dass Wahrheit A-LETHEIA ist,
und sich nur zeigt, indem sie zugleich verborgen bleibt. Über Heidegger
hinausgehend, begreift Patočka jenes Wahrheits- und Seinsverständnis als
Indiz einer Fraglichkeit, die dem Menschen in seiner Geschichte eigen ist.
Auch Sinnhaftigkeit kann nicht anders denn in der Fraglichkeit erfahren
werden - in einer Metabolé, die - wie Paul Ricoeur richtig bemerkt hat - „eher
im philosophischen, denn im religiösen Sinne", eine Verwandlung unserer
selbst bedeutet.[7] Diese ‚Metanoia' lehrt, in der Unsicherheit und Erschütterung
der eigenen Existenz standzuhalten, in der fragenden und zweifelnden

---

[3] Dazu Patočka, *Europa - Anfang und Ende der Geschichte?*, in: ders., *Ketzerische Essais zur
Philosophie der Geschichte und ergänzende Schriften.* Stuttgart 1988, S. 207 ff. Im Hintergrund:
G. Barraclough, *Tendenzen der Geschichte im 20. Jahrhundert.* München 1967 (orig.: *An
introduction to contemporary history*).
[4] Vgl. Patočka, *Ketzerische Essais*, a.a.O., S. 102 und S. 139 f.
[5] Patočka, ibid., S. 153.
[6] Vgl. ibid., S. 66 ff.
[7] So Ricoeur, in: Patočka, *Ketzerische Essais*, a.a.O., S. 15. Im Blick auf einen ‚philosophischen
Glauben' wird man Patočka auch in der Nähe von Jaspers' Philosophie-Begriff sehen dürfen, wo
wie Ricoeur es nahelegt.

Selbstverständigung. Im sokratisch platonischen Motiv der *Sorge um die Seele* und in der Maxime eines Lebens in der Prüfung hat Patočkas diesem Ethos Gestalt gegeben. Dabei klingen wie intuitiv Gedanken auf, die Heideggers phänomenologische Aristoteles-Interpretationen ein Jahrzehnt vor 'Sein und Zeit' bestimmt hatten und die ein bewahrendes Ethos für das Selbst zu gewinnen suchen, das immer ekstatisch, von sich wegweisend, schon in einer eminenten Sorge bei der Welt ist.[8] Dass Patočka gerade diese Impulse Heideggers Denken entnehmen wollte, belegt der Briefwechsel mit Michalski zu Anfang der Siebziger Jahre, der die Ausarbeitung von Patočkas 'Ketzerischen Essays' begleitet. „Die Frage gestellt zu haben nach dem Sinn von Sein (und von Geschehen und Geschichte), darin aber an die Endlichkeit des Daseins und des Seins erinnert zu haben, ist wohl ein Großes."[9]

Diesem geschichtlichen Gedankenzug entspricht nach Patočka eine spezifische Sphäre der Sozialität, die im Totalitarismus unter einem eisernen Band vernichtet wird: die Idee der Poliswelt, die er - wie übrigens Heidegger mitten im Zweiten Weltkrieg - mit dem Herakliteischen *Polemos* zusammendenkt. Die ‚Polis' ist Stätte der menschlichen Freiheit am Beginn *abendländischer* Geschichte. Aus dem Naturzusammenhang des von sich her Gewachsenen ist sie seit ihrer Urstiftung entfremdet. Auch von der göttlichen Weltordnung ist sie immer schon getrennt. Eben dies verbindet sie mit dem dichterischen und philosophischen europäischen ‚Logos', der sich in ihren Mauern, wenngleich nicht ohne Spannungen zu ihr, entwickelt.[10] Bemerkenswert ist freilich, dass Patočka ein durchaus ambivalentes und darin Sokratisches Bild der Polis entwirft. Der Philosoph wird sich immer auch in Distanz zu ihr verstehen müssen. Philosophische Befreiung bedeutet die Befreiung vom Politischen und die Gewinnung eines a-politischen Raumes. All dies setzt aber die Existenz der Polis voraus - die Existenz jenes freien Spielraums gegenüber der natürlichen wie gegenüber der vorwiegend kratisch verfassten geschichtlichen Welt.[11]

Ohne den Blick auf einen emphatischen Begriff der Polis wäre Patočkas Credo eines philosophischen Glaubens nicht möglich. Dabei verdichtet sich ihm die Polis zu der bestimmten Form eines Gemeinwesens der Dissidenten und der „Solidarität der Erschütterten." Darin „hat die Fähigkeit ‚nein' zu sagen zu allen Mobilisierungsmaßnahmen, die den Kriegszustand verewigen [....] - "[12]

---

[8] Vgl. die erst lange nach dem Tode Patočkas publizierte frühe phänomenologische Aristoteles-Interpretation Heideggers, eine Vorlesung aus dem Wintersemester 1921/22. GA61. Frankfurt/Main 1985. Siehe auch Heidegger, *Phänomenologische Interpretationen zu Aristoteles*, in: Dilthey-Jahrbuch 6 (1989), S. 235 ff.

[9] Aus diesen Briefen, die Heideggers Denken als ein Schicksal begreifen, das im Westen nicht ergriffen worden sei, wird im Nachwort der Herausgeber, in: Patočka, *Ketzerische Essais*, S. 462 f., zitiert.

[10] Vgl. Patočka, *Ketzerische Essais*, a.a.O., S. 232 ff.

[11] Patočka, *Ketzerische Essais*, a.a.O., S. 163.

[12] Ibid.

auch und gerade, wenn zwischen ihren Mitgliedern vieles strittig ist, den
Charakter der Magna Charta veritatis.

II

Geschichtlich ist auch Patočkas Philosophie-Begriff perspektiviert. Patočka
wirft - durch den Positivismus, die marxistische Forderung revolutionärer
Praxis und durch Heideggers versuchten Schritt hinter die Wurzeln
metaphysischen Denkens vermittelt - die Frage auf, ob das Ende möglicher
Philosophie und der Übergang in die Nicht-Philosophie schon erreicht sei.[13]
Hier fällt seine Diagnose ambivalenter aus als im Blick auf das europäische
Ethos. Nichts legt zwingend nahe, dass Philosophie weiterhin existieren
müsse, nichts legt zwingend nahe, dass sie nicht mehr sein könnte. Daher ist
auch nicht am Entwurf einer Nicht-Philosophie gelegen. Vielmehr geht es um
die Frage, wie ein jeweils zweiter Anfang des Philosophierens aus den
Zeiterfahrungen heraus möglich sei. Ob dieser andere Anfang der Philosophie
noch Metaphysik heißen soll, bleibt, anders als bei Heidegger, unentschieden.
Dies ist für Patočka Teil jener Schwebelage, die für ein Denken, das an der
Zeit ist, bestimmend ist. Seine Reflexion folgt zwar einer Vorzeichnung des
anderen Anfangs, die Heidegger andeutete und in deren Sinn Sein zeithaft zu
begreifen ist.[14] Doch zielt er nicht wie Heidegger auf den
Problemzusammenhang einer Überwindung oder ‚Verwindung' der
Metaphysik. Patočka weist vielmehr darauf hin, dass die Geschichte der
Metaphysik seit alters zugleich „die Geschichte ihres Verfalls, ihrer Kämpfe
um sich selbst und mit sich selber" ist.[15]

Vor diesem Horizont begreift er die Seinsfrage als *Korrektur* der überlieferten
metaphysischen Leitfrage: *„ti to on".* Die Seinsfrage hält sich in dem
Aristotelischen Rätsel, dass niemand zu sagen wisse, was das Seiende sei,
weshalb nur ‚vielfach' von ihm gesprochen werden kann (pollachos legetai).
Indem Patočka darauf verweist, beschreibt er die grundlegende Modifikation
seiner Denkweise ebenso gegenüber Husserl wie gegenüber Heidegger. Ein
Denken, das sich auf das Sein bzw. seine reine Gegebenheit bezieht, kann
nicht vom Seienden absehen - weder in einem Sprung noch in einer Epoché.
„Sein ist das Sein des Seienden - daher lässt es sich nicht einfach vom

---

[13] Vgl. Heidegger, *Das Ende der Philosophie und die Aufgabe des Denkens*, in: ders., *Zur Sache
des Denkens*. Tübingen ³ 1988, S. 61-81. Vgl. den späten Vortrag: Patočka, *Das Ende der
Philosophie?*, in: derselbe, *Ketzerische Essais*, a.a.O., S. 432-461, insbesondere S. 458 f.
[14] Ibid., S. 459.
[15] Ibid., S. 458.

Seienden abstrahieren."[16] Seiendes bleibt also die Voraussetzung nach dem Sein zu fragen, vor dessen Hintergrund ontische Verhältnisse erst geklärt werden können. Damit ist die *eine* phänomenologisch ontologische Gestalt eines möglichen anderen Anfangs der Philosophie skizziert. In einer zweiten Variation beschreibt Patočka sein Philosophieren als einen „negativen Platonismus".[17] Dieser verweist darauf, dass Sein als Idee und Über-Gegenständlichkeit die Nicht-Realität schlechthin ist. Sein ist nicht aus disjunktiven Wirklichkeiten zu erklären. Aus der Sicht gestalthafter Gegenständlichkeit erscheint die Seinsfrage als bloßes Nichts, oder als „flatus vocis".[18] Der negative Platonismus formuliert sich in der Katharsis durch die radikale Negation, die im Tod explizit wird; und dabei zeigt er, wie Patočka festhält, dass der Menschengeist das schlechterdings nicht Seiende zu denken vermag. Dies hat Folgen für Selbstgefühl und Ethos - im negativen Platonismus ist sich der Mensch in seiner ‚Weltüberlegenheit' gegenüber dem Seienden erschlossen.[19] Teil dieser Würde kann seine, von Patočka wiederholt betonte Einsicht sein, dass seine Berufung nicht im Herrschen liegt, sondern im Dienen. Die Idee des Seins zeigt nämlich - aufgrund ihrer Entzogenheit in völliger Autonomie - „dass es etwas Höheres gibt, als den Menschen, etwas Höheres, mit dem die Existenz des Menschen untrennbar verbunden ist".[20] Der negative Platonismus erkennt mit Kant als konstitutiv für die Denkbewegung der Philosophie, fest sein zu sollen, „unerachtet [sie] weder im Himmel noch auf der Erde an etwas gehängt oder woran gestützt wird".[21] Im Licht dieses Philosophiebegriffs ist besser zu verstehen, weshalb die für Patočka spät erst ausdrücklich gewordene Frage nach der Geschichte eine zentrale Bedeutung gewinnt, die sie bei Husserl keineswegs hatte. Geschichte ist nicht mit der Historie gleichzusetzen. In ihr erschließt sich Subjektivität und Objektivität als Bewegtheitszusammenhang, wodurch die beiden Ankerpunkte zugleich ‚verflüssigt' werden. In seiner Habilitationsschrift, einem Parallelstück zu den Prager ‚Krisis'-Vorlesungen Husserls im November 1936, war Patočka erstmals die *‚natürliche Welt' als vorwissenschaftliche Welt* zum Problem geworden. Diese Erwägungen vertieften sich ihm immer mehr zu

---

[16] Ibid.
[17] Patočka, *Negativer Platonismus*, in: ders., *Ketzerische Essais*, a.a.O., S. 389-432. Vgl. hierzu auch die von E. Abrams besorgte französische Übersetzung von Patočkas Platon-Vorlesung: *Platon et l'Europe*. Paris 1983.
[18] So in Patočkas Essay: *Negativer Platonismus*, in: *Ketzerische Essais*, a.a.O., S. 428. Vgl. Rudolph Berlinger, *Das Nichts und der Tod*. Frankfurt/Main 1954, S. 177.
[19]Vgl. Rudolph Berlinger, *Das Nichts und der Tod*. Frankfurt/Main 1954, S. 177. Patočka, *Negativer Platonismus*, a.a.O., S. 430.
[20] Patočka, *Negativer Platonismus*, a.a.O., S. 430.
[21] Kant, *Grundlegung zur Metaphysik der Sitten*, in: Akademie-Ausgabe Band IV. Berlin 1911, S. 452. Zit. bei Patočka, *Ketzerische Essais*, a.a.O., S. 430.

einer Analyse menschlicher Subjektivität, was auch ohne detaillierten Bezug auf Heideggers Erörterungen über die Faktizität vor 'Sein und Zeit' auf den kinetischen Grundsinn des Lebens-Phänomens führte.[22] Patočka machte einen ersten Bewegtheitsmodus der Weltaneignung in dem Netz von Kontakten namhaft, innerhalb dessen die Welt „in vorbereiteter Passivität" eröffnet ist.[23] In einer zweiten Phase sucht das Subjekt in der Welt heimisch zu werden, ein Weltzugang, der besonders eindrücklich in der stoischen Ethik ans Licht kommt[24] und der sich im Versuch fortschreibt, die Geborgenheit, die im unmittelbaren Weltverhältnis gegeben war, bewusst aufrechtzuerhalten - in der reproduktiven Selbstverlängerung eigener Individualität auf die Außenwelt, die in der Arbeit und in allen Handlungsweisen, die auf Selbsterhaltung zielen, ins Werk gesetzt wird. In solchen Selbstobjektivationen ist das Leben zersplittert. Patočka erörtert also in diesem Problemzusammenhang die Zweiheit gegenseitigen sich Ausschließens, die Hegel als Kampf um Anerkennung begriffen hatte. Der für jene Sphäre konstitutive Versuch der Weltaneigung in der Grundbewegung einer allen möglichen Bedrohungen ihrerseits tendenziell vorausgreifenden Verteidigung wird indes leicht zum Weltverlust. Wir werden uns darin und gleichermaßen den anderen zum Ding. Erst in einem dritten Bewegungszusammenhang tritt das Individuum aus der Immanenz von distinktiven Stabilisierungen seines Weltbezuges heraus. Hier versteht es sich ekstatisch auf seine Möglichkeiten hin und kann sich seiner eigenen Endlichkeit aussetzen. Exzentrisch, durch Selbstaufgabe, gewinnt es sich als Selbst. Erst in diesem ‚Reich der Freiheit' nehmen wir, nach Patočka, einander als Nächste wahr; was indes voraussetzt, dass die stabilisierte oikeiosis-Welt den technisch instrumentellen und reifizierenden Weltbezug durchkreuzt. Was Zuhause zu sein schien, erfährt eine *Erschütterung*.

Der Gang der Bewegungstriade ist erst in dem dritten, ekstatischen Weltverhältnis vollständig geworden. Dies meint Patočka, wenn er die dritte Bewegung des noematischen Bewegungszusammenhangs als *Bewegung der Wahrheit* deutet.[25] Patočka entwirft seine kinetische Phänomenologie, um in einzelnen Schritten zu zeigen,dass sich In-der-Welt-Sein und Selbstsein gegenseitig und wechselbegrifflich erhellen. Die Welt ist auf allen drei Ebenen als das Erscheinungsfeld zu denken, in dem Ich und Seiendes sich begegnen. Von dieser Perspektive aus erweisen sich die Betrachtungen - gegen Husserls

---

[22] Ich folge hier dem Aufsatz: Patočka, *Zur Vorgeschichte der Wissenschaft von der Bewegung: Welt, Erde, Himmel und die Bewegung des menschlichen Lebens*, in: ders., *Die Bewegung der menschlichen Existenz*, a.a.O., S. 132-144, insbesondere S. 128 ff.

[23] Vgl. auch den Begriff der Arbeit ebd., sowie die Aufsätze der dritten Abteilung des Bandes: Die Bewegung der menschlichen Existenz, a.a.O., S. 185-267.

[24] Hier ist Patočkas Maxime nach einer ‚Dialektisierung der Phänomenologie' mitzuhören. Vgl. dazu J.P., *Kunst und Zeit*, in: ders., *Kunst und Zeit. Kulturphilosophische Schriften*, a.a.O., S. 49-70, insbesondere S. 63 f.

[25] Ibid.

‚Krisis'-Schrift - als *nach-cartesianisch*. Sie übergreifen sowohl die Unterscheidung zwischen ‚res cogitans' und ‚res extensa'[26] als auch die Subjekt-Objekt-Relation, und vollends offensichtlich den marxistischen Versuch, sie in Entäußerungs- und Selbstobjektivierungsakten, wie der Arbeit, zu überwinden.

Nicht zu verkennen ist überdies, dass dem Gedankengang Patočkas von vornherein eine eminent dialogische Dimension eingeschrieben ist.[27] Vom Anderen aus findet die eigene Position eines seiner selbst bewussten Individuums ihren Weltort. „In der gegenseitigen Spiegelung von Ego und Alter wird der Orientierungsrahmen des gelebten Raumes beider fixiert."[28] Unter den Auspizien von Raum und Zeit, oder mit einem von Patočka gebrauchten, an Hölderlin anklingenden Sinnbild: in der Spannung zwischen *Himmel* und *Erde* spielt sich die phänomenale Grundbewegung ab,[29] wobei - in deutlich akzentuierter Abkehr von der eidetischen Phänomenologie Husserls - nicht nur die Zeit, sondern auch der Raum als ‚bewegt' erscheinen, als „Drama [...], und zwar als ein Teil des Weltdramas, in dem sich Wesen treffen, annähern, vereinigen, um sich in ihm ihr stets bedrohtes, provisorisches, doch so tief ersehntes und geliebtes Zuhause zu schaffen."[30]

Dabei ist zu erkennen, dass von Welt im emphatischen Sinn erst im dritten Bewegungszusammenhang die Rede ist, - dass *Welt* also ein ekstatischer Begriff ist, dass aber gleichwohl der Raum-Begriff den Begriff der Welt immer schon vorbereitet. Die Welt ist Manifestation des Seins, das Erscheinungsfeld von Ich und Seiendem. Patočka bricht zwar mit Husserls später transzendental-subjektiver Begründung der Subjektivität, doch bleibt ihm das Cartesische ‚Ego sum' eine brennende Frage, um die er - wie etwa ein Brief an Declève aus dem Juni 1973 zeigt - bis zuletzt rang.[31] Wenn Patočka

---

[26] Dazu Patočka, *Husserls Phänomenologie, die phänomenologische Philosophie und die 'Cartesianischen Meditationen'*, in: ders., *Die Bewegung der menschlichen Existenz*, a.a.O., S. 163-185.

[27] Davon zu sprechen scheint mir erschließender als mit Ilja Srubar, dem Patočka-Forscher und Soziologen, von vornherein eine Sozial-Dimension anzunehmen. Vgl. Srubar, *Zur Entwicklung des phänomenologischen Denkens von Jan Patočka*, in: J.P., *Die Bewegung der menschlichen Existenz*, a.a.O., S. 7-33, hier insbesondere S. 22 ff.
Vgl. dazu Srubar, ibid., S. 14. Siehe auch Patočka, *Der Raum und seine Problematik*, ein um 1960 abgefasster Text, in: ders., *Die Bewegung der menschlichen Existenz*, a.a.O., S. 63-132.

[28] So Patočka, *Der Raum und seine Problematik*, a.a.O., S. 115. Vgl. zu Heideggers Raum-Denken auch: Heidegger, *Die Kunst und der Raum*. Einzeldruck St. Gallen 1967.

[29] Vgl. dazu Srubar, *Zur Entwicklung des phänomenologischen Denkens von Jan Patočka*, a.a.O., S.26. Siehe grundlegend dazu: Patočka, *Der Subjektivismus der Husserlschen und die Möglichkeit einer ‚asubjektiven Phänomenologie'*, in: *Die Bewegung der menschlichen Existenz*, a.a.O., S. 267.

[30] Mitgeteilt im Nachwort zu Patočka, *Die natürliche Welt als philosophisches Problem*, a.a.O., S. 293 f.

[31] Dazu die beiden Texte: Patočka, *Der Subjektivismus der Husserlschen und die Möglichkeit* einer *‚asubjektiven' Phänomenologie* und: *Der Subjektivismus der Husserlschen und die Forderung*

seine Erwägungen zum Phänomenzusammenhang der bewegten menschlichen Existenz als *a-subjektive Phänomenologie'* beschreibt,[32] so bedeutet dies gerade nicht, dass das Subjekt einer Epoché oder - wie es zuweilen bei dem späten Heidegger den Anschein haben könnte - dem Vergessen anheimgegeben wird. Es bedeutet vielmehr, dass Subjektivität antizyklisch, aus einer Gegenbewegung zur geläufigen Verständigung über das sich selbst formierende und mit sich vertraute ,Ich' gedacht wird. Auf diese Weise entsteht zwischen Husserl und Heidegger in Bewahrung der idealistischen Frage nach dem Ich der Gedanke, dass nicht unser Ich sich in die Welt entwerfe, und derart seine Freiheit gewinne, sondern dass es sich vielmehr aus einem ursprünglichen Verständnis der Welt, vom *Sein* her, selbst erst zu empfangen versuche.

Es werden die Umrisse eines ,emergenten Ich' sichtbar, das aller erst aus den Sphären des Seienden, mit dem es umgeht, aufleuchtet. In den gleichen Zusammenhang verweist auch Patočkas Verständnis von *Praxis*. Freie menschliche Handlungen bringen nicht die Welt wie aus einem Nullpunkt hervor, sie erschließen sie, indem sie das Ich als apodiktische Mitte eines Bewandtniszusammenhangs konstituieren.

Die Lebensbewegungen des ,ego sum' sind, wie Patočka betont, in der geschichtlichen Zwischenzeit, die der Mythos des verlorenen Paradieses umschreibt, auf die Probe gestellt. Es gehört zu dieser metaphysischen Nacht, dass sich nicht sagen lässt, ob sie je enden wird. Subjektivität bildet sich also in einem Inkubationszusammenhang. „Das ,*ego sum'* muss unter den Dingen und Menschen festen Stand gewinnen, sich einwurzeln, um eines Tages an der substanzverzehrenden Abwehr des Andrangs der Welt teilzunehmen, es muss in dieser Bewegung dem Verlust des eigenen Wesens zustimmen, um es vielleicht eines Tages zurückzugewinnen."[33]

III

Vor diesem Hintergrund kommt einer Besonderheit in Patočkas Spätphilosophie besonderes Gewicht zu: dem Umstand, dass er in späteren Schriften die natürliche Welt der ,Physis' nicht wie Husserl als *vortheoretisch*, sondern als *vor-geschichtlich* auszeichnet.

---

einer asubjektiven Phänomenologie, beide in: J.P., *Die Bewegung der menschlichen Existenz,* a.a.O., S. 267-286, bzw. S. 286-310.

[32] Vgl. Patočka, *Die Philosophie der Krisis der Wissenschaften nach Edmund Husserl und sein Verständnis einer Phänomenologie der Lebenswelt,* in: J.P., *Die Bewegung der menschlichen Existenz,* a.a.O., S. 310-330.

[33] Patočka, Die Bewegung der menschlichen Existenz, a.a.O., S. 284.

Geschichtliches Dasein nach dem Ende Europas?
Das Vermächtnis Jan Patočkas

113

Damit verweist die erste Phase der Bewegungstrias menschlichen Lebens in eine vorgeschichtlich blinde, in sich verschlossene und - streng genommen - der Beschreibung, erst recht aber der Reflexion, überhaupt nicht zugängliche Sphäre. Wenn es eine unmittelbare Vertrautheit des Subjektes mit sich selbst geben sollte, wäre sie dem Subjekt doch unzugänglich und in sich verschlossen. Der Einheitssinn mag im vorbewussten Selbstverhältnis, von dem der Mythos spricht, angelegt sein, es ist es *nicht für uns*. Aufschlussreich ist dieser Gedanke auch in seiner Unterscheidung gegenüber Heideggers Ausdeutung der *physis* als des von sich her Seienden. Beide - Patočka wie Heidegger- kommen darin überein, dass sie Natur nicht in der neuzeitlichen Verkürzung als Komplement zur *Kultur*, oder gar - in der weiteren Verkürzung - als *Landschaft* denken.[34] Ihre Wege gehen aber auseinander, da Heidegger die physis als reines, wenn auch ephemeres Zur-Erscheinung-Kommen von Sein versteht, geradezu als Sinnbild für die im Grundwort a-letheia artikulierte Privation aus der Verborgenheit[35] als einen Seinssinn, dessen Ruinanz ins Vergehen in einen sorgenden Umgang genommen werden muss, während für Patočkas Natur eine *Vergangenheitsgestalt* ist, derart entzogen, dass es kaum möglich sein dürfte, sie und in ihr das ungeteilte Sein zu erinnern.[36] Der Bruch zwischen dem ersten - unbewussten - Einen und jenem Einen, das sich dem ek-statischen Selbstsein erschließt, ist dadurch schärfer aufgerissen als bei Heidegger. In diesem Sinn wird man Patočka als *dialektischen* und als *tragischen* Denker zugleich verstehen müssen - als Denker nicht nur in Spuren Husserls und Heideggers, sondern auch Hegels. Dialektiker ist er, da er Risse namhaft macht, den Sprung zwischen unvermittelbaren Momenten aufreißt - und Tragiker ist er, da er darauf insistiert, dass wir „das Dunkel, d.h. die Endlichkeit und ständige Gefährdetheit des Lebens" immerzu *vor* uns haben.[37] Dies schließt in sich, dass nichts als gegeben erachtet werden darf, auch nicht der gleichsam unendliche Überlieferungszusammenhang zwischen Vergangenheit, Gegenwart und Zukunft, dies ‚Schibboleth' des Über-lieferungsgeschicks der Hermeneutik Gadamerscher Provenienz. „Dieses Leben steht hier nicht auf der festen Grundlage der Ununterbrochenheit der Generationen, [es] lehnt sich nicht mit dem Rücken an ein dunkles Land."[38] Derartige Einsichten sind Teil des von Patočkas artikulierten Wissens um die Verlorenheit von Sein und Natur; eine Perspektive, die sich auf dem

---

[34] Vgl. dazu unter anderem: Heidegger, *Vom Wesen und Begriff der''PHYSIS'. Aristoteles Physik B, 1* (1939), in: *Wegmarken.* Heidegger GA 9, S. 239-303.
Vgl. dazu Patočka, *Vom Anfang der Geschichte,* in: ders., *Ketzerische Essais zur Philosophie der Geschichte,* a.a.O., S. 50-77, Zitat S. 62.
[35] Vgl. dazu Patočka, *Vom Anfang der Geschichte,* in: ders., *Ketzerische Essais zur Philosophie der Geschichte,* a.a.O., S. 50-77, Zitat S. 62.
[36] Dazu im Blick auf Patočka sehr erhellend das Vorwort von Ricoeur, ibid., S. 9 ff.
[37] Vgl. Patočka, *Die natürliche Welt als philosophisches Problem.* S. 176 ff.
[38] So Patočka, a.a.O., S. 176.

Fundament politischer Philosophie expliziert. Jeder Bezug des politisch
vermittelnden Philosophierens auf die Natur hat deren Ursinn schon verloren.
Deshalb kommt dort, wo in der Tradition die Figur einer Erinnerung an den
Naturzustand gedacht worden wäre, bei Patočka die Unübersetzbarkeit des
eminenten Weltbezuges aus einem ‚Reich der Freiheit' in die mythoshaft
blinde vorgeschichtliche Physis im Medium einer Dialektik des Widerspruches
ins Spiel.[39]
Dass Patočkas Denken von Übersetzungsverhältnissen, also dem Wissen um
Alteritäten, bestimmt ist, zeigt sich besonders pointiert in seinen Reflexionen
zur Sprache. Schon im Zusammenhang der Habilitationsschrift kommt der
Frage nach der Sprache, wie fragmentarisch und unzureichend sie auch
seinerzeit noch mit den Phänomenanalysen verbunden ist, große Beachtung zu.
Zu Recht haben die Herausgeber der deutschsprachigen Patočka-Ausgabe dies
betont. Und sie haben auch in den Blick gebracht, dass Patočka nicht nur den
naheliegenden Zusammenhang zwischen natürlicher Welt und Sprache
bedachte, der in der Phänomenologie als transzendentaler Konsti-
tutionswissenschaft kaum eine Rolle spielt.[40] Dies ist umso bemerkenswerter,
als es, soviel man weiß, zu systematischen Kontakten zwischen dem „Cercle
linguistique" und der von Husserls ‚Krisis'-Vorlesungen inspirierten Prager
Phänomenologie nicht kam: es scheint der junge Patočka gewesen zu sein, der
eigenständig zwischen beiden ein Sachgespräch exponierte.
Er formuliert bereits, dass allererst auf der Grundlage der Sprache reine
Theorie entstehen könne. Sprache ist gleichsam die Magma der Begriffsbildung, lebendiges, doch - wie es seinerzeit noch heißt - disponibles
Schatzhaus „von kategorialen Substituten".[41] Und das Staunen (thaumazein)
als die Urszene am Anfang von Wissenschaft und Philosophie bedarf der
Sprache, um sich überhaupt artikulieren zu können. Die prägende Kraft
Husserls scheint allerdings insofern noch ungebrochen, als sich das Staunen
nach Patočkas immer schon auf eine bereits konstituierte und insofern
gegliederte Welt richtet.[42]
Mit dieser frühen Phänomenologie der Sprache hat es freilich nicht sein
Bewenden. Sprache wird Patočka von Anfang an auch in einem tiefer
reichenden Sinn zum Problem der Begriffsbildung. Die Kunst philosophischer
Übersetzung hat sich dabei in actu zu betätigen. Patočka versucht, zunächst
noch tastend, in den sechziger Jahren dann mit großer Sicherheit, eine
Übertragung der Husserlschen Phänomenologie in eine Begriffs- und

---

[39] Darauf besteht Patočka ibid., S. 176.
[40] Patočka, *Fragmente über die Sprache*, in: ders., *Kunst und Zeit*, a.a.O., S. 343-351, Zitat S. 346.
[41] Dazu Günter Figal, *Der Sinn des Verstehens. Beiträge zur hermeneutischen Philosophie*.
Stuttgart 1996, S. 106. Siehe auch Walter Benjamin, *Aufgabe des Übersetzers*, in: Gesammelte
Schriften Band 4,1. Hg. von Tilman Rexroth. Frankfurt/Main 1992, S. 9-21.
[42] Novalis, *Monolog*, in: ders., Das philosophische Werk Band. 1. Novalis, Schriften Band 2.
Stuttgart und andere 1981, S. 672 ff.

Theoriesprache, die es in der tschechischen Wissenschaftstradition nicht gab. Als Übersetzer sucht er allererst eine nicht-positivistische Sprachform und als Theoretiker zugleich damit einen nicht-positivistischen Begriff der Sprache zu entwickeln - in einem Kontext, in dem der Positivismus seit Herbart und von Masaryk tief eingewurzelt war. Patočka geht es von früh an um eine Sprache, die nicht einfach den Vorgegebenheiten der Husserlschen Phänomenologie folgt, sondern Momente der sprachlichen Darstellung von Hegels selbstbewegtem Begriff und des griechischen Denkens Aristoteles und Platon in sich sollte einbegreifen können: jener geschichtlichen Tiefengrammatik, die nach Patočkas Selbstverständnis im Sinn einer eigenständigen Fortsetzung der Phänomenologie unabdingbar ist.

Dabei stellt sich ihm freilich selbst die Frage, wie es möglich ist, in eine Sprache hineinzuübersetzen, die überhaupt nicht existierte. Die vertiefenden Erwägungen über das Urphänomen der Sprache, das Patočka gegenüber Husserls eidetischer Reduktion zur Geltung zu bringen versuchte, führen auf die konstitutive Rolle von Übersetzungsverhältnissen in der Theoriebildung. Patočka versteht Sprache einerseits als Mittelglied zwischen Denken und Gegenstandswelt. Nur ein Denken, das sich sprachhaft weiß, kann mithin zur seelisch und leibhaft verfassten Phänomenalität des eigenen Daseins und In-der-Welt-Seins den Zugang finden. Im Akt des Phänomenologisierens ist die Sprache dabei durchaus hintergehbar, denn im Gang durch das Material hindurch gerät die Sprache in Schwingung und konkretisiert den Phänomensinn, indem sie Abstand zu ihren gegebenen Benennungen gewinnen kann. Deshalb nötigt nicht nur die spezifische tschechische Wissenschaftssituation dazu, in eine Sprache zu übersetzen, die nicht vorgreifend existiert. In den Spuren von Platon und Heidegger erneuert sich bei Patočka vielmehr die Einsicht, dass das Wesen und der eidetische Höhepunkt der Sprache im ‚arrheton', dem Unaussprechlichen, erreicht werde. Denn die Wahrheit, die in der Sprache angezeigt wird, rührt an das Nicht-Aussprechliche. Unaussprechlich ist demgemäß auch die Erfahrung, dass sich in der Sprache Sinn ausspricht. Daher ist Sprache an ihr selbst zwar Darstellung, doch gründet sie in einer Zone der Undarstellbarkeit. Sie verweist in eine Sphäre über dem Bildlichen, außerhalb jeglicher Distanz, im Bereich ursprünglichster Originalität.[43]

Dieser Ursprung ist sprachlich freilich wieder nur vermittels einer Übersetzung darzustellen.[44]

---

[43] Vgl. Patočka, *Platon über Wissen und Kunst*, in: ders., *Kunst und Zeit*, a.a.O., S. 127-157. Siehe auch die Einleitung von Walter Biemel in diesem Band, S. 14-31 und Ilja Srubar, Zur Stellung der Kunst in Patočkas Philosophie, ibid., S. 31-49.

[44] Dies bedeutet zugleich, dass sich im Sinn einer treffenden Bemerkung von Günter Figal was Welt ist, aller erst zeigt, indem die fremde Welt in der eigenen erscheint. Patočka lehrt, dass diese Einsicht nicht einfach im Sinn hermeneutischer Eirenik zu verstehen ist. Er zeigt vielmehr, dass in

IV

Bei Heidegger ist die enge Verbindung zwischen der Frage nach der Sprache und der Frage nach der Wahrheit grundgelegt. Diese Doppelfrage wird von Patočka eng auf das Phänomen der Kunst bezogen. Die Sprache ist, so lehrte Heideggers Abhandlung Kunst-Werk ‚kat'exochen', da sie im zeithaften Verlauten über die in sich ruhende statische Werkgestalt hinausweist. Und sie zeigt, was ist, da sie nach dem Wort in Novalis' 'Monolog' nur um sich selbst bekümmert ist. Sie ist, ähnlich wie Heidegger sich das genuine Sprachgeheimnis ausdeutete, das genuine Selbstverhältnis.[45] Patočka führt diese Überlegung im Blick auf die Weltbetroffenheit der Kunst weiter: dabei ist die Kunst aller erst Ort jener Freiheit, die er als eigentliches Ethos des Versuches, in der Wahrheit zu leben, versteht. Die Kunst spielt der Philosophie voraus, die „bisher außerstande war, mit überzeugender Klarheit den Ort zu bestimmen, an dem die ursprüngliche Quelle des Menschen - seiner Freiheit [...] gesucht werden muss."[46] Diese Bedeutung kommt der Kunst allerdings nur zu, wenn sie, wie es unter den Konditionen der avantgardistischen Moderne der Fall ist, in Entsprechung zu der monologischen Sprache auf nichts anderes als auf sich selbst verweist.[47] Erst im Zuge einer tiefen Krisis der Kunst, ihrer Depotenzierung in der bürgerlichen Ästhetik, kam dieser Grundcharakter, wie Patočka zu zeigen versucht, zur Erscheinung - in der antiken Kunstreligion, in der unmittelbar das Göttliche anwesend ist, wäre er nicht zu konstituieren. Gerade die spätzeitliche Kunst, die mit Hegel an ihrem Ende angelangt ist, insofern der Geist sich nicht unmittelbar in ihr bezeugt, kann, mit dem Wort aus Schellings 'System des transzendentalen Idealismus' ‚wahres Organon und Dokument der Philosophie' sein. Deshalb liest Patočka Hegels Wort vom Vergangenheitscharakter der Kunst als geniale Antizipation eines Geschehens, das in der eigenen Zeit längst wirklich geworden ist, und er liest es damit gegen den Strich, so wie es gleichsam durch alle Kunst, die nach Hegel entstand, interpretiert ist.[48]

---

allen Versuchen, sich dem Anderen auszusetzen, das Eigene in fremdem Licht und damit erst so erscheint, wie es denkwürdig werden kann

[45] Patočka, *Kunst und Zeit*, in: *Kunst und Zeit*, a.a.O., S. 63.Vgl. den in FN 42 genannten 'Monolog' von Novalis.

[46] Oskar Becker, *Von der Hinfälligkeit des Schönen und der Abenteuerlichkeit des Künstlers. Eine ontologische Untersuchung im ästhetischen Phänomenbereich*, in: Festschrift. Edmund Husserl zum 70. Geburtstag gewidmet. Halle/Saale 1929, S. 27-53.

[47] So Becker, *Von der Hinfälligkeit*, in: FS. Husserl, a.a.O., S. 51 f.

[48] Patočka, *Die Lehre von der Vergangenheit der Kunst*, in: ders., *Kunst und Zeit*, a.a.O., S. 217-234.

Dabei muss es nicht wundernehmen, dass sich Patočka eine Maxime aneignet, die sich ähnlich bei Adorno findet: dass sich nämlich erst vom Verständnis der neuesten Kunst her auch vergangene Kunst erschließe. Patočka scheint den Seinssinn, der sich in der Kunst erschließt, zwischen Hegels Rede von der ‚Mimesis des Absoluten' und Heideggers Bestimmung des Kunstwerkes als ‚Ins-Werk-Setzen der Wahrheit' zu verorten. Damit soll aber keineswegs angedeutet sein, dass das einzelne Wahrnehmungsphänomen überformt würde. Wahrheit und Sein erschließen sich für Patočka vom Kunstwerk her vielmehr in einer Darstellungsbewegung, in der die ‚Abenteuerlichkeit' des Künstlers und die ‚Hinfälligkeit des Schönen' in Rede stehen.[49] Gerade dem einzelnen brüchigen ästhetischen Phänomen kommt veritative und phänomen-erschließende Bedeutung zu. Ihm wird also nicht Gewalt angetan. Es wird nicht übergriffen. Mit Oskar Becker ist sich Patočka bewusst, dass Phänomene der Kunst in ihrer Fragilität derart transzendent sind, dass sie den Blick auf die Endlichkeit und Brüchigkeit menschlichen Seins freigeben, die der endliche Mensch zu heilen nicht berufen sei.[50] Doch rückt bei dem Geschichtsdenker Patočka ein Zug in den Vordergrund, der bei dem reinen Phänomenologen Becker nicht vorkommt: dass nämlich in der Welterfahrung durch die Kunst gerade das erinnernde Andenken an das verlorene Eine – im Sinn Hölderlins - aufleuchtet.

In dieser Spannung bewegen sich Patočkas Arbeiten zu verschiedensten Kunstperioden und -erscheinungen: sei es die Vergegenwärtigung romantischer Ironie - ein unerschöpfbares, sprühendes Gegenbild zu den ideologischen Dogmatisierungen im totalitären Zeitalter, sei es die sympathetische Phänomenologie der Liebe als einer versöhnenden Kraft in der romantischen Kunstepoche, oder sei es, dass Patočka die alte Volks-buchüberlieferung vom Dokor Faustus nach Thomas Manns Formung des Stoffes als Kunst-Mythos interpretiert. Erst in der Gestalt Leverkühns wird die „Schuld (als) das Bewegende" erkennbar; womit das Faust-Sujet gleichsam zu sich kommt.[51] Bei Thomas Mann werde Faustus zum hinfälligen Künstler, befreit von der idealistischen Megalomanie des mak'anthropos, die ihm immer wieder in der langdauernden Arbeit am Mythos aufgeladen wurde. Und damit wird die Kunst, die, inmitten der Nacht Nacheuropas ans Ende aller ihrer Möglichkeiten gelangt, in ihrer avantgardistischen Kälte aufscheint, als

---

[49] Patočka, *Der Sinn des Mythos vom Teufelspakt*, in: ders., *Kunst und Zeit*, a.a.O., S. 201-217, insbesondere S. 210 f. Vgl. dazu auch O. Becker, *Von der Hinfälligkeit des Schönen und der Abenteuerlichkeit des Künstlers*, a.a.O.
[50] Vgl. dazu Patočka, *Die Sorge für die Seele als Selbstbemächtigung*, in: *Ketzerische Essais*, a.a.O., S. 281 ff.
[51] Vgl. dazu Patočka, *Hegels philosophische und ästhetische Entwicklung*, in: ders., *Kunst und Zeit*, S. 234-325, hier insbesondere S. 310 ff.

Zeichen einer möglichen Rettung transparent, oder - wie sich mit Patočka sagen ließe - einer Variierung der *Sorge um die Seele*.[52] Ein Zug in Heideggers Denken der Kunst ist Patočka nicht entgangen, er hat ihn auf eigenen Wegen erinnert und entfaltet: dass die Grundverhältnisse der Kunst zwischen dem Schaffenden und dem Bewahrenden einen Spielraum eröffnen. Kunst, was im griechischen Ursinn zugleich ‚techné' bedeutet, verweist in das Feld der Praxis - nicht allein dadurch, dass Kunstwerke soziale und historische Räume, aus denen sie entstanden sind, anzeigen und - etwa mit verfremdenden Mitteln - ins Bewusstsein heben. Dies trifft zwar zu, doch könnte auch eine triviale Mimesistheorie diese Einsichten gewinnen. Kunstwerke ‚übersetzen' je spezifisch aus einer Sphäre, die es - im Sinn von positiv Gegebenem - nicht gibt. Im Blick auf die ‚Praxis' Kunstwerke zu bedenken, heißt, sie auf die Möglichkeitsdimension hin zu befragen, die sich an ihnen als Aussicht auf ein freies, ideengeleitetes bewusstes Leben in der eigenen Zeit eröffnet und die in keiner Einzelutopie aufgeht.[53] In loser Anknüpfung an die Tektonik von Schellings später Philosophie ließe sich von einem Widerspiel zwischen ‚negativer' und ‚positiver' Phänomenologie sprechen: die negative Phänomenologie des Kunstwerks bezieht dieses beschreibend auf gegebene Weltverhältnisse. Die positive Phänomenologie legt dagegen den hermetischen Grundsinn des Werkes frei, der auf den Spielraum der Freiheit, des reinen Möglich-seins verweist.

Patočka versuchte, die Phänomenologie dialektisch zu orientieren, im Sinn der konstitutiven Bedeutung, die sowohl Hegel als auch Husserl in seinem Denken zukommt. Er hielt an dem dialektischen Grundverfahren im Namen eines fraglich gewordenen und eben darum emphatischen Verständnisses von Philosophie als Selbstbewegung des Denkens fest, das darum weiß, dass es den Konditionen der Endlichkeit unterstellt ist. Dialektik ist daher das philosophische Organon der Übersetzungsverhältnisse und sie ist tastende Annäherung an das schlechterdings nicht Vermittelbare. Gegen die Dialektik einer ideologisch und totalitär gewordenen Fortschrittsmaschine diesen Ursinn des ‚dialegesthai' als innere Ordnung der Weltverhältnisse wieder aufzuspüren, ist für Patočka Teil der Verständigung über vernünftige menschliche Lebendigkeit.

---

[52] Darauf weist sehr gut das Nachwort der Herausgeber Klaus Nellen und Jiri Nemeč, in: Patočka, *Die natürliche Welt als philosophisches Problem*, a.a.O., S. 285-297 hin.
[53] Vgl. wiederum Patočka, *Was sind die Tschechen?*, in: *Schriften zur tschechischen Kultur und Geschichte*, a.a.O., S. 100 ff., siehe auch einen unmittelbar nach der Intervention der sowjetischen Panzer 1968 abgefassten Text: *Unser Nationalprogramm und die heutige Zeit*, in: ebd., S. 19-29.

V

Die Überlegungen führen auf das Problem der Geschichte zurück. Die Geschichtlichkeit, die zu Gedanke und Begriff werden kann, ist für Patočka zugleich Historie im ‚Zeitalter der Extreme' (Hobsbawm), die alles Denken auszulöschen droht - und ihre atavistischen Schatten, etwa die verschiedenen ethnisch national übersteigerten hyperbolischen Träume vom unbedingten Nationalismus, auch in das 21. Jahrhundert vorauswirft. Der Sog zweier Totalitarismen beschert, wie Patočkas in Übereinstimmung mit Raymond Aron festhält, die Erfahrung einer gespenstisch traumatischen Wiederkehr des Gleichen in verschiedenen Masken. Solche Gedanken trübten Arons Alter aus der Ferne, an ihnen zerbrach Patočka in seinen späten Jahren. Das fratzenhafte Zerrbild der nationalen tschechischen Katastrophe des Münchner Abkommens von 1938 sah er mit der blutigen Niederschlagung des Prager Frühlings wiederkehren. Wie unterschiedlich, ja unvergleichbar die historischen Umstände auch sind, der Eindruck identischer Traumata von Schmach und verspielten Gelegenheiten legt sich dem beteiligten Betrachter Patočka unabweisbar nahe. Es bedurfte dieses Déjà vu der letzten Jahre, damit aus Patočka auch contre coeur ein ‚homo politicus' wurde. Er erkennt, dass es Zeiten gibt, die die Distanz des Philosophen zur Polis aufheben. Seine letzten vermächtnisartigen Texte, Erklärungen der Charta 77 und Selbstzeugnisse zugleich, sind so eindeutig wie einfach gehalten. Sie variieren die Hegel zugesprochene Maxime des ‚um so schlimmer für die Tatsachen'.[54]

Die späten Äußerungen beruhen auf einer fast lebenslangen Zwiesprache mit tschechischer Kultur, Geschichte und dem zerbrochenen Haus der tschechischen Nation. Der Historiker Patočka möchte die Überlieferung entmythologisieren. Mit scharfer Sonde arbeitet er Wesenszüge des ‚kleinen Tschechentums' seit dem Niedergang Böhmens im 17. Jahrhundert, des Volkes ohne Oberschicht, heraus und er deutet das strukturelle Faktum nicht wie die Nationalgeschichtsschreibung als eingewurzelten Demokratismus, sondern als ein Malaise. Dass es keine tschechische Elite gab, ist für Patočka Ursache dafür, dass die tschechische Nation niemals ihren Ort in der Mitte Europas fand. Ihre Kairoi habe sie immer verspielt. Extreme lösten einander ab, Zeichen dafür, dass es vor allem an politischer Urteilskraft fehlte. Auf einen kurzatmigen Nationalismus in der Zwischenkriegszeit, der die Nicht-Tschechen aus dem politischen Leben drängte, folgt Beneschs Kapitulation vor München.

---

[54] Eine Übersicht über die verschiedenen Voten zur Anti-Politik aus der Feder von G. Konrad, M. Kundera und anderen, mit durchaus weitergehenden Unterschieden im einzelnen, findet sich bei Paul Michael Lützeler, *Die Schriftsteller und Europa. Von der Romantik bis zur Gegenwart.* München 1992, S. 442 ff.

In der Analyse dieses desaströsen Geschichtsdatums gewinnt ein Grundzug
von Patočkas politischem Denken deutliche Konturen. Es versagt sich
utopische Aussichten und artikuliert sich zugleich in deutlicher Distance
gegenüber den vermeintlichen Zwängen der Realpolitik. So formuliert Patočka
die Option, dass 1938 militärischer Widerstand zumindest den Versuch wert
gewesen wäre. Praktische Urteilskraft läßt das Mögliche im Wirklichen
erkennen. In Ernstfällen aber, in denen ein politischer Akt keine Aussicht auf
Erfolg hat, kann sie immerhin zur Abwägung zwischen zwei möglichen
Katastrophen Anlass geben.[55] *Wie* zu entscheiden ist, kann dabei nach Patočka
auch in einer tragischen Situation unstrittig sein - im Sinne eines Ethos des
Widerstandes, der Grundmaxime des freien Geistes, der sich nicht einfach in
das Unabänderliche fügen wird.

Patočka argumentiert in seinen politischen Reflexionen lange vor der „Anti-
Politik", deren Stimmen während der Achtziger Jahre aus Mittel-Europa zu
vernehmen waren, in einem Sinn, wonach das totalitäre und nukleare Trauma
des 20. Jahrhunderts nicht länger akzeptiert werden soll. Er äußert sich aber
differenzierter. Denn die philosophische Haltung, dass Politik so zu begrenzen
ist, dass sie nicht alle Lebenssphären kontaminiere, ist bei Patočka nirgends
vom Hohen Lied des kakanischen Schlendrians begleitet, wie etwa bei Konrad
oder Kundera.[56] Als subtiler Kenner der tschechischen Geschichte weiß er um
den Charme und die listige Freiheit des kleinbürgerlichen Tschechen, - des
Soldaten Schwejk, doch er weiß auch um seine zweifelhaften, oppor-
tunistischen Tendenzen.

Andrerseits ist Patočka keinesfalls mit jenen Korrektiven einverstanden, die
dem Mythos Schwejk, etwa durch Masaryk entgegengesetzt wurden und die
auf das Konstrukt einer Geschichte hinausliefen, die in Geschichtslosigkeit
mündet - den Mythos der großen, tschechischen Nation als eines
Naturgebildes. Dieser Horizont ist, wie Patočka weiß, der tschechischen
Situation unangemessen. Sie ist ungleich komplizierter. Und deshalb ist er, in
gemäßigter Weise, doch mit Bestimmtheit, auch ein Etatist. Er betont, dass ein
historisches Volk auf den Relikten und Trümmern böhmischer Geschichte nur
in der politischen Form des Staates konstituierbar ist, die auf einer
kunstreichen Balancierung der Ethnien, einem Gründungsakt, beruhen muss.
Patočka versteht die Idee des Staates freilich von der Unveräußerlichkeit des
Rechtsgesetzes her, in dem die universalen Menschenrechte je spezifisch
kodifiziert sind. Ist ein Staat nicht auf die Menschenrechte hin orientiert, so
kommt ihm kein ethischer Wert zu. Das Regulativ des Menschen-
rechtsgedankens zeigt, dass der Staat an der Freiheit des Einzelnen seine

---

[55] So Patočka, *Was die Charta 77 ist und was sie nicht ist*, in: ders., *Schriften zur tschechischen
Kultur und Geschichte*, a.a.O., S. 315-319, Zit. S. 317.
[56] Vgl. dazu auch FN 54. So in der deutlich schärferen zweiten Erklärung vom März 1977: *Was
dürfen wir von der Charta 77 erwarten?*, in: ibid., S. 319-325, Zit. S. 320 f.

Grenze findet, sein Korrektiv ist die Idee des ethischen Gemeinwesens, die er in seiner Rechtsgebung freilich nur abbilden kann. In diesem Sinn heißt es in einer der von Patočka inaugurierten Erklärung der Charta 77, dass die Frage der Menschenrechte den notwendigen Übergang aus der Politik in die Sphäre des Moralischen und Geistigen vorzeichne, indem erkennbar werde, dass Politik von Recht und Ethos bestimmt sei, nicht umgekehrt. Es ist aber bei aller Distanz doch im Persönlichen ein Schwejkscher Impetus, der diese Erklärung trägt und der sie so überzeugend von jener Ideologie des Fanatismus freihält, die auch die Züge eines ‚Résistants' leicht verzerrt. So vermerkt Patočka als Mitinaugurator der Charta 77, dass er und die anderen Beteiligten sich nicht moralische Autorität anmaßten und keinesfalls das Gewissen der Gesellschaft sein wollten oder könnten. Sie wollten nur darauf hinweisen, „dass es eine höhere Autorität gibt, der die Einzelnen in ihrem Gewissen und die Staaten [...] verpflichtet sind."[57]

So lässt sich auch die unprätentiöse Erklärung vom März 1977 verstehen, ein Siegel auf Patočkas Denken. Die Deklaration bricht mit der schlechten, nämlich ethoslosen Dialektik der Sklavensprache, der Masken vor den totalitären Thronen, der Verhüllungen und der Suche des Hofnarren nach Nischen, die wiederholt intellektuelle Attraktivität entfaltete. Patočka kontrastiert ihr das Ethos der Parrhesia, der Offenheit: „Keinerlei Nachgiebigkeit hat bis heute zur Verbesserung der Lage geführt, sondern nur zu ihrer Verschlimmerung. Je größer die Angst und die Servilität, desto frecher waren, sind und werden auch in Zukunft die Mächtigen sein." Die Daseinsbewegung des Durchbruchs in das Reich der Freiheit wird zur praktischen Maxime. „Von nun an werden sie (sc. die Machthaber) niemals sicher sein, wer eigentlich vor ihnen steht [...], sie werden niemals wissen, ob diejenigen, die ihnen heute noch gehorchen, dazu auch morgen noch bereit sein werden." In diesem Ethos zeigt sich die ‚Sorge um die Seele' - wohl auch zur Beschämung einer westlichen Linksintelligenz, die wie ein unabänderliches Naturgesetz das eiserne Band des Terrors hinnahm, das den Kontinent durchzog.

Auch über eine Dekade nach dem Niedergang des östlichen Machtrayon in Mitteleuropa im Jahr 1989 bleiben Fragen akut, die Paul Ricoeur beim Studium der Schriften Patočkas aufwarf: „Aber *politischer* Sokratismus - hat er denn eine Chance? Das ist die radikalste Frage, die Westeuropa heute aufnehmen kann aus dem Herzen dessen, was vor nicht allzulanger Zeit noch Mitteleuropa war"[58] - und was, wie wir hinzufügen, noch nicht wieder

---

[57] Ibid., S. 320.
[58] So Ricoeur, Einleitung, in: Patočka, *Ketzerische Essais zur Philosophie der Geschichte*, a.a.O., S. 17 f.

Mitteleuropa geworden ist.[59] Diese Frage nach der ‚Oikeiosis' in Europa ist in
der Tat die Frage danach, wie sich die Sokratische Selbstbesinnung in
veränderten Kräfteverhältnissen - zumal angesichts jüngster Diskreditierung
des ‚alten Europas' - artikulieren kann; es ist auch die Frage nach einem Ethos
der Übersetzungen, ungeschützt, hermeneutisch vermittelnd, doch auf die
Selbstübereinstimmung, die Evidenz situationsinvarianter Wahrheit orientiert.
Von hier her öffnet sich ein vielfältiges Verweisungsnetz - ein *Rhizom*[60] des
Tunlichen in abständiger, gleichwohl auf das Gemeinwesen bezogener
ethischer Orientierung. Patočka erkannte im Brennpunkt des politischen
Sokratismus das Problem der ‚Bestimmung des Menschen', die immer
zugleich konkrete Zeitfrage bleibt. Innerhalb ihrer erschließt sich die tiefe Einsicht, dass ich immer nur als „homo non nescius" um mich wissen kann, als
lebendes Problem, Rohr im Wind,[61] das nur exzentrisch vom Fremden her mit
sich vertraut werden kann. Diese Fragedimension setzt ihrerseits stets nach
dem anderen Ufer, der Selbstbestimmung als Bürger einer noumenalen Welt,
über. In die damit vorgezeichnete ‚innere Handlung' geht die spekulative
Verständigung um Sein und Wahrheit ein, ohne die - nach einem Wort von
Hölderlin - nur Maschinengang wäre, kein Geist, kein Gott in der Welt.[62] Dass
ein Sinn sei, ist die orientierende *und* regulative Idee, von der her sich die
einzelnen politischen Handlungen erst als sinnhaft und als Betätigungen einer
gewissensgeleiteten Urteilskraft erweisen können. Erst von einer solchen
Verständigung aus kann Politik zu Recht mit Burke als ‚Philosophie in Aktion'
verstanden werden.[63]

---

[59] In diesem Zusammenhang ist der Zusatz zu Falks Buch wichtig: *Was verursacht den
Ausländerhass?*, in: ibid., S. 235-247. Vgl. im Hintergrund: Wolfgang Welsch, *Vernunft. Die
zeitgenössische Vernunftkritik und das Konzept der transversalen Vernunft.* Frankfurt/Main 1995
[60] Vgl. zum Begriff des „Rhizoms": Deleuze und Guattari, *Rhizom.* Berlin 1977.
[61] Vgl. dazu Gerhard Funke, *Homo nonnescius*, in: Erich Heintel (Hg.), *Der philosophische Begriff
des Menschen*, a.a.O., S. 33-59, insbesondere S. 56 ff., siehe auch Ortega y Gasset, *Der Mensch
und die Leute.* Wien 1957.
[62] Hier nehme ich ein Wort von Hölderlin auf, Große Stuttgarter Ausgabe IV, 1, S. 277 f.
[63] Vgl. dazu Ralf Dahrendorf, *Betrachtungen über die Revolution in Europa in einem Brief, der an
einen Herrn in Warschau gerichtet ist.* Stuttgart 1990, S. 5 ff. Vgl. im Hintergrund *Das älteste
Systemprogramm des deutschen Idealismus*, hier zit. nach: Hegel, Frühe Schriften. Theorie-
Werkausgabe Band 1, a.a.O., S. 234 ff.

Bei Patočka fügen sich im Auge des Sturms totalitärer Geschichte noch einmal beide zusammen, das ‚Theorein' und das ‚Prattein', der selbstbewegte Gedanke und die sittliche Handlung.[64]

---

[64] Zur Untrennbarkeit von ‚theoria' und ‚praxis' grundlegend: Heidegger, *Über den Humanismus* (1946), in: ders., Wegmarken GA Band 9, S. 313-365.

7. Der mehrfache Anfang und die amphibolische Mitte neuzeitlicher Philosophie. Eine Skizze im Anschluss an die neue Epochenforschung

„Lebten wir in einem philosophischen Zeitalter, dann würden nicht die Stellen, an welchen hauptsächlich Qualm und Rauch sich bilden, sondern diejenigen, an denen eine ruhige und helle Flamme ihr Licht zu verbreiten sucht, unsere Aufmerksamkeit fesseln. Aber wie unsere Gegenwart nun einmal ist, lässt sie gerade der wahrhaft aufregende Gedanke kalt":[1] mit diesen Worten würdigte der Bonner Philosoph Hans Wagner zu dessen fünfundsechzigstem Geburtstag den fast ganz im Verborgenen und, nach äußerer Wirkung beurteilt, im Schatten der Frankfurter Schule wirkenden Wolfgang Cramer. Das Bonmot kann, bei allen Unterschieden, auch auf Walter Falk bezogen werden.

Nicht um des Persönlichen zuerst, um der Sache willen, soll an die Freiburger Studienzeit des Kriegsheimkehrers erinnert werden; an Jahre, die unter der Ägide von dem gerade wieder in seine Lehrtätigkeit zurückkehrenden Heidegger, von Eugen Fink und von Heideggers Lehrstuhlvertreter Szilasy den eigenen Forschungsgang mit der metaphysischen Überlieferung konfrontierten und ein eigenes Weiterdenken zeitigten, das schon bald über die vorgezeichneten Leitbahnen hinausging. Freiburg war seinerzeit, unter der überdeutlichen indirekten Präsenz Martin Heideggers, die deutsche philosophische Fakultät mit der vielleicht stärksten Leuchtkraft. Wenn hier der Versuch unternommen wird, auf die Geschichtlichkeit des Denkens zu verweisen, so mag dies für Falk selbst eine Berührung mit eigenen Anfängen sein. Dass dieser Zusammenhang der Sache nach vorgegeben ist, mag das folgende Zitat aus Finks Briefwechsel mit Jan Patočka signalisieren: „Das ‚Geschichtliche' als dem Menschen zugehörig hat offenbar irgend einen schwer bestimmbaren kosmischen Bezug".[2] Mit dieser Ahnung von der Ordnung der Geschichte angesetzt, sich damit aber nicht begnügt zu haben, ist ein wesentlicher Leitfaden für Walter Falks zetematischen Denkweg geblieben.

Die *philosophische* Wahrnehmung einer Methode wie der Komponentialanalyse kann nicht einfach nur applikativ sein. Sie wird zuerst deren Begründung erfragen müssen. Um dies näher zu verdeutlichen, möchte ich eine Unterscheidung von Rudolph Berlinger zur Geltung bringen: die

---

[1] Hans Wagner, *Ist Metaphysik des Transzendenten möglich? Zu W. Cramers Theorie des Absoluten*, in: *Subjektivität und Metaphysik*. Festschrift für Wolfgang Cramer. Frankfurt/Main 1966, S. 290 ff., hier S. 290.
[2] Eugen Fink und Jan Patočka, *Briefe und Dokumente 1933-1977*, hgg. von M. Heitz und B. Nessler. Freiburg, München 1999, S. 163.

Distinktion zwischen ‚Heuristik' und ‚Hermeneutik'. Während ein hermeneutisches Denken in Wechselbegrifflichkeit von Allgemeinem und Besonderem befangen bleibt, ist heuristisches Denken in der Lage, sich selbst auf seinen Grund zu führen. Seine Zielsetzung ist Wesenserkenntnis (Erkenntnis von Ordnung und Struktur). Gezielt wird im Bezugsrahmen einer Heuristik auf ein „sinnführendes Etwas, das wieder und wieder überschritten und im Aktvollzug von Suchen und Finden so lange überholt wird, bis die Handlung des menschlichen Geistes dadurch ihr Ende findet, dass das Wesen einer Sache nun gefunden ist, so dass dieses nicht mehr überholt werden muss, um in seiner endgültigen Bestimmtheit gefunden zu werden."[3] Daher ist es für die Heuristik entscheidend, dass sie zur Klärung bringt, warum und wie *Etwas als Etwas* erscheint. Dies ist gleichsam ihr phänomenologischer Zug und insofern wird ihre Bemühung um Präzision sich nicht bei der oftmals gängigen geisteswissenschaftlichen Intuition beruhigen. Derart auf Begründungsfragen verwiesen, würde eine (erst zu leistende) Applikation des komponentialanalytischen Verfahrens auf philosophische Texte den Bezugszusammenhang von Text, Argument und Begründung aufzuweisen haben.

Prinzipiell nicht anders steht es mit der Verfahrungsweise der ‚Neuen Epochenforschung', wobei der makrologische Blick philosophischer und philosophiehistorischer Forschung Epochen in einen Bezug bringen kann, die bislang eher unverbunden bleiben. Der Aufweis paralleler Ordnungsmuster kann mitunter erst den Zusammenhang, vordergründig vollständig differenter Ansätze erhellen. Dazu hätte philosophische Forschung einigen Anlass; zumal eine argumentationsanalytische Reduktion der Philosophie heute enthistorisierend verfährt. Solche Tendenzen bedürfen eines Antidotums, und es könnte sehr fruchtbar sein, wenn der Philosoph, der zugleich historisch und systematisch arbeitet, Epochen als Sinnsysteme in der Zeit begreift. [4]

I. Die geistesgeschichtliche Tektonik der frühen Neuzeit.
Philosophiehistorische Skizzen über den Begriff der 'Ära der Repräsentation'

Im Sinn der Neuen Epochenforschung Marburger Provenienz ist die frühneuzeitliche Philosophie, deren Anfang, wie weitgreifende Untersuchungen aus verschiedenen Sphären, wenn auch nicht der genuin philosophischen, gezeigt

---

[3] R. Berlinger, *Das Nichts und der Tod*. 3. Auflage Dettelbach 1996, S. 241.
[4] Hier geht es auch um einen sachlichen Streitpunkt zwischen Hans-Georg Gadamer und Kurt Flasch um die Frage, ob Philosophie Geschichte habe oder nicht. Vgl. K. Flasch, *Historische Philosophie. Beschreibung einer Denkart*. Frankfurt/Main 2003 (Philosophie hat Geschichte, Band 1), insbes. S. 169 ff. und S. 286 ff.

haben, um 1630 zu suchen ist, als ‚Ära der Repräsentation' zu beschreiben.[5] Entscheidend ist, dass auf dem Zeitalterplateau (egotistisches Zeitalter) die Potentialpriorität weiterwirkt, der auf der Ebene der Ären eine Aktualpriorität entgegensteht. Gegenüber der vorausgehenden Ära der inneren Kraft besagt dies, dass sich die Ordnung der Dinge nicht ab ovo und unvermittelt einstellt. Walter Falk schreibt dazu im 'Handbuch der Komponentenanalyse': „Wie im ordoistischen Zeitalter, so erlangte auch in dieser egotistischen Ära der Bezug des Menschen auf eine seiner eigenen Aktivität vorausgehende Ordnung zentrale Bedeutung. Aber diese Ordnung zeige sich nicht mehr unmittelbar, sondern verzerrt durch die Bedingungen des subjektiven Raums, auf die der Mensch durch seine innere Kraft bezogen war. Darum stellte sich nun der inneren Kraft, und damit der Potentialität, die Aufgabe, die in der Aktualität erscheinende verzerrte Ordnung derart zu klären, dass in der Resultativität die Dinge als Repräsentationen der an sich selbst unsichtbaren ewigen Ordnung erscheinen konnten".

Dies ist für ein vordergründiges Verständnis der Philosophie der frühen Neuzeit sicher irritierend: zeigt sie sich nicht einem ersten Verständnis als Weltalter der Selbstbegründung der Subjektivität, in dem die Fahrt auf dem Meer des Geistes nach Hegels suggestivem Wort über den Weltrang der Philosophie des Descartes, endlich ‚Grund' und die neuzeitliche Heimat gefunden habe? So einfach ist es bei näherem Zusehen keineswegs. Und die Ordnungsstrukturen, die jenes bedeutende philosophische Weltalter in seiner Komplexität bestimmen, sind deshalb aller Aufmerksamkeit wert.

(1) Wenn man in die Labyrinthe frühneuzeitlicher Philosophie (und dass sie sich als Labyrinth zeigt, zu dem der Ariadnefaden noch nicht gefunden ist, ist Indiz einer fort bestehenden Ungeklärtheit) wird man den Anbruch der ‚Ära der Repräsentation' ziemlich genau mit den grundlegenden philosophischen Abhandlungen von Descartes parallelisieren können.

In diesem Zusammenhang ist freilich daran zu erinnern, dass der 'Discours de la méthode' (1637) und die 'Meditationes' (1641) relativ späte Ergebnisse von Descartes' Versuch einer methodischen Letztbegründung der Wissenschaft sind. Descartes nimmt einen ersten Anfang mit dem mathematisch-philosophischen Tractatus von 1628/29, in dem in gar keiner Weise von einer Letztbegründung der Gewissheit im Subjekt die Rede ist.[6] Es geht vielmehr ganz offensichtlich um die Restitution eines Ordnungsraumes. Die reine Zeichenschrift der Mathematik wird zu diesem Ende als ‚Erste Philosophie' aufgefasst, die Funktionsgleichung ist schlechterdings Urbild der Erscheinung

---

[5] Vgl. dazu näher W. Falk, *Handbuch der Komponentenanalyse*. Taunusstein ³ 1996, S. 247 ff.
[6] Man vergleiche dazu: W.F. Niebel und A. Horn (Hgg.), *400 Jahre Descartes. Anfang und Ende eines Paradigmas der Philosophie?* Die Beiträge einer Konferenz vom 28.- 30. November 1996. Frankfurt/Main 1999.

von geometrischen Figuren. Der Kreis ist Abbild (figura vel idea) der mathematischen Konstruktion, also der Gleichung $x^2 + y^2 = r^2$. Und dieses Verfahren wird dahin weitergeführt, dass die (definitorische) Sprache selbst als eine Handlung verstanden wird, in der Seiendes den ‚Figuren der räumlichen Extension' unterworfen wird, also auf sein darstellbares Eidos hin ausgesprochen ist.

In Descartes' methodenphilosophischem zweitem Anfang ist eine wesentliche Intention dieses Ansatzes erhalten geblieben. Denn er sucht die Differenz von ‚res cogitans' und ‚res extensa' zu gewinnen, um eine vollständige kategoriale Erfassung der ‚res extensa' ohne Beimischung der ‚res cogitans', gleichsam chemisch gereinigt, vorzubereiten. Weiß man um diese genuine Fragestellung, so wird sich die Aufmerksamkeit auf den prekären Status des Cartesischen ‚Ich denke' richten. Das letztlich Gewisse des ‚Ich denke' wird durch eine Einklammerung der Außenwelt und der eigenen leiblichen Verfasstheit aufgefunden. Dieser Gedankengang, der, wie Husserl einmal notierte, die ‚Ewigkeitsbedeutung' Descartes' ausmacht, führt zunächst nur zu einem in den Fluss der Zeit eingesenkten transitorischen ‚Dass ich denke', also zu einem ‚Faktum', nicht zu einer Substantialisierung des Denkaktes. Man nehme nur die folgende Selbstbeschreibung in der II. Meditation. „Hier liegt es: Das Denken ist's, es allein kann von mir nicht getrennt werden. Ich bin, ich existiere, das ist gewiss. Wie lange aber? Nun, solange ich denke. Denn vielleicht könnte es sogar geschehen, dass ich wenn ich ganz aufhörte zu denken, alsbald auch aufhörte zu sein. Für jetzt lasse ich aber nichts zu, als was notwendig wahr ist." Dieses notwendig Wahre soll also ausdrücklich keinen substantial überdauernden ontologischen Status haben.[7]

Sprechend ist auch, dass Descartes die Trennung zwischen ‚res extensa' und ‚res cogitans' strictu sensu allererst dadurch einlöst, dass er die ‚Einbildungskraft' (imaginatio) bemüht. Sie, die selbst im Zug der Reduktion als keineswegs notwendig wahrheitsfähig begriffen wurde, leitet zu der Einsicht, das ‚Ich bin' sei „eben nicht jenes Gefüge von Gliedern, das man den menschlichen Körper nennt". Bei näherem Zusehen ist allerdings zu bemerken, dass die strikte Trennung nicht uneingeschränkt wirksam bleiben kann.

Denn Descartes muss seine mechanistische Analogie, die ‚res cogitans' verhalte sich zur ‚res extensa' wie der Steuermann zu seinem Schiff durch die der Klärung der Daseinsweise der materiellen Dinge gewidmete VI. Meditation revidieren. „Es gibt nichts, was mich die Natur ausdrücklicher lehrte, als dass ich einen Körper habe, der sich schlecht befindet, wenn ich Schmerz empfinde." Damit aber lehrt die Natur, „dass ich ganz eng mit meinem Körper verbunden (coniunctum) und gleichsam mit ihm vermischt

---

[7] Vgl. dazu im einzelnen von A. Kemmerling die Beiträge: *Die Ich-Idee* und: *Zweifel an der eigenen Existenz*, in: ders., *Ideen des Ich. Studien zu Descartes' Philosophie*. Frankfurt/Main 1996, S. 100 ff. und S. 124 ff.

(permixtum) bin." Sonst nämlich würde ich gar nicht Schmerz empfinden können. Bei der in der zeitgenössischen Philosophie und Dichtung gängigen Uhrwerk- und Orgelmetaphorik für den Leibmechanismus ist dies ein weitgehendes Zugeständnis. Unter solchen Voraussetzungen hat sich offensichtlich der Begriff der Natur verändert. Wenn Descartes in der ersten Hälfte der 'Meditationes' einen aus dem Aristotelismus geschöpften Naturbegriff, der Natur als Zweckzusammenhang auffassen lässt, vehement zurückweist, und Natur unter keinen Umständen als (teleologische) Wesensnatur begriffen sehen möchte, Natur ist nach Maßgabe dieser These allein aus den Korpuskeln und Bewegungsverläufen zu erklären, aus denen einzelne Entitäten sich zusammensetzen, so bemerkt er im Anschluss an die VI. Meditation, dass ein übergreifender Naturbegriff unabdingbar ist, um überhaupt Einzeldinge ‚clare et distincte' denken zu können: „Denn unter Natur, allgemein betrachtet, verstehe ich nichts anderes als entweder Gott selbst oder die von Gott eingerichtete Schöpfungsordnung (rerum creatarum coordinationem); unter meiner Natur im besonderen aber nichts anderes als den Inbegriff dessen, was Gott mir verliehen hat."

Solche Überlegungen besiegeln Descartes' Bemerkung: „Denn zuletzt, ob wir wachen oder schlafen, dürfen wir doch nur der einleuchtenden Klarheit unserer Vernunft vertrauen", die den der Unterscheidung zwischen ‚res cogitans' und ‚res extensa', als der Gewinnung eines unbedingt täuschungsfreien Zustandes, gewidmeten Gedanken in Frage stellt und die ‚erste Gewissheit' einer kleineren Gewissheit, dem nur ‚angemessenen Vernunftgebrauch', unterstellt. Diese Überlegung geht auch in Descartes' naturphilosophische Explikationen im engeren Sinn ein, in seine kosmologische Theorie des Seienden als eines hydrodynamischen Kontinuums.

Wenn man Descartes' Theoriebildung der *Markierungsphase* der ‚Ära der Repräsentation' zuordnet, so müsste sich im Grundriss der neuen Epochenforschung das grundsätzliche Strukturmuster eines Verhältnisses der Resultativ- zur Aktualkomponente als des ‚Überraschenden zum Gewohnten' aufweisen lassen. Unternimmt man es, diese Vermutung auf Descartes' Systemtektonik (von der durchaus gesprochen werden kann)[8] zu übertragen, so ist nicht die Gewinnung des Ich-Fundamentes das Novum Cartesischer Philosophie, sondern die Tendenz zu einer Reinigung der Erkenntnis von aller affektiven Verzerrung. Es kann daher sinnvoll sein, komplementär zu der gängigen Wirkungsgeschichte den Hauptakzent auf den Cartesischen Begriff der Welt zu legen; denn in diesem Zusammenhang hat auch Descartes' Traditionsskepsis, die der Bücherwissenschaft des Aristotelismus gilt, ihren Ort. Seine Philosophie sollte Laien- und Experimentalphilosophie sein, sie

---

[8] Dazu grundlegend H. Rombach, *Substanz, System, Struktur. Die Ontologie des Funktionalismus und der philosophische Hintergrund der modernen Wissenschaft.* Band 1. Freiburg ² 1981, S. 347.

Der mehrfache Anfang und die amphibolische Mitte neuzeitlicher
Philosophie. Eine Skizze im Anschluss an die neue Epochenforschung.

129

spielt sich daher im hellen Licht des Marktplatzes und in der empirischen
Nachprüfbarkeit des Behaupteten ab; Züge, die sich teilweise schon früher,
etwa in der Laienphilosophie von Nicolaus Cusanus finden lassen. So bemerkt
er über die ‚überlieferte Philosophie', sie lehre, „mit dem Anschein von
Wahrheit von allen Dingen zu reden und sich von den Unwissenden
bewundern zu lassen". Die Spitze von Descartes' neuer Wissenschaft liegt
dann nicht zuletzt darin, die Idee des Seins und des Wesens (also die Grundpfeiler der überlieferten aristotelischen Substanzontologie) in Frage zu stellen.
‚Sein' ist für Descartes Dasein im Sinn eines - wie Heinrich Rombach treffend
bemerkt hat - „stumpfen Existierens"; das Wesen (ousia) ist nicht eidetisch zu
fassen, sondern als „die (subsumptive) Gesamtheit aller Eigenschaften" eines
Seienden zu begreifen.[9] Damit steht die Philosophie erst vor der
Notwendigkeit aus sich (als einem, nicht durch Affekte sich täuschen lassen-
den Selbstvollzug) die Gesamtheit des Seienden zu denken; diese
weitreichende Begriffsklärung soll auf die Erfahrungswissenschaft vorbereiten.
Eben dies meint Descartes mit seinem Grundsatz: „Ich war der Meinung, ich
müsse einmal im Leben alles von Grund auf umstürzen und von den ersten
Grundlagen an ganz neu anfangen, wenn ich endlich einmal etwas Festes und
Bleibendes in den Wissenschaften errichten wollte", was die Absage an
‚qualitates occultae' einschließt, die keinen Ort in der Cartesischen neuen
Wissenschaft haben sollten. Die veränderte Tendenz kommt vielleicht am
sprechendsten in der Umzeichnung von Wahrheit in ‚Evidenz' zum Zug.
Das Evidenzprinzip, dem Descartes in seinen Methodengrundsätzen
nachzukommen suchte, verweist darauf, dass „jede Sache [...] die Offenheit
ihrer selbst" ist. „Sie ist nicht angewiesen auf das, was in festgelegten ersten
Prinzipien als denkmöglich und erkennbar eröffnet ist, sondern sie bringt ihre
(eigene) Wahrheit mit sich". Die damit korrelierte Ordnungsfunktion wird in
Descartes' drei Grund-Regeln einer wissenschaftlichen Methode
offensichtlich: 1. niemals irgendetwas für wahr anzunehmen, von dem ich
nicht mit Evidenz erkenne, dass es wahr ist; das heißt: clare et distincte zu
denken und nicht unaufgelöste Verknüpfungen in Urteilen zuzulassen; 2. jede
Schwierigkeit, die ich untersuche, in so viele Unterteile aufzulösen, wie es
möglich und zu ihrer besseren Lösung erforderlich ist; 3. meine Gedanken zu
ordnen, indem ich mit den einfachsten und am leichtesten zu erkennenden
Objekten beginne und gleichsam stufenweise zur Erkenntnis der
zusammengesetzteren aufzusteigen, und selbst zwischen denen Ordnung
vorauszusetzen, bei denen an sich die einen nicht auf die anderen folgen".
Hinzu kommt 4. der Anspruch auf Vollständigkeit in Aufzählungen oder
Klassifikationen.

---

[9] Ibid.

Diese Maximen verknüpfen das Grundanliegen der Cartesischen Wissenschaftsbegründung enger als es gemeinhin gesehen wird (J. Mittelstrass' Studien markieren hier eine große Ausnahme[10]) mit Bacons Generierung eines 'Novum organon', als einer Logik des Experimentes, welche die natürliche Ordnung der Dinge zur Erscheinung bringt. „Der Mensch, Diener und Erklärer der Natur, schafft und begreift nur soviel, als er von der Ordnung der Natur durch die Sachordnung (ordine) oder den Geist (mente) beobachten kann; mehr weiß oder vermag er nicht."
Auf eine vorgebene, nicht in der Erkenntnis erst zu setzende Ordnung der Dinge ist auch in Bacons viertem Grundsatz hingewiesen. „Hinsichtlich seiner Werke vermag der Mensch nichts anderes, als dass er die von der Natur gegebenen Körper einander näher bringt oder sie voneinander entfernt; das übrige vollendet die Natur von innen her".[11] In diesen Zusammenhang gehört nicht nur Bacons 'Novum Organon' von 1620, sondern auch die 'Nova Atlantis' als eine Utopie poietischen technischen Wissens und mechanischer Inventionskraft. Bei diesem Wissen geht es, wie Bacon aufweist, um die Erforschung der Werke und Geschöpfe Gottes, die Ausnutzung des Ordnungspotentials der Natur durch menschliche Inventionskraft.
„The End of our Foundation is the knowledge of causes, and secret motions of things; and the enlarging of the bounds of Human Empire, to the effecting of all things possible".[12]

(2) Wie im folgenden zu zeigen bleibt, können die Koordinaten der Neuen Epochenforschung geeignet sein, philosophiehistorische Sachzusammenhänge begreiflich zu machen, die ansonsten leicht verdeckt bleiben. Hier her gehört das Faktum der Vielgestaltigkeit des Denkpanoramas früher Neuzeit. Eine seiner bemerkenswerten Spitzen darf man darin sehen, dass Blaise Pascal Zeitgenosse Descartes' ist. Die Zuordnung ist nicht zufällig; er bleibt sogar der Cartesischen Grundfrage verpflichtet, wenn er sie auch in ein übergreifendes Ordnungsgefüge einschreibt, wodurch die Findung des ‚Neuen' einen veränderten Systemort einnimmt. Es wäre in jedem Fall eine Verkürzung, in ihm in erster Hinsicht nur den großen ‚homo religiosus' zu sehen. In seinen Cartesisch geprägten Anfängen sucht Pascal in der Schrift 'De l' Esprit géométrique' einen methodisch fundierten Zugriff auf das ‚All der Dinge' zu gewinnen. „Die geringste Bewegung verändert die ganze Natur; das ganze Weltmeer ändert sich durch einen hineingeworfenen Stein. Also ist alles

---

[10] Vgl. dazu J. Mittelstrass, *Neuzeit und Aufklärung. Studien zur Entstehung der neuzeitlichen Wissenschaft und Philosophie.* Berlin, New York 1970.
[11] Die Zitation folgt hier: Francis Bacon, *Novum Organon*, herausgegeben und eingeleitet von Wolfgang Krohn. Hamburg 1990, Aph. 1 und Aph. 4, ibid., S. 80, S. 82.
Vgl. zum Hintergrund dieser Selbstbestimmung der technischen Utopie bei Bacon: Mittelstrass, *Neuzeit und Aufklärung,* a.a.O., S. 350 ff., S. 364 ff.
[12] Rombach, *Substanz, System, Struktur*, Band II, S. 112.

bedeutsam". Und: „Alle Teile der Welt haben einen solchen Zusammenhang und sind derart eines mit dem andern verkettet, dass ich es für unmöglich halte, das eine ohne das andere und ohne das All zu erfassen".[13] Pascal sucht von solchen epistemischen Überlegungen ausgehend nach einem Gipfelpunkt des Wissens, den er aber - je länger je weniger - in der Philosophie findet. Von diesem Punkt aus müsste sich auch der Ort der Philosophie selbst allererst bezeichnen lassen. „wenn ‚Evidenz' das Wahrsein einer Sache aus ihr selbst meint (einen unmittelbaren Vorschein von ewiger Wahrheit), dann ist sie ein Wahrheitsmodus den es in der Wissenschaft nicht gibt".[14]

Dies bedeutet nichts anderes, als dass der methodische Zweifel des Descartes eine Verlagerung und eine weitere Zuspitzung erfährt. Die Bruchstellen, die sich bei näherem Einblick in die Cartesische Konstruktion ergeben, werden auf deren uneingeholte Voraussetzung transparent gemacht. Pascal kommt zu dem Ergebnis, dass wissenschaftliches Wissen eine Mittelstellung einnimmt, die sich gleichermaßen ihres eigenen Anfangs und des Endes (Ziels), auf das sie hingeordnet ist, nicht inne werden kann. Dies zwingt dazu, die Mitte selbst zu meditieren, womit an das ‚experimentum medietatis' angeknüpft ist, als das schon Augustin den Menschen begriff. „An welcher Grenze wir uns anbinden und festmachen wollen, sie bricht und lässt uns im Stich; und wenn wir ihr folgen, entweicht sie unserem Zugriff, entgleitet uns und flieht in einer unendlichen Flucht" (‚d'une fuite eternelle'). Aus der Erkenntnis, dass sich die Ordnung der Dinge als dem subjektiven Begreifen vorgeordnet erweist, zieht Pascal auf der Ebene der Wissenschaft und einzig auf ihr die Folgerung: „Nichts steht für uns fest [...]. Geben wir es also auf, Sicherheit und Festigkeit zu suchen. Unsere Vernunft wird immer durch die Haltlosigkeit der Erscheinungen genarrt, nichts kann das Endliche zwischen zwei Unendlichen retten, die es einschließen und zugleich fliehen".[15]

Mithin kann Pascal nicht daran denken, das aus dem Cartesischen Zweifel hervorgegangene System zu überbieten. Er sucht die Ordnung der Dinge vielmehr auf einem veränderten Fundament auf, der ‚Ordnung der Ordnungen'. Die drei Ordnungen, die es nach Pascal zu unterscheiden gilt, die Ordnung des Fleisches, der Wissenschaft und des Herzens sind zunächst voneinander zu trennen. Sie stehen aber nicht unverbunden nebeneinander. Sie sind Zustände im Menschen, die nach Pascal erst der Christ in ihrem wohlgeordneten Verhältnis zueinander sehen kann. Erst in einem christlichen Bewusstsein sind die Verstellungen durch eine eigenmächtige Subjektivität anihiliert, die auf der Cartesischen Suche nach der ‚certitudo' beständig irritieren müsste. Damit wird überdeutlich signalisiert, dass das

---

[13] Ibid., S. 125. Vgl. auch P. Duhem, *La mécanique au XVIIe siècle*. Neuchâtel 1954.
[14] Pascal Fr. 72 Hier zitiert nach Rombach, *Substanz, System, Struktur*, a.a.O., S. 137.
[15] Vgl. dazu auch R. Guardini, *Christliches Bewusstsein. Versuche über Pascal* (¹1933). Paderborn, München 1996, insbes. S. 127 ff. und S. 153 ff.

principiierende, autonom seinen Begründungsgang beginnen wollende Ich in seine Schranken gewiesen wird. Der Zusammenhang der Ordnungen geht diesem Ich voraus. Untrügliche Evidenz stellt sich nach Pascal nicht am regressiven Ende eines Begründungsgangs, sondern als Epiphanie in der innerlichen Begegnung mit Jesus Christus ein. Für diesen kaum explizit sagbaren Punkt seien Sätze aus dem berühmten 'Memorial' vom 24. November 1654 zitiert:

„Feuer. Gott Abrahams, Gott Isaaks, Gott Jaakobs. Nicht der Philosophen und Gelehrten.

Gewissheit. Gewissheit. Empfinden. Freude. Frieden.

Gott Jesu Christi, Deum meum et Deum vestrum, Dein Gott wird mein Gott sein.

Freude, Freude, Freude, Tränen der Freude. Ich habe mich von ihm getrennt: Mein Gott wirst du mich verlassen? Dass ich nicht auf ewig von ihm getrennt sei.

das ist das ewige Leben, dass sie dich, allein wahrer Gott, und den, den du geschickt hast, Jesus Christus erkennen".

Es bezeichnet die konstitutive Schwierigkeit dieser Position, dass sie die ewige Ordnung der Dinge nur implex, gleichsam in ihrem jähen Zusammenhang, nicht aber auseinandergefaltet sich zur Ansicht zu bringen vermag. Die Evidenzgewissheit kann die Auffassung voll und ganz begründen, dass das Mysterium nicht eigentlich verschlossen sei. Doch ist es nicht in Unterscheidungen zu explizieren.

Zudem bleibt Pascal zufolge die Evidenzerfahrung transitorisch: Sie geht vorüber Deshalb bedarf es nicht nur der schriftlichen Fixierung des 'Memorial', sondern auch seiner Einnähung in das Mantelfutter. Das Knistern erinnert an den Letztpunkt und Lichthof der Erkenntnis, an eine Struktur, die sich selbst als Inbegriff der ‚Ordnung der Dinge' hervortreibt und mit dem Gedanken, der sie entfaltet, eins wird. [16]

(3) Für das Binnenverhältnis der Visualisierungs-Periode wurde innerhalb der Neuen Epochenforschung häufig beobachtet, dass sich die Resultativkomponente zur Aktualkomponente verhält wie Hauptsächliches zu Nebensächlichem. Dabei ist, wie die einschlägigen Forschungen zur deutschen Literaturgeschichte zeigten, zumeist mit einer Potentialpriorität zu rechnen.

Spinoza arbeitete sein Chef d'oeuvre, die 'Ethica', seit 1662 aus; unterbrochen durch - zumal politische - Umstände in den Umstürzen seiner Vaterstadt

---

[16] Vgl. dazu die Überlegungen bei Mittelstrass, *Neuzeit und Aufklärung*, a.a.O., S. 309 ff. sowie A. Beckermann, *Descartes' metaphysischer Beweis für den Dualismus*. Freiburg und München 1986.

Amsterdam, das blutige Scheitern des Toleranzgedankens der Brüder de Witt, führt er sie bis 1675 zum Abschluss.

Bei näherem Zusehen lassen sich komponentiale Strukturmomente einer neuen Periode im Spinozanischen Anfang neuzeitlicher Philosophie erkennen, auch wenn die mit einem Fragezeichen versehene große Epochenzäsur von Falk im Jahr 1680 angesetzt wird. Im Sinne der Potentialpriorität müsste die Gewinnung ewiger Ordnung den Grundimpetus ausmachen. Bereits mit der ersten Definition der 'Ethik' zielt Spinoza auf eine solche Ordnung. „Unter Ursache seiner selbst (causa sui) verstehe ich das, dessen Wesen die Existenz einschließt, oder das, dessen Natur nur als existierend begriffen werden kann". Da kraft des Modus (von Spinoza more geometrico definiert: als „Affektion der Substanz, also alles, was in einem anderen ist, durch das es auch begriffen wird") der causa sui qua Substanz demonstriert ist, dass alles, was ist, in der Substanz ist, wird mit der ersten Definition bereits der (Vor-) Begriff der ausnahmslosen Welt- Ordnung der Dinge gegeben. Diese Ordnung ist auch im gleichfalls in der erste Definitionsreihe explizierten Begriff des Attributes verankert. Begreift Spinoza doch das Attribut als das an der einen Substanz, „was der Verstand als zu ihrem Wesen gehörig erkennt". Spinoza geht mit Descartes von den beiden Cartesischen ‚Attributen' von Ausdehnung und Verstand aus, ohne dass er ausschließen möchte, dass sich ungezählte weitere Attribute finden lassen, die der endlichen ‚mens' aber nicht erkennbar sind.[17]

Dennoch scheint einer Interpretation Spinozas aus der Sicht der Neuen Epochenforschung Marburger Provenienz ein nicht zu unterschätzendes Hindernis im Weg zu stehen. Denn die Potentialkomponente, der aufgrund der epochenspezifischen Hypothesen Priorität zukommen müsste, der ‚subjektive Wille zur ewigen Ordnung', artikuliert sich in dem ‚more geometrico' vorgetragenen Problemaufriss der 'Ethik' nicht explizit. Und die Intention, den ‚Geist des Spinoza' von seinem Buchstaben (dem Beweis ‚more geometrico') zu isolieren, ist, so populär sie einmal, in der Goethe-Zeit ausgehend vom Pantheismusstreit und im Frühidealismus war, doch schwerlich in der Lage, die Ichheit im Spinozanischen Aufriss zu erkennen. Allerdings hellt sich bei näherem Hinblick dieses Problem auf. Denn die Potentialität wird der hypothetischen Epochenstruktur zufolge in einer ‚Ära der Repräsentation' umso klarer zur Erscheinung kommen, je weniger auf einer eigenständigen Subjektivität insistiert wird.

Früh, bevor er an die Ausführung seiner 'Ethik' ging, wird die Reflexion solcher Probleme als Impetus in der Descartes-Kritik von Spinoza

---

[17] Vgl. W. Bartuschat, *Spinozas Theorie des Menschen*. Hamburg 1992, siehe auch: R. Wiehl, *Die Vernunft in der menschlichen Unvernunft. Das Problem der Rationalität in Spinozas Affektenlehre.* Göttingen 1983, sowie die beiden Sammelbände: Neue Hefte für Philosophie, Band 12 (Spinoza). Göttingen 1977 und Synthese 37, Heft 1 (Spinoza). Dordrecht 1978.

offensichtlich, dessen Grundsätze er in seinen ersten philosophischen Arbeiten noch nach den Grundsätzen der euklidischen Geometrie zu beweisen versucht hatte. Im Jahr 1661 antwortet er in einer prägnanten Version seiner Kritik auf eine Frage Oldenburgs über die Mängel der gegenwärtigen Philosophen. „Der erste und größte Irrtum" bestehe darin, dass sie, womit er sowohl Descartes als auch Bacon meint, „so weit von der Erkenntnis der ersten Ursache und des Ursprungs aller Dinge abgeirrt sind. Der zweite, dass sie die wahre Natur des menschlichen Geistes nicht erkannt haben. Die dritte, dass sie nie die wahren Ursachen des Irrtums erfasst haben".

Die neuere Spinoza-Forschung hat, vor allem in herausragenden Arbeiten von Wolfgang Bartuschat,[18] auf den zweiten Teil der 'Ethik' vermehrtes Gewicht gelegt. Dort, insbesondere im V. Buch, wo der ethische Charakter des Oeuvres aufgedeckt wird, lässt sich der angedeutete Sachverhalt ganz offensichtlich aufweisen. Nicht in einer Vernunft-Erkenntnis, die immer durch Affekt und Empirie getrübt ist, sondern nur in der reinen ‚scientia intuitiva' kann eine adäquate Erkenntnis des Wesens der Dinge gewonnen werden. Die ‚scientia intuitiva' ist dadurch ausgezeichnet, dass in ihr die endliche ‚mens' sich aus dem Seinsmodus löst, in dem alle akzidentell, innerweltlich seienden Dinge, befangen bleiben, dem Attribut der Ausdehnung. Dies konkretisiert sich näher als Selbsterhaltung in einem ‚conatus se perseverare', mit Hegel: einem Kampf um Anerkennung, in dem sich die beteiligten Parteigungen wechselseitig den Tod geben. Der intellektuale Blick ist nach Spinoza nicht als eine sich selbst zu Bewusstsein gekommene Gestalt des Seienden zu verstehen, sondern als - transzendenter - Selbstbezug der ‚Liebe Gottes' als der einen Substanz zu sich. Nach Lehrsatz 36 im V. Buch der 'Ethica' bedeutet dies: „Die intellektuelle Liebe des Geistes zu Gott ist eben die Liebe Gottes, womit Gott sich selbst liebt, nicht insofern er unendlich ist, sondern insofern er durch das Wesen des menschlichen Geistes, unter dem Gesichtspunkt der Ewigkeit betrachtet, ausgedrückt werden kann." Damit ist sehr genau auf die Repräsentation der ewigen Ordnung in den räumlichen Dingen verwiesen. Spinoza erläutert: „D.h. die intellektuelle Liebe des Geistes zu Gott ist ein Teil der unendlichen Liebe, womit Gott sich selbst liebt". Gegenüber dem transitorischen Charakter des ‚Ego cogito' von Descartes wird diese intellektuelle Liebe als fortdauernde Glückseligkeit begriffen. Wir haben es hier in der Tat mit einer - als bestimmend akzentuierten - (resultativen) ‚Repräsentation der ewigen Ordnung' zu tun. Denn (V, Propositio 37) „Es gibt in der Natur nichts, was dieser intellektuellen Liebe entgegengesetzt wäre oder sie aufheben könnte". Dass in diesen Abschlusserwägungen die Potentialpriorität festgehalten wird, verdient besonderes Augenmerk. Spinoza hält fest, dass der Grad der

---

[18] Vgl. Bartuschat, *Spinozas Theorie des Menschen*. Hamburg 1992. Vgl. auch H. Rombach, *Substanz, System, Struktur* Band II, S. 350 ff.

Vollkommenheit eines Seienden sich wesentlich danach bemesse, dass es nicht leidend, sondern selbstbewegt aus seiner eigenen Möglichkeit tätig ist. Hier findet man offensichtlich Spuren der Aristotelischen Lehre vom ‚unbewegten Beweger'. Besonders eindrücklich zeigt sich der Ausgang von der Potentialität in dem Schluss-Scholium: „Sed omnia praeclara tam difficilia, quam rara sunt". „Aber alle Herrlichkeit ist ebenso schwierig wie selten".

Man wird mit der neueren Spinoza-Forschung (Reiner Wiehl wäre neben den schon Genannten als wichtiger Beiträger gerade zu der Affektenlehre hervorzuheben[19]) zu dem Ergebnis kommen, dass sich erst von dem Endpunkt, dem Buch V her, der Systemzusammenhang der Spinozanischen 'Ethik' erschließt. Mit der Explikation des Weltgrundes als der ‚einen Substanz' ist dieser tektonische Leitfaden nur unzureichend charakterisiert. Wesentlich ist es, dass die Wirklichkeit der Dinge auf zweifache Weise begegnet: „insofern wir sie als in Beziehung auf eine bestimmte Zeit und einen bestimmten Raum existierend begreifen", und „insofern wir sie als in Gott enthalten und aus der Notwendigkeit der göttlichen Natur erfolgend begreifen" (V, 29, Anmerkung). Das heißt, dass das ‚ut in se esse' allen Dingen zukommt, wenn sie als in der ‚Einen Substanz' inbegriffen gedacht werden. Insofern sind sie ‚an sich' und den dem endlichen Geist zugänglichen Attributen Gottes von Ausdehnung und Denken, der raum-zeitlichen Welt und ihrer affekthaften Attraktionen entzogen. Jene Liebe Gottes als Inbegriff der Ordnung der Dinge, später im 18. Jahrhundert zwischen Fénelon und Leibniz und vielen anderen viel erörtert als ‚amour pur', ist als eine philosophische Vision zu kennzeichnen, ebenso wie die Eudaimonie in Gott, worin der visionäre Zug der Visualisierungsperiode, der auf die Weltüberlegenheit der intelligiblen Substanz hinweist, aufscheint.

(4) In Konkretisierungsphasen verhält sich nach den Ergebnissen der Neuen Epochenforschung die Resultativkomponente zur Aktualkomponente wie das Ergänzende zum Ergänzungsbedürftigen. Zwar datiert Leibniz' Metaphysik historisch um einiges früher als der potentialgeschichtliche Einschnitt, den Falk mit der - gleichfalls noch unter Vorbehalt gesetzten - Jahreszahl 1730 bezeichnet. Doch beginnt Leibniz' überragende Wirkung ungeachtet der ‚Heuschober voller Manuskripte' (Enzensberger), die bis heute nicht vollständig ediert sind, und trotz seiner gesamteuropäischen Wirkung, die aber, wie der Briefwechsel mit Clarke, nicht selten auf das Unverständnis der Gesprächspartner stießen, erst mit der schulphilosophischen Rezeption und ‚Schematisierung' (durch Christian Wolff und Crusius) sich festzuschreiben, so dass die Datierung zu modifizieren, nicht aber zu korrigieren ist.

---

[19] R. Wiehl, *Die Vernunft in der menschlichen Unvernunft. Das Problem der Rationalität in Spinozas Affektenlehre*, a.a.O.

Der zu vermutende Grundzug der ‚Ergänzung' artikuliert sich bei Leibniz so, dass die Ordnung der Dinge als schlechterdings nicht zufällig begriffen wird. Dies wird in der Haeceität der Monade aufgewiesen, derzufolge jedes Individuum eine ‚Art' ist, was einschließt, dass nicht zwei miteinander identische Objekte vorkommen können. Nur aufgrund dieser Linienziehung kann Leibniz denken, dass jede einzelne Monade ‚Spiegelung' des Welt-Ganzen ist. Eben hier ist auch der Satz vom zureichenden Grund, das ‚Principium rationis sufficientis' grundgelegt, wonach nichts Seiendes außerhalb der zentralperspektivierten Ordnung angenommen werden kann. Jenes grundlegende Prinzip wird gegenüber Spinozas Akzidenzenlehre zur Geltung gebracht. So formuliert Leibniz in der 'Monadologie': „Die Akzidentien können sich nicht ablösen, nicht außerhalb der Substanzen herumspazieren, wie dies früher die species sensibiles der Scholastiker taten". Seine Substanzenlehre ist, wie Leibniz vielfach zu verstehen gibt, auschließlich metaphysisch verortet. Sie ist nicht in einer Physik der Einzeldinge aufweisbar. Dennoch sollten Physik und Metaphysik nicht auseinanderrgerissen werden. Die Verbindung ist in Leibniz' Wiederent-deckung der Kraft, als des Movens von Ordnungsbeziehungen überhaupt, angelegt. Leibniz kennt einen dynamischen, nicht bloß kinematischen Kraftbegriff, wie eben Hobbes, bei dem sogar der politische Zusammenhang ausgehend von Körperbewegung analysiert wird, oder wie er an der Wiege neuzeitlicher Naturwissenschaft bei Galilei exponiert wird. Kraft ist ‚characteristicum proprium' der Substanz und weist daher von der Physik auf die Metaphysik hinüber. „Die Kraft, welche die Ursache aller Bewegung ist, ist nichts völlig Reales", aber sie „ist etwas weit Wirklicheres (est quelque chose de plus reel)" und gibt darum ausreichenden Grund, die Bewegung mehr dem einen Körper als dem anderen zuzuschreiben". Die ewige Ordnung in den räumlichen Dingen, dieser Grundzug der Ära der Repräsentation, führt bei Leibniz zu einem Weltbegriff der ‚omnitudo realitatis', der zwei Reiche voneinander unterscheidet, dabei aber aufeinander bezogen hält. In seinem 'Specimen dynamicum', jener Schrift, in der er seine Kräftelehre am entwickeltsten darstellen konnte, hat Leibniz dies explizit gemacht. „Allgemein ist daran festzuhalten, dass sich alle Vorgänge in doppelter Weise erklären lassen: Durch das *Reich der Kraft* oder die wirkenden Ursachen und durch das *Reich der Weisheit* oder die Zweckursachen: dass Gott die Körper wie ein Baumeister als bloße Maschinen nach den mathematischen Gesetzen der Größe erschaffen, sie aber zum Gebrauch der Seelen bestimmt hat [...]. So durchdringen sich diese beiden Reiche überall, ohne dass doch ihre Gesetze sich jemals vermengen und stören, so dass stets zugleich im Reich der Kraft das Größte und in dem der Weisheit das Beste zustande kommt".[20]

---

[20] Spec. dyn., GM VI, S. 243, übers. nach Cassirer I, S. 272., dazu auch Rombach, *Substanz, System, Struktur* Band II, S. 351 f.

Beide Reiche durchdringen sich, insofern die metaphysischen Verhältnisse der reinen Gestalt in einer sinnlichen oder gleichsam sinnlichen Erscheinung sedimentiert werden: dies macht Leibniz, unter anderem von Kepler beeinflusst, an Musik und Proportionalität deutlich. „Der musikalische Ton ist das einprägsame Modell der reinen Proportionalität".[21] Wir hören erfreut die Harmonie, doch wir nehmen hinter ihr bzw. in ihr die Repräsentation ewiger Ordnung einer besten aller möglichen Welten wahr.

Man setze neben Leibniz einen Denker aus der humanistischen Tradition der Renaissance, der am Rande Europas, doch in engem Gesprächszusammenhang mit der europäischen Gelehrtenwelt seine ‚Neue Wissenschaft von der Natur der Völker' entwickelte: Giambattista Vico. Sein Hauptwerk 'Prinzipien einer neuen Wissenschaft' ist in verschiedenen Fassungen zwischen 1725 und 1744 entstanden; seine gesamteuropäische (zumal seine deutschsprachige) Rezeptionsgeschichte zeigt sich als eine Geschichte von Missverständnissen und Verzögerungen. Und die Öffnung der Philosophie auf die historische Welt, wie sie von Herder im späten 18. Jahrhundert in einer Kritik an der Kantischen ‚reinen Vernunft' in Gang gesetzt wurde, konnte nicht explizit auf Vico zurückgreifen, obwohl die Berührungen in der Sache offensichtlich sind. - Vicos Geschichtsdenken ist auf die Repräsentation der ewigen Ordnung in den wechselnden Zeitläuften bezogen; insofern ist er Metaphysiker. Ein mit dem Historismus sich verbindender Relativismus hat an seinem Denken wenig Anhalt.[22]

Klar ist zunächst einmal (dank der Forschungen von Stephan Otto aber auch der Neapolitanischen Forschergruppen um Fulvio Tessitore und Giuseppe Cacciatore) , dass schon der frühe Vico eine anticartesische Spitze führt, dabei aber Descartes' Ideal einer klaren und distinkten Erkenntnis keineswegs preisgibt. Aufgrund jenes mit Descartes geteilten gnoseologischen Ideals

---

[21] So Rombach, a.a.O., S. 372.

[22] Vgl. zum folgenden die richtunggebende transzendentalphilosophische Gesamtdeutung durch S. Otto, *Giambattista Vico. Grundzüge seiner Philosophie.* Stuttgart, Berlin, Köln 1989, die keineswegs einen Kantischen Transzendentalitätsbegriff auf Vico projiziert, sondern eine eigene geometrisch situierte Transzendentalität in dessen Denken auffindet. Dazu ferner ders., *Vico als Transzendentalphilosoph,* in: Archiv für Geschichte der Philosophie 62 (1980), S. 67 ff., ders., *Imagination und Geometrie: Die Idee kreativer Synthesis. G. Vico zwischen Leibniz und Kant,* in: Archiv für Geschichte und Philosophie 63 (1981), S. 305 ff. und: *Umrisse einer transzendentalphilosophischen Rekonstruktion der Philosophie Vicos anhand des Liber metaphysicus,* in: S. Otto und H. Viechtbauer (Hgg.), *Sachkommentar zu Vicos Liber metaphysicus.* München 1984, S. 9 ff.; ferner V. Mathieu, *Vico e Leibniz,* in: Quaderni Conemporanei 2 (1969), S. 171 ff. und G. Cacciatore, *Metaphysik, Poesie und Geschichte. Über die Philosophie Giambattista Vicos.* Berlin 2002. Es ist das Glück des doppelten persönlichen Umgangs mit den neapolitanischen Kollegen des Istituto Vichiano und des frühen engen Gesprächszusammenhangs mit Stephan Otto, dem ich meine Einsicht in die eminente Bedeutung Vicos verdanke

bezweifelte Vico den Status des Cartesischen ,Ich denke' von Grund auf. Dieses führt, wie er in seinem 'Liber metaphysicus' von 1710 zeigt, lediglich zu „eine(r) Gewissheit des Bewusstseins für sich selbst" (Stephan Otto),[23] also einem ,conscientia'- Wissen, es ist aber nicht hinreichend für die Gewinnung wissenschaftlicher Gewissheit. Dazu bedarf es des Ineinandergreifens von ,pensare' (denken, aufgrund der Etymologie nach Vico mit ,pesare': wiegen verwandt) und ,intelligere': der Einsicht in die komplexe Gefügestruktur eines Sachverhaltes. Vico sieht sich zu einer Ergänzung und Korrektur des Cartesischen Ansatzes genötigt, da seine Metaphysik zweierlei zu leisten unternimmt: Sie versteht sich als Metaphysik der Erzeugungs- und Handlungsstrukturen des Denkens (also als eine Prinzipienerkenntnis der Wahrheits*findung*) im Anschluss an die alte Topik *und* als eine Metaphysik, die nicht allein die Ordnung der gedachten, sondern auch der historisch gewordenen Welt erschließen soll. Hierfür ist ein zweifaches Indiz anzuführen: zum einen Vicos Schlüsselaxiom: ,verum et factum convertuntur', das seinem Wortlaut und seiner Vordergrundansicht nach besagt, dass die geschichtliche Welt, als vom Menschen hervorgebracht, für diesen einsichtig sei. Darin verbirgt sich, wie Stephan Otto treffend bemerkt hat, ein ,neuzeitlicher Freispruch Gottes vom Bösen', also eine zu Leibniz' Lehre von der ,besten aller möglichen Welten' komplementäre Antwort auf die Theodizee-Problematik. Allerdings ist Vicos Axiom Teil einer komplexeren Überlegung, in deren Zusammenhang der Satz gehört: „Aber ohne Zweifel ist diese Welt *hervorgegangen* aus einem Geist, der den besonderen Zielen der Menschen immer überlegen ist." Dieser Geist ist ,pur mente', reines Denken, was bei Vico bedeutet, dass er vorauswissen kann. Der menschliche Geist dagegen weiß nur, indem er handelt. Die Welt-Ordnung als Ganze zu denken, bedeutet dann, dies wäre mit Stephan Otto als eine weitere Pointe bei Vico festzuhalten, dass der Mensch „in seinem Schöpfertum vor der Hand Gottes (legitimiert wird), ohne dass diese Hand zurückgestoßen wird".[24] Zum zweiten heißt dies für die Methode und Schrittfolge von Vicos Chef d'oeuvre, dass Philosophie (Metaphysik) eine geschichtliche Vergewisserung des ,anfänglich Wahren' zu sein hat. Die ewige Ordnung zeigt sich in der Ordnung der Geschichte, die dem Menschen als Handelndem zugänglich ist, auch wenn die wechselseitige Alterität von Kulturkreisen, deren Studium Vico sich mit Verve widmet, keinesfalls die Annahme eines ,immer schon' Verständlichseins des Gewordenen suggerieren wird, wozu hermeneutische Geschichtsbetrachtung neigt. Vico notiert überaus pointiert: „Doch in dieser Nacht voller Schatten, die

---

[23] S. Otto, *Giambattista Vico. Grundzüge seiner Philosophie*, a.a.O., S. 38 f. Vgl. auch ders., *Die transzendentalphilosophische Relevanz des Axioms ,verum et factum convertuntur'*, in: ders., *Materialien zur Theorie der Geistesgeschichte*. München 1979, S. 197 ff., sowie *Vico als Transzendentalphilosoph*, in: Archiv für Geschichte der Philosophie 62 (1980), S. 67 ff.
[24] S. Otto, *Giambattista Vico*, a.a.O., S. 40.

für unsere Augen das entfernteste Altertum bedeckt, erscheint das ewige Licht, von jener Wahrheit, die man in keiner Weise in Zweifel ziehen kann: dass diese historische Welt ganz gewiss von den Menschen gemacht worden ist - und darum können (denn sie müssen es!) ihre Prinzipien in den Modifikationen unseres eigenen menschlichen Geistes aufgefunden werden." Man findet das Programm, wenn man denn sehen will, auf dem sehr schönen, von Vico selbst in den Grundzügen entworfenen Frontispiz der 'Neuen Wissenschaft' abgebildet. Dort ist allegorisch die Metaphysik als *junge* Frauengestalt gezeigt (ihre Jugend ist eigene Aufmerksamkeit wert!), die auf einer Kugel balanciert, welche so randständig auf der Kante eines Sockels angebracht ist, dass der Verdacht nahe liegt, sie würde abstürzen, wenn die Dame Metaphysik sie nicht hielte. Das Balancement ist also höchst fragil und zugleich wechselseitig: es ist nicht leicht zu entscheiden, welche Figuration welche hält. Die eine Kugelhälfte symbolisiert das natürliche Sein (essere) der Welt und deren Ordnung, die andere das geschichtliche Sein (essere socievole). Die Metaphysik bleibt im Gleichgewicht, weil ihr Auge auf das im Auge Gottes versinnbildlichte ewige Wahre hinblickt. Dieses ist ihr aber nicht unmittelbar präsent. Sein Strahl bricht sich an einem Edelstein, den sie auf ihrer Brust trägt; und zielt deshalb auch auf die, wie Vico sagen will, bislang von den Philosophen missachtete, im Dunkeln verbliebene: deshalb der Schatten geschichtliche Welt. Daraus kann im Anschluss an die Rekonstruktionen von Stephan Otto gefolgert werden: Eine Philosophie der Natur, die nicht durch eine Philosophie der Geschichte gestützt ist, habe keinen Halt.

(5) Man sollte abschließend, um die Erklärungskraft der Skizzierungen der Neuen Epochenforschung für das in sich verzweigte, ja zerklüftete Epochenprofil frühneuzeitlicher Philosophie zu akzentuieren, darauf aufmerksam machen, dass mit ihrer Hilfe Zusammengehöriges in seiner Gegenpoligkeit aufgewiesen werden kann. Damit werden erst Konstellationen erkennbar, die im Problembestand der Texte und Denkformen angelegt sind, wenn sie auch in die Konstruktionen einer geradlinig verlaufenden Denkgeschichte nicht einzugliedern sind. Diese hat, um nicht ihre Kohärenz preiszugeben, immer wieder Vieles, Allzuvieles verschwiegen. Um dies zu verdeutlichen, war hier auf den geometrischen Ausgangspunkt bei Descartes ebenso sehr Bezug zu nehmen wie auf das Sachverhältnis von Descartes und Pascal, Leibniz und Vico. Dass die eingelernten Begriffe für die Schulen frühneuzeitlicher Philosophie in der Regel nicht ausreichend sind, um die Begriffs- und Problemverhältnisse auch nur annähernd zu erfassen, ist unschwer zu erkennen, wenn man, pars pro toto, auf die vermeintliche Antithese von Empirismus und Rationalismus blickt. So zeigte sich, dass bei

Descartes, dem ,Vater der neuzeitlichen Philosophie',[25] eine empirische Zugangsweise zu beobachten ist. In einer Blickkonzentration auf den Empirismus, (Locke) wären umgekehrt dezidiert rationalistische Momente aufzuweisen.

Stephen Toulmins Buch 'Kosmopolis'[26] hat zwei Stränge der Moderne unterschieden: eine humanistische und eine rationalistische. Die letztere versteht er als theoretische Entsprechung des Emblems eines ,more geometrico' geordneten, durchgängig rationalisierten Gemeinwesens und Natursystems. Die Moderne, so Toulmins zentrale These, ist im Sinn der rationalistischen und auf Kosten der humanistischen, an Zeit und Ort orientierten, am Einzelnen (nicht bloß am Allgemeinbegriff) interessierten, suchenden, Denkweise ausgebildet worden.

Toulmins These schließt sich der von Husserl[27] über Paul Hazard[28] vielberufenen Auffassung von einer ,Krisis' der europäischen Wissenschaften der Neuzeit in eigenständiger Weise an. Husserl etwa verwies darauf, dass jene Krisis in der Grundlegung der europäischen Wissenschaft ,Ausdruck der radikalen Lebenskrisis des (neuzeitlichen) europäischen Menschentums' sei. Und er bemerkte weiter, dass die Idee der Wissenschaft von hier her auf Tatsachenwissenschaft reduziert worden sei, was gleichsam die Urszene ihres Verlustes an Lebensbedeutsamkeit bezeichnet. Dennoch ist die frühneuzeitliche Denkepoche damit nicht eigentlich als Sinnsystem begriffen, und die Argumentationsmuster bleiben auffällig in einer äußerlichen Annäherung an sozial- und ereignisgeschichtliche Umstände. Wie in einem Grundmuster die humanistische, in der Renaissancephilosophie inkubierte Sinnlinie mit der anderen konstruierend mechanistischen konvergiert, dies zu zeigen muss von Toulmins Ansatz her aber unterbleiben. Und damit wäre das Problem einer doppelten Urstiftung der Moderne aller erst zu skizzieren.

Nicht minder gewichtig scheint die Möglichkeit einer Beziehung zu Hans Blumenbergs Metaphorologie und Geistesgeschichtsschreibung am Leitfaden der Unbegrifflichkeit, die sich in eigenständiger Problemarbeit die

---

[25] H.-P. Schütt, *Die Adoption des „Vaters der modernen Philosophie"*. *Studien zu einem Gemeinplatz der Ideengeschichte*. Frankfurt/Main 1998 (Philosophische Abhandlungen Band 74).
[26] S. Toulmin, *Kosmopolis. Die unerkannten Aufgaben der Moderne*. Übers. von H. Vetter. Frankfurt/Main 1991.
[27] E. Husserl, *Die Krisis der europäischen Wissenschaften und die transzendentale Phänomenologie*, in: Husserliana Band VI, hgg. von W. Biemel. Dodrecht 1963, 1976 bzw. Ges. Schriften, hgg. von E. Ströker. Band 8. Hamburg 1992.
[28] Paul Hazard, *Die Krise des europäischen Geistes*. Hamburg 1939 (frz. Original: *La crise de la conscience européenne: 1680-1715*. Paris 1935); sowie ders., *Die Herrschaft der Vernunft. Das europäische Denken im 18. Jahrhundert*. Hamburg 1949 (frz. Original: *La pensée européenne au XVIIIème siècle: de Montesquieu à Lessing*, Vol I-III. Paris 1946).

Der mehrfache Anfang und die amphibolische Mitte neuzeitlicher
Philosophie. Eine Skizze im Anschluss an die neue Epochenforschung.

141

Konfigurationen der frühen Neuzeit erschlossen hat.[29] In unserem
Zusammenhang ist es bemerkenswert, dass Blumenbergs zwei erste Bücher zu
gegenläufigen Thesen führen. In 'Die Legitimität der Neuzeit' geht er davon
aus, dass die moderne Naturwissenschaft und die sie fundierende
Selbstbegründung des Denkens eine Antwort auf Fragenkomplexe zu geben
hatte, die aus der mittelalterlichen Überlieferung vorgegeben waren. Die
Neuzeit beruhe auf Problembeständen, die das Mittelalter in seiner Weise
gestellt und beantwortet habe. Die vielberufene Legitimität der Neuzeit ist also
nicht aus eigenem Recht. Deshalb wird der Prozess wissenschaftlich
technischer Zivilisierung von Blumenberg als eine Verlaufsform begriffen, in
der sich das Subjekt gegen eine rücksichtslose und unbekümmerte Natur
behauptet, indem es sie umhegt; ein Vorgang, dessen Nachtseiten Blumenberg
wohl erkennt, dessen Unumgänglichkeit er aber gegen die radikale Technik-
und Wissenschaftskritik, deren Spannweite im 20. Jahrhundert von Heidegger
bis Adorno reicht, gerade betont. Dieser Prozess humaner Selbstbehauptung
ist, wie Blumenberg herausstreicht, Garant eines spätzeitlichen Glücks, er
bringt aber umgekehrt eine immer weiter entgeistete leere Welt hervor.
In 'Die Genesis der kopernikanischen Welt' wird die Kehrseite dieses
Vorgangs beleuchtet; der Bruch verläuft, wie Blumenberg zeigt, durch die
Denkbewegungen und kosmischen Konzeptionen von Kopernikus, Rheticus
oder Galilei hindurch. Gerade seine tiefdringenden Kopernikusstudien zeigen
eindringlich, dass Kopernikus die ‚Rettung des Kosmos' intendierte, und, von
diesem Frageinteresse getrieben, die Unstimmigkeiten des aristotelisch-
ptolemaischen Weltbildes nur durch den Entwurf eines heliozentrischen
Weltbilds korrigieren konnte. Die Absicht bestand, wie sich aus Kopernikus'
Selbstzeugnissen darlegen lässt, paradoxerweise darin, die Erde zu einem Stern
unter Sternen zu ‚erhöhen'; was - in einer eigentümlichen Ambivalenz
aufgrund des neuzeitlichen Theorierahmens zugleich bedeutet, dass sie zu
einem physikalischen Körper unter anderen ‚objektiviert' wurde. „Die eine
Physik der Welt, die Physik des Himmels und der Erde war, nahm den Zeichen
am Himmel für immer ihre transzendente Zeichenhaftigkeit", so beschreibt
Blumenberg das gravierendste Resultat der Kopernikanischen Wendung und
setzt hinzu, der Mensch habe die Frage nach seinem Sinn-Ort im Kosmos von
nun an nur noch an sich selbst richten können. Dies zeigt sich schon bei
Kopernikus selbst, wenn die Sinnhaftigkeit der Welt daran abgelesen werden
soll, dass der Mensch imstande ist, „die Geheimnisse der Natur" und „die
Meisterschaft und Rationalität des Weltbaumeisters" zu erhellen. Letztlich
bringt dieser entscheidende Aufklärungsschritt, wie Blumenberg darlegt, Natur
(Welt) in ihrer Rücksichtslosigkeit und fehlenden Bekümmerung um das

---

[29] Hans Blumenberg, *Die Legitimität der Neuzeit*. Frankfurt/Main 1966, ich folge hier der
Neuausgabe Frankfurt/Main 1988.

Humanum in den Blick. Der Mensch wird mit ihr kein Bündnis eingehen können. Beide Befunde Blumenbergs bleiben richtig. Sie stehen aber unverbunden zueinander. Vor dem Horizont der Neuen Epochenforschung könnten sie aller erst miteinander korreliert werden; im Hinblick auf die Verklammerung der Ära der inneren Kraft mit der Ära der Repräsentation und bezogen auf deren weitere periodische Gliederung.

II. Am Beginn der Ära der Evolution (seit 1770). Philosophiehistorische Fragen an die Komponentenanalyse

(1) Wenn man die Jahrzehnte von etwa 1770 bis 1820, also bis zum Einsatz der zweiten Periode der ‚Ära der Evolution', philosophiehistorisch zu überschauen versucht, so könnte man von der Vielfalt und (aufeinander bezogenen) Gegenläufigkeit der Denkeinsätze geblendet sein. Dieter Henrich,[30] einer der besten Kenner, sprach gar von einer philosophischen ‚Hoch-Zeit', die der attischen Antike im 5. vorchristlichen Jahrhundert zu vergleichen sei. Um Reichtum, aber auch Komplexität zu ermessen, muss man zunächst einmal auf die verschiedenen Quellflüsse sehen. Sie sind, um es vorweg zu sagen, noch nicht in einer Gesamtdarstellung zusammengeführt worden: Neben Kant (und den Fortschreibungen seiner Philosophie über die drei Kritiken hinaus) und dem Frühidealismus im engeren Sinne mit der je spezifischen Denkentwicklung der Freunde Hegel, Hölderlin Schelling, bedarf die philosophische Frühromantik, allen voran der junge Novalis, mit seinen Fichte-Studien eigenständiger Erörterung. Hierher gehört auch das Frühwerk von Friedrich Schlegel.
In der Folge Herders und seiner konsequenten Gegenstellung zur Kantischen Kritik bleibt die Wahrnehmung des neuen philosophischen Durchbruchs im Weimar Goethes und Schillers zu berücksichtigen. Die Verhältnisse werden dadurch weiter kompliziert, dass zwischen den verschiedenen Kreisen Berührungen, bis hin zum lebhaften Austausch, zu konstatieren sind. Doch das ist nur die eine Seite.
Die andere Seite der Problematik ist darin zu sehen, dass die verschiedenen Gruppierungen sich teilweise aus denselben Urbildern speisen, wobei in der heutigen Forschung über deren Gewichtung und Relation aufeinander keinesfalls Einigkeit besteht. Die Auffindung des *Geistes* der Spinozanischen 'Ethik' neben einem vermehrten authentischen Studium Platons, der erstmals

---

[30] D. Henrich, *Über Probleme der Methode bei der Erforschung der nachkantischen Philosophie*, in: ders., *Konstellationen. Probleme und Debatten am Ursprung der idealistischen Philosophie* (1789-1795). Stuttgart 1991, S. 7 ff.

wieder seit dem Neuplatonismus in der Spannbreite seines Denkens wahrgenommen wird und nicht nur einzelne Stellen liefert (und hier kommt Schleiermacher in seiner Verbindung mit Schlegel auf dem Weg zu einer deutschen Zweitschrift Platons entscheidende Bedeutung zu!) sind zwei der Quellen. Eine dritte ist unstrittig in der Kantischen Philosophie zu suchen. Diese ist aber[31] von Anfang an nicht nur Gegenstand einer eingehenden Analysis und Rezeption der jungen Generation, sondern der Umbildung. Darüber hat sich niemand mehr gewundert als Kant selbst. Wenn Fichte seine erste Wissenschaftslehre als letztgültige und unumstößliche Darstellung des Kantischen ‚Systems' verstand, zu dem Kant selbst aber keineswegs hindurchgedrungen ist, deutet sich dieser Zug bereits an.[32]

Diesem hier nur in Grundzügen skizzierten Befund einer in wenigen Jahren aufs stärkste verdichteten Debatte gegenüber scheinen die Bestimmungen der Neuen Epochenforschung sehr großflächig zu sein; zwischen 1770 und 1820 kann keine neue Periode angesetzt werden. Dieser weite Problemansatz hat allerdings unstrittige Vorzüge. Er bringt, zunächst literarhistorisch gesprochen, die herkömmlichen Epochengrenzen in Fluss und lässt die Grenzlinie nicht zwischen Klassik und Romantik verlaufen, sondern innerhalb dieser Epochenprofile selbst. Dass derlei für die Literarhistorie selbst einen Erkenntnisgewinn verspricht, der allererst sonst ungesehene Problem-zusammenhänge wahrzunehmen erlaubt, wäre unschwer an der Affinität spätromantischer Erkundungen und Übersetzungen der Weltpoesie und Goethes Divan-Dichtung zu ermitteln, und an der Öffnung des klassischen Raumes in 'Faust II' oder in den 'Wilhelm Meisters Wanderjahre[n]', die jene Verengungen zurücknehmen, wie sie die ingeniösen Kritiker wie Friedrich Schlegel oder Novalis zur Jahrhundertwende bemerkt hatten; und wie sie sich mit romantischen Grundmotiven berühren (man befrage dazu nur Albrecht Schönes monumentalen Faust-Kommentar).

Indes: für Walter Falks eigenes (aus der Neuen Epochenforschung hervor-gegangenes) Geschichtsdenken hat die Periode zwischen 1770 und 1820 darüber hinaus eine entscheidende und durchaus differenzierte Bedeutung. Sie

---

[31] Diese These, die von Henrich her eine bestimmte Explikationskraft besitzt, andere Momente aber außer acht lässt, wird weniger in eigener monographischer Durcharbeitung der Problemschichten als in breit angelegten Forschungs- und Tagungsprogrammen weitergehend realisiert. Vgl. H.F. Fulda, J. Stolzenberg (Hgg.), *Architektonik und System in der Philosophie Kants*. Band I. der Reihe: *Kant und der deutsche Idealismus*. Hamburg 2001. Insgesamt geht es dabei um den Versuch, in Fortschreibung von Dieter Henrichs ‚Konstellationenforschung' ‚Geschichte in Konstellationen' zu begreifen. Die Initiation dieser Forschungsrichtung dankt sich K. Cramers wiederholt aufgeworfenen Frage, was Kant von den Systementwürfen der nachkantischen Philosophie hätte verstehen können. Eine Klärung der Geschichtlichkeit philosophischer Entwicklungen kann darin aber kaum gefunden werden.

[32] Ich folge hier der Ausgabe von Fichtes Werken, hgg. von I. Hermann Fichte Band I, Neudruck Berlin 1971, S. 91 ff. und S. 240 ff.

ist, um es knapp zu sagen, wie sonst nur die äternistische Zwischenperiode, als Ausgangspunkt für die geistige Problemlage der Gegenwart um das Jahr 2000 zu begreifen. Falk hat, bereits in 'Die Ordnung in der Geschichte' und dann erst recht in 'Wissen und Glauben um 2000', darauf hingewiesen. Es geht hier um jene Zeit, in der - durch Herder - das Gehäuse der Fortschrittsmaschine geöffnet wird, während Herder zugleich durch die Historisierung von Kulturen und Zeitaltern die Relativität normativer Orientierung aufweist. Es ist insbesondere der dialogische Zugriff, der Verweis auf die Sprache, der in der Epoche zwischen Herder und der Frühromantik die Denkform machinaler Kausalität aufsprengt. In der Sprache, dem göttlichen Geschenk, wirken Menschen nicht mechanisch aufeinander ein. Sie bietet Namen und Merkmale und eröffnet darin die Freiheit des Gesprächs. In diesem Sinn führt Herder in der Sprachabhandlung aus: „Der Mensch ist ein freidenkendes tätiges Wesen, dessen Kräfte in Progression fortwirken; darum sei er ein Geschöpf der Sprache". In 'Die Ordnung in der Geschichte' (1984/85) konstatierte Falk bei Kant die Verdeckung dieses Umbruchs durch eine 'Restaurierung des normativen Denkens im emanzipativen Denken'.

Die Urstiftung der ‚Ära der Evolution' ist, wie es nun zu sehen gilt, auch dadurch mit der Äternistik verknüpft, dass erst in dieser Zwischenperiode, gut ein Jahrhundert später, die Krise der Normativität *als* Krise der Emanzipatorik ihrerseits zur Kenntlichkeit kommt.

Hintergrundfolie des damit bezeichneten Problemzusammenhangs ist die mit dem neuzeitlichen Fortschrittsimpetus sich berührende Annahme einer ausschließlich innerweltlich verstehbar zu machenden Entstehung der Welt. Die ‚generatio aequivoca' ist ein zunehmend zutage tretender Grundzug der Neuzeit, der aber nicht widerspruchslos seine Deutungsmacht entfaltet und immer wieder durchkreuzt wird. Diese ‚generatio aequivoca' löst die Sinnfrage (Warum-Frage) auf und fragt nur nach Dass und Was.

Man wird der vordergründigen Schwierigkeit und der Bedeutung des Falkschen Impulses für die entscheidende Sattelzeit deutscher Philosophie dadurch Rechnung tragen können, dass die Perioden der Kognitivistik ihrerseits in Phasen untergliedert werden. Dies kann nicht allein aus der philosophischen Problemanlage heraus geschehen. Zunächst einmal ist als aufschlussreich, wenn auch zugleich als überraschend zu kennzeichnen, dass für die Urgeschichte unserer Zeit maßgebliche Stimmen und Gegenstimmen innerhalb der Ära der Evolution mit Potentialpriorität innerhalb einer Konkretisierungsära aufzufinden sind. Dieser Befund kann im Folgenden als Leitfaden fungieren.

Nicht minder aufschlussreich (und einem vertiefenden Studium der Ära aller erst Anhalt gebend) nimmt sich die Binnenstruktur der Ära der Evolution aus. Ich erinnere die einschlägige Formel: Potentialkomponente: Der subjektive

Wille zur Erneuerung; Aktualkomponente: Die veraltete Ordnung der Dinge
im Raum; Resultativkomponente: Die neuartige Ordnung der Dinge im Raum.
Hervorzuheben ist, dass die für die erscheinende Aktualität im egotistischen
Zeitalter bestimmende räumliche Dreidimensionalität nach wie vor in Geltung
bleibt. Wenn das Neue der Resultativkomponente verstärkt hervortritt, so in
Zügen einer Disjunktion zum Bestehenden. Man muss sich hier auch daran
erinnern, dass von Walter Falk ein entscheidendes Faktum von Zeitstrukturen
(begegnend in der Periode der Tempistik!) zu Recht darin gesehen wird, dass
solche Entitäten nicht in wechselseitiger (binärer) Unterscheidung voneinander
aufgewiesen werden, sondern eine Dreiheit explizit wird: „in der (zwei) sich
unterscheidende Dinge in einem Bezug zu einem dritten Moment stehen, das
als Fixpunkt dient".[33] Es ist zu prüfen, inwiefern dies für die Urgenesis der
neuzeitlichen Dialektik in der spekulativen Philosophie gegeben ist.

(2) Der Problemzusammenhang wird sich näher klären, wenn man von einem
Grund- und Durchbruchstext der fraglichen Ära ausgeht: Fichtes erster
‚Wissenschaftslehre' aus dem Jahr 1794.
Man wird Fichtes Neueinsatz in der nachkantischen Philosophie einer Visuali-
sierungsphase zuordnen müssen, die dann um 1790 einsetzte und sehr
verschiedene Denkansätze, die sich freilich primär an Fichte nicht an Kant
entzündeten, mit umfassen würde. Und man wird bei diesem Neueinsatz eine
Potentialpriorität im antagonistischen Modus annehmen müssen. Sie prägt
zunächst die ersten drei Grundsätze der ersten Fichteschen
‚Wissenschaftslehre': Das Ich setzt sich im ersten Grundsatz schlechthin ‚als
Ich'. Dabei ist es wesentlicher Teil seines sich sich selbst gebenden
(produzierenden) Bewusstseins, dass ihm schlechthin ein Nicht-Ich,
Objektwelt, entgegengesetzt wird. Diese Entgegensetzung ist als anta-
gonistisch zu verstehen. Sie ist aber eindeutig zugunsten der Potentialität des
Ich ausgelegt: „Durch Wechsel-Tun und Leiden wird die unabhängige
Tätigkeit; und durch die unabhängige Tätigkeit wird umgekehrt Wechsel-Tun
und Leiden bestimmt." Die Aktualität muss, dies bemerkt Fichte selbst, aller
erst in die Reflexion eingeholt werden, und man kann (ohne dass wir uns auf
die Einzelheiten einlassen könnten), mit einiger Sicherheit notieren, dass sie
die Grundbewegung in den verschiedenen Entwürfen zur Wissenschaftslehre
von 1800 bis zum Tode wird. Aufschlussreich ist auch in diesem
Zusammenhang der Briefwechsel mit Schelling; gerade als sich beider
Zerwürfnis unabdingbar abzeichnet. Ich verweise hier auf einen Brief Fichtes
vom 27. 12. 1800, den er aber bezeichnenderweise nicht absandte: „Nach
allem, was bisher deutlich dargestellt worden, könnte das Subjecitve in Ihrer
(sc. Schellings) subjectiv-objectiven Natur doch nicht anderes seyn, als das

---

[33] W. Falk, *Handbuch der Komponentenanalyse*, a.a.O., S. 240.

von uns in das (unbestritten unsere) Geschöpf der Einbildungskraft durch Denken hineingetragene Analogon unserer Selbstbestimmung (die Natur als Noumen). Nun kann nicht umgekehrt das Ich wieder aus dem erklärt werden, was anderswo durchaus aus ihm erklärt wird".[34]

Die Aktualkomponente findet bei Fichte ihren Ort im Dritten Grundsatz, „Ich setze im Ich dem teilbaren Ich ein teilbares Nicht-Ich entgegen. Ich-Sein ist Teilbar-setzen, zu ihm gehört Eingeschränktheit des Ich, d.h. als Unterschiedenheit, Beschränktheit des Nicht-Ich". Fichte selbst hat notiert, dass der Widerstreit zwischen dem beschränkten und dem unbeschränkten Ich die eigentliche Antithese (die Haupt-Antithese) sei. Sie wird freilich 1794 nur insoweit in die Erwägungen einbezogen, dass die unbedingte Potentialpriorität erhalten bleiben kann. Die Antithese stellt sich dann in der näheren Durchführung der ersten Wissenschaftslehre derart dar, dass das Ich als Dasein (Wirklichkeit) abhängig ist. Als Bestimmung (Selbstbestimmung) ist es hingegen in seiner Tathandlung schlechterdings unabhängig. Doch bedarf es eines Anstoßes, damit die Intelligibiltiät allererst freigesetzt werden kann. Oder anders formuliert: „Der Punkt, auf welchem wir uns selbst finden, wenn wir zuerst jenes Mittelvermögens der Freiheit mächtig werden, hängt nicht von uns ab; die Reihe, die wir von diesem Punkte aus in alle Ewigkeit beschreiben werden, in ihrer ganzen Ausdehnung gedacht, hängt völlig von uns ab" (Fichtes Werke, I, S. 249). Dies macht die prekäre Weise aus, in der das Ich sich zum Absoluten verhält. Nach Fichte muss es, um sich als uneingeschränkte Tätigkeit zu setzen, ein Absolutes setzen. Doch dieses absolute ist nur für es da. „Das Ich setzt sich für sich; und alles, was es setzt, für (es)" - im Sinn des Ersten Grundsatzes (I, S. 281).

Wenn man sich nun in Grundzügen vor Augen führt, wie die junge Generation auf Fichte reagierte, und dabei muss man vor allem das Freundes-Gespräch zwischen Hölderlin und Schelling im zentralen Blickpunkt halten, so wird erkennbar, dass die Selbstsetzung des Ich als eines Absoluten nicht schlüssig erschien. Absolutheit kann keine ichförmige Verfassung haben, denn diese bleibt ein Entgegensetzungsverhältnis; so kommt es Fichte aus seinem Hörerkreis entgegen. Es ist also, komponentialanalytisch gesprochen, wesentlich der ‚antagonistische Modus', der einem Schelling, oder einem Hölderlin, ungenügend erschien. Sie suchen nach dem Sein im einzigen Sinne des Wortes, der Unverletzlichkeit des Einen, das aber, und darin bleibt die Potentialpriorität unverkennbar, Geist sein soll (in diesem begeisteten Spinozismus findet die Verengung auf das Fichtesche ‚Bewusstseinszimmer' ihren Gegenhalt). Dies unterstreicht Hölderlin in dem frühen, heute viel zitierten (erst 1961 aufgefundenen) Fragment ‘Urtheil und Seyn': ‚Urtheil' ist

---

[34] Vgl. dazu *Schelling-Fichte-Briefwechsel*, hg. von W. Schulz, Frankfurt/Main 1965, S. 114.

demnach „im höchsten und strengsten Sinne die ursprüngliche Trennung des in
der intellektualen Anschauung innigst vereinigten Objects und Subjects". Und
über den Seinsbegriff bemerkt Hölderlin, er drücke die - unmittelbare -
Verbindung des Subjects und Objects aus. „Wo Subject und Object
schlechthin, nicht nur zum Theil vereiniget ist, mithin so vereiniget, dass gar
keine Trennung vorgenommen werden kann, ohne das Wesen desjenigen, was
getrennt werden soll, zu verlezen, da und sonst nirgends nirgends kann von
einem Seyn schlechthin die Rede sein" (StA IV, 1, S. 216 f.).

Besonders signifikant ist in diesem Zusammenhang der Schellingsche Ansatz.
Denn Schelling legt schon 1795 eine eigenständige Schrift unter dem Titel
'Vom Ich als Princip der Philosophie' vor, seine zweite eigenständige
Publikation. Die entscheidende Frage, um die es in dieser Schrift geht, zielt
darauf, etwas zu finden, „das schlechterdings nicht als Ding gedacht werden
kann" (Schellings Werke, ed. M. Schröter, Band 1, S. 90). Schelling findet
diesen Absolutpunkt, der schon unter seiner auch später leitenden Maxime des
‚Ausgangs vom Unbedingten' steht, in einer Formulierung des Ich-
Grundsatzes, die über die Fichtesche noch hinauszuweisen scheint: „Ich bin,
weil Ich bin". Näherhin wird dies argumentativ eingeholt: „Ich bin! Mein Ich
enthält ein Seyn, das allem Denken und Vorstellen vorhergeht. Es ist indem es
gedacht wird, und es wird gedacht, weil es ist [...]. Es bringt sich durch sein
Denken selbst - aus absoluter Causalität hervor". (ibid., S. 91).

Allerdings wendet sich Schelling schon bald, namentlich um 1797 (und wohl
unter dem Eindruck des Pantheismusstreits, der Platonischen Schriften, vor
allem des 'Timaios') von der nämlichen Maxime eines ‚Ausgangs vom Unbedingten' her gerade der nicht logisch einholbaren natürlichen Weltverfassung
zu: dies geschieht unter dem Eindruck der labyrinthischen metaphysischen
Kosmogonie des schon 1794 verfassten Timaios-Kommentars des gerade
Siebzehnjährigen, in der untersucht wird, wie die ungeordnete Raum-Materie
(Platonisch: die CHORA) eine kategorialen Form aufgeprägt erhält und wie
sie, mit Kant formuliert, als Reich der Zweckhaftigkeit begriffen werden kann.
Schelling möchte darin das ‚Werden zum Sein' transparent machen.

Als er zu seiner Identitätsphilosophie gelangt ist, formuliert Schelling den
‚komplementären Modus' in einem der letzten Briefe an Fichte vor der
Trennung ihrer Wege prägnant so: „Die Identität des Ideal- und Realgrundes
ist = der Identität des Denkens und Anschauens". Sein Denken ist im
Anschauen, sein Anschauen im Denken.

(3) Wir haben hier, gleichsam als Nachholung einer Vorgeschichte, auf die
Urstiftung der Auseinandersetzungen des frühen Idealismus bei Kant
zurückzugehen und zu bemerken, dass der Weg der drei Kritiken, erst recht
aber das, was Kant in ihrer Folge entwickelte, eine ständige Erweiterung des
Frageganges implizieren. Man mag dies unter anderem damit illustrieren, dass

die Gottesfrage in der 'Kritik der reinen Vernunft' zunächst im Sinn der
Aufklärungsthese vom (notwendigerweise) zu verlassenden Paradies als
‚Unmöglichkeit' jeder rationalen Theologie aufgewiesen wird; dass aber um
überhaupt einen Weltort des schlechthin Guten auffinden zu können, um nicht
nur das Wie der guten Handlung, sondern auch ihre Richtung (ihr ‚Wohin') zu
bestimmen (so Kant selbst in seiner Religionsschrift), die Transzendentalien
von Gott, Freiheit und Unsterblichkeit der Seele wieder ins Spiel gebracht
werden müssen. Der Gottesbegriff heißt auffälligerweise schon in der KrV
nicht ‚transzendent', sondern ‚transzendental': er eröffnet erst die Möglichkeit
eines Denkens in Ideen. Aus der Moral folgt, so konstatiert es Kant dann in der
Religionsschrift von 1794, ‚unumgänglich' die Religion. Diese Annäherung
liegt darin begründet, dass die Ankerpunkte des Kantischen Denkens bislang
nicht aufgewiesen werden konnten, denn sie sind nicht eines möglichen
Korrelates aus der Erfahrung fähig. Deshalb konnte der junge Schelling an
Hegel schreiben, Kant habe nur Schlussfolgerungen geliefert, nicht aber
Prämissen, und Konklusionen ohne Prämissen müssten unverständlich bleiben.
Das selbe Problem zeigt sich vielleicht am eklatantesten im Zusammenhang
der 'Grundlegung der Metaphysik der Sitten', die doch im Ganzen eine
Metaphysik der Freiheit begründet wird. Dass aber und wo (wie) Freiheit ist,
kann nicht mehr aufgewiesen, geschweige in Begriffen deduziert, werden;
mithin wird es zur Grundformel der ‚reinen praktischen Vernunft' zu einer
Einsicht des Nicht-Einsehbaren geführt worden zu sein.

Es ist diese Problemsicht, die Kant dazu bringt, bereits in seiner 'Kritik der
praktischen Vernunft' den ursprünglich rigide verworfenen Hedonismus
wieder aufzunehmen. Freilich nun als Glückseligkeit des Glückswürdigen, die
darin besteht, dass seine Handlungen eine Aussicht auf Wirksamkeit haben.
Damit soll einem Bedürfnis der reinen praktischen Vernunft, nicht des
Menschen als Sinneswesen Rechnung getragen werden. Weiter gehört es in
diesen Zusammenhang, dass die Philosophie in toto nur unter dem Anspruch
einer Welt stehen kann, die der sittlich und vernunftgemäß begriffenen
Menschheit als einem Reich der Zwecke entspreche. Und eben jenen Faden
wird das 'Älteste Systemprogramm des deutschen Idealismus' aufnehmen,
wenn es mit der Fanfare ‚eine Ethik' beginnt. Jene zweckhafte Welt wird in
der 'Kritik der Urteilskraft' weiter ausfiguriert: als eine umfassende
organologische Harmonie, in der jedes Einzelelement zugleich Mittel ist und
Zweck. Und in den ersten Skizzen zu seinem Nachlasswerk, dem 'Opus
postumum', bemerkt Kant:[35] Letztzweck der Philosophie sei es, dass sich die
Vernunft zu dem Ganzen eines Systems konstituiere, das namentlich als
‚Ganzes von Physik und Moral aus einem Prinzip" gestiftet werde. Zu seiner

---

[35] Kant, *Opus postumum*, Band II, Kant, AA XXII, S. 545, sowie S. 285 und S. 406.

Der mehrfache Anfang und die amphibolische Mitte neuzeitlicher
Philosophie. Eine Skizze im Anschluss an die neue Epochenforschung.
149

Entfaltung ist es nicht mehr gekommen. Man kann daraus aber die von Dieter
Henrich jüngst wieder sehr prägnante formulierte Folgerung ziehen, dass sich
Kants Denktektonik eigentlich doppeldeutig darbietet: einerseits die Methode
der transzendentalen Deduktion, die die Objektivität der Grundbegriffe der
Weltorientierung in der Subjektivität der Vernunft aufweisen möchten;
andrerseits aber die Suche nach einem Abschlussgedanken, der die bleibenden
transzendenten, metaphysischen, Fragen: Was können wir wissen, was sollen
wir tun, was dürfen wir hoffen in einem Grund zusammenschließt. Ich
formuliere den Sachverhalt mit Dieter Henrich: „So bleibt festzuhalten, dass
die Untersuchungsart, die für die Deduktionen charakteristisch ist, spätestens
dann, wenn diese Deduktionen aufeinander bezogen werden, Gedanken nach
sich zieht, die einen Grund der Gesamtverfassung unserer Rationalität zum
Thema haben. In ihnen wird nicht nur unsere Rationalität selbstreflexiv,
sondern sie wird auch als eine Realität betrachtet, deren Verfassung von einem
Realprinzip her, nämlich dem der Freiheit, in ihrem zusammenhang organisiert
und begründet ist. Man kann nicht umhin zu finden, dass in dieser Perspektvie
eine Linie ausgezogen wird, die von der Untersuchung der Ursprünge der
Erkenntnis in den Bereich der Metaphysik verweist, und zwar einer
Metaphysik, in der die letzten uns möglichen Gedanken, mit denen wir über
die Erfahrungswelt hinausgreifen, zusammengeführt sind."[36] Der späte Kant ist
also auf eine Grenze des kritischen Denkens gestoßen, in der als Problem
aufscheint, wie Objektivität und Letztorientierung aufeinander bezogen
werden können. Und durch diese Schwebelage weist er auf den Fichteschen
‚antagonistischen Modus' voraus.

(4) Wie weit oder eng man den Untersuchungsrahmen auch spannt, wird man
mit der ausgearbeiteten Dialektik, die sich bei Hegel ausprägte, eine erneute
Zäsur konstatieren müssen. Sie gehört, wenn die komponentialanalytische
Struktubildung zutrifft, einer Konkretisierungsphase an.
Entscheidendes Movens der Hegelschen Denkform als einer die Logik als
Anfangs- und Schlussstein einbeziehenden Systemarchitektonik ist es, dass
sich die Vernunft mit sich selbst und ihrem anderen zusammenschließt. Die
Bestimmungen der Logik erweisen sich vom Begriff des Begriffs her als die
voraussetzungslos zu gewinnenden Kategorien der Wirklichkeit. Über die
logische Wissenschaft bemerkt Hegel in diesem Sinn: „Sie ist selbst der reine
Begriff, der sich zum Gegenstande hat, und der, indem er [...] als Gegenstand
die Totalität seiner Bestimmungen durchläuft, sich zum Ganzen seiner
Realität, zum System der Wissenschaft ausbildet und damit schließt, dies

---

[36] D. Henrich, *Systemform und Abschlussgedanke-Methode und Metaphysik als Problem in Kants
Denken*, in: *Kant und die Berliner Aufklärung. Akten des IX. Internationalen Kant-Kongresses.*
Band I. Hauptvorträge, herausgegeben im Auftrag der Kant-Gesellschaft e.V. von Volker
Gerhardt, Rolf-Peter Horstmann und Ralph Schumacher. Berlin, New York 2001, S. 94 ff.

Begreifen seiner selbst zu erfassen, somit seine Stellung als Inhalt und Gegenstand aufzuheben und den Begriff der Wissenschaft zu erkennen".[37] Vielleicht noch expliziter wird dies formuliert, wenn die spekulative Methode als die schlechthin unendliche Kraft begriffen wird (man denke demgegenüber an die Konstellation der zwei Reiche bei Leibniz), was für Hegel einschließt, dass sie die objektive Substanzialität der Dinge ist.

Der Begriff ist insofern für Hegel das eigentliche Concretum, er erfasst das wirkliche des Wirklichen. Indem dies gerade in der Geschichtsphilosophie Folgen hat, wenn im Sinn der dort vorgetragenen Erwägungen die Vernunft eben dort ganz zu sich kommen soll, wo ihr anderes ist, deutet sich an, wie im Sinn einer Konkretisierungsphase die neuartige Ordnung der Dinge verfasst sein soll. Der Visualisierungsphase gehört Hegels Grundlegung seines Systems an, die 'Phänomenologie des Geistes'. Fertiggestellt wurde sie 1807, der Legende nach am Vorabend von Napoleons Einritt in Jena, des Weltgeists zu Pferde, der den Philosophen nur stammeln ließ. Durch die verschiedenen Signaturen der Welt- und Geistesgeschichte, die begriffen werden sollen, wird - wie der ursprüngliche Werktitel besagte - die ‚Wissenschaft der Erfahrung des Bewusstseins' grundgelegt, indem diese Erfahrung selbst allererst durchlaufen wird. Die Weltgeschichte von den Urformen (Herrr-Knecht-Problematik als erstmalige Einhegung eines Rechtsverhältnisses), über die attische Polis, Kunst und Religion, die großen Reiche, die Doppelfiguration von Reformation und Renaissancehumanismus bis zur französischen Revolution und der Furie des Terrors wird als Zeichenschrift für Bewusstseinszustände gelesen. Dabei ist die 'Phänomenologie des Geistes' aber keinesfalls linear strukturiert: denn der Bildungsgang des Geistes wird erforderlich, weil die vermeintlich allgemeinsten Aussagen, wie die Deiktika in Raum und Zeit, niemals voraussetzungslos sind. Die Erfahrung des Bewusstseins holt also in aller Weltorientierung Vorausgesetztes erst ein.

Es begegnet im Geschichtsverständnis der ‚Phänomenologie', wenn man Hegel, geschult durch den Blickwinkel der neuen Epochenforschung liest, weder der antagonistische Modus, wie er für den Fichteschen Denkansatz als charakteristisch zu erkennen war, noch sind jene Grundstücke einer Vereinigungsphilosophie maßgeblich, wie sie aus der Zwiesprache von Schelling und Hölderlin zu entnehmen waren. Die Mittelstellung der Liebe, das Sich selbst im Anderen finden, ist in der 'Phänomenologie des Geistes' nicht mehr bestimmend, wie sie es in Hegels frühen Ausarbeitungen in seiner Tübinger, Berner und Frankfurter Zeit gewesen waren. Vielmehr ist, wie zu

---

[37] Hegel, *Wissenschaft der Logik* Band II, in ders., Theorie-Werkausgabe Band 6, S. 505. Vgl. dazu meinen Aufsatz: *Unendliches und Absolutes. Über die Wirklichkeit der Hegelschen Logik*, in: H.S., *Spekulation und Subjektivität. Studien zur Philosophie des deutschen Idealismus.* Hamburg 2003, S. 181 ff.

erkennen war, der - der Platonischen Denkweise sich verdankende Grundzug
einer Einholung von Voraussetzungen (hypotheseis) entscheidend - bis zu dem
Punkt, an dem alle Voraussetzungen aufgehoben werden können (,anhairesis').
Geschichte wird dabei durchleuchtet, um ,Zeit zu tilgen', der Kalvarienberg
des Geschehenen wird zurückgelassen, eine gleichsam ewige Ordnung bleibt.

Hegel ist, wie ich hier nur andeuten kann, noch in einer anderen Weise doppeldeutig. Zeichnen sich doch gerade in den verschiedenen Stadien seiner
'Grundlinien der Philosophie des Rechts' bereits Grundzüge einer Gewichtung
der Reproduktionistik ab. Die angeeignete Sittlichkeit, das autonom
gewordene Herkommen, kann erst die Einseitigkeiten von abstraktem Recht
und einer absolut gesetzten autonomen Moralität korrigieren und insofern als
deren Synthesis fungieren. Man wird auch nicht übersehen, dass sich in Hegels
Geschichtsphilosophie, studiert man sie in Verklammerung mit seiner
Geschichte der Philosophie, Grundzüge der Einsicht in eine Wiederholungsstruktur des Vergangenen finden, auf der das Neue in Freiheit (und
nicht einer dialektischen Mechanik folgend) aufruht. Den Fortschritt des
Geistes vergleicht Hegel am fulminanten Ende der Vorlesungen über
Philosophiegeschichte einem Maulwurf, der auf unterschiedlichen Plateaus
immer wieder seine Bahn gräbt (Theorie-Werkausgabe Band 20, S. 462).
Deshalb weist der Gang der griechischen Philosophie eine Parallelstruktur zu
jenem der Philosophie der Neuzeit auf, wenn auch ein neues Prinzip gefunden
ist: nach Hegel ist es die freie Subjektivität. Weiterhin wird der eidetische Weg
der Logik gleichsam in zwei konzentrischen Kreisbahnen an die empirische
Erfahrung angenähert; einerseits der Realgeschichte, andrerseits der Vernunft
in der Geschichte, also der Philosophiegeschichte, und drittens, indem zu jeder
Zeit die Formen des objektiven Geistes auf den absoluten Geist hin
überschritten werden können, in dessen drei Sphären von Religion, Kunst und
Philosophie.

(5) Wenn man, um über die Evidenz der Visulasierungsperiode seit 1820 nur
ein Wort noch zu sagen, die Einwirkungen der V-Periode in der Ära der
Evolution vom philosophiehistorischen Gesichtspunkt aus bedenkt, muss man
festhalten, dass das Moment des Rückgriffs nicht nur in historischem Sinn zu
verstehen ist. Es vollzieht sich vielmehr eine Wendung zu dem
vorausgehenden gesichtshaften, also offenbarten, Absoluten. Am klarsten zeigt
sich dies bei Schelling in der Unterscheidung zwischen negativer und positiver
Philosophie, die dem Hegelschen Anspruch, im *Begriff* die Totalität des
Wirklichen vermitteln zu können, eine klare Absage erteilt. In der Zeit nach
Hegels Tod artikulierte sich deshalb auch die Programmatik einer ,christlichen
Philosophie', die zunächst auch im Gefolge der Heiligen Allianz als Pfeiler der
Wiener Ordnung von Friedrich Schlegel propagiert, dann aber von Schelling
aufgegriffen wurde. Im Blick auf Hegel und Fichte bemerkt Schelling in

Münchener Vorlesungen des Jahres 1827: „Es ist eigentlich nichts geschehen, alles ist nur in Gedanken vorgegangen, und diese ganze Bewegung war eigentlich nur eine Bewegung des Denkens. Dieß hätte jene Philosophie ergreifen sollen." (Schelling, Werke, ed. M. Schröter, Hauptband V, S. 195). Diese Kritik bedeutet aber zugleich eine Einschränkung des Denkens auf das ihm überhaupt nur Mögliche, eben auf den Rayon der ‚negativen Philosophie', auf den Begriffsarbeit sinnvoll einzugrenzen ist. Das Positive ist für den Begriff nicht erreichbar, wobei es nach Schelling eine der zentralen Aufgaben der negativen Philosophie ist, für ihr positives Komplement Raum zu geben. Erst dieses wird sich auf Existenz, Wirklichkeit beziehen, in dem Sinn, in dem Leibniz von Tatsachenwahrheit sprach. Es ist jene Wahrheit die Gott (indem er uns unzugängliche Gründe hatte!) gefallen hat, „vom Kopf auf die Füße zu stellen" (Essais de Theodicée). In verwandter Weise ist auch im späteren Werk der Brüder Schlegel (wir begrenzen uns hier auf Friedrichs Wiener Vorlesungen) nach jenem Vorausgesetzten zu fragen. Dabei wird die Herdersche Frage nach der Sprache neu akut. Denn es geht um das Problem: „Wie der Mensch denn eigentlich zu dieser wunderbaren Fähigkeit oder Gabe der Sprache gekommen sey, die einen so großen und wesentlichen Antheil seines gesammten Wesens bildet". Hier wird ein Sinnzusammenhang evoziert, der der Vernunft nicht vollständig (und das heißt: distinkt in propositionalen Aussagen!) zugänglich ist, um den sie aber weiß: Nämlich durch die Analogie realer Ordnungen in der Kulturgeschichte und der Natur. Schlegel spricht im einzelnen von einer vierfachen Offenbarung Gottes, im Gewissen, in der Natur, den Heiligen Schriften und der Weltgeschichte und er macht schließlich einen Absolutpunkt, die Seele als Gewissens-Ort namhaft, an dem diese Ströme zusammenfließen.

Nun bestünde eine wesentliche Aufgabe darin, wenn man die Ergebnisse der Neuen Epochenforschung und jene aus Falks nachgelassenem Werk 'Wissen und Glauben um 2000' zusammennimmt, die Verklammerung der Reproduktionistik mit den Gegen-Stimmen zum Fichteschen antagonistischen Modus in der Visualisierungsphase der Kognitivistik einerseits, und die Wiederaufnahme von Fragen, die um 1770 bei Hamann und Herder aufkamen, also in der Markierungsphase der Kognitivistik in ihrer epochalen Ordnung zu beschreiben. Dazu ist bisher zu wenig explizit gesagt worden. Man wird aber etwa annehmen dürfen, das die merkwürdige Gegenstellung der Frühromantiker zu der aufkommenden Begriffsbestimmung des Absoluten (zu denken ist vor allem an die Fichte-Studien von Novalis), die in der heutigen Forschung aus vordergründiger Ansicht als Rückkehr zu der Kantischen Schwebelage und der Unausweisbarkeit des Absoluten erscheinen muss,[38] in ihrem Kern erst aus der Epochenstruktur zu erfassen sein dürfte.

---

[38] M. Frank, *'Unendliche Annäherung'. Die Anfänge der philosophischen Frühromantik.* *Frankfurt/Main* 1997; dazu meine Rezension: *‚Unendliche Annäherung'. Bemerkungen zu*

Freilich wird man annehmen dürfen, dass die bisherigen Ausprägungen der Neuen Epochenforschung etwa Foucaultscher oder Nitschkescher Prägart noch zu sehr auf den Begriff der Aufklärung orientiert sind, um die erforderlichen Differenzierungen tatsächlich leisten zu können.

Ich muss es hier bei diesen Hinweisen lassen, die in weiter ausgreifenden Studien zur Geschichte des deutschen Idealismus in absehbarer Zeit weitergeführt werden sollen.

Wenn man, um knapp zu resümieren, zwei große Versuche in der Moderne, Ordnungsformen der Geschichte zu denken, mit dem Grundansatz der Neuen Epochenforschung vergleicht, so wird deren Proprium abschließend unmittelbar und in toto deutlich:

1. Heideggers Seinsgeschichte war als Geschichte einer Verstellung und eines Entzogenseins der originären Seinserfahrung angelegt, in der das Anfängliche (PHYSIS) sich nur so zeigte, wie es nicht ist. Dieses aller erst zu Findende, PHYSIS, SEIN (a-personal gefasst) nimmt selbst keine Gestalt an.
Nietzsches Genealogie der Moral fasst Platonismus und Christentum als eine große Krankheit der ,asketischen Ideale' auf, ohne die aber auch die Zivilisation nicht wäre. Selbst der Sprung aus dieser Krankheit in die große Gesundheit, die zum Traum vom Übermenschen führt, verdankt der Überlieferung ihre Möglichkeit.
An die Stelle der ziel- und fortschrittshaft perspektivierten Geschichtsphilosophien sind also, wie beide Ausprägungen zeigen, großräumige Verfallsgeschichten getreten. Die Wiederholungsstruktur, die dem Neuen erst Raum gibt, vermag dagegen Verdeckungen zumal in der neuzeitlichen Vernunftgeschichte aufzuweisen. Sie vermag aber zugleich (dies ist das von Falk in 'Wissen und Glauben um 2000' herausgearbeitete Spezifikum!) deren Gegenstimmen, das Rettende, das durch die Gefahr hindurch gewahrt bleibt, namhaft zu machen. Und sie bringt deshalb jenseits des technischen Weltgehäuses die personale Freiheit des absoluten Horizontes zur Geltung, der auf den homo humanus verweist.

2. Heribert Boeder hat im Anschluss an Heidegger, dem sein Denken nach eigenem Bekunden alles verdankt, die Frage nach dem Ganzen der überlieferten Metaphysik nicht mehr unter die Frage: ,Was ist Metaphysik?' gestellt sehen wollen, sondern unter die folgende: „Wo ist die Vernunft des metaphysischen Wissens die anfangende? [...]. Die Geschichte ist da [...] nur noch unsere eigene Bewegung, die sich - mit Augustinus zu reden - in einer

Gegend von ‚Bergen' und ‚Hügeln' orientiert".[39] Diesen Anfang weiß Boeder aber nicht aufzuweisen, vielleicht, weil auch er sich der Denkerfahrung des personalen Horizontes, und damit einer anfangenden (aber niemals von selbst anfangenden) Freiheit verschließt. Bezeichnend ist in diesem Zusammenhang Boeders Frage nach dem ‚Es' in dem Heideggerschen ‚Es gibt'. Sie verweist für ihn auf ein schlechterdings nicht geklärtes Problematon.

Ich erlaube mir zum Schluss, noch einmal an die Anfänge, und damit an Eugen Fink, Heideggers bedeutendsten Schüler und den Lehrer Walter Falks, zurückzuerinnern. Für ihn blieb ‚Welt', nach deren Begriff er zeitlebens leidenschaftlich fragte, ein Labyrinth; ein Sinnbild übrigens, das, wie Fink wohl nicht wusste, in der Ära der inneren Kraft, in den Selbstverzweiflungen zur Zeit des Shakespeareschen Hamlet oder Don Quijotes, ein verzweifeltes Weltsymbol war. Das letzte Wort der labyrinthischen Weltmetaphysik Eugen Finks ist eine ‚meditatio mortis'. Die Metaphysik kann, so resümiert er, den Tod nicht ‚denken'. Sie greift über das Maß des Menschlichen hinaus. (Dies versucht Falk im Zusammenhang der Frage nach der ‚Ordnung in der Geschichte' auch in keinem Fall!). „Die Endlichkeit hat ihren schärfsten Ausdruck, ihren bittersten Geschmack im Tod. Was uns so bestürzt, beengt und bedrängt und in die Furcht des absoluten Herrn niederwirft, ist nichts Außermenschliches, es ist vielmehr das Menschlichste am Menschen - das, was macht, dass wir das Sein, die Welt aus der flüchtigen Perspektive, aber mit der Innigkeit des Todgeweihten erleben, erfahren und denken". Und Fink kann nur ein ‚dichterisches Wort' Rilkes an das Ende rücken: „Wir aus den Armen die Leere zu den Räumen hinzu, die wir atmen; vielleicht dass die Vögel die erweiterte Luft fühlen mit innerem Flug".[40] An die Stelle dieser letztendlichen Leere tritt bei Walter Falk die Gestalt des Engels als der Erscheinung ‚realer Gegenwart', oder, wie er andernorts sagt, des ‚wahren Augenblicks'. Falks Engel ist ein Engel der Geschichte, doch anders als der von Walter Benjamin in Bezug auf ein Bild von Paul Klee, 'Angelus novus', bedachte. Er ist nicht mit dem Auge in die Vergangenheit gerichtet, auf einen unübersehbaren Trümmerhaufen des Gewesene, während ihn ein Sturm, offensichtlich gegen seine Freiheit, „unaufhaltsam in die Zukunft (treibt), der er den Rücken kehrt, während der Trümmerhaufen vor ihm zum Himmel wächst." „Das, was wir den Fortschritt nennen, ist *dieser* Sturm."[41] Bei Falk gibt es eine solche Unaufhaltsamkeit nicht. Die Freiheit besteht darin, in der Gegenwart zu

---

[39] H. Boeder, *Topologie der Metaphysik*. Freiburg, München 1980, S. 49.
[40] Eugen Fink, *Metaphysik und Tod*. Stuttgart 1969, S. 125.
[41] W. Benjamin, Gesammelte Schriften, hgg. von R. Tiedemann und H. Schweppenhäuser, Band I. Frankfurt/Main 1974, S. 697 f.

Der mehrfache Anfang und die amphibolische Mitte neuzeitlicher
Philosophie. Eine Skizze im Anschluss an die neue Epochenforschung.

155

bleiben. Der Engel richtet seinen Blick mithin auf das gelebte Leben im Jetzt und Hier.

Unter der Sonde von Walter Falks Denken öffnet sich nicht nur das Haus der Fortschrittsmaschine, es wird auch das Labyrinth selbst gelichtet. Man wird nicht übersehen, dass die Frage nach der Ordnung in der Geschichte, nicht zuletzt eine Frage nach der Existenz der realen Zeit und in ihr der realen Gegenwart ist. Die reale Gegenwart des Augenblicks ist die Kehrseite einer zeitlichen Ordnung, in der Vergehendes und Neues aufeinander bezogen bleiben. Die Analyse, die auf den realen Augenblick vorbereitet, ist nicht Teil einer Apologie oder Theodizee von Geschichte, welche Jacob Burckhardt in einer Wendung gegen Hegel als Bacchanal begriffen hat. Die Geschichte ist, anders als es die Fortschrittsfixierung neuzeitlicher Geschichtsphilosophie wollte, nicht Gott.

Burckhardts Blickpunkt galt dem ,Menschen in der Geschichte'. Dies ist im wesentlichen auch Falks Perspektive. Nur sucht er nach dem Freiheitshorizont des Menschen in der Geschichte, und das heißt, dass man sich in Falks Sinn weder damit begnügen kann noch darf, ihn im Burckhardtschen Sinn als ,Chaos, das ins Chaos schwankt' zu begreifen.

Die Realität von Gegenwart hat Falk nicht ohne guten Grund in das Zentrum seiner Abschiedsvorlesung gerückt, die nicht nur, ihrem unmittelbaren Anlass Rechnung tragend, ,Hawking irrt', sondern im Blick auf ihre weitere Perspektive ebenso ,Heidegger irrt' überschrieben sein könnte. Und Falk schließt unter anderem mit dem Satz: „Meinerseits hätte ich - auf dem Hintergrund meiner komponentialanalytischen Einsichten - von dem 'Augenblick' zu sagen, dass sich in ihm die Inspiration vollzieht, mit der jeder einzelne Prozess von Schöpfungszeit beim Menschen anhebt." Mögen einige germanistische Fachkollegen seinerzeit irritiert reagiert haben: nicht nur Goethe würde diese Auffassung bestätigt haben, sondern auch Gottfried Benn, der es offen ließ, ob die Kunst aus uns oder über uns kommt.

Gelächter und Verschweigen sind Reaktionen auf einen Tabubruch derjenigen, deren vermeintliche 'Voraussetzung' auf Dogmata beruht, anders als Falks Investigation.

[Dieser Text gibt einen zwei Komplexe verbindenden Vortrag wieder, der aus Anlass des 25jährigen MKE-Treffens am 16.9.2000 in Marburg gehalten worden ist. Tragischerweise fand die Begegnung am Tag vor Walter Falks Tod statt. Er konnte meine Ausführungen nicht mehr hören, hat sie aber indirekt noch zur Kenntnis genommen.]

8. Epochenbestimmung und Gegenwart.
Walter Falk zum Gedenken

Es fällt unmittelbar ins Auge, dass Walter Falk die großen Synthesen seines Lebenswerks in den letzten Jahren bewusst auf eine Diagnostik der Gegenwart hin perspektiviert hat. Dies zeigt sich an den beiden Manuskripten, an denen er bis zu seinem Tod arbeitete 'Glauben und Wissen um 2000' und den Vorlesungen über die Literatur der neunziger Jahre.[1]
Jener diagnostische Impetus hatte einen sehr präzisen Sinn; es ging Falk darum, durch die von der Komponentenanalyse zu erwartende Möglichkeit, eine neue Welterfahrung gleichsam mit ihrem ersten Aufkommen zu diagnostizieren, mit größerer Sinnklarheit die nächste Zukunft zu erfassen. Jener Impuls ist offensichtlich nicht nur von theoretischem, sondern auch von praktischem Interesse.
An der je eigenen Gegenwart, ja schon am Gedächtnishorizont der vorausgehenden Generation muss sich ein solcher Maßstab bewähren. Dem unvermittelten Blick zeigt sich durch die zu große Nähe vieles verwirrend; die Konturen verlieren sich in einzelne Rasterpunkte, ein großes Schema ist nicht erkennbar. Das 20. Jahrhundert ist kalendarisch zu Ende gegangen. Die historiographischen Debatten der letzten Jahre haben verschiedene Schnitte zu legen versucht, bei denen sich allesamt zeigt, wie vage das Verständnis der Epoche ist, die in unsere Gegenwart hineinreicht. Man kann die Rede vom ‚kurzen 20. Jahrhundert', das von 1914 bis 1989 gedauert habe, finden; also die Umrisszeichnung einer Epoche, die mit der ‚Jahrhundertkatastrophe' von 1914 (George F. Kennan) beginnt und in deren Mitte Raymond Aron einen ‚Dreißigjährigen Krieg des Zwanzigsten Jahrhundert, vermutete. Doch auch längere Herleitungen scheinen denkbar. Es ergäbe sich ein langes Jahrhundert, wenn es dort anfinge, wo die ‚Kunst' der alteuropäischen Staatsklugheit und Gleichgewichtspolitik des 19. Jahrhunderts anachronistisch geworden war, also vielleicht im Jahr 1848, auch wenn Bismarck die pentarchische Staatskunst des Wiener Kongresses noch einmal sans phrase belebte und durch seine brüchigen Austarierungen nach zwei Seiten ad absurdum führte. Jürgen Habermas hat den Blick der ‚reeducation' hinzugefügt, und das Jahrhundert mit dem Jahr 1945 auf seinen Scheitelpunkt gekommen gesehen; zuvor die Tragödien und Irrationalismen, danach die geglättete See eines westlichen

---

[1] Vgl. Falk, *Glauben und Wissen um 2000. Zu einer weltbewegenden Problematik und ihrer Herkunft.* Paderborn, München, Wien, Zürich 2003. Die in den letzten Jahren gehaltenen Marburger Vorlesungen über die Gegenwartsliteratur liegen ausgearbeitet vor und sollten in den nächsten Jahren gleichfalls publiziert werden.

Epochenbestimmung und Gegenwart.
Walter Falk zum Gedenken (2001).

157

Wegs.[2] Je nach der Wahl des Gesichtspunktes mag es ein deutsches Jahrhundert mit dunklen Konnotationen genannt werden, ein amerikanisches, oder eines der Universalisierung, aber auch der Universalität des Völkermordes und Massenkriegs. Und schließlich mündet es in Fragen, die fern vom Rayon des alten National- und Tribalstaates verortet zu sein scheinen, Fragen der Biopolitik, ohne dass die alten Probleme getilgt wären. Doch wie sind die Jahre seit 1989 in dieses Schema einzufügen, die sich in weiten Teilen Ost-Mittel-Europas als ‚Tunnel am Ende des Lichts' zeigen? Ist der Niederbruch des Kommunismus tatsächlich als Demaskierung der Fortschrittsmaschine hinreichend begriffen, und markiert jenes Jahr ein Novum? Oder schreiben die gegenläufigen Tendenzen des Marktes und der Globalisierung den Fortschrittsimpetus in anderer Weise fort, mit offenem Ausgang, aber möglicherweise auf eine drohende Implosion zutreibend? Was wäre dann die Signatur der Gegenwart, deren ‚Geistlosigkeit' ja ‚Geistfeindlichkeit' bei vordergründigem Hinblick heute sehr offen zutage zu liegen scheint. In seiner Abhandlung über ‚Auswirkungen des epochalen Wandels auf Formen der Religiosität des 20. Jahrhunderts' im Jahr 1982 hat Falk auf Hans-Joachim Schoeps' Diagnose Bezug genommen, dass sich die eigene Zeit immer ‚geistfeindlicher' gebärde und er hat, ebenfalls mit Schoeps eine Wurzel in einem ‚Stumpfsinn' gesehen, zu dem es kommt, wenn „der geschichtliche Sensus" verschwindet.[3]

Dieser Hinweis bleibt akut. Denn die kurzatmigen Diagnosen führen freilich zuallerletzt ins ‚Auge des Sturms' der eigenen Gegenwart und Zeitgenossenschaft. Man denke an Hermann Broch, der, um den Zusammenhang der europäischen Katastrophe, deren Zeitzeuge er war, diagnostizieren zu können, nach Abschluss seiner ‚Schlafwandler'-Trilogie tiefer grub, in die gleichnishafte Revokation seines 'Tod des Vergil'.[4]

---

[2] Wichtige Reflexionen findet man bei M. Stürmer, *Die neue Kunst des Gleichgewichts*. Berlin 2001. So unterschiedliche Historiker wie R. Aron, E. Hobsbawm, P. Kennedy haben seit den achtziger Jahren versucht, eine Bilanz der jüngsten Vergangenheit zu ziehen.
[3] Vgl. W. Falk, *Auswirkungen des epochalen Wandels auf Formen der Religiosität des 20. Jahrhunderts am Beispiel der Dichtung*, in: E. H. Schallenberger (Hgg.), *Religion und Zeitgeist im 20. Jahrhundert*. Stuttgart, Bonn 1982 (= Studien zur Geistesgeschichte, hg. von Julius H. Schoeps, Band 2), S. 179 ff.
[4] Vgl. die einschlägigen Analysen bei Falk, *Epochale Hintergründe der antiautoritären Bewegung*. Frankfurt/Main, Bern 1982, S. 43ff.

I. Das Böse, das Genie und die Geschichte.
Der gegenwartsdiagnostische Akut

Genie und Ingenium

In seinem letzten großen Vortrag hat Walter Falk auf den die neuzeitliche
Aufklärungsbewegung begleitende Genieglauben aufmerksam gemacht, und er
hat eindrücklich gezeigt, dass die Thematisierung eines ‚Ermächtigtseins' zum
Dichten, von Max Frisch bis Peter Handke keinesfalls eine bloße Marotte
moderner oder ‚postmoderner' Ästhetik ist, sondern zeigt, auf wie
fundamentale Weise wieder in den Blick der Autoren selbst kommt, dass
Authentizität des dichterischen Wortes der Autorisierung bedarf. Wenn Falk,
gedeckt durch einschlägige Forschungen und in Übereinstimmung mit der
germanistischen Begriffsgeschichte des Genie-Topos durch Jochen Schmidt
den Geniekult um 1770 kulminieren sah, so hat er doch zugleich angedeutet,
dass die Wurzeln vielleicht tiefer in der philosophischen Urgeschichte der
Neuzeit lägen.[5] Und in der Tat rührt das Motiv des Dichters und Künstlers als
eines ‚anderen Gottes' aus dem Renaissancehumanismus. Julius Caesar
Scaligers berühmte Definition des Dichters als ‚Alter Deus' von 1561 ruht
indes schon auf einem breiten Fundament und zeigt, wie die Rede- und
Gedankenfigur längst habituell geworden ist. 1486 bezeichnet Pico della
Mirandola in seiner 'Oratio de dignitate hominis', einem Grundtext für die
Zuschreibung menschlicher Würde im Kontext der sich konstituierenden
Neuzeit, den Menschen als ‚plastes et fictor' (Bildner und Erfinder) seiner
selbst und als ‚Gott auf Erden'. Auch ist die Rede dort vom ‚secundus deus'
oder ‚deus humanus'. Der Mensch ist ‚Deus terrenus', eine Bezeichnungsform,
in die alchimistische Mysterien eingehen und begriffsfähig werden.[6] In statu
nascendi ist die Gedankenfigur allerdings noch tastend. Denn sie besagt
präzise, dass die menschliche Autonomie Vorgriff auf den absoluten Grund ist,
der aber durch Menschenwerk, die Freiheit als eigentliches Humanum, erst
und allein gesetzt werden kann. Ich füge diese begriffsgeschichtlichen
Erinnerungen nicht nur ein, um Walter Falks späte Erwägungen zusätzlich zu
stützen und um zu signalisieren, dass sich seine Intention, Neuzeit und
Genieglauben nachgerade parallel zu setzen, bestätigen dürfte. An dieser Stelle

---

[5] Vgl. W. Falk, *Zur Korrektur des Bildes vom Menschen in der deutschen Dichtung seit 1980 und
zu deren wissenschaftlicher Bestätigung durch komponentiale Analysen*, unveröffentl. Manuskript,
Vortrag auf der MKE-Tagung vom September 2000, den W. Falk nicht mehr selbst vortragen
konnte. Zum Hintergrund: J. Schmidt, *Die Geschichte des Genie-Gedankens in der deutschen
Literatur, Philosophie und Politik. 1750-1945.* 2 Bdd. Darmstadt 1985.
[6] Vgl. zur Problemgeschichte die beiden ausgezeichneten Arbeiten von W. Schrader, *Generatio
aequivoca. Zu einem Denkmotiv der Neuzeit*, in: Philosophische Perspektiven 4 (1972), S. 232 ff.
und dies., *Die Dringlichkeit der Frage nach dem Individuum. Ein Problemaufriss*, in: Perspektiven
der Philosophie 8 (1982), S. 92 ff.

Epochenbestimmung und Gegenwart.
Walter Falk zum Gedenken (2001).

159

soll auf noch einmal die von der Würzburger Philosophin Wiebke Schrader aufgewiesene Gedankenfigur hingewiesen werden, die im Hintergrund steht; die Figur der ‚generatio aequivoca'.[7] Es ist die Figur des Absolutums eines Prozesses der Weltentwicklung, die mit der inspiratorischen Anmaßung des Subjektes ein und denselben Problemkontext bildet. Wie beide Phantome ineinander verschränkt sind, kann man der dritten Kantischen Kritik (der KU) ablesen. Unter dem Problemtitel der teleologischen Urteilskraft wird eine Weltinterpretation versucht, in der das Zufällige der Natur als Teil eines Reiches der Zwecke, also der Sittlichkeit erscheinen könnte. Es ist offensichtlich, dass jene Teleologie nicht naturgesetzlich verfasst sein kann. Ebenso evident ist für Kant aber, dass nicht alle Erscheinungen der menschlichen und außermenschlichen Natur unter Naturgesetzen beschreibbar sind. Dies zeigt sich am lebendigen Organismus, der sich nicht hinreichend als Räderwerk beschreiben lässt (obgleich diese Beschreibung nach Kants Anleitung soweit zu führen ist, wie nur irgend möglich), sondern eine Ineinandergreifen der Glieder, in dem jedes zugleich Ursache und Wirkung ist. Bekanntlich nehmen gegenwärtige Selbstorganisationstheorien gerade diesen Faden auf. Kennzeichnend für die spezifische Vernunftform der Urteilskraft ist, dass sie zwischen Allgemeinem und Besonderem, zwischen Natur und Freiheit gleichsam die Waage hält. Dabei muss in jener (reflektierenden) Urteilskraft zu den gegebenen Einzelfällen das Allgemeine erst aufgesucht werden. Und in diesem zetematischen Auslegungszusammenhang erscheint die *,Natur als Kunstwerk'*.[8] In § 65 der 'Kritik der Urteilskraft' notiert Kant: „In einem solchen Produkte der Natur wird ein jeder Teil so, wie er nur durch alle übrigen da ist, auch als um der anderen und des Ganzen willen existierend, d.i. als Werkzeug (Organ) gedacht" (AA V, S. 373).

Der enge Zusammenhang dieser Gedankenfigur mit dem Sittengesetz, in dem die ‚Menschheit' in der eigenen Person oder der Person jedes möglichen Anderen nicht nur als Mittel, sondern immer zugleich als ‚Zweck an sich selbst' soll gedacht werden können, ist offensichtlich. Indes ist der Finger auf den folgenden wunden Punkt zu legen: Natur als freies organisches Spiel der Kräfte kann nur nach der Maßgabe der Kunst konzipiert werden, die ein

---

[7] Vgl. den zweiten der unter FN 6 genannten Aufsätze von Wiebke Schrader. In der Diskussion wurde zu bedenken gegeben, dass die hier vorgenommene Deutung des Genie-Phänomens früher ansetzt, als die bei Walter Falk um 1770 verortete Bewegung, die sich in der deutschen Literatur mit der ‚Sturm und Drang- Epoche' Bahn bricht. Die längere Linienführung wäre auf die jeweils vorliegenden komplementären oder antagonistischen Modi en détail zu befragen.

[8] Siehe dazu die hervorragenden Deutungen bei M. Frank und V. Zanetti (Hg.), *Kants Schriften zur Ästhetik und Naturphilosophie.* Frankfurt/Main 1996, insbesondere S. 1150 ff. Vgl. ferner neben vielem anderen R. Löw, *Philosophie des Lebendigen. Der Begriff des Organischen bei Kant, sein Grund und seine Aktualität.* Frankfurt/Main 1979 und mit anderen Akzentuierungen R. Paslack, *Ursprünge der Selbstorganisation,* in: G. Rusch und S.J. Schmidt (Hgg.), *Konstruktivismus: Geschichte und Anwendung.* DELFIN 1992, S. 59 ff.

menschliches Ingenium hervorgebracht hat, gemäß der Kantischen
Bestimmung des Genies als eines Vermögens, sich selbst Regeln zu geben.
Undenkbar aber bleibt der Gedanke eines freien teleologischen Spiels in der
Natur, dessen Sinn auf eine Schöpfung verweist, die intelligibel, doch nicht als
erweiterte menschliche Schöpferkraft zu verstehen ist.

Die Gedankenfigur der ,generatio aequivoca' trägt aller erst den neuzeitlichen
Anspruch, sichere Erkenntnisse über die Natur zu treffen, der bei so
verschiedenen Theoretikern wie dem Experimentalphilosophen Francis Bacon,
oder dem Begründer der Methodenstrenge neuzeitlicher Philosophie, René
Descartes, begegnet. Die antike Welt hatte an dieser Stelle eine grundsätzliche
Barriere. Von den natürlichen Dingen (physei onta) ist, dies ist der
Ausgangspunkt in der Platonischen Kosmogonie im 'Timaios', nicht mit einer
authentischen Gewissheit, im Sinne selbstbezeugten Wissens, zu handeln. Man
kann nur ,Ungefähres', ,Ähnliches' sagen, im bildhaften Logos oder Mythos
sprechen, denn im Bereich der Natur geht es gerade nicht um den Menschen
selbst. Der Befund einer originären Weltfremdheit des Menschen, die Einsicht,
dass er im Kosmos fremd bleibt, prägt diese Erörterun; und daher endet die
Sokratische Maieutik an dieser Stelle; ähnlich wie übrigens an der Frage nach
der Unsterblichkeit der Seele, die geglaubt und durch den Mythos umschrieben
werden muss.[9] Daher rührt die Scheu (aidos, aischyne) vor dem Bereich der
Natur. Sokrates handelt ausdrücklich nicht von den natürlichen Dingen, und
wenn es in der sokratischen und spätantiken Überlieferung geschieht, so unter
der Voraussetzung salvatorischer Klauseln gegenüber den Göttern.[10]

Hinzukommt, dass im Sinn der antiken Philosophie die natürlichen Dinge
Dinge ,in Bewegung' sind und dass die Strukturen innerhalb ihrer und
zwischen ihnen nur auf Zeit bestehen. Es sind noch für Lukrez Verträge,
,foederai', welche die Natur mit dem Menschen geschlossen hat, und die sie
wieder auflösen kann! Gewisse, prinzipienhaft eidetische Erkenntnis gibt es
aber nur von dem ,immer Seienden', nicht von dem Werdenden.

Ganz anders die Initiale von Bacons 'Novum Organon', einer Neubegründung
der Wissenschaft: „Homo naturae minister et interpres, tantum facit et
intelligit de Naturae ordine re vel mente observaverit, nec amplius scit aut
potest". „Der Mensch, Diener und Erklärer der Natur schafft und begreift nur
so viel, als er von der Ordnung der Natur durch die Sache oder den Geist
beobachten kann; mehr weiß oder vermag er nicht".[11] In diesem Textzeugnis
zeigt sich, komponentialanalytisch aufgefasst, eine die für die Ära der

---

[9] Dies zeigt sehr eindrücklich R. Spaemann, *Grenzen. Zur ethischen Dimension des Handelns*.
Stuttgart 2001, insbes. S. 7 ff. Um die Referenz auf ein solches selbstverständliches Wissen der
Struktur ,schämst du dich nicht?' geht es bereits explizit im Platonischen Dialog 'Gorgias'
[10] Grundlegend dafür ist die Problematik in Lukrez' Lehrgedicht. Vgl. auch Spaemann, *Grenzen*,
a.a.O., S. 21 ff.
[11] Vgl. F. Bacon, *Neues Organon*. Teilband I, hgg. und übersetzt von W. Krohn. Hamburg 1990, S.
80 f.

Repräsentation charakteristische Einschränkung, zu der der Anspruch der Resultativkomponente, der Repräsentation der ewigen Ordnung in den räumlichen Dingen, hinzuzusetzen ist: „Werk und Ziel menschlicher Macht ist es, in einem gegebenen Körper eine neue Eigenschaft oder neue Eigenschaften zu erzeugen und einzuführen" (Zweites Buch, Aphorismus I).[12] Die bemerkenswerte Konsequenz *und* die Gebrochenheit dieser Denkfigur wird in einem genuinen Symbol des Beginns der Neuzeit manifest: der Verbindung der demiurgischen Werkzeuge, des Zirkels vor allem, mit dem Totenschädel, Signum des ‚memento mori'. Besonders sinnfällig ist dieses Feld auch im Zusammenhang der Dürerschen 'Melencolia'.[13] Die melancholische Poiesis, in Schumanns Sequenz ‚Im Lied das tiefste Leid' noch einmal nachklingend, führt die Abgründigkeit der Selbstermächtigung zu einem ‚Werk der Freiheit' vor Augen. Sie ist später gründlich vergessen worden. Und, wie man schon um einiges früher, in der 'Theologia Platonica' des Marsilius Ficino sehen kann, wird eine der Ursprungsfiguren des Genieglaubens , dies, dass die ‚mens' von einer unendlichen Sehnsucht danach ausgeht, das Göttliche Licht zu sehen, am Ende zu der Figur einer ‚infinita virtus' des Geistes übersteigert, der nicht mehr ‚peccator' ist, sondern eben ‚anderer Gott' ist.[14] (vgl. dazu den letzten Beitrag dieses Bandes: Skizzen zu einer Protoästhetik der Kreativität).

Es scheint mir evident, dass die Grundfigur der ‚generatio aequivoca' gerade in den höchst aktuellen bioethischen Debatten um Klonierung leitend bleibt. Das Gespräch, das zu führen wäre, kreist nicht um die jeweils nächsten Schritte des technisch Möglichen, sondern um die Anthropologie. Darin deutet sich eine neue Entschränkung der ‚generatio aequivoca' an; die Natur soll nicht nur emendiert werden (dies war in aller Kultur als zweiter Natur ein Gedanke), sie soll gleichsam durch Kunst simuliert werden können. Die Entnatürlichung des Menschen ist die konsequente Perspektive.[15]

Und es ist auch offensichtlich, dass das Genie-Paradigma leitend bleibt, bei den Operationen, Kriterien für Menschenwürde aufzustellen, bei denen die

---

[12] Vgl. ibid. Teilband II, a.a.O., S. 278-279. Siehe im Hintergrund auch: J. Mittelstrass, *Neuzeit und Aufklärung. Studien zur Entstehung der neuzeitlichen Wissenschaft und Philosophie.* Berlin, New York 1970, vor allem S. 346 ff. und S. 477 ff.

[13] Vgl. dazu in jüngster Zeit mit ebenso genauen Formanalysen wie eingehenden philosophischen Reflexionen: L. G. Richter, Ω-Zeit. *Endzeit oder letzte Chance? Metaphysische Reflexionen zu Dürers ‚Melencolia I',* in: Perspektiven der Philosophie 25 (1999), S. 63 ff., siehe aus der älteren Literatur auch die klassische Untersuchung: R. Klibansky, E. Panofsky und F. Saxl, *Saturn und Melancholie.* Deutsche Erstausgabe. Frankfurt/Main 1991.

[14] Siehe dazu mit wichtigen Einzelnachweisen W. Beierwaltes, *Der Selbstbezug des Denkens*: *Plotin – Augustinus - Ficino,* in: ders., *Platonismus im Christentum.* Frankfurt/Main 1998, S. 172 ff.

[15] Wie sich an mehreren Streitgesprächen zwischen P. Sloterdijk und Chr. Nüsslein-Vollhardt zeigte, tendiert die harte bioethische Forschung noch immer zu Abwiegelungen von Beschwörungen eines neuen, vielleicht nach-humanen, Bildes von Humanität.

simple Kantische Unterscheidung zwischen einem steiger- oder minderbaren
‚Wert' und der Würde, die unteilbar ist und sich nur als Ganze erschließt,
verwischt wird. Würde steht im Unterschied zum Wert nicht unter
Bedingungen, wie immer man sie fassen möchte. Wenn aber darauf verwiesen
wird, dass die Menschennatur nicht nur in ihrem Handeln, sondern auch ihrem
Leiden zu begreifen ist, so kann, wenn dadurch die Wirkung des
Selbstbildnisses des Menschen als Schöpfer seiner selbst eingegrenzt werden
soll, darin das Leiden nur als hieratischer Zug der ‚Achtung vor dem Anderen'
ins Spiel kommen, die ihm sein Selbstwissen überlässt Dies ist der weitere
Anspruch von Lévinas' Formel ‚Töte mich nicht!'[16]). Man könnte es auch mit
der bekannten Fabel Hygins sagen, die Heidegger und Blumenberg[17]
gleichermaßen viel bedeutet hat, zumal sie den Menschen nicht in der Formel
des ‚zoon logon echon', des ‚animal rationale', also eines Kompositums aus
Leiblichkeit und Geist, denkt, sondern von einem Dritten her. Menschsein
verweist auf seinen unhintergehbaren Naturgrund. Daher wäre von einer
chthonischen Anthropologie zu sprechen. Es verweist aber, damit aufs engste
verbunden, auf die Transzendenbewegung eines Denkens, in dem der Mensch
sich selbst verstehen will. „Cura cum fluvium transiret", beginnt jenes
Zeugnis. In der Übersetzung: „Als einst die Sorge über einen Fluss ging, sah
sie tonhaltiges Erdreich. Sinnend nahm sie davon ein Stück und begann es zu
formen. Während sie bei sich darüber nachdenkt, was sie geschaffen, tritt
Jupiter hinzu. Ihn bittet die Sorge, dass er dem geformten Stück Ton Geist
verleihe. Das gewährt ihm Jupiter gern. Als sie aber ihrem Gebilde nun ihren
Namen beilegen wollte, verbot das Jupiter und verlangte, dass ihm sein Name
gegeben werden müsse. Während über den Namen die ‚Sorge' und Jupiter
stritten, erhob sich auch die Erde (Tellus) und begehrte, dass dem Gebilde ihr
Name beigelegt werde, da sie ja doch ihm ein Stück ihres Leibes dargeboten
habe. Die Streitenden nahmen Saturn [sc- die Zeit] zum Richter. Und ihnen
erteilte Saturn folgende anscheinend gerechte Entscheidung. ‚Du, Jupiter, weil
Du den Geist gegeben hast, sollst bei seinem Tode den Geist, du, Erde, weil du
den Körper geschenkt hast, sollst den Körper empfangen. Weil aber die
‚Sorge' dieses Wesen zuerst gebildet, so möge, solange es lebt, die ‚Sorge' es
besitzen. Und weil über den Namen weiterhin Streit besteht, so möge es
‚homo' heißen, da es aus humus (Erde) gemacht ist'".[18]

---

[16] Vgl. u.a. E. Lévinas, *Wenn Gott ins Denken einfällt. Diskurse über die Betroffenheit von
Transzendenz*; übers. von Thomas Wiemer. Freiburg, München ²1988, insbes. S. 13 ff. und S. 172
ff.
[17] Dafür ist einschlägig: Heidegger, *Sein und Zeit*. Tübingen ¹⁵ 1984, S. 197 ff., siehe auch H.
Blumenberg, *Die Sorge geht über den Fluss*. Frankfurt/Main 1987, insbes. S. 197 ff. und S. 222 ff.
[18] Hier zit. nach Heidegger, *Sein und Zeit*, a.a.O., S. 197 f. Vgl. auch die Textwiedergabe bei F.
Bücheler, in: Rheinisches Museum 41 (1886), S. 5; siehe ferner die für Heidegger wichtige
Erörterung der Sorge-Gestalt im II. Teil des Goetheschen Faust. Dazu K. Burdach, *Faust und die
Sorge*, in: DVJS 1 (1923), S. 1 ff.

Epochenbestimmung und Gegenwart.
Walter Falk zum Gedenken (2001).

163

An dieser Stelle ist das Augenmerk aber auf einen weiteren Gedanken in Falks letztem Vortrag zu lenken, der eng mit dem Geniebegriff und der ‚generatio aequivoca' zusammenhängt. Er hat als den spezifischen Zug der späten Neuzeit das Überwiegen des Sekundären gesehen; und er hat sehr aufmerksam, die Spuren einer Gegenwendung, ja eines ‚Aufstandes gegen die sekundäre Welt', in einer ‚Ästhetik der Anwesenheit' bei George Steiner, Botho Strauss und anderen bemerkt.[19]

Falks wissenschaftlicher Weg wäre nicht ohne bestimmte Lebenserfahrungen denkbar. Jene Erfahrungen konnten für die Unbedingtheit des Fragens in unverschnörkelter Klarheit und Unbeugsamkeit aber nur erschließend sein, insoweit ein primärerer Impuls dahinter stand. Walter Schulz, der vor kurzem verstorbene Tübinger Philosoph, hat einmal von Heidegger gesagt, dieser habe die Dinge nicht wie andere philosophierende Zeitgenossen aus der historischen Distanz gesehen; sie zeigten sich ihm vielmehr gleichsam im Morgenlicht, unmittelbar, so wie sie neu und gefährlich sind. Und Schulz kann sich dabei auf ein Selbstzeugnis Heideggers beruufen: Es sei so, als sehe ihm Heraklit über die Schultern. Etwas von diesem unmittelbaren Blick war auch in Falks Forschungsweise;[20] dies machte ihren Ernst aus und ihre Konsequenz, ihre unermüdliche Such- und Fragebewegung, aber auch die Erfahrung, dass sich die Antwort auf eine Aporie von unerwarteter Seite einstellen kann. Auch für Walter Falk war die Dominanz der ‚sekundären Welt' traumatisch. Sie zeigte sich in der ideologischen Blindheit in der Folge von 1968, die ihn verwundete, und in dem ‚germanistischen Gelächter' von 1984, der Reaktion von Fachkollegen auf seinen Versuch, dichterische Zeugnisse von der Inspiration beim Wort zu nehmen.

Die Sekundärforschung, die Dichtung lediglich als Textwelten begreifen kann, wäre als spätes Phantom des Genie-Glaubens zu verstehen, in dem dessen Spuren freilich kaum mehr erkennbar sind. Als eine Entzauberung, die die Aufklärung begleitet hat. Walter Falk hat aber gerade in seinen Forschungen zur Gegenwartsliteratur der achtziger und neunziger Jahre Stimmen namhaft gemacht, denen zufolge das Sekundäre nach übereinstimmendem Zeugnis aus verschiedenen Richtungen, nicht durch die Genieästhetik korrigiert werden kann, sondern durch Wahrnehmung einer Präsenz, die vorgängig sein muss, wenn immer ‚etwas' gesagt wird. Der Versuch zu einer ‚Bewahrung des Menschlichen' rührt an eben diese Dimension. Fragen wir dieser Signatur der

---

[19] Damit haben sich im einzelnen Falks späte Marburger Vorlesungen beschäftigt, unter dem Titel: *Haupttendenzen der deutschen Dichtung vor 2000*. Vgl. als sprechendes, von ihm wiederholt herangezogenes essayistisches Zeugnis G. Steiner, *Von realer Gegenwart*. Mit einem Nachwort von B. Strauss. München, Wien 1990. Strauss' Nachwort, ibid., S. 305 ff. ist überschrieben: *Der Aufstand gegen die sekundäre Welt*.

[20] Vgl. W. Schulz, ‚....*als ob Heraklit danebensteht,*', in: G. Neske (Hg.), Erinnerung an Martin Heidegger. Pfullingen 1977, S. 223 ff.; vgl. In ähnlichem Sinn auch G. Picht, Die Macht des Denkens, ibid., S. 197 ff.

Gegenwart noch einmal nach: Wenn man den Prioritätenwechsel in der Zwischenperiode der Äternistik um 1910 als Endpunkt der um 1770 beginnende Ära versteht, wenn man weiterhin jene Ära der Evolution als letzte Ära des um 1450 beginnenden Zeitalters begreift, so endete seinerzeit ein ganzes Zeitalter. Es ist bezeichnend, dass mit den Eckdaten von 1770 (Beginn der Ära) und 1450 (Beginn des Zeitalters) auch die beiden chronotopischen Zentren genannt sind, in denen die ‚generatio aequivoca' geistesgeschichtlich verortet ist. Was Max Weber als Erschütterung der Moderne begriff, die ‚Entzauberung' einer Welt, die von den ‚eisernen Banden' der Technik umgeben sei; dies teilt sich am Ende der Neuzeit in der Krisis der weltentwerfenden, demiurgischen Subjektivität mit.

In der äternistischen Zwischenperiode zeigt sich Falk zufolge, dass die Dinge nur Attrappen sind, die nicht an die Kräfte heranreichen, die sich ‚unirdisch', ‚überzeitlich' an menschlichem Handeln auswirken. Signifikant hat Kafka jene überzeitliche Zeit charakterisiert, wenn er einmal, durchaus anachronistisch, die eigene Zugehörigkeit zum altprager, jüdischen Ghetto betonte und darauf aufmerksam machte, dass hinter der Modernisierung die alten Mauern immateriell, aber als fest bestehende Prägungen sichtbar bleiben würden. Kafka über das Ghetto: „In uns leben noch immer die dunklen Winkel, geheimnisvollen Gänge, blinden Fenster, schmutzigen Höfe, lärmenden Kneipen und verschlossenen Gasthäuser. Wir gehen durch die breiten Straßen der neuerbauten Stadt [gemeint ist der vollständige Neuaufbau des Judenviertels 1885. Ergänzung von mir. H.S.].[21] Doch unsere Schritte und Blicke sind unsicher. Innerlich zittern wir noch so wie in den alten Gassen des Elends. Unser Herz weiß noch nichts von der durchgeführten Assanation. Die ungesunde alte Judenstadt in uns ist viel wirklicher als die hygienische neue Stadt um uns. Wachend gehen wir durch einen Traum, selbst ein Spuk vergangener Zeit".[22]

Wie Falk in seinen Studien zur religiösen Dichtung aufgewiesen hat, wird mit jenen Markierungen auch das Transzendenzverhältnis nicht mehr als ‚Zurückgehen in sich', und als von diesem selbst zu entwerfender Grund eines transzendentalen Ich, sondern als transzendentales Du zu begreifen sein. Um jenen Akzent aus der Äternistik präziser fassen zu können; sei in aller Kürze auf die beiden anderen Spuren hingewiesen.

---

[21] G. Meyrink folgt in seinem ‚Golem'-Roman demselben Gedanken.
[22] Vgl. dazu auch seine gewichtige Untersuchung: *Die geistige Mitverantwortung Europas für die Menschheit*, in: P. Delvaux und J. Papior, Eurovisionen. *Vorstellungen von Europa in Literatur und Philosophie*. Amsterdam 1996, S. 181 ff.

Epochenbestimmung und Gegenwart.
Walter Falk zum Gedenken (2001).

165

Böses

Der entscheidende Befund, der darauf hinweist, dass seit 1980 mit einem neuen periodischen Sinnsystem zu rechnen ist, betrifft die ‚Wiederkehr des Bösen', des Stachels der Reflexion, wie Schelling es einmal nannte, der sich den spezifisch menschlichen Creationskräften entgegensetzt und sie zu zerbrechen droht. Böses versagt sich aber immer einer wohlgeformten Darstellung. Seine Wahrnehmung spiegelt sich im Aufschrei des ‚De profundis'.

Ich habe mit Walter Falk oft über das Erbe der Kantischen Geschichtsphilosophie, die Grundfigur eines Fortschritts im Bewusstsein von Freiheit gesprochen. Und ich habe den Eindruck, dass er als den großen Irrtum der neuzeitlichen europäischen Aufklärung dies verstand, dass sie den Sündenfall zu einer Metapher degradiert, einem unabdingbaren Erfordernis, um wissend zu werden. Falk hielt stattdessen an der Realität des Sündenfalles fest und ging, mit der Gedankenfigur der Brüder Schlegel von einem Fortbestehen des verlassenen Paradieses aus.[23] Es ist auf dem Höhenweg der neuzeitlichen Aufklärung ein unbewohntes Refugium, ein Asylon.[24] Die signifikante Bedeutung des Bösen möchte ich im Hinweis auf einen von Walter Falk leider nie unmittelbar rezipierten Denker verdeutlichen, auf Paul Ricoeurs Frühwerk. In Ricoeurs erstem Beitrag zu einer ‚Phänomenologie der Schuld' wird eine ausdrückliche Verbindung zwischen menschlicher Fehlbarkeit, und dem Strukturzusammenhang, dass alle Synthesen der Einheit mit sich selbst, die praktischen und die affektiven, von nur begrenzter Dauer sind, hergestellt. „Zu sagen, der Mensch ist fehlbar, besagt in eins, dass die Einschränkung eines Wesens, das nicht mit sich selbst zusammenfällt, die Urschwäche ist, aus der das Böse hervorgeht. Und dennoch, *hervorgehen* kann das Böse aus dieser Schwäche nur, weil es *gesetzt* wird."[25] Die jüdisch-christliche Tradition, aus der Ricoeur diesen Befund herleitet, hat jene Entlastung nicht gesucht, die für die griechische Gotteslehre dort, wo sie sich aus dem Umkreis des Mythos und der Nemesis löste, konstitutiv gewesen war; bei der, vor allem in Platons 'Politeia' grundgelegten These, dass von den Göttern nur Gutes komme, die aber das merkwürdige Antidotum nach sich ziehen musste, dass die vielfachen, unauslotbaren Wurzeln des Bösen unbekannt blieben. Die Ambivalenzen von

---

[23] Dazu besonders prägnant W. F., *Wissen und Glauben um 2000*. Paderborn 2002.
[24] Ich beziehe mich hier insbesondere auf Ricoeur, *Die Fehlbarkeit des Menschen*. *Phänomenologie der Schuld*. Band 1. Freiburg, München 1971 (frz. Erstausgabe Paris 1960) und auf ders., *Symbolik des Bösen. Phänomenologie der Schuld II*. ibid. Den Zusammenhängen dieser frühen Arbeit mit Ricoeurs späterer Hermeneutik und Analytik des Selbst *(Das Selbst als ein Anderer.* München 1996 (Paris 1990) gehe ich in einem eigenen Beitrag nach: H.S., *Reddere in se ipse: Über Paul Ricoeurs Beitrag zu einem klassischen Topos der Philosophie*, in: ders., *Spekulation und Subjektivität*, a.a.O., S. 320 ff.
[25] So Ricoeur, *Die Fehlbarkeit des Menschen*, a.a.O., S. 189.

Fehlbarkeit scheinen in der frühen Neuzeit noch bewusst gewesen zu sein, man denke an Descartes' IV. Meditation: „Wenn ich mich als irgendwie teilhabend am Nichts oder am Nichtsein betrachte, d.h. insofern ich nicht selbst das höchste Wesen bin, finde ich mich einer Unzahl von Mängeln ausgesetzt, so dass ich mich nicht wundern darf, wenn ich mich irre".

Es ist offensichtlich eine weitreichende Umdeutung, wenn die Signatur der Schwäche zu einer conditio sine qua non aufklärerischer Bewusstheit umfiguriert werden soll. In seiner Wirklichkeit kann Böses nur erkannt werden, wenn es ‚bekannt' wird und dies schließt seine Wahrnehmung ein; sie zeigt sich als 'ethisches Erschrecken' über einen Makel. Ricoeur spricht von dem Rätsel einer ‚unfreien Freiheit' , eines sich Verantwortlich-Erklärens, ohne dass der Mensch selbst entscheiden könnte, „ob er das Böse selbst setzt, oder ob es ihn gefangen nimmt, also bereits gesetzt ist." Ohne jenes Moment des Bekenntnisses kann es keinen Begriff der Wirklichkeit des Bösen geben. Ganze Generationen und Epochenfolgen können ihm ausweichen.[26]

In der Wirklichkeit des Bösen ist, wie dieser jüdische Traditionszusammenhang lehrt, einer Welt ins Auge zu sehen, in deren Kontingenzen Gott nicht ist. Deshalb trifft Hiob ins Herz des Schmerzes, anders als seine (nicht am eigenen Leib betroffenen Freunde), die das schöne Gespräch fortsetzen.

Die kabbalistische Tradition bringt im Zentrum des Theodizeeproblems den Begriff des ‚zimzum', des sich von der Welt zurückziehenden Gottes ins Spiel, der seine Macht nicht nur zum Schein und vorübergehend, sondern tatsächlich und definitiv verloren hat. Hans Jonas hat, fokussiert auf die ‚Gottesfrage nach Auschwitz', die Problematik so erläutert: „Zimzum bedeutet Kontraktion, Rückzug, Selbsteinschränkung. Um Raum zu machen für die Welt, musste der ‚Ensof' des Anfangs, der Unendliche sich in sich selbst zusammenziehen und so außer sich die Leere, das Nichts entstehen lassen, in dem und aus dem er die Welt schaffen konnte".[27] Und dann sei dies die Antwort an Hiob, vielleicht an einen Hiob, für den es keinen Kaddisch mehr gibt, „dass in ihm Gott selbst leidet".[28]

Es ist offensichtlich, dass von jenem symbolischen Nachvollzug her eine andere Logik in Gang gesetzt wird, als sie der Versuch der Eindeutung der Theodizee in ein Weltgleichgewicht, die Lehre von der ‚besten aller möglichen Welten', implizieren konnte. Voltaires geniale Persiflage auf den Leibnizianer Pantaglos angesichts der seinerzeitigen Weltkatastrophe, des

---

[26] Vgl. Erich Heintel, *Das Totalexperiment des Glaubens. Zu Ferdinand Ebners Philosophie und Theologie*, in: Erich Heintel, Gesammelte Abhandlungen. Band 4. Stuttgart-Bad Cannstatt 1996, S. 73-146.

[27] Vgl. Die bedeutsame Reflexion von Hans Jonas, *Der Gottesbegriff nach Auschwitz. Eine jüdische Stimme*. Frankfurt/Main 1987, S. 48 f.

[28] Ibid. S. 49. Ähnliche Gedanken bereiten sich bereits bei Schelling, *Über das Wesen der menschlichen Freiheit* (1809) vor.

Epochenbestimmung und Gegenwart.
Walter Falk zum Gedenken (2001).

167

Erdbebens von Lissabon, macht mitten im Frühlicht der Aufklärungsemphase die Wirklichkeit des Bösen wieder sichtbar. Die jüngere Vergangenheit ist nur zu begreifen, wenn sie diese Gedanken wiederaufnimmt. Wie Falks Untersuchungen zur Literatur der Gegenwart zeigten, bedurfte es der Zeit bis etwa 1980 , ehe dies geschehen konnte.[29]

Die Einsicht in jene Wirklichkeit des Bösen, das losgelassen ist, kann wie das Buch Hiob namhaft macht, das Lob auf die Herrlichkeit Gottes wieder in sein Recht setzen. Den Grundduktus können einige Hiobsätze verdeutlichen: „Gott ist's der mein Herz mutlos gemacht und der Allmächtige, der mich erschreckt hat; [...] denn nicht der Finsternis wegen muss ich schweigen, und nicht weil Dunkel mein Angesicht deckt" (Hiob 23, 15 und 17). Doch der leidende und zerschlagene Hiob, Präfiguration einer Hieronimus-Bosch-Figur, dessen Misere darin kulminiert, dass sich Gott zusammengezogen hat und unsichtbar geworden ist, singt das Lied von der Weisheit Gottes. „Siehe, die Furcht des Herrn, das ist Weisheit, und meiden das Böse, das ist Einsicht" (Hiob 28,28).

Geschichte

Bereits 1982 hat Falk auf einen vielfach übersehenen Zusammenhang hinge-wiesen, nämlich darauf, dass die Wiederentdeckung der Geschichte als eines Sinngefüges und der Wiedergewinn der Religion miteinander zu tun haben. Dabei sollte (mit einer Formulierung von Nicolas Born) die ‚erdabgewandte Seite der Geschichte', eine nicht-sichtbare, aber erfahrbare Wirklichkeit, die ‚ich-überschreitend' ist, aufgesucht werden. Falk konstatierte seinerzeit an Texten von Born, Handke oder Walser, dass sich eine Wendung gegen die für den linearen Weg der europäischen Aufklärung kennzeichnende Ahistorizität andeute. Die neue Zeitrechnung der Französischen Revolution ist ein fokussierendes Sinnbild für die damit konterkarierte Tendenz, die in den wahnwitzigen Synchronisierungsversuchen von Lebenszeit und Weltzeit (Hans Blumenberg)[30] bei den Gewaltherrschern des abgelaufenen Jahrhunderts ihre hyperbolische Ergänzung findet.

In anekdotischer Prägnanz hat jener Philosoph, der aus einer tiefen Humanität heraus die Gewinnung eines schlechterdings begründeten Wissens geradezu als ethisches Anliegen begriff, Edmund Husserl, um die geschichtliche Welt eine Epoché gezogen: dem anekdotisch zugespitzten Bericht nach soll er, auf dem Freiburger Bahnhof nach dem Ort der Geschichte in seinen späten

---

[29] Vgl. dazu im einzelnen W. Falk, *Epochale Hintergründe der antiautoritären Bewegung*, a.a.O., und ders., *Auswirkungen des epochalen Wandels* (vgl. FN 3).
[30] Darauf weist Blumenberg, *Lebenszeit und Weltzeit*. Frankfurt/Main 1986, insbesondere S. 81 ff. immer wieder hin.

Systementwürfen befragt, gesagt haben: Die habe ich vergessen".[31] Dies war
Mitte der vierziger Jahre, keine anderthalb Jahrzehnte später, als Walter Falk
in Freiburg seine Studien aufnahm, nicht mehr möglich. Doch schien die
Geschichte nur Trauma zu sein. Dies hätte es erst recht nahe legen könnnen,
Geschichtslosigkeit zu kultivieren, in einer Flucht, die manche von Falks
Generationsgenossen tatsächlich wählten. Für die neue Periode 1980
konstatierte Falk dagegen: „Die Dichter, die sich heute der Geschichte
zuwenden, meinen sie als einen das Ich übersteigenden Sinnzusammenhang".[32]
Dabei fiel auch der Satz, die Geschichte sei ein Ort, „ja der wesentlichste Ort"
heutiger Religiosität." Heuristisch auf eine Ordnung der Geschichte zu setzen,
setzt offensichtlich voraus, Geschichte nicht als Relativierung absoluter
Orientierungen zu begreifen, sondern als einen Gefügezusammenhang, dessen
Sinnkomponenten aufzusuchen sind. Die dichterischen Zeugnisse dafür, dass
sich hier eine neuartige Welterfahrung zeigte, wurden nach 1982 immer
deutlicher. Man denke an Peter Handkes 'Versuch über die Jukebox' und die
Spiegelung des großen Spielwerks der Kathedrale von Soria mit dem kleinen
Reminiszenzstück aus der eigenen Jugend. Diese Konfiguration ist deshalb
besonders aussagekräftig, da sich bei Handke Geschichte wie in
unbeabsichtigter Neben-Intention einstellt. Die ersten von Falk 1982
verzeichneten Zeugnissen sind aus Texten von Martin Walser und Handke aus
den späten siebziger und achtziger Jahren entnommen. Walser: „Der
Widerspruch wird gewünscht nur als geschichtsloser, als radikal unglückliche
Geste, als hoffnungslose und deshalb anspruchslose Ich-Exzentrik. Ich habe
ein Bedürfnis nach geschichtlicher Überwindung des Zustands
Bundesrepublik. Von Grund auf sollten wir weiter. Aber die herrschende
öffentliche Meinung, der vorherrschende Sprachgebrauch nennen dieses
Bedürfnis *obsolet*, obsolet heißt veraltet; ich glaube nur, es sei alt".[33] Und
Handke hält in ‚Langsamen Heimkehr' fest: „Zum ersten Mal sah ich soeben
mein Jahrhundert im Tageslicht, offen zu den anderen Jahrhunderten, und ich
war einverstanden, jetzt zu leben. Ich wurde sogar froh, ein Zeitgenosse von
euch Zeitgenossen zu sein, und ein Irdischer unter Irdischen; und es trug mich
(über alle Hoffnung) ein Hochgefühl - nicht meiner, sondern menschlicher
Unsterblichkeit. Ich glaube diesem Augenblicke: indem ich ihn aufschreibe,
soll er mein Gesetz sein. Ich erkläre mich verantwortlich für meine Zukunft
und will nie mehr allein sein. So sei es" (Peter Handke, Langsame Heimkehr,
S. 168 f.).

---

[31] Diese Anekdote konnte man von Hans-Georg Gadamer wiederholt als nicht ganz unberechtigte
Betonung der Ahistorizität der phänomenologischen Denkweise an ihren Husserlschen Ursprüngen
hören.
[32] Falk, *Auswirkungen des epochalen Wandels*, a.a.O., S. 218.
[33] M. Walser, *Händedruck mit Gespenstern* (1979), in: J. Habermas (Hg.), *Stichworte zur
‚Geistigen Situation der Zeit'*. Band 1: *Nation und Republik*. Frankfurt/Main 1979, S. 46 ff.

Epochenbestimmung und Gegenwart.
Walter Falk zum Gedenken (2001).

169

Von Interesse bleibt die Argumentation, die Falk 1982 vorlegte. Für ihn war der binäre und per definitionem Geschichte einklammernde Strukturalismus eine Konsequenz, die von den Vertretern der geistesgeschichtlichen Schule (bzw. des Historismus) selbst vorbereitet worden sei. Hans Joachim Schoeps' Aussage über historische Epochen, eine deutlich in Kantischen Spuren gehende Explikation, kann dafür pars pro toto genannt werden. „Das An-sich des geschichtlichen Prozesses ist uns unzugänglich; wir periodisieren den Geschichtsprozess, aber ob und wie sich die Perioden a priori, unserer Erkenntnis vorausliegend, vollzogen haben, bleibt offen". Falk bemerkt dazu; wenn es so wäre, dann wäre der Strukturalismus einzig folgerichtig. Eben an dieser Prämisse hat Falk aber gezweifelt. Und genau auf den erkennbaren Vollzug des Geschichtsprozesses als Ordnungsform, hat er hingewiesen. Es kann also um nicht weniger als um das‚An sich' von Epochenstrukturen gehen. Doch die Behauptung, dass Geschichte Ort der Religion sei, führt noch weiter. Sie konnte in den späten Jahren vor allem aus den Dichtungen von Patrick Roth Bestätigung finden. Geschichte ist in diesem Zusammenhang als eine ‚Ordnung der Freiheit' zu begreifen, womit eine Fluchtlinie der Neuen Epochenforschung bezeichnet sein mag. Es ist aber wesentlich, diesen Gedanken nicht mit vermeintlich Ähnlichem zu verwechseln. Er hat sich klar von jeder Form der Futurologie abgegrenzt. Eine strukturelle Prognose kann eine inhaltliche schlechterdings nicht vorwegnehmen. Denn inhaltliche Aussagen lassen sich erst treffen, wenn eine „neue Welterfahrung" in actu zur Manifestation kommt. Die den Einzelfall prognostizierenden Vorhersagen der Futurologie hingegen laufen stets Gefahr, „nur eine verlängerte Gegenwart" zu beschreiben. Die Abgrenzung wäre in ähnlichem Sinn gegenüber einer Geschichtsmetaphysik zu treffen, die den Gang aus einem Vorentwurf subjektiver Schemata annimmt. Sie als wirklich zu setzen, dies war der Schritt von Kant zu Hegel; und bei allen im einzelnen zutreffenden Modifizierungen bedeutete er für Walter Falk eine Potenzierung der Fortschrittsmaschine.
Es gibt in der Geistesgeschichte nur wenige mögliche Vorbilder für diese Geschichtsphilosophie. Eine finde ich bei Vico, in der Entwicklung einer ‚Neuen Wissenschaft', nämlich der Metaphysik der Geschichte als des anfänglich Wahren, deren Ordo sich besonders in der poetischen Geschichtsschreibung erschließt. Die Ordnung der Geschichte zu erschließen, heißt für Falk zuletzt, in einen Zusammenhang der Freiheit einzutreten. Dies ist bei Vico allerdings mit Motiven des bereits erörterten neuzeitlichen Topos der ‚generatio aequivoca' verflochten. Namentlich durch sein ‚verum et factum'- Argument;[34] Der Mensch erkennt nur, was er gemacht hat, also wird er die Welt der Geschichte und des Geistes genauer fassen können als jene der

---

[34] Siehe Vicos erst in den letzten Jahren vollständig publiziertes Hauptwerk: *Prinzipien einer neuen Wissenschaft über die gemeinsame Natur der Völker*, hgg. und übersetzt von Chr. Jermann und V. Hösle. Hamburg 1990.

Natur. Vico „legitmiert den Menschen in seinem Schöpfertum vor der Hand Gottes, ohne diese Hand zurückzustoßen"[35] (dies ist eine wesentlich andere Figur als die des Genieglaubens). Geschichte ist ‚ewig' und ‚ideal', erzählbar ist sie aber mit letzter möglichen Genauigkeit nur von dem Autor, der an ihrer Genesis mitgewirkt hat. ‚Riflettere' und ‚combinare' sind wiederholende Con-Kreationen des Sinns einer Epoche. Deshalb stehen bei Vico die folgenden, keineswegs ohne weiteres miteinander zu verbindenden Sätze nebeneinander: „Doch in dieser Nacht voller Schatten, die für unsere Augen das entfernteste Altertum bedeckt, erscheint das ewige Licht, das nicht untergeht, von jener Wahrheit die man in keiner Weise in Zweifel ziehen kann; dass diese historische Welt ganz gewiss von den Menschen gemacht ist".[36] Vico war Aufklärer und Aufklärungskritiker in einem. Er suchte eine Ordnung in der Geschichte als Objectivum aufzufinden und er gewann sie als subjektive Konstruktion.

Näher kommt dem Falkschen Ansatz die Konfiguration des ‚Systems der Weltalter' bei Schelling. In der Nachschrift durch Ernst von Lasaulx der ersten Münchener Weltaltervorlesung Schellings (1827/28) wird angemerkt: „Die wahre Vernunft, die nicht bloß potenzielle, sondern actuelle, die wirkliche zur Thätigkeit gebrachte Vernunft sieht ein, dass das PAN (sc. der geschichtlichen Welt) nothwendig ein innerlich geschlossenes sein muss, um kosmos zu sein".[37] Schelling charakterisiert das Vorsein, die Überzeitlichkeit der Geschichte, als ihre gegebene Ordnung, die sich in drei Potenzen auseinanderlegt, welche auch als Komponenten zu fassen wären. Die 1. Potenz ist nur seinkönnend, ein Seinkönnen erster Ordnung (eine Potentialität), die 2. Potenz anzeigt sich als „durch die Hervortretung (sc. also Aktuales) selbst zurückgeworfen";[38] sie wird reflexiv und gewinnt Gestalt als Wille. Die 3. Potenz ist dagegen das ‚Sein sollende'. Schelling erläutert leicht kryptisch, aber doch in einem Gestus, der die Struktur erkennen lässt: „es ist nicht blos das zu sollende Seinsollen, sondern es bezieht sich auch auf das Seinkönnen; denn es ist ihm ein anderes im Wege, vor dem es nicht sein kann". Und er fasst seine Einsicht in das Bild des Januskopfes: „In diesen 3 Begriffen ist alle Verständlichkeit enthalten, ja mit ihnen fängt sie erst an. Das Chaos hat sich gestaltet, es ist das Chaos, das zum Janus geworden ist. Janus ward abgebildet mit 2 Gesichtern, mit dem vorderen sezt er das zur Vergangenheit Werden, mit dem anderen sezt er das Vorhergehensollende als Vergangenes. Aber zwischen

---

[35] Stephan Otto, *Giambattista Vico*, a.a.O., S. 40.

[36] Siehe Vico, Opere a cura di G. Gentile e F. Nicolini. Bari 1914-1941, S. 117 f.

[37] F.W.J.Schelling, *System der Weltalter*. Münchener Vorlesung 1827/28 in einer Nachschrift von Ernst von Lasaulx, hgg. und eingeleitet von S. Peetz. Frankfurt/Main 1990, S. 182.

[38] Vgl. ibid. Siehe im Hintergrund auch Peetz, *Die Freiheit im Wissen. Eine Untersuchung zu Schellings Konzept der Rationalität*. Frankfurt/Main 1995.

Epochenbestimmung und Gegenwart.
Walter Falk zum Gedenken (2001).

171

beiden befindet sich ein meines Wissens noch wenig beachtetes Symbol, ein zunehmender Mond, das Seinsollende ausdrückend. In diesem typus ist alle Vernunft enthalten, welche sich selbst als göttlich gesezt erkannt wird".[39] Alle Verständlichkeit von Geschichte soll also nach Schelling in diesen drei Potenzen erschlossen sein; sie signalisieren die Sinnstruktur (teleion) des Ganzen. Es bleibt der offensichtliche Mangel von Schellings Ansatz, dass er nicht näher bestimmt hat, wie die verschiedenen Potenzen oder Komponenten aufeinander einwirken; erst recht hat er nicht ihre verschiedenen Prioritäten namhaft gemacht. Doch hat Schelling auch betont, dass ein bestimmter Folgerhythmus zu erwarten sein wird. Und übrigens hat er gewusst, mit diesen Thesen einen Skandal zu erregen; ein Motiv, das im Aufstand gegen das Sekundäre wiederbegegnen dürfte.

So hat Schelling die gesuchte Wissensform nicht Prinzip der Widerspruchsfreiheit begründet sehen wollen. „Dass a = b ist, weiß ich nur dadurch, dass a nicht = c ist (was es hätte sein können). [40] Wesentlich ist dabei festzuhalten, dass jene Klärungen für Schelling in den Bereich der ‚positiven Philosophie' gehören; also einer Kenntnis, deren Erstschöpfer nicht der Mensch ist.

Kommen wir von solchen Parallelen zurück zu Walter Falks intellektuelles Erbe:

Für die Gegenwartsdiagnostik ist es entscheidend, dass die Ordnung der Geschichte ein kriteriologisches Instrumentarium bereitstellt, um zwischen „Zügen des Bestehenden, die Manifestationen unantastbarer Grenzen sind, und anderen, die im historischen Prozess entstanden und Revisionen offen stehen", zu unterscheiden.[41] Dies trennt jenen Ordo prinzipiell von dem mittelalterlichen; und es macht vielleicht sogar eine Art von bleibender Bedeutung der antiautoritären Bewegung aus. Doch der Satz, Geschichte sei ein Ort von Religion, ist damit noch nicht eingeholt. Theophanie ist ihm deshalb jeweilige Manifestation der Ordnung in der Zeit.[42] Wenn er mit George Steiner oder Botho Strauss von der Theophanie in einem Kunstwerk sprach, suchte Falk deshalb solche Evidenzgewissheiten immer auch als geschichtlich zu deuten. Denn auch das Kunstwerk, das *theophanen* Charakter hat und ‚reale Gegenwart spiegelt, ist geschichtlich. Er sah den großen Mangel einer Geistesgeschichte Diltheyscher Prägart nicht bei Dilthey selbst, also bei der Verständigung über den *ganzen* Sinnzusammenhang von

---

[39] Ibid., S. 140.
[40] Ibid., S. XI.
[41] Falk, *Epochale Hintergründe der antiautoritären Bewegung*, a.a.O., S. 259.
[42] Deshalb mag an dieser Stelle Max Müllers Anekdote über Heidegger festgehalten werden. Heidegger habe bei gemeinsamen Wanderungen durch das Donautal bevorzugt Kirchen und Kapellen aufgesucht und dort das Knie gebeugt; mit den Worten: „Geschichtlich muss man denken. Hier ist so viel gebetet worden, hier muss Gott nahe sein".

Lebensäußerungen, sondern bei der Rezeption in der immanentistischen Interpretation, der Fokussierung auf isolierte Kunstwerke; namentlich bei Emil
Staiger. Seit Platon bis hin zu Heidegger ist darauf verwiesen worden, dass
sich das Werk im Gebrauch an seinem spezifischen Weltort zeigt; der Tempel,
die Kathedrale, das Tafelbild. Der Gebrauchende, dem ein Werk in seiner
Lebensform dienlich ist, ist im Sinn des Platonismus der eigentlich berufene
Kunstrichter (Vgl. Pol. X). Autonome Kunst ist nicht Kunst um der Kunst
willen, sondern eine Kunst, die ihr Gesetz von sich her zeigt, die das eigene
bewusste Leben tangiert und in der Vielstimmigkeit zu einem Einheitssinn,
und sei es die Integrität des Spiels verschiedener schöner Formen, führt. Jener
Lebenszusammenhang, auf den jüngst wieder Dieter Henrich in seiner
Kunstphilosophie hingewiesen hat, ist in sich ‚Geschichte'.[43]

II. Wie kommt Gottes Sein ins Denken?
Griechische Metaphysik und Christentum

Nach dem Gesagten möchte ich zwei Dinge zu bedenken geben; die Rezeption
von Falks Schriften ist durch den Verweis auf die personale, antlitzhafte
Gestalt Gottes, zu der der ‚Faktor X' führe, gewiss blockiert, gehemmt, ja
verhindert worden. Dennoch ließ er sich darin nicht beirren. Auch dass die
Inspiration ein Gesicht hat, das des Engels, gehört in diesen Zusammenhang.
Und er hat begründet darauf verwiesen, dass jene personhafte Gestalt erst zu
aller letzt, aber auf methodischem Weg aufzufinden sei. Deshalb bestand Falk
darauf, im Zusammenhang der komponentialen Sinnstruktur nicht von ‚Geist'
oder ‚Absolutem', sondern von Gott zu sprechen. Er meinte, dass Bezeugung
und der Weg der Forschung, die auf getrennten Bahnen verlaufen, sich am
Ende zu einem Ganzen schließen können: insofern ein rationaler Begriff des
sich entwickelnden, trinitarischen Gottes freigelegt werden kann. In den
kreationstheoretischen Erwägungen seiner Spätzeit deutete sich an, dass die
trinitarische Struktur Gottes mit jener der Komponenten in ein Verhältnis
gesetzt werden kann.

Der zweite Hinweis hat einen eher methodologischen Zuschnitt. Falk meinte,
das komponentiale Sinnverhältnisse müsse aus der Statik der griechischen
Metaphysik herausgelöst werden, es führe dazu, wie gerade die Analysen von
Strauss' ‚Ithaka'-Drama zeigen, dass man sich von deren paganem mythischen
Grund entfernen müsse. Diese Intention ist ein wichtiges Erbe, auch wenn ich
zugeben muss, dass sie kein einfaches ist. Sie aber in das Zentrum dessen, was

---

[43] D. Henrich, *Subjektivität und Kunst*. München 2001.

Epochenbestimmung und Gegenwart.
Walter Falk zum Gedenken (2001).

173

Falk als Forscher und Christ gelebt hat und ist doch gegen kritische Einwände nicht ohne weiteres zu immunisieren. Offensichtlich können zahlreiche seiner Forschungen auch ohne diesen Schlussstein fruchtbar appliziert werden. Er bringt sie aber erst zur Kenntlichkeit. Und wenn die Vermutung zutrifft, dass die Komponentialstruktur trinitarische Züge hat, ließe sich die Personalität auf dem zetematischen Weg aufweisen. An der Auseinandersetzung mit der paganen Mythologie bleibt dies zentral, dass die ‚geschichtliche', überlieferte Offenbarungsreligion für Falk kein Mythos ist, sondern eine Wirklichkeit. Diese Auffassung steht nicht so allein, wie es scheinen könnte.[44] Wie immer sich fruchtbare Konstellationen ergeben werden, in die Falks Denken einzufügen bleibt, jene dezidiert christliche Dimension sollte auch künftig nicht verschwiegen werden.

Die bleibende Schwierigkeit besteht darin, dass die Wissenschaftssprache zutiefst von dem griechisch metaphysischen Erbe bestimmt ist. Dies zeigt sich an so grundlegenden Unterscheidungen wie jener zwischen Allgemeinem und Besonderem, der Vorder- oder der Rückseite (Form und Stoff). Indes liegt in dieser Voraussetzung auch ein Problem, das sich im transkulturellen Gespräch heute manifestiert und das nicht behoben werden kann, wohl aber thematisch zu machen ist. Einsicht in Geschichtlichkeit bedeutet auch, dass aus diesem Habitus, dem Haus der griechischen Sprach- und Denkkultur kein abendländischer Forschungsansatz heraustreten kann. Um hier klarer zu sehen, möchte ich darauf verweisen, dass die Urstiftung abendländischen metaphysischen Denkens zum einen aus der Dialogform Platonischen Philosophierens hervorgeht, innerhalb dessen die Begriffe gleichsam in nuce geschöpft werden. Platon vertritt zumindest in den überkommenen Dialogwerken, die überkommen sind, keine Lehre, er führt in das Frage- und Antwortspiel seines Lehrers Sokrates ein und treibt dessen Gestalt ins Relief. Wissen bedeutet dabei, in der Selbstunterredung der Seele zu der zu bezeichnenden Sache zu kommen. Die Grundworte philosophischer Terminologie sind gleichsam noch aus der Alltagswelt genommen, sie werden in diesem merkwürdigen Gespräch, das die attische Stadtbevölkerung

---

[44] Zu denken wäre an unterschiedliche Geister wie J. Pieper, E. Peterson, H. U. von Balthasar, um ein Ensemble von Denkern genuin katholischer Herkunft zu nennen, die sich über die Tabuierungen der Aufklärung hinwegsetzten und bezeichnenderweise in den vergangenen Jahren zunehmend eine Renaissance erfahren. Auch verschiedene Philosophen jüdischer Provenienz von L. Strauss bis J. Taubes wären hier anzuführen, namentlich in ihrer Skepsis gegenüber der dauerhaften Wirkung der Kultur und der Erwartung, dass der Kultus, demgegenüber als Desiderat von Humanität festzuhalten sei. Für nähere Belege verweise ich auf meine nächstens erscheinenden Studien zur Religionsphilosophie (Erstausgabe in polnischer Sprache Warszawa 2005). Es könnte von Bedeutung sein, W. Falks Ansatz mit diesen Denkanstößen, deren Rezeption ihm versagt geblieben ist, in ein Gespräch in sachlicher Absicht zu bringen.

fürchtete, aber verwandelt; *Idea, eidos,* ist die Gestalt, *ousia* Wesen, der kleine Bauernhof, *problematon,* das Vorgebirge. Welches Wissen in den Wechselfällen des Lebens stabil bleibt, dies ist die Frage, die Platon weniger am Leben als am Sterben seines Lehrers Sokrates aufging. Und welches Philosophieren es ist, das die Seele in der Ruhe, am Einen hält, und im Tod nicht ad absurdum geführt, sondern bezeugt wird. Man kann dieses Verhältnis nicht beschreiben, ohne auf den Kern der Sokratisch Platonischen Auseinandersetzung mit der Sophistik zu blicken. Ist Gerechtigkeit, ist Lust dem guten Leben gleichzusetzen; sind Gesetze nur Setzungen der Schwächeren? Und das entscheidende: lässt sich ohne Scham ein schlechterdings amoralischer Gesichtspunkt vertreten? Vor diesen Fragen, die eine dekadent gewordene Umwelt, die das Scheinwissen und die Wortklauberei zur Virtuosität entwickelt hatte, aufwarf, hatte Platon den ‚*logos tes ousias'* wiederherzustellen, kurz, die Einsicht, dass Worte ‚etwas' bedeuten.

Von Aristoteles sind hingegen keine Dialoge überliefert, obwohl sie im Zusammenhang der Protreptik, seiner Werbeschriften für den Peripatos, sicher eine Rolle spielten. Jene genuine Form verlor ihre Bedeutung als Methode des Philosophierens (Platonische Akademie), sie wurde durch den Lehrvortrag und die Einweisung in eigenständige Forschung, auch empirischer Art, ersetzt.

Mit Aristoteles wird die Gestalt der Philosophie diskursiv. Die Untersuchung richtet sich in erster Linie auf die Aussagestruktur des prädikativen Satzes. Und begründetes Wissen haben wir nur, wenn sich allgemeine Sätze formulieren lassen. Erstes Wesen ist aber das Einzelding, das sich nie im allgemeinen Satz fassen lässt. Deshalb ist die philosophische Forschung der Ergänzung durch Erfahrung (empeiria) bedürftig; ein Gedanke, der sich bei Platon nicht findet.

Beide Grundansätze wurden, wie es nicht anders sein kann, in dogmatischer Reduktion tradiert und sie wurden, zumal durch die arabische Aristoteles-Tradition, wieder neu, in eine auf die Phänomene blickende Forschung übersetzt. Für das Verhältnis von Metaphysik und Christentum ergibt sich zumindest eine doppelte Konfiguration; einerseits wurde die christliche Überlieferung, das ‚ephapax', von dem Paulus im Römerbrief schreibt, ganz spezifisch in Termini der Platonischen Metaphysik gedeutet; des Einen, Wahren, Guten; andrerseits aber sah man auch die Philosophie vor dem Skandalon des Christentums wie zur Rechenschaft gezogen, obgleich der Glaube dem weltweisen Wissen, nach Paulus' Wort, zuerst eine ‚Torheit' war.

Sie konnte vor diesem Fokus auch als Vorahnung der Offenbarung gedeutet werden.Wenn einmal Anachronismen in der Überlieferung begegnen, so zeigt sich die verzerrte Wahrnehmung besonders deutlich, so in Avicennas, des

Epochenbestimmung und Gegenwart.
Walter Falk zum Gedenken (2001).

175

großen arabischen Gelehrten Wort, der Platon vor die alttestamentliche Prophetie datierte: „Propheten und göttliches Gesetz, alles das liegt bereits im Gesetzesdialog Platons beschlossen". Auf diese Verzweigungen des Grundverhältnisses zwischen Jerusalem und Athen, (später dem weitgehend in seiner Wissenschaftstradition aristotelisch geprägten Westrom und Ostrom) habe ich hingewiesen, um anzudeuten, in welches Geflecht Falks klare Option, wie mir scheint ein so kostbares wie schwieriges Erbe, verweist.

III. Periodisierung der Gegenwart

Damit ist angedeutet, dass und wie die drei hier besonders akzentuierten Grundeinsichten: die Kritik an der Genieautonomie, der Aufweis einer Wiederkehr des Bösen und schließlich Falks Geschichtsbegriff die Akzentzeichen sind, die in einer Verortung der Epochenstruktur der Gegenwart zu setzen bleiben. Für die *methodische* Vorzeichnung der Epochensignatur der jüngsten Vergangenheit scheint es sinnvoll, im folgenden drei Befunde der Neuen Epochenforschung zu betrachten, die, auch in ihrem Spannungsverhältnis, fruchtbar zu machen bleiben.

Am Ende des Bandes 'Epochale Hintergründe der antiautoritären Bewegung' signalisiert Falk die Aussicht einer Zwiesprache zwischen den Vertretern zweier Periodensysteme, der antiautoritären Befragung und dem neuen, gerade zu diagnostizierenden Sinnsystem mit Aktualpriorität. Jenes Zweigespräch werde schwierig sein, doch: „Für die Zukunft dürfte es von größter Bedeutung sein, ob es kollektiv gelingt, gegenüber dem Bestehenden eine differenzierende Haltung einzunehmen."[45] Es ist offensichtlich, dass diese Debatte gerade heute geführt wird. Ob sie zu klärender Einsicht führt, das trifft, was ,an der Zeit' ist, oder ob jene Tendenzen noch einer längeren Inkubationszeit bedürfen, ist freilich mehr als fraglich. Den Studien zur Geschichte der antiautoritären Bewegung ist dabei eine besondere Rolle zuzuschreiben. Wie sich in den jüngsten Diskussionen um die Folgen von 1968 zeigte, ist die Gesellschaft mit ihren einstigen abtrünnigen Kindern und ihrer heutigen (keinesfalls von Bescheidenheit geschlagenen) Obrigkeit keinesfalls zu einem guten oder doch friedlichen Ende gekommen, sondern eher zu neuen Identitätsverschiebungen. Wenn man die Untersuchungen aus Marburg, die eine fortgeschriebene *chronique intellectuelle* der siebziger Jahre in West und Ost sind, konsultlierte, so würde sich zeigen, wie kurzatmig und verharmlosend heutige Debatten über Jugendsünden in den Siebziger Jahren sind, wie notwendig Differenzierungen der vielfachen Strömungen zwischen Berkeley, Berlin und Frankfurt seit den

---

[45] Falk, *Epochale Hintergründe*, a.a.O., S. 259.

mittleren sechziger Jahren bleiben, ohne dass damit die Physiognomie von 1968 schon erfasst wäre (so verdienstvoll die Studien von Negt, Krausshaar und anderen sind). Von Marburg wäre aber vor allem eines zu lernen, die sozialgeschichtliche Seite der antiautoritären Bewegung war nur ein Parallelphänomen; zu einem wesentlich in der Dichtung sich ausprägenden, Möglichkeit und die Begrenzung von Sprache reflektierenden Impetus, der nur solange anhielt, wie das Sinnsystem sich unter den Auspizien der Visualisierungsphase bewegte. Kulturgeschichtlich ist damit signalisiert, dass die antiautoritäre Bewegung nicht nur mit dem ,Fantaisie au pouvoir!' aus Paris, sondern auch mit den genuin Sprachmöglichkeiten problematisierenden Grundtexten eines Beckett oder Ionesco als ein Phänomenzusammenhang korrespondiert. Mit dem Anfang der Siebziger Jahre endet jedenfalls dieser Grundton. Falk hat 1983 zwei strukturelle Möglichkeiten für die unmittelbare Folgezeit als denkbar prognostiziert, deren eine hochgradig bedrohlich ist, deren andere eine Aussicht ins Offene nahe legte. Beide sind in jene Schellingsche 2. Potenz des Willens überantwortet, der sich insofern autonom zeigt, als er in jeder Handlung gefragt ist, ohne dass er sich an einen anderen delegieren lassen könnte.

Aus der Prognostik, die seinerzeit rein formal umrissen wurde, sei mir ein längeres Zitat erlaubt: „Aber so viel menschliches Unglück durch die faschistischen Bewegungen verursacht wurde, wäre von einer solchen Bewegung in der künftigen Periode noch schlimmeres zu befürchten. Die Aktualität, die im Spatismus negiert wurde, umfasste mit der Dinghaftigkeit des Lebens innerhalb von zeitlichen Abläufen zwar weite Bereiche der menschlichen Existenz, aber nicht ihr Fundament. Gerade dies aber, die Grundlage des Menschseins, wäre in der künftigen Periode das Angriffsziel einer antagonistischen Bewegung. Selbstverständlich würden auch ihre Wortführer behaupten, für die wahren Interessen der Menschen zu streiten [....]. Die Möglichkeit, mächtig zu werden, würde sich für eine solche Bewegung wohl erst im Zeichen einer V-Phase, und also vermutlich in den neunziger Jahren, ergeben. Noch ist Zeit, ihrer Konstituierung entgegenzuwirken. Die achtziger Jahre werden die Vorentscheidung bringen. Sie wird gefällt werden in unzähligen persönlichen Willensakten, in denen sich Menschen zum antagonistischen oder zum komplementären Modus bekennen. In diese Willensakte vermag ein Dritter niemals einzugreifen, und niemand sollte wünschen, dazu in der Lage zu sein."[46]

Im 'Handbuch der Komponentenanalyse' ist die prognostische Perspektive sehr vorsichtig, wenn auch treffsicher angezeigt. Es sei, unter bestimmten Voraussetzungen (vor allem einer Periodendauer von ungefähr drei

---

[46] Ibid., S. 241.

Epochenbestimmung und Gegenwart.
Walter Falk zum Gedenken (2001).

177

Jahrzehnten!) zu erwarten, dass „es in den achtziger Jahren zu einer tiefen epochengeschichtlichen Veränderung [komme]".[47]
Diese selbst wird aber nur strukturell konkretisiert; es wäre in der nach-tempistischen Periode wiederum eine Aktualpriorität zu erwarten. Die Behutsamkeit, in der dieser Befund getroffen ist, hat mit der Ungeklärtheit der Periode der Äternistik zu tun. Der Umbruch, also das Signum eines ‚Endes der Neuzeit' wäre außerordentliche tief, so dass man die Periode, die ihn, wenn auch keinesfalls bei allen untersuchten Autoren, indiziert, keinesfalls als das vorübergehende Auftreten „abnormer Verhältnisse" begreifen kann.[48] In den ‚Epochalen Hintergründen' hatte Falk zu dieser ungelösten Frage nur bemerkt: „Wir hoffen, dass es eines Tages möglich sein wird, die potentialgeschichtliche Unregelmäßigkeit auf eine völlig befriedigende Weise, nämlich aus dem Bezug auf eine übergeordnete Regelmäßigkeit, zu erklären. Vorderhand haben wir uns [....] aus dem Grund mit ihr abgefunden, dass wir sie als Einwand gegen das Muster der potentialgeschichtlichen Rhythmik nicht mehr anerkennen".[49] Theoretisch ist damit das schwierige Problem aufgeworfen zu erklären, dass eine Regelmäßigkeit wieder eintritt, nachdem sich die Erschütterung des Endes eines Zeitalters gezeigt hat. Noch behutsamer fällt vor dem Hintergrund dieser Leerstelle die vorläufige Charakterisierung der Reichweite des Umbruchs von 1980 aus. Die Äternistik wird dabei noch als „anormale Zwischenperiode" aus der allgemeinen potentialgeschichtlichen Rhythmik" ausgeklammert. Es sei mithin „mit dem Beginn nicht einer neuen Ära, sondern nur einer neuen Periode zu rechnen, der dritten innerhalb jener Ära, die in der Zeit des Ersten Weltkriegs das kollektivistische Zeitalter eröffnete".[50]
Wenn ich die großen Anstrengungen von Falks Erforschung zur Literatur der neunziger Jahre richtig verstehe, so setzt die Gegenwartserhellung eben an dieser Frage an. Es wird festgehalten, dass die sich um 1980 ausfigurierende neue Periode mit dem ‚antagonistischen Modus' beginnt, während sich eben in den Texten der neunziger Jahre, teilweise verdeckt, der komplementäre Modus durchsetzt. Dies konnte Falk noch an den Texten von Handke, Strauss, vor allem Patrick Roth auffinden. Vordergründig ist die Genesis des ‚komplementären Modus' ebenfalls eine Unregelmäßigkeit, die mit jener der ‚Äternistik' in einen Zusammenhang gebracht werden müsste. Und es spricht einiges dafür, dass Falk zuletzt in diese Richtung gedacht hat. Ob das mit 1910 beginnende Zeitalter dann dauerhaft als kollektivistisch zu beschreiben ist, eben dies wäre die Frage; oder ob die Perioden von 1920 bis 1980 die eigentliche Unregelmäßigkeit signalisieren, während mit der vermeintlichen

---

[47] Ibid., S. 36.
[48] Ibid.
[49] Ibid., S. 241.
[50] W. Falk, *Auswirkungen des epochalen Wandels*, a.a.O. (FN 3), S. 220.

Zwischenperiode eine Inkubationszeit begänne, die in den Zeugnissen der Neunziger Jahre ausgetragen wird. Sie ist offensichtlich nicht ‚kollektivistisch', sie setzt vielmehr in vielen Zeugnissen der letzten Jahre eine Harmonie und ein innerliches ‚consentire' in Gang, in dem Selbst und anderer in einer Weise eins werden können, wie es die Antike im Modus des Symphilosophierens sich zum Ziel machte und wie es das Christentum vertieft hat; ich erinnere Sie an die Stimme der Philosophie, die Platon im 'Theätet' (189e ff.) sich selbst aussprechen lässt: „ein [....] Dialog der Seele mit sich selbst [sei sie], über das, was sie gerade untersucht".

Bereits am Endpunkt der Untersuchungen über die epochalen Hintergründe zeigte sich indes ein Grundzug, der in Falks späteren Arbeiten eher noch zunahm, die Diagnose einer sich zuspitzenden Gefährdung des Humanum.

Dem ist aus dem zeitlichen Abstand gewiss nicht zu widersprechen; auch wenn die globalisierte Welt in ihrer Geschichts- und Gesichtslosigkeit vordergründig Kommunikation in nie dagewesenem Ausmaß erlaubt. Ich darf deshalb daran erinnern, dass Falk 1982 in dem benannten Vortrag über 'Auswirkungen des epochalen Wandels' die Erwartung notiert hat: „Aber alle, oder doch die meisten, werden sehen, dass an der Grenze der Menschenexistenz deren Sinn nicht endet, sondern in seiner Fülle erst anhebt. Gewiss wird dies einige Zeit brauchen, aber wohl nicht mehr als jene, die uns noch trennt vom neuen Jahrtausend."[51] Zweifellos hat jene Voraussicht in der Dichtung sich überzeugend bestätigt; aber der ‚müde Mensch' des späten Europa, oder der ‚flexible Man', den Richard Sennett als Komplement des globalen Zeitalters erkannt hat, durch das zugleich tiefe Risse gehen?

In dieser Spannung bleibt jedenfalls der komplementäre Modus zu denken. Hegel umschrieb ‚Verzeihung', gleichsam die Gestalt werdende Komplementarität, mit den folgenden Worten: „Hierdurch sind sie *füreinander*, diese schlechthin Entgegengesetzten [....]. Das versöhnende Ja, worin beide Ich von ihrem entgegengesetzten Dasein ablassen, ist das Dasein des zur Zweiheit ausgedehnten Ichs, das darin sich gleich bleibt und in seiner vollkommenen Entäußerung und Gegenteile die Gewissheit seiner selbst hat;- es ist der erscheinende Gott mitten unter ihnen, die sich als das reine Wissen wissen" (Hegel, Theorie-Werkausgabe Band 3, S. 494). Hier kommen wir an den Punkt, an dem sich der Impetus des Fragens zeigt und das Ziel, zu dem er beitragen könnte. Bei Walter Falk verband sich beides zu der Physiognomie des Fichteschen Satzes ‚Wir leben, um in der Wahrheit zu leben'; Die Lehren für das Verhalten daraus zu ziehen, bleibe aber jedem Denkenden selbst zu überlassen.

---

[51] Ibid.

Epochenbestimmung und Gegenwart.
Walter Falk zum Gedenken (2001).

179

Damit ist nicht mehr geleistet, als eine Frage gestellt, vielleicht ein Desiderat der Neuen Epochenforschung formuliert. Und es ist nur ein Kommentar zu dem eindrücklichen Sinnbild umrissen, „dass die Genialität so wenig Gott zu ersetzen vermag, wie die elektrische Beleuchtung das Sonnenlicht". Dieses Licht hat Handke in seinen jüngste Dichtungen in tiefen Bildern umschrieben, die Walter Falk viel zu denken gegeben haben.: „Die Idee ist Licht", zugleich ‚Es', das ‚in mich' griff, ‚vibrierte', ‚wehte'. „Göttliches, oder du, jenes Mehr als ich, das einst durch die Propheten sprach und danach durch den Sohn, sprichst du auch in der Gegenwart, pur durch den Tag? Ich glaube es durch die Phantasie. Ich weiß es". Jene fundamentale Erfahrung des Lichts hat zu tun mit dem Blick des Engels, dem er in den Forschungen der letzten Jahre nahezukommen versuchte, zetematisch bis zuletzt. Man mag an den Engel im Erfurter Dom denken, aber auch an den Umkreis der Engelsfigur in Rilkes Duineser Elegien, in denen das Strittige und Große des Engelssinnbilds und seine Körperlosigkeit zusammengedacht und am Ende in einen liebenden Frieden beruhigt ist. Aus der III. Elegie:

„Fänden auch wir ein reines, verhaltenes, schmales/ Menschliches, einen unseren Streifen Fruchtlands/ zwischen Strom und Gestein. Denn das eigene Herz übersteigt uns/noch immer wie jene. Und wir können ihm nicht mehr nachschaun in Bilder,/ die es besänftigen, noch in göttliche Körper, in denen es größer sich mäßigt."

III. TEIL

STIMMEN UND PHÄNOMENE AM ENDE DER GIGANTOMACHEIA: PHILOSOPHISCHE LITERATURDEUTUNG

1. Denkbarkeit und Darstellbarkeit: Zum jüngeren philosophischen Gespräch mit Hölderlins Dichtung

Noch nie war das Verhältnis von Kunst, namentlich Dichtung und Denken, so eng wie gegenwärtig. Dies allbekannte Modernephänomen hat auch prekäre Seiten. Es stellt sich die Frage, ob ein selbstbewegtes Denken überhaupt noch möglich ist, oder ob Philosophie nur mehr Literatur und Kunst nachbuchstabiert werden kann, und es stellt sich die andere Frage, ob nicht die Ambivalenz des dichterischen Wortes, des Tones, des Bildes überformt und der vagierenden Verweigerung des Eindeutigen und Allgemeinen, von dem alle Kunst - doch vor allem die moderne - lebt, Gewalt angetan wird, wenn sie als ,Ins-Werk-Setzen' der Wahrheit verstanden wird. Lebt die Annäherung von Kunst und Denken nicht von der Entfernung, davon, dass beide auf getrenntesten Bergen wohnen, und einander Flaschenpostsignale schicken? Das Verhältnis jedenfalls bedarf seinerseits einer Reflexion.

Es war Oskar Becker,[1] der in seinen ästhetischen Erwägungen als Wesen aller Kunst die Vergänglichkeit und Hinfälligkeit des Schönen erkannte, und der darauf hinwies, dass diese Fragilität aller erst der ekzentrischen Abgründigkeit personalen Lebens inne werden lasse. Indem er sich von den Phänomenen der Kunst her versteht, ist der Mensch im Sinn Beckers erst Mensch kat'exochen, „ganz der *entdeckte* Mensch."[2] In der Kunsterfahrung werde der Blick in die Tiefe unseres Wesens freigegeben. Dabei zeige sich eine letzte Zweiheit und Zwietracht der Wurzeln eigenen Seins, „die der endliche Mensch zu heilen nicht berufen ist".[3] Diese Abgründigkeit hat nach Becker das Gesicht des Zwiespaltes zwischen entwerfen könnendem Selbstsein *(Dasein)* und objekt- und körperhaften Vorhandensein bei der Welt, das Becker *Da-Wesen* nennt. In der Kunst wird diese schroffe Entgegensetzung der je eigenen ,Conditio humana' thematisch, dadurch etwa, dass vermeintliche Abschlussgedanken, die sich ihr entziehen möchten, als Splitter unter anderen Fragmenten entlarvt werden. Umgekehrt kann am Leitfaden derartiger Konstellationen die Entzweiung ihrerseits gedeutet werden. Ahnungshaft und nur in Annäherung stellt sich damit ein Einheitssinn in unserer Selbstverständigung ein. Er ist in eminentem Sinn zeithaft: das Aufscheinen großer Kunst ereignet sich in einem

---

[1] Vergleiche im folgenden Oskar Becker, *Von der Hinfälligkeit des Schönen und der Abenteuerlichkeit des Künstlers*, und: derselbe, *Von der Abenteuerlichkeit des Philosophen*, beide in: derselbe, *Dasein und Dawesen. Gesammelte philosophische Aufsätze.* Pfullingen 1963, S. 11-41 bzw. S. 103-127. Der erste Text ist Beckers Beitrag zur Festschrift für Edmund Husserl zum 70. Geburtstag. Halle an der Saale 1929, S. 27-53.

[2] Becker, *Dasein und Dawesen*, a.a.O., S. 37.

[3] Ibid., S. 40. Hier spricht sich eine tiefe, immer ästhetisch vermittelte Kontingenzerfahrung aus. Bemerkenswert scheint auch vor diesem Hintergrund, wie verständnislos Gadamer dem Denken Oskar Beckers gegenübersteht: vgl. ders., *Philosophische Lehrjahre. Eine Rückschau.* Frankfurt/Main 1977, S. 31 und S. 174.

kairos, der „ephemer wie der Regenbogen" ist.[4] Im Augenblick der großen
gelingenden Kunst sind wie im Fokus alle Zeitekstasen gesammelt.
Ganz setzt sich, wie Becker andeutet, dieser Fragilität und fragmentierten
Totalität nur der Künstler aus. Seiner schutzlosen Abenteuerlichkeit
korrespondiert die „vorsichtige Verwegenheit des Philosophen" allenfalls von
ferne - etwa, indem der Philosoph - mit Schelling - die Kunst als , wahres
Organon und Dokument' der Philosophie versteht, und sich inne wird, dass
dies auch umgekehrt bedeutet, dass das Denken Organon der Kunst werden
kann. Dies geschieht, wenn es sich der Vielheit phänomenaler Erfahrung
jenseits der Schematisierungsbegriffe aussetzt, oder wenn es die Kontingenz
geschehener Geschichte erwägt, kurz: wenn es sich der Komplexität einer
Konversion des Gedankens in die Darstellung inne wird.
Seit in Zeiten der Hölderlin-Vergessenheit der gerade siebzehnjährige
Nietzsche in einem Brief an einen Freund, diesem seinen Lieblingsdichter
Hölderlin „zum Lesen empfiehlt" (Frühe Schriften 2, S. 1 ff.), ist es in
eminenter Weise das Gespräch mit Hölderlins Dichtung, in dem das skizzierte
Verhältnis vor Augen tritt.[5]
Dies gibt Anlass zu einem Gedankenexperiment: es ist danach zu fragen, wie
Denkwege der jüngsten Vergangenheit in der Zwiesprache mit Hölderlins
Dichtung zu ihrem Proprium kommen, wie sie sich im Blick auf Hölderlin hin
aller erst zur Kenntlichkeit verändern. Um die Methode von Nietzsches
Rückgang auf das anfängliche vorsokratische Fragen zu variieren, ist also zu
bedenken, inwieweit die Wegmarke Hölderlins jenen einen, vielleicht vielfach
variierten, Punkt bezeichnet, „der ein Stück P e r s ö n l i c h k e i t ist und zu
jenem unwiderleglichen Undiskutierbaren gehört, das die Geschichte
aufzubewahren hat" - auch wenn alles andere lange vergessen werden kann.[6]
In zwei unterschiedlichen Annäherungen (I und II) möchte ich diese
Konstellation freilegen. Schließlich wende ich mich dem inneren Problem zu,
das dabei immer schon mitschwingt (III): der Frage des Zusammenhangs von
Denken und zeichenhafter Darstellung, von Zeichenmetaphysik und einer
Hermeneutik, die sich nicht scheut, die Sache des Spekulativen in den Blick zu
nehmen.

---

[4] Becker, *Dasein und Dawesen*, ibid., S. 24.
[5] Dazu Nietzsche, Frühe Schriften. Band 2. Jugendschriften 1861-1864. Herausgegeben von Hans
Joachim Mette. München 1933-40, hier nach Nachdruck ebd. 1994, S. 1-6.
[6] Nietzsche, *Die Philosophie im tragischen Zeitalter der Griechen*, in: Colli/Montinari (Hgg.),
Kritische Studienausgabe Band 1. München 1988, S. 801 f. Dazu im Hintergrund: Manfred Riedel,
*Ein Seitenstück zur 'Geburt der Tragödie'. Nietzsches Abkehr von Schopenhauer und Wagner und
seine Wende zur Philosophie*, in: Nietzsche-Studien 24 (1995), S. 45 ff.

I. Parusie, Aporie und unmittelbare Vertrautheit. Über die Hölderlin-Deutungen von Hans-Georg Gadamer, Rudolph Berlinger und Dieter Henrich

a.) Spekulation und Hermeneutik

Indem am Ende von Gadamers 'Wahrheit und Methode' Hölderlins Name leitmotivisch alludiert wird, transzendiert sich die philosophische Hermeneutik. Sie weitet sich ins Spekulative. Dies geschieht noch immer im indirekten Modus der Auslegung, in Zwiesprache mit Hegels Lehre vom ‚spekulativen Satz'.

Der spekulative Satz sagt Hegels Bestimmung zufolge bekanntlich, anders als die räsonierenden Sätze im epistemischen Diskurszusammenhang, nicht *etwas von etwas aus*. Er *zeigt* vielmehr, wie sich die Einheit des Begriffs darin zum Ausdruck bringt, dass das Prädikat dem Subjekt seine Wahrheit zuspricht, indem sich das ganze Gewicht des Subjektes auf das Prädikat überträgt. Der Gedankengang vertieft sich dadurch. Es kommt eine Bewegung in Gang, die ein lineares Fortschreiten der Vernunft aber gerade hindert. Der Denkende findet sich immer wieder auf den Anfang seiner Besinnung, eben auf das Subjekt, zurückgeworfen. Der erste Modus der Bestimmung, das in sich ruhende Subjekt, ist untergegangen. Subjekt-Sein ist nur noch in der entäußernden Bewegung. Indem die Spekulation zu solchen bohrenden Kreisgängen nötigt, wird die lineare Logik des prädizierenden Satzes destruiert. Der spekulative Satz ist nicht mehr Satz, sondern Gedankenvollzug.[7] Wie Gadamer unterstreicht, *widerfährt* dem Denken, das sich ihm aussetzt, selbst eine „unbegreifliche Umkehrung."[8] Es wird, Gadamer zufolge, der Vollzug sprachlicher Welterfahrung ahnbar. Doch bleibt es, im Sinne Gadamers, bei einer Spiegelung. Denn das Lehrstück vom spekulativen Satz ist Reflexionsspiel, die spekulative Hermeneutik dagegen soll ekzentrisch über alle Reflexionsverhältnisse hinausgreifen.

Diese andeutende Exposition eines Verständnisses von Hermeneutik geht also von der Frage nach einem Ur- und Anfangssinn der Sprache aus. Spekulation bedeutet in diesem Zusammenhang nicht mehr die ‚Spiegelung des Absoluten im Endlichen', ihr Sinnbildzusammenhang orientiert sich nicht mehr auf das reine Licht metaphysischer Ideengebung seit Platon, sondern auf Phänomene des Hörens: auf einen akroamatisch akouetischen Phänomenzusammenhang.

---

[7] Vgl. dazu Gadamer, *Wahrheit und Methode*, in: ders., Gesammelte Werke Band 1. Tübingen 1986, S. 478 ff. Siehe zur Lehre vom spekulativen Satz die Vorrede zu Hegels Phänomenologie des Geistes, nach: Theorie-Werkausgabe Band 3. Frankfurt/Main 1970, S. 55 ff. Vgl. im Blick auf die Fortschreibung der Hegel-Interpretation, die hier im Blick steht:, Manfred Riedel (Hg.), *Hegel und die antike Dialektik*. Frankfurt/Main 1990, sowie derselbe, *Erster und anderer Anfang. Hegel und das Problem des Ursprungs der griechischen Philosophie*, in: M.R., *Hören auf die Sprache*. Frankfurt/Main 1990, S. 303-330.

[8] Gadamer, *Wahrheit und Methode*, a.a.O., S. 472.

All diese Konnotationen schwingen mit, wenn Gadamer festhält, dass das Geschehen der Sprache spekulativ genannt werden könne, „sofern die endlichen Möglichkeiten des Wortes dem gemeinten Sinn wie einer Richtung ins Unendliche zugeordnet sind."[9] ‚Unendlichkeit' wird dabei zum paradoxen Grundbegriff, der seinen Ort im Zusammenhang einer Verständigung über die endlichkeitssignierte Condition humaine hat. Gadamers Unendliches wäre mit Nietzsche als Interpretations-Unendliches zu verstehen, genauer, als die tendenzielle Unendlichkeit des Gesprächs zwischen verschiedenen Weisen des Weltbezugs.[10] Dies Unendliche aber muss Bruchstück bleiben, da die Lebenszeit des einzelnen endlich ist. Beides trifft hier im ausgleichenden hermeneutischen Horizont aufeinander, die Erwägung eines unendlichen Bezuges und die Erinnerung an seine wesentliche Endlichkeit.

Das ‚dichterische Wort' soll jener eminente Sprachsinn sein, auf den hin Gadamer diese diametral auseinander strebenden Perspektiven zusammenführen möchte. Er versteht es ähnlich wie der späte Heidegger als Ursinn der Sprache, als ihr Wesen gleichsam. Anders als Heidegger begreift Gadamer dieses spekulative Wesen nach der Art einer säkularen Parusie als Nennkraft der Sprache,[11] und er berücksichtigt, wiederum sehr im Unterschied zu Heidegger, nur am Rande, dass die Dichtung andeutend, aussagend und verschweigend zugleich spricht, dass sie sich - vielleicht und allenfalls - als ein Rätsel mitteilt, das zu raten bleibt und das doch nie ganz erraten werden kann.[12] Auch im Fragment der Moderne, im Celanschen Gedicht, das ins Verschweigen flieht, gewahrt der hermeneutische ‚Vorgriff auf Vollkommenheit' den Horizont einer Sinneinheit im dialogischen Vollzug.[13]

Bevor am Ende von 'Wahrheit und Methode' die Stimme Hölderlins aufklingt, dringt also eine Dissonanz an unser Ohr - weniger wohl an das Ohr des Lehrers der Hermeneutik. Der aufmerksame Leser und Hörer vernimmt einerseits den Aufklang einer hörenden Spekulation, die auch den mikrologischen Phänomenen ästhetischer Form sublim zugewandt sein müsste, und andrerseits die Widerklänge einer bürgerlichen Kunstmetaphysik, einer säkularen Religion der Sinnfindung, die den abwesenden Gott im Phänomen unmittelbar sprechen hören möchte. Dieses Credo dürfte für die ‚zerbrochenen

---

[9] Ibid., S. 473.

[10] Dies bezeugt etwa Gadamers groß angelegter Essay, *Nietzsche - der Antipode. Das Drama Zarathustras*, in: Gesammelte Werke Band 4. Tübingen 1987, S. 448-463.

[11] Hier beziehe ich mich auf Gadamers Essay: *Mythopoietische Umkehrung in Rilkes Duineser Elegien*, in: ders., Gesammelte Werke. Band 9, S. 289-306, insbesondere S. 304 f. Vgl. auch: Gadamer, *Gedicht und Gespräch. Essays*. Frankfurt/Main 1990.

[12] Das Wort vom Rätselraten wird ein wichtiges Motiv in der Genesis von Heideggers Zwiesprache mit Nietzsche: Vgl. M.H., *Wer ist Nietzsches Zarathustra?*, in: M.H., *Vorträge und Aufsätze*. Pfullingen 1990, S. 97-123.

[13] Vgl. dazu die späte Zwiesprache zwischen Gadamer und Derrida über die Dichtung Paul Celans: J. Derrida, H.-G. Gadamer, *Der ununterbrochene Dialog*. Herausgegeben und mit einem Nachwort versehen von Martin Gessmann. Frankfurt/Main 2004.

Formen' der Moderne im letzten keinen eröffnenden Sinn mehr haben, und es
dokumentiert sich nachgerade peinlich, wenn Gadamer Celans große Metapher
vom Atemkristall aufnimmt - und in den Gedanken umprägt, dass in ihr
Sinnbild werde, wie „der Fluß der Rede in Dichtung gültige Gestalt
gewinnt".[14] Denn hier ist keine Rede davon, dass das Sinnbild des Kristalls
auch zu verstehen gibt, wie es der Rede den Atem verschlägt. Ob der Kristall
gewordene Atem je wieder ins Pneuma des Gesprächs übergehen kann, bleibt
offen. Das Licht, das in Celans Kristall aufleuchtet, könnte daher nur ein
‚dunkles Licht' sein.

Ins Bewusstsein des Gadamer-Lesers, wenn schon nicht in die Reflexion des
Autors kommt diese Ambivalenz im Hölderlin-Zitat, im zugleich
poetologischen und spekulativen Entwurf einer Topik in Hölderlins
Abhandlung 'Von der Verfahrungsweise des poetischen Geistes'. Zeigt sie
doch, dass der dichterische Versuch, das neue Wort zu finden, zugleich
bedeutet, „alle gewohnten Worte und Redeweisen", und damit alle
vermeintliche Positivität, zu destruieren.[15]

Also wird im Sinn Hölderlins der Dichtung die Welt *neu*, nicht bildet sie eine
schon seiende Wirklichkeit einfach ab. „Indem sich nämlich der Dichter mit
dem reinen Ton seiner ursprünglichen Empfindung in seinem ganzen inneren
und äußeren Leben begriffen fühlt und sich umsieht in seiner Welt, ist ihm
dieses ebenso neu und unbekannt, die Summe aller seiner Erfahrungen, seines
Wissens, seines Anschauens, seines Gedenkens, Kunst und Natur, wie sie in
ihm und außer ihm sich darstellt, alles ist wie zum erstenmale, eben deswegen
unbegriffen, unbestimmt, in lauter Stoff und Leben aufgelöst, ihm
gegenwärtig. Und es ist vorzüglich wichtig, dass er in diesem Augenblicke
nichts als gegeben annehme, von nichts Positivem ausgehe, dass die Natur und
Kunst, so wie er sie früher gelernt hat und sieht, nicht eher spreche, ehe für ihn
eine Sprache da ist."[16]

Diese Worte können im Zusammenhang von Gadamers Erwägungen wie ein
inneres Korrektiv verstanden werden, sie verselbständigen sich also in einer
Weise, die der zitierende Hermeneut nicht intendiert haben mag. Es ist dieser
regulative Subtext, der gegen Gadamer selbst zur Geltung zu bringen ist, um
der *konstitutiven* Funktion, die er dem Hölderlin-Wort zukommen lassen
möchte, aller- erst Radikalität und Gewicht zu geben. Dies Wort soll Gadamers

---

[14] Gadamer, *Gesammelte Werke* Band 8. Tübingen 1993, S. 371 f. Vgl. dazu auch die Celan-
Deutung, *Wer bin Ich und wer bist Du?* (1986), in: Gadamer, *Gesammelte Werke* Band 9, S. 383-
452. In dem Aufsatz von Günter Figal, *Kunst als Weltdarstellung*, in: Thomas Grethlein und
Heinrich Leitner (Hgg.), *Inmitten der Zeit. Beiträge zur europäischen Gegenwartsphilosophie.*
Festschrift für Manfred Riedel. Würzburg 1996, S. 395 ff. kommt diese Problematik
seltsamerweise gar nicht zur Sprache.
[15] Vgl. Gadamer, *Wahrheit und Methode*, a.a.O., S. 492 ff.
[16] Vgl. den ganzen Text hier nach der Edition in große Stuttgarter Ausgabe Band IV, 1, S. 241-
265.

Absicht nach nämlich nicht weniger als das Desiderat einer *hermeneutischen Dialektik* gegenüber der idealistischen Dialektik zur Geltung bringen. Anders als diese, ist jene nicht reflexiv auf ein *,Ich denke'* orientiert, sondern auf ein jeweiliges konkretes Selbst, das in ein unendliches Frage- und Antwortspiel verstrickt ist, in ein offenes Sinngeschehen, das sich in eminenter Weise im Wort der Dichtung zuspricht und entzieht. Eine solche, nur umrisshaft kenntliche, Dialektik trägt aller erst Gadamers Parallelisierung zwischen dem Sinnverstehen und der Erfahrung des Schönen, der Kunst. Denn sie gibt zu verstehen, was beiden gemeinsam ist: der Charakter des Spieles, in dem die Denkenden Mitspieler sind, und das ihnen - unvordenklich - zugleich vorausspielt. „Wir sind als Verstehende in ein Wahrheitsgeschehen einbezogen und kommen gleichsam zu spät, wenn wir wissen wollen, was wir glauben sollen."[17] Vom angedeuteten Subtext her ist dieses Spiel zugleich als Selbstauslegung des Lebens zu verstehen, prekärerweise stets in der inkludierenden 1. Person Plural. Da ,wir' immer zu spät kommen, ist ,unser' Dasein umdunkelt; manifest wird dies an den unerträglichen Augenblicken, die jeder Deutung entzogen scheinen. So betrachtet, gewönne auch Gadamers Versuch einer Destruktion der Hegelschen Anfangsproblematik ein anderes Gesicht. Gadamers Einsicht, dass das Leben des Begriffs nicht als ein Weg organisiert ist, in dem der Gedanke am Ende wissend auf seinen Anfang zurückkehrt, also im Ganzen als ,Gang zum Anfang' verfasst ist, bedeutete dann nicht nur im Sinne der Common Sense Eirenik der hermeneutischen Weltgemeinschaft - den Zug, dass wir immer schon in der Mitte eines Gesprächsgeschehens sind, um dessen Anfang und dessen Ende wir nicht wissen können und nicht wissen müssen. Dies Nicht-Wissen enthüllt sich vielmehr als quälend, die Einsicht in die Unmöglichkeit philosophischer Selbstbegründung gibt sich als ein dissonanter Schwebezustand zu erkennen, mit Heidegger zu sprechen als die Aporie eines Nicht-aus-noch-ein-Wissens.[18] Dieses Medusenhaupt enthüllt Gadamers spekulative Hermeneutik weder gegenüber dem, der ihr nachzudenken versucht, noch gegenüber sich selbst. Ihr eirenischer kulturbürgerlicher Grundton verhindert dies. Der Spiegel von Hölderlins nicht-ästhetischer Belichtung des Wortes der Dichtung bringt aber - so suchte ich anzudeuten - das Verschwiegene oder gar Verdrängte zum Vorschein. Nicht ohne Grund, rührt dies Verdrängte doch an die ersten genuin philosophischen Impulse, die der junge - neukantianisch geprägte - Gadamer seinem Selbstzeugnis nach empfing - von Heidegger. Es waren Impulse einer verborgenen Ethik, die sich bei dem Jüngeren später in einer Erinnerung an den Gedanken der Urteilskraft, des ,sensus communis' und des Sinnes für das

---

[17] Gadamer, *Wahrheit und Methode*, a.a.O., S. 494.
[18] Diesem Gedanken des Aporetischen nähert sich Heidegger insbesondere in seiner Logik-Vorlesung aus dem WS. 1937/38: *Grundfragen der Philosophie. Ausgewählte 'Probleme' der 'Logik'*. Heidegger GA 45. Frankfurt/Main 1984, S.53 ff. u.ö.

je Tunliche, kondensierten. Von hier her verweist der Gedanke von der Unendlichkeit des Überlieferungsgesprächs in seiner Fluchtlinie auf das unendliche und unlösliche Verhältnis zwischen der Frage nach dem je eigenen Da-sein und jener nach seiner Welt, nach dem Sinn von Sein.

Dieser Fragenzusammenhang findet sich in Heideggers Anfängen unter dem Problemtitel einer ‚Hermeneutik der Faktizität' exponiert: nicht nur ist die Faktizitätshermeneutik in eigentlichem Sinn ‚Ontologie',[19] Versuch, die Fluidität dessen, was ist und zeithaft wieder vergeht, zu verstehen. Sie ist auch von Anfang an ‚Ethik' in dem eminenten Sinn des Umganges mit dem ‚in der Welt' Seienden - des sorgenden Aufenthalts in der Nähe der Dinge, wie Heidegger sagt. Ein solcher radikaler, früh in seinem Erschütterungspotential erkannter Gedanke läuft eo ipso Gefahr, im Namen einer vermeintlich urbaneren Bürgerlichkeit verdrängt zu werden. Denn seinen Fragen auf den Grund zu gehen, heißt, auf eine abgründige Denkerfahrung zu treffen, auf die Intuition in den verborgenen Ursinn der Wahrheit, deren griechischer Name „A-letheia" bereits der frühe Heidegger als Wegzeichen und als eine offene Frage festhält, auf die er seinerzeit noch keine Antwort geben kann.

b.) Streit und Eirenik. Hölderlin - ein verdrängtes Gewissen der Hermeneutik?

Es bleibt in knappen Zügen zu zeigen, wie die Auffassung, Hölderlins Stimme sei Korrektiv und Gewissensstachel in Gadamers Denken geblieben, sich aus dem lesenden und deutenden Umgang des Hermeneutikers mit dem Dichter instrumentieren lässt. Anders als Nietzsche, der ihm ‚Antipode' bleiben sollte,[20] war Hölderlin für Gadamer stets gegenwärtig. Zur gleichen Zeit wie Heidegger, inmitten der europäischen Katastrophe um 1942, doch auf eigener Fährte, wandte er sich ihm zu. Es war die ‚ahndende' Kraft des Andenkens und des *Gedächtnisses*, das er inmitten des blutige Realität werdenden Nihilismus immer wieder umkreiste.[21] Und ähnlich wie Heidegger teilte sich auch Gadamer Hölderlins insistierende Umkreisung der polaren Differenz zwischen Eigenem und Fremdem mit, die Einsicht, dass das Eigene zu allerletzt und nur in der Entäußerung in ein Gegen-Bild uns zu eigen werden kann. Es sollte sich von selbst verstehen, dass mit diesen Skizzen zu einer Hermeneutik des

---

[19] Vgl. dazu Heidegger, GA 63. *Ontologie. Hermeneutik der Faktizität.* Freiburger Vorlesung aus dem Sommersemester 1923. Frankfurt/Main 1988 passim. Dazu auch: Manfred Riedel, *Naturhermeneutik und Ethik im Denken Heideggers,* in: ders., *Hören auf die Sprache. Die akroamatische Dimension der Hermeneutik.* Frankfurt/Main 1990, S. 230 ff..

[20] Vgl. dazu H.-G. Gadamer, *Nietzsche – der Antipode. Das Drama Zarathustras* (1984), in: ders., *Neuere Philosophie Band II. Probleme – Gestalten.* Tübingen 1987, S. 448 ff.

[21] Vgl. Gadamer, Gesammelte Werke Band 9, a.a.O., S. 15, aus der Abhandlung *Hölderlin und die Antike.*

transversalen Blicks und zu einer Ethik der Entzentrierung Überlegungen verknüpft werden mussten, die der totalitären Geistlosigkeit zuwiderliefen.[22] Ausgehend von einer Notiz aus Hölderlins 'Anmerkungen zur Antigonä' kreist Gadamer dieses Denkbild enger ein. Der Griechen „Haupttendenz ist, sich fassen zu können, weil darin ihre Schwäche lag, da hingegen die Haupttendenz in den Vorstellungsarten unserer Zeit ist, etwas treffen zu können, Geschick zu haben, dass das Schicksallose, das dysmoron, unsere Schwäche ist."[23] Gadamer zeigt auf dieses aporetische Wechselverhältnis hin, um zu verdeutlichen, dass ein Ausgleich der Pole Hölderlin nicht gelingen konnte - noch einem Denken je gelingen kann, das sich gleichsam in der Art der ,hermeneutischen Dialektik' ihrer inne ist und keinen von beiden Polen – in einem idealistisch dialektischen Gewaltstreich - zu ,übergreifen' versucht. Jene beiden Grundformen des Dialektischen waren seinerzeit freilich von Gadamer noch nicht unterschieden worden. Einer einseitigen Durchschlagung des Knotens wird sich ein Denkansatz umso mehr enthalten, als er erkennt, dass in den Haupttendenzen, die Hölderlin namhaft macht, eine ihrerseits unvordenkliche differente Verfassung personalen In-der-Welt-Seins zur Geltung kommt: einerseits auf sich selbst überschreitende Transzendenz, andrerseits auf Selbsterhaltung und Selbstbegründung orientiert zu sein.

Die Grundfrage denkender Verständigung und die *Zeit-Frage* im untergehenden Alteuropa erweisen sich damit als *ein* Fragezusammenhang, als Erwägung des Verhältnisses zwischen Eigenem und Fremdem. Der Gadamer, der sich diesen Erwägungen aussetzt, unterscheidet sich allerdings noch weitgehend vom Autor von 'Wahrheit und Methode'. Er ist sich, anders als jener, inne, dass unauflöslicher Widerstreit der Grund und Anfang des eirenischen Gesprächs ist. Deshalb entdeckt Gadamer auch Hölderlins ungeschützte Explikation des Tragischen für sich und deutet sie als Teil der Verständigung über Eigenes und Fremdes. Für Gadamer fokussiert sie sich darauf, dass in der attischen Tragödie der sinnliche Körper der Vernichtung ausgesetzt war, die in der neueren Zeit eher den „geistigen Körper" treffe, den Geist als Grund von Denken und Dichten.

Der Gedanke des Tragischen präludiert bereits die Abhandlung 'Hölderlin und die Antike',[24] die jede Vereinnahmung von Hölderlins Kategorie des

---

[22] Vgl. dazu die Replik Gadamer in GW 9, S. 2 f., Anm. 2 in Auseinandersetzung mit Jochen Schmidts Suche nach nationaler Ideologie in diesem Text. Vgl. J. S., *Hölderlins geschichtsphilosophische Hymnen 'Friedensfeier' – 'Der Einzige' – 'Pathmos'*. Darmstadt 1990. Dergleichen Zeitgemäßheit wird man ohne einige willentliche Verdrehungen weder Gadamers noch Heideggers Hölderlin-Kommentaren der fraglichen Zeit entnehmen können.
[23] Hölderlin, Sämtliche Werke und Briefe. Herausgegeben von Michael Knaupp. Band III. München 1992, S. 374.
[24] Vgl. dazu Gadamer, Gesammelte Werke Band 9, a.a.O., S. 9 und S. 13. Vgl. zu Heideggers Aussicht auf ein Ende alles Denkens u.a.: Heidegger, *Überwindung der Metaphysik*, in: ders., *Vorträge und Aufsätze*. Pfullingen [6]1990, S. 67-97.

Nationellen in einen Nationalismus zurückweist, ebenso wie die Versuche, aus dem Geist der Antike eine politisch sinnstiftende Orientierung zu ziehen. Damit erkennt Gadamer nicht nur die Ideologie in der Phase der Niederschrift, sondern avant la lettre auch jene der Beschwörungen des Abendlandes in der Zeit danach. Wieder sagte Heidegger - in seiner hermetischen Parmenides-Vorlesung aus dem Wintersemester 1942/43 - ähnliches, wenngleich in härteren Worten, wenn er das Abendland als das Zeitalter der wechselnden Untergänge zu verstehen sucht (GA II 54, S. 240 ff.).

Für Gadamer bleibt der Begriff des Tragischen leitend. Er wird Schlüssel in sein frühes Geschichtsdenken. Als Tragik des Geistes erschließt sich, im Licht der ‚Patmos'-Hymne, dass der Dichter in seiner Gegenwart gefangen ist und nur von dieser Gegenwart singen kann. Indem er das Tragische Gestalt werden lässt, indem er es also deutbar macht, ohne doch seine Schrecken hinwegzulügen,[25] transzendiert er das insistent Nächste der kontingenten Erfahrung eigener Zeit. Ihrer Sinnlosigkeit wird nicht Sinn unterlegt, gleichwohl wird sie als Modus menschlichen In-der-Welt-Seins verstehbar.

In seinem Wort öffnet der Dichter die Gegenwart mithin auf eine Erfahrung, die nur geistige Realität ist. Er erschließt sie auf die Erinnerung an vergangene Götter und auf die Ahnung eines kommenden Gottes. Anders als Nietzsche oder Heidegger setzt sich Gadamer freilich nicht im letzten dem Motiv aus, das sich auf Hölderlins Spuren nahe legen muss, dass dieser Gott nie war und nie sein wird. Alle Namen geben nur Spuren von ihm, die sogleich wieder verwischt werden. Hinter allen Masken ist er im letzten nicht.

Nur eine indirekte Ahnung davon teilt sich bei Gadamer mit. Wenn er den kommenden Gott im Christusnamen ausgesagt sieht, so nicht in dem Sinne, dass Hölderlin dessen Einzigkeit, das *ephapax*, anerkenne. Der Christusname komme in Hölderlins Dichtung vielmehr als eine Form, das Göttliche zu denken, vor, die der als unhintergehbar erkennt, der dem abendländischen Überlieferungszusammenhang sich zugehörig weiß. Deshalb spreche Hölderlins Dichtung davon, dass sich die Liebe zu sehr an den Einen hängen müsse in einer Verfehlung des Maßes, der aber abendländisches Denken und Dichten nicht entgehen können. Der Christus-Name ist insofern Teil dessen, dass der Geist der Dichtung und mit ihr des Denkers unaufhebbar in der Zeit gefangen ist; Überlieferung ist Gadamer also seinerzeit nicht nur eminente Verständigungsmöglichkeit, sondern zugleich Kerker,- eine Urintuition an den

---

[25] In ähnlichem Sinn versteht Nietzsche in seiner *Philosophie im tragischen Zeitalter der Griechen* das Wesen des Tragischen, wohingegen die epische Dichtung mit dem Schleier des Nicht-wissens verkläre. Vgl. Colli/Montinari, Kritische Studienausgabe Band 1, a.a.O., S. 808 ff. Vgl. auch Manfred Riedel, *Hören auf den 'Gesammtklang der Welt'. Nietzsches Wiederentdeckung der akroamatischen Dimension des Logischen*, in: ders., *Hören auf die Sprache*, a.a.O., S. 330 ff. und: Konrad Paul Liessmann, *Ohne Mitleid. Zum Begriff der Distanz als ästhetische Kategorie mit ständiger Rücksicht auf Theodor W. Adorno*. Wien 1991, S. 157 ff.

Anfängen Gadamerscher Hermeneutik, von der später nurmehr wenig zu bemerken ist.[26]

Dabei geht es Gadamer, wie anzudeuten war, zuallererst um eine geschichtliche Welt-Zeit in den Spuren von Hölderlin: um die Deutung der gegenwärtigen, doch schon lange andauernden Weltstunde als Zeit der Götterferne und als Nacht.[27] Die Hölderlinsche Nacht ist für ihn – vor allem in seinen tief lotenden Deutungen nach 1945 - beides: der Schacht, in den ein vergangener Göttertag unrettbar zurückgesunken sei, und Gedächtnisort. Nicht nur dem eschatologischen Morgen ist diese Nacht entzogen, sondern auch dem vulgären Tag und seinem Lärm. In diesem Doppelsinn ist die Nacht Phase eines Interim. Sie ist, wie Gadamer zu verstehen gibt, für Hölderlin, in der aus dem Platonischen 'Symposion' bekannten Doppelfigur, zugleich Sinnbild des Mangels und der Überfülle. Er spürt, in einer Radikalisierung der früheren Deutungen, die sich vor allem als Absolvenz von der Positivität der Nennkraft des Wortes artikuliert, der Dichtung die Ahnung ab, dass sich Zukunft in dieser Nacht ihre Inkubationszeit habe.

In eminenter Weise wird damit für den „Dichter in dürftiger Zeit" die altrömische *Poeta vates-Topik* gültig - allerdings nur, insofern er und seine Hörer sich inne sind, dass ein unlöslicher Widerstreit das Vergangene vom Gegenwärtigen trennt: während der priesterliche Seher das Kommende anzeigt, weil er um das Typische weiß, weil ihm also deutlich ist, was war und wie es immer gewesen ist, ist dem ,Dichter in dürftiger' Zeit das Kommende unerkennbar und offen. Ebenso ist ihm die durchlittene und erfahrene Vergangenheit opak und undurchdringlich; sie ist, in der Hegelschen Sinnbild-Sprache der 'Phänomenologie des Geistes', Kalvarienberg, der nicht zum Thron des Geistes werden kann.

Es ist dieser Eindruck von der Zerbrechlichkeit der dichterischen Welterfahrung Hölderlins, durch den Gadamers Denken zum mikrologischen Blick auf das dichterische Wort tauglich wird. Dieser Zug zeigt sich in seiner Insistenz darauf, dass die Ahnung des Zukünftigen einzig dem Immanenzzusammenhang der Dichtung abgelesen werden könne. Gadamers Formulierung, dass die späten Hymnen „von der Gegenwart der Zukunft" aufgesogen gewesen seien, deutet diese Richtung nachdrücklich an.[28]

Dichtung in eminentem Sinn ist Symbol im eminenten Sinn, ein Sinnbild, das nicht auf anderes verweist. Sie ist eins mit dem Geschehen, das sie anzeigt -

---

[26] Gadamer, Gesammelte Werke 9, S. 13.

[27] Vgl. zum folgenden den Text: Gadamer, Hölderlin und das Zukünftige, in: Gesammelte Werke Band 9, a.a.O., S. 20-39. In einer Zeit, in der sich die Frage nach der Orientierung, die aus der Dichtung kommen könnte, verstärkt stellte, sucht Gadamer solche Erwartungen zu begrenzen. Dies zeigt sich prägnant auch in seiner Auseinandersetzung mit Guardinis Rilke-Deutung: Gadamer, *Rainer Maria Rilkes Deutung des Daseins* (1955), in: GW 9, a.a.O., S. 271-282.

[28] Vgl. Gadamer, ibid., S. 23.

der Spur des kommenden Gottes *im* nächtlichen Interim. Wahr ist dergleichen
nur in einem spezifischen Darstellungszusammenhang, einem Sprachgestus
wie dem Klageruf. Dem Denken bleibt dieser Symbolzusammenhang in
sublimer phänomenologischer Betrachtungsart zu erhellen. Sie erlaubt eine
Zwiesprache von Denken und Dichtung jenseits des Widerstreits ihrer Medien,
eine Korrespondenz, die sich - wie Gadamer andeutet - gerade am
Zeitcharakter beider, von Reflexion und Dichtwerk, orientieren könnte.

Spät ist Gadamer noch einmal auf sein Zwiegespräch mit Hölderlin
zurückgekommen - und hat zu verstehen gegeben, was man immer schon
wissen konnte: dass es vor allem unter dem Zeichen der ,Andenken'-Dichtung
geführt wurde. Sie versteht Gadamer als Selbstverständigung Hölderlins, in der
sich das Spezifische des Dichters mitteilt wie kaum irgendwo sonst. Es
manifestiert sich, wie wir nun wissen, nur in der Immanenz des Gedichtes, in
ihm aber wird es *gemeinsinnig*: es wird auch dem Hörer als Moment seiner
selbst erfahrbar und spielt sich dem Denker als sein eigenstes Thema und als
Grenze seiner Reflexion zu. Gadamer entfaltet das Wesen des Andenkens als
„die in allen lebende Kraft des Festhaltens des Abwesenden, im Geben und
Nehmen des Gedächtnisses, das das ,Da' gewährt", die aber aller erst die
Dichtung „zu Bleibendem zu erheben vermag."[29] Zu diesem Ende muss in ihr
auch die Trennung zur Sprache kommen - ihr Bild durchstimmt die
Schlussgnomé vom Bleibenden ebenso wie der fremde Blick der Seefahrer, die
aufs Land zurückgrüßen. Die Frage, was denn bleibe, beantwortet der alte
Gadamer bemerkenswerterweise noch einmal, ohne dass er auf das Positivum
des Überlieferungsgeschehens zurückgreifen würde. Das Bleibende sei, so gibt
er nämlich in einer eigentümlichen Verbindung von Eirenik und
philosophischer Beharrlichkeit zu verstehen, die „Inständigkeit des Harrens
und des Beharrens auf seiner eigenen Frage",[30] ein eigenstes Thema
Hölderlins, das - vielleicht - das implizite Thema jener viel rezipierten
Hermeneutik hätte sein können, wie wohl diese sich tatsächlcih selbst nur
gelegentlich - in den seltenen Stunden, als ihr Gewissen erwachte, dessen inne
war.

c.) Die Schwierigkeit, den Denkakt von Grund auf beginnen zu können

Es ist seit langem gängig, von einer nach-kantischen Philosophie zu sprechen,
die sich - wider Kants eigene Erwartung - von seinen Fragestellungen rasch
abgelöst hatte. Von einem nach-heideggerschen Denken bliebe demgegenüber
erst zu reden, das umgekehrt, so unterschiedliche Wegbahnen seine

---

[29] Ibid., S. 52. Der kleine Essay: *Dichten und Denken im Spiegel von Hölderlins 'Andenken'* ist
eine Reaktion auf Dieter Henrich, *Der Gang des Andenkens. Beobachtungen und Gedanken zu
Hölderlins Gedicht*. München 1986.
[30] Gadamer, Gesammelte Werke Band 9, a.a.O., S. 55.

Exponenten auch einschlugen, sich doch immer wieder in Heideggerschen Fragenkomplexen verstrickt. Kaum einer der kurz nach 1900 geborenen Philosophen konnte sich der Erschütterungen aus Freiburg oder Marburg entziehen, wenn sich dies auch ganz unterschiedlich äußerte: in der Tendenz etwa, Heideggers Gedanken zu ‚wieder-holen' oder in einem gewissen Zwang, blinde Flecken Heideggerschen Denkens, zumal des Rekurses auf vergangene ‚Seinsepochen' - stillschweigend oder nicht - zu korrigieren, oder in der Neigung Heideggers Denken fortzuschreiben.[31] Äußerlich gesehen gehört Rudolph Berlinger dieser Denkergeneration an. Er nimmt eine einzige Frage in immer weitergehenden Vertiefungen in den Blick: die Frage nach dem Anfang des Philosophierens. Es sind Spuren Schellings und der Husserlschen Phänomenologie, die ihm zum Organon in seine ‚Einübungen' werden. Am Anfang, in der Mitte und am Ende (in den drei Versionen der Abhandlung 'Das Nichts und der Tod') aber steht sein spekulativer Versuch, die Daseinsanalytik auf eine metaphysische Anthropologie, in deren Zentrum die morphopoietische Weltnatur des Menschen, die dialogische Weltoffenheit und bildnerische Kraft des Ich, steht, zu vertiefen.[32]

Wenn Berlinger sich dem Denken Hölderlins von dieser eigensten Frage her zuwendet, namentlich dem Text von der 'Verfahrungsweise des poetischen Geistes', so schließt dies eine Epoché ein. Im Blick steht von vorneherein nur die ‚Idee des Denkens' selbst, in Frage steht, wie der Mensch unter raumzeitlichen Bedingungen Ursprung seines Seins selbst einholen kann. Dies ist allerdings nur ein Gedankenbruchstück von Hölderlins Frage, jener Teil, der auf den Widerstreit zwischen der gemeinsinnigen Verwandtschaft aller Teile in der Dichtung und den in sich selbst unterschiedenen Wechsel zwischen ihnen geht. Dahinter bleibt in Hölderlins Verständigung wesentlich die unruhige Suche nach jener Konkreszenz zwischen Begrenzung und Einung wach, die er als Erinnerungsbild eines Seins vor aller Differenz versteht.

Der poetische Geist generiert sich - so rekonstruiert Berlinger den Grundgedanken Hölderlins - aus sich selbst, allerdings bleibt er ideegeleitet, da er ansonsten in leerer Unendlichkeit vagieren und seine Formgebung aus dem Blick verlieren müßte. Die ihn begleitende Idee begrenzt indes seine Kraft und Mächtigkeit. Durch sie ist es bedingt, dass er keine andere Sphäre als die des poetischen Geistes selbst zu reflektieren vermag. Hölderlins ahnender Grundgedanke vom ‚Sein im einzigen, ungeteilten Sinn des Wortes', diesseits der Differenz von Urteil und Sein, wäre dann seinerseits nur als

---

[31] Hier wäre in je unterschiedlicher Weise an Namen wie Karl Ulmer, Werner Marx oder Max Müller zu denken.

[32] Vgl. dazu vor allem Rudolph Berlinger, *Das Nichts und der Tod*. Frankfurt/Main 1954, S. 11 ff. und S. 182 ff., sowie ders., *Philosophisches Denken. Einübungen*. Amsterdam 1992, insbesondere S. 3 ff.

Geistkonstruktion möglich, also selbst nur als Gegenstand eines Urteils. Obwohl sie überzeichnet und obwohl ihr Kollisionen mit dem Textbefund leicht nachgewiesen werden können, ist Berlingers Deutung in systematischem Betracht von hohem Gewicht. Von Hölderlin her wird hier nämlich eine - analyisch geschärfte - *Aporetik* exponiert. Und dabei zeigt sich, dass die Aufsuchung der Aporie das eigentliche Thema des von Berlinger verfolgten Anfangsproblems, der Frage nach der Möglichkeit philosophischen Denkens überhaupt, ist.

Dass die Aporetik des Anfangsproblems in der philosophischen Bemühung des 20. Jahrhunderts auch vor Berlinger gesehen wurde, versteht sich: sie findet Niederschlag in der Maxime „zu den Sachen selbst!" in der Husserlschen Phänomenologie und der sie flankierenden Einsicht, dass die Sachen nur aus Destruktionen der vergangenen Denkgeschichte zu gewinnen sind, beim jungen Heidegger.[33]

Der Sache nach ist es aber Proprium und Crux von Berlingers Gedankengang, dass er die Frage nach dem Nichts mit jener nach dem Anfang der Philosophie in eins zu setzen lehrt. Diese Verwobenheit sei in eminenter Weise Hölderlins Abhandlung abzulesen, ja sie lasse sich als ein vielfach variiertes Leitthema in Hölderlins Denken und Dichten erkennen. Jenes Thema scheint in den Verständigungen über die exzentrische Lebensbahn des Menschen im 'Hyperion' auf und es durchstimmt das Motiv des Selbstopfers im 'Empedokles'. In Berlingers Betrachtung nimmt daher die Grundfrage Hölderlins die Gestalt des Versuches an, in unser je eigenes Nichts hineinzudenken, um unser Denken seinerseits von Grund auf denken zu können. Dies schließt ein, dass von Kontingenzen des gegebenen Wirklichen möglichst abgesehen wird, in einem Horizont freilich, in dem die Endlichkeitssignatur allen Denkens, die Aussicht, dass es kontingent abbrechendes Fragment bleiben muss, reflektiert ist. Damit ist zugleich notwendigerweise ein Schritt hinter das Cartesische ‚Ego cogito' zurückgetan. Es zeigt sich nämlich, dass der Denkende seiner selbst je erst gewiss werden muss, wann immer er auf die Gewissheit seiner selbst reflektiert.

Wie kommt es, dass das Denken nicht zugleich auch dessen gewiß wird, dass es wird, wenn es zu reflektieren beginnt, sondern dass es immer schon vorhanden ist, ehe es reflektiert?[34] - ehe es also Sein und Welt in seinen Blick nimmt. So fragend, trifft Berlinger auf das von Hölderlin aufgeworfene

---

[33] Berlinger, *Einübungen*, a.a.O., S. 5 und S. 16. Dazu auch: Franz Träger, *BERLINGER- Eine philosophische Topographie*, in: ebd., S. 243-251. Vgl. zum folgenden vor allem Rudolph Berlinger, *Hölderlins philosophische Denkart*, in: Berlinger, Vermischte Schriften. Band 1. Amsterdam 1982, S. 171-187 und: *Probleme einer Ontologik*, in: ders., Philosophie als Weltwissenschaft. Vermischte Schriften Band II. Amsterdam 1980, S. 137-231.

[34] Vgl. dazu auch Emil Lask, *Die Logik der Philosophie und die Kategorienlehre. Eine Studie über den Herrschaftsbereich der logischen Form*. Tübingen ³1993, insbesondere das Nachwort (1988) von Friedrich Kaulbach, in: ebd., S. 283-297.

poetologische und zugleich spekulative Problem des Verhältnisses zwischen
Stoff einerseits und Gehalt, bzw. gegliederter Form andrerseits. Es ist der
Bezug auf ,etwas', von dem sich, wie Berlinger von Hölderlin her zu verstehen
gibt, schlechterdings nicht absehen lässt - und dies schließt ein, dass sich das
Denken an den ihm genuin eigenen Ort, seinen ,Nullpunkt' als sein ,Origo',
nicht rein zurückführen kann. Aller ,Etwas'-Bezug nämlich ist grundgelegt im
rohen ,Dass', dem Vorhandenheitscharakter des Denkens selbst, den Berlinger
mit Hölderlin als Stoff des Denkens versteht. Alle Form- und Gehaltsgebung
verweist perspektivisch in die Opazität dieses Materials zurück. Es ist also der
Vorgriff einer Welt, die das Denken immer schon umspielt, der hier - wie in
der spekulativen Hermeneutik auch - die Einsicht nahe legt, dass der Anfang
des Denkens nur a-thetisch, unvordenklich, nicht ,Setzung' sein könne.
Berlinger belässt es nicht bei dieser Einsicht. Da ihm, anders als dem
Hermeneutiker, die Philosophie ,Begründungswissenschaft' ist, wird es ihm
zur eigentlich bewegenden Frage, wie dieser immer schon gegebene Anfang -
in einer reflexiven Inversion - im Denken zu eigen ,genommen' werden
könnte. Eben dies ist ein Problem, das sich der Gadamerschen Hermeneutik
nie stellte: *wie* wir von der uns immer schon umspielenden Mitte des Denkens
an den Anfang zurückkommen können.
Doch dies versteht Berlinger als die Crux von Hölderlins Reflexionen: das
„sich immer schon vorausgesetzt Sein als ein Nicht an seiner Selbstverfügung
zu eliminieren."[35] Zu diesem Ende müsste es dem poietischen und dem
reflektierenden Geist gelingen, sich - in Empedokleischem Gestus - als
vorhandenen aufzuheben, im Sinn einer ungeschützten Vernichtung seiner
Positivität, so dass er sich selbst aller erst in seinen Betätigungen - seiner
Verfahrungsweise - wieder zurückgegeben werden könnte.
Dies nötigt dazu, in umgekehrter Richtung danach zu fragen, wie der Geist zu
einer reinen Betätigung seiner selbst kommen könne. Und damit sind wir, nicht
ohne Absicht, auf den Anfang von Berlingers Hölderlin-Phänomenologie und
systematischer Besinnung zurückgeführt. Nicht anders nämlich kann dies
geschehen, als indem der Geist sich an die Idee des Denkens selbst hält.
Obgleich sie in allen ihren Vorgriffen als scheinhaft erkannt wird, wird sie
doch zum Leitfaden denkerischer Verständigung: das Denken misst sich an der
Idee, die es von sich hat, wenn es auch sonst von allem absieht. In möglichst
reiner Gestalt - und im Sinn eines emphatischen - bei Berlinger in
eindrucksvoller Weise auch praktisch politisch ,in tyrannos' gerichteten
Verständnisses von *Freiheit* wird damit der Raum zwischen Wissen und Nicht-
Wissen durchmessen, in einer offenen Selbstbewegung des Gedankens, die
sich der Zerreißung aussetzt, einerseits sich selbst eine Letztbegründung geben
zu wollen, andrerseits aber auch im Vollzug das, was ist und was unter die

---

[35] Vgl., Berlinger, *Hölderlins philosophische Denkart*, in: ders., Vermischte Schriften Band 1,
a.a.O., S. 179 und S. 185 f.

Perspektive einer Epoché gerückt wurde, einzuholen: die exzentrische Bahn
des je eigenen Lebens - zwischen Bewusstsein und Nicht-Bewußtsein.[36]

d.) Der Schmerz der exzentrischen Lebensbahn

Ist die Frage nach dem Nichts die Achse, an der sich der Versuch, den Anfang
des Denkens seinerseits denken zu können, immer wieder bricht, transzendiert
sie weiterhin alle Welt- und Selbstverhältnisse, so transzendiert sie doch auch
das Denken selbst. Die Endlichkeitssigniertheit des Daseins bleibt für
Berlinger unvordenklich. Deshalb kann Philosophieren immer nur zu Akten
ihres Anfangs zurückkommen. Oder sie kann in die Sphäre eminenter
Dichtung einmünden, jener ‚scheidenden Urteilskraft' - ‚Krisis'- die, wie
Hölderlin zeigt, weder dem Verstand noch der Vernunft, sondern dem
dichterischen Wort eignet. Hölderlin fasst dieses ‚krinein' in die Maxime:
„Setze dich mit freier Wahl in harmonische Entgegensetzung mit einer äußeren
Sphäre, so wie du in dir selber in harmonischer Entgegensetzung bist, von
Natur, aber unerkennbarerweise, solange du in dir selbst bleibst."[37]
Ein solches Analogieverhältnis voraussetzend, kann, nach einer glücklichen
Formulierung Berlingers, „das Gedicht zur Gestalt der Notwendigkeit einer
Aussage werden", es ist gleichsam Gestalt werdende Idee, die sich so mitteilt,
dass ihre Scheinhaftigkeit gegenstandslos wird - und vergessen werden kann.
Dieses Sinngeschehen, in dem die Idee zur Darstellung kommt, ist allerdings
zeithaft. „Denn das Dichten ist eine Handlung im Verlauf der Zeit, die sich als
Sinngestalt des Geistes im Gedicht ‚lichtet'."[38]
Eine Differenz im Lebensstrom muss, wie Hölderlins Denkbild von der
‚exzentrischen Bahn' zeigt, vorausgehen, damit das Unterschiedene im Werk
zur Erscheinung kommen kann: „Oft ist uns, als wäre die Welt alles und wir
Nichts, oft aber auch, als wären wir Alles und die Welt nichts. Auch Hyperion
teilte sich unter diese beiden Extreme."[39] In der Poetik, die bei Hölderlin
zugleich Leitfaden in die eigentlich spekulative Tätigkeit ist, wird jene
Antithetik vielfach variiert. Darauf weist Berlinger zu Recht hin, wenn er,
ähnlich wie auf ganz anderen Wegen Peter Szondi, in Hölderlins späten
Hymnen den ersten Augenaufschlag der Moderne erkennt, - da die Dichtung
aller erst hier nicht mehr abbilde oder nachahme, sondern, wie Szondi mit Paul
Valéry festhält, durch sich selbst aller erst die Welt imaginiere, die in ihr zur
Sprache werde. Insofern ist Dichtung eine reine Schöpfung, sie muss kein

---

[36] Vgl. ibid., S. 184.
[37] Der Textpassus aus *Über die Verfahrungsweise des poetischen Geistes* hier nach Große
Stuttgarter Ausgabe Band IV, 1, S. 255 f. Vgl. Berlinger, *Das philosophische Experiment des
Dichters Hölderlin*, in: ders., Vermischte Schriften Band 1. Amsterdam 1982, S. 187-203.
[38] Vgl. Berlinger, *Das philosophische Experiment*, a.a.O., S. 188 f.
[39] Vgl. Berlinger, ibid., S. 194.

‚positiv Gegebenes' in Anspruch nehmen, auf das sie sich mimetisch beziehen
würde. Und gleichwohl ist diese reine creatio-Verständnis nicht eine
Säkularversion der ‚creatio ex nihilo'. Denn sie verfügt nicht über sich,
vielmehr negiert der poetische Geist sich selbst, anders müsste er sich nicht
notwendigerweise in das Sinnbild des Werkes entäußern.[40]
Die Entäußerung ins Totenhaus der Werke und die Absolvenz vom Subjekt des
poietischen Aktes lässt, wie Berlingers Deutung zeigt, die Dichtung in einem
tieferen Sinn als dem der Mimesis von Gegebenem doch auf das, was je schon
ist, zurückkommen. Dies zeigt sich, wie Berlinger bemerkt, wenn Hölderlins
Denken und Dichten sich ins Schweigen zurückgründet - etwa in dem Satz:
„Ich spreche Mysterien, aber sie sind."[41] Eine besondere Variation solchen
Schweigens ist der bei Gadamer verkannte Wesenszug, dass neue Dichtung -
und Musik - sich oftmals nur noch *als Werk* erkennen lassen, sich also derart in
ihren Fakturcharkater verschließen, dass sie nicht mehr zum geatmeten Wort -
oder gar zum Gespräch - werden. Berlinger gibt durch die Erwägung dieser
Konstellation zu verstehen, dass nicht nur der Gedanke aufs Werk, sondern
dass der Werkcharakter, auch in der Gebrochenheit der Formen, in der
Moderne in den Gedanken weist. Das uneinholbar Unmittelbare des Anfangs
lässt sich nur aus der Vermittlung heraus verstehen. Berlinger hält zugleich
fest, dass diese Vermittlung kein Problem einer spekulativen Logik sein kann;
sie gewinnt vielmehr im höchsten Gedanken des Gewissens Gestalt, dessen
Gedanken das endliche Selbst zwar denken kann, der ihm aber zugleich
entzogen ist. Hier aller erst wird dieses Vermittlungsverhältnis kenntlich als
das, was es ist: Verfugung des Lichtes der Wahrheit in den Schmerz unserer
nur in kontingenten Zeitläuften lebbaren endlichen Existenz.[42]

e.) Denkerische Ascetik: Die Frage nach dem bewussten Leben
Dieter Henrichs Grundgedanke, die Idee der unmittelbaren Vertrautheit des
Subjekts mit sich - vor aller Reflexion -, hat seinen historischen Referenzort in
der nachkantischen Philosophie, der Epoche, deren Denkbahnen Henrich in
einer   Verbindung von tief dringenden systematischen Fragen und historischer
Konstellationen-Forschung aufgehellt hat. Eine doppelte Maxime entwirft sich

---

[40] Vgl. Berlinger, *Das philosophische Experiment*, a.a.O., S. 188 f.
[41] Hölderlin, *Hyperion*, I, 2, Hier nach Berlinger, *Das philosophische Experiment*, a.a.O., S. 201.
[42] Vgl. dazu Rudolph Berlinger, *Über den Schmerz und das Licht. Philosophische Meditationen*,
in: Ludwig Landgrebe (Hg.)., *Beispiele. Festschrift für Eugen Fink zum 60. Geburtstag*. Den Haag
1965, S. 270-277; ders., *Der höchste Gedanke des Gewissens*, in: Anton Mirko Koktanek (Hg.),
Philosophischer Eros im Wandel der Zeit. Festgabe für Manfred Schröter zum 85. Geburtstag.
München Wien 1965, S. 17-33. Siehe zum Problem des Gewissens auch ders., *Philosophisches
Denken. Einübungen*, a.a.O., S. 231 ff. und eine anrührende späte Spiegelung: *Philosophische
Geisteshaltung. Memorabilien für Tomonobu Imamichi*, in: Perspektiven der Philosophie 18
(1992), S. 11-27.

Henrich, der von Anfang an gleichermaßen die begriffliche Feinmechanik der
angelsächsischen analytischen Philosophie rezipierte und an der Idee des
selbstbewegten Gedankens festhielt, dass das Denken bei den vielstimmigen,
ja zerspaltenen Erfahrungen der Moderne einzusetzen habe und aus sich selbst
auf seinen Einheitssinn kommen müsse. Zwei Texte Hölderlins waren es
insbesondere, denen sich dieser Gedankenzug bisher aussetzte. Das Fragment
'Urtheil und Seyn' und die ‚Andenken'-Hymne.[43]
Henrich scheint das oszillierende Verhältnis zwischen Denken und Dichten in
'Andenken' als Selbsterprobung eigener Reflexion zu verstehen. Deshalb
widmete er Hölderlins ‚Gedicht', nicht seinen Gedanken, seine erste Hölderlin-
Monographie. Durchgehend ist ihm dabei die Frage leitend, wie die
gnomischen Schlussverse „Was bleibet aber/stiften die Dichter" den viel
strängigen und polyphonen Bau des Textgefüges tragen können.
Historiographisch philologische Mittel sind Teil der Analyse: die Betrachtung
von zeitgenössischen Bildveduten, Ansichten der Stadt Bordeaux, soll die
Perspektivierung und den inneren Zugzusammenhang des Gedichts erhellen.
Einwände gegen dieses Verfahren legen sich selbstverständlich nahe -
gruppiert um die Frage, wie viel wir wissen müssen, um verstehen zu können.
Dass dies gerade auch eine Frage Henrichs ist, wurde von eiligen Kritikern
zumeist übersehen. Dies muss nicht verwundern, denn er entfaltet sie in einer
vertieften Gestalt und in einer entsagenden Strenge des Begriffs, so dass der
philosophischen Zwiesprache mit der Dichtung schlechterdings nicht
konzediert wird, in Impressionen verfangen zu bleiben. Diese Abstinenz ist
unerlässlich, damit „der Resonanzraum des Textes sich im ganzen erweitert
und bereichert".[44] Das positive Detail *gilt* für Henrich und es *wiegt* ihm
schwer, aber vor allem, um übergriffen zu werden. Es ist ein Wahres am
eminenten Text, aber in der Maske des Falschen. Die Teileinsichten lässt der
Deuter also, kaum dass sie in seinen Blick kommen, auch schon hinter sich. Er
begreift sie in eine Denkbewegung ein, die wesentlich als Verständigung über
die Form des Gedichtes und seiner Verständigung angelegt ist: im Verhältnis
zwischen Dichten und Denken sollen - der leitenden Maxime gemäß -
Selbstbewegung des Gedankens und komplexe „Polyphonie" zusammenkommen.
In dieser Fluchtlinie wird am Ende der Andenken-Auslegung notiert, dass das
Gedicht nicht „Prologomenon für philosophische Gewissheit" sein könne,

---

[43] Vgl. D. Henrich, *Der Gang des Andenkens* passim, dazu unter anderem die Einwände von
Gadamer, Gesammelte Werke Band 9, S. 42-56, wobei nicht zu übersehen ist, dass Henrichs
schönes ‚Andenken'-Buch Hans-Georg Gadamer gewidmet ist. Siehe auch: Chr. Jamme,
Rezension zu Henrich, Der Gang des Andenkens, in: Philosophische Rundschau 35 (1988), S. 145
ff. und ders., *Hölderlin und das Problem der Metaphysik. Zur Diskussion um 'Andenken'*, in:
Zeitschrift für philosophische Forschung 42 (1988), S. 645 ff.
[44] Henrich, *Der Gang des Andenkens*, a.a.O., S. 177.

wohl aber „als Ganzes der Grund der Bewährung seiner Schlusssätze". Das Gedicht also ist der Gnomé immer schon voraus und doch ist sie sein impliziter Zielpunkt. Dies schließt das Wissen darum ein, dass das Nachdenken nicht linear auf dieses Ziel orientiert sein kann, wenn es nicht gegenüber der dichterischen Form inkomplex werden will. Es muss vielmehr immer zugleich versuchen, über den Gang zu einer Verständigung zu gelangen.[45] Sinnbildhaft sieht Henrich dies Wissen in der ‚Andenken'-Hymne selbst vorgeprägt: schließt die Schlussgnomé doch an eine Evokation des Ganges ins Fremde an. („Meerbreit ausgehet der Strom").

Der Einheitssinn der Dichtung eröffnet sich, soviel ist deutlich, nicht punktuell, sondern in einer Topik, einer Konkreszenz zwischen dem ‚Gang' und seiner gnomischen Einfassung und Vertiefung. Von dieser Einsicht her gliedert sich die denkerische Grundarchitektonik der Andenken-Interpretation feiner auf: aus der Spannung zwischen der Reflexion und Hölderlins Gedicht hofft Henrich Aufschluss über eine doppelte Frage zu gewinnen, die er im Blick auf eine nachkantische *Wissenschaft der Metaphysik*, die die Anfragen an sich in ihre eigene Denkform integrieren könnte, als zentral erkennt. Sie könnte der Reflexion ihre selbst nicht zugängliche Grenze, von der her doch alle Theorie erst zu organisieren ist, verständlich machen. Dies ist einerseits die Frage danach, wie ein polyperspektivischer Frageeinsatz *apriorisch* in einen Grund zusammengeführt werden kann, und es ist die andere Frage nach dem Zusammenhang zwischen den Verständigungen bewusstem Lebens und dem spekulativen Gedanken.[46]
Wenn Henrich diesen Fragezusammenhang auf die Einsicht in einen mehrfachen, nur aus den Insinuierungen des Dichtungsganges zu erhellenden Grund zurückspielt, der dem Andenken als einer nicht theoretisierbaren und doch spekulativen Denkart eigentümlich ist, so müsste ein ganzes Problembündel in den Blick kommen. Dessen Reflexion unterbleibt bei Henrich. Wie in anderer Weise bei Gadamer ließe sich also auch bei ihm Hölderlins Stimme als verdrängtes Gewissen namhaft machen.
Von hier her wären zumindest zwei blinde Flecken in Henrichs Problemaufriss zu erkennen. Einerseits steht in Frage, weshalb die erinnernde spekulative Denkform nur mit der Verständigung ‚bewussten Lebens' - und nicht auch mit den *distentiones* ins Vor- und Außerbewusste korrespondieren kann. Weiter

---

[45] Ibid.
[46] Vgl. zu den systematischen Implikationen der Deutung D. Henrich, *Fluchtlinien. Philosophische Essays*. Frankfurt/Main 1982, passim. Sowie: ders., *Die Grundstruktur der modernen Philosophie*, in: D.H., *Selbstverhältnisse. Gedanken und Auslegungen zu den Grundlagen der klassischen deutschen Philosophie*. Stuttgart 1982, S. 83-109. Siehe auch Ernst Tugendhat, *Selbstbewußtsein und Selbstbestimmung. Sprachanalytische Interpretationen*. Frankfurt/Main 4, 1979, S. 100 ff. und Wilhelm Lütterfelds, Bin ich nur öffentliche Person? Königstein/Taunus 1982, S. 9 ff.

bleibt offen, ob im Gedanken des Einheitsgrundes die Vielheit gewahrt werden
kann, oder ob sie ihrerseits ‚übergriffen' werden muss. Nur im ersten Fall wäre
der apriorisch vorgreifende Richtungssinn des Grundes seinerseits
überzeugend zu denken. Und damit ist noch gar nicht gesagt, wie das
methodische Problem einer Vermittlung des Einen und des Vielen seinerseits
reflektiert werden kann. Es ist lediglich deutlich, dass es nun in die Explikation
des Grundes selbst verlagert ist.

Im Sinne dieser Vermittlungen das eigene Komplexitätspostulat in voller
Konsequenz einzulösen, scheint Henrich sich zu scheuen. Denn die
Ankündigung, „vor einer viel weiter ausgreifenden Aussicht auf Hölderlins
dichterisches Werk"[47] den Grundriss des ‚Andenkens' nächstens weiterzuver-
folgen, blieb uneinglöst. Stattdessen folgte eine monumentale Untersuchung
des Hölderlin Traktates über Urteil und Seyn, die 1993 unter dem Titel 'Der
Grund im Bewußtsein' erschien.

Hier können nur einige wenige Momente hervorgehoben werden, von deren
Akzentuierung her Henrich vertiefend den skizzierten Problemzusammenhang
umkreist. Von allem gelehrten Palimpsest der ‚Konstellationen'-Forschung
hingegen, dem Versuch Hölderlins frühes Denken eines einzigen Jahres aus
„der Konfiguration von Problemen, Theorien und Personen heraus (zu)
erklären, innerhalb deren es zu seiner Eigenständigkeit gelangt," auch vom
Aufweis der Schlüsselstellung, die Hölderlins Denken in der Frühgeschichte
des Idealismus zukomme, von Möglichkeiten und Grenzen dieser These, muss
im vorliegenden Zusammenhang abgesehen werden.

Zunächst zeigt sich, dass Henrich auf der Suche nach einem Begriff des
Spekulativen bleibt, der Grenze und Orientierungspunkt allen theoretischen
Wissens und doch selbst nicht theoriehaft verfasst sein soll. In
bemerkenswerter Zuspitzung wird dabei Spekulation als eine allen Kategorien
und Schemabegriffen gegenüber abständige Denkform verstanden, die eine
epistemische Weltorientierung iritiert, eben dadurch aber unmittelbarer mit den
Strebungen, Tendenzen und Verständigungen je gelebten Lebens
korrespondieren kann.[48]

Hölderlins frühes Denken kann einer solchen Verständigung die
Richtungsgestalt vorgeben. Denn ‚Sein', der eigentlich spekulative Gedanken
jenseits der Subjekt-Objekt-Spaltung des Urteils, ist nur der *Ahndung*
zugänglich - der Verständigung über die ruhelose innere Tendenz der
Lebensbahn - auf eine Mitte hin, die außerhalb ihrer ist. Nur *erinnernd,* nur
von der in der Subjekt-Objekt-Differenz spielenden Urteilung her nämlich, ist

---

[47] So die Ankündigung bei Henrich, *Der Gang des Andenkens*, a.a.O., S. 187.
[48] Die phänomenale Wahrheit unbewußten Lebens kommt bei Henrich allenfalls marginal und
zwischen den Zeilen zur Sprache. Dazu zu Recht sehr kritisch: Monika Betzler, *Ich-Bilder und
Bilder-Welten*. München 1994, S. 79 ff.

diese Mitte, die Hölderlin als ‚Seyn' in dem einen, unverletzlichen Sinn des Wortes versteht, zu denken. „Seyn drückt die Verbindung des Subjects und Objects aus. Wo Subject und Object schlechthin, nicht nur zum Theil vereiniget ist, mithin so vereiniget, dass gar keine Theilung vorgenommen werden kann, ohne das Wesen desjenigen, was getrennt werden soll, zu verletzen, da und sonst nirgends kann von einem Seyn schlechthin die Rede seyn, wie es bei der intellectualen Anschauung der Fall ist" (Große Stuttgarter Ausgabe IV, 1, S. 216 f.).

Eine Crux in Henrichs Verständigung ist die Ausbildung des Gedankens der ‚intellektualen Anschauung'. Kant hatte mit ‚intellektualer Anschauung'[49] die Erkenntnisweise des *Prototypon transcendentale*, des Absoluten, bezeichnet, bei dem Anschauung und Begriff, anders als in der endlichen Erkenntnisart, ihre gemeinsame Quelle haben. Hölderlin versteht diesen Gedanken, wie Henrich zeigt, durchaus im Kantischen Sinn und nicht wie der frühe Fichte und der junge Schelling als eine absolute Synthesis, die das denkende Ich selbst vollziehen könnte. ‚Intellectuale Anschauung' bleibt für ihn deshalb, im Sinn der skizzierten, von Henrich aufgesuchten, Tektonik, „ein Gedanke den wir denken müssen, [sie] ‚ist aber nicht' ein Wissenszustand, in dem wir wirklich stehen."

Im Unterschied zu Kant akzentuiert Hölderlin jedoch die Kontinuität zwischen endlicher Weltorientierung und den exzentrischen, nur intendierten absoluten Gedanken, Vernunft-Ideen. Er deutet an, dass erstere im Vorgang einer Verwandlung aus dem Sein hervorgehen: die Ur-Teilung ist diese spezifische Form der Transformation. In ihr ist das eine ungeteilte Sein noch zu erkennen. Es kommt allerdings in ihr nur zersplittert und im Zustand der Trennung vor. Nur als eine verborgene Möglichkeit kann das eine Sein samt seiner ahnenden Erkenntnisart aus den Zerspaltungen des Urteils freigelegt werden.

Die Profile der andenkenden spekulativen Denkform vertiefen sich in Henrichs Exposition des Problems der Einwohnung bei der Welt. Gerade der Begriff der Einwohnung - die aus der Stoa stammende *Oikeiosis* - verdankt sich ersichtlich nicht epistemischen Schematisierungsbegriffen. Er nimmt seine Richtungsgestalt nicht aus einem kategorialen Weltbezug. Henrich sieht ihn wesentlich auf den Phänomenzusammenhang von Dank und Dankbarkeit bezogen. Dieser Konnex war es, der Hölderlin als Inbegriff von *'Eucharistie'*

---

[49] Vergleiche dazu neben den einschlägigen Passagen aus Henrich, *Der Grund im Bewußtsein.Untersuchungen zu Hölderlins Denken* (1794-1795). Stuttgart 1992, S. 541-558. Siehe ferner: Dieter Sturma, *Kant über Selbstbewußtsein. Zum Zusammenhang von Erkenntniskritik und Theorie des Selbstbewußtseins.* Hildesheim und andere 1985, S. 22 ff. und aus der älteren Literatur Julius Drechsler, *Fichtes Lehre vom Bild.* Stuttgart 1955.

galt. Wenn in diesem Horizont von Welt die Rede ist, so ist wesentlich die Physis, das von Natur her Seiende, gemeint. Dies verdeutlicht Henrich, indem er Hölderlins Andeutungen abliest, dass die Natur als das eine Fragment des *einen Seins* in den Zeiten der Ur-Teilung die Erinnerung an das Gewesene in sich birgt. Das andere, gegenläufige Bruchstück wäre das menschliche Sein, das die Natur als sich fremd und äußerlich gewordenes Anderes versteht, das doch zuinnerst zu ihm gehört. Nicht reflexive Selbstverständigung wird unter diesen Voraussetzungen das Naturverhältnis bestimmen können, noch ein Gestus der unbedingten Selbsterhaltung.[50]

Selbst und Natur verweisen in Henrichs Hölderlin-Deutung nicht nur aufeinander, aus ihrem Zusammenspiel formiert sich nicht nur der Aufenthalt bei der ,Welt' - im Zeichen des Dankes, - zuerst verweisen sie beide auf das Sein selbst. In ihrer Zwiesprache wird es in eminentem Sinn *erinnert*. Damit tut sich, wie Henrich meinte, dem Denken eine neue Dimension auf - die Aussicht nämlich, „die Erfahrungen von der Wirklichkeit der Natur unter der Anleitung eines Gedankens von dem Ursprung interpretieren zu können, der ebenso, wenngleich auf andere Weise, in sie eingegangen ist, wie der Grund ungetrennter Einigkeit in die nunmehr von Trennungen bestimmte Wirklichkeit bewussten Lebens."[51]

Bei all diesen Korrespondenzen ist nicht zu übersehen, dass Henrich am Begriff eines vorreflexiv mit sich vertrauten Bewusstseins festhält. Indem man dies andeutet und darin unter Umständen eine zu geringe Gewichtung der Hölderlinschen ,exzentrischen Bahn' erkennt, rührt man zudem den übergreifenden Gedanken des ,*Grundes*', der in Henrichs zweiten großen Hölderlin-Gespräch seine zentrale Bedeutung vollständig erkennen lässt.

Wie schon bemerkt, liest Henrich Hölderlins Denken die Einsicht ab, dass der Grund unter den Auspizien der Urteilung verloren ist. Er lässt sich nur noch relational und geschehenshaft - von dem Prozess, in dem „Urtheilung an die Stelle von Seyn tritt" her verstehen.[52] Da das Selbst immer schon als Bewusstsein gedeutet ist, bedeutet dies, dass der Grund, aus dem das Bewusstsein hervorging, mit dessen Hervorgehen verloren ist.[53] Dennoch meint Henrich, dass kein Titel die Urintention von Hölderlins frühem Fragment so treffend ausdrücken könne, als das Wort vom ,Grund im Bewußtsein'. Teilt man diese Prämisse, dann legt Hölderlins Denkform in der Tat den Schluss nahe, beide Momente, Grund und Bewusstsein, in einem

---

[50] Henrich, *Der Grund im Bewußtsein*, a.a.O., S. 545.
[51] Ibid.
[52] Vgl. hierzu die treffenden Bemerkungen Henrichs: D.H., *Eine philosophische Begründung für die Rede von Gott in der Moderne? Sechzehn Thesen*, in: ZDK. Dokumentation August 1996: Die Gottesrede von Juden und Christen und die Herausforderungen der säkularen Welt, S. 10-21.
[53] Dazu Henrich, *Der Grund im Bewußtsein*, a.a.O., S. 665 ff. Stets ist Hölderlins Fragment: *Urtheil und Seyn*, Große Stuttgarter Ausgabe IV, 1, S. 216 f. mit zu vergleichen.

exzentrischen Verhältnis zueinander zu verstehen. Dies müsste aber zu einer konsequenteren Erörterung führen, als sie Henrich leistet. Der Grund ist lediglich als erinnertes Gewesenes im Bewusstsein zu gewärtigen, was Henrich immer wieder akzentuiert, und umgekehrt ist das Bewusstsein selbst nur Fragment - sich selbst erhellt nur, insofern es sich erinnernd betätigt, nämlich seinen gewesenen Grund sich ‚erinnert'. Dem Vollzug der Erinnerung weist Henrich aber keineswegs die zentrale Bedeutung zu, die sich von hier her erwarten lassen könnte.

Wird Hölderlins Text in der skizzierten Weise exzentrisch gedeutet, so ist das präreflexive Ich nicht als Einheitssinn in der Weise zu verstehen, wie dies Henrich meint. Es bliebe vielmehr zu denken, dass sich der Einheitssinn in einer gegenseitigen Topologie von Grund und Selbst (Subjektivität) - also in jeweiligen Vermittlungsverhältnissen - erst einstellt. Die Frage nach dem Grund verdichtete sich so zum Begründungsproblem, zu der Suche nach jenem Ort, an dem der Grund aus seiner Vergangenheit wieder aktual, oder: in Heideggers und Yorck von Wartenburgs geschichtsphilosophischer Terminologie gesprochen: *gewesen* wird. So erst ermöglichte er umgekehrt das Selbstsein-Können eines Subjektes, das sich selbst vom Grund, als seiner ekzentrischen Mitte her erschlossen wäre.[54]

Damit wären erste Perspektiven einer *‚hermeneutischen Deduktion'* in Anschluss an Hölderlin und in kritischer Perspektive auf Henrichs Deutung umrissen, einer gegenseitigen Grundgebung, in deren Zusammenhang Erinnerung und Andenken offensichtlich eine eminente Bedeutung zukommt. Es ergibt sich eine methodische Gegenstellung zur ‚transzendentalen Deduktion', die nicht nur verstehend, doch auch nicht apriorisch begründend verfahren müsste, sondern ‚erörternd'. Ihr müsste es zukommen, die Ermöglichungsbedingung aller begründenden Vernunft im Zusammenhang des *‚Vermögens zu Begriffen'* freizulegen. Doch nimmt sich die Grundgebung nicht vollständig in das durch sie Begründete zurück. Die Grundgebung ist mithin Grenzbegriff des Begründungsdenkens, was einschließt, dass sie von ihm nicht eingeholt werden kann. Auf eigenen Wegen gelangt die Reflexion so in das Anfangsproblem.

Diese Erwägungen haben guten Anhalt an Hölderlins 'Urtheil und Seyn', da sie den modalen Subtext des Fragmentes ans Licht heben können, den Henrichs Analyse aussparen muss. Die Verwandlung des Grundes vom Vergangenen zum Gewesenen, schließt die modale Transformation von einem Wirklichen in ein erneut Mögliches ein. Hölderlin zeigt dies im hier in Rede stehenden Text - er variiert es in anderen Erwägungen, etwa in 'Vom Werden

---

[54] Ibid., S. 665.

im Vergehen'.[55] Das skizzierte Modalgefälle legt noch mehr frei: Nach
Hölderlin gelten die Modi ,Möglichkeit' und ,Wirklichkeit' „nicht von den
Gegenständen der Vernunft", sondern nur von jenen des Verstandes, bzw. der
Wirklichkeit und Anschauung. Damit ist angedeutet, dass der ,Grund' nicht
einfach   denkbare   Idee   ist,   sondern   sich   aller   erst   in   einem
Erfahrungszusammenhang   erschließt.   Diese   Durchsicht   auf   Hölderlins
Denkerfahrung   vertieft   sich   noch   im   Blick   auf   seinen   Begriff des
Selbstbewusstseins. „Wie aber ist Selbstbewußtseyn möglich? Dadurch dass
ich mich mir selbst entgegenseze, mich von mir selbst trenne, aber ungeachtet
dieser Trennung mich im entgegengesezten als dasselbe erkenne. Aber
inwieferne als dasselbe? Ich kann, ich muss so fragen; denn in einer anderen
Rücksicht hat es sich entgegengesezt."[56]
Ein letzter Akzent bleibt hier zu setzen: Er gilt dem Zielpunkt von Dieter
Henrichs Hölderlin-Gespräch, dem Gedanken eines endlichen Absoluten: des
kommenden Gottes. Wie Henrich deutlich hervorhebt, nötigt dieses Denkbild
dazu, mit einer doppelten Implikation zu brechen, wie sie der überlieferten
Onto-Theologie zugeschrieben wird. Denn der kommende Gott ist weder als
erster creatorischer Ursprung von allem Seienden zu denken, noch als Person.
Leitend wird vielmehr die Einsicht, dass die Endlichkeit des Gottes es aller erst
ermöglicht, die zerspaltene Wirklichkeit menschlichen Personseins in ihm
gespiegelt zu sehen und - auch über ihn hinausgehend - transzendieren zu
können - in einem Gestus, der an unsere Versuche einer Selbstverständigung
anschließen kann. „Ist der Gott aber endlich, so werden Erinnerung und
Dankbarkeit, die in ihm Anhalt und Adresse haben, immer zugleich auch über
ihn hinausgreifen und eines Ganzen inne sein, das ihn und uns noch umgreift."
Es sind ähnliche Erwägungen, die auch Heidegger dazu nötigen, die Spur des
kommenden Gottes jenseits ihrer mythopoietischen Semantik weiterzudenken -
von Hölderlins Leit-Wort in der ,Griechenland'-Dichtung her, wonach der
kommende Gott der immer neu sich verbergende ist, dessen Kleider wir nicht
festhalten dürfen - und auf das endliche Symbolon des ,Gevierts', der
Entgegnung von Sterblichen und Göttern, Himmel und Erde hin.

---

[55] Vgl. zum folgenden ibid., S. 644 ff.
[56] Ibid.Vgl. die erste Skizze zu dem Fragment: D. Henrich, *Hölderlin über Urteil und Sein*, in:
ders., *Konstellationen. Probleme und Debatten am Ursprung der idealistischen Philosophie* (1789-
1795). Stuttgart 1991, S. 47-81, eine Arbeit, die Anfang der Sechziger Jahre, unmittelbar nach der
Edition des Hölderlinschen Textes entstand und erstmals erschien.

II. Die ‚Lichtung' und ihr Schattenriss: Heidegger und Adorno

Heideggers Zwiesprache mit Hölderlins Dichtung ist, in genealogischem Betracht, ein durchgehender Leitfaden des in immer wieder neuen fragenden Ansätzen sich entfaltenden Denkens der ‚Kehre'. Es begleitet die Freilegung des doppelten Endpunktes *möglicher Metaphysik* bei Nietzsche einerseits, bei Schelling und Hegel andrerseits, es durchstimmt die Rückfrage in den Beginn abendländischen Philosophierens im tragischen Zeitalter der Griechen und bietet gleichsam die vielstimmige Abwandlung der Einsicht, dass die *Grundfrage* als in sich unterschiedene Trias zur Geltung zu bringen ist: als Frage nach Wahrheit, dem Sinn von Sein und dem ‚Logos'. Will man diesen Texten gerecht werden, so ist zu bedenken, dass sie, ähnlich wie Heideggers Nietzsche-Vorlesungen, während der Dreißiger und Vierziger Jahre, immer beides zugleich sind: Selbstverständigung und Verwindung des Traumas der Jahre 1933 und 1934 - insofern also Zeitdokumente *und* Versuch einer spekulativen Gedankenbewegung. Die Form des meditierenden philosophischen Textes, seine Palimpsest- und Simultaneitätsstruktur, ist für Heidegger Teil des Versuches, Hölderlins Denkart zu entsprechen; findet doch bei Hölderlin das Palimpsestgefüge eine eminente Vorgestalt – wenn man sich nur an Hölderlins Fragment über das *‚Werden im Vergehen'* erinnern, das zugleich Reflexion über das ‚untergehende Vaterland' ist.[57]
Wie mir scheint, fügt sich Heideggers Hölderlin-Gespräch zu einem Pentagramm, dessen Kern sich vor allem an zwei Arbeiten erschließen lässt: in einigen Fragmenten aus den vierziger Jahren, die explizit dem Zusammenhang von ‚Denken' und ‚Dichten' gewidmet sind und in dem späteren Vortrag 'Hölderlins Erde und Himmel' (1959).

a.) Besichtigung der Tektonik
Das erste Glied des Pentagramms finde ich in der die Hölderlin-Vorlesungen durchziehenden Diathesis zwischen Eigenem und Fremden. Heidegger exponiert sie ausgehend von Hölderlins ersten Böhlendorff Brief vom 6. Dezember 1801. Zwar lernen wir dieser Schrift zufolge „nichts schwerer als das Nationelle frei gebrauchen". Dies schließt - als eine den Gedankengang in sich selbst unterscheidende Folge - in sich, dass ein liebender Wettstreit mit dem anderen (Nicht-Eigenen) - eine *aemulatio* - nur in dessen eigenster Sphäre möglich ist. Das hesperische Deutschland habe daher mit der ekstatischen Grundstimmung der Griechen, dem ‚Feuer vom Himmel', in den Agon zu treten und sich nicht an dessen plastischer Kraft zu messen, die sich das

---

[57] Vgl. den Text: Große Stuttgarter Ausgabe IV, 1, S. 282-288.

Griechentum erst seit der Homerischen Poesie angeeignet habe. Hier zeigt sich
die Maxime eines multiversalen Blicks. Denn der so skizzierte Agon bedeutet
äußerste Selbstentzentrierung, gerade da er, wie Heidegger in einem zweiten
Gedankenschritt zeigt, auf die Verständigung über das eigene zurückzuspielen
ist.

Die spekulative Innenseite dieses Gedankens ist in einem tumultuarischen
Ausblick in Heideggers Kommentar zur ,Andenken'-Hymne umrisshaft
grundgelegt.[58] Durch die Hölderlin-Zeile „von goldenen Träumen schwer" aus
der ,Andenken'-Hymne blickt der Interpret auf Pindars Evokation des
Menschen als *„skias onar"*, eines Schattens Traum, zurück. Er übersetzt das
Sinnbild in ein Denkbild, indem er im Traum den Primat der ,ti estin'-Frage,
die auf die Welt als ,etwas'- Struktur gerichteten Prädikationen, durchbrochen
sieht. Im ,Traum'-Motiv werde eine denkende Verständigung inauguriert, die
reine Bewegung ist, Übergang in dem Sinne, dass das Ideale wirklich, das
Reale hingegen möglich wird - näherhin so, dass „das Wirkliche [...] in die
Erinnerung" zurückgeht, „indem das Mögliche und zwar als das Kommende
die Erwartung bindet". In der Denksphäre, die das Traum-Bild aufschließt, ist
es also - Hölderlins Bruchstück vom ,untergehenden Vaterland' gemäß - um
einen „Zustand zwischen Seyn und Nichtseyn" zu tun, in dem das Nichts als
negatorischer Modus von Sein erkennbar ist und in dem die Frage nach dem
Sein an ihm selbst und jene nach dem Nichts einander gegenseitig erhellen.

Spekulation und Philologie, letztere als subtile Beachtung des Bild- und
Tonzusammenhangs der Dichtung verstanden, sind an den Schlüsselstellen von
Heideggers Hölderlin-Auslegung ineinander gefügt. Nie vergisst Heidegger,
dass sein Gedanke nur im Gegenlicht von Hölderlins und von Pindars Text und
dichterischem Wort zu gewinnen war. Deshalb bemerkt er am Ende der
Betrachtung, dass der zwischen Sein und Nichts in der Schwebe bleibende
Zustand „in der freien Kunstnachahmung ein furchtbarer aber göttlicher
Traum" sei.[59] Der Sache nach scheint sich diese Deutung mit einem Denken
des Nichts, wie es Rudolph Berlingers aporetische Hölderlin-Rekonstruktionen
ans Licht brachte, zu berühren. Heidegger begreift allerdings Hölderlin nicht
als heuristischen Aporetiker, er fragt vielmehr den *modalen* Semata nach, die

---

[58] Abgedruckt in: Heidegger, *Erläuterungen zu Hölderlins Dichtung*. GA I 4. Frankfurt/Main
1981, S. 152-182. Vgl. Susanne Ziegler, *Heidegger, Hölderlin und die 'Aletheia'. Martin
Heideggers Geschichtsdenken in seinen Vorlesungen 1934/35 bis 1944.* Berlin 1991 und: Iris
Buchheim, *Wegbereitung in die Kunstlosigkeit. Zu Heideggers Auseinandersetzung mit Hölderlin.*
Würzburg 1994.
[59] Abgedruckt in: Heidegger, *Erläuterungen zu Hölderlins Dichtung*. GA I 4. Frankfurt/Main
1981, S. 152-182. Vgl. Susanne Ziegler, *Heidegger, Hölderlin und die 'Aletheia'. Martin
Heideggers Geschichtsdenken in seinen Vorlesungen 1934/35 bis 1944.* Berlin 1991 und: Iris
Buchheim, *Wegbereitung in die Kunstlosigkeit. Zu Heideggers Auseinandersetzung mit Hölderlin.*
Würzburg 1994.

die Aporie des *Nicht-aus-noch-ein-Wissens* ihrerseits denkbar machen. Und er
verfolgt damit seine eigene Frage nach einem denkerischen ,Logos'weiter, der
die Seinsfrage ihrer Gedachtheit gemäß zur Darstellung bringen kann, der also
die epistemische Prädikationen bestimmenden Begriffsverhältnisse, die auf
Seiendes gehen, transzendieren kann. So entstehen die Konturen eines
Denkens und Dichtens im Schwebezustand, einem aporetischen ,Zwischen'.
Sinnbildlich betrachtet, ist es die götterlose Zwischenzeit; aus der Figuration in
den Gedanken übersetzt, formiert sich aus ihr der Gedanke eines Widerspiels
zwischen Sein und Nicht(s).

Zum zweiten: Dieser erste Grundton ist auf einen nächsten transparent. Noch
einmal greift hier der Blick in eine Ausprägung anfänglichen Staunens über.
Durch die Optik auf Pindar kommt die Sophokleische ,Antigone' - Dichtung in
Heideggers Gesichtskreis, namentlich das Wort vom Menschen als dem
Schrecklichsten - dem „deinonteron" - unter allem Schrecklichen. Die daran
anschließenden Erwägungen sind emblematisch in die Ister-Hymnen-
Auslegung eingeschrieben.[60]
Hier bewegt sich der Gedanke in einem Spiel zwischen der Suche nach der
Oikeiosis und dem Schrecklichen als dem eigentlich zu Denkenden und dem,
mit Schelling zu reden: Ur- und Ungrund anfänglichen Staunens. Es ist das
untrennbare Verhältnis zwischen menschlichem Dasein und Sein, das
Heidegger im Blick auf die antike Tragödie von hier her erwägt. Das Sinnbild
des Herdes, der *,hestía'*, von dem Antigone mit den Worten des Chores
ausgestoßen wird, wird zum Emblem von Sein selbst als dem Ort, „in de[m]
alles Heimische gründet".[61] Es ist der unheimische Aufenthalt, in dem
heimisch zu werden, dem Menschen das schwerste sei. Er entfremdet sich
diesem Ort, wenn er ihn vergisst - nicht anders bleibt er ihm fern, wenn er ihm
nachzuspüren sucht. In der Mitte der Tragödie sieht Heidegger als eigentliches
Thema schuldloser tragischer Schuld die Frage nach dem Zusammenhang von
,Physis' und ,Ethos' aufscheinen. Die hermeneutisch phänomenologische
Frage der Frühzeit, wie ein Aufenthalt bei der Welt zu finden sei, enthüllt nun
ihr arkanes Antlitz: sie kehrt sich als spekulative Seinsfrage, die mit der
ethischen Frage, eben der Frage nach dem Aufenthalt in der äußersten Sphäre,
zusammengeht.
Dieser Zusammenhang ist indes seinerseits ästhetisch perspektiviert.
Heidegger buchstabiert Hölderlins ,Werden im Vergehen' akzentuierend nach,

---

[60] Vgl. Heidegger GA II 39, S. 290 ff. Siehe auch: Peter Szondi, *Überwindung des Klassizismus.
Der Brief an Böhlendorff vom 4. Dezember 1801*, in: derselbe, Gesammelte Schriften Band 1.
Frankfurt/Main 1978, S. 345-367.
[61] Vgl. dazu Heidegger ibid., siehe auch GA II 52, S. 120 f., die der ,Andenken'-Hymne
gewidmete Vorlesung aus dem Wintersemester 1941/42. Die Erläuterungen nehmen Bezug auf
den Anfang von *Das Werden im Vergehen*, GrSTA., IV, 1, S. 282 f.

so dass sich zeigt, dass wir nur in der freien Mimesis von Absolutem in der
Kunst uns dieser Konkreszenz überhaupt bewusst werden.

Das dritte Glied dieses Pentagramms möchte ich einerseits als Fortschreibung
des erörterten Fragezusammenhangs verstehen. Es kann aber zugleich als
Probierstein der Frage gedeutet werden, ob Heidegger die Schwebe von
Hölderlins Dichtung in eine obskure ‚Mythopoiesis' überführe. Ihren Ausgang
nehmen diese Erwägungen an Hölderlins dichterischer Verständigung über das
Wesen des Dichters.
Wie Heidegger zeigt, schwingt darin die Frage nach den Konditionen
endlichen menschlichen Daseins mit und es wird - in der ‚Ister'-Hymne' oder
in der 'Mnemosyne'- immer wieder an zentraler Stelle das Motiv auf
transparent, dass der Dichter ‚Halbgott' sei. Beide - der Dichter und der
mythologische Halbgott - sind sie mit dem „Auge zuviel" versehen, das in die
Endlichkeit *und* zugleich in das absolute Verhältnis des Seins blickt. Oder in
einem anderen Sinnbild gesprochen, beiden eignet ein Blick, der in das grelle
Licht der ‚Aletheia' gerichtet ist, und dem doch nicht entgeht, dass dieser
Aufschein augenblickshaft ephemer ist. Er wird der Verborgenheit der Lethé
entrissen. Als Halbgott ist der Dichter in diesem Sinn zugleich beides,
sterblicher Mensch und der Andere, der den Sterblichen entgegenblickt. Er
versucht ihnen zu erinnern, was sie vergessen möchten oder gar müssen. An
früheres zurückdenkend und seine Spuren verdichtend, bedeutet dies, dass der
Dichter für Heidegger als Zwischenwesen Symbolon eines Verweilens im
dissonanten Schwebeverhältnis zwischen Sein und Nichts ist, jener Mitte der
Selbstverständigung, die mit Heidegger und Hölderlin paradoxerweise eo ipso
ex-zentrisch zu denken ist.
Heidegger folgt solchen Andeutungen weiter, wenn er die Frage aufwirft, *wer*
der ist, der die Spur eines Wortes - in der Wüste - erhascht.[62] Damit, dass der
Dichter- Halbgott tätig ebenso ist wie leidend, setzt er sich einer Sphäre aus,
deren Zumutung er nicht entgegnen kann. Er ‚sagt' von ihr und verschweigt im
Sagen zugleich. Auf der *Engführung* beider Gesten liegt der Akzent, denn aus
der Verwobenheit von Sagen und Verschweigen ergibt sich ein Gestus
zeichenhaften Andeutens wie es nach griechischer Auffasung zuallererst dem
Gott von Delphi eigentümlich gewesen ist.[63] Damit ist der entscheidende
Schritt in die Mitte dieses Gedankens erkennbar. Heidegger kann nämlich
zeigen, dass die Dichter selbst in der Kontrapunktik von Schweigen und
Aussagen ein rätselvolles Zeichen sind.[64] Eben angesichts dieses Umrisses

---

[62] Hölderlin, ibid., S. 253, die Hervorhebung ist von mir eingefügt, um anzuzeigen, dass eben hier
der Akzent von Heideggers Deutung liegt.
[63] Vgl. dazu den großen palimpsestartig eingeschobenen Verweis auf die Sophokleische Antigone,
in GA 53. *Hölderlins Hymne 'Der Ister',* S. 63-153.
[64] Ibid., S. 143. Vgl. vor allem auch die Verse 332-375 der Dichtung.

einer Semiose wird der Vorwurf einer Mythopoiesis, wie ihn etwa Adorno
erheben wird, gegenstandslos. Mittels einer Semiose versucht Heidegger das
schwebende Bild der Dichtung in ein Denkbild zu übersetzen. Dem Gedanken
enthüllt es sich, indem es doch Bild bleibt, zugleich als Zeichen; dies
Zeichensein aber wird, wiederum ohne seinerseits übergriffen werden zu
müssen, Richtungsgestalt des Gedankens.[65] En passant will ich anmerken, dass
man von hier her wohl auch zu verstehen hätte, weshalb Heidegger nie - in der
Zwiesprache mit Hölderlin nicht und auch nicht in jener mit Nietzsche - die
beiden Kunst-Naturgewalten, des Dionysischen und Apollinischen unmittelbar
heranzitiert. Es sind, wie er mit dem späteren Nietzsche weiß, Philologen-
Masken, nicht aber Semiosen und Präfigurationen für eine reine
Gedankenführung.[66]

All diese Momente bestätigen sich daran, dass die Semiose des Dichters der
Sache nach zu einer *vierten* leitenden Gedankenfigur führt: einer Topik von
Grund   und Anfang des Denkens (im Doppelsinn von ARCHE) aus dem je
zeithaft gesprochenen dichterischen Wort. Heidegger gibt zu verstehen, dass
die Arché - als Anfang und als Grund - in einem eminenten Sinn das
‚Reinentsprungene' selbst ist, ‚Sein' in seiner ursprünglichen Verbalität - so
wie es geschieht. Die semiosehafte Phänomenologie des Dichters hat dafür
sensibilisiert, dass dieser erstanfängliche Grund im Sinn hermeneutischer
Deduktion seinerseits aus der Grelle seines Anfangscharakters in eine
verhaltenere Seinsart zurückgegründet werden muss. Erst so wird er für die
Sterblichen darstellbar.
Diese - zumindest - doppelte Bedeutung des Grundes enthüllt sich, Heideggers
Auffassung nach, erst im Lichte des eminenten dichterischen Logos, des
dichterischen Wortes, das nichts anderes anzeigt als sich selbst. Es ist
Hölderlins Evokation der ‚Stromgeister' in der ‚Ister'- bzw. der ‚Andenken'-
Hymne, tektonisch eng verbunden mit dem Bild der „Halbgötter", an der sich
diese Konstellationen zu einer Verständigung über die Semiotik der werdenden
Wahrzeichen schärfen. So versucht Heidegger zu zeigen, dass der rätselhafte
Gang der Ströme bei Hölderlin Signum des Ganges des Andenkens sei. So
labyrinthisch verrätselt die Bahnen der Ströme im einzelnen verlaufen, treiben
sie doch alle von ihrem Anfang (der ‚Arché') fort und suchen, nachdem sie
den Anfang verloren haben, auf ihn, in dem sie nie hätten heimisch werden
können, zurückzukommen. Emblematisch sieht Heidegger diesen Grundzug in

---

[65] Die Anspielungen gelten der Hymne *'Der Einzige'*, hier nach Dritte Fassung. Sämtliche Werke
und Briefe. Herausgegeben von Michael Knaupp. Band I ,a.a.O., S. 467 ff., vgl. auch Otto
Pöggeler, *Neue Wege mit Heidegger*, a.a.O., S. 350 f.
[66] Vgl. zum Gestus des ‚Andeutens' in Heideggers und Nietzsches Zwiesprache mit dem
anfänglichen Fragen der vorplatonischen Philosophie: Manfred Riedel, *Präludium zur Ontologie?
Nietzsche und Parmenides*, in: Günter Abel und Jörg Salaquarda (Hgg.), *Krisis der Metaphysik*.
Berlin und andere 1989, S. 307 ff.

Hölderlins Wort vom rückwärtsgehenden Donau-Strom angedeutet: „Der
scheinet aber fast / Rückwärts zu gehen und / Ich mein, er müsse kommen von
Osten." In eine nachdenkende Glosse gebannt, bedeutet dies, dass „nur die
fernste Ferne [...] der Nähe zum Eigensten"[67] entsprechen könne.[68]

Bis jetzt könnte sich der Anschein nahe legen, als sei Heideggers ‚Arbeit am
dichterischen Mythos', die Enthaltung gegenüber ihm ebenso wie seine
transfigurierende Übersetzung in den Gedanken, ihrerseits transzendental
motiviert, als wäre der ‚Mythos' als unvordenklicher Grund des Denkens doch
zugleich seine Ermöglichungsbedingung. Dies ist freilich keineswegs
unmittelbar der Fall. Heideggers Gedankenbewegung geht vielmehr dahin, in
einer Anamnesis Vergessenes zu erinnern, ohne dass doch irgend Nietzsches
Einsicht übergangen würde, dass das Vergessen unabdingbar ist, wenn denn -
im Gedanken *oder* in der figurierenden Dichtung - eine ‚plastische Kraft' zu
ihrem Recht kommen soll.[69] Vergessen, das Zurücksinken in die ‚Lethe', ist -
wie Heidegger weiß - ebenso unabänderlicher wie unabdingbarer Teil der in
der Dichtung erschlossenen Seinsfrage. Und diese Relation bezieht sich auch
auf das Verhältnis von Denken und Dichten zurück. Denn im Gedanken ist
zwar das im Gedicht Gedachte unverkürzt wahrzunehmen. Wie Heidegger
andeutet, gründet diese Dimension, das Denken des Dichters, aber ihrerseits im
Erdichten eines Denkers, der dem pneumatischen Zeichen entsprechen könnte.
Zuallererst kam es zu dieser Konfiguration im Parmenideischen Lehrgedicht,
dann wieder in Hölderlins Rhein-Hymne, - vielleicht - noch einmal in
Nietzsches 'Zarathustra'. Diese Seite des Verhältnisses zwischen ‚Denken'
und ‚Dichten' bleibt dem Denker, wie Heidegger immer wieder betont, eo ipso
verschlossen. Nur von *einer* Seite, der des Gedankens her, kann er das
,unendliche' Verhältnis wahrnehmen. Er kann sich seiner also nur in
verzerrender Einseitigkeit inne werden. *Diese* Vergessenheitsdimension, an die
der späte Heidegger denkt, wenn er davon spricht, dass Denken Rätselraten
sei, ohne dass das Rätsel doch je erraten werden könnte, ist in sich selbst von
Bedeutung. In ihr lässt sich nämlich der Umriss eines Denkens erkennen, das
sich im Organon von Bild und Zeichen betätigt, deren Logos in eine
Denkbewegung zu transformieren sucht - und sie doch nicht übergreift.

---

[67] Zur Zeichenhaftigkeit des Dichters siehe Heidegger GA 53, S. 184 ff. Über Heideggers späten
eminenten Begriff des Zeichens als des im Pneuma der Sprache Gezeigten vgl. Heidegger, *Der
Weg zur Sprache* (1959), in: M.H., *Unterwegs zur Sprache*. Hier nach GA I 12. Frankfurt/Main
1985, S. 227-259.

[68] Ich nehme hier Bezug auf Hegel, Enzyklopädie §§ 450 ff.

[69] Vgl. die Bemerkung über das Dionysische und Apollinische bei Heidegger, *Nietzsche*. Band I.
Pfullingen [5]1989, S. 467 f. Im Blick auf die innere Problematik dieses Passus erweist sich
Reinhard Mehrings ideologiekritischer Blick auf Heidegger als unzureichend. R.M., *Heideggers
Überlieferungsgeschick. Eine dionysische Selbstinszenierung*. Würzburg 1992, S. 103 ff. Vgl. zum
Begriff von der ‚plastischen Kraft' Nietzsches Zweite Unzeitgemäße Betrachtung insbesondere
den Passus Colli/Montinari, Kritische Studienausgabe Band 1, a.a.O., S. 251.

Geschähe dies, wäre aller schwankenden Ambivalenz leicht ein Ende gesetzt, der Ursprungspunkt des Vergessens wäre eingeholt.[70]

Damit sind wir beim fünften und letzten Glied des Pentagramms angelangt, der spekulativen Frage nach dem Verhältnis von Denken und Dichten, so wie sie sich Heidegger im Ergebnis eines subtilen Klärungsvorgangs gegen Mitte der vierziger Jahre erschloss.

Denken und Dichten sagen je das Selbe - und sie sagen es in ihrem eigenen Vollzug, als spezifisch unterschiedene Logoi, so hält er fest. Beider Orientierung gilt dem ‚Sein' als jenem ‚Einen', das nur je und je sich als Sammlungspunkt seiner divergierenden Seinsweisen und -phänomene darstellt. Offenkundig ist damit ein Gedanke des EINEN skizziert, der kontrapunktisch zu jenem der überlieferten Substanzmetaphysik zu stehen kommen soll.

Im Zuge dieses ‚Denkens des Einen' verdeutlicht Heidegger, dass dem Dichten und dem Denken ein gleicher Ursprung eignet. Der Anfangspunkt ist seinerseits aber geschichtlich, auf seinen Fortgang in der Differenz beider Vollzugsweisen hin zu denken, denn er stellt sich - wie wir wissen - nur in ihm dar. Also ist er selbig, und doch unterschieden. Genauer: er ist nicht *in* sich selbst unterschieden - im Sinn der Dialektik des ‚hen diaphoron heauto', er ist es *von* sich selbst. Seine Logik ist also gleichsam polar orientiert. Nach und nach erst ging Heidegger diese Grundkonfiguration auf, nach und nach erst wurde er sich inne, dass das Verhältnis von Denken und Dichten auch in seinem Innersten asymmetrisch verfasst ist: indem das Denken die Änigmata der Dichtung rät, nimmt es ihre Sinnbilder gleichsam als ‚Präpräsentationen', als Vorentwürfe, seiner eigenen Richtungsgestalt. Umgekehrt kann aber der Gedanke gleichwohl niemals bis ins Proprium der Dichtung vordringen. Dies ist die Einsicht, in die Heideggers vorerst letzte Einkreisung des Problemzusammenhangs mündet - in seiner Fragment gebliebenen 'Einleitung in die Philosophie' im Winter 1944/45, in der er die Frage, was *im* Denken das Dichten solle und bedeute, in der folgenden Weise beantwortet: „Dem Denken und Dichten nachsinnend [sind wir] als nachdenkende denkend bereits auf der einen Seite des Verhältnisses von Denken und Dichten [...], so dass alles zu Sagende im voraus einseitig wird." Auf welchen Wegen es zu dieser Einsicht kam, ist heute den Beilagen und Notaten zu dem Vorlesungstext abzulesen.

---

[70] Wenn Heidegger versucht, das Eigene im Fremden, das Fremde im Eigenen zu spiegeln, wie es ausgehend von den Zeilen: „Kolonie liebt/ und tapfer Vergessen der Geist" geschieht, so ist dies im Zusammenhang eine kontrapunktischen Explikation und gerade nicht als Teil einer provinziellen Akzentuierung allein des Eigenen zu verstehen. Den hier in Rede stehenden Text fand er in: Friedrich Beißner, *Hölderlins Übersetzungen aus dem Griechischen*. Stuttgart 1933, S. 147. Die Kritik von Henrich, *Der Gang des Andenkens*, a.a.O., S. 188 f. Anmerkung 8 verfehlt also die von Heidegger beschrittene Richtung. Vgl. auch ibid., S. 190, Anmerkung 12 und S. 200 f., Anmerkung 35.

Allerdings kann Heidegger auch dabei nicht ohne die Beschwörung der
Selbigkeit von Denken und Dichten auskommen. „*Denken und Dichten* - je
ein Sinnen, je ein Sagen: das sinnende Wort. Die Denker und die Dichter die
sinnend Sagenden und sagend Sinnenden."[71] Indem aber dies Selbige entfaltet
wird, erfährt es auch schon eine Brechung. Dies ist eine der Voraussetzungen
des ‚anderen Anfangs'. Und dabei wird deutlich, dass es nicht hinreicht, das
innere Formgesetz von Nietzsches Denken, ‚System in Aphorismen' und
gegenseitiges Zeichen- und Interpretationsgefüge zu sein, noch einmal zu
wiederholen -   gerade dort, wo Nietzsche nicht letzter Metaphysiker ist,
sondern zum Übergang wird, wo er sich also seinem schwersten Gedanken von
der ewigen Wiederkehr des Gleichen nähert, und wo die metaphysische ‚*ti
estin*' - Frage in die Grundfrage - in der Gestalt, wie Zeit als Sein, Sein als Zeit
sei, übergeht, erkennt Heidegger, dass die Zwiesprache mit Nietzsche nur in
einem Vorhof der von ihm genuin angezielten Frage spielt. In deren Kern
einzutreten, soll dagegen Hölderlins Dichtung erlauben. Indem Hölderlin - wie
Heidegger sagt - in seinem eminenten dichterischen Wort immer zugleich das
Wesen der Dichtung dichtet, zeigt er, was dem Denker nach Heideggers
Einsicht unmöglich bleibt: das Wesen des Denkers zu dichten. Nicht die
Engführung zwischen Denken und Dichten, wie in Nietzsches 'Zarathustra',
sondern der unvermittelbare Bruch ist in der Zwiesprache mit Hölderlin zu
erfahren. Und nicht zuletzt deshalb versteht ihn Heidegger als jenen, der den
Grundthemata seines Denkens ungleich näher kommt als Nietzsche. Würde
dieser ‚hiatus irrationalis' nicht eigens aufgerissen, so könnte die
Sinnbildlichkeit der ideogrammatischen Rede nur in verkürzender, in unwahrer
Form ins Denken genommen werden, nämlich als Metapher, eine Redeform,
die - wie Heidegger später notiert - immer schon das Gefüge der Metaphysik
voraussetzen muss, auch wenn sie sich von ihm abzuheben versucht.
Demgegenüber umreißt Heidegger das Formgefüge eines ‚*Zwiespalts*' - mit
Lyotard: eines *Widerstreits*.[72] In den Spuren Hölderlins bleibt das
Widerstreitsdenken, da es als *modales* Gefälle verfasst ist. Jenes Grundmotiv
Hölderlins, das Dieter Henrich außer acht lassen musste, wird für Heidegger
also geradezu konstitutiv.
Wirkliches, doch vergangenes Gedicht und der mögliche Gedanke, der aus ihm
hervorgehen kann, sind unbedingt von einander getrennt, sie stimmen aber in
ihrer Sache, die zugleich ihre Methode ist, miteinander überein, ja sie
schließen sich zu dem ‚Einen' zusammen, nach dem mit der Wendung : „Was
ist jetzt?" immer wieder gefragt wird - dem zeithaften Sein. Beim ‚Widerstreit'
bleibt es aber, da das mögliche Darstellungs-sein - nach Heidegger: das

---

[71] Vgl. dazu Heidegger, *Moira. Parmenides VIII, 34-41*, in: ders., Vorträge und Aufsätze, a.a.O., S.
223-249.
[72] Vgl. Jean-Francois Lyotard, *Der Widerstreit*. München [2]1989, insbesondere S. 13 ff. und S. 200
ff.

Gedichtete - sich nur aus der Faktur des Werkes dem Denken zusprechen kann, wiewohl es der Faktur vorausgeht. In diesem Sinn versteht Heidegger die deutende Philologie des Philosophen, ähnlich wie Franz Rosenzweig,[73] als eine Liebe zum Wort, die sich gerade auf das verschwiegene Wort in den vielfach wechselnden Wörtern und Sinnbildern der Dichtung, richtet. „Gewalt brauchend" wird eine derartige Deutung mit dem berüchtigten Heideggerschen Epitheton tatsächlich sein, indem sie sich in ihrem Gang selbst zu destruieren, nämlich als überflüssig zu erweisen versucht; und da sie, der Maskenspiele der Dichtung sich inneseiend, hinter diese zurück auf das in sich vielspältige Eine der Frage gerichtet ist, was *jetzt ist*. Unter dieser Perspektive löst sich das Verständnis des Werkes aus den Fixierungen seiner Gestalt, Dichtung erscheint - etwa in dem Sinn, den Nietzsche an der attischen Tragödie gewahrte, als fluide Sprache im Vorbeigang, aus dem Totenhaus der Schrift befreit.

b.) Das Geviert als hermetisches Band
Ganz nebenbei kann sich der Anschein einstellen, als gebe Heideggers Pentagramm, jenen, die, wenn auch oftmals kontrafaktisch, seinen Spuren folgten, indem sie ihr Denken von Hölderlins Dichtung bewegt sein ließen, Leitzeichen vor, die freilich in den folgenden Deutungslabyrinthen oft unterboten wurden - im Namen vermeintlich unlöslicher Alternativen, denen mitunter Signaturen des transzendentalen Scheins anhaften.
Daher könnte Heidegger avant la lettre ihnen auch zum Korrektiv werden - ihre Frage nach der Nennkraft der Sprache im Blick auf deren Verschweigen zum Ende führend (Gadamer), ihre Aporetik (Berlinger) in den Akkord der Fuge zurückstellend, die die Gestalt eines versöhnungslosen Widerstreits freilich nicht verhüllen darf, ihre engen theoriegeleiteten Bildausschnitte (Henrich) durch die Anzeige des Widerstreites zwischen ‚Denken' und ‚Dichten' weitend.
Warum verhält es sich so? Die Antwort finde ich nicht so sehr in dem skizzierten Pentagramm, als in dem hermetisch hermeneutischen Zusammenhang, der in ihm mitklingt und den Heidegger erst spät aufgedeckt hat: in einer emblematischen Sinnbildlichkeit, die zwischen Gedanken und Figuration oszilliert und deren reifste und zugleich vielperspektivischste Gestalt in dem Vortrag 'Hölderlins Erde und Himmel' exponiert ist. Heidegger

---

[73] Bei Franz Rosenzweig wird dieses Verständnis manifest in seinen tiefdringenden Bemerkungen zum jüdischen Kultus, von dem die Explikation einer ‚spekulativen Grammatik' der gesprochenen Sprache ihren Ausgang nehmen soll. Vgl. Rosenzweig, *Der Stern der Erlösung*. Einzelausgabe. Frankfurt/Main 1988, etwa S.251 ff. Vgl. von Heidegger her die vorbereitenden Bemerkungen in GA II 52, S. 1 ff.

geht in diesem Text vom Motiv eines Wider*klangs* zwischen ‚Erde' und
‚Himmel' aus, in dem sich das Geviert als Stimmungs- und
Gestimmtheitsverhältnis darstelle. „Vier Stimmen sind es, die tönen: der
Himmel, die Erde, der Mensch, der Gott."[74] Dieses reine und zugleich
unendliche Verhältnis gilt ihm als Inbegriff von *Absolutheit*. Mitgedacht ist
darin, dass Absolutes einzig und allein *in seiner Endlichkeit* darstellbar ist -
namentlich in der Kunst, der eminentesten Art des Zeichens, das den Spiel-
Raum des Gevierts anzeigt, indem es ihn sagt - und das, indem es sich
vollzieht, diesen Spiel-Raum aller erst sein läßt.[75]
In den Entgegnungen und Spiegelungen des ‚Gevierts' kommen die modalen
Differenzen zwischen ‚Möglichem' und ‚Wirklichem' in Bewegung. Auch
dies entfaltet Heidegger eher indirekt, in Figurationen, etwa in der Erörterung
der Hölderlin-Zeile „Leben ist Tod, und Tod ist auch ein Leben". „Indem der
Tod kommt, entschwindet er. Die Sterblichen sterben den Tod im Leben. Im
Tod werden die Sterblichen unsterblich."[76] Die phänomenologische Analytik
des Todes aus 'Sein und Zeit' hat hier offensichtlich eine späte Verankerung
gefunden, im Zusammenhang einer Topik, die ek-statisch - in einer Ausfahrt
ins nie Gesehene - dem Ort nachfragt, an dem „alle heiligen Orte versammelt
sind" (ibid., S. 171). Heidegger nennt diesen Ort, ein nicht-personales, doch
keineswegs nur denk-, sondern in jeweiligen Erfahrungszusammenhängen
darstellbares Absolutes, das ‚Geringe'.
Dem Grundwort vom ‚Geringem' ist seinerseits ein komplexer Verweisungs-
zusammenhang eingeschrieben *Ring* ist die feine Fügung, der Reigen, also der
innere Einheitssinn des Gevierts, der, sofern er geschieht, sich auch als das
eigentlich - nämlich wider den physischen Anschein - Große, das mahnend Erhabene, erweist. Deshalb kann, in einer Ambivalenz, die dem Begriff des
Sublimen seit Longin inhärent gewesen ist, das „unendliche Verhältnis, in das
mit dem Gott und mit den Menschen Erde und Himmel gehören", als gering
betrachtet werden.[77]
Das Sein dieses Absoluten ist immer nur im Werden: es ist nur sofern es
kommt, und es kommt in Revolutionen oder doch harten Übergängen der
Erkenntnisart, etwa indem dies Absolute an einem einzelnen Ding - einem
Krug - wahrgenommen wird. Das Ding eröffnet sich dadurch als Darstellung
des Seins selbst.
Dieser hermetische Gedankenzusammenhang bleibt indes ganz auf das
Anfangsproblem hin perspektiviert: Heidegger denkt die ARCHE als die Mitte

---

[74] Heidegger GA I 4, S. 170.
[75] Vgl. ibid., S. 162.
[76] Vgl. ibid., S. 165.
[77] Der kommende Gott mag sich zwar in Masken zeigen, doch er entzieht sich ihnen so sehr, dass
sie streng genommen nur als Modi dessen zu verstehen sind, was er nicht ist. Vgl. dazu das Grund-
Stück der Lehre vom ‚letzten Gott' in: *Beiträge zur Philosophie* GA II 65. Frankfurt/Main 1989, S.
405 ff.

des Gevierts und zugleich als seine entelechetische innere Orientierung. Letzteres wird von Hölderlins Evokation der „Vollendruhe Goldroth" her fassbar. Wie der Anfang als exzentrische Mitte geschieht, bleibt von hier her zu fragen, und damit ist auf nicht weniger als die Frage hingewiesen, wie dies Absolutum überhaupt in seiner konsequenten Übersetzung in ein Geschehen zu denken sei. Heideggers Deutung erschließt hier am Leitfaden von Hölderlins dichterischem Wort einen Phänomenzusammenhang, in dem das ‚Feuer vom Himmel', die reine ARCHE von Sein selbst, in die Endlichkeit der Erde und ihre aufbehaltende Kraft erinnert wird. Diese erschließt sich damit, so dass sie - auch wenn in unserem Text dieses Wort nicht fällt - aller erst sich ursprungshaft zeigen: also ‚welten' kann. Der Anfang hat also selbst jenes Doppelgesicht, um das Heideggers Frage nach dem Grund immer wieder kreist, er ist reinentspringende Ekstasis (im Sinn der Wendung „jetzt komme Feuer" aus der ‚Ister'-Hymne) und zugleich ihre Grundgabe in der je endlichen Sprache der Menschen.[78]

Schließlich wird das Geringe auch als ‚das Kostbare' evoziert, womit an ein anderes Sinnbild angeknüpft ist, *jenes* des Kostens und Schmeckens: des ‚Sapor', das Heidegger als Ursinn von „Sapientia" zu verstehen sucht. Jene ausschmeckende und zugleich spekulative Urteilskraft ist es, durch die wir das 'Geviert' „aus der Innigkeit ihres Zueinander" zu erblicken vermögen (ibid., S. 170). Auf das Wissen um diesen Gefügezusammenhang, in dem wir immer schon innestehen, soll nach Heidegger alles Denken zurückkommen können.

Es bleibt ein dreifaches Moment zu akzentuieren, um auf andere Sprachformen als die von Heidegger gewählten hin verständlich zu machen, weshalb und in welcher Weise diese selbst hermetischen Andeutungen das Gespräch zwischen ‚Denken' und ‚Dichten' vielstimmig in eines fügen.

Mit der Exposition einer zugleich als Maß zu verstehenden Mitte des Gevierts wird in einem Gestus, der zwischen Denken und Dichten die Schwebe hält, inauguriert, dass die Frage „Was ist jetzt?" von dem zeitdiagnostischen Blick nach dem agonisch-vergehenden Europa als „einem kleinen Kap des asiatischen Kontinents"[79] auf die Orientierung nach dem erst anfänglich entgegenwartenden fueîn, dem Ursinn von Sein selbst, übergehen kann, ohne Genus und Sphäre zu wechseln. In beiden Bewandtniszusammenhängen

---

[78] Eben in dieser Perzeptionsweise ist nach Heidegger ein gleichsam erotisches Weltverhältnis verborgen: den Reigen des Geringen versteht er als ‚Hochzeitsfest' (als eine Art hieros gamos) von Himmel und Erde, das beide erst in eins fügt. Vgl. GA I 4, S. 175.

[79] Heidegger führt diese Wendung ibid., S. 176 an. Vgl. zum Hintergrund Paul Valéry, *Die Krise des Geistes. Drei Essays*. Frnakfurt/Main o. J., S. 5-23.

scheint das Gegenhaltsverhältnis von Physis und Ethos im Zusammenhang
einer Suche nach dem Aufenthalt im Endlichen auf.
Gerade in der hermetischen Beschwörung des ‚Gevierts' zeigt sich
überdeutlich, dass für Heidegger der dichterische Logos nicht als
abgeschlossenes Werk in den Blick kommt, sondern als Pneuma und
Atemhauch des gesprochenen Wortes, dem nur ein Denken antworten kann,
das sich immer auch im Gestus des Hörens hält, und das deshalb - selbst in
seinen Deutungen - andeutend und nicht geheimnislos ausspricht. Davon ist in
Heideggers Denken der Kunst die Rede, wenn er ‚Schaffen' und ‚umgehendes
Bewahren', den Aufenthalt beim Werk, als zweifachen Seinsmodus von Kunst
versteht.[80] Diese Erwägungen sollte man allerdings nicht im Sinn einer
schlechten Unmittelbarkeit missdeuten. Die Einsicht, dass sich das
dichterische Pneuma nur durch die fakturhafte Werkgestalt hindurch freisetzt,
vergisst Heidegger keinesfalls.
Die Hermetik des Gevierts ist in einem zweifachen Organon exponiert: Die
vier stimmen zusammen im akusmatisch-akoramatischen Geschehen von Auf-
und Widerklang, Reden und Schweigen und im visiblen der
Spiegelungsverhältnisse, in denen - durch nichts sonst - der selbst entzogene
Blick des Seins als eines ‚Er-äugnisses' zur Darstellung kommen *und* gedacht
werden kann. Rätselreiche Farbadjektive Hölderlins - wie das Wort von „der
Augenschule blau" - variieren von hier her das Motiv des Vergessens.
Dadurch, dass solche Epitheta unerläutert bleiben, deutet sich an, dass das
Dargestellte dem Denken uneinholbar bleibt, dass das Denken also am
Sinnbild selbstvergessen aufhören kann. Und dies wird erst recht augenfällig,
wenn das Ende von Heideggers Erde und Himmel-Exposition, die in
Erörterung der Hölderlinschen ‚Griechenland'-Hymne gewonnen wurde - dem
anderen ‚Griechenland'-Gedicht aus Zeiten der Nacht, da der Dichter „sein
Eigenstes in ein Fremdes schicken" musste, gilt - den abendlichen Versen aus
der Umnachtung Scardanellis, die durch die Datierung in einen Anfang
weisen, an dem Hölderlin noch nicht lebte, und die, wie erst Heidegger als
Interpret Hölderlins wieder aus dem Schacht des Vergessens ans Licht heben
sollte, spät noch einmal 'Geist und Sage' - also den Inbegriff des Zeichenseins,
beschwören: „Mit Geistigkeit ist weit umher die alte Sage,/ Und neues Leben
kommt aus Menschheit wieder/ So sinkt das Jahr mit einer Stille nieder."[81]

---

[80] Diese Konstellation ist subtil herausgearbeitet worden von Hubert Sowa, *Krisis der Poiesis.*
Schaffen und Bewahren als doppelter Grund im Denken Martin Heideggers. Würzburg 1992
passim.

[81] Vgl. das späte ‚Griechenland'-Gedicht, hier nach Hölderlin, Sämtliche Werke und Briefe,
herausgegeben von Michael Knaupp, Band I, a.a.O., S. 935, dazu Heidegger GA I 4, S. 181.

Sich selbstbewegendes Denken und dissonante Dialektik: Theodor W. Adorno und das spekulative Gespräch mit Heidegger im Zeichen Hölderlins

a.) Polemische Dissonanz

In wesentlichen Zügen - gewollten, unbemerkten und verdrängten - kann Adornos Dialog mit Hölderlins Dichtung als Schattenriss zu Heideggers Hölderlin erscheinen, ihm ebenso nahe, wie immer wieder rigide sich von ihm entfernend. Dies zeigt sich vordergründig zunächst die Verkennungen, die Adornos großem Hölderlin-Essay eingeschrieben sind. Sie lassen ihn als eine einzige Heidegger-Polemik erscheinen.[82]

Adorno votiert dafür, den Blick auf das Gedicht, also auf seine Form, zu richten, nicht auf eine unterlegte Intention. Doch näherte sich nicht gerade Heidegger- zumal in seinem Wort von der ‚Gewalt brauchenden Interpretation' dieser genuin ästhetischen Frage an?

Überformt Heidegger wirklich die Polyphonie der Dichtung, wie Adorno nahelegt, wenn er es auf das eine zu Denkende hin liest? Dies Eine ist für Heidegger nur Sammlung, Logos, des Vielen, das in diesem Legein eindeutig nicht durch einen Denkgehalt ‚übergriffen' werden soll. Es ist zwar in destruierender Lesart aus dem Rhizom des Textganges freizulegen. Es bleibt jedoch an den Immanenzzusammenhang des Strukturnetzes der vielen Worte gebunden. Auch hoffe ich einsichtig gemacht zu haben, dass Heideggers Rede von ‚Sage', als Inbegriff dessen, was die Dichtung, und zuletzt die Sprache, zeigt, nicht als Mythologem verstanden werden muss, wie Adorno suggeriert. Sie verweist vielmehr auf jenen pneumatischen und welterschließenden Charakter des Wortes, den Adorno ganz ähnlich an musikalischen Kunstwerken namhaft machte.[83] Nicht anders verhält es sich mit dem Motiv der Erinnerung, des Andenkens, dessen Beachtung Adorno gegen Heidegger einfordert: Adornos Maxime, dass die Treue des Dichters immer dem Verlorenen gelte, könnte geradezu als Kommentar zum erinnernden Gestus von Heideggers Hölderlin-Deutungen gesetzt werden.

b.) Name und Begriff- Quasi una fantasia

Durchbricht man diese Hülle, die wirkmächtig und skandalträchtig war, und in

---

[82] Vgl. dazu: Adorno, *Parataxis*, in: derselbe, *Noten zur Literatur*. Einzelausgabe Frankfurt/Main 1974, S. 447-491.

[83] Vgl. Adorno, *Quasi una fantasia. Fragment über Musik und Sprache*, in: ders., Gesammelte Schriften Band 16, a.a.O., S. 251-259. Siehe dazu auch den schönen Essay von Werner Beierwaltes, *Adornos Nicht-Identisches*, in: ders., *Identität und Differenz*. Frankfurt/Main 1980, S. 269-315. Siehe auch H.-H. Eggebrecht, *Musik als Tonsprache*, in: Archiv für Musikwissenschaft 18 (1961), S. 73 ff. und Fritz Reckow, *‚Sprachähnlichkeit' der Musik als terminologisches Problem*. Freiburg 1977.

der Hölderlin-Gesellschaft als Heidegger-Exorzismus wirkte,[84] so gewahrt man
erst das eigentliche Sachproblem.

Es zeigt sich, dass Adornos Hölderlin-Interpretation ein Beitrag zu dem großen
spekulativen Gespräch über die Sache der Metaphysik, nachdem alle ihre
Möglichkeiten ausgezehrt sind, ist, zu einem Gespräch, das Heidegger
während der Vierziger Jahre mit Nietzsche und vor allem mit sich selbst
führte, und das Adorno immer wieder variierte - etwa in der Maxime am Ende
seiner 'Negative[n] Dialektik', dass im Angesicht ihres Sturzes Solidarität mit
der Metaphysik walten solle.

Adorno rückt die Differenz zwischen Abstrakta und Namen in den Mittelpunkt
seiner Hölderlin-Erläuterung. Erstmals Hölderlin lasse erkennen, wie im
Zeitalter der späten Moderne das Eigenrecht des Namens, sein Atem, letztes
Residuum eines ‚anderen Zustandes', in Zeichen, Begriff oder Formel
versteinert wird. Hölderlin sei sich, anders als Goethe, Schiller oder Hegel in
ihrem je verschiedenen Ideen-Bezug inne, dass Idee und Anschauung, Name
und sein Sinn, schlechterdings nicht mehr zusammenfallen - dass ein
emphatischer Begriff des Symbols oder des ‚Epirrhema' gegenstandslos ist.[85]

Es sei dieser dissonante Grundton, der, so Adorno, Hölderlins Frage nach der
Darstellung des Unendlichen im Endlichen durchstimmt. Die Möglichkeit
einer solchen Repräsentation haftet am Detail, am Mikrokosmos eines zu
Nennenden. Doch ist, wie Adorno zu verstehen gibt, das einzelne Phänomen
im Sinn Hölderlins nicht Balsam für die Wunden, die die Reflexion schlägt, es
steigert nur den Schmerz. Denn es begegnet als Residuum eines Lebens, das
nicht mehr ist, getötet von der Reflexion.[86] Es ist Widerpart der Abstraktionen,
die „gleichsam ausgehöhlt" erscheinen, ohne dass doch umgekehrt der Name
Kraft hätte, eine eminentere Verständigung zu erlauben und das Tote

---

[84] Auf diese vordergründigen Umstände weist erhellend hin: Jochen Schmidt, *Hölderlin im 20.
Jahrhundert. Rezeption und Edition*, in: Gerhard Kurz u.a. (Hgg.), Hölderlin und die Moderne.
Eine Bestandsaufnahme. Tübingen 1995, S. 105 ff.

[85] Vergleiche Adorno, *Parataxis*, a.a.O., S. 464. Im Hintergrund maßgeblich sind hier die
Hölderlin-Studien von Walter Benjamin, insbesondere derselbe, *Zwei Gedichte von F.H.,
'Dichtermut' - ‚Blödigkeit'*, in: W. Benjamin, Gesammelte Schriften II, 1. Frankfurt/ Main 1991,
S. 105-126, ferner ebd., S. 91-105: *Metaphysik der Jugend*. Zu Adornos Symbolverständnis
vergleiche: Adorno, *Ästhetische Theorie*. Frankfurt/Main 1971 und öfter sub voce Symbol und
Allegorie in dem (von Peter Szondi und seinen Schülern angelegten) Register, insbesondere S. 480
ff.

[86] Vergleiche Adorno, *Parataxis*, a.a.O., S. 464. Im Hintergrund maßgeblich sind hier die
Hölderlin-Studien von Walter Benjamin, insbesondere derselbe, *Zwei Gedichte von F.H.,
'Dichtermut' - ‚Blödigkeit'*, in: W. Benjamin, Gesammelte Schriften II, 1. Frankfurt/ Main 1991,
S. 105-126, ferner ebd., S. 91-105: *Metaphysik der Jugend*. Zu Adornos Symbolverständnis
vergleiche: Adorno, *Ästhetische Theorie*. Frankfurt/Main 1971 und öfter sub voce Symbol und
Allegorie in dem (von Peter Szondi und seinen Schülern angelegten) Register, insbesondere S. 480
ff.

wiederzubeleben.[87] Auf diese Weise ist eine schwebende Bewegung zwischen Allgemeinem und Besonderem insinuiert, die im Sinn einer dissonanten Dialektik mit Adornos eigenster Denkweise eng korrespondiert. Adorno besteht darauf, dass dieser Ton Hegel nahe bleibt, denn für Hegel sei ebenso wie für Hölderlin die ‚bestimmte Negation' das immanente Bewegungsgesetz des spekulativen Gedankens. Auch die eigene ‚negative Dialektik' löst sich nicht aus diesem Zusammenhang. Die naive Aussicht, unvermittelt aufs Unmittelbare zurückkommen zu können, ist damit hinfällig gemacht. Deshalb bemerkt Adorno von Hölderlin, dass in seiner Dichtung das phänomenal Nahe nicht affirmiert, sondern dessen Opfer verlangt werde. Hier aber manifestiert sich der Unterschied gegenüber Hegel. Anders als im spekulativen Idealismus wird der Karfreitag nicht zum Thron der Gewissheit des absoluten Geistes, der Dichtung bleibt nur die Klage „übers Opfer, das sie erheischt."[88]

Das Widerspiel von Inhalt und Form, welche *unterschieden* sind, „schlechthin Getrenntes weder noch indifferent Identisches,"[89] bekanntlich der Punkt, an dem Adorno Heideggers Gespräch mit Hölderlin abbrechen sieht[90], wird ihm zum Ausgang der eigenen Verständigung. Dabei ist es *ein* Formgesetz, gleichsam der Grundgestus in Hölderlins Sprechen, der in verschiedenen Variationen namhaft gemacht werden kann - die ‚*Parataxis'*. Sie gibt das Siegel auf die skizzierten Erwägungen. In der Parataxe werden Abhängigkeitsverhältnisse und die Konstruktion von Sinnzusammenhängen zerstört. Der reinen Nebeneinanderordnung ist eine Hermetik eigen, die den Gefügezusammenhang der Wortkunst transzendiert, um sich an eine begriffslose Synthese anzunähern, wie sie sonst nur in der Musik begegnet und deren Urbild Adorno in der Physis, dem Naturseienden, findet. Ähnlich, wie Heidegger, hat Adorno einen Ursinn von Physis im Blick, das Bild der „freigelassene(n), verströmende(n) Natur, die, nicht länger im Bann von Naturbeherrschung, [...] sich selbst transzendiert."[91] Da die Annäherung an diesen Ursinn von Natur in einem fremden Organon geschieht, in der Sprache, sind Akte des Widerstandes gegen deren Gesetz unabdingbar: Hölderlins Faktur tendiert, wie Adorno zu zeigen sucht, dazu, die Form von Urteil und Satz aufzusprengen.

Wohin aber weist der Richtungssinn der Physis, als mikrologische Mimesis des Absoluten? Adorno kann sie nicht mit Heidegger einfach ins Offene gerichtet sehen. Nur im Sinn bestimmter Negation, also hochgradig vermittelt,

---

[87] So ibid., S. 466. Siehe im Hintergrund auch Horkheimer, Adorno, *Dialektik der Aufklärung*. Philosophische Fragmente. Einzelausgabe Frankfurt/Main 1969, insbesondere S. 9-50: Die erste Abhandlung: *Der Begriff der Aufklärung*.
[88] Ibid.
[89] Ibid., S. 464.
[90] Ibid., S. 463.
[91] Ibid., S. 469.

denkt er diesen Gedanken doch.[92] Er fasst ihn *der Methode nach*, indem er aus
der parataktischen Form der späten Hymnen, die Form eines Gedankens zu
entbinden sucht, der selbstbewegt wäre und sich zugleich selbst
zurückzunehmen suchte. Und er denkt den Gedanken des Offenen - davon
untrennbar - *der Sache nach*, wenn er notiert, dass die Mimesis des Absoluten
in Hölderlins Dichtung nicht auf ein hypostasiertes Prinzip gehe. Vielmehr ist
es der entscheidende Wesenszug einer absoluten Spekulation in Hölderlins
Spuren, dass sie die Reflexion in der ‚Schwebe', in einer Sphäre zwischen
Natur und Geist hält.[93]

Es ist gerade Hölderlin, der dieser Lesart zufolge sich in der Unaufgelöstheit
der Kantischen Antinomik hält, ohne zu versuchen, sie, wie je verschieden
Fichte, Hegel und Schelling, in ein spekulatives Prinzip zurückzunehmen.
Diese schwebende Position kann in der Frühgeschichte des deutschen
Idealismus nur aufrechterhalten werden, indem zwei vermeintliche
Letztorientierungen vermieden, ja demaskiert werden. In diesem Sinn zielt
Hölderlin, wie Adorno zeigt, gegen beides: gegen die absolut gesetzte Idee und
gegen den Versuch, das Naturseiende an ihm selbst - oder den unbewussten
Mythos - als unvermitteltes Absolutum durch die Moderneerfahrung
hindurchzuretten. „Vom Mythos befreit einzig, was ihm das Seine gibt." Der
Mythos, in den Bahnen abendländischer Logifizierung, ja im Sinn der
'Dialektik der Aufklärung' nach Adorno bereits in Homerischen Zeiten in
seiner Unverfügbarkeit verletzt, ist demnach ins bewusste Leben aufzunehmen
und von seinen atavistischen Nebentönen, etwa denen des Fetischismus, zu
befreien.

Wie sehr Hölderlin Adorno zum Wegzeichen (Sema) für seine eigensten
Reflexionen werden soll, deutet sich von hier aus - im Zusammenhang der
Frage nach der Versöhnung des verlorenen und entfremdeten Lebens - an. Die
unterschiedene Grundstellung, die Hölderlin zum Mythos einnimmt, macht
sich sein Deuter dabei, ohne dies zu wissen, durchaus auf jenen Spuren zu
eigen, die das Denkbild des ‚kommenden Gottes' bei Heidegger und Nietzsche
nahm. Allerdings legt Adorno den Akzent nicht auf den Gedanken, dass der
Gott, der anders als alle Manifestationen von Göttern ist, die waren, nur *im
Kommen und Vorbeigehen* sei, er akzentuiert vielmehr, dass die Aussicht
möglicher Versöhnung stets von Spuren realer Verlorenheit durchsetzt bleibt.
Dadurch ist das Denkbild vom kommenden Gott aus der Höhle des Mythos
befreit, verflüchtigt sich darin jedoch. Jener Gott, der kommt, ist zugleich der,

---

[92] Vgl. ibid., S. 413 f. Das bei aller imaginierten Ferne doch nachhaltige Gespräch mit Heidegger
scheint mir vor allem im Zusammenhang der Hölderlin-Auslegungen geführt worden zu sein. Die
ideologiekritisch orientierte Polemik: *Jargon der Eigentlichkeit*, hier nach E.A. Frankfurt/Main
1963, S. 22 f. und S. 51 f., gibt demgegenüber nur eine Außenansicht wieder, wie überhaupt die
Trennung einer philosophischen Innen- von einer soziomorphen Außenperspektive für Adornos
Denken oft einen guten Sinn hat, an der *Dialektik der Aufklärung* aber versagt.

[93] Ibid., S. 471. Dazu auch Adorno, *Ästhetische Theorie*. Frankfurt/Main 1973, S.103 ff.

der nicht einmal mehr in unserem Andenken lebt. „Die Erfahrung von der Unrestituierbarkeit jenes Verlorenen, das erst als Verlorenes mit der Aura absoluten Sinnes sich bekleidet, wird zur alleinigen Anweisung auf das Wahre, Versöhnte, den Frieden als den Zustand, über den der Mythos, das alte Unwahre seine Gewalt verloren hat."[94]

Adorno deutet von hier her einen weiteren eminenten Gedanken an, der im Niemandsland zwischen Heidegger und Hegel auf eigenen Wegen Gestalt gewinnt. Ich meine die Idee, Versöhnung geschehe, insofern der Geist sich selbst als Natur und doch zugleich im Modus der Reflexion erscheine. Dies schließt ein, dass er sich zu sich selbst und dem mit ihm Seienden als einer Sphäre jenseits aller Entfremdungsverhältnisse verhält. Mit Hölderlin: „So komm! dass wir das Offene schauen, / Dass ein Eigenes wir suchen, so weit es auch ist." Heideggers Denkbild des Offenen schwingt, über die Rousseauistisch Marxschen Linie des aliénation-Gedankens hinaus, hier unverkennbar mit, ohne dass der Name des Antipoden genannt würde. Es wird also nicht zu viel gesagt sein, wenn man an dieser Stelle einen spezifischen Bezug auf Wahrheit mithört: sie ist der Gehalt jenes Offenen, der, indem er aufscheint, sich auch schon entzieht.[95]

Die unterschwelligen Berührungen mit jenen Gedanken, die Heidegger von Hölderlin her zu denken suchte, setzen sich fort, wenn Adorno Hölderlins Sinnbild vom ‚Tod des Genius' die Aussicht abliest, dass in der Mimesis des Absoluten die Reflexion aufhören könnte, ohne doch in Agonie zu verebben. Dies „wäre das Erlöschen der Reflexion, und der Kunst mit ihr, im Augenblick, da die Versöhnung aus dem Medium des bloß Geistigen übergeht in die Wirklichkeit."[96]

Dieses Wort vom Ende der Philosophie und dem möglichen Anfang eines aufhörenden Denkens ist vordergründig gewiss in Kategorien des Utopischen, also der Geschichtsphilosophie, artikuliert. Mitzuhören ist freilich Adornos Leitgedanke seit frühen Jahren, dass Geschichte und Naturgeschichte in eins zusammenzusehen sind. Deshalb kann er annehmen, dass dieser Übergang erst erreicht wäre, wenn „die Menschheit [des] Bannes der eigenen Naturbefangenheit ledig wäre;"[97] wenn sie sich also bewusst zum eigenen Urgrund, des nicht-bewussten Lebens und zum Naturgrund in der Welt um sich herum verhielte. Was aber heißt das anderes, als dass sie sich auf das *Da!* als das Offene des Naturseienden *(physis)* hin verstehen sollte.

---

[94] Ibid., S. 484.
[95] Adorno, *Parataxis*, a.a.O., S. 487. Dazu durchgehend die Erwägungen über den Mythos in der ersten Abhandlung der *Dialektik der Aufklärung*. Siehe auch Hans Blumenberg, *Arbeit am Mythos*. Frankfurt/Main ⁵1990, S. 644 ff.
[96] Vgl. Adorno, *Parataxis*, a.a.O., S. 487.
[97] Dazu ibid., S. 488.

c.) Wider die Synthesiskraft des ,Ich denke'

Es liegt in der Logik von Adornos Verständigungen, dass ihre Denkbewegung zum Ende auf die parataktische Sprachform, bei der sie ihren Ausgang nahm, zurückgespielt wird. Der parataktische Grundton könnte naiv anmuten, im Sinn Adornos zeigt sich in ihm aber eine Naivität, die aus der Reflexion und der Zerstörung der Reflexionsformen zugleich hervorgeht, einer Art Form gewordener ,negatio negationis'. Auch dies erschließt sich Adorno im Blick auf das innere Formgesetz von Hölderlins Dichtung, vor allem der späten Hymnen. Als Nebenaspekt der reihenden Parataxis macht er die Simultaneitäten schaffende Assoziation namhaft. Eine - in den Stereoskopien des Surrealismus wiederkehrende - Neigung, „Zeiten durcheinander zu schütteln, Entlegenes und Unverbundenes zu verbinden."[98] Das Atavistische und das Neueste berühren einander in diesem wilden Reigen, Schamanismus und Großstadterfahrung kommen zusammen. Dazu gehört es, dass Name und Begriff - wie zu erkennen war: unter den Auspizien des unversöhnlichen Bruches zwischen ihnen - zusammenfallen können, wie etwa in Hölderlins Rede vom ,Äther', oder dass - wie erst wieder in der Moderne des 20. Jahrhunderts - Signaturen der antiken Mythologie mit jenen der jüngsten Gegenwartserfahrung eins werden. Wie Shelley „die Hölle eine Stadt" sei, „much like London", so sehe Hölderlin allenthalben Entsprechungen „zwischen dem namentlichen Seienden und den Ideen".[99]

Sinnbildhaft werden sieht Adorno - mit Walter Benjamin - diesen, seinerseits vielfach variierten, tumultuarischen, sich die intellektuale Synthesis versagenden, Leitton in Hölderlins Doppelmotiv von *'Dichtermut und Blödigkeit'*. Es gibt zu verstehen, dass dem Dichter, „in die Mitte des Lebens versetzt", nichts als das religiöse Dasein bleibe, die völlige Passivität und Ausgesetztheit. Das Phänomen dichterischer ,Blödigkeit' wird dabei von Adorno als ,Fügsamkeit' umschrieben, mit einem Grundwort also, das subtil mit Heideggers Rede von der ,Seinsfuge' korrespondieren kann, zumal es wie diese eine Hinnahme des nicht Verfügbaren, ein eminentes Sein-lassen, meint.

Adornos Maxime, dass solche pneumatischen Erwägungen nur reflexiv eine Rolle spielen dürfen, versagt sich der Unmittelbarkeit. So merkt Adorno an, dass Hölderlin in dialektischem Sinn von der Sprache wisse: sie sei ihm „nicht bloß [ein] Äußerliche[s] und Repressive[s]", er kenne vielmehr „ebensowohl ihre Wahrheit".[100] In *diesem* Denkbild scheint das Sprachgeschehen, ähnlich

---

[98] Ibid., S. 491. Mit Erwägungen zur - messianisch aufleuchtenden - Erlösung aus dem Bann eigener Naturbefangenheit, die Adornos Engführung zwischen Menschengeschichte und Naturgeschichte von früh an begleiten, vgl. seine Abhandlung: *Die Idee der Naturgeschichte*, in: Adorno, Philosophische Frühschriften. Gesammelte Schriften Band 1. Frankfurt/Main 1973, S. 345-366.

[99] Adorno, *Parataxis*, S. 491.

[100] Vgl. Adorno, *Parataxis*, a.a.O., S. 479. Siehe dazu die Exposition eines ,horror vacui' bei Kant, KrV A 100 f., die explizieren soll, was geschähe, wenn das rhapsodisch Mannigfaltige

wie in Heideggers ‚aletheuein', als Wahrheitsgeschehen verstanden zu sein. Wahrheit in diesem emphatischen Sinn ist für Adorno nämlich eins mit der Vorgängigkeit der Sprache vor der - denkenden - Subjektivität. Die Denkerfahrung einer Katachresis des denkenden Selbst in götterloser Zeit, in der Name und Begriff gleichermaßen aneinander zerbrechen, trägt allererst diesen Gedanken. „Indem die Sprache die Fäden zum Subjekt durchschneidet, redet für das Subjekt, das von sich aus - Hölderlin war wohl der erste dessen Kunst das ahnte - nicht mehr reden kann."[101]
Gerade an dieser Stelle seiner Sprachspekulation dürfte Adorno die Nähe zu Heidegger sehr bewusst gewesen sein. Er suchte sie - wohl gerade deshalb - zu konterkarieren - mit dem Hinweis, dass Hölderlins - und Celans - Evokation einer auch jenseits des Subjektes sprechenden Sprache nur polemisch zu verstehen sei, gegen den Gedanken des sich selbst und seine Welt setzenden Fichteschen Subjektes gerichtet. Eine ‚ontologische' Bedeutung sollte ihr dagegen nicht zukommen. Es scheint fraglich, ob diese vermeintliche Konsequenz weit trägt. Wird, wenn, wie wir es hier versuchten, in sprachhafter und nicht kategorialer Betrachtungsweise Seiendes erörtert wird, nicht ganz neu nach Sein und seinen Modalitäten gefragt werden müssen? Ein Indiz auf den blinden Fleck in Adornos ostentativer Scheu vor der ontologischen Frage kann man darin erkennen, dass ihm die folgende Hegelsche Maxime ein geeigneter Schlüssel dafür zu sein scheint, Hölderlin zu verstehen, wonach „von dem ächten Gehalt des Gegenstandes, der den Künstler begeistert, nichts in dem subjektiven Inneren zurückbehalten, sondern alles vollständig und zwar in einer Weise entfaltet werden muss, in welche die allgemeine Seele und Substanz des erwählten Gehaltes ebenso sehr hervorgehoben als die individuelle Gestaltung desselben in sich vollendet abgerundet, und der ganzen Darstellung nach von jener Seele und Substanz durchdrungen erscheint".[102]
Gegenüber diesem Bestehen auf einer vollständigen Selbstentfaltung des Begriffs schuldet es sich gerade der ontologischen Frage danach, wie ‚Sein' geschieht, der nach Lévinas: unvergesslichen Wiedererweckung des ‚Verbalitäts'- und Ereignischarakters von ‚Sein' (‚Ousia'),[103] wenn Heidegger - in den Spuren Nietzsches - einen anderen Begriff des Werkes gewinnt: Ich

---

unverbunden bliebe, ohne die Synthesiskraft des ‚Ich denke'. Dazu und zu den Korrespondenzen dieser Horrorvision mit der Ästhetik des Surrealismus und parataktischen Weltsichten in halluzinatorischen Zuständen, wie sie Adorno an Hölderlin aufweist, sehr anregend: Klaus Heinrich, *Arbeiten mit Ödipus. Begriff der Verdrängung in der Religionswissenschaft*. Dahlemer Vorlesungen Band 3. Basel, Frankfurt/Main 1993, S. 55 ff. und S. 75 ff.
[101] Adorno, *Parataxis*, a.a.O., S. 462.
[102] Ibid., S. 477f. In einem auf die Musik bezogenen ganz ähnlichen hoch dialektischen und durch bestimmte Negationen bewegten Sinnzusammenhang hat Adorno Beethovens *Missa Solemnis* gedeutet. Vgl. Adorno, *Verfremdetes Hauptwerk. Zur Missa Solemnis*, in: ders., Gesammelte Schriften Band 17. Frankfurt/Main 1982, S. 145-163.
[103] Ibid., S. 478.

meine den eminenten Begriff des vergehenden Werkes, als dessen Ausprägung ‚kat'exochen' die Sprache erscheint. In diesem Sinne genommen, sind Darstellung und die Spur der Undarstellbarkeit im Werk ineinander verfugt - oft bis zur Engführung. Sollte von diesem Werkverständnis her nicht der Mikrologie von Hölderlins Dichtung besser Gerechtigkeit widerfahren können?

III. Kommittanten? Von ‚spekulativer Hermeneutik' und Darstellungsmetaphysik

Wohin führten all diese Erwägungen? Das Gespräch zwischen Denken und Dichten zeigte sich im Fokus auf Hölderlin in verschiedenen Gestalten, und die Aussicht ist wahrscheinlich, dass es weiterspielen wird. Gleichwohl erweisen sich die multiversalen Blicke auf Hölderlin keinesfalls als beliebig, konnten sie doch verschiedene Denkweisen zur Kenntlichkeit bringen.

Dies anzuzeigen, war eine Absicht dieses Denkversuches. Im Gegenblick auf Heidegger und Adorno sollte dann der Grund dieser Erwägungen gefunden werden - in einer *Metaphysik der Metaphysik,* die auf den Fluchtpunkt von Denken und Dichten orientiert, selbst bewegtes Denken sein wird.

Dieser eigentlich spekulativen Tätigkeit geht aber ein methodischer Leitfaden voraus, dessen ich mich bislang immer schon stillschweigend bediente und ohne den die Vermittlung zwischen Denken und Dichten kaum zu reflektieren wäre. Offensichtlich kann es gerade nicht darum gehen, im Sinn einer ‚Mixophilosophicoaesthetica' zu suggerieren, dass das Denken Dichten werden, oder dass in Transdiziplinarität das analogische Sprechen dem logischen kompensatorisch zur Seite stehen könnte. Die Einsicht in Notwendigkeit und Möglichkeit einer *Vermittlung* schließt in sich, dass Denken und Dichten in einer Polarität von Nähe und Ferne zueinander gedacht werden, in wechselseitigem Spiegelungs- und Darstellungsverhältnis, das aber Momente der Undarstellbarkeit bewahrt.

Es ist dieses Thema einer je polaren Darstellung des einen im anderen, der Gedanke der Methexis, dem im Folgenden nachzugehen ist: als der Ermöglichungsbedingung jener fragmenthaften spekulativen Hermeneutik.

Ein doppelter Grundton: Das Problem des ‚Ich' und das Problem des ‚Anfangs'

Die Darstellungsmetaphysik, nach der ich hier suche, wird sich - wie die verschiedenen Hölderlin-Deutungen in ihrer Weise zeigen können - nicht damit begnügen dürfen, *Repräsentationen* zu bieten. Ihr eignet gerade die

eminente Kraft, *Präpräsentation* zu sein - Vorentwurf und Entbindung dessen,
was zu denken ansteht, und der Form, in der es gedacht werden könnte. Zwei
grundlegende Fragen - nicht nur - neuzeitlicher Metaphysik schimmerten in
den durchlaufenen Erwägungen immer wieder auf: die Frage nach dem Anfang
- man erinnere sich an Gadamer oder an Berlinger - und die Frage nach dem
denkenden Ich und seinem Sein bei der Welt, man erinnere sich vor allem an
Henrich, an Heidegger oder Adorno.

Beide sind daher kommittierend auch im Darstellungsdenken in den Blick zu
nehmen. Ob ihre Reflexion nur eine seiner notwendigen Bedingungen oder
eine hinreichende Voraussetzung ist, soll hier - im Sinne der Offenheit dieser
ersten Skizze - unentschieden bleiben.

a.) ,Ich'

Beginnen wir bei der Frage nach dem Ich. Gerade der Blick auf die Dichtung
Hölderlins - jener auf die Kunst der Moderne nicht minder - lässt die
Cartesische Idee einer reflexiv zu gewinnenden Ich-Identität als brüchig
erscheinen. Wie Henrichs Anstrengung des Begriffs an der Sache des
,Andenkens' wider Willen zeigt, ist die Fichtesche Urintention eines
vorreflexiven mit sich selbst Vertrautseins nicht weniger fraglich. Nur zu
einem geringen Teil ist die exzentrische Lebensbahn unsrer selbst ins Licht
getaucht, sie ist immer auch umdunkelt, abgeschattet ins Vergessen oder doch
der bewussten Verständigung entzogen.

Wie steht es aber mit Adornos oder des späten Heidegger Reklamationen, dass
das Ich immer schon in einen Sprachstrom einbegriffen sei, bzw. immer schon
bei der Welt sei? Sind sie mehr als ,Konstruktionen der Subjektlosigkeit' (nach
einem Wort von Klaus Heinrich), also ihrerseits Fiktion, da doch die
Architektonik keines Denkens ohne die Verständigung über das denkende
Subjekt auskommt. Zumindest in ihren verräterischen Sinnbildern müssen
auch Heidegger und Adorno auf die Subjektivität zurückkommen: sei es im
Blick auf die Sterblichen, sei es in der Beschwörung der unvertretbaren
Individuation des Namens, der bestimmten Negation?

Im Zusammenhang der Frage nach der Darstellung sollte sich *denken* lassen,
was derart im Status der Intuition bleibt. Wichtige Ansätze dazu finde ich in
Stephan Ottos im Ausgang von Motiven der Renaissancephilosophie
gewonnener Exposition eines Emergenzmodells von Subjektivität. Die Rede
von der Emergenz verdankt sich dem lateinischen Verbum *emergere*:
,scheinen', ,aufscheinen'. Ichheit ist in diesem Sinn jeweils in aktualen
Bewusstseinsvollzügen und im Aufschein von Erinnerungen, sachverhaltlich
gleichsam und im Fluss, nicht statisch, sich selbst verständlich. Vor allem in
kriteriologischer Hinsicht ist dieses Denken des Ich überaus schlüssig. Es hilft
namhaft zu machen, dass die beiden genannten Fiktionen einer starken Ich-
Identität - der reflexive und der vorreflexive - gleichermaßen Erinnerungs-

oder Bewusstseinszustände ‚etwas'-förmig verstehen müssen. Wir ‚haben'
Bewusstsein, wie einen unser Sein nicht tangierenden Gegenstand. Die
Möglichkeit propositionaler Bezugnahme auf derartige Zustände wird
suggeriert, und ebenso ist nahegelegt, dass sie den in sich geschlossenen,
weltlosen und inkomplex einlinigen Kosmos der Ich-Identität nicht tangieren.
Zuletzt sind nicht nur Erinnerung und Bewusstsein auf diese Weise etwas-
förmig gedacht, sondern auch das mit sich selbst identische Ich. Ein
geschlossener Kosmos nötigt geradezu zur Außenansicht - dazu, über seine
einmal konstituierte Ganzheit zu handeln wie über einen Gegenstand. Und es
dürfte deshalb eine gravierende Aporie bedeuten, das unmittelbare
Vertrautsein des Ich mit sich konsequent *je meinig* zu verstehen.

Geht man über diese hohe kriteriologische Plausibilität hinaus, so ist zweierlei
anzumerken: einmal, dass der Gedanke, Ichheit sei als Aufschein aus und in
Erinnerung zu verstehen, im Sinne des skizzierten Präpräsentationsbegriffs
nicht nur in die Vergangenheit gerichtet sein kann. Im Erinnerungsbegriff
faltet sich vielmehr einerseits der weite Fächer von Bewusstheits-,
Assoziations- und Unbewusstheitsvollzügen auf, andererseits ist
mitzubedenken, wie Erinnerung ins Denken kommt. Dies wird so vorzustellen
sein, dass er-innernd eine Wahrheit zur Ansicht gebracht ist, die aufgrund des
Erinnerungsaktes sich von dem Vergangenen und Vergessenen unterscheiden
kann, also keineswegs repetitive ‚Itineration in infinitum' sein muss. Ohne
diese Klärung wäre Er-Innerung wohl kaum, im Anschluss an Hegels
'Phänomenologie des Geistes' , emphatisch als Einholung von Welt „aus
Erfahrung" in die ichhaft konturierte Vernunft zu verstehen.[104]
Zum anderen will ich verdeutlichen, dass ich mich einzig an eine Emergenz-
konzeption halte, in der nicht im letzten ein substantial etwas-förmiges Ich-
Verständnis bewahrt bleibt. Es dokumentierte sich jüngst etwa in der Theorie,
dass im Emergenzgeschehen ‚Inseln der Selbstheit' erzeugt würden, so dass
sich die Subjekttheorie vor die Frage gestellt sieht, „wie denn alle diese Inseln
der Selbstheit zusammenhängen".[105] Im Repräsentations-Ich, das nur im Fluss

---

[104] Solche Ansätze eines ‚Darstellungsdenkens' finde ich je verschieden etwa bei Reinhard Knodt,
Ästhetische Korrespondenzen. Stuttgart 1994, oder bei Gottfried Gabriel, *Logisches und
analogisches Denken. Zum Verhältnis von wissenschaftlicher und ästhetischer Weltauffassung,* in:
Chr. Demmerling und andere (Hgg.), *Vernunft und Lebenspraxis. Philosophische Studien zu einer
rationalen Kultur.* Frankfurt/Main 1995, S. 157 ff.; vgl. auch den Sammelband: Christiane
Schildknecht und Dieter Teichert (Hgg.), *Philosophie in Literatur.* Frankfurt/Main 1996.
[105] Wichtigen Anhalt kann ein figurales, zwischen *Prä-* und *Repräsentation* seinen Ort suchendes
Denken des Problemtitels ‚Darstellung' an der Platonischen Ideenlehre finden. Vgl. *Timaios,* 28a-
29d bzw. 34b10-36d17. Siehe im Hintergrund: Konrad Gaiser, *Platons ungeschriebene Lehre.
Studien zur systematischen und geschichtlichen Begründung der Wissenschaften in der
Platonischen Schule.* Stuttgart (1965), S. 44 ff. und S. 81 ff. Vgl. ferner Giovanni Reale, *Zu einer
neuen Interpretation Platons. Eine Auslegung der Metaphysik der großen Dialoge im Lichte der
‚ungeschriebenen Lehren.* Paderborn und andere 1993, S. 257 ff.

ist, wird diese Problemkonstellation offensichtlich gegenstandslos. Der springende, von Stephan Otto aufgeworfene Punkt besteht darin, dass dem Ich im Fluss des Erinnerungsgeschehens lediglich Modal-Sein zukommt. Es *ist* nur in Übersetzungen aus vergangenen Darstellungen in mögliche Darstellbarkeit.

Es bleibt ein drittes gravierendes Problem, das mit der immensen Sprengkraft eines Erinnerungskonzeptes zusammenhängt, das doch ex-zentrisch ‚Ichfremdes' als notwendige formierende Bedingung des Ich zu verstehen gibt. Von hier her scheint das Darstellungs-Ich schwach verfasst sein zu *müssen*. Wie kann eine Darstellungsmetaphysik dann sicher gehen, dass es nicht ganz überformt werde, dass es überhaupt zur Geltung komme und nicht - sensualistisch - depotenziert werde? Die Frage nach dem modalen Darstellungs-Ich hat die Spekulation auch aus jenem Sogfeld zu retten, in das sie dem späten Heidegger zu entgleiten drohte. Dabei wird das Modalgefälle zwischen *Darstellbar-Sein* und *Dargestellt-Sein* in seinen vielstimmigen Erinnerungsemergenzen als *Vermittlungsgeschehen* zu denken sein, in dem sich ‚Sein' in *ichhaftes* ‚Dasein', Welt in den *ichhaften* Geist vermittelt und umgekehrt, in einem in sich offenen, unabgeschlossenen Vorgang.[106] In ähnlichem Sinne galt die ‚Memoria' in den Geist-Konzeptionen der Renaissance, einer Konstellation, die gegenwärtiger Philosophie sich sowohl diesseits wie jenseits des Cartesischen ‚Ich denke' oder des Fichteschen ‚Ich bin' der ersten ‚Wissenschaftslehre' neu erschließen müsste, als mittelnde Mitte des Geistes. Dabei meint ‚Vermittlung' immer beides: die Pole eines Verhältnisses aller erst auseinanderzureißen *und* das als gänzlich different Erkannte vermittelnd aufeinander zu beziehen. Von Lyotard oder Derrida lernen wir freilich noch mehr: zeigen sie doch, dass der übergreifende Gestus der Vermittlung die Zerrissenheit nicht im Status eines seiner sinnenhaften Drastik depotenzierten Zeichens bewahrt, sondern im Status seiner vollen Konkretion. Dies heißt nicht weniger, als dass auch in Vermittlung und Versöhnung der Widerstreit unauflösbar bleiben kann. Nicht Identität ist am Ende des Vermittlungsganges zu konstatieren, sondern Ähnlichkeit *in* der Verzerrung und Verzerrung *in* der Ähnlichkeit. Es ist deutlich, dass die Darstellungsmetaphysik damit Filiationen eines phänomenbezogenen Intuitus, einer aufs Einzelne gehenden Urteilskraft eröffnet, - der ohne sie nicht sein könnte, oder doch zumindest blind bliebe.

Diese Erwägungen zeigen, dass die Fragen, wie das Ich als Ich ist und wie je mein Ich als mein Ich ist, einer Präpräsentationsmetaphysik keinesfalls verblassen dürfen. Das ‚*als*' ist freilich nicht mehr Identitätszeichen, Indikator eines ‚Ego ipse', sondern Index des die Mitte in der Zerreißung aufsuchenden

---

[106] Vgl. Martin Schwab, *Einzelding und Selbsterzeugung*, in: Manfred Frank und Anselm Haverkamp (Hgg.), *Individualität*. München 1988 (=Poetik und Hermeneutik Band XIII), S. 35 ff., insbesondere S. 63 f.

Vermittlungsgeschehens. Von hier her wird auch dem Personenbegriff, dem Verweis auf jeweilige sachverhaltliche Masken des Selbst, die im Erlebnisstrom konvergierend und divergierend aufscheinen können, in der Umzeichnung aller erst seine Würde zurückgegeben. Ist es doch ein Wesenszug des Verständnisses von Person, dem nicht zuletzt in einer ethischen Linie heutiger Nachdenklichkeit große Bedeutung zukommt, den Unterschied zwischen ‚Etwas' und ‚Jemand' zum Tragen zu bringen.

Fallweise mag auch die Gewissheit unmittelbaren Vertrautseins mit uns selbst im Erlebnisstrom aufleuchten, vorreflexiv und wahrnehmbar etwa in der Grundstimmung hohen Glücks. Zum existenzialhaften Theorem taugen solche eminenten Erfahrungen gleichwohl nicht. Wir mögen wähnen, ‚das Ich' bleibe ein und dasselbe, es verbleibt doch „notwendig (nur) in der Kette von Erinnerungen".

b.) ‚ARCHE'?

Warum aber die Frage nach dem Anfang oder dem Grund? Teil der Darstellungsmetaphysik ist sie zunächst in einer eher vordergründigen Hinsicht, da sie in den Verständigungen über ein eigenes Denken, das an der Zeit sein könnte, im *vis à vis* zu Hölderlins Dichtung immer wieder aufflackerte, contra intentionem gerade dort, wo dies am wenigsten zu erwarten wäre und wo sie am mächtigsten verdrängt werden sollte - in Gadamers Hermeneutik etwa. Es könnte also den Anschein haben, dass gerade in Zeiten, da ein Prinzipiendenken welcher Art auch immer als hinfällig erklärt wird, die Frage nach dem Anfang brennend wird. Wie tiefdringend und in wievielen wechselnden Wahr-Zeichen die Anfangsfrage in Hölderlins Dichtung eingekreist wird, dürfte daran deutlich geworden sein, dass sie vielen unterschiedlichen Spiegelungen in der Deutung offen ist, ja sie zu erfordern scheint.

In sachlicher Hinsicht präsentiert sich die Anfangsfrage in einer doppelten Variation: wie kann, was Anfang *und* nicht denkbare Grenze des Gedankens ist, seinerseits in einen zu denkenden Anfang zurückgeführt werden? Und wie kann dieser Grund seinerseits eine Grundgebung erfahren? Gerade von hier her wird ein Denken in Zeichen nachgerade zwingend. Weisen doch die skizzierten fragmenthaften Profile einer hermeneutischen Dialektik darauf hin, dass das Wahre an ihm selbst nur labyrinthisch umgangen, dass es nur hinter den Gittern wechselnder Weg-Zeichen zu Gesicht gebracht werden kann. Wie wiederum Stephan Otto dargetan hat, ist ein strukturell ähnlich gelagertes, im einzelnen anders entfaltetes Anfangs-Problem bereits bei Vico zu bemerken. Unerreichbar - sogar unvordenklich - ist ihm der Anfang in zweierlei Hinsicht:

sowohl als das ‚exacte verum' Gottes wie in geschichtlicher Perspektive die Spur des Wahren in den Anfängen der Humanität. Aus dem so konturierten Anfangsproblem ergibt sich für ein Denken in Darstellungsverhältnissen nichts anderes, als dass das Unvordenkliche im Lichte von Präpräsentationen aller erst zu denken ist, dass die Dargestelltheit, etwa in Phänomenen der Kunst, dem Denken dazu verhelfen kann, selbst darstellbar zu werden. In umgekehrter Betrachtungsrichtung heißt dies nichts anderes, als dass die Entzifferungen des hieroglyphischen Zeichensinns in der Orientierung auf das Unvordenkliche zu verstehen bleiben. In diesem Sinn ist das Zeichen-Denken, in Analogie zu der Grundstruktur des Verhältnisses von Denken und Dichten, deutbar als transzendentalphilosophisches Unterfangen der Rückgründung in den grundlosen Anfang, als eine fungible und operieren könnende Gestalt von Transzendentalphilosophie. Gedoppeltes Anfangs-Problem und Zeichendenken interpretieren einander gegenseitig. Die Zeichen sind dabei als werdende Wahr-Zeichen zu verstehen, Zeichenverstehen erweist sich als metaphysischer Verständigungsmodus, unabschließbar und offen zwar, doch keinswegs beliebiges Symbolspiel - und erst recht nicht bloße linguistische Semiotik. Vor allem ist in diesem Problemzusammenhang Gewicht darauf zu legen, dass die Sinnlichkeit des Bildes im Zeichen gerettet wird und dass sie zugleich auf einen Begriff gesprochener Sprache hin transparent ist, ein Konnex, wie er bei Humboldt als Einheit von Laut und Idee entfaltet worden ist und wie er im Atem großer hermetischer Dichtung zur Darstellung kommt.[107]

Es ergibt sich also ein weiteres gegenseitiges Interpretations, genauer gesagt Regulierungs- und Korrekturverhältnis. Es betrifft die hier in Rede stehende Konstellation zwischen Darstellungs- qua Zeichenmetaphysik und ‚spekulativer Hermeneutik'. Erinnert diese an die notwendige sprachhafte Ausweitung unseres Verständnisses von Darstellungssein, so lässt sich die Darstellungsmetaphysik als kriteriologisches ‚Caveat' gegenüber der Annahme sprachlicher Unmittelbarkeit und ‚Positivität', gegen das bumeranghaft wiederkehrende hermeneutische ‚immer schon' verstehen. Eine Zeichenmetaphysik ist nämlich eo ipso keine Metaphysik der Präsenz, sondern der Brechung, in der sich Anwesenheit und Abwesenheit zugleich anzeigen und in der vor allem manifest wird, dass Wahrheit - respektive Sein - Grenzbegriffe sind. Insofern geht die Zeichenhaftigkeit aller - vielleicht bildhaften - Gegenwart, die in ihr aufleuchten mag, voraus.[108]

---

[107] Vgl. Stephan Otto, *Sprachzeichen, geometrische Zeichen, Metaphysik. Vicos neue Wissenschaft des Anfänglichen*, in: Jürgen Trabant (Hg.), *Vico und die Zeichen. Vico e i segni.* Tübingen 1995, S. 3-17, insbesondere S. 12 f.

[108] Vgl. dazu die einschlägigen Passagen in Hegels *Enzyklopädie* §§ 450 ff. Ein signifikantes Indiz für diese Bildvergessenheit gegenwärtiger Philosophie ist es, dass in Josef Simon, *Philosophie des Zeichens.* Berlin New York 1989 die Bild-Problematik nicht einmal am Rande behandelt wird, vgl. u.a. den Index.Siehe im Hintergrund als ein gelungenes Zeugnis des Denkens vom Bilde her:

Neues Gesicht einer alt gewordenen Frage:
Wo endet und wo beginnt Metaphysik?

Damit nähere ich mich dem Ende dieser fragmentarischen Erwägungen und
werfe eine letzte Frage auf, die gerade unthematisiert in Anspruch genommen
wurde. Es ist die Frage, in welchem Sinn das nur grob umrissene
Darstellungsdenken *Metaphysik* sein, und wie sein Verhältnis zu der ins Auge
genommenen ‚spekulativen Hermeneutik' näher bestimmt werden soll.
‚*Metaphysik*' ist es offensichtlich einerseits, da ihm tiefreichende ontisch
ontologische Implikationen eigen sind - etwa die Transformation des
substanzhaften Seins in ein Modalsein oder die fundamentale Umzeichnung
der Hegelschen 'Wesenslogik' von Identitätsrelationen auf Spiegelungs- und
Ähnlichkeitsverhältnisse. Metaphysik ist es aber auch, da es auf einen
Grenzbegriff des Absoluten hin organisiert ist, einen Abschlussgedanken, der
eo ipso in den metaphysischen Bahnen des Darstellungsseins nicht
ausdrücklich vorkommen kann, sich also als schlechterdings undarstellbar von
ihnen *absolviert* hat. Und Metaphysik heißt es weiter mit Recht und kaum
weniger offensichtlich, da es in seiner Weise Wissenschaft von der Metaphysik
ist, im Sinn der bedeutungshaften Leere von Modalbegriffen geradezu dafür
prädestiniert, Hypostasen aufzudecken, in denen sich die Naturanlage des
Menschengeistes zu letzten Fragen und allerletzten Antworten verfängt.
Probierstein dafür, dass im Darstellungsdenken eine ‚Verwandlung der
Metaphysik', Transformation und Rettung zugleich, vonstatten gehen kann, ist
allerdings, und dies versteht sich wohl keineswegs von selbst, dass
metaphysisches Denken eo ipso auf die Durchmessung des modalen Gefälles
zwischen Dargestelltsein und Darstellbarsein hin orientiert wird. Dies
bedeutet, dass schlechterdings Undarstellbares - aber doch vielleicht
Denkbares - wie das Motiv eines *unvordenklichen Grundes* im Darstellungsdenken nur insofern zur Sprache kommt, als es in den Vermittlungs-
zusammenhang des Übersetzungs- und Spiegelungsgeschehens von
Darstellungsgehalten gebracht ist. In diesem Sinn - und nicht darüber
hinausgehend - ist es *sich selbst erschlossener Teil* des Darstellungsdenkens.
Diese tektonische Grundstruktur korrigiert das Zeichendenken von Charles S.
Peirce und mit ihm Typen von Semiotik, in denen ein Absolutes als Maß für
den unendlichen Vorgang der Zeichenwerdung zwar implizit angenommen,

---

Stephan Otto, *Das Auge und der Raum. Max Beckmanns gemalte Metaphysik.* Vortragsmanuskript
aus dem Februar 1994 in München. Zum Darstellungsproblem bei Hegel vgl. auch: Paul de Man,
Die Ideologie des Ästhetischen. Herausgegeben von Christoph Menke. Frankfurt/Main, 1993.

aber als „ein dunkles Etwas, das nicht spezifiziert werden kann" ausgewiesen
ist.[109]
Anders gewendet, bleibt zu erkennen, dass sich diesem Darstellungsdenken
manche Grundfiguren älterer und neuer spekulativer Überlieferung entziehen:
Heideggers Lethe- Grund des Wahrseins ebenso wie Schellings ‚Unvordenk-
liches'. Darstellungsmetaphysisch betrachtet kann zwar die Denkbarkeit selbst
des ‚Nichts' vorausgesetzt werden, die in metaphysischen Über-
lieferungsbahnen verschüttete Einsicht, dass es zu einer präpräsentierenden
Darstellung kommen müsse, gilt es hingegen wiederzugewinnen. Es ist
offensichtlich, dass eben hier die eminente systematische Verfugungsstelle
zwischen spekulativer Hermeneutik und Darstellungsmetaphysik liegt. Jene
greift weiter aus als diese, sie fragt ins Offene des grenzbegrifflichen und
entzogenen Wahren. Die Darstellungsmetaphysik wird sie begleiten, diese
Begleitung reicht aber nur bis zu dem eigentlichen Anfang der
hermeneutischen Spekulation. Freilich behält auch die umgekehrte
Verflechtung ihr Recht. Der Anfang, auf dessen Suche sich die spekulative
Hermeneutik begibt, bedarf seinerseits der Rück-Gründung in eine
darzustellende Anfänglichkeit. Beide Denkarten - spekulative Hermeneutik
und Darstellungsmetaphysik - verhalten sich nicht wie Prolegomena und Text
zueinander, sie geben einander vielmehr wechselseitig Grund, sie gehen
implizite mit einander mit, obgleich und weil ihre jeweilige Reichweite ganz
verschieden ist. Wir könnten im Sinn des zurückliegenden Gedankenganges
sagen, sie seien palimpsestartig ineinander gefügt. Und wir könnten ergänzen,
dass so aller erst denkbar wird, was Heidegger in 'Vom Wesen des Grundes'
als Doppelung von freier Transzendenz, der freien Erschwingung des Grundes
und Reszendenz, Rückgefügtheit in den Schacht des raum-zeitlichen, also
endlichen Seienden versteht, oder was er in den 'Beiträge[n]' als das Zugleich-
sein zwischen dem Rückgang in die labyrinthischen Bahnen der Seinsgeschichte und dem Sprung ins nie Gedachte exponiert.[110]
Die provokative Crux ist allerdings, dass beide Denkbahnen auch insofern
aufeinander bezogen sind, als sie beide Metaphysik sind: in je verschiedener
Reichweite sind sie zunächst ‚Metaphysik der Metaphysik', Kritik und
zugleich offene Grundgebung metaphysischen Denkens, wobei die spekulative
Hermeneutik überdies - aus einer Einsicht in den Schmerz, den der Gang *meta
ta physika'* leicht dem je Nahen zufügt, heraus - *Transzendentalphilosophie* in
jenem Sinn sein möchte, den dies Wort unter dem Zeichen des Zoroaster beim

---

[109] Dies bemerkt treffend Jürgen Trabant, *Memoria - fantasia - ingegno*, in: ders., *Neue
Wissenschaft von alten Zeichen: Vicos Sematologie*. Frankfurt/Main 1994, S. 167-194,
insbesondere S. 190.
[110] Hierauf weist sehr treffend Stephan Otto, *Sprachzeichen, geometrische Zeichen, Metaphysik*,
a.a.O., S. 11 f. hin - gegenüber Fellmann, *Vico auf dem Weg zur kritischen Vernunft*, in: *Verum et
factum* ,a.a.O., S. 197 ff.

alten Kant und den es beim jungen Friedrich Schlegel annahm: „die
Philosophie im Ganzen ihres Inbegriffs unter einem - vielfach gespiegelten -
Prinzip zusammengefasst".
Das Verhältnis klärt sich hier weiter. Zwar geben beide Dimensionen einander
gegenseitig Grund. Zwar wird das Transzendentalitätsverhältnis reziprok und
konvertierbar. Es ist aber mitnichten symmetrisch. In diesem Sinne könnte
vielleicht mit Schelling - die Darstellungsmetaphysik auch als ‚negative
Philosophie', die spekulative Hermeneutik als ‚positive Philosophie'
verstanden werden, wobei der Begriff der ‚Positivität' sich hier als noch
irreführender erweist als im Blickkreis Schellings.[111] Genauer wäre von der
eigentlich freien Philosophie *in einem Doppelsinn* zu sprechen: Als von jener
Philosophie, die ins Offene des noch nicht Gedachten führt, und als von jener,
die wir auch lassen können, die wir vielleicht lassen sollen, während das
Denken sich ohne Schaden der Reflexionen der Darstellungsmetaphysik nicht
entschlagen wird. Bleiben wir ganz zum Ende gleichwohl im Bannkreis der
dünneren und der dissonanteren Schwingungen der spekulativen Hermeneutik
und deuten wir an, was dieses Denken nur - allenfalls - wird sein können. Kein
Denken absoluter Präsenz, sondern spurenlesende Verständigung im
Endlichen: „Es bleibet aber eine Spur/Doch eines Wortes; die ein Mann
erhaschet. Der Ort aber//Die Wüste."

---

[111] Vgl. etwa Heidegger GA III 65, S.4 ff. Das in diesem Diskussionszusammenhang viel
gebrauchte Wort Kants von der „Wissenschaft der Metaphysik" oder der „Metaphysik der
Metaphysik" stammt aus dem abgebrochenen berühmten Brief an Markus Herz aus dem Jahre
1781, in: Briefe von und an Kant, herausgegeben von Ernst Cassirer. Erster Teil Berlin 1918, S.
197 ff. Vgl. dazu Heidegger GA I 3 *Kant und das Problem der Metaphysik*.Frankfurt/Main 1991.

2. Späte Zeugnisse. Versuche der Vergewisserung - Einige Überlegungen anlässlich neuerer Celan-Literatur

I

Die Celan-Biographik ist vor besondere Aporien gestellt: einerseits hat sie Data und Fakta freizulegen, die in Celans Dichtung nach seinem Selbstzeugnis in der ‚Meridian'-Rede eingebrannt sind, andrerseits ist sie vor allem durch Celan selbst allein auf die Texte zurückverwiesen. In einem Essay hat Peter Horst Neumann schon vor Jahren darauf hingewiesen, dass die Frage, wieviel wir wissen müssen, um Celan zu verstehen, sehr ambivalent zu beantworten ist. John Felstiner hat sich dem Dilemma gestellt, indem er auf die Suche nach Lebensspuren in der Dichtung Celans gegangen ist. Überraschend daran ist, dass die Biographie mittels dieses Verfahrens wiederum zu einem Geflecht von Texturen gerinnt. Die vielmonatigen quälenden Aufenthalte in psychiatrischen Kliniken seit Mitte der Sechziger Jahre verdichten sich etwa in Celans Notiz vom 8. Dezember 1965: „Es ist noch ganz hell in meinem Kopf: Kämen Menschen, ich könnte fast neu beginnen". Und wenig später wird wie ein Widerlager hinzugefügt: „Komme Tod, komm' heut!" Als ein anderes Mittel der Fährtensuche, das einigen Aufschluss verspricht, erweist sich die Registrierung von Celans Bucherwerbungen, Lektüren und Einträgen. Auf dem Deckblatt des zerlesenen Exemplars von Kafkas 'Erzählungen' vermerkt Celan in hebräischer Schrift das *Schema Israel*.

Immer wieder scheint es so, als wisse der Judaist Felstiner, dass sich die mündliche Annäherung an Celan verbiete, da er in einer untergegangenen Welt lebte, so dass dem, der sein Leben zu studieren versucht, paradoxerweise gerade dessen Lebendigkeit nicht vermittelt werden kann. Es bleibt der Buchstabe, die Verpflichtung der Gelehrsamkeit jüdischer Schriftreligion auf die genaue und findige Entzifferung heiliger Texte, in der Hoffnung, dass sich zwischen den Zeilen - wie in einer Interlinearübersetzung - das gesprochene Wort wieder einstelle. Felstiner und mit ihm der Leser bewegt sich aber immer schon im 'Atemkristall', in einem Zusammenhang, in dem es die Worte verschlägt.

In den ersten Rezensionen der Biographie wurde - mit fraglichem Recht - angemerkt, dass Felstiner allein oder doch allzu dominierend das Jüdische an Celan zur Ansicht bringe, und dass dies eine unglückliche Engführung bedeute. Die Engführung hat indes Methode. Es soll in der Tat die eine Wunde Celanschen Lebens freigelegt werden, manches andere scheint dagegen leichter zu wiegen. Bereits in den Kapitelüberschriften lässt Felstiner keinen Zweifel daran, wo er den Leitakzent setzt: „Mit den Engeln ringen", „Ins Hebräische kreuzen", „Jerusalem zu nennen". So lässt auch die Sorgfalt des

Biographen nach, wenn er etwa auf die Bedeutung der Denker für den Dichter zu sprechen kommt: auf Adorno und Heidegger. Heideggers Rektoratsrede datiert der sonst Akribische fälschlich auf 1935, und dass Celan bei dem bewunderten Denker von Todtnauberg ein Wort suchte, und stumpfes, unberedtes Schweigen fand, dies hat Felstiners Freund George Steiner schon vor Jahren ungleich plastischer gezeigt. Von den spannungsreichen Begegnungen und Verfehlungen mit Adorno, dem vermeintlichen Juden Groß aus dem 'Gespräch im Gebirg', erfahren wir nur in feuilletonistischen Arrangements, nicht in Tiefenlotungen von beider Herkunft. Adornos Eingeständnis, dass Celans Gedicht sein Wort, „nach Auschwitz ließe kein Gedicht mehr sich schreiben" widerlegt habe, kam spät.

Solche Einwände zugestanden, muss Felstiners jüdische ‚Engführung' keinen Mangel bedeuten, denn er bringt die jüdische Stimme nicht als Meinung unter Meinungen, als Versicherung eines letzten Textsinnes, die sich gegenüber anderen Versicherungen zu behaupten hätte, ins Gespräch. Felstiner versucht nie, recht zu behalten. Jüdische Motive gewinnen vielmehr fragend Gestalt - auf der Suche nach einer Besiegelung. Die Zeile aus dem Gedicht „Die Winzer": „indes/der Himmel hinabsteigt ins wächserne Meer" deutet Felstiner etwa hypothetisch erwägend: „ist das Katastrophe à la Ikarus oder Theophanie Gottes in der Welt oder schlicht Sonnenuntergang? Oder ist es die Hawdalah-Feier, die den jüdischen Sabbath beschließt und bei der, als Symbol des Überflusses, eine Kerze in Wein gelöscht wird" (S. 127). Deshalb gelingt, was man vor diesem Versuch und nach Jahrzehnten der Celan-Deutung kaum für möglich gehalten hätte: die jüdische ‚Engführung' lässt die Artistik, lässt Sprachwitz und -lust, lässt das Spiel der Dichtung, das allen fixierbaren Sinn verflüchtigt, nicht außer acht, mitunter schärft sie die Aufmerksamkeit. Denn Felstiner, der Schriftgelehrte, kann Nuancen der Dichtung heraus*hören*. Fast hat es den Anschein von Nietzsches These über die frühgriechische Dichtung, die von den modernen amusischen Lesern nur verfehlt werden könne, da ihre Melodie und Rhythmik vergessen ist. Das Wort der Zwetajewa „vse poety shidy": „Alle Dichter sind Juden", transponiert er wieder auf den Ursinn zurück, den Celan kannte, wenn er es anzitierte, den seine Interpreten aber vergaßen, die ihm den erhabenen Ton der Wochen der Brüderlichkeit beilegten, ohne den es der Nachgeborene kaum noch lesen kann. Celan dürfte sich die Zwetajewa-Sentenz mit dem „‚s' ist nur ein Jud", Variante zu der ihn lebenslang begleitenden Kafka-Erzählung 'Ein Landarzt', übersetzt haben (S. 359). „Alle Dichter sind Juden" war fremde Rede, „ein Epitheton aus der Zarenzeit" - abschätzig gemeint, von Zwetajewa wie von Celan nicht ohne Ironie gebraucht. So verstanden, bestätigt es sich vielfach an der Komödie von Celans Wandel unter den Deutschen, die so traurig ist, dass sie - mit einer Sentenz von Chesterton - nur Lachen hervorrufen kann.

Das Spiel begann mit Celans Niendorfer Lesung vor der Gruppe 47 im Frühsommer 1952, als die Argumente erstmals erprobt wurden, die die bundesdeutsche Kritikerelite von Holthusen bis Baumgart in den folgenden Jahrzehnten vorwiegennd beschäftigen sollte und die Celan selbst als zweite Tortur, als tiefe Verletzung, begriff. Die bei Felstiner abgedruckten Briefzeugnisse lassen die Erschütterung unmittelbar erkennen. Aus den Nachlassgedichten lässt sich das Echo beklemmend vernehmen: „Mutter, Mutter.../ Vor die Messer / schreiben sie dich, / kulturflott, linksnibelungisch, mit / dem Filz- / schreiber, auf Teakholztischen..." Der heute auch im Detail trefflich dokumentierte Plagiatsvorwurf der Claire Goll[1] fügte sich für Celan in diesen Zusammenhang, auch wenn er sich aus anderen trüberen Quellen speiste. So tief die Verwundung reichte, er selbst antwortete nicht öffentlich.

In Niendorf war von der Ästhetisierung des Unsagbaren, von seherhafter Artikulation die Rede - und davon, dass Celan zu wenig ‚écrivain engagé' sei. Dies Missverstehen begann kaum glaublich, als ihm - nach einer Erinnerung von Hermann Lenz - 1952 ein Zuhörer erklärte: „Und dann haben Sie auch im Tonfall von Goebbels vorgetragen!" - und es endete damit, dass die Hörer der letzten Lesung im März 1970 vor der Hölderlin-Gesellschaft in Stuttgart, „geeichte Philologen" (Hans Mayer), sich gegen Celans Wort sperrten. Was ist dazu zu sagen, ebenso wie zu den vielen wohlmeinenden Versuchen der Celan-Vermittlung, die Felstiner Revue passieren lässt? 1960 schon riet ein Deutschdidaktiker, in die Bauart der 'Todesfuge' einzuführen, indem man eine Fuge im Hintergrund vorspiele, ein plattes Verfahren, dessen sich bekannte Rezitatoren noch heute bedienen. Muss sich der Leser gegen Felstiners harsche Urteile über solche Verfahrensweisen zu immunisieren suchen, wie jüngst Rolf Michaelis (Die ZEIT 16. 5. 1997, S. 48)? Oder ist die Schärfe der Urteile dieses philologischen Biographen nicht heilsam, um den Todesfugen-Text wieder neu zu lesen, in dem Wissen, dass Fuge immer auch ‚fuga' - Flucht - meint? Felstiner selbst legt einen behutsamen Ansatz zu einer solchen Lektüre vor.

Das Siegel auf das jüdische Grund- und Leitmotiv findet Felstiner in der vielleicht letzten Zeile, die Celan schrieb: „am Sabbath", anachronistisch mit ‚h' notiert, zugleich eine Reminiszenz an die tradierte hebräische Aussprache und später bei der Drucklegung getilgt (ibid., S. 361f). Sie beendet ein Gedicht vom Lesen, Erinnerung an das Winzer-Gedicht, und zugleich Relektüre des eigenen Lebens im Zusammenhang mit dem Jerusalem-Aufenthalt im Oktober 1969. Obgleich Felstiner geneigt gewesen sein mag, dieses Widerfahrnis als Rückkehr zu verstehen, seine akribische Erörterung zeigt doch zugleich, dass Celans Wort: „Dass Jerusalem eine Wende, eine Zäsur sein würde in meinem Leben - das wußte ich" (S. 344) nur gebrochen und durch Traumata hindurch

---

[1] J. Felstiner, *Paul Celan. Eine Biographie*. Deutsch von Holger Fliessbach. München 1997.

Wirklichkeit werden konnte. In Jerusalem ging ihm die Vieldeutigkeit seines
exilierten Lebens auf. Nun fühlte er sich Paris nicht mehr gewachsen, tendierte
zurück in das Unheimische. Freiburg und die Begegnung mit Heidegger
besiegelten die Exilierungserfahrung. Die „POSAUNENSTELLE/tief im
glühenden Leertext" - gemeint ist damit selbstredend Jerusalem - ließ die
Fremdheit unter den Deutschen klarer sehen. Möglicher Lebensort, so wie
seinem wohl kongenialsten zeitgenössischen Exegeten Peter Szondi, war ihm
Jerusalem nicht, auch wenn es in hohen Stunden zuweilen so scheinen konnte.
Da er wusste, dass in der Heiligen Stadt die deutsche Sprachwelt versiegen
müsste, war Celans Problem niemals das von Szondi, in Jerusalem nicht
bleiben zu können, weil er dort zuhause gewesen wäre. Vor solchen
Hintergründen schreibt er das Gedicht: „ICH TRINK WEIN aus zwei Gläsern /
und zackere an der Königszäsur / wie Jener / am Pindar". Die „zwei Gläser"
riefen schon manche allegorische Deutung hervor, so dass der spurensuchende
Biograph resümieren kann: „Bei Celan ist fast alles möglich, aber vielleicht hat
er wirklich aus zwei Gläsern getrunken, als er schrieb, und er arbeitete
wirklich an zwei Gedichten" (S. 351) - eines dem KÖNIGSWEG nach
Jerusalem gewidmet, ein anderes, das zeigt, dass dieser Weg eine Bruchlinie
für den heillos Kranken ist, wie Heidegger wenig früher im Blick auf Celan
diagnostizierte. Jener, der - nach einem bösen Wort aus dem Jahr 1805,
überliefert bei Wilhelm Michels und von Celan in seinem Exemplar von
dessen Biographie angestrichen - am Pindar „zackert", Hölderlin, wird ihm
zum fernen Pendant. Die 'Königszäsur' bringt Celan in einem Brief an die
Jerusalemer Freundin Ilana mit Hölderlins Ja-Nein-Gestammel und dem
„Pallaksch" aus der Zeit der Umnachtung zusammen. Er selbst, der
zunehmend ‚nach Osten zu sprechen' suchte, nahm seinen eigenen Wohnsitz
doch ganz im Westen und wusste sich, wie Briefäußerungen zeigen, ungleich
zerrissener als sein ferner Vorfahr Heinrich Heine, ein anderer Emigrant in
Paris.

II

Der tote, nur konsonantisch verschriftlichte hebräische Textkörper kann durch
Vokalisierungszeichen an die gesprochene Sprache angenähert werden, was
bekanntlich durch die Textkritik der Massoreten dem alttestamentlichen Text
größere Eindeutigkeit gab. Versuche einer Vokalisierung des Dunklen,
Vieldeutigen und darum kaum Deutbaren, finden sich auch bei Felstiner.
Celans ‚Meridian'-Rede von 1960 durchsetzt er mit Vokalisationszeichen und
gibt ihr damit erstmals ihren Atem zurück. Felstiner gräbt in dem über 300
Seiten umfassenden Notizenkonvolut zu der Rede, durch dessen Anhäufung
sich Celan auf den Anlass, den er als Prüfung und Heimsuchung verstand,

vorzubereiten suchte. Zuweilen bedarf es nur eines Akzents, damit der Text klar aufklingt, so wenn Felstiner daran erinnert, dass Celan bei dem Satz, dass Gedichte „Wege (seien), auf denen die Sprache stimmhaft wird", an die französische Homonymie von ‚voie' (Weg) und ‚voix' (Stimme) gedacht haben mag. Stärkere Intonationszeichen sind dagegen gefordert, wenn die Häufung der Auslassungszeichen, des ‚vielleicht' und der Anrede ‚meine Damen und Herren', die gegen Ende der Rede immer mehr zunimmt, ‚hörend' gelesen werden sollen. Als Zentralperspektive in dem dichten Geflecht aus sprechenden Zitaten legt Felstiner das Motiv der ‚Atemwende' frei. Es scheint so, als signalisiere es einen Weg ins Offene; wie es aufgrund der vielfachen Anreden auch den Anschein haben könnte, als lasse Celan seine Hörer an einer allmählichen Verfertigung der Gedanken beim Reden teilhaben. Doch die Mündlichkeit ist, wie Felstiners tiefdringende Interpretation eindrücklich namhaft macht, immer schon Schrift geworden. In dem Maß, in dem er sich als Redner preiszugeben scheint, nimmt er sich in die Petrifizierungen des eigenen Textes zurück. Damit ist aber auch die Anrede mehrdeutig. Gewiss: „Diese ehrende Floskel hält den Redner im Zwiegespräch mit seinen Zuhörern" (S. 220). Ähnlich suchte Celan die Zwiesprache auch, wenn er seine Gedichte las und den Text im Sprachatem variierte. Doch die Anrede „stellt [...] auch deren Ehre in Frage [...] und - wer weiß? - sie evoziert vielleicht sogar die Höflichkeit der SS"; Spuren werden damit gelegt, denen man keineswegs umstandslos wird folgen können. Sie bieten nicht die einleuchtendste historische Lesart. Dennoch zeichnen sie Perspektiven vor, mit denen man bei Celan zu rechnen hat und die die Wahrnehmung bereichern. Daneben finden sich Sätze, die dem Kenner einer hermeneutischen Ästhetik bekannt, allzu bekannt vorkommen: „Durch seine Fremdheit bricht ein Gedicht neue Wirklichkeit auf. Gebildet nach dem Muster von ‚Sonnenwende', plädiert Celans ‘Atemwende' für eine [...] Revolution des Geistes in sich und in uns" (ibid., S. 220). Am Celanschen 'PSALM' macht Felstiner indes im nächsten Atemzug deutlich, wie sich dies phänomenal differenziert. Die rituellen Formen, an die das ‚PSALM'-Gedicht anklingt, Segen, Doxologie, Gebet, „werden konterkariert von Atemwenden, von Abgründen" (S. 221), die sich unter ihnen auftun. Gerade in der ‘Atemwende' versiegen also die vertrauten Worte - in die tote Schrift.

Es ist nicht verwunderlich, dass sich Felstiner auch auf die umgekehrte Kunst der Entvokalisation, die Rückführung des Textes in sein Geheimnis, als die zu dem gerade erwogenen Verfahren umgekehrte Verfahrungsweise versteht. Wuchernde Erinnerungen, Spekulationen, Vermutungen wendet er harsch auf Texte zurück, in denen mehr verschwiegen als preisgegeben ist. So verhält es sich mit den ‚poetischen Korrespondenzen' zu Ingeborg Bachmann. Kein mutmaßendes Wort über die Wiener Jahre um 1948 bei Felstiner, stattdessen der lakonische Verweis: „Celans Wiener Gedichte wenden sich zumeist an

Ingeborg Bachmann, wie wir an ihrem Roman 'Malina' (1971) sehen" (S.87). Es bleibt nichts, als dem Märchen von der Prinzessin von Kagran und dem Fremden nachzudenken, der Verschränkung des Rätseltextes mit Celan-Zeilen, unter anderem aus 'Corona'. Ähnlich verfährt Felstiner, wenn er eine andere Urszene, die Deportation von Vater und Mutter und der hoch begabten Cousine Selma Meerbaum-Eisinger, rekonstruiert. Hier bleibt der Leser auf die nüchterne Aufgrabung historisch gesicherter Fakten, seit dem Einmarsch des SS-Einsatzkommandos 10B in Czernowitz am 5. und 6. Juli 1941, verwiesen, und auf einander teils widersprechende Zeugnisse, die Felstiner in doppelt indirekter Rede wiedergibt.

Der unvokalisierte Text ist vernichtet, so wie jene, von denen er spricht. Nur einige Fetzen haben sich erhalten. Zwischen ihren Dissonanzen zu harmonisieren, steht den Nachgeborenen nicht zu, jede Einfühlung verbietet sich. Deshalb wird der Bericht über die traumatisch wiederholte Erzählung Celans, er habe die Hand seines Vaters durch den Stacheldraht gefasst gehalten, ein Wächter habe ihn gesehen und ihn in die Hand gebissen - und er habe losgelassen, unkommentiert wiedergegeben, so wie sie einer, der den Bericht mündlich vernahm, zu Protokoll gab. Celan hat dergleichen nie aufgeschrieben.

Die Urszenen der Deportation versagen sich, dies macht Felstiner klar, jeder Innenansicht, in dem Sinn, in dem Celan den Gedanken des alten Mentors und Freundes Erich Kahler zurückwies, dass Deutsche und Juden untereinander „eine wechselseitige Durchdringung von Wesen und Schicksal" erproben könnten, um aneinander Klarheit zu finden.

Sollte man ein Fazit ziehen, so wird man urteilen, dass Felstiners Biographie in vielen Zügen überholbar ist - und überholt werden wird. Ja, zum Teil ist sie es durch die wachsende Flut neu erscheinender Celan-Literatur bereits: Dies kann ihr indes im Kern nichts anhaben. Denn sie ruht auch in ihren Leerstellen in Takt und Spürsinn der eigenen Methode. Gewiss, Felstiners Biographie gibt *eine* Durchsicht auf Celan frei, die jüdische. Es wird daher eine wichtige Frage für die Zukunft sein, ob es neben dieser Lesart die anderen Perspektiven tatsächlich in Gleichberechtigung geben kann: die Wucht von Felstiners Text mag es fürs erste unwahrscheinlich machen, ausschließen sollte man es aber keinesfalls.

III

Eine eindrucksvolle Marbacher Ausstellung dokumentiert, was auch Felstiners Überlegungen durchzieht: dass Celan nicht verstanden werden kann, wenn er nicht auch als Übersetzer begriffen wird.

Es ist nicht allein die Zerspannung zwischen der Wahrnehmung des Deutschen als ‚Mutter- und Mördersprache' (Theo Buck), der Riss zwischen Judesein und Zugehörigkeit zum deutschen Sprachraum in Celans Poetik, die das Übersetzungsproblem so akut werden lässt. Was sollte es noch zu übersetzen geben, wenn Hans Werner Richter bei Celans erster Lesung anmerkte, er habe „in einem Singsang vorgelesen wie in einer Synagoge" (S. 98)? Seine Übersetzungen machen aber auf die Reichweite von Celans Sprachwelten aufmerksam, die von Picasso über Valéry bis zu Dickinson und Robert Frost reichten. Seine Übertragungen sollten nicht einfach als Ausdruck eines Kosmopolitismus, sondern der Emigration ohne die Möglichkeit zur Heimkehr gelesen werden. Hier kann man sich daran erinnern, dass Celan einmal zu Yves Bonnefoy sagte: „Sie sind zu Hause in Ihrer Sprache, in Ihren Bezugspunkten, unter Büchern und Werken, die Sie lieben. Ich dagegen stehe draußen". Dazu kommt, wie ein Satyrspiel zur Tragödie, dass Celan selbst selten glücklich übersetzt wurde: die 'Todesfüge' - Übertragung im „Commentary" 1955 steht am Anfang, am Ende steht jener französische Nachruf, der vermerkt, Celan sei hierzulande weitgehend unbekannt.

Gegenüber Jessenin, Blok und - vor allem - Mandelstam sah sich Celan im Sinn einer Bemerkung in seiner Bremer Rede als Empfänger einer Flaschenpost, die „irgendwo und irgendwann an Land gespült werden [kann], an Herzland vielleicht". Deshalb waren ihm die Mandelstam-Übertragungen nicht weniger wichtig wie die eigenen Gedichte. Er meint nicht, selbst mit dem anderen Dichter eins werden könnte. Er eignet ihn sich aber so sehr an, dass er den fremden Text durch den eigenen zu beglaubigen sucht, etwa wenn das Bild der eigenen Mutter - im Präsens - in das Epitaph auf die Mutter, das in Mandelstams Text im Präteritum gehalten ist, eingezeichnet wird. Mandelstam und Jessenin waren für eine derartige Aneignung in besonderem Maß prädestiniert: Jessenin hatte der junge Celan schon zu übertragen versucht, als die deutschen Truppen nach Czernowitz eindrangen. Mandelstam hatte sich selbst - bezeichnenderweise nach einem absurden Plagiatsvorwurf - „den stolzen Titel des Juden" gewählt, und sein Name wurde für Celan von Anfang her ein Symbolon der eigenen Existenz, als Stamm der Mandel, der Bitternis.

Die Marbacher Ausstellung gab solchen Korrespondenzen Farbe. Der Katalog, der sie dokumentiert, zeigt in einer großen Anzahl von mitunter bewegenden, mitunter amüsanten Dokumenten, das ganze Spektrum des Übersetzers Celan, eine Fülle der Sprachsphären, bis hin zu Kuriosa, wie der Übertragung zweier Maigret-Romane Simenons. All diese Facetten eines beträchtlichen Arbeitspensums lassen auch den Dichter in einem neuen Licht erscheinen: als Autor, der nicht nur an der Grenze zum Schweigen spricht, sondern dessen eigenes Wort wie destilliert aus dem Dienst am und dem Spiel mit dem fremden Wort hervorgeht. Celans beißende Kritik an Rilkes Valéry-Übersetzung wird hier ebenso plastisch, wie sein Triumph, als ,unübersetzbar' charakterisierte Texte,

unter anderem von Michaux, doch übersetzt zu haben. Hier wird das Gaudium
einer Michaux-Übersetzung zusammen mit Kurt Leonhard, im zeilenweisen
Wechsel, und da ist das Glück der Begegnung mit lebenden Dichtern, mit
Michaux oder René Char, sinnfällig. Auch die Metaphern und Metonymien, in
denen sich Celans implizite, doch sehr entschiedene Übersetzungstheorie
kondensierte, werden in Marbach zu anschaubaren Bildern: der Hinweis auf
ein Reiten, das immer wieder von ‚Ritten' des Sohnes Eric auf Celans Rücken
unterbrochen wird, setzt sich gegen Heideggers gravitätisch und tragisch
gefärbtes Wort vom Übersetzen als einem Ü b e r-setzen an das andere Ufer
ab, das, kaum bekannt, jenseits eines breiten Stromes liegt, ab. Solche
Übersetzungen laufen Gefahr zur Irrfahrt zu werden und zumeist enden sie mit
einem Schiffbruch, so könnte Celan sagen wollen.

Die meisterlich arrangierte, das Wortgeschehen ins pralle Szenario über-
führende Ausstellung, die im Buch ohne nennenswerten Anschauungsverlust
weiterlebt, wie ein Fest, ist harter Vorarbeit abgerungen. Sie dokumentiert sich
in detailgenauen Untersuchungen wie Chrisine Ivanovičs, einer der
Verantwortlichen der Ausstellung, Arbeit 'Das Gedicht im Geheimnis der
Begegnung', die Dichtung und Poetik im Zusammenhang der russischen
Lektüren Celans aufschlüsselte. Von nachdrücklicher Bedeutung bleibt
Leonard Olschners 1985 erstmals erschienene Abhandlung 'Der feste
Buchstab', die erste große Untersuchung des subtilen Geflechts zwischen
Übersetzungen und Dichtung bei Celan. Auch wird hier eindrucksvoll fassbar,
dass die Expertenarbeit der historisch kritischen Celanausgabe Schatzgräber-
dienste leistet, die sich dem Leser nicht verschließen, sondern Ungeahntes
zutage fördern können.

Dies gilt ähnlich, wenngleich in viel bescheidenerem Ausmaß, für Helmut
Böttigers essayistische Annäherung eines Lesers an die 'Orte Paul Celans'. Die
Topographie bringt Böttiger in Celans Texten vor Augen, ohne dass sich
Recherchen aufdringlich in den Vordergrund schieben würden. Man mag
allein aus diesen Hinweisen ersehen, auf wie vielfältigen Wegen sich die
Celan-Exegese heute bewegt, und wie vielfach Felstiners Übertragung umrankt
werde. Manches, das im Lauf der Rezeption verlorengegangen war, ist in
Marbach erstmals zutage gefördert worden: Celans Herbariensammlung etwa
oder der Kontext einer der meistverbreiteten Celan-Photographien, ein
vergrößerter Ausschnitt aus einem Gruppenbild mit dem Ehepaar Demus und
hergestellt auf Bitten Ingeborg Bachmanns nach dem Tod des Freundes, die
die Vergrößerung bei sich aufbewahrte.

IV

Die überraschenden Akzente, die aus den mittlerweile vorliegenden Nachlassgedichten in Komplementarität zu Celans zu Lebzeiten publiziertem lyrischen Oeuvre hervortreten, sind vorgreifend unschwer zu charakterisieren. Unvermittelter als im veröffentlichten Werk - sieht man von der 'Ganovenweise' ab - gibt sich der Artist und Wortspieler zu erkennen. Man denkt an das Geburtstagsgedicht für Kaspar Demus zum 9. Juni 1960: „Denn Du hast ja heut Geburtstag, / also denk nicht, dass ich 'schnurz' sag! / Vielmehr sag ich: Alles Gute / unterm Hute, überm Hute! Unkel Paol" (S. 77). Wiederholt wird man auch Texte finden, in denen Spielfreude und Fremdheit einander durchkreuzen. In diesen Zusammenhang fügt sich das folgende, Kafkas Prag mit Paris zusammenstimmende, Gedicht: „PARIS, KLEINSTSEITE: Ich bin der Perlustrierte / und auch Illuminierte, / das Zündholzschachtelg'sicht,//der heilige Medardus / behandelt meinen Plattfuß / ich klage nicht" (S. 322). Diese Trouvaille ist - wie manches andere - in den „ANHANG" des ‚Nachlasses' verbannt. Es ist ‚schwer' bzw. gar nicht zu datieren, es muss also auf die Zeit *vor* der unseligen Goll-Affaire zurückgehen, nach deren Erfahrung Celan alle seine Gedichte mit Datum versah.

Daneben trifft man auf unmittelbare Evokationen, dialogische Rede, in den Widmungsgedichten, die Celan bewusst zurückhielt - ob sie einer Unbekannten gelten, Michaela, oder an den großen Kabbala-Forscher Gershom Scholem. Das Wort, das nicht Buchstabe ist, sondern Atem, sucht sich hier seinen je konkreten, dialogischen Weg ins Freie und bricht sich in der Verdichtung: : „GERSHOM, DU SPRICHST / wie man redet: / dafür / sag ich, ein Sprechender, dir / Dank" (S.209). „DU, MICHAELA, und wie du rede- / stammeltest, da: / Du, Aura, / und wie du lippig, / Angejudete, res / pondiertest, Jüdin, / die Wissend-Unwissende, / am Indifferenzpunkt / der Reflexion / sprach der Bitterplanet / Übergenaues" (S. 213).

Die Bedeutung dieser Gedichte für das Verständnis Celans ist noch nicht ausgemacht. Es liegt ein Nachlass vor, der noch einmal fast so viele Gedichte enthält wie das publizierte Werk; er wird zu wiegen, nicht zu zählen, sein - und er wiegt schwer. Celan selbst wusste dies und verhielt sich, wie das „Editorische Nachwort" des alles in allem hervorragend edierten und kommentierten Bandes zeigt, ambivalent zu den zu Lebzeiten unpublizierten Texten. Gerade auf den Gedichten aus den letzten Lebensjahren notierte er mit Verdikten „Nicht veröffentlichen!" „Niemals veröffentlichen!" seine letzte Verfügung und hielt doch für sich in der gleichen Zeit - im Januar 1969 - den Gide-Satz fest: „Les éléments troubles de l'esprit, ce seront (demain) les meilleurs" (S. 333). Wie die Herausgeber zu Recht konstatieren, kommt zum

Verbergen ein Gestus des Bewahrens, was sich vor allem in der genauen
Datierung der unpublizierten Konvolute zeigt; eine Ambivalenz, deren beide
Seiten erst einen letzten Willen ergeben.

Die Entscheidung zur Publikation konnte seinerzeit nicht unumstritten sein, sie
ist aber, anders als bei der Publikation vermeintlich 'Nachgelassene[r]
Gedichte' von Ingeborg Bachmann, die lediglich Skizzen und Vorstudien
zutage förderte, aus ästhetischen Gründen zu rechtfertigen und keineswegs nur
Ergebnis eines Voyeurismus. Besonders prekär werden diese
Publikationsentscheidungen aber bei Gedichten aus den Wochen in der
Psychiatrie, die dem nicht sagbaren eigenen Inneren eine Sprache geben - in
luzider Gestalt, und die Celan keineswegs als Stenogramme, sondern als
geformte Gedichte anlegte - anders lässt sich die unablässige Arbeit an der
Reinschrift nicht erklären. Züge, die in Celans Lyrik seit je vertraut sind,
scheinen auch hier auf - der bohrende Nachdruck auf der Suche nach präzisen
Begriffen und dem treffenden Wort, die Freilegung einer archäologisch
haarnadelscharfen Metaphorik: „IM BLUTDSCHUNGEL, da / steht der
Abschied, schmal- / fingrig, an / jeder Kuppe, herz- / förmig, ein / Brennglas,
da/ erbeuten die Tiger / Tag" (S. 275).

Die Kommentare zu solchen Gedichtnotaten können bei aller Sorgfalt nur
wenig Erhellendes zutage fördern. Man wird, einen Rat Celans befolgend,
wieder und wieder lesen müssen, wie das Werk, so den Nachlass, die
vermerkten Lesarten, Umstellungen, Streichungen als wechselnde Schlüssel
erprobend. Die Frage, wie viel wir wissen müssen, um zu verstehen, verweist
auf die Texte, an denen ein Atemhauch oder ein Blickstrahl den Lesenden
unmittelbarer in Beschlag nimmt, als in den dichten Texturen und
Palimpsesten des bekannten Werkes. Was, zum Beispiel, sagt schon die
Erläuterung zu dem Gedicht 'Kew Gardens' (S. 191): „Botanischer Garten im
Südwesten Londons" (S. 523)? Und wieviel gibt es dagegen zu sinnen, wenn
es in der zweiten Versgruppe der Reinschrift heißt: „löst die angestammelte
Meise sich auf in lauter Blau", eine Version, der, wie dem Apparat zu
entnehmen ist, vorausgeht: „Läutendes Blau"? Doch bei diesem
synästhetischen Epitheton, das auf die heilige Königsfarbe verweist, blieb es
nicht: es folgte „grimmiges" - „raschelndes" - ehe Celan mit dem 'Lauter' auf
die Erstfassung zurückkommt, sie aber derart verfremdet, dass sich die
Erwartung, hier erklinge ein Ton, nicht mehr einstellen muss. Erschließend
kann hier die französische Interlinearübersetzung sein: „la mésange à laquelle
s'adressent les balbutiements/se dissout en du seul/bleu." Lauter verweist also
auf ‚einsam', ‚all-ein'?

Wohin eine genaue Lektüre auf dieser Fluchtlinie führen wird, kann hier nicht
präjudiziert werden. Zumindest voreilig scheint deshalb das Urteil des edito-
rischen Nachwortes, dass die nachgelassenen Texte allein „kein adäquates Bild

des Dichters Paul Celan" geben, die Konturen des Veröffentlichten aber schärfer hervortreten ließen (S. 333 f.). Ähnlich wie bei anderen, auf ihre Weise auch komplex gelagerten Textwelten, etwa dem Verhältnis der Tagebücher Thomas Manns zu seinem Erzählwerk, der Nachlässe Nietzsches oder Kants zu ihren Opera zeigen, ergibt sich zumeist ein Wechselverhältnis, das den eindeutigen Primat des publizierten ‚Werkes' zumindest in Frage stellt. Beide Sphären, zu Lebzeiten veröffentlichtes Werk und Nachlass, werden auch bei Celan aufeinander zu beziehen sein, in den Worten der allegorischen, also: ganz und gar ungesicherten Lesart des Nachlassgedichtes „Welt". „die umnagelte Mandel: bei ihr/vergewissere dich,/dass du zu dir kommst, an deinen/lichtfühligen Rändern" (S. 292).

Man wird jedenfalls Hans-Herbert Räkel zustimmen, wenn er auch die Nachlass-Gedichte unter den „unerhörten Anspruch" gestellt sieht, der - nach der ‚Meridian'-Rede - jedem wirklichen Gedicht eingeschrieben ist, absolutes Gedicht zu sein, obgleich es absolute Gedichte nicht geben könne (FAZ, 28.6.1997).

V

Den poetischen Korrespondenzen zwischen Ingeborg Bachmann und Paul Celan nachzuspüren, dies Unterfangen eines gelungenen Sammelbandes, den Bernhard Böschenstein und Sigrid Weigel gemeinsam herausgegeben haben, bedeutet nicht eigentlich Fährtensicherung. Denn zu diesem Ende müsste der Materialgrund erweitert werden, was derzeit und vielleicht auf längere Sicht nicht geschehen kann. Wie die Herausgeber zu Recht notieren, ist dieser Umstand nicht nur ein Unglück. Was Archivalien an zusätzlicher Kenntnis ans Licht fördern können, muss ohnedies umstritten bleiben. Solange der Briefwechsel unter Verschluss bleibt, besteht das „Geheimnis der Begegnung" weiter (S. 9). Nur in dem bemerkenswerten Essay von Christine Koschel wird es in dem angezeigten Band ausgeleuchtet. Der Aufsatz bietet eine Neuenthüllung. Hier erfährt der Leser, welche 22 Gedichte aus 'Mohn und Gedächtnis' die Sigle „f. D."- „für Dich" trugen, und es zeigt sich, wie weitgehend die Selbstauskunft Ingeborg Bachmanns zutrifft, dass 'Malina' „eine einzige Anspielung auf Gedichte" sei (S. 17).

In dem Sammelband gelingt es freilich auf sehr unterschiedliche Weise und in unterschiedlicher Qualität die „metaphorischen Gedankenstriche" (Thomas Sparr) zwischen Celan und Ingeborg Bachmann zum Sprechen zu bringen. In der Nüchternheit faktischer Rekonstruktionen, unter Einschluss des - unpublizierten - Briefwechsels zwischen Celan und Hans Werner Richter hebt Klaus Briegleb plastisch hervor, wie sehr Celan und Bachmann in gedoppelter

Fremde sich zu dem Getriebe der Gruppe 47 verhielten. Aus der ‚literarischen Nationalmannschaft', als die Martin Walser bei einer späten Gelegenheit die Gruppe apostrophierte, blieben sie ausgeschlossen, wozu sie das ihre beitrugen. Zeitweise Starpositionen schloss dies nicht aus. Mit der Kühle des Historikers diagnostiziert Briegleb, dass das „Betriebsmanagement" der 47er mit einer absoluten Dichtung, wie sie Celan und Bachmann gleichermaßen verfolgten, unvereinbar war. Der Abschied von der Gruppe wurde etwa parallel - 1962 - von Celan und Bachmann vollzogen, von ihr eher stillschweigend, von ihm in einem offenen Bruch, hatten sie doch, wie Briegleb einleuchtend zeigt, unterschiedliche Erwartungen, so dass sie auch auf verschiedene Weise enttäuscht werden konnten. Rituale bedeuteten ihr Sicherheit, er suchte dagegen Beistand im Versuch, das literarische Leben Deutschlands zu verändern und wusste: „allein kann ich diesen Dingen nicht begegnen". Doch, wie sich heute schärfer zeigt als alle späteren Vereinnahmungsversuche es nahe legten, ließ sich die Richtersche Gruppenpolitik, die nach Richter ‚nüchtern sachlich' und ‚gegenwartsbezogen' sein sollte, mit seinem Anliegen nicht verbinden.

Von der Aufgrabung der Archivalien her werden Kombinationen, die der nirgends heimischen absoluten Dichtung lebendige Konturen geben, erst recht plastisch: zu denken ist vor allem an Stéphane Mosès' Freilegung eines zwischen Celan und Bachmann wandernden Motivs: des Bildes vom ‚Festmahl der Götter', das hohen Ton und Subversion ineinander verschränkt, so in Celans Gedicht 'Gastmahl': „Auf die Wagen des Lichts gehoben,/wachend auch, sind wir verloren".

Beachtung verdienen ferner die Bemerkungen Peter Horst Neumanns, ein Versuch, in die Zwiesprache zwischen Bachmanns 'Gedicht an den Leser' und Celans Sprachgitter-Sammlung hineinzuhören. Neumanns Lektüre deutet an, wie wenig solchen tiefensemantischen Entsprechungen die gewohnten Intertextualitäts-Kategorien gerecht werden können, und wie problematisch auch das dem Band den Titel gebende Wort von der „poetischen Korrespondenz" ist. Auf die eröffnende Frage: „Was hat uns voneinander entfernt?" kann 'Das Gedicht an den Leser' keine Antwort geben. Und doch bleibt es von ihr durchstimmt. Die Emphase dieses lyrischen Sprechens „verdeckt nicht seine Aporien" (S. 172). Wenn 'Das Gedicht an den Leser' auch eine Zwiesprache mit Celan ist, so kann es den einmal oder immer Geliebten doch nur in einer Abstraktion fassen, im hohen Ton, der den ‚bösen Geschmack' und die ‚verbrannten Worte' zu vergessen sucht, in deren Zeichen sich ‚Ich' und ‚Leser' begegneten. Das sublime Genus wäre dann Indiz für jene letzte Kontaktlosigkeit, die Ingeborg Bachmann in ihren Poetik-Vorlesungen als Wesenszug der neuen Gedichte benannt hatte, Darstellungsmodus der Selbstverkehrung im Spiegel, die das Ich des ‚Gedichtes' erfährt, zur „einsame[n] Schrift": ein Zug, der vordergründig betrachtet der eminenten Dialogizität in Celans ‚Meridian'-Rede entgegengesetzt zu sein scheint. Doch dieser Anschein trügt. Die Daten, die dem Celanschen Gedicht eingeschrieben sind, verschließen sich, von der nächsten Unvertrauten entziffert, in sich und bleiben unerreichbar. Neumann weist auch darauf hin, dass die letzte Zeile eine palimpsestartige zweite Lesart zulassen könnte, eine Reminiszenz an das ‚für Dich' der Widmungsgedichte aus 'Mohn und Gedächtnis'.

Andere Formen der Zwiesprache, mitunter exakt kontrafaktische, teilen Dagmar Coomann und Bernhard Böschenstein mit. Während Böschenstein die Büchnerpreisreden Bachmanns und Celans gegeneinander hält, versteht Kann-Coomann Bachmanns 'Undine' als Beistimmung der Dichterin zum Weg des „Meridian". Indes: Coomann kommt zu dem Ergebnis, dass Undine der ‚Meridian'-Rede in einer Beschwörung möglicher Begegnung im Gedicht beitrete, dass aber, wo bei Celan von „eine[r] Art Heimkehr" die Rede ist, Bachmann an Fremdes, Zerstörtes rühre (S. 258). An dieser Stelle wäre zu fragen, welcher Art die Heimkehr ist, die es im Bannkreis des 'Meridian' geben kann. Dass Bachmanns 'Undine' eine Reaktion gewesen sein soll, mit der Bachmann dem Dichtungsverständnis der großen Rede nahekam, kann nicht überzeugen. Ist ihr diese Dichtungskonzeption nicht von Anfang her nahe gekommen, gewann sie nicht, höchst spannungsvoll, in beider Wiener Begegnung in den fünfziger Jahren erst Gestalt? Von Interesse ist indes, dass der ‚Undine'-Text hier der emanzipatorischen Vereinnahmung entrissen und mit dem „Gedicht an den Leser" zusammengesehen wird: als arkane Poetik verstanden, beginnt er neu zu schimmern. Nur eines bleibt eher unangenehm: dass die Verfasserin ausgehend schon von ihrer Titelgebung den alten, feministischen Deutungsparadigmen folgt, und die Autorin mit ‚Undine' identifiziert. Wie suggestiv eine solche Perspektive auch sein mag, sie muss an der Textwahrheit abprallen.

Dass Texte, in unterschiedlichen Synopsen gesehen, ein unterschiedliches Verständnis fordern, dies zeigt Böschensteins Blick auf die beiden Büchnerpreis - Reden. Die Suche nach dem Du, der tastende Gestus der Anrede, der - wie gebrochen auch immer - in Celans 'Meridian' konstitutiv ist, wird in Bachmanns Pathologie des monströsen 'Orts für Zufälle', dem Berlin der Sechziger Jahre, verweigert.

Alles in allem genommen, bleibt bei beiden zuletzt besprochenen Beiträgen - ungeachtet aller philologischen Virtuosität - eine Empfindung des Ungenügens. Kann man Texte und Zeugnisse parallelisieren, die ganz offenkundig so unterschiedlich wiegen und als Verdichtungen höchst verschieden geglückt sind wie die Berlin- und die ‚Meridian'-Rede?; müsste nicht gefragt werden, ob diese Differenz nicht Teil des ‚Geheimnisses' oder Verhängnisses der Begegnung ist?

Die Nachgeborenen bleiben freilich in erster Linie mit Corina Carduff auf Orte der Begegnung verwiesen, wie 'Paris. Hôtel de la Paix'. Hier ist, wie Carduff bezeugt, Vergangenheit im doppelten Sinn aufgehoben. Der dritte Hegelsche Sinnzusammenhang aber bleibt aus: versöhnt, ja erlöst werden kann der Ort nicht, auch wenn die Begegnung ins Gedicht gesetzt ist. Es bleibt, mit Corina Carduff gesprochen, ein Vorkommnis, „das in der Literarisierung keine konkrete Gestalt annimmt, das aber auch nicht restlos gebannt wird" (S. 164).

Eines zeigen alle neueren Celaniana, die Untersuchungen, die Erinnerungen und vor allem die Nachlasseditionen übereinstimmend aus verschiedensten Blickpunkten: dass Celans Dichtung ihr Geheimnis auch dem profundesten Wissen und den tiefsten Schürfarbeiten an den Quellen nicht preisgibt. Dies unterscheidet sie von Beckett, mit dem sie in den sechziger Jahren stets, heute kaum mehr, zusammen genannt worden ist. Dessen Texturen lassen sich, bei heutigem Kenntnisstand, nicht nur auf bestimmte Ursituationen zurückführen, wobei Beckett selbst die meisten Spuren gelegt hat, sie sind auch in philosophischen Gedanken zu reformulieren. Becketts Schopenhauer-Lektüre hat das letztere erlaubt. Ein ähnliches Verfahren verbietet sich bei Celan von Grund auf. Es bleibt in unausschöpflicher Variierung ein doppeltes: das Geheimnis der Begegnung und der glühende Leertext.

Metapher und Wahrheit. Bemerkungen zum Kern von
Hans Blumenbergs Philosophie der Unbegrifflichkeit

247

3. Metapher und Wahrheit. Bemerkungen zum Kern von Hans Blumenbergs Philosophie der Unbegrifflichkeit

I

„Einiges aus Theodor Fontanes Vielem", so überschrieb Blumenberg einen späten Aufsatz über Fontane. Das philosophische Kontinuum, die Grundfrage aus seinem vielfach *geschichteten Oeuvre* freizulegen, ohne doch zu verkennen, dass Blumenberg dieses Eine im Bild aus Vielem verbirgt, steht der Rezeption von Blumenbergs eigenem Oeuvres erst noch bevor. Das Viele dieses Werkes hinderte Blumenberg nicht daran, spät in seinem Leben noch zu äußern, er habe das Eigentliche nicht gesagt. Dies Viele deutete er in Analogie zu dem Verrat des Judas am menschgewordenen Einen. Und er notierte ebenfalls in dem Fontane-Zusammenhang die Mahnung, dass Schonungen in einem Nachlass zu lassen seien, die sich dem Verrat entzögen; es wären wohl Explikationen des Einheitssinns. In ihnen zeigte es sich, wenngleich vielleicht verschwiegen, in reiner Form. Sucht man aber bei Blumenberg nach dem Einen im Vielen, so muss man es stets aus einer dezidiert historischen Perspektive tun: Im Sinn einer Ökonomie von Erinnerung und Vergessenheit. Blumenberg hat die Geistesgeschichte jüngster Zeit, gleichsam eine Archäologie der Gegenwart, freigelegt, indem er eine Hypostase der Erinnerung aufwies und kritisierte, die von Freuds ,Über-Ich' bis zu Walter Benjamins ,Engel der Geschichte' reicht; um nur den Höhenweg dieses Topos zu kennzeichnen.

Insofern scheint Dieter Henrichs Befund zweifelhaft, dass Blumenbergs Beschreibung der Fortentwicklung der Moderne „eine im Vergleich zu seiner Theorie von deren Genese so deutlich abgeschwächte diagnostische Kraft" besitzt.[1]
Ihr eigenes Profil gewinnt Blumenbergs Variierung historischer Vernunft daraus, dass sie eine Vergessens-Vergessenheit exponiert, als Kehrseite des Erinnerungsfetischs.[2] Es gilt von hier her zu erkennen, dass das Erinnerte nicht eingeholt werden kann, zumal dann, wenn man um Walter Benjamins Einsicht weiß, dass der Horizont des Erinnerns zuerst von den Erwartungen des Erinnernden bestimmt ist und nicht von denen, die es zu erinnern gälte. „Wir erwarten von jedem, dass er das gesagt habe, was er hätte sagen müssen,

---

[1] D. Henrich, *Selbstbewusstsein und Selbsterhaltung*, in: ders., *Selbstverhältnisse*. Stuttgart 1982, S. 119.
[2] So D. Adams, *Ökonomie der Rezeption. Die Vorwegnahme eines Nachlasses*, in: F. J. Wetz und H. Timm (Hgg.), *Die Kunst des Überlebens. Nachdenken über Hans Blumenberg*. Frankfurt/Main 1999, S. 369ff.

auch wenn er es zufälligerweise zu sagen vergessen hätte."[3] Die
phänomenologisch befriedigende Auffächerung jenes, vielleicht gar durch
Kontingenz, Ungesagten, ist unmöglich. Sie überschritte den Horizont der
Endlichkeit.

Das Eine in Blumenbergs Vielem aufzuweisen, bedeutete auch, die
Unverwechselbarkeit seiner denkerischen Physiognomik zur Darstellung zu
bringen. Dies geschieht noch immer zu wenig. Dass Blumenberg der
Pragmatie geführten Lebens ihren Tribut zollte, ist unbestritten. Dennoch
bedeutet es eine Vereinseitigung, wenn eine Vergleichbarkeit mit dem
Pragmatismus eines Richard Rorty, mit Cassirer oder Diltheys Kritik der
historischen Vernunft, oder gar die gedankenlose Subsumption unter die
Tradition der Hermeneutik, nahegelegt wird; und auch gegenüber der
Auslegung der Odysseus-Figur in Horkheimers und Adornos 'Dialektik der
Aufklärung' zeigt Blumenbergs Deutung ein so eigenständiges Profil, wie
insbesondere im Hinblick auf andere Verständigungen über spätneuzeitliche
planetarische Technik und Kultur, dass es schwer verständlich ist, wie leicht
die Vergleiche über die Lippen gehen.

Seine früh entworfene ,Metaphorologie' sollte eine ,Theorie der
Unbegrifflichkeit' sein, jenes Magmas in und zwischen den Texten, aus dem
nach einer frühen sprachphilosophischen Einsicht Nietzsches erst die
Begriffstextur gewoben und durch Kühlung herauskristallisiert wird (KSA 1,
S. 880 ff.). Insofern war das Widerlager des Begriffes, das Labyrinth an
seinem Grund, Ausgangspunkt von Blumenbergs eigener philosophischer
Denkbewegung. Sie führte über ein Nebenstück von Begriffsgeschichte und
Hermeneutik zur Aufdeckung des unterirdischen Himmels der Begriffswelt.
Hegel hatte am Ende seiner Vorlesungen über die Geschichte der Philosophie
die Bewegung des Geistes mit einem Maulwurf verglichen, der immer wieder
die selben Gänge durchwühle, um nur je ans Licht zu kommen. Blumenbergs
Forschungsvorhaben widmet sich in erster Linie dem wühlenden
Bewegungsverlauf des Geistes, während Hegels Interesse dem Augenblick
galt, da der Wühlgeist blitzartig sichtbar wird (vgl. dazu Theorie-Werkausgabe
Band 20, S. 457 ff. und S. 462).
Blumenberg fragt daher der Wühlbewegung nach, und dabei wird eine
verflochtene unterirdische Welt aus Gängen und Gangsystemen sichtbar, die,
hat man sie einmal zu durchleuchten begonnen, nicht weniger schön und in
ihrer Gestaltenvielfalt bezaubernd ist als die darüber sich wölbende eidetische
Welt. Der Münsteraner Phänomenologe hat sich diese Metapher selbst ausdrücklich zu eigen gemacht und das Wissen bzw. die Suche nach Wissen in
das Bild des ,Wühlergeistes' gebannt.[4] Dieser konterkariert und kontrafasziert

---

[3] H. Blumenberg, *Die Sorge geht über den Fluss*. Frankfurt/Main 1987, S. 193.
[4] H. Blumenberg, *Höhlenausgänge*. Frankfurt/Main 1988, S. 644.

die Vorstellung des ‚Pneumas' als des Windhauches, der, wie im Neuen Testament vom Heiligen Geist gesagt wird, weht wo er will. „Geweht wird in der Luft, gewühlt wird im Boden. Das macht die Verschärfung aus [...], dass es im Boden an die Wurzeln geht. Das Wühlen im Boden unterwühlt diesen, macht alle Sicherheit des Stehens und Gehens auf ihm dubios".[5] Eine andere Überlieferungslinie des ‚Pneuma'-Begriffs hat Blumenberg verschwiegen. Am Topos der unvergebbaren Sünde wider den heiligen Geist wird das Schibboleth von Wahrheit erkennbar, das die Metaphorologie aller erst in Bewegung bringt: Es ist die Ungreifbarkeit eines ‚Wesens', das gleichwohl oder gerade deshalb Verbindlichkeit beansprucht, des aller Begriffsarbeit im voraus Gessetzten.

In diesem Horizont könnte die von ihm selbst so deklarierte ‚Inversion' gedeutet werden, der Blumenberg seine Metaphorologie, aus der Blickrichtung des Jahres 1979 auf die Anfänge 1960, unterzogen hat. Die Metapher soll, so besagt die Selbstkorrektur, in dem bei näherer Betrachtung eher elaborierten als ‚umgekehrten' Verständnis „Leitfaden für die Hinblicknahme auf die Lebenswelt" sein und nicht auf ihre Leistungen im Vorfeld und unterhalb der Begriffsbildungen eingeschränkt werden.[6]

Im Blick auf seine eigenen akademischen Anfänge, an der wenig philosophischen doch patrizisch offenen Hamburger Universität hat Blumenberg gelegentlich an Ernst Cassirer und die Philosophie der symbolischen Formen erinnert. Die Unterschiede könnten markanter nicht sein: er selbst schöpfte eine Symbolisationstheorie nicht aus transzendentalphilosophischem Interesse, sondern aus dem Inneren des Begriffs-Bergwerks. Dabei bleibt Blumenberg ganz in der phänomenologischen Spur: ähnlich wie bei Husserl wird bei ihm eine Epoché vollzogen. Sie betrifft die großen Fragen der metaphysischen Tradition. Diese sind dadurch aber nicht außer Kraft gesetzt. Vielmehr verbindet Blumenberg mit Heidegger sogar die heimliche Erwartung einer schlussendlichen ‚Wiederholung' der Metaphysik. Wenn er sich gegen die von der Sache abtrennende Eigenakzentuierung der Erkenntnistheorie wendet, so weil er auch mit hyperbolischen Mitteln zeigen will, dass einzig die Frage entscheidend ist, ob eine Perspektive ‚zu sehen' ist oder nicht. Im Idealfall ‚zeigt' sie und lässt sehen - wie ein Lichtkegel, der sich auf vordem Verborgenes richtet. Die Epoché, Inhibierung der Weltgeltung von Theorien, schien Blumenberg deshalb unvermeidlich.[7] Dass er die philosophischen Fragezusammenhänge der Tradition fragmentiere oder gar atomisiere, mag eine Teilwahrheit sein,

---

[5] Ibid., S. 645.
[6] H. Blumenberg, *Schiffbruch mit Zuschauer. Paradigma einer Daseinsmetapher.* Frankfurt/Main 1979.
[7] Nach einer Reminiszenz von Thomas Rentsch soll Blumenberg während eines Kollegs den Lichtschalter betätigt und, als die Lampe schien, gesagt haben, das sei seine Erkenntnistheorie.

seiner eigentümlichen Frageintention kommt sie nicht nahe. Odo Marquard notiert, Blumenbergs zentrales Interesse habe der Entlastung vor dem Absoluten gegolten, womit, wie Marquard anzunehmen scheint, die Entlastung von einem nicht erträglichen Gewicht gemeint ist, wie es als Gravis des Leidens in der Theodizeefrage oder in den Beschreibungen des Sublimen aufscheint, denen weder das ästhetische Urteil noch das Vernunfturteil beikommt.

Blumenberg vollzieht die Epoché aber durchaus im Wissen, dass das dadurch eingeklammerte Wirkliche nicht verschwindet. Dass solche Antriebsspuren seiner Forschungen einfach zu entziffern sein können, hat Blumenberg, glaubt man den Erinnerungszeugen eines - soweit wie möglich - Vertrauten wie Odo Marquard, nicht gerne gesehen. Die Verschlüsselung ist für ihn im Sinn einer ,Philosophie für Leser' auch nur konsequent. Spuren freizulegen, bedeutet zugleich, sie wieder aus dem Blick zu verlieren. Wenn immer es in der Philosophiegeschichte Vorbilder zu einer derartigen Philosophie gab, die dem Primat des exoterisch Mitgeteilten misstraute, wurde die Akzentuierung der Textverhältnisse zurückgenommen auf eine Reflexion des mündlichen Pneumas, das in ihnen bewahrt sei: Letztlich ein Erbe des Platonischen Zweifels über die Mitteilungsfähigkeit des Geschriebenen. Es lässt sich noch einmal deutlich an Nietzsches Invektive gegen den neuzeitlichen Leser ablesen, der unmusikalisch und unmetrisch am Buchstaben orientiert ist und alles in gleicher Weise betont. Nietzsche setzt ihm den hörenden Leser entgegen, dem der Text Partitur ist, und der um den taktilen Ursinn der Worte noch wisse. Auch Kant verwies an prominenter Stelle auf das Ungenügen der nur textlichen Überlieferung vergangenen Denkens. Es begegnet uns gleichsam wie aus dem Totenhaus; Vermächtnisse als Teile einer Schädelstätte, die nicht ohne weiteres zum Leben zu erwecken ist. Diese dunkle Unterlegung ist, man muss es sich nur vor Augen führen, der Grund eines Überlieferungszusammenhanges, wie er aus der Kanonbildung geläufig ist und die bürgerliche Welt zuletzt zusammenhielt und zugleich von ihr zusammengehalten wurde. Blumenberg beharrt dagegen, wie außer ihm vielleicht nur noch der frühe Derrida, auf dem *esoterischen* Charakter der Schrift.

Metapher und Wahrheit. Bemerkungen zum Kern von
Hans Blumenbergs Philosophie der Unbegrifflichkeit

251

II

Die grundlegende Amphibolie in der Genesis der Kultur wird in tiefdringenden Analysen in seinen ‚Höhlenausgängen' aufgewiesen, einer Gegentheologie zu Platon. Dort wird gezeigt, dass das durch Sichtbarkeit bedingte Ausgesetztsein den Menschen dazu bringt, wiederum die Höhle aufsuchen bzw. Komplementärgestalten der Höhle finden zu wollen. Was für die Stadt, die attische Polis, gilt, ließe sich auch an anderen Kulturgebilden namhaft machen: sie lassen „die Welt draußen mit allen Mitteln vergessen, um ihre eigene Welt drinnen an deren Stelle zu setzen".[8] Deshalb kann Blumenberg sie als „Wiederholung der Höhle mit anderen Mitteln" begreifen.[9] Alle Formen der Kultur reflektieren, nach Blumenbergs weitreichender These, die Entfernung aus der Höhle. Sie bilden freilich kontrafaktisch dazu - und keineswegs immer mit dem Anschein des Regressiven - einen Habitus aus, um der ‚nackten Weltverlorenheit' nicht auszusetzen. In seiner genauen Kenntnis solcher Sachverhalte kann Blumenberg die Ambivalenz der Polis zu bedenken geben und die Urstiftung der ‚politiké koinonia' nicht, wie spätere Deuter und Fehldeuter, auf ein rational nicht einholbares Band, die ‚starken Gründe zusammen zu sein', begrenzen. Blumenbergs Rekonstruktion lässt indes erkennen, dass auch politische Vernunft und deliberativer Dialog in einem der Höhle nachgebildeten Garten ihren Ort finden. An die Stelle der alten, durchlichteten Höhlen treten in späterer Zeit Institutionen, die „Zuverlässigkeit, Übersicht und Orientierung" geben.[10] Die Crux ist freilich, dass sich mit ihnen immer subtilere Gewohnheiten ausbilden, die nicht mehr sehen lassen, was außerhalb ist oder doch sein könnte.

Blumenberg möchte die Vorgänge der Kulturierung nicht gegen den Strich lesen und ihr ‚Unbewusstes' aufdecken, wie es in einer Methode der Dekonstruktion naheläge, er geht auch nicht davon aus, dass sie schichtenweise abzutragen, zu ‚destruieren', seien, um auf den in ihnen verborgenen ursprünglichen Seinssinn zu kommen. Er hält für die Stunde seiner Forschung den Atem der metaphysischen Bewegung an und rückt damit ihrem Herzschlag näher. Denn wie das phänomenologische Eidos sich im Sinne Husserls in wechselnden, ineinander übergehenden Zeitgestalten und Selbstmodifikationen originär zeigt, so begreift Blumenberg die Begriffsgenesis. Eidetisch wird die geschichtliche Phänomenologie dadurch, dass sie Verbindungen freizulegen weiß, die zwischen unterschiedlichen Gangsystemen bestehen: zwischen dem Platonischen Höhlengleichnissen und

---

[8] Blumenberg, *Höhlenausgänge*, a.a.O., S. 79.
[9] Ibid., S. 76.
[10] Ibid., S. 813.

allen Regressionsutopien der Politik, denen Blumenberg, anders als jüngst Peter Sloterdijk, keine neue hinzufügt. [11]

Ihm genügt es, sie zu durchleuchten. So kommt es in den großen Büchern Blumenbergs immer wieder zur Fokussierung auf einen Mittelpfeiler; etwa Goethes ,ungeheuren Spruch' „Gegen einen Gott nur ein Gott!", von dem die Dynamik der Gedankenbewegung in alle Richtungen strahlt.

Es lässt sich aber auch die umgekehrte Figur als Bauprinzip in Blumenbergschen Opera magna finden, der verborgene Leitfaden, der ein Rhizom aus vordergründig verschiedenen Phänomenen miteinander verknüpft. So verhält es sich in 'Lebenszeit und Weltzeit' mit dem Gedanken der Subsummierung der Lebenszeit unter die Weltzeit, der in besonders signifikanter Weise aus Hitlers hybriden Zeugnissen abzulesen ist, sich aber als politischer Wahn bis in byzantinische Vorzeit zurückverfolgen lässt. Durch dieses Verfahren wird nicht Ungleichzeitigkeit getilgt. Sie wird aber in Spiegelungen (Reflexionen) und mögliche Entsprechungen überführt und dadurch als Selbstmodifikation von Strukturen, hier der Tyrannis, erkennbar.

Der Verborgenes aufzuweisen wusste, blieb selbst im Verborgenen. Er lebte das Gegen-Ethos zu einem ,öffentlichen Professor', dessen Rolle er im Zug der Bemühungen um Universitätsneugründungen und einen transfakultären Forschungsansatz bis Anfang der siebziger Jahre nicht ganz entgehen konnte. Die Mitteilungen zur Person waren selbst verhüllt, und dennoch traten sie je länger je deutlicher ans Licht. Der Verweis auf die Hyginsche Sorge, als einer über die Grunddifferenz von menschlicher Intelligibilität und Animalität hinausführenden Disposition, die mit dem Selbst mitgeht, die chthonischen Anfänge des Selbst bewahrt, und der Verweis auf die ,Furcht Gottes' in der Matthäus - Passion, die der Knabe als genus subiectivus, also als ,Furcht Gottes vor seiner Schöpfung', interpretierte, wiesen seinen Leser immerhin auf die Lübische Kindheit um 1930 hin. Die Traumata und Verletzungen, die sich mit der zunehmenden ,Entdeckung' und Verdüsterung der eigenen Hochbegabung und Privilegierung durch die Stigmatisierung als ,Halbjude' einstellten, ließen aus der lübischen Herkunft eine Hölle werden. Die Sorge antworteten im späteren Werk darauf und am Ende auch die ,petits perceptions', die sich erst aus dem Nachlass zugespielt haben.

Den Richtungssinn der Sorge konnte Blumenberg indes auch wegen dieser Zusammenhänge niemals mit Heidegger als ,Vorlaufen zum Tode' und Ganz-sein-können des Daseins verstehen. Der Tod ist, wie er weiß, uneinholbar. Ihm eignet keineswegs eine proleptische Struktur. Alles Sorgen endet an seiner Grenze.

---

[11] Vgl. P. Sloterdijk, *Sphären*. 3 Bdde.Frankfurt/Main 1998 ff.

Von den erfahrenen Lebenstraumata her ließe sich die Grundwahrheit der Blumenbergschen Epoché als Rekonstruktion einer der stoischen Oikeiosis nahen Orientierung auf Erden verstehen, der die Welt zur Lebenswelt wird. Hegels ,Furie des Verschwindens' hat Blumenberg als historisches und naturhaftes Grundphänomen durchbuchstabiert, indem er davon ausging, dass in der Lebenswelt eine Logik zur Selbstzerstörung liege. Legt doch die Stiftung einer Lebenswelt, etwa in der Imagination einer Welt als Garten oder der Reduzierung von Entfernung und Raum auf die während eines Spazierganges zu durchmessende Strecke, die Annahme beständiger Anwesenheit nahe, in der das „nicht jederzeit Anwesende", das Unerwartete, nicht vorkommt. Hinsichtlich des Mythos vom Paradies und der Vertreibung daraus hat Blumenberg das Fragile dieses ,Gleichnisses der Lebenswelt' subtil freigelegt: „Ein Garten, das ist wunderbar erdacht, ist ein Areal begrenzter Erfahrung; aber an Grenzen zu stoßen, weckt und erregt den Zweifel, ob Größeres nicht jenseits der Grenze warten könnte".[12] Bereits mit dieser Vermutung aber tritt das Unerwartete, mithin die Antizipation der Erfahrung vergehender Zeit, sich ereignender Geschichte, ein. Das Paradies ist zu langweilig, als dass es fortbestehen könnte. Deshalb kann gesagt werden, dass die Struktur des Paradieses die Aitiologie der Geschichte vorzeichne. Daraus zu folgern, in der entdeckten Wahrheit des Paradieses im Sündenfall sei die Urgenesis von Geschichte zu finden, würde gleichwohl verkennen, dass Blumenberg die ,Theodizee' als deren zweite Quelle begreift.

Eins aber bleibt unhintergehbar: die im Paradies bereits antizipierte Historizität schneidet den Rückweg in das Paradies ab. Solcherart ist lebensweltlich eine Weltwahrnehmung, in deren zeitlicher Logik zwischen Lebenszeit und Weltzeit kein Bruchauftritt, aufgrund der Unhintergehbarkeit der Geschichte unmöglich.

Man mag an dem skizzierten Verhältnis von Lebenswelt und absoluter Wirklichkeit die Grundkonfiguration erkennen, aus der sich Blumenbergs ,phänomenologische Anthropologie', ein gewichtiges Grund-stück seines Werkes, das ihm noch vorschwebte und das unpubliziert, wenn nicht ungeschrieben geblieben ist, formiert hätte. Beide Extreme, die Lebenswelt und ihre Inhibierung, sind conditiones sine qua non menschlicher Existenz. Das kulturierte Selbst befindet sich aber in keinem von beiden. Es ist vielmehr in einem ständigen Übergang begriffen, derart, dass der lebensweltliche Initialzustand Anlass gibt, einen Finalzustand zu auszudenken, der konsequente Rückkehr wäre.

---

[12] Vgl. dazu Blumenberg, *Lebenszeit und Weltzeit*. Frankfurt/Main [2]1986, S. 74. Man vergleiche damit ein Grundmotiv in Nietzsches ,Zarathustra'-Dichtung, die Vorstellung, dass die Welt ein Garten sei, die von Tieren Zarathustras, den Drehorgeln und Leiern, ,gelehrt' wird. insbesondere: Zarathustra III, *Der Genesende*, Nietzsche, KSA 4, S. 270 ff. Vgl. zur Garten-Metaphorik auch H. Glaser, *Hinterm Zaun das Paradies.Wandlungen des Gartenbildes*. Cadolzburg 1999.

Mit der Parmenideischen Gnomé, wonach Hin- und Rückweg
ununterscheidbar sind, und mit Heideggers Paraphrase: „Überallher müssen
wir fortwährend dahin zurückkehren, wo wir eigentlich schon sind"
(Heidegger, GA 77, S. 176), kann dieses Motiv konvergieren. Leben im
Übergang vollzieht sich in Modifizierungen des Initialen als Vorwelt und des
rückkehrenden Utopikons als Nachwelt, worin die Unhintergehbarkeit des
Wirklichen gerade darin aufscheint, dass es nicht zu der Übereinstimmung von
Hin- und Rückweg kommt. Im Fluss der Modifizierungen sucht menschliche
Existenz nach Bedeutsamkeit, was, wie Blumenberg notiert, gemeinsamer
Kern aller gegenwärtig respektierten Theorien von Anthropogenese ist.[13] In
dem phänomenalen Übergehen die Anthropogenese aufzuweisen, dies ist
offenkundig der Nukleus von Blumenbergs Frage nach dem menschlichen
Selbst.

Allerdings muss an dieser Stelle der Tektonik auch die Brechung in
Blumenbergs nur implizit sich mitteilender Geschichtsphilosophie
mitberücksichtigt werden. Sie sedimentiert sich in dem Bonmot: „Der Mensch
macht die Geschichte, aber nicht die Epoche."[14] Denn, so wird dieser Gedanke
weitergeführt, die Epoche macht sich selbst. Sie ist „der Inbegriff aller
Interferenzen von Handlungen zu dem durch sie gemachten".[15]
Diese implizite Geschichtsphilosophie hat ihre sehr konkrete Verortung im
Zusammenhang von Blumenbergs Reflexionen über Cusanus und Giordano
Bruno, wo er notiert: „Keiner von beiden hat Epoche gemacht, keiner ist
Epochenstifter. Dennoch sind beide ausgezeichnet durch ihr Verhältnis zur
Epochenschwelle. Diese wird nicht mit ihnen oder an ihnen erfasst, sondern
durch Interpolation zwischen ihnen".[16]
Um den ephemeren Charakter der Anthropogenese zu durchleuchten, ist
Blumenberg den Grundphänomenen eines möglichen Verschwindens des
Menschen nachgegangen: Dem Meer in seinen vielfachen geschichtlichen
Ausdeutungen, dem Erdbeben, als Figuration der Ungewissheit tektonischer
Grundverhältnisse, dem ewigen Eis und schließlich der veränderten
kosmologischen Situation angesichts der Gesamtansicht des Orbits, wie sie die
Shuttle-missionen der modernen Raumfahrt ermöglichen. Blumenberg
beleuchtet jene Perzeptionen als tiefgreifende geschichtliche Zäsur, als
Vorstoß in ein planetarisches Schweigen, bei dem erstmals die Erde als ein
Stern unter Sternen erkannt werden kann. Solcher Perzeption kann nur ein
gleichsam stoisches Ethos antworten, ein einwilligender Abschied, der an der

---

[13] Blumenberg, *Arbeit am Mythos*. Frankfurt/Main 1979.
[14] Blumenberg, *Aspekte der Epochenschwelle: Cusaner und Nolaner*. Erweiterte und überarbeitete
Neuausgabe von: *Die Legitimität der Neuzeit*, Vierter Teil. Frankfurt/Main 1976, hier S. 31.
[15] Ibid.
[16] Ibid.

Metapher und Wahrheit. Bemerkungen zum Kern von
Hans Blumenbergs Philosophie der Unbegrifflichkeit

255

Denkfigur der eigenen Einmaligkeit (eines menschlichen ‚ephapax') festhält. Deshalb hat Blumenberg auch Senecas Wort „Qui potest mori non potest cogi", ‚wer zu sterben weiß, ist nicht zu bedrücken', als eine Grundbedingung menschlicher Freiheit aufgefasst und er hat es als Crux des Mythos und der Fortarbeit an seinen Konfigurationen begriffen - „nicht in den Ursprüngen seiner Inhalte, nicht im Einzugsgebiet seiner Stoffe und Geschichten, liegt die Geschichtsmächtigkeit des Mythos begründet, sondern darin, dass er seinem Verfahren, seiner Form nach etwas anderes nicht mehr ist".[17] Der Mythos wird damit zur Denkform des ‚einen Mal', das sich selbst in menschlicher Perzeption, bezeichnet. In diesem Sinn nimmt Blumenberg in 'Lebenszeit und Weltzeit' die folgenden Verse Rilkes wie ein Emblem auf: „Ein Mal. Jedes nur ein Mal. Ein Mal und nicht mehr. Und wir auch. Ein Mal gewesen zu sein, wenn auch nur ein Mal: Irdisch gewesen zu sein, scheint nicht widerrufbar".

Paradigmatisch für jene mythische Urstiftung von Einmaligkeit ist Odysseus' Heimkehr nach Ithaka, der Blumenberg eine unvergessliche Beschreibung gewidmet hat. „Seine Rückkehr in die Heimat [ist] eine Bewegung der Sinn-restitution ist, vorgestellt im Muster der Schließung des Kreises, die den Ord-nungstenor der Welt und des Lebens gegen jeden Anschein von Zufall und Willkür verbirgt." Odysseus ist eine besonders eindrückliche „Figur der ins Gelingen mündenden Leiden", und das meint: eine Präfiguration des sich ereignenden Mythos selbst. Demgegenüber nimmt sich die ‚Vorstellung', also die bloße Doxa, die Blumenberg von Homer hegt, blass aus. Der Epiker lebte in Angst um den Fortbestand einer Welt und empfand sich als Bewahrer ihrer besten Relikte.[18]

Die Rückkehr zu sich selbst gibt der Metapher vom Überlebenden eines Schiffbruches erst ihre volle Instrumentierung. Das Überleben ist, wie Blumenberg zeigt, zu unterscheiden von der Perspektive des epikureischen Zuschauers des Schiffbruches, der ungerührt, in innerer Windstille, ein ‚fundamentum inconcussum' unter sich, auf die Dramatik des Geschehens blickt. Dem Überlebenden erscheint der Schiffbruch nicht mit einem Wort von Quintilian als ‚Unfall', sondern als Eröffnung einer ‚visage du monde', der Aussicht auf das wiederauftauchende Land aus der Katastrophe. Daher ist es Heimkehr aus dem Schiffbruch, die Selbstverhältnissen ihren Ort gibt: es ist zu unterscheiden, ob „das Ich als das ruhende Ufer oder vielmehr die feststehende Insel im Strom der Zeit einzubilden sei".[19] Dies verweist noch einmal auf

---

[17] Blumenberg, *Arbeit am Mythos*, a.a.O., S. 22.
[18] Blumenberg, *Säkularisierung und Selbstbehauptung.* Erweiterte und überarbeitete Neuausgabe von: *Die Legitimät der Neuzeit*, erster und zweiter Teil. Frankfurt/Main 1974, S. 168. Dies wäre mit der ambivalenten Sokrates-Gestalt in Horkheimer/Adornos *Dialektik der Aufklärung*, Odysseus oder Mythos und Aufklärung. Frankfurt/Main 1969, S. 50 ff. in eine Beziehung zu setzen.
[19] Blumenberg, *Die Vollzähligkeit der Sterne.* Frankfurt/Main 1997, S. 383.

Odysseus. Die Rückkehr nach Ithaka, fordert und lohnt den weitesten Umweg.[20]
Der Hiat zwischen Sorge und Tod könnte die Antwort auf die Frage des Menschen nach sich selbst geben. ‚Kein Grund zur Sorge', mit diesen Worten schließt Blumenberg Reflexionen, die säkular in den Schlusschor der Matthäuspassion einzumünden scheinen. Indes: wenn man von Säkularisation spricht, griffe man zu kurz, insofern man nur die historischen Begriffsprägungen aufnähme. Im Sinn von Heideggers Säkularisierungsbegriff steht vielmehr auch für Blumenberg zur Erörterung, in welche Welt (saeculum) hier säkularisiert werde.

III

Blumenbergs Philiosophie leuchtet Weiten und Tiefen der Zeiten aus, und dennoch hat sie einen spezifischen Zeitort, der sich nicht zu Unrecht mit dem Titel von Heinrich Manns tief in Lübische Anfänge zurückweisenden Erinnerungsbuch 'Ein Zeitalter wird besichtigt' charakterisieren ließe. Thomas Mann sprach in seiner großen Wiener Rede zu Freuds achtzigstem Geburtstag von einer Aufklärung, die in die Untergründe steigt und die dem Mythos gleichsam als einen kategorischen Imperativ abringt, dass, wo ‚Es war Ich werden solle'. Er entfaltete diesen Impuls bekanntlich in seinen eigenen Josephs-Romanen: ‚tief ist der Brunnen der Vergangenheit'. Blumenberg modifiziert dieses Verhältnis zum Mythos. Er ist ihm mit Horkheimer und Adorno eine erste Interpretation, ein aufklärender Kommentartext, der wie ein Magnet andere Kommentartexte fordert. Man kann den Mythos aber als Kommentar nur treffend beschreiben, wenn man zugleich um die absolute Entzogenheit und Undarstellbarkeit des Urphänomens weiß, das jeweils mythisch interpretiert wird. Blumenberg hat auch diese Annäherung an das ‚Unvordenkliche' akzentuiert und ist ihr nachgegangen. In immer neuen Anläufen hat er den Nachweis geführt, dass das Undarstellbare in allen Darstellungsweisen verborgen kenntlich bleibt.

Dass Blumenbergs Denken derart esoterisch auf Textverhältnisse zurückbezogen ist, wie anzudeuten war, verbindet es mit den Ausgangsimpulsen von Derrida; und dadurch ist es vom Höhenweg der europäischen Philosophie ‚Von Ionien bis Jena', von Platon bis Hegel getrennt, die den Kern philosophischer Lebensform zu allererst im Gespräch, dem dialogischen, hin- und entgegensprechenden gemeinsamen Sein bei der Sache, fanden. Man mag die Abweichung von dieser Grundkonfiguration

---

[20] Ibid., S. 64.

Metapher und Wahrheit. Bemerkungen zum Kern von
Hans Blumenbergs Philosophie der Unbegrifflichkeit

257

spezifisch modern finden, man mag sie auch von den Urphänomenen jüdischer Texttradierung her verstehen. Die Höhe der Problemlage wird erst erreicht, wenn beide Perspektiven ineinander greifen; eine im Spätwerk von Derrida tatsächlich sich andeutende Figur:[21] die Vertextung eines, von ihm in späten Jahren als ‚Beschneidung' enthüllten und sogleich wieder verborgenen Urphänomens. Zwischen beidem oszilliert eine Philosophie für Leser, als die Blumenberg seinen Denkansatz ausdrücklich begriffen sehen wollte: Zwischen dem Hoch- und Glücksgefühl eines bürgerlichen Traditionszusammenhangs, des Schatzhauses der Bibliotheken und ihres Kanons, und der Grausamkeit und Lebensferne der Textur. Ersteres, der Genuss einer Gelehrsamkeitstradition, ist bei Blumenberg in die tiefe Melancholie eines Wissens um Vergeblichkeit und Vergänglichkeit gerade dieses Kostbarsten humaner Kultur getaucht. Letzteres ist im Hintergrund und unaufdringlich präsent. Dass Textur etwas mit der Einschreibung in die eigene Haut zu tun haben kann, ist ihm bewusst. Für Blumenberg aber gibt es die bis zu theoretischer Bedeutung geronnene Konvention des nicht zu Sagenden. ‚Ich habe Angst', ist ein Ungedanke, der anderen nicht angesonnen werden sollte.

Das berühmte Diktum in Kants 'Prolegomena', wonach zwischen dem Philosophen, der, wissend, dass nicht die Philosophie, sondern nur ein Philosophieren zu lernen und zu lehren sind, allein aus der bloßen Vernunft schöpft, und dem ‚Gelehrten', der der Welt Nachricht von jenen Urschöpfungen gibt, zu unterscheiden ist, hat Blumenberg in einer eigentümlichen Weise unterlaufen oder gar außer Kraft gesetzt, die neben Hegels Relationierung von System und Geschichte als ‚Wühlgeist' bestehen kann. Die Topologie von Blumenbergs eigenem systematischen Fragezusammenhang ist dabei doppelt auf die Geschichte und ihre Sedimentierung in Texten bezogen: einerseits im Hinblick auf die vergangenen Texte, andrerseits im Hinblick auf die eigene Vertextung, die nichts anderes als Text zu sein scheint. Blumenberg löst freilich auf diesem Weg den Gedanken keinesfalls in seine Entstehungsbedingungen auf, sondern er geht dessen Selbstbewegung nach,[22] die freilich nicht die sui-suffiziente Selbstbewegung des Begriffs sein kann, sondern sich in bedingten Selbstmodifikationen und -abschattungen zeigt. Ein jeder historistischer Ansatz (und dem wird man auch die Ansätze der Hermeneutik hier zuschlagen können) ist demgegenüber strictu sensu nicht aus sich selbst zu begründen, sondern bedarf des Vertrauens

---

[21] Vgl. die Hinweise bei Derrida, *Adieu*. München 1999 und seinen Beitrag: J.D., *Die unbedingte Universität*. Frankfurt/Main 2001.
[22] Die letztgenannte Tendenz, die Überführung in Entstehungsbedingungen, zeichnet sich bei Kurt Flasch, *Nikolaus von Kues. Die Geschichte einer Entwicklung*. Frankfurt/Main 1998 ab.

oder einer positivistischen Selbstbescheidung. Die vielfachen Rückgriffe auf
Hegelsche Begriffsresiduen in der Philosophie der Historisten kommen nicht
von ungefähr. [23]

IV

Der Leitakzent von Blumenbergs systematischer Frage ist indes
kosmologischer Natur. Verfolgt man sein Opus auf die systematische
Zuspitzung hin, so zeigt sich, dass das Dauernde der Sozialität auf seinen
Naturgrund transparent gemacht werden soll, im Sinn der leitenden Frage aus
dem Platonischen 'Timaios', der der Fiktion nach am Tag nach den 'Politeia'
datiert.

Das kosmologische Interesse führt erst auf den Ursinn von Theorie und klärt
die geschichtsphilosophische Perspektive. Theoretische Distanz zu der
phänomenalen Lebenswelt ist, wie Blumenberg gegen eine leichtfertige
Gegenüberstellung betont, bereits in Urgesellschaften narrativ vorgezeichnet.
Der Idealtypus des Geschichtenerzählers weist auf eine pragmatische Vorgestalt der Theorie hin. Was er in der Geschichte vorfindet, bewahrt er, weil es
unziemlich schiene, mit der Geschichte zu brechen. [24] Sich der Verstetigung
oder gar Erneuerung des Stiftungswillens zu versagen, um leichtere und nach
Lebenszeitmaßen passendere Leistungserfolge zu erzielen, „würde gegen die
Rationalität der Selbsterhaltung verstoßen." Neben jener *pragmatischen*
Ausbildung der Theorie sieht Blumenberg komplementär eine *ethische*, mittels
deren sich die Theorie zunehmend gegenüber ihren pragmatischen
Zwecksetzungen verselbständigt. Es manifestiert sich, wenngleich zumeist erst
intuitiv, ein ethischer Anspruch auf Erinnerung durch Theoria, eine von den
Zeitläuften nicht negierbare oder durchstreichbare Dauer, die sich mit dem
Gedächtnis an die Toten, zumal die Gemordeten verbindet; bei Blumenberg
wird letzteres eindrücklich auf den Kategorischen Imperativ bezogen. Alle
Menschen, so hält er fest, „haben einen Anspruch darauf, nicht nur am Leben
gelassen zu werden, sondern auch von denen, die Theorie betreiben,
theoretisch nicht vergessen zu werden, den Anteil an der Menschheit in ihrer
Person gewürdigt und bewahrt zu sehen [...]. Es ist nicht Sache unserer Wahl,
sondern des an uns bestehenden Anspruches, die Ubiquität des Menschlichen
präsent zu halten."[25]

---

[23] Vgl. dazu die Beiträge von Fulvio Tessitore zu einem ‚kritischen Historismus' F. T., *Kritischer
Historismus. Gesammelte Aufsätze.* Köln, Weimar, Wien 2005 (= Collegium Hermeneuticum
Band 11), mit Hinweisen auf das große, leider wegen des frühen Todes des Verfassers Fragment
gebliebene Werk Piovanis und seine Entwicklung.
[24] Blumenberg trifft in diesen Kontexten offensichtlich die Unterscheidung zwischen ‚Sinn' und
‚Bedeutung' nicht, deren klassische logische Formulierung auf Frege zurückgeht.
[25] H. Blumenberg, *Wirklichkeiten, in denen wir leben.* Stuttgart 1981, S. 170 f.

Metapher und Wahrheit. Bemerkungen zum Kern von
Hans Blumenbergs Philosophie der Unbegrifflichkeit

259

Nicht nur der geschwächte Einzelne, der nicht mit auf die Jagd geht, ist ein möglicher Erzähler und Theoretiker, auch der Hirte präfiguriert diese Lebensform. Er ist nach Blumenberg Erfinder der Muse als der conditio sine qua non der Theorie. Dem Inbild des Hirten antwortet von einer anderen Zeitküste her die Gestalt des Phänomenologen. Im Anschluss an einschlägige Bemerkungen Husserls hält Blumenberg fest, der Theoretiker vom Typus des Phänomenologen „[...] hat nichts zu versäumen. Die durch Meditation zur Lebensform verstetigte Reduktion enthebt ihn dem beschränkten Leben".[26] Theorie ,entzeitlicht' in einer reinen Schau, die auch das Phänomen von Zeitigung und Selbstzeitigung aller erst vor Augen führt, sich aber selbst zeit- und weltüberlegen zu situieren versucht. Auch der Theoretiker kann freilich nicht aus der Historizität emigrieren, er kann sie aber deuten. Einer jeden geschichtsphilosophischen Entzeitlichung indes widerspricht Blumenberg ausdrücklich, begegne sie nun in der Gestalt einer ,Emanzipation vom Faktischen' durch die Konstruktion eines ,Geschichtsprozesses' oder als theoretische bzw. ästhetische Vermeinung einer Koinzidenz von Augenblick und Ewigkeit.[27] Die Fiktion, Täuschung, ja Fälschung einer Entzeitlichung wäre allenfalls von einem epikureischen Standort her denkbar, in fingierter Windstille. Mit gutem Grund versagt sich Blumenberg dieser Perspektive vollständig und denkt Ruhe strictu sensu nur durch die gegenläufige stoische Optik.[28]

Dass Gegenwart das ist, von dem im ,futurum exactum' gesprochen werden kann, von dem also zu sagen ist, dass es ,gewesen sein wird - für immer, dies ist Sache theoretischen Gedächtnisses und seines Ethos. „Soll [...] das Gewesensein der Welt und des Menschen nicht sinnlos werden [...], muss das Faktum noch als vergangenes eine Art Fortbestand haben. Dafür kennen wir keine andere Vorstellung als die der Erinnerung".[29]

Gegen Nietzsches polemische Konfrontierung von Theoria und Tragödie wendet Blumenberg ein, beide könnten einander wechselseitig erhellen, wobei die Möglichkeit einer Synkrisis darauf beruhen wird, dass Tragödie und Theorie von Grund auf in verschiedene Richtungen weisen. Die Tragödie findet ihre Grenze aus dem Götterspruch und dem Gesetz geteilter Überlieferung. Die Theorie rührt an jenes Unbezweifelbare.

---

[26] Vgl. dazu Blumenbergs ausgezeichnete Hinweise auf den un-begrifflichen Hintergrund der Husserlschen Phänomenologie, namentlich des Lehrstücks von der ,Urstiftung': *Lebenszeit und Weltzeit*, a.a.O., S. 360.

[27] Vgl. dazu D. Thomä, *Zeit und Neuzeit. Erkenntnis, Erinnerung, Leben: Spannungsverhältnisse*, in: F.-J. Wetz und H. Timm (Hgg.), *Die Kunst des Überlebens*, a.a.O., S. 266 ff., vor allem S. 282 ff.

[28] Dieser genuine Zug stoischer Ethik wird in Thomäs bemerkenswertem Aufsatz leider kaum berücksichtigt.

[29] Blumenberg, *Lebenszeit und Weltzeit*, a.a.O., S. 97 f.

Theorie nimmt damit in der Kontinuität ihrer Frageformen nach Blumenberg
Züge der Neugierde (‚curiostias') an, sie spielt mit den Grenzen eigener
Endlichkeit. Deshalb hat sie in der Polis keinen Ort.

Im Zug seines Interesses an der Grundstruktur der Theorie hat Blumenberg die
Anekdote von Thales und der thrakischen Magd subtil und unter der Maxime
‚audi altera pars' gewogen. Die Anekdote verweist auf Sokrates' Lebensform
und seinen Konflikt mit der attischen Polis voraus, wie Blumenberg annimmt.
Im Gelächter der Magd gewahrt er das Signal eines „Zusammenstoß[es] von
Welten, von Wirklichkeiten [...], deren Unverträglichkeit gegeneinander die
Erscheinung der Lächerlichkeit wie den Effekt der Tödlichkeit annehmen
kann".[30] Die Episode wirft bei näherem Zusehen Fragen mehr an ihre
Interpreten auf, als dass sie zur Charakterisierung des philosophischen Bios
geeignet wäre.
Die Nützlichkeitserwägungen der thrakischen Magd in ihrer Fragwürdigkeit zu
durchschauen, heißt zugleich, sie nicht unverständlich zu finden. Dabei ist für
Blumenberg die Selbstverständlichkeit, mit der sich die Philosophengemeinde
über die Jahrhunderte hinweg der Anekdote annahm, hochgradig obsolet.
„Mich irritiert hier und andernorts die Beflissenheit, mit der diese Geschichte
vom Philosophen und der Magd gerade von denjenigen aufgegriffen wird, die
eigentlich vom Lachen der Magd mitbetroffen sein sollten."[31] Unbehagen' und
‚Peinlichkeit', die Blumenberg wahrnimmt, speisen sich aus der autoritativ in
Anspruch genommenen Macht philosophischer Dunkelheit, die sich gerade in
der Lächerlichkeit für eine für nicht wert erachteten Menge bekunden kann.
Gegenüber dem Philosophengerichtshof, der über die thrakische Macht immer
gleich urteilt, gewinnt die Pragmatie und mithin die nicht-theoretische,
gemeine Vernunft auf ihre Weise recht.
Jüngst ist gezeigt worden,[32] dass Blumenberg die Thales-Anekdote in ihrer
Platonischen Überlieferung im 'Theaitetos' ‚verlesen' habe und dass damit
eine folgenreiche Umdeutung einhergehe. Auf die Argumentation ist
einzugehen, weil sie den Akzent Blumenbergs exemplarisch erkennen lässt. Im
'Theaitetos' deutete die Anekdote von der Magd vor allem auf die
Wirkungsweise der Rhetorik, wobei der Herkunftsort Thrakien für die

---

[30] H. Blumenberg, *Das Lachen der Thrakerin*. Frankfurt/Main 1987, S. 14. Vgl. auch die
Vorfassung: *Der Sturz des Protophilosophen - Zur Komik der reinen Theorie, anhand einer
Rezeptionsgeschichte der Thales-Anekdote*, in: W. Preisendanz und R. Warning (Hgg.), Das
Komische. München 1976, S. 11 ff., siehe ferner die Diskussion ibid., S. 430 ff. Vgl. zu dem
ganzen Komplex: H. Niehues-Pröbsting, *Platonvorlesungen. Eigenschatten-Lächerlichkeiten*, in:
F.J.Wetz und H. Timm (Hgg.), *Die Kunst des Überlebens*, a.a.O., S. 341 ff.
[31] H. Blumenberg, *Das Lachen der Thrakerin*, a.a.O., S. 160.
[32] Vgl. Niehues-Pröbsting, a.a.O., siehe auch ders., *Überredung zur Einsicht. Der Zusammenhang
von Philosophie und Rheotrik bei Platon und in der Phänomenologie*. Frankfurt/Main 1987, S. 55
ff.

Zeitgenossen ein unschwer zu entzifferndes Signal war. Ihr Grundsinn wäre also zu phrasieren: Er verweist auf die Gegenüberstellung eines philosophischen und eines rhetorischen Sich-selbst-Verkennens. In der Zweiseitigkeit des Phänomens des Lächerlichen, dem Verlachen und dem Verlacht-werden, wird dies namhaft gemacht; ganz in diesem Sinn wird im 'Philebos' Lächerlichkeit bestimmt als „von der gesamten Schlechtigkeit der Teil, welcher den entgegengesetzten Zustand enthält des von dem delphischen Spruch ausgedrückten" (Phil. 48c), also des ‚gnothi seauton'. Dann ist der Philosoph jener, der nach oben blickt, weil er sich der ewigen Herkunft der Ideen inne bleibt, die Magd hingegen steht für den in der Rhetorik sinnfällig werdenden Vorrang der Meinung (doxa) ein und exemplifiziert die Verkennung der Ideenkenntnis. Es geht also um einen zweifachen Sturz: den Sturz des Philosophen auf der Erde und den Fall der Seele, wobei nach dem Kriterium, ob sie sich ihrer Herkunft erinnert, ihre Güte (areté) zu bemessen sei.

Dass Blumenberg diese - möglichen - Phrasierungen entgehen, weist in dieselbe Richtung wie der Umstand, dass er in der 'Politeia' , insbesondere im ‚Höhlengleichnis', den Anamnesis-Gedanken vermisst. Seine Platon-Studien gehen davon aus, dass die Seelen *durch Zwang* aus der Höhle ans Licht gezogen werden und sich an den Zustand in der Höhle nicht erinnern werden. Nichts würde den Weisen, auch Sokrates, dazu bringen freiwillig aus der Höhle zu gehen, da „man in einer Höhle nicht darstellen kann, was eine Höhle ist".[33] Hierin erkennt Blumenberg gar die Urproblematik aller ‚Höhlenausgänge'; zugespitzt die Misere, dass die philosophische Aufklärung nicht von der Seele selbst und nicht aufgrund ihrer originären dynamis vollzogen wird. Blumenberg hat aber offensichtlich bei der Deskription der an die Wand geworfenen Schatten den entscheidenden Zug übersehen, dass nicht nur bewegliches Seiendes, sondern auch schattenhafte Abbilder der Höhlenbewohner selbst vorübergetragen werden. „Denn zuerst, meinst du wohl, dass dergleichen Menschen von sich selbst und voneinander je etwas anderes gesehen haben als die Schatten, welche das Feuer auf die ihnen gegenüber stehende Wand der Höhle wirft? - Wie sollten sie, sprach er, wenn sie gezwungen sind, zeitlebens den Kopf unbeweglich zu halten" (Politeia 515a-b).[34] Es geht mithin ausdrücklich nicht nur um eine Umkehrung der Wahrnehmung von Seiendem in der Welt, sondern auch um eine solche der Wahrnehmung (Erkenntnis) seiner selbst. Jene ‚Verlesung', eigentlich eine

---

[33] Blumenberg, *Höhlenausgänge*, a.a.O., S. 347.
[34] Ob man wie Niehues-Pröbsting, *Platonverlesungen*, a.a.O., S. 345 ff. aus dem schmalen Beleg in der 'Politeia' die Folgerung ziehen kann, die Selbstpräsentationen hätten eine andere Seinsweise als die vorbeigetragenen seienden Dinge, sie ruhten nämlich, wohingegen jene bewegt seien. Ja, ob man mit Platon überhaupt zu Recht von ‚ruhenden Schattenbildern' sprechen kann, scheint fraglich.

Unaufmerksamkeit, teilt Blumenberg mit vielen Platon-Interpreten. Nur
wenige, wie Schopenhauer, sahen die Nuancierung. Blumenberg zieht aber
weitergehende Folgerungen als andere: die anamnetische, dialogische
Maieutik der sokratischen Dialoge führe sich in der 'Politeia' selbst ad
absurdum. Sie ist im Sinn jenes Bedenkens, das Blumenberg auch in seiner
Lektüre der Anekdote von der thrakischen Magd aussprach, ein Indiz dafür,
dass der philosophische Dialog dem Zwang benachbart ist. Lehrer und
Gesprächspartner sind nicht gleichgewichtige Partner. Derlei lässt sich allenfalls in der Aporetik des Elenchos noch simulieren.

Der Textdiagnose muss widersprochen werden, dass aber der Dialog im
Selbstgespräch der Seele mit sich beruht, insofern monologisch begründet ist,
scheint eine höchst treffende Beobachtung. Und man wird einem Kritiker
schwerlich zustimmen wollen, der meinte, dass Blumenberg, da er zunehmend
selbst zum Monologisieren neigte, dem philosophischen Dialog mit
zunehmendem ‚Misstrauen' begegnet sei. Blumenbergs Wendung zum
Monolog ist gerade nicht platonisch, sie konvergiert mit der esoterischen
Gewichtung der Schrift und durchbricht, wie anzudeuten war, eine Urfiktion
der Philosophiegeschichte. Sie teilt mit dem Platonischen Dialog aber die
Einsicht, dass erst im Monolog die freie Zustimmung der Seele zum Vollzug
des Symphilosophierens grundgelegt werden kann.

Blumenbergs eigenes Monologisieren ist vom Schweigen durchgriffen, ein
Zug, der sich in den späten Jahren zu der Aussage verdichtete, dass er nicht
wisse, für wen er denn eigentlich publiziere. Forschen und Schreiben gingen
indessen unvermindert weiter, im Schutz einer Abgeschiedenheit, die
Selbstklärung und Selbstgespräch mit unterirdischer Begriffsgenealogie
verband, aber die Unmitteilbarkeit selbst zum Thema hatte. Dies jedoch ist im
Sinn von Platons VII. Brief wiederum ganz und gar Platonisch.

V

Wenn man die Frage von Kohärenz und Systematik in der Metaphorologie
verfolgt, wird man unweigerlich auf den Problemzusammenhang von
Selbstverständnis und Selbstverhältnis verwiesen. Dessen Schwierigkeit und
Unauslotbarkeit, die in einem näher zu bestimmenden Sinn Nietzsches Wort,
wonach sich jeder selbst der Fernste ist, Recht geben, besteht darin, dass wir
uns selbst nicht in einem unmittelbaren Vertrautsein ‚gegeben' sind, und dass
erst recht eine unendliche Theorie seiner selbst, gleichsam die lebenslange,
lebensbegleitende Psychoanalyse unmöglich ist. Ersteres macht Blumenberg
unzweideutig mit dem Eingangssatz seiner nachgelassenen Aufzeichnungen
über 'Selbstverhältnisse' klar: „Selbstverständnis ist, was man hat, wenn man

danach gefragt wird".[35] Dieser Satz steht exakt kontrafaktisch zu der von Augustin aufgewiesenen Struktur des Wissens um die Zeit, denn, was Zeit ist, weiß man im Sinne Augustins ‚immer schon'. Nur wenn man gefragt wird, versiegt diese Selbstverständlichkeit. Selbstverständnis hingegen ist, wie Blumenberg pointiert formuliert, gerade das Unselbstverständliche. Insofern ist das Selbstverständnis ‚mir' fremd. Es ist nicht, wie raum-zeitlich seiende Dinge, ‚unbekannt'. In einer Subtilität, die von anderen Selbstverständnis-Theorien kaum erreicht wurde, beschreibt Blumenberg das Grundverhältnis von Ich und anderem. „Der Fremde ist dieser nicht nur kraft *seiner,* sondern auch nur kraft *meiner* Identität".[36] Dies ist deshalb der Fall, weil menschliche Subjektivität einer unbedingten gegenseitigen Gleichzeitigkeit fähig ist, worauf gerade das Gedächtnis aufmerksam macht. „Die Erinnerung an den Anderen, an den Augenblick der Urgleichzeitigkeit mit ihm, ist auch schon Erinnerung an seine Erinnerung [...]. Dieser Sachverhalt kann, zur Vermeidung der Einrede mit Faktizitäten, auch so gefasst werden: Erinnerte einer sich, so kann er sich nur an den Konvergenzpunkt beider Erinnerungen erinnern." Die Aporetik des Selbstverhältnisses ist nach Blumenberg wesentlich dadurch dokumentiert, dass es die Perspektive des ‚reinen Zuschauers' nicht geben kann. Auch im Blick auf das Konstrukt eines ‚Kosmotheoros', eines Weltbetrachters, wäre erst zu fragen, ob er auch ein Betrachter seiner selbst sein kann.

Wenn, wie zu zeigen war, eine solche Perspektive einzunehmen ist, dann fallweise und im Sinn eines stoischen Ethos. Auch sie bleibt aber zuallererst unter das Blumenbergsche Verdikt der ‚Sinnlosigkeit' gerückt, das nicht nur einen Mangel unterstellt, „sondern eine Vorenthaltung, eine Beraubung an Wesentlichem",[37] das also auf das Phänomen einer einmal gewesen seienden Lebenswelt und des Fließgleichgewichts seiner Entzogenheit und teilweisen Erinnerbarkeit rekurriert. Die ‚Lebenswelt', so wie Blumenberg sie expliziert, schließt gerade kein Selbstwissen ein. Geschichtliche Sinnlosigkeit wird sich vielmehr in die Zukunft hinein verlängern; und es ist nur wahrscheinlich, dass irgendwann die großen Gedächtnis-Werke der Vergangenheit nicht mehr sein werden und dass es nicht einmal mehr einen lebendigen Erinnerungshorizont derer geben wird, die jene Werke noch kennen.

VI

Odo Marquard hat bezogen auf Blumenbergs 'Matthäuspassion' einmal nebenher bemerkt, hier werde Bach „als eine Art Nietzsche vor Nietzsche"

---

[35] Blumenberg, *Ein mögliches Selbstverständnis. Aus dem Nachlass.* Stuttgart 1997, S. 9.
[36] Ibid., S. 213.
[37] Blumenberg, *Die Sorge geht über den Fluss*, a.a.O., S. 57.

gehört, indem die letzten Worte des Menschensohnes am Kreuz in die zentrale Perspektive rücken: „Gott mein Gott warum hast du mich verlassen".[38] Die Verlassenheit von Gott - und in der Umkehrung - die Verlassenheit Gottes muss in der Rede vom Tod Gottes vorausgesetzt werden.

Die Aussage von Goethes Satz, dass gegen Gott nur ein Gott sein könnte, hat freilich eine markant anti-nietzscheanische Spitze. Blumenberg möchte bewusst tiefer graben, als Nietzsche mit dem Einsatzpunkt in der 'Geburt der Tragödie aus dem Geiste der Musik': Es ist nicht nur ein großer welthistorischer Moment, dass in der griechischen Tragödie eine Kunstform gefunden wird, in der das Leiden bewahrt und in den Abstand gerückt wird, so dass es ertragen werden kann. Dies ist vielmehr die Urstiftung von Kultur.

An diesen Ursprungspunkt wird man auch zurückgehen müssen, um Blumenbergs spezifischere Frage nach der ‚Legitimität der Neuzeit' freizulegen, wobei sehr in Frage steht, ob Dieter Henrichs Einwand gegen Blumenberg spricht, wonach „er die Fragen, welche im weitesten Sinn das Verhältnis von Himmel und Erde betreffen", und damit die Grundfragen theoretischer welthafter Existenz, „auch für die entfaltete Moderne maßgeblich bleiben lässt".[39]

Wenig tief in Blumenbergs eigenste Fragerichtung dringt eine Kritik ein, die ihm vorhalten möchte, die Neuzeit zwar als Phänomen von Tatsachenwahrheiten reflektiert zu haben, nicht aber als Idee, und die von hier her konstatiert, Blumenberg habe die Physiognomik der Moderne um Webers Diagnostik radikaler Weltentzauberung gebracht und seine Rekonstruktion sei zu narrativ schwach, selbst in einer zweideutigen Schwebelage zwischen Mythos und Logos befangen.

'Die Legitimität der Neuzeit' - diesen Titel versteht Blumenberg nicht im Sinn der Rekonstruktion eines Anspruchs sich selbst genügender Vernunft für alle Zeiten. Mithin trifft die Beobachtung zu, dass Blumenberg ganz und gar nicht im Sinn transzendentaler Argumentation denke, so dass die eigenen Voraussetzungen jeweils selbst erst begründet würden. Blumenberg zeigt vielmehr auf ein *Phänomen*: Sein Verweis auf die ‚Legitimität der Neuzeit' artikuliert sich zuerst *polemisch* gegen die vor allem von Carl Schmitt exponierte Auffassung, dass die säkulare Kraft der Neuzeit einzig aus einer Umbesetzung von im Ursinn theologischen Begriffen gewonnen sei; ihr Eigenrecht sei Selbstanmaßung. In historisch genealogischem Sinn versucht Blumenberg demgegenüber darzulegen, dass es „in Analogie zum Prinzip des zureichenden Grundes" ein Prinzip der zureichenden Vernunft gebe, auf das die frühneuzeitlichen Denk- und Begründungsformen in ihrer weit auseinanderweisenden konkreten Ausformung zurückgreifen konnten. Die

---

[38] Vgl. Marquards treffendes Aperçu: *Entlastung vom Absoluten*, in : *Die Kunst des Überlebens*, a.a.O., S. 17 ff.
[39] D. Henrich, *Selbstverhältnisse*, a.a.O., S. 119.

Metapher und Wahrheit. Bemerkungen zum Kern von
Hans Blumenbergs Philosophie der Unbegrifflichkeit

265

zureichende Vernunft muss so weit reichen, dass sie bei Descartes, Bacon und Spinoza gleichermaßen aufgefunden werden kann. Sie hat indes ihren spezifischen Zeit-Ort und würde hoffnungslos überdehnt, wenn sie zu einem zeitübergreifenden Begriff oder ‚Projekt' von Aufklärung verlängert werden sollte. „Sie [sc. die zureichende Vernunft] reicht geradezu, die nachmittelalterliche Selbstbehauptung zu leisten und die Folgen dieses Alarms der Selbstkonsolidierung zu tragen. Das Konzept der Legitimität der Neuzeit wird nicht aus den Leistungen der Vernunft abgeleitet, sondern aus deren Notwendigkeit".[40] Der Rechtsdenker, der mit dem polemischen Kern der These gemeint war, hat sich in einer Replik auf Blumenberg bezogen: Carl Schmitt erinnerte an den ‚Parther-Pfeil', den er gleichsam als Signatur seiner 'Politische[n] Theologie I' abgeschossen habe, wonach alle maßgeblichen politischen Begriffe säkularisierte theologische Begriffe seien. Schmitt hielt Blumenberg entgegen, dass er allenfalls bis zu der Legalität der Neuzeit vordringen könne. Deren ‚Legitimität', wonach der Rechtsanspruch der neuzeitlichen Vernunft zu Recht bestehe, könne nur aufgewiesen werden, wenn der Kodex aufklärerischer Rationalität akzeptiert würde. Eben dies ist bei Blumenberg aber nicht der Fall. Blumenberg hat deshalb seinerseits in einer Weise auf Schmitts staatsrechtliche Argumentation geantwortet, die die Vermutung nahe legt, dass die Akten über der Debatte nicht geschlossen sind und dass das darin Ungesagte auf die Arkana sowohl Blumenbergs als auch Schmitts verweist: „Es muss Carl Schmitt paradox erscheinen, dass die Legitimität einer Epoche in ihrer Diskontinuität zu ihrer Vorgeschichte bestehen soll, und dieses Paradox lässt ihn nicht glauben, es könnte etwas anderes zur Debatte stehen als die bloße Legalität gegenüber einer hypostasierten Vernunft von positiver Gesetzlichkeit."[41] Blumenbergs Prämissen sind aber ihrerseits alles andere als selbstverständlich: dass Carl Schmitt die Diskontinuitätsüberlegung nicht einleuchte, ist keineswegs unbefragt vorauszusetzen, zumal bei einem Theoretiker des Ausnahmezustandes. Eher könnte die Annahme plausibel sein, dass Blumenberg wie mit einer Gegen-stimme zu sich selbst spricht. Denn, wie Dieter Thomä trefflich formuliert hat: „Im Schatten des Buches mit dem Titel 'Die Legitimität der Neuzeit' steht Blumenbergs Überzeugung von der Illegitimität der Neuzeit."[42] Es ist freilich nicht einfach so, wie Thomä nahe legt, dass in der Debatte zweischen Schmitt und Blumenberg zwei Begriffe der Neuzeit gegen einander stünden. Vielmehr sind Schraffuren und Akzentverlagerungen bei ein und demselben Grundverständnis festzuhalten. Im Sinn des Illegitimitätsakzents dieses doppelten Blickpunktes hat Blumenberg notiert: „Geschichte heißt, dass

---

[40] Blumenberg, *Die Legitimität der Neuzeit*, a.a.O., S. 114.
[41] Ibid., S. 113.
[42] Dies betont stimmig: D. Thomä, *Zeit und Neuzeit*, in: *Die Kunst des Überlebens*, a.a.O., S. 281.

es keine Anfänge nach dem Anfang gibt".[43] Im Hintergrund dieser
Begriffsfigur macht sich Blumenbergs durchgehende Überzeugung geltend,
dass keine Denkbewegung aus ihrer Geschichte heraustreten kann. So sprach
er schon früher von der Unmöglichkeit, „einen vorgegebenen Inhalt jederzeit
in derselben Weise vorzutragen oder verstanden zu denken."[44] Hält man sich
dies, auch methodisch, vor Augen, so stößt die Frage nach der Legitimität der
Neuzeit auf ihren Grund, sie wird auf die Gegenküste der Illegitimität
verwiesen. „Die Aufklärung selbst, als Inbegriff aller Wirkungen der Vernunft,
würde sich vergeschichtlichen müssen, um ihre vormalige Untätigkeit zu
rechtfertigen, wie betont auch immer sie ihr Programm als Abwerfung von
Geschichte, Tradition und Zeitballast stilisiert haben mochte".[45] Die Neuzeit
selbst ist durch vorneuzeitliche Begründungsstrukturen ermöglicht. Sie sind
ihre verdrängten Arkana. Ihre Urgenesis erkennt Blumenberg bei Cusanus und
in der Spätscholastik, nämlich im Aufweis der ‚Potestas' Gottes als einer
‚Potestas infinita', eines unendlichen Möglichseins. Der Ausgriff in diesen im
Grunde unendlichen Möglichkeitsraum macht die Urgenesis neuzeitlichen Bewusstseins erst verständlich und bricht sich doch zugleich an deren Voraussetzung. Im Hintergrund des von Blumenberg aufgewiesenen Umbruchs steht
freilich die Einsicht in die ontologische Grundproblematik der ‚potestas
infinita'; ihr zufolge sind Sein und Natur nicht gleichzusetzen. ‚Sein' ist immer
auch Möglich-sein und in der geschaffenen Natur niemals vollständig
verwirklicht. Damit ist der göttlichen, in Abhängigkeit davon aber auch der
menschlichen Intelligibilität ein ungeheurer Spielraum eröffnet.
Kurt Flasch widersprach Blumenberg schon in frühen Jahren[46] unter anderem
mit dem Hinweis, dass die Differenz zwischen Sein und Natur nicht erst vom
Cusaner gefunden, sondern vielmehr ein Urbestandsstück des Platonismus sei;
man denke an Sokrates' Zurückweisung der ionischen Naturphilosophie und
ihrer Gleichsetzung von Naturdingen (‚physei onta') und Seiendem überhaupt.
Die systematische Differenz ist jedoch nicht allzu groß. Denn die Freilegung
früherer Wurzeln bestätigt im Grund nur Blumenbergs Einsicht in die
Unhintergehbarkeit von Geschichte und damit in die Unmöglichkeit einer
Rückführung in das Paradies ursprünglichen Seins.[47]
Blumenberg kann vor dem skizzierten Hintergrund zu Recht darauf verweisen,
dass das Wort von der ‚Nachahmung der Natur' als der Inbegriff dessen, „was
der Mensch in der Welt und an der Welt aus seiner Kraft und Fertigkeit leisten

---

[43] Blumenberg, *Lebenszeit und Weltzeit*, a.a.O., S. 356.
[44] Blumenberg, *Arbeit am Mythos*, a.a.O., S. 301.
[45] Blumenberg, *Lebenszeit und Weltzeit*, a.a.O., S. 185.
[46] K. Flasch, *Ars imitatur naturam. Platonischer Naturbegriff und mittelalterliche Philosophie der Kunst*, in: ders., (Hg.), Parusia. Studien zur Philosophie Platons und zur Problemgeschichte des Platonismus. Frankfurt/Main 1965, S. 272 und S. 290 ff. mit Bezügen auf Blumenberg.
[47] E. Rudolph, *Geschichte statt Wahrheit. Zur Metakritik der historischen Vernunft*, in: *Die Kunst des Überlebens*, a.a.O., S. 288 ff.

Metapher und Wahrheit. Bemerkungen zum Kern von
Hans Blumenbergs Philosophie der Unbegrifflichkeit

267

könne," ein Schibboleth gegenüber der ins infinit Mögliche ausgreifenden schöpferischen Intelligibilität sei.[48] Vor diesem Axiom habe sich das Pathos, mit dem das schöpferische Subjekt bedacht wurde, erst artikuliert, es sei über jene Grenze aber nicht hinausgelangt.

Die Frage des Todes Gottes führt am Grund der Durchforschung der Legitimität der Neuzeit auf die Wendung der ‚Theologie' Blumenbergs, deren eine Grundstrebe jene frühe Verlesung der lübischen Kircheninschrift von der ‚Furcht Gottes' vor seiner Schöpfung ist. Die zweite Strebe wird durch Goethes ‚ungeheuren Spruch' markiert, „Nihil contra deum nisi deus ipse." Er bringt eine Stasis (einen Aufruhr) in das Gottes-Verständnis und verweist auf einne Hiatus irrationalis zwischen dem Weltgott und dem Heilsgott, der gnostisch manichäische Züge hat. In diese Grundfigur findet eine Amphibolie Eingang. Gott ist im Sinn des ontologischen Gottesbeweises von Anselm das, über das hinaus Größeres nicht gedacht werden kann; und im Sinn der negativen Theologie von Plotin und des Neuplatonismus ist Gott größer als das, was gedacht werden kann. Diese Differenz führt zu einer Phrasierung der Grenzbegriffe. Die Phänomenologie wird diese Aporetik wiederum einklammern, wobei sie darin ihr Ziel finden könnte, die Grenzen zu überschreiten und sich zugleich zurückzunehmen.[49] Das reine Sehen des Phänomens verdichtet sich für Blumenberg in der Musik der Bachschen Passion. „Niemand fragt in das Rezitativ des Evangelisten hinein, was denn genauer gemeint sei mit dem Dank zum Brotbrechen und den Jesusworten: ‚Nehmet, esset, das ist mein Leib'.[50] Hier teilt sich eine fraglose, lediglich hinzunehmende Gabe mit, nicht ein Verhältnis von Text und Kommentar, das in Variationen weiter zu befragen bleibt. Und dieses Signum ist ebenso wie der Mythos uneinholbar, es ist aber zugleich die Fermata, der Ruhepunkt, an dem die Doppelbewegung der Passion, die Blumenberg differenziert freigelegt hat: Leiden und Leidenschaft für einen Augenblick von kultischer Dauer, in eins konvergiert. „Die Eskalation Gottes zu betreiben scheint aufs Ganze der Geschichte von Mythos und Religion betrachtet - so etwas wie die Leidenschaft des Menschen zu sein",[51] bemerkt Blumenberg im Blick auf die Struktur der Gottesbeweise, um die eine Seite des Problems zu charakterisieren. Die andere sieht er durch Ciorans Wort gekennzeichnet: „La destin historique de l'homme est de mener l'idée de Dieu jusqu' à sa fin",[52] was freilich im Sinn Blumenbergs eine in mehrfacher Hinsicht unscharfe Wendung ist. Denn weder lässt sich, sei es auch nur hypothetisch, das Ende

---

[48] Blumenberg, *Wirklichkeiten, in denen wir leben,* a.a.O., S. 57.
[49] Blumenberg, *Matthäuspassion,* a.a.O., S. 45.
[50] Ibid., S. 306.
[51] Ibid., S. 307.
[52] Ibid., S. 225.

angeben noch eine *Idee* Gottes. Dem geht allerdings Jesu letztes Wort nach
dem Zeugnis der Johannes-Passion voraus. Blumenberg hat mit sezierender
Genauigkeit gefragt, was es heißt, dass das ‚tetelestai' zweifach begegnet:
einmal in der großflächigen Formel ‚panta tetelestai'[53] und dann als einen
Aufschrei, der soviel sagt, wie ‚Es ist ausgestanden', also ‚zu Ende'. Dieser
Schrei versagt sich bei Matthäus der Lukanischen Wendung: „Vater, in deine
Hände übergebe ich meinen Geist". Dass beide Richtungssinne durch einen
dritten kommentiert werden, (ausgedrückt durch ‚teleo' im Sinne von ‚Es ist
bezahlt'), im Sinn eines Nebenmythos des Freikaufens, ist festzuhalten; es
verliert sich aber in dem ‚Adyton', dem Dämmer des Halb- oder
Unverständlichen, in den, wie Blumenberg zeigen möchte, der heilige Text
hinübergleitet, gerade dort, wo er sein Zentrum erreicht hat. Das Alles (panta)
kommt in dem auf die Faktizität des Sterbens bezogenen zweiten tetelestai, in
dem die Höhenlage gleichsam herabgestimmt ist, nicht mehr zum Tragen.
Doch, so fragt Blumenberg in einem synkritischen Blick auf Matthäus *und*
Johannes, vielleicht liegt gerade darin eine eschatologische Perspektive.

---

[53] Ibid., S. 227. Dazu auch die Überlegungen von M. Moxter, *Ungenauigkeit und Variation.*
Überlegungen zum Status phänomenologischer Beschreibungen, in: *Die Kunst des Überlebens*,
a.a.O., S. 184 ff. und: H. Timm, ‚*Nach Ithaka heimzukehren verlohnt den weisesten Umweg'.*
Nostrozentrische Kosmologie-nautozentrische Metaphorik, in: ibid., S. 55 ff.

4. Musikalität und Phänomen: Bemerkungen zu Geschichte und Systematik einer genauen Metapher

I

Die ‚absolute Metapher' ist zu kennzeichnen als ein Zeichen, das nicht mehr im Sinne der ‚signum' - ‚res'- Unterscheidung auf anderes als sie selbst verweist, sondern sich selbst meint. Die avantgardistische Kunst der Moderne ist mithin von ‚absoluten Metaphern' durchzogen, denen die neuere philosophische Metapherntheorie nachzugehen hat. Die Bildlogik absoluter Metaphern scheint der Rationalität des Begriffs eher disparat gegenüberzustehen. Deshalb firmiert die ‚absolute Metapher' auch in Hans Blumenbergs ‚Theorie der Unbegrifflichkeit' als Limesbegriff, und dies obgleich, vielleicht aber umgekehrt auch weil sich die Reichweite der Blumenbergschen Metaphorologie wesentlich verschoben hat. Blumenberg selber bemerkte im Rückblick auf seine Programmschrift 'Paradigmen zu einer Metaphorologie' in fast zwanzigjährigem Abstand 1979: „Als Erich Rothacker 1960 die *Paradigmen zu einer Metaphorologie* in sein *Archiv für Begriffsgeschichte* aufnahm, dachte er wie der Verfasser an eine subsidiäre Methodik für die gerade ausholende Begriffsgeschichte. Seither hat sich an der Funktion der Metaphorologie nichts, an ihrer Referenz einiges geändert; vor allem dadurch, dass die Metaphorik nur als schmaler Spezialfall von Unbegrifflichkeit zu nehmen ist". Und Blumenberg fährt fort, dass die Metaphorik nicht als Behelf im Vorfeld der Begriffsbildung gesehen werde, sondern „als eine authentische Leistungsart der Erfassung von Zusammenhängen". Diese entfernen sich aber von der ‚absoluten Metapher', in Blumenbergs Worten, „auf die rückwärtigen Verbundungen zur Lebenswelt als dem ständigen - obwohl nicht ständig präsent zu haltenden - Motivierungsrückhalt aller Theorie".[1] In dieser Explikation von Lebenswelt mag es grundgelegt sein, wenn die referentielle Ausweitung der Metaphorologie, die allmählich auf die Einsicht des jungen Nietzsche in die Vorgängigkeit der metaphorischen Magma vor dem Begriff zurückgriff, nicht mit einer gleich laufenden methodischen Radikalisierung einherging. Verwunderlich mag dies aber sein, da schon Blumenbergs Programmschrift darauf verweist, dass im Wandel von Metaphern Geschichtlichkeit expliziter und radikaler zum Austrag komme als im Wandel von Begriffen. Denn die sich wandelnde Metapher bringe jene wechselnden Sinnhorizonte selbst zum Vorschein, innerhalb deren Begrifflichkeiten erst generiert würden.

---

[1] H. Blumenberg, *Ausblick auf eine Theorie der Unbegrifflichkeit*, in: ders., *Schiffbruch mit Zuschauer*. Frankfurt/Main 1979, S. 77.

Auch für die sich entwerfende denkende Subjektivität bleiben die Einsichten
der Metaphorologie nicht folgenlos:[2] im ‚Mut zur Vermutung' entwirft das Ich
sich selbst seine Geschichte, bzw. sich in die Geschichte voraus.

Im folgenden soll an einem, keineswegs zufällig gewählten Beispiel die
Grenze der ‚absoluten Metapher' ihrerseits unterschritten werden: durch die
Erinnerung an die (zur Vorverständigung so zu benennende) ‚genaue
Metapher', die ein vorfindliches Begriffsfeld, sei es im Blick auf Herder und
Hölderlin im Feld der Ästhetik oder Metaphysik der Kunst, sei es im Blick auf
Heideggers ‚Grundstimmungs'-Analysen, in eine Schwebelage transponiert,
ohne selbst begriffslos zu werden. Die ‚genaue Metapher' bleibt bezeichnend,
wenngleich sie die Ebene des Zeichenfeldes um eine geringe, doch
bezeichnende Differenz verschiebt.

Die Einsicht in das Feld der Akroamatik oder präzsier: einer musikalischen
Ästhetik gibt abschließend Gelegenheit zu einer Infragestellung des Begriffes
der Einbildungskraft im Zusammenhang der Begriffsbildung.

II

Hölderlin macht die Bildlichkeit des ‚Wechsels der Töne' in seinen
Erwägungen 'Über die Verfahrungsweise des Poetischen Geistes' indirekt
transparent. ‚Product' der schöpferischen Reflexion ist die Sprache, heißt es,
und dabei wird vorausgesetzt, dass die schöpferische Reflexion antidotisch,
wiederherstellend, dort eintritt, wo die urteilende Reflexion Läsionen bewirkt
hat: „Es ist schon gesagt worden, dass auf jener Stufe eine neue Reflexion
eintrete, welche dem Herzen alles wieder gebe, was sie ihm genommen habe
[...], wie sie für die ursprüngliche Empfindung des Dichters und seines
Gedichts, sei vergeistigende Kunst gewesen" (Hölderlin, STA (Große
Stuttgarter Ausgabe, ed. F. Beißner) IV, 1, S. 263). Die Reflexion führt ihn
nämlich - und damit tritt aller erst die Sinnbildlichkeit in den Bezugsrahmen
des Gedankengangs ein - vor das Ganze eines Anschauens und Denkens, vor
das Eins-sein von Natur und Kunst, das Hölderlin als ‚Seyn' im einzigen Sinne
des Wortes versteht. Sie transzendiert damit alle ‚Positivität', so, „dass die
Natur und Kunst, so wie er sie kennen gelernt hat und sieht, nicht eher spreche,
ehe für ihn eine Sprache da ist; d.h. ehe das jetzt Unbekannte und Ungenannte
in seiner Welt eben dadurch für ihn bekannt und nahmhaft wird, dass es mit

---

[2] Hierzu geben Blumenbergs nachgelassene Reflexionen: *Ein mögliches Selbstverhältnis*. Stuttgart
1997 schöne Aufschlüsse. Vgl. zum Phänomen auch D. Henrich, *Bewusstes Leben*.
Untersuchungen zum Verhältnis von Subjektivät und Metaphysik. Stutgart 1999. Subjektivität
firmiert dabei in ähnlicher Weise wie in Augustins Confessiones XI. die Zeit als ein Seiendes, von
dem man nur weiß, wenn man nicht danach befragt wird noch sich selbst fragt.

seiner Stimmung verglichen und als übereinstimmend befunden worden"
(ibid., S. 263f).
Der Rückgang auf eine Grundstimmung und ihr Tönen schließt
Gegenstimmigkeit und Gegenstrebigkeit ein. In ihnen erst bildet sich in
Abstufungen ein Maß aus. In der großangelegten Ausarbeitung 'Reflexion'
wird dieses nach ,Graden der Begeisterung' ausgefaltet. „Auf dieser
(Stufenleiter) auf und abzusteigen ist Beruf und Wonne des Dichters" (ibid.,
S. 233). Und die Gegenstrebigkeit selbst wird in der folgenden Weise
expliziert: „Nur das ist die wahrste Wahrheit, in der auch der Irrtum, weil sie
ihn im ganzen ihres Systems, in seine Zeit und seine Stelle setzt, zur Wahrheit
wird. Sie ist das Licht, das sich selber und auch die Nacht erleuchtet. Dass ist
auch die höchste Poesie, in der auch das unpoetische, weil es zu rechter Zeit
und am rechten Orte im Ganzen des Kunstwerks gesagt ist, poetisch wird"
(ibid., S. 234f), was von Hölderlin weiter dadurch einleuchtend gemacht wird,
dass die Missachtung des Grundsatzes, wonach ,Unterschiedenes gut' ist,
keinesfalls auf die Unverletzlichkeit des Seyns im einzigen, ungeteilten Sinn
des Wortes verweist, sondern bloß auf einen Schatten von Wirklichkeit, ein
Eidolon, führt. „Die Weisen aber, die nur mit dem Geiste, nur allgemein
unterscheiden, eilen schnell wieder ins reine Seyn zurük, und fallen in eine um
so größere Indifferenz, weil sie hinlänglich unterschieden zu haben glauben"
(ibid., S. 237). Unterschiedenheit muss die poetische Harmonik von Grund auf
bestimmen, wenn sie auf den Einheitssinn zurückführen soll. Sie ist, zuerst nur
in ihrer formalen Grundverfasstheit genommen, in der Lehre vom ,Wechsel
der Töne' als ein Antidotum und fließendes Gleichgewicht zwischen
Anfangston, seinem Gegensatz und dem Aufhören (oder lyrischen Ende),
exponiert (ibid., S. 238).
Hinzu kommt die Grenze des Gefüges: die Katastrophe, in der sich in einer
Dichtung ,jeglichen Styls' der Umschlag vollzieht.[3]

Wie sich bei näherem Hinsehen zeigt, übersetzt Hölderlin ein visuelles
Sinnbild, Fichtes Vermögen der Einbildungskraft, in ein akroamatisches.
Einbildungskraft ist für Fichte bereits in § 4 der ersten ,Wissenschaftslehre' als
,Synthesis-Vermögen' begriffen. „Dieser Wechsel des Ich mit sich selbst, da
es sich endlich, und unendlich zugleich setzt - ein Wechsel, der gleichsam in
einem Widerstreite mit sich selbst besteht und dadurch sich selbst reproduziert,
indem das Ich Unvereinbares vereinigen will, jetzt das unendliche in die Form
des endlichen aufzunehmen versucht, jetzt zurückgetrieben, es wieder ausser
derselben setzt, und in dem nemlichen Momente abermals es in die Form der
Endlichkeit aufzunehmen versucht - ist das Vermögen der *Einbildungskraft*"

---

[3] U. Gaier, *Hölderlin. Eine Einführung.* Tübingen, Basel 1993, S. 222 ff. Vgl. dazu auch V. Waibel,
Hölderlin und Fichte 1794-1800. Paderborn, München, Wien, Zürich 2000, S. 349 f.

(GA [Fichte, Gesamtausgabe der Bayerischen Akademie der Wissenschaften. Stuttgart, Bad Cannstatt 1964 ff.] I, S. 359).

Hölderlin zufolge kann die poietische Verfahrungsweise in seiner Explikation von ‚Synthesis' in einem zwiefachen Sinn gebraucht werden, ‚angewandt' und ‚unangewandt'. Unangewandt zeichnet sie vor, wie der poetische Geist sich selbst formiert (reproduziert), indem er sich den Stoff anverwandelt, ihn rezeptiv macht. Es gehört in den Zusammenhang der Reproduktion, dass ein unauflöslicher Grundwiderstreit, das „Streben nach Absolutem" und das „Streben nach Beschränkung," als Formen des Widerstreites bewahrt bleiben, als Widerstreitsformen aber ‚vereiniget' werden. Leitfaden ist, dass der sinnliche Gehalt ‚als Verschiedenheit', nämlich als ein diskursiver, gedanklicher Fortgang, begriffen wird, die sinnliche Form dagegen als ‚in allen Teilen identisch'. Letzteres, die Identität in allen Teilen, meint eine Selbst-Gleichheit, in der die Grundtöne im Sinn eines harmonischen Ausgleichs wechseln. Anders verhält es sich mit der ‚Selbsterkenntnis der poetischen Individualität'. Sie führt die Verfahrungsweise des poetischen Geistes ‚angewandt' vor Augen und trifft damit auf ein doppelt bestimmtes Verhältnis von Erkenntnis und Sprache. „So wie die Erkenntniß die Sprache ahndet, so erinnert sich die Sprache der Erkenntniß" (StA IV, S. 261). Der Sprache kommt ‚vorzeichnende' Bedeutung zu, da sich auf ihrem Grund der Wechsel der Töne aller erst vollzieht. In der poetischen Individualität wird zugleich die Problematik einer nicht-reflexiven, freien Bestimmung der Subjektivität weitergeführt: „Alles kommt also darauf an, dass das Ich nicht blos mit seiner subjectiven Natur, von der es nicht abstrahiren kan ohne sich aufzuheben, in Wechselwirkung bleibe, sondern dass es sich *mit Freiheit* ein *Object wähle, von dem* es, *wenn es will, abstrahiren* kann, um von diesem durchaus *angemessen bestimmt zu werden* und es *zu bestimmen.*" (StA IV,1, S. 254). An dieser Stelle geht die Rezeptivität in Produktivität und Spontaneität über. Deshalb fügt Hölderlin hinzu: „Hierin liegt die Möglichkeit, dass das Ich im harmonisch entgegengesezten Leben als Einheit, und das Harmonisch-Entgegengesezte, als Einheit erkennbar werde im Ich in reiner (poetischer) Individualität. Zur freien Individualität, zur Einheit und Identität in sich selbst gebracht wird das reine subjective Leben erst durch die Wahl seines Gegenstandes" (ibid). Es erfährt dadurch nämlich die Selbst-Einschränkung und -negierung, die für den Durchbruch durch die Positivität des faktisch Gegebenen entscheidend ist. Zuerst scheint jene Negation an der Sprache auf, insofern die Sprache der Dichtung als *‚das Product dieser schöpferischen Reflexion'* „nichts als gegeben [annimmt], von nichts positivem [ausgeht], dass die Natur und Kunst, so wie er sie kennengelernt hat und sieht, nicht eher spreche, ehe für ihn eine Sprache da ist, d.h. ehe das jetzt Unbekannte und Ungenannte in seiner Welt eben dadurch für ihn bekannt und nahmhaft wird, dass es mit seiner Stimmung verglichen und als

übereinstimmend erfunden worden ist" (StA IV, S. 263 f.). Die Vergleichung
der Stimmungen beruht auf freier Objektwahl.

III

Heidegger hat die Frage der Grundstimmung aus dem Begriffsschema des
Affektes oder Gefühls gelöst, die, wie man aus dem Platonischen 'Philebos'
wissen kann, eine spezifische Rationalität in sich schließen können. Eine
Grundstimmung unterscheidet sich dadurch von einer intentional
ausgerichteten Gestimmtheit, dass sie nicht auf spezifisches Seiendes, einen
Sachverhalt etwa, ausgerichtet ist. Sie durchstreicht, wie Heidegger in seiner
Abhandlung 'Vom Wesen des Grundes' zeigt, jene Intentionalität vielmehr
und lässt insofern das Sein des Seienden im Ganzen aufbrechen. Heidegger
hat, zuerst in der Freiburger Antrittsvorlesung 'Was ist Metaphysik?' und
sodann in dem Kolleg 'Die Grundbegriffe der Metaphysik' an zwei
Phänomenzusammenhängen versucht zu erläutern, worin eine Grundstimmung
besteht: Es ist die ‚tiefe Langeweile', „in den Abgründen des Daseins wie ein
schweigender Nebel hin- und herziehend" (GA I 9, S. 110), die „alle Dinge,
Menschen und einen selbst mit ihnen in eine merkwürdige Gleichgültigkeit
zusammenrückt und gerade so, in dieser Ununterscheidbarkeit das Seiende im
Ganzen eröffnet." Gestimmtheit bedeutet, dies zeigen bereits jene Hinweise,
Versetztsein: in ex-zentrischem Sinne in das ‚Seiende im Ganzen', gleichsam
in einer Enthüllung, die - wie Heidegger in vorläufiger Kennzeichnung
anmerkt - „das Grundgeschehen unseres Daseins" (ibid.) offenlegt.[4] Als
Entrückung ist die Grundstimmung - und nur dies scheint die Metapher für
Heidegger zu rechtfertigen - weder die Nachtseite denkenden und voluntativen
Verhaltens, noch Antrieb noch schließlich ein bloßer Zustand. Sie verweist auf
den zu allem intentionalen Weltverhältnis *transzendenten* Grund, der nach
Heidegger den Vorrang des Seienden gegenüber dem Nicht[s] selbst in Frage
stellt - und, anders als die Festlegung im Platonischen Sophistes nahelegt, dass
sich das Nichts nicht nur als eine Seinsweise des Seienden (‚ontos on')
(Sophistes 255a ff.) denken lässt. Die Grundstimmung, die nicht nur in die
Mitte des ‚Seienden im Ganzen' versetzt, sondern vor das Nichts, als den
abgründigen Grund des Seienden, bestimmt Heidegger - ausgehend von einem
Motivzusammenhang in 'Sein und Zeit' - in der Antrittsvorlesung als ‚Angst'.

---

[4] In diesem Zusammenhang wäre auch Heideggers Abhandlung *Vom Wesen des Grundes* aus dem
Jahr 1929 und andere *Wegmarken*-Ausarbeitungen aus dem fraglichen Zeitraum zwischen *Sein
und Zeit* und der ersten Schelling-Vorlesung SS 1930 (GA II 31) zu befragen: es ist eine überaus
bedeutende Strecke von Heideggers Denkweg, allein durch die Vorlesung (GA II 28) *Der deutsche
Idealismus* (Freiburg SS 1929) und das unmittelbar daran anschließende Kolleg *Die Grundbegriffe
der Metaphysik. Welt-Endlichkeit-Einsamkeit* (WS 1929/30) (GA II 29/30).

„In der Angst - sagen wir - ‚ist es einem unheimlich'. Was heißt das ‚es' und
das ‚einem'. Denn zwar hat die Angst eine Intentionalität, sie ist Angst vor...
und zugleich Angst um...“[5]. Doch diese Intentionalität bezeichnet einen
Sonderfall, sie ist ‚nicht' bestimmt und daher fehlt ihr die Begrenztheit auf
einen spezifischen Gegenstandsbereich. In Entsprechung dazu hat Heidegger
im   Zusammenhang   seiner   Erörterung   der   Grundprobleme   der
Phänomenologie, als der Schrittfolge, in der sich das sich dar-lebende Dasein
zum Seienden im Ganzen verhält, als ‚woraufhin' und unbestimmt
intentionales ‚von...her' aufgefasst (GA II 24, S. 392 ff.).
Die Nichthaftigkeit kommt hier in einer ganz bestimmten Weise und Hinsicht
zur Erscheinung. „In der Angst geschieht keine Vernichtung des ganzen
Seienden an sich, aber ebensowenig vollziehen wir eine Verneinung des
Seienden im Ganzen, um das Nichts allererst zu gewinnen [...]. Das Nichts
begegnet vordem schon. Wir sagten, es begegne ‚in eins mit' dem
entgleitenden Seienden im Ganzen" (ibid., S. 113f). Die Angst ist als eine
‚abweisende Verweisung' auf das Seiende im Ganzen bezogen, das sich nicht
nur welthaft, nämlich: in toto zeigt, sondern das als solches auch verschwindet,
sich entzieht. Und dabei ist, wie in Fortschreibung der Analysen von 'Sein und
Zeit' angemerkt wird, in die Angst ein ‚Zurückweichen vor....' eingegangen,
freilich nicht in der Art, wie Heidegger in 'Sein und Zeit' die existentiale
Verfallenheit deutet, als eine Flucht in das Man, sondern „als eine gebannte
Ruhe. Dieses Zurück vor... nimmt seinen Ausgang vom Nichts. Dieses zieht
nicht auf sich", es weist vielmehr von sich weg (ibid., S. 114).
Sinnbildhaft wird das Nichts der Angst als eine phänomenologische Macht
aufgewiesen, die den aller Perzeption entzogenen ‚Grund' in der ‚Grundstimmung' ‚zeigt' als die „helle Nacht des Nichts der Angst", in der allererst
„die ursprüngliche Offenheit des Seienden als eines solchen" sich eröffne
(ibid.), so dass kenntlich wird, dass es Seiendes ist - und nicht Nichts. Dabei
sind   die   phänomenologischen   Beschreibungen   des   zugehörigen
Bewusstseinszustandes besonders signifikant: das Nichts erhellt den Blick und
es ist erinnerbar (GA I. 5, S. 119).
In der Vorlesung über 'Die Grundbegriffe der Metaphysik' wird zudem
verdeutlicht, dass Grundstimmungen als ein Hingehaltensein auf den selbst
nicht ontisch seienden Grund immer erst in abwesender Weise seien. Sie sind
so eng mit der Seinsweise des Daseins verflochten, dass sie nicht ‚festgestellt',
sondern nur geweckt werden können - als ein Sein, in dem das Dasein immer
schon ist, in dem es aber seinen Aufenthalt erst zu finden hat.

---

[5] Heidegger fand diese Struktur in dem Aristotelischen Ausdruck für die Relation des Um...willen
vorgeprägt. Vgl. seine legendäre Ausarbeitung: *Phänomenologische Interpretationen zu
Aristoteles (Anzeige der hermeneutischen Situation)*, hg. von H.-U. Lessing, in: Dilthey-Jahrbuch
6 (1989), S. 235 ff.

Der Stimmungsbegriff ist phänomenologisch verankert,[6] allerdings im Sinn des erweiterten Begriffs der Phänomenologie, den sich Heidegger zu eigen machte und den er auf ein Sehen-Lassen und Aufdecken (deloun) hin spezifizierte, das sich den bewegten Phänomenen zuwendet und nicht auf die Logifizierung in der Husserlschen Urwissenschaft zurückgreift. Dass die Phänomenologie nicht eidetisch verfahre, also nicht auf die bleibende gegebene Gestalt bezogen ist, dies ist die Grundachse in Heideggers früher (abgrenzender) Auseinandersetzung mit Husserl. Der Bezug auf die Stimme ist erst später exponiert und in einer doppelten Perspektive zwischen dem Hör- und dem Sichtbaren angesiedelt worden.

Um dies zu verdeutlichen, greifen wir auf ein vergleichsweise spätes Denkzeugnis zurück, auf Heideggers nachgelassene, ungeordneten Notizen zu einigen Bildern Paul Klees, die er in den Zusammenhang der Seinsfrage und mithin unter den leitenden Titel des ‚Ereignisses' gestellt hat. Stimme ist dort in einer Synästhesie als ‚Stimme der Stille' (Heidegger-Studies, 1993, S. 12) exponiert. Und es ist davon die Rede, dass diese Stimme weder ‚Laut' noch ‚Sprache' sei. Gerade aufgrund dessen ‚läßt sie sehen'. Und deshalb korrespondiert dieser Begriff der Stimmung mit Klees 'Schöpferische[r] Konfession': „Kunst gibt nicht das Sichtbare wieder, sondern macht sichtbar", der Heidegger in der folgenden Weise nachfragt: „Was? das Unsichtbare und woher und wie dieses bestimmt?" Der Vollzug des Stimmens wird damit aus den Lesarten im Rahmen der existenzialen Analyse und der met-ontologischen Rückwendung von der Frage nach dem Sinn von Sein auf die Frage nach dem Da-sein und seinen Seinsvollzügen gelöst und auf Heideggers spätes Denkbild des Geviertes, als der Ent-gegnung und Begegnung der Himmlischen und der Sterblichen, der Götter und der Menschen, transponiert. Die Stimmung müsse, so führt Heidegger ein Richtmaß ein, „aus Einfalt des Verhältnisses des Ge-Vierts" gedacht werden. Und das heißt, das Stimmen als „einfaltend-entfaltendes, enteignend-ereignendes Bergen des Ge-Vierts" zu verstehen (ibid.). In solchen Beschreibungen ist nahegelegt, dass die Denk-form der Seinsfrage als eine ‚Stimmung' zu fassen sei. Der von Heidegger niemals genuin akzentuierte musikalische Oberton in den Grundworten der 'Beiträge' - Fuge, Anklang, Zuspiel - erklärt sich dabei als ein Hinweisen, das von dem in Rede stehenden akusmatischen Phänomen weg-weist. Maß und Grund des Seins findet Heidegger am ‚Ursprung der Sprache', und er umschreibt diesen Ursprung, in Analogie zu dem Aufweis des Ursprungs des Kunstwerkes in der Abhandlung des Jahres 1935/36 als ‚offene Stelle' und ‚Riß', in die sich das Entgegengesetzte zusammenfügt.

---

[6] Vgl. dazu im einzelnen P.-L. Coriando, *Affektenlehre und Phänomenologie der Stimmungen. Wege einer Ontologie und Ethik des Emotionalen.* Frankfurt/Main 2002.

IV

Die hier (in Beschränkung auf zwei Paradigmen) skizzierte ‚genaue Metaphorik' ist nicht voraussetzungslos, sie hat ihren genuin neuzeitlichen Ort in der Debatte um den ‚Ursprung der Sprache' in den Siebziger Jahren des 18. Jahrhunderts. Seinerzeit bewegte sie sich noch in dem offenen Bereich zwischen Mündlichkeit und Schriftlichkeit. Sie hält noch die erst von Derrida wiedererinnerte Problematik offen, dass es keine Kriterien gibt, nach denen sich entscheiden ließe, ob der Ursprung der Sprache eher aus der Schrift oder dem gesprochenen Latugefüge transparent gemacht werden kann. Die spätere philosophische Doxa, das Sprache ihrem Ursprung nach immer Laut sei, wird in die Vorrangigkeit des esoterischen einer mündlichen Mitteilung vor der Verschriftlichung im Platonischen Dialog zurückprojiziert, obgleich Schriftlichkeit und Mündlichkeit nach Platons VII. Brief gleichermaßen wenig zur ‚Mitteilung' einer ‚Lehre' beitragen können, die nur in dem Augenblick bewahrheitet ist, wenn die Idee ‚plötzlich' (exaiphnès) „aus der Seele wie aus einem Feuerfunken das angezündete Licht" (VII. Brief 341c) entspringt, um von dieser jähen Urstiftung her der Zeit nicht unterworfen zu sein, sondern sich weiter Bahn zu brechen.

Die Lehre von den Tönen hat im 18. Jahrhundert zunächst eine allgemein anthropologische Zielrichtung. Sie zielt auf den inneren Sympathie-Haushalt der Seele und wird, wie bei Moses Mendelssohn, geradezu mit ‚Empfindung' und ‚Leidenschaft' gleichgesetzt.[7] Zugleich - und davon abgegrenzt[8] - werden die Töne als ‚natürliche Zeichen' aufgefasst. In diesem Sinn gibt Gottsched in seiner 1754 in erster Auflage erschienenen Übersetzung von Batteux ‚Schönen Künsten' eine zentrale Passage so wieder: „Die Sprache unterrichtet und überzeugt uns; sie ist das Werkzeug der Vernunft. Allein der Ton und die Stellung sind die Rede des Herzens." „Kurz, die Worte sind eine künstliche Sprache, welche die Menschen sich gemachet haben, einander ihre Begriffe deutlicher mitzuthelen: die Gebärden und Töne aber sind, so zu reden, ein Wörterbuch der bloßen Natur; und enthalten eine Sprache, die wir mit zur Welt bringen, um uns alles zu verschaffen, dessen wir zu unsrer Erhaltung benöthiget sind."[9]

---

[7] Ralf Simon, *Das Gedächtnis der Interpretation. Gedächtnistheorie als Fundament für Hermeneutik, Ästhetik und Interpretation bei Johann Gottfried Herder.* Hamburg 1998; dazu auch meine ausführliche Rezension in: Aurora. Jahrbuch der Eichendorff-Gesellschaft für die klassisch-romantische Zeit 59 (1999), S. 325 ff.

[8] Dies geschieht bei Simon nicht in hinreichender Weise. Vgl. dazu aber U. Gaier, *Poesie als Metatheorie. Zeichenbegriffe des frühen Herder*, in: Johann Gottfried Herder 1744-1803 (=Reihe: Studien zum 18. Jahrhundert 9). Hamburg 1987, S. 202 ff.

[9] So J. Chr. Gottsched, *Auszug aus des Herrn Batteux Schönen Künsten, aus dem einzigen Grundsatze der Nachahmung hergeleitet.* Leipzig 1754, S. 189.

Zögerlich erfährt die aufklärerische Lehre vom ‚Wechsel der Töne' eine zumindest dreifache Explikation und Ausweitung: einerseits wird sie mit der Assoziations psychologie verbunden und auf die nervliche Verfasstheit des Menschen bezogen. Und in der Naturlehre von Johann Gottlieb Krüger (2. Auflage 1748) werden daraus sogar physiologische Folgerungen gewonnen. Krüger vergleicht den menschlichen Leib, namentlich das von Haut umhüllte Nervenkostüm, mit einem Saiteninstrument.

Herder hat dann in seiner Schrift vom Ursprung der Sprache und in seinem 'Vierten Kritischen Wäldchen' diesen Traditionsstrang mit der pythagoreisch neuplatonischen Annahme einer Harmonik als des Systems sympathetischer Beziehungen überhaupt in eine kühne Verbindung gebracht. „Der innerliche Schauder, das allmächtige Gefühl, was sie (sc. die älteren Völker) ergriff, war ihnen unerklärlich; nichts, was so innig und tief auf sie würken könnte, kannten sie in der ganzen Natur sichtbarer Wesen; Geister also, glaubten sie, Geister des Himmels und der Erde, hätten sich durch die Ketten der Musik herbeigezogen" (Herder SWS IV, S. 112). Wie zu Recht bemerkt worden ist,[10] ist das pythagoreische Motiv von Herder in einen anderen Kontext gerückt und damit ironisiert worden. Als Moderner kann er sich die Vorstellung einer magischen Emanation nicht zu eigen machen. Er verknüpft aber die Tonlehre mit ihrer physiologischen Explikation: „Da man das Nervengebäude der Empfindung sehr treffend mit einem Saitenspiel vergleichen kann: so merke ich hier an, dass wie eine Saite blos mit einer gleichgestimmten harmonisch tönet: so fordert das Wimmern der Elegie gleichsam einen Leser von gleichem Ton der Seele" (SWS I, S. 489).
Es war Moses Mendelssohn, der die Geordnetheit der Töne nicht ausschließlich in der Physiologie verankert sehen wollte. Sie bezieht sich ihm zufolge auf Einbildungskraft, insbesondere auf Erinnerung. Damit ist die Verbindung von Tönen und Leidenschaften (Affekten) nicht mehr unmittelbar aufzufassen wie in der Batteux-Tradition: „Die Leidenschaften werden natürlicherweise durch gewissen Töne ausgedruckt, daher können sie durch die Nachahmung der Töne in unser Gedächtnis zurück gebracht werden".[11] Und: „Die Einbildung, die uns bey dieser Gelegenheit tausend andrer angenehme Empfindungen in das Gedächtnis zurück führet, ordnen die Fasern des Gehirns in den gehörigen Ton".[12]
Bei Herder indes findet die Rede von den ‚Tönen' eine ästhetische und poetologische Ausdeutung. Es ist gerade ein Wesenszug der sich ausdifferenzierenden Sprache, dass nicht mehr, wie in der Kindheit der Menschheitsgeschichte, der „einsylbichte, rauhe und hohe" Ton hervorbricht

---

[10] R. Simon, *Das Gedächtnis der Interpretation*, a.a.O., S. 168 ff.
[11] Nach Simon, a.a.O., S. 205.
[12] Ibid.

(SWS I, S. 152), sondern dass Töne in ein Widerspiel treten, so dass, wie im Blick auf Homer angedeutet wird, ein „Ton der Seele aus dem anderen entwickelt, und in einen anderen auf[ge]löset" wird (SWS III, S. 225). Die phrasierende Differenz zwischen Tönen wird deshalb zum Schlüssel für Übersetzung und Verstehen. „Sich in den Ton eines anderen setzen, seinen Ton treffen, oder ihn verfehlen", was voraussetzt, dass die Töne im Gedächtnis verwahrt bleiben und aus dessen Thesaurus bei gegebener Gelegenheit wieder freigelegt werden können. Der Ton fungiert für Herder im Zusammenhang der Sprachkunst als Urstiftung von deren lebendigem Ursprung, Vorverweis auf ihren von Humboldt konstatierten *Ergon*-Charakter und ihre Musikalität. Durch Kommen und Gehen in bestimmten Tempi differenziert sich die Tonalität der Sprache. Zudem ist der Ton mit den natürlichen Leidenschaften verknüpft: dies letztere konkretisiert Herder in Beziehung auf die lautmalerischen Wurzeln der Worte. Sie sind die tiefsten Fundgruben der Sprache (ibid., S. 208) und werden zugleich als ‚Tonfarben' expliziert. Dieser syn-ästhetische Ausdruck hat eine tieferreichende Bedeutung. Denn Herder geht es, in deutlicher Abgrenzung gegenüber dem Limes, den die Lessingsche ‚Laokoon'-Schrift zog, darum, die malerisch mimetische Koexistenz im Raum und die musikalische Konsekution in der Zeit, im Wechsel der Töne und in der Tektonik des Sprachkunstwerks, zusammenzudenken.- Die Gründungslegende des Zusammenhangs hat Holger Schmid treffend aufgegraben, mit dem Hinweis auf zwei, sich bei Diogenes Laertius findende Solon-Überlieferungen, die auf das Verhältnis von Poesie und Rede, und - wie man hinzufügen müsste - Musik „[...] ein eigenartig scharfes und frühes Licht" werfen.[13] Solon soll nämlich durch ein Gesetz festgelegt haben, dass die Homerischen Gesänge in der gehörigen Reihenfolge vorgetragen würden, und er soll zugleich die Rede des Gesangs als Bild (eidolon) des Getanen (der erga) begriffen haben, worin das Grundverhältnis der ‚genauen Metapher' präfiguriert ist.[14]

V

Eine kontrastierende Folie, um das Begriffsprofil der genauen musikalisch tonalen Metapher von der Grundstimmung deutlich zur Abhebung bringen zu können, kann die Kantische Rede von der ‚Einbildungskraft' sein. Wie man weiß, zerfällt sie in mehrere Stämme, und für sie alle gilt, was Kant in seiner 'Anthropologie in pragmatischer Absicht' notiert hat: „Wir spielen oft und gern mit der Einbildungskraft; aber die Einbildungskraft (als Phantasie) spielt

---

[13] Vgl. dazu die bemerkenswerten Überlegungen von Holger Schmid, *Kunst des Hörens. Orte und Grenzen philosophischer Spracherfahrung.* Köln, Weimar, Wien 1999 (=Reihe Collegium hermeneuticum Band 21), S. 269.
[14] Ibid., S. 270.

ebenso oft und bisweilen sehr ungelegen auch mit uns" (ibid., § 31). Die Einbildungskraft wirkt als Einheitssinn bereits in der rein sinnlichen Sphäre, der Apprehension eines Mannigfaltigen unter einem zusammenfassenden Gesichtspunkt. Sie ist dabei als eine „blinde, obgleich unentbehrliche Funktion der Seele" vorgestellt, „ohne die wir überall gar keine Erkenntnis haben würden, der wir uns aber selten nur einmal bewußt sind" (KrV transzendentale Analytik, § 10). Insofern die Einbildungskraft aber nicht nur in der sinnlichen Sphäre einen Einheitssinn inauguriert, sondern zugleich als das Vermögen zu bestimmen ist, „einen Gegenstand auch o h n e d e s s e n G e g e n w a r t in der Anschauung vorzustellen", wird ihre ambige, sich selbst in der Schwebe haltende Position erkennbar. Sie ist als spontan synthetisierendes Vermögen apriori nicht nur ‚bestimmbar', sondern ‚bestimmend', worin überhaupt erst ihre Brückenbedeutung bis hin zu einer ‚reinen Synthesis' gründet, die nicht auf Erfahrungsbedingungen bezogen, sondern „in Beziehung auf die ursprüngliche Einheit der Apperzeption als a priori notwendig vorgestellt wird". Als solche ist die Einbildungskraft ‚produktiv'.[15]

Dabei tritt eine doppelte Staffelung ein, die unter dem Gesichtspunkt betrachtet werden muss, wonach die Synthesis der Einbildungskraft, in allen ihren verschiedenen Stämmen, „in der Zeit" geschehe. Denn erst unter diesem Aspekt lassen sich die verschiedenen Bedeutungen von - produktiver - Einbildungskraft zusammendenken. ‚Empirisch' ist die produktive Einbildungskraft in Hinblick auf die Apprehension, etwa in der Erinnerung, ‚rein', jedoch noch sinnlich, in der reinen sinnlichen Anschauung: also der kategorialen auf ein Apriori gerichteten Erörterung empirisch gegebener Gegenständlichkeit, und ‚transzendental' in Hinsicht auf Gegenständlichkeit überhaupt. Dieser Zusammenhang beschreibt Kant zufolge eine ‚Aszendenz', insofern die erste die zweite und die zweite wiederum die dritte Möglichkeit in sich schließt. Doch auch in umgekehrtem, deszendentem Richtungssinn ist der Zusammenhang zu beschreiben: „Die reine Synthesis der Einbildungskraft ist der Grund der Möglichkeit der empirischen in der Apprehension, also auch der Wahrnehmung. Sie ist apriori möglich und bringt nichts als Gestalten hervor" (Kant, Lose Blättter Nachlass, 228, 312-351).

Von Interesse für unseren Problemzusammenhang ist nun, wie diese verschiedenen Hinsichten und Richtungssinne, die sich exemplarisch in der Verbindung zwischen ‚apriorischer Möglichkeit' und der Hervorbringung von ‚nichts als Gestalten' ausspricht, in der ‚inneren Anschauung' des Geschmacksurteils gleichsam zusammenschießen. In der „Allgemeinen Anmerkung" zu § 22 der KU bestimmt Kant den Geschmack in Beziehung auf „die freie Gesetzmäßigkeit der Einbildungskraft", womit angezeigt sein soll, dass sie nicht reproduktiv, also nicht Gesetzen der Assoziation gehorchend,

---

[15] Vgl. zum schulmetaphysischen Begriffsverständnis R. Eisler, Kant-Lexikon. Nachdruck Hildesheim, Zürich, New York 1989, S. 106.

sondern produktiv ist. Dies aber heißt zugleich, dass sie nicht, wie im Dichten, *schweifend frei ist.* Der Einbildungskraft sind materialiter bestimmte empirische Gestalten vorgegeben, bei deren Betrachtung und Auslegung sie „lange Unterhaltung" (KU, B 72, A 71) finden muss, weshalb das ‚Steif-Regelmäßige', was der mathematischen Regelmäßigkeit nahe kommt, geschmackswidrig zu nennen ist: herrscht darin doch eine Eindeutigkeit, die den verweilenden Umgang nicht erfordert. Doch frei ist sie insofern, als sie den in Rede stehenden Gegenstand derart auf eine Synthesis des Mannigfaltigen hin auslegen wird, wie sie es tun könnte, wenn sie sich selbst frei überlassen wäre. Insofern ist die Einbildungskraft gerade in ihrer Freiheit zugleich *in* Übereinstimmung mit dem Verstand zu denken. Das schließt ein, dass sie das Gesetz aus sich selbst und nicht von dem gegebenen Gegenstand schöpft. An dieser Stelle ist eine zweite Abgrenzung grundgelegt. Kant hält fest, dass das Spiel der Einbildungskraft nicht unter Begriffsverhältnisse subsummierbar ist. Dies führte allenfalls zu einem „Wohlgefallen am Guten", nicht aber am Schönen, und ein derartig verfasstes ethisches Urteil „ist kein Urteil durch Geschmack" (KU B 70, A 69).

Im Inneren der sich betätigenden Einbildungskraft, und damit des Geschmacksurteils, ist also, so wird in § 39 dieser Faden wiederaufgenommen und gleichsam das Resümee gezogen, ein harmonisches, in actu sich zeigendes proportioniertes Spiel der Erkenntnisvermögen, von Einbildungskraft und Verstand, im Gang. Indem in diesem Umkreis das musikalische Sinnbild der Harmonie bei Kant selbst aufscheint, wird auf die Crux des reflexiven Selbstbezuges verwiesen: Das freie Spiel der Einbildungskraft führt auf die ästhetische Idee, und diese hat ihren Ort in der ‚inneren Anschauung', des Anschauens unserer selbst und unseres inneren Zustandes. Deren Form ist die Zeit; während die Form der Dinganschauung der Raum ist. Und zwischen beiden bleibt das Verhältnis einer bemerkenswerten Parallelität zu konstatieren. Wie das Ding für die äußere Anschauung, so ist für die innere Anschauung unser Ich „nur als Erscheinung, nicht aber nach dem, was es an sich selbst ist", gegeben. Die ästhetischen Ideen messen den Raum der inneren Anschauung aus, die wir von uns nehmen. So bestimmt Kant die ästhetische Idee als „diejenige Vorstellung der Einbildungskraft, die viel zu denken veranlaßt, ohne dass ihr doch irgendein bestimmter Gedanke, *d.i. Begriff,* adäquat sein kann, die folglich keine Sprache völlig erreicht und verständlich machen kann". Derartige Ideen weisen über die Erfahrungsgrenzen hinaus, sie kommen der Darstellung von Vernunftbegriffen nahe, doch es bleibt bei der ‚unendlichen Annäherung', entziehen sie sich doch auch der Fixierung in Vernunftbegriffen.

Die genaue Metapher und die absolute Metapher, jedenfalls in ihrer epistemischen Grundintention, weisen freilich nicht nur auseinander. Der

Begriff der ‚absoluten Metapher' bezeichnet bei Hans Blumenberg, wie zu zeigen war, eine Grenze. Er weist die phänomenale Schraffur auf, an der sich die metaphorische Grundprägung der Begriffssprache kenntlich macht. Diese ist nie vollständig in nicht-metaphorische Grundverhältnisse zu übersetzen; oder sie zersplittert diese doch in nicht-begriffliche Folgeverhältnisse. Ausmittelbar und in genaue Beschreibung, ja ein genaues Verstehen zu überführen, wäre dies aber nur, wenn die Sinndimensionen einer unendlichen Theorie offen stünden, und wenn der Mensch sich selbst ein Zuschauer sein könnte. Allein, schon die Annahme des Kosmotheoros, des Weltbetrachters, ist - wie gerade Blumenberg immer wieder gezeigt hat - (vgl. das vorausgehende Kapitel) zutiefst aporetisch. Blumenberg hat deshalb die theoretische Konstellation durch ein ‚Begriffsversagen' gekennzeichnet gesehen. Jener konstitutive Grundmangel aller Phänomenologie kommt allerdings für Blumenberg in der Musik zur Ruhe. Die Phänomenabschattungen verdichten sich hier zum Symbol und werden damit wirklich, indem auf Wiederholung verwiesen ist, jedoch - paradoxerweise - auf die Wiederholung eines einmal Gültigen, Verlorenen. „Zur Sinnlosigkeit als Bezeichnung eines Zustandes gehört der Sinnverlust als Angabe des Hergangs seiner Entstehung; darin liegt eingeschlossen, dass es, was verloren werden konnte, schon einmal gab, also nichts bloß Utopisches reklamiert wird."[16] So ist die Musik, deren Sinnbild Blumenberg in den Einsetzungsworten ‚Nehmet, esset, das ist mein Leib', in der Matthäus-Passion findet, sich Aussprechen einer Gabe und Fülle, als erinnertes. Die Gabe wiederholt sich in der Musik, und diese wäre völlig unzureichend verstanden, wenn sie als Text gedeutet wäre. Einem Text ist die Großzügigkeit der Gabe nicht eigen. Er ist befragbar und kommentierbar. Dass einmal die ‚basileia tou theou' geschaut war, dies zeigt sich aller erst im Licht einer Gabe, im Klangverhältnis der Grundstimmung.

---

[16] H. Blumenberg, *Die Sorge geht über den Fluss*. Frankfurt/Main 1989, S. 57.

IV. TEIL

DIMENSIONEN DES BÜRGERLICHEN ZEITALTERS

1. Dichtung, Natur und Geschichte - Der nahe und der ferne Goethe

Dr. Paul Dreykorn in alter Verbundenheit gewidmet

„Die uns beleben, die können wir brauchen, das sind Klassiker"[1] - in diese Worte fasste Martin Walser einst 1984, als er noch nicht so umstritten war wie heute, das Problem von Klassizität und Modernität. Klassizität, wenn sie nicht museal verstanden wird, wenn sie auf das verweist, was erinnernswert ist und bleibt, hat also, diesem Bonmot zufolge, mit Modernität zu tun. Modernität bedeutet aber keineswegs immer eine unmittelbare Verständlichkeit: auch das zeigt die Literaturgeschichte der jüngeren Vergangenheit, die ästhetische Moderne, augenfälliger als frühere Kunst-Epochen.

Wenn hingegen Anthologien unter Titeln wie ‚Goethe unser Zeitgenosse' auf den Markt kommen, ist daran zu erinnern, wie ferngerückt der Geheime Rat in seinen späten Jahren bereits seinen eigenen Zeitgenossen war. Von ihnen wollte er kein Verständnis für seinen 'Faust II' erwarten. Er schloss das Manuskript ein und versiegelte es: an Nachgeborene, von denen ungewiss sein mochte, wann und ob sie je kämen. Am ehesten erwartete er sie aus dem Osten Europas (Thomas Mann legt in seinem Goethe-Roman 'Lotte in Weimar' davon beredtes Zeugnis ab!).

Horst Janssens doppelter Goethe, Signet dieses Gedenkens, ist auch der nahe und der ferne Goethe. Einerseits „mein Goethe" - Lebensbegleiter vielleicht mit manchen Mai-Eintragungen des 'Werther', als die Welt - nach der Aufklärung - noch einmal sich zur All-Einheit zusammenschließt, im Mailied oder in 'Willkommen und Abschied' - letzteres geschrieben in rückblickender Inszenierung des selbst gewollten Abschieds von Friederike Brion und über das biographische Datum hinaus eine furiose Spiegelung der Seele in der Natur, vermittelt durch die Sprachkunst.

Der ferne Goethe aber findet sich dicht daneben: man denke an die Dunkelheiten in dem um 1772 entstandenen Dihtyrambus 'Wanderers Sturmlied', das die Korrespondenz mit der frühgriechischen Lyrik, mit Pindar zumal, sucht, und dessen finstere alttestamentarische Bilder Züge vom Pathos der Stürmer und Dränger, der anderen Götter, spiegeln, die schon den Zeitgenossen als ‚Halbunsinn' erschien.

Wie wurde er, der er ist, der nahe und der ferne, der Dichter und der Forscher? Man erinnert sich an eines der Zeugnisse des Italienaufenthaltes von 1788 (am 14. März) „In Rom hab ich mich zuerst gefunden, ich bin zuerst

---

[1] Martin Walser, *Wer ist ein Klassiker? Essay anläßlich der Begründung des Programms des Deutschen Klassikerverlags.* Sonderdruck. Frankfurt/Main 1984.

übereinstimmend mit mir selbst, glücklich und vernünftig geworden" (HA 11, S. 530). In Übereinstimmung mit sich war der Dichter von Sesenheim, des 'Werther' und 'Goetz', noch nicht gewesen, so dürfen wir diesem Zeugnis entnehmen. Viel ‚unglückliches Bewußtsein' hat Ernst Bloch dem 'Werther' abgehorcht, viel „Wir sind aber wir haben uns nicht, darum werden wir erst."[2] Und wenn man dem Rhythmus von 'Dichtung und Wahrheit', dem Lebensbericht, nachspürt, dann wird man überrascht sein, wie langsam und peripetienreich die Goethesche Lebensreise vonstatten ging und wie zögerlich einer da zur Kenntlichkeit kam. 1786, als er Italien endlich erreicht, da möchte er nicht nur das Weimarer Hofleben, den Status des Ministers als 'maître de plaisirs' hinter sich lassen, er wird sich auch bewusst, dass bisher eigentlich kein Werk zustande gekommen ist, sondern nur Skizzen, Fragmente, Abbrüche.[3]

Pierre Bertaux, der Goethes Leben in einer schönen Übertreibung als ‚ernstes Spiel' umschrieben hat,[4] fand in jener Fragmentiertheit gar ein Lebensthema: Ein Literat und Autor sei Goethe nicht eigentlich gewesen, über das vollendete Werk gingen die Möglichkeiten und Entwürfe allemal hinaus! Auch wenn man so weit nicht greifen möchte, bleibt zu fragen, wie von dem literarischen Klassiker zu denken ist, der dem Reden, Schreiben und Verstehen so misstraut, wie er dies - durch die öffentliche Rezeption des 'Werther' in seinen Zweifeln noch bestärkt - tat. Zu Johannes Daniel Falk sagt er im Sommer 1790: „Wir sprechen viel zu viel. Wir sollten weniger sprechen und mehr zeichnen".

Da wäre er denn klassisch nicht als Universalgenie, sondern als vielfach Neugieriger, dessen dichterischer Kosmos alle Gattungen umspannt, weil es ihm ein schönes Vergnügen ist, besser zu schreiben als alle anderen.

I. Dichtung und Forschung: ein Ähnlichkeitsverhältnis

An die Frau von Stein schreibt er am 20. Dezember 1786 aus Rom: „Ich lasse mir nur alles entgegenkommen und zwinge mich nicht, dies oder jenes in dem Gegenstande zu finden. Wie ich die Natur betrachte, betrachte ich nun die Kunst" (HA, Briefe, Band 2, S. 32). In späterer Zeit wird er die Fäden zusammenführen und in seinem Taschenbuch vermerken: „Jede Form, auch die gefühlteste, hat etwas Unwahres; allein sie ist ein für allemal *das Glas,*

---

[2] Vgl. Ernst Bloch, *Der junge Goethe, Nicht-Entsagung, Ariel*, in: Hans Mayer (Hg.), *Goethe im zwanzigsten Jahrhundert.* Frankfurt/Main 1987, S. 26ff.

[3] Vgl. dazu K. Mommsen, *Goethes Lebenskunst*, in: Insel Almanach auf das Jahr 1999. Johann Wolfgang Goethe zum 250. Geburtstag. Frankfurt/Main 1998, S. 11 ff. Ferner Dieter Borchmeyer, *Goethe der Zeitbürger*, a.a.O., S. 177 ff. und S. 219 ff.

[4] Vgl. dazu Pierre Bertaux, *‚Gar schöne Spiele spiel' ich mit dir!' Zu Goethes Spieltrieb.* Frankfurt/Main 1986.

wodurch wir *die heiligen Strahlen der verbreiteten Natur* an das Herz der
Menschen zum Feuerblick *sammeln.* "[5]
Die Dinge liegen auch hier alles andere als einfach. Dass der ‚unmittelbare'
Blick auf Urphänomene eine sorgsame Vorbereitung, Abwarten, aber auch
Inszenierung und Arrangements voraussetzt, wird man, zumal bei der Lektüre
von Goethes naturwissenschaftlichen Schriften, schwer übersehen können. Die
Kehrseite davon ist Goethes Maxime, die sich in einer ebenso offensichtlichen
wie schwierigen Nachbarschaft auf einen Nietzscheschen Grundsatz bringen
ließe: ‚die Kunst und die Natur unter der Optik des Lebens zu betrachten'.
Dieser Blick bewährt sich in Italien allenthalben, im botanischen Garten von
Palermo und angesichts der Zeugnisse aus der antiken Welt.[6] Im selben Brief
an die Frau von Stein: „So eine Medusenmaske wo in einer hohen schönen
Gesichtsform das ängstliche Starren des Todes unsäglich trefflich ausgedruckt
ist [...]. Und doch ist das alles mir mehr Mühe und Sorge als Genuß. Die
Wiedergeburt die mich von innen heraus umarbeitet, würkt immer fort" (HA,
Briefe, Band 2, S. 32 f.).
Die Verbindung von Kunst und Natur wird dann in Weimar aus der Rückschau
ins Werk gesetzt, in den 'Römische[n] Elegien'. Die klasssisch antike
Elegienform und die sinnlich passionierte Affaire auf altem Boden sind so
ineinander verschränkt, dass das Ergebnis gerade noch nicht frivol ist: Spuren
werden gelegt und sogleich wieder verwischt.
Auch das ist Teil der viel besprochenen „Rettung der Phänomene",
„gegenständliches Denken": „Sehe[n] mit fühlendem Aug', fühle[n] mit
sehender Hand./Raubt die Liebste denn gleich mir einige Stunden des Tages,/
Gibt sie Stunden der Nacht mir zur Entschädigung hin./ Wird doch nicht
immer geküßt, es wird vernünftig gesprochen; / Überfällt sie der Schlaf, lieg'
ich und denke mir viel" (V. Röm. Elegie, HA 1, S. 160).
Wie wenig er Natur und Kunst trennen konnte, wird im hellen Licht der
italienischen Reise bei verschiedensten Gelegenheiten offenkundig: „Das
Interesse an der menschlichen Gestalt hebt nun alles andre auf. Ich fühle es
wohl und wendete mich immer davon weg, wie man sich von der blendenden
Sonne wegwendet".
Dass und *wie* die Naturformen zu Kunstformen werden, zeigt sich in immer
neuen Durchblicken und Perspektiven, so wie man, im Sinn einer treffenden
Bemerkung Nietzsches, ein Bildwerk umschreibet und immer erst nach und
nach und in Ausschnitten das Ganze zu Gesicht bekommt, nie als objektive

---

[5] Aus Goethes Brieftasche, Jubiläums-Ausgabe 36, S. 116, hier zit. nach Wolfgang Schadewaldt,
*Faust und Helena. Zu Goethes Auffassung vom Schönen und der Realität des Realen im Zweiten
Teil des 'Faust'*, in: Mayer (Hg.), Goethe im zwanzigsten Jahrhundert, a.a.O., S. 383 ff., hier S.
401.
[6] Vgl. dazu das unter FN 4 genannte Buch von Bertaux, insbesondere S. 154ff, vgl. auch Heinrich
Wölfflin, *Goethes Italienische Reise*, in: Jahrbuch der Goethe-Gesellschaft 12 (1926), S. 327 ff.

Totalität.[7] Dieser perspektivische Zug könnte, wie ich zur Vorverständigung anmerken möchte, auch als eine Antizipation der Verfahrungsweisen ästhetischer Moderne verstanden werden. Er nähert Goethe der von ihm vielgeschmähten jüngeren Generation der Romantiker an. Die Totalität des einen in sich geschlossenen Werkes wird man gerade beim späteren Goethe immer weniger finden. Bestimmend ist vielmehr eine Ästhetik auseinander weisender Teile, je für sich kleine und kleinste Weltkreise, ,membra disiecta', im zweiten Teil des 'Faust', nicht anders als in den ,Wanderjahren'. Insofern deuten seine Texte auf die zerbrechenden Formen des 20. Jahrhunderts voraus - mit dem seltsamen Echo, dass in der literarischen Moderne, etwa bei Broch und Hans Henny Jahnn, Totalitätserkenntnis der zerfallenen, zersplitterten Welt angestrebt wird. Freilich gibt es einen entscheidenden Unterschied: der Einheitssinn wird bei Goethe gleichsam spielend durch die Harmonienbögen des eigenen Lebens hergestellt.

Spiegelungen der Naturforschung in der Literatur zeigen sich im Detail übergenug von Anfang an. Zunächst sind es Antizipationen, die erst später eingeholt werden. Das Straßburger Münster des Erwin von Steinbach erscheint ihm 1772 als Teil der Natur, als ein Gebirge.[8] Und er schreibt sehr gezielt auch in Literatur-Kritik und Poetologie Analogien zur Naturforschung ein. Der folgende Satz ist aus der Farbenlehre entnommen: „Wenn nun die Tugend des Lichts durch das Trübe hindurchstrebt, so dass seine ursprüngliche Kraft zwar immer aufgehalten wird, jedoch aber immer fortwirkt, so erscheint sein Gleichnis Gelb oder Gelbrot". Dieselben Grundphänomene findet er in den Texten, die er kritisch erörtert. ,Durchheiterung' des Stils oder Trübe, solche Kategorien gewinnen von der Farbenmischung her einen sehr präzisen Sinn. Gewiss, Gesetze, die durch Natur und Kunst hindurchgehen, die beide verbinden, sind für Goethe immer nur als Analogien brauchbar. Aber wie könnte man anders erkennen denn analogisch? Und wo das Urbild, wo das Abbild ist, dies ist nicht im vorhinein festgelegt, beide Seiten der Polarität treten in eine Wechselbeziehung. Ganz in diesem Sinn spricht er in den 'Noten und Abhandlungen' von *Naturformen der Dichtung*. Nur drei echte Typoi gebe es: Epos, Lyrik und Drama. Goethe behandelt sie als Phänomene, die unterschiedlich, in je verschieden deutlicher Ausprägung, sich an Werken der Dichtung zeigen.[9]

Analogische, auf den Typos zielende, dabei aber vielfache Spiel- und Zwischenformen anerkennende Erkenntnis hat ihren größten Vorzug gegenüber einer aus Prinzipien deduzierenden Gattungspoetik in den Intervallen, die sie durch Aussparung ästhetischer Erfahrung und dichterischer

---

[7] Nietzsche Großoktavausgabe, Philologica Band 17, S. 319.
[8] *Von deutscher Baukunst. D. M. Ervini a Steinbach*, HA 12, S. 7 ff., insbesondere, S. 13 f.
[9] *Naturformen der Dichtung*, aus: *Noten und Abhandlungen zum Divan*, HA 2, S. 187 ff., unmittelbar davor findet sich S. 187 ein Abschnitt 'Dichtarten'.

Produktion eröffnet:[10] Von ihr her kann konzediert werden, dass sich die
Naturformen in Schreibweisen und Stile weiter verzweigen. Mehr noch: das
Typische ist am Einzelnen erst zu beglaubigen. Eine Schreibweise schließlich,
die Ballade als „Urei der Poesie", bringt die Naturformen zur Konvergenz.
Eine natur*geschichtliche* Optik richtet Goethe schließlich auf literarische und
geistesgeschichtliche Phänomenzusammenhänge. Über Voltaire: „Wenn
Familien sich lange erhalten, so kann man bemerken, dass die Natur endlich
ein Individuum hervorbringt, das die Eigenschaften seiner sämtlichen
Ahnherren in sich begreift und alle bisher vereinzelten und angedeuteten
Anlagen vereinigt und vollkommen ausspricht". Ähnlich werden ihm
Lebensgeschichten zu Naturformationen, was sich in den biographischen
Studien zu Cellini ebenso zeigt wie in der Gedächtnis-Schrift auf
Winckelmann.[11] Naturgeschichtlich schließlich betrachtet er sich selbst, die
eigene Lebensspanne, die ihm um 1821 längst schon in einem weiten
welthistorischen Bogenschlag erscheint: das Vergehen zu bejahen, das eben
heißt für den, der in weiteren Zeiträumen denkt, „das Vergängliche
unvergänglich zu machen". Eine solche Selbstdeutung ist offensichtlich nur
einbezogen in das offenbare Geheimnis der Dauer im Wechsel möglich.
Schließlich hat es die Dichtung, oder in weiterem Sinn, die Kunst nach Goethe
mit den selben Maximen zu tun wie die Erforschung der Natur. „Je
incommensurabler und für den Verstand unfasslicher eine poetische
Production, desto besser", heißt es. Der unendliche Gestalt-Wandel der Natur
ist also maßgeblich für den ‚Stil' des Kunstgebildes. Und auch die folgenden
Zeilen aus dem „Versuch einer Witterungslehre" beziehen sich auf Kunst und
Natur gleichermaßen: „Das Wahre mit dem Göttlichen identisch,/läßt niemals
sich von uns/direkt erkennen, wir schauen es nur/ im Abglanz, im Beispiel,
Symbol, in/ einzelnen und verwandten Erscheinungen" (HA 13, S. 305). Die
Erwartung, das Wesen unmittelbar aus dem Phänomen heraussehen zu können,
korrespondiert die Einsicht in die Unausschöpflichkeit des Phänomenalen in
Natur und der Kunst als ihrer Auslegerin. Beide Hinsichten und die Schwebe
zwischen ihnen sind in der prägnanten Formel vom ‚offenbaren Geheimnis'
mitzuhören.
Diese Ähnlichkeiten könnten anekdotisch variiert werden: Als er im späten
Jahr 1826 Schillers Schädel in seinem Haus beherbergt - Wilhelm von
Humboldt hat ihn dort gesehen und darüber berichtet - fließt ihm einmal alles,
was ihm die Dauer im Wechsel, die Gestalt in ihren Veränderungen gewesen
ist, zusammen.

---

[10] Dies unterscheidet Goethes Gattungspoetik im grundsätzlichen von jener der deutschen
Idealisten, vgl. dazu die bis heute unübertroffenen nachgelassenen Vorlesungen von Peter Szondi,
Poetik und Geschichtsphilosophie 2 Bdd. Frankfurt/Main 1972 und 1975.
[11] Die Winckelmann-Schrift nach HA 12, S. 96ff, insbesondere S.116 ff.

Unter dem Einfluss der Kranioskopie von Franz Joseph Gall nahm Goethe Abschied von allem ‚Memento mori', das sich in der Tradition mit der Betrachtung eines Schädels bislang verbunden hatte.[12] Ein „geheim Gefäß" scheint ihm das Knochengebilde zu sein. Das Gedicht mündet in den Satzs: „Was kann der Mensch im Leben mehr gewinnen,/ Als dass sich Gott-Natur ihm offenbare?/Wie sie das Feste läßt zu Geist verrinnen,/Wie sie das Geisterzeugte fest bewahre" (HA 1, S. 366 f.).

Man kann geneigt sein, von den Nächten des Jahres 1826 zurückzublicken auf den Gesprächszusammenhang mit Schiller seit der ersten Begegnung. Die Schillersche Idee erinnert der alte Goethe im Urphänomen des Schädels, in einer Gestalt, die geworden ist, so als hätte es den Schillerschen Einwand, auch die Urpflanze sei lediglich eine unanschaubare Idee mit regulativer Bedeutung für die Erkenntnis, niemals gegeben.[13] Morphologie hat Goethe zufolge die ‚vergehende Gestalt' beschreibend und bezeichnend festzuhalten. Ein Wort aus einem biblischen Buch, das Vergehen, Hinfälligkeit des Schönen gewidmet ist, hat er deshalb zitatweise über seine Studien zu Fragen der Morphologie gestellt. „Siehe, er geht vor mir über,/ehe ich's gewahr werde,/ und verwandelt sich,/ehe ich's merke".

II. Wahlverwandtschaften: Allgemeines und Besonderes - oder verfehlte Lebenskunst, Naturforschung, Ironie und tiefere Bedeutung

Doch es bleibt nicht bei Korrespondenz und Strukturähnlichkeit von Dichtung, Kunst und Naturforschung. Bereits 1830 hat Wilhelm von Humboldt angedeutet, dass der Zusammenhang tiefer reiche. Goethes Dichtungstrieb und seine morphologischen Studien seien eins, hält er zunächst fest und merkt dann an, „dass ohne jene Naturansicht sein Dichten ein verschiedenes sein würde"[14]- ebenso ist es auch umgekehrt. Die Konstellation der 'Wahlverwandtschaften' führt in das Zentrum dieses Zusammenhangs. Nie und nirgends werde die Vereinbarkeit von Poesie und Wissenschaft gesehen, hatte Goethe geklagt. „Man vergaß, dass Wissenschaft sich aus Poesie entwickelt habe."[15] Als er um 1780 - halb scherzhaft vielleicht - einen Roman über das Weltall ins Auge

---

[12] Vgl. dazu die anregende Studie von Peter von Matt, *Die Szene, von der man schweigt. 1826*, in: Neue Rundschau 110 (1999), S. 100 ff.
[13] Vgl. dazu Schillers Brief an Goethe vom 23.3.1794, in: *Der Briefwechsel zwischen Schiller und Goethe*, hg. von Emil Staiger. Frankfurt/Main 1977, Band 1, S. 33 ff.
[14] Wilhelm von Humboldt, Rezension von Goethes zweitem römischem Aufenthalt, Humboldt, Werke, Band 2. Stuttgart 1969, S. 395 ff.
[15] Vgl. HA 6, S. 620 ff. Siehe zu der Problematik auch: Theo Elm, *Johann Wolfgang Goethe: Die Wahlverwandtschaften*. Frankfurt/Main 1991 und: J. Adler, *‚Eine fast magische Anziehungskraft' .Goethes 'Wahlverwandtschaften' und die Chemie seiner Zeit*. München 1987.

fasste, wollte er die synoptische Kunst an dem einzig angemessenen Gegenstand ins Werk setzen. Erst der Sechzigjährige tut es, aber wie? „Eduard - so nennen wir einen reichen Baron im besten Mannesalter" - der Romananfang verweist auf die Künstlichkeit, Gemachtheit, den *literarischen* Charakter der Figuren. Das ist denkbar scharf gegen die Unmittelbarkeit der Exklamationen im 'Werther' abgesetzt, die doch das nämliche Lebens-Thema, Notwendigkeit, Versagung des Glücks, schon alludiert hatten.

Die chemischen ‚Wahlverwandtschaften' werden von den derart fiktionalisierten Romanpersonen gleichsam als Gesellschaftsspiel inszeniert. „Gelegenheit macht Verhältnisse"; unter diesem Leitwort verstehen sie sich gegenseitig probehalber als chemische Elemente.

Was dabei präsentiert wird, ist die Applikation der Wissenschaft zum spielerischen Zwecke der Lebensdeutung - die Perspektive von Dilettanten im schlechten Sinn. Als solche treten sie allesamt auf, Eduard, der das „traurige Wort" (Charlotte) von der ‚Scheidekunst' gebraucht, ohne sich näheres dabei zu denken, der Hauptmann, der hier so wenig kundig ist, wie in seinen weitgespannten und ambitionierten Plänen zur Reorganisation des Gartens. Ob das, was er über ‚Wahlverwandtschaften' in der Chemie zu sagen weiß, noch auf der Höhe der Erkenntnis der Zeit ist (den Titel gab der schwedische Chemiker Torbern Bergman vor), scheint heutiger Forschung eher zweifelhaft. Und sie alle (auch Charlotte in ihrem Willen zur Vernunft à tout prix), werden von einer Naturnotwendigkeit, einer dunklen antik vorklassischen ‚Ananké' oder ‚Moira', eingeholt, die sich in Symbolen anzeigt. Die Personnage des Romans weiß die Zeichen freilich nicht zu entziffern. Den Symbolcharakter erschließen Orte, Interieurs, Situationen aus der fern distanzierten Perspektive des Erzählers, der selbst wie ein Experimentator erscheint: er ordnet die Fäden und seine dichte Beschreibung lässt das Nichtwissen der Figuren erst scharf hervortreten, ohne dass er irgend dazwischen sprechen müsste. Die Platanenbäume zum Beispiel, in deren Sinnbild sich Eros und Thanatos berühren, versteht Eduard als Unterpfand des Glückes seiner Verbindung mit Ottilie: er hat sie an ihrem Geburtstag gepflanzt. Doch sie sind zugleich der Ort eines scheinbar zufälligen, tatsächlich sich als geheimer Plan vollziehenden Geschehenszusammenhangs. An dieser Stelle betrachtet er nicht nur mit Ottilie das Feuerwerk, hier wird sie das Kind Otto ertrinken lassen; und der ganz im Hintergrund bleibende Autor arbeitet, dies eine Mal, mit kalter Nadel, wie er selbst es genannt hat, „nach der Darstellung einer durchgreifenden Idee." Walter Benjamin hat diese mehrfältige, komplexe Schrift auf seine Art zu entziffern gewusst: „Geladen, wie nur mythische Natur es ist, mit übermenschlichen Kräften, tritt sie drohend ins Spiel."[16]

---

[16] Walter Bemjamins Aufsatz, *Goethes Wahlverwandtschaften* wird hier zit. nach dem Abdruck bei Hans Mayer (Hg.), *Goethe im zwanzigsten Jahrhundert*, a.a.O., S. 243 ff.

Die Versuche zu handeln, das Unterfangen, den gefährlichen Chiasmus der Wahlverwandtschaft am Ende des ersten Teils in Wohlgefallen aufzulösen, entpuppen sich am Ende als Illusion der halbblinden Personen. Goethe hat in der „Selbstanzeige" der „Wahlverwandtschaften" im 'Morgenblatt für gebildete Stände' vom 4. September 1809 deutlich gemacht, warum dies mit Notwendigkeit der Fall ist. Er notiert, „dass überall nur *eine* Natur ist und auch durch das Reich der heitern Vernunftfreiheit die Spuren trüber leidenschaftlicher Notwendigkeit sich unaufhaltsam hindurchziehen" (HA 6, S. 639).

Indes, hinter dem Prospekt der Halbblindheit in ihrer eigenen Naturbedingtheit leidet die Wahlverwandtschaften-Welt auch unter ihrem sozialen Anachronismus. Der Übergang vom barocken Park zum englischen Landschaftsgarten wird zögernd und widerwillig vollzogen, und es bleibt Charlottes Traum, „in den vorigen Zustand" zurückkehren zu können. Die Landschaftssymbolik fungiert als Hieroglyphe der Geschichte, des „tempora mutantur", das die in ihren Causerien gefangenen Landadeligen nicht begreifen. Das Bewusstsein des Hauptmanns oder Eduards scheint schließlich gar nicht davon berührt zu sein, dass sie nach der großen Revolution, nach dem katastrophalen Zusammenbruch Preußens im napoleonischen Strudel und dem Steinschen Edikt von 1807 leben. Auch der größere Bogenschlag des Umschwungs, das Ende des Alten Reiches, das Ende der Gutsuntertänigkeit und der Beginn freien Güterverkehrs gehen nicht in ihre Lebensform ein. Diese Hinweise mögen genügen, um zu erkennen, dass der ‚Wahlverwandtschaften'- Roman auf eine doppelte Brechung hin entworfen ist: er sucht die Formel des Chemikers Torbern Bergman von der ‚attractio electiva' auf ihren menschlichen Grund zurückzuführen, und ihm ist zugleich eine raffinierte Kritik des anachronistischen Typus des Dilettanten eingeschrieben, der die menschlichen Dinge ins naturwissenschaftliche Sinnbild meint übersetzen zu können. Insofern zumindest folgt das Arrangement des Romans dem chemischen Paradigma, dem des Naturforschers Goethe erstes Interesse nicht galt (vielleicht, weil sich hier ein Wissenschaftssystem ausprägte, dem er sich selbst nicht mehr gewachsen fühlte). Nicht zuletzt aber zeigt sich in den 'Wahlverwandtschaften' - in literarischer Darstellungsart (und das heißt auch in der Schilderung seines Verfehlens) - was *anschauendes Denken* sein müsste, die auf Ironie und Selbstdistanzierung beruhende Freiheit und Klugheit, im Besonderen das Allgemeine, im Allgemeinen das Besondere zu erkennen. Wie gewagt diese Perspektive ist, hat kein anderer als Brecht bemerkt. Der präzise, sezierende Blick des ‚Wahlverwandtschaften'-Erzählers ist ihm, dem Überlebenden in den kalten Städten des 20. Jahrhunderts ebensowenig entgangen, wie die hohe Lebenskunst, die sich dahinter verbirgt. Nur einem Sechzigjährigen mochte er diesen Roman nicht zutrauen.

III. Ernste Spiele spiel ich mit dir: Natur,
Geschichte und Dichtung im 'Faust'

In den 'Nachträgen zur Farbenlehre', im Zusammenhang der Exposition der
‚physiologen Farben', jener Farben also, die nur vom Subjekt wahrgenommen
werden, vermerkt Goethe: „In Scherz und Ernst führen wir eine Stelle aus
'Faust' an, welche hierher bezüglich ist. Faust und Wagner, auf dem Felde
gegen Abend spazierend, bemerken einen Pudel. Vorstehendes war schon
lange, aus dichterischer Ahnung und nur im halben Bewusstsein, geschrieben,
als bei gemäßigtem Licht vor meinem Fenster auf der Straße ein schwarzer
Pudel vorbeilief, der einen hellen Lichtschein nach sich zog, das undeutliche
im Zuge gebliebene Bild seiner vorübereilenden Gestalt". Wie zufällig ist es,
dass die Farberscheinung an einer Schlüsselszene der Weltdichtung
vorweggenommen ist?

Täuschung, Schlaf, Ohnmacht, Naturphänomene allesamt, gewinnen im
'Faust' dramentektonische Bedeutung. Man erinnere sich daran, dass Goethe
im gattungspoetischen Disput mit Schiller im Jahr 1797 sich für die harten,
ideehaften Konflikte, von denen die Tragödie lebt, nicht zuständig erklärte. Es
ist der Naturzusammenhang, der die Brüche heilt: im Schlaf des Orest in der
'Iphigenie' und im 'Faust' in den Schlafszenarien zwischen erstem und
zweitem Teil und zwischen den Akten innerhalb beider Teile. Fausts
Lebensreise beruht auf Vergessen und am Ende auch auf der Erinnerung.

Man muss nicht so weit gehen wie Pierre Bertaux oder der kürzlich
verstorbene psychoanalytische Goethe-Interpret Kurt Eissler und die ganze
Faust-Dichtung als Traum oder als Folge von Traumbildern zu verstehen
suchen. Gleichwohl ist der Schlaf der Vernunft für den Gang der Weltdichtung
unabdingbar.

Auch im 'Faust' markiert, ähnlich wie in den 'Wahlverwandtschaften', die
Geschichte den Leertext zwischen Naturforschung und Dichtung. Zu
Eckermann sagte Goethe am 4. Januar 1824: „Weil ich die Revolution haßte,
so nannte man mich einen Freund des Bestehenden. Das ist aber ein sehr
zweideutiger Titel, den ich mir verbitten möchte. Wenn das Bestehende alles
vortrefflich, gut und gerecht wäre, so hätte ich gar nichts dawider. Da aber
neben vielem Guten zugleich viel Schlechtes, Ungerechtes und
Unvollkommenes besteht, so heißt ein Freund des Bestehenden oft nicht viel
weniger als ein Freund des Veralteten und Schlechten. Die Zeit aber ist in
ewigem Fortschritt begriffen und die menschlichen Dinge haben alle fünfzig
Jahre eine andere Gestalt, so dass eine Einrichtung, die im Jahre 1800 eine
Vollkommenheit war, schon im Jahre 1850 vielleicht ein Gebrechen ist"
(Eckermann, Gespräche, ed. Regine Otto und Peter Wersig (1982), S. 472).
Dieses Credo geht bezeichnenderweise in der Maske der Naturforschung - und

nicht direkt - in den 'Faust' ein. Die zeitgenössische Kontroverse um die Weltentstehung legt Goethe in der „klassischen Walpurgisnacht' den alten
ionischen Naturphilosophen Anaxagoras und Thales in den Mund, der eine
prototypischer Vertreter des ‚Vulkanismus', der Genesis der Welt aus dem
Feuer, der andere des ‚Neptunismus', ihrer Entstehung aus dem Wasser. An
der Frage, ob aus „Plutonisch grimmigem Feuer" oder dem „lebendigen
Fließen" des Meeeres die Welt entstanden ist, haften für Goethe weit reichende
politische und zeitgeschichtliche Implikationen. Es ist das Entweder-Oder des
Überganges von Alteuropa in die neuen Zeiten: Revolution oder Evolution, das
Blut der Guillotine oder jenes sanfte Herbstlicht, in dem Goethe in seiner
'Novelle' das Alte und das Neue, Tradition und Überlieferung, den Fluss des
Lebens und die Gefährdung, zusammenführte. Die Frage nach Vulkanismus
und Neptunismus weist in ihrer Verschränkung mit der großen Zäsur des
Jahres 1789 weit zurück in die Zeit der Italienischen Reise. Goethe zog es, wie
er aus der Rückschau bemerkte, nicht ohne Grund von Rom weiter nach
Neapel und von dort nach Sizilien. In Palermo sucht er nicht nur nach der
Urpflanze. Die sizilianischen Reisewege führen zum Kalkstein. Er zeichnet
dessen Formationen und hält an einer Stelle emphatisch fest, dieser sei „der
Schlüssel zu allem". Denn wenn es auf dem urvulkanischen Terrain Kalk gibt,
dann spricht manches für die Genesis von Welt und Zeit aus dem Meer - zumal
wenn darin so viel Lebensbedeutung, der Vorrang des Wassers vor dem Feuer,
signalisiert ist.[17]
Die „Klassische Walpurgisnacht", der die Schlüsselstelle vom
kosmogonischen Streit um die Weltentstehung entnommen ist, entfaltet eine
verwirrende Fülle einander gleichsam ‚republikanisch' gleichgeordneter
Gestalten, deren Mephisto anders als der nördlichen Geisterstaffage nicht Herr
wird. Die einzelnen Weltkreise müssen durchschritten werden, um näher an
Helena heranzuführen: Das Schema der labyrinthischen Reise zur Geliebten
stammt - so ist in gelehrter Forschung dargelegt worden - gar nicht primär aus
dem Abendland, sondern (so K. Mommsen) aus 1001 Nacht.[18] Und klassisch
im Sinn des hohen Griechentums des Johann J. Winckelmann ist diese
Walpurgisnacht nicht. Der Weg von Gestaltung und Umgestaltung, den sie
wählt, macht die dunklen, medusenhaften Seiten der Wiege des Abendlandes
transparent, zu denen Goethe sich schon im Briefwechsel mit Schiller seinen
Weg bahnte.
An ihrem Eingang ist die Walpurgisnacht ein Schauderfest: unter der
Führerschaft der Erichtho, einer Maske Mephistos, ins Werk gesetzt; sie
verwandelt sich in das all-eine Erosfest an den Meeresgestaden. Hier wird eine

---

[17] Dazu jetzt sehr treffend: Manfred Wenzel, ‚Der Mensch kennt nur sich selbst, insofern er die
Welt kennt...'. Goethe und die Naturwissenschaften, in: Insel-Almanach 1999, S. 147 ff.
[18] Dazu ihre magistrale Studie K. Mommsen, Goethe und die arabische Welt. Frankfurt/Main
1988.

Deutung der Überlieferung in Symbol und Allegorie angedeutet, die über
Europa und die eigene Zeit weit hinausführt. Gerade im 'Faust' öffnet Goethe
die Fenster und überschreitet die Grenzpfähle des Abendlandes. Und damit
inszeniert er einen Widerstreit zwischen ältestem Altem und neuestem Neuen.
Derjenige, der Faust und Mephisto auf die Pharsalischen Felder führt, ist
Homunculus, der in der Retorte nur fragmentiert zur Welt gekommene
künstliche Mensch. Er sucht, und mit ihm suchen Mephisto und Faust, das
Leben, die Urzeugung, die nachzuholen bleiben. Indem das Homunculus-
Experiment unter Wagners Leitung sich noch einmal in der altfränkischen
Gelehrtenwelt von 'Faust I' abspielt, ist angedeutet, dass manche Einzelzüge
aus „der Tragödie erstem Teil" wiederkehren. Sie haben aber eine tiefgreifende
Metamorphose durchlaufen und sind sinnbildlich, allegorisch geworden. Denn
erster und vierter Akt spielen im Raum der alteuropäischen Geschichte, in der
kaiserlichen Pfalz. Zwar kann jener absterbenden Welt eines ‚ancien régime'
noch einmal der Stein der Weisen geschenkt werden - in Fausts wunderlicher
Erzeugung ungedeckten Papiergeldes. Doch „der Weise mangelte dem Stein"
(Faust II, 1.Akt Verse. 5063f). Und wenn auf die staatspolitische Lehre aus der
„Goldene Bulle" angespielt wird: „Jedes Reich, das in sich selbst zerfällt, wird
zugrunde gehen, denn seine Staatsoberhäupter sind zu Genossen von Schurken
geworden", so ist zugleich deutlich gemacht, wie sehr die Welt, die Faust und
Mephisto durch Täuscherei und Gaukelspiel einmal pekuniär, ein anderes Mal
militärisch retten, ihrer inneren Idee nicht mehr entspricht und sich in ein
haltloses Nichts verflüchtigt. Sie ist - mit Pufendorfs Wort über das Alte Reich
- ein ‚Monstrum', mit Hegels Verfassungsschrift eine Gestalt, aus der der Geist
entwichen ist. Im Karneval führt die alte, absterbende Welt vor Augen, was
nach ihr kommen wird: „Ein Aschenhaufen einer Nacht/Liegt morgen reiche
Kaiserpracht" (Faust II, 5068 ff.).

Man denke hier an 'Dichtung und Wahrheit': an die Zeitgenossenschaft, die
Goethe von der eigenen Vita her zum Sprechen brachte, an die Tiefen und Un-
tiefen, die er seiner Lebenszeit ablesen konnte über den vom Rokoko
geprägten Studienort Leipzig bis zurück zur Frankfurter Kaiserkrönung im
Jahr 1764. Zu Recht konnte er sagen, ‚Biographie' sei es immer. Denn diese
Blickbahn führt auf die Methode zurück, mit der Goethe die tektonischen
Platten von Geschichte und Zeitgenossenschaft vermaß: ein Verfahren, dessen
Grundzüge wir aus der Naturforschung kennen. Er bringt Geschichte wie
Naturgeschichte analogisch auf die eigene Vita hin zur Sprache. Geschichte ist
ihm, als habe er das 20. Jahrhundert vor Augen, „das Absurdeste, was es gibt
[....]: ein Gewebe von Unsinn", so sagt er es dem Kanzler von Müller. Und in
einem Diktat an Riemer heißt es: die Biographie solle sich „einen großen
Vorrang vor der Geschichte" erwerben. Hätte Goethe aber, wie der
nachgeborene Skeptiker aus Basel, Jacob Burckhardt, behaupten können,

Weltgeschichte sei Naturgeschichte?[19] In gewissem Sinne ja. Doch hätte dies für ihn eine andere Bedeutung gehabt. Auch Naturgeschichte nämlich ist für Goethe nicht einfach ohne Sinn, da der geognostische Blick, wenn denn die Gelegenheit oder die Konstellation ‚günstig' ist, aus den Naturformationen, dem geronnenen Magma oder den Kalksedimenten Bedeutung heraussehen kann. Und eben so hat Goethe auch die geschehene Historie gedeutet und entziffert. Man denke an seine Beschreibung der Kanonade von Valmy: „von hier und heute geht eine neue Epoche der Weltgeschichte aus und ihr könnt sagen: ihr seid dabei gewesen" - ein Bonmot, das in höchstem Grad deutungsbedürftig ist. Als Zeitzeuge, dies zeigt Goethes Schilderung in der 'Campagne in Frankreich' wirkungsvoll, war ihm der Sinn der gegenseitigen Beschießung nicht deutlich geworden. Die Ereignisse traten als unzusammenhängende Fetzen vor die Augen: Das Natur- und Farbspiel an einem Teich ist ihm wichtiger als das düstere Kriegsspiel. Er schreibt die 'Campagne' in großem zeitlichen Abstand erst im Jahr 1820 nieder, denn nach dreißig Jahren erst, ist ein Ereignis in seiner welthistorischen Bedeutsamkeit entschlüsselbar.[20]

Aber kann nicht jeder derart akzentuierte Sinn rückwärts gewandter Prophetie wiederum optische Täuschung und Trug sein? Damit kommen wir an den Anfang der ‚Faust'-Konstellation zurück. Goethe bleibt das Weltkind in der Mitten, da er nicht für oder gegen diese Möglichkeit geschichtlicher und naturkundlicher Umbrüche argumentiert, sondern mit ihnen allen spielt. Die große technische Utopie der Trockenlegung des Landes - die ‚Philemon und Baucis'-Szene zeigt es - beruht auf brachialer Gewalt, deren Ausrichtung heute, aus der totalitären Erfahrung, weniger fremd wirkt als in der Goethezeit und deren Bedrohlichkeit zugleich umso evidenter ist. Der prognostischen Kraft kann man sich schwer versagen, zumal auch die sie begleitende Ideologie im 'Faust' vorweggenommen ist: „Auf freiem Grund mit freiem Volke stehn". Diese Bilder sind in ihrer Unerbittlichkeit in der Tat aus der geschichtlichen Erfahrung der machtvollen Totalitarismen gesehen mehr als nur beunruhigend.[21]

Die letzten Sequenzen des großen Weltdramas zeichnen andere Indizien vor: die Erblindung Fausts, das Bild, dass Nemesis und Hybris, die beiden Schwestern, einen gemeinsamen Auftritt haben, leiten zu einer letzten großen Täuschung hinüber. Damit schließt sich der Kreis der Illusionen - bis zurück zur Exposition der „Wette" im ersten Teil der Dichtung. Man erinnert sich: die

[19] J. Burckhardt, *Weltgeschichtliche Betrachtungen*, hg. von Peter Ganz. Münchnen 1982, S. 45 ff.
[20] Vgl. dazu auch die Bemerkungen bei Hans Blumenberg, *Höhlenausgänge*. Frankfurt/Main 1989, S. 668 ff. Siehe ferner Blumenberg, *Arbeit am Mythos*. Frankfurt/Main ⁵1979, S. 433 ff.
[21] Vgl. Hans Jonas, *Rede zur Verleihung des Friedenspreises des deutschen Buchhandels*. Frankfurt/Main 1997 (Sonderdruck des Börsenverbands). Jonas bezieht am Ende seiner denkwürdigen Rede die Schluss-Sequenz des 'Faust II' auf einen in den zwei folgenden Dezenien entfesselten Utopismus.

Vision von dem freien Volk zieht die Worte nach sich: „Zum Augenblicke
dürft ich sagen: Verweile doch, du bist so schön! Es kann die Spur von meinen
Erdentagen/Nicht in Äonen untergehn./Im Vorgefühl von solchem hohen
Glück/Genieß ich jetzt den höchsten Augenblick" (11575 ff.). Gewiss, dies ist
keine wortwörtliche Replik auf die Studierstubenszene im ersten Teil: auch am
Ende entwirft sich Faust in eine Zukunft, indem er im Konjunktiv spricht.
Selbst die Präsenz der Sorge bringt Faust nicht dazu, zurück zu sehen. Das
„Faust"-Drama ist gerade deshalb „theatrum memoriae" (Helmut Schanze),
großer Thesaurus des Erinnerns, weil die Faustgestalt - von der Natur
begnadet- „im Tau aus Lethes Flut" vergisst. So wie er sich über seinen Erfolg
täuschte, so täuscht sich auch Mephisto über den seinen. In der
„Bergschluchten"-Szene schließlich ist alles zugleich Ernst und Spiel. Es
entfaltet sich ein Kultus, dem die Distanz nicht seine Dignität nimmt. Ein
römischer, katholischer Himmel und zugleich noch einmal eine Replik auf das
römische Karneval. Darin werden das Höchste und das Niedrigste eins, wie
Goethe im Rückblick auf die erste Italienreise festgehalten hatte. Die
Verklärung indes, die sich vor dem Hintergrund von Fausts eigenem
Missverständnis abzeichnet, ist nicht mehr genuin europäisch. Sie weist
hinüber ins west-östliche, zu dem Dichter Hafis: „Göttliche Idee. In den
Mädchen (sc. gemeint sind die Huris des himmlischen Paradieses) verkörpert
Liebe (sich) irdisch. Zieht hinauf", so hatte Goethe sich 1815 notiert.[22] Diese
Personenkonstellation weist zugleich zurück zu dem ketzerischen Gedanken
des Kirchenvaters Origenes von der „apokatastsis ton panton" (der
Allversöhnung), die Goethes ‚seltsame' Erwägung bei der Konzeption der
Szenenfolge inspiriert hatte, ob nicht am Ende selbst der Teufel erlöst werde.[23]

Dies alles möchte ich, entmythologisierend, zusammensehen mit Goethes Ab-
scheu vor Tod, Krankheit, Sterben, nicht zuletzt vor dem Kreuz: zu den
naturwissenschaftlichen Nachrichten, die er begierig aufnahm, gehörte die
Mitteilung seines Leibarztes Hufeland, „Ueber die Ungewißheit des Todes"
(1791), die die Grenze zwischen Tod und Leben in Fluss zu bringen suchte.
Die Spiele der Kunst und des Lebens gehen beide nicht in einer Idee auf,
darauf ist hier noch einmal hinzuweisen: Wenn Goethe auch gelegentlich in
der Naturforschung von ‚Ideen' spricht („dadurch gelangte ich ganz allein zur
lebendigen Übersicht, aus welcher ein Begriff sich bildet, der sodann in

---

[22] Dies bezieht sich auf ein Schema zum Westöstlichen Divan, in: Frankfurter Ausgabe Band I, 3,
S. 692 f., hier zit. nach: *Faust*, herausgegeben und kommentiert von Albrecht Schöne.
Frankfurt/Main 1994. Albrecht Schönes Kommentar, ibid., S. 802 ff. ist auch im Blick auf die
‚apokatastasis'-Lehre sehr aufschlussreich. Zu den zeithistorischen Spuren vgl. Heinz Schlaffer,
Faust zweiter Teil. Die Allegorie des 19. Jahrhunderts. Stuttgart 1989.
[23] Vgl. Schöne, Komentar, ibid., S. 788 ff., siehe auch Christoph König, *Fortifikationen. Zur Szene
'Bergschluchten, Wald, Fels' in Goethes 'Faust, Zweiter Teil', 1830,* in: Neue Rundschau 110
(1999), S. 107 ff.

aufsteigender Linie der Idee begegnet wird"), so meint er damit doch eine gleichermaßen intellektuelle und sinnlich konkrete Anschauung, in der sich das Urphänomen verdichtet; und wenn er, wiewohl mit Ironie und mit einem Seitenblick auf Schiller, auf seine „verteufelt humane Iphigenie" blickt, gesteht er ein, damit selbst ein Ideendrama geschrieben zu haben. Doch im Falle des 'Faust' verweigert er sich jedem Versuch, das Geschehen auf eine Idee zu bringen. „Es hätte auch in der Tat ein schönes Ding werden müssen, wenn ich ein so reiches, buntes und so höchst mannigfaltiges Leben, wie ich es im 'Faust' zur Anschauung gebracht, auf die magere Schnur einer einzigen durchgehenden Idee hätte reihen wollen."

So rätselhaft und ambivalent sie bleibt, führt die Verklärung im 'Faust' zu einem Ziel, das Goethe schon in früheren Zeiten in den Blick genommen und bislang nur ironisch verhüllt zur Darstellung gebracht hatte: der Trauerzug der Mignon ist überschattet, ja er erscheint wie ein Mummenschanz, und auch um das schöne und verklärende Ende der Ottilie liegt Ironie, eine leichte Komik und sehr viel Zweifel - „welch ein freundlicher Augenblick wird es sein, wenn sie dereinst wieder zusammen erwachen". Erst im 'Faust' ist es anders: hier finden auf eine - rätselhaft bleibende Weise - doch für immer die Stimmen von Lebensheiterkeit, Zweifel und Verklärung zusammen.

IV. 'Cohobierte Tugenden': 'Wilhelm Meisters Wanderjahre'

Eine anders gewichtete, doch parallele Annäherung an den Zusammenhang von Natur und Geschichte zeigt das epische Kunst-Gewebe der Spätzeit 'Wilhelm Meisters Wanderjahre oder die Entsagenden.' Die Individualität des Lebensfadens der 'Lehrjahre' sei hier ins Typische gehoben, sie sei gleichsam ,kohobiert', so hat Goethe mit einem Ausdruck der Alchimisten das Verfahren umschrieben. Und präzisierend hat er dieses Verfahren 'symbolisch' genannt: „Jede Lösung eines Problems ist ein neues Problem".

Man bemerkt in der Fülle sich verschränkender Episoden eine Tendenz zum Experimentellen, aus der heraus sich keine umgreifende Totalität mehr einstellen kann. Dies ist gerade eine Spitze der Rede von der ,Entsagung': dass jede der Personen sich in einem einzelnen, spezifischen, Bereich vervollkommnen muss, da ihnen der Ausgriff auf das Ganze versagt ist.

Dieser Zug zeigt sich daran, dass die Erzählung Wilhelm nicht mehr durch Desillusionierung und Ironisierung auf seiner Lebensbahn folgt, sondern ihm Ordnungen - Bilder - vor Augen führt, die Gesteinswelt des Montan, die pädagogische Provinz der Gesellschaft der Auswanderer, den spirituellen Bezirk des Oheims. Die Revolution als Zeiten-Bruch ist allenthalben in den geprägten Ordnungen gegenwärtig. Und die Fragen der Auswanderer spüren den Möglichkeiten eines guten Lebens in der anbrechenden zerspaltenen Moderne nach.

Der Bruch der Zeiten wird nicht zuletzt in einer Szene transparent, die den Umgang mit lebendiger Natur verbildlicht: im dritten Buch, drittes Kapitel der 'Wanderjahre', als Wilhelm vor dem Seziertisch steht. „Denn als er die Hüllen wegnahm, lag der schönste weibliche Arm zu erblicken, der sich wohl jemals um den Hals eines Jünglings geschlungen hatte. Und in dieses Fleisch soll man schneiden?" „Wirkliche Zergliederung hat etwas Kannibalisches an sich". Wilhelm wird aus den traumatischen Überlegungen befreit, als ihn ein Fremder in einen Saal führt, wo er nahezu vollendete plastische Nachbildungen menschlicher Körper zu sehen bekommt, wie sie Goethe selbst auf seiner Italienreise zu sehen bekam. Im jüngsten Gedächtnis sind Goethe während der Niederschrift Nachrichten über Londoner Leichendiebstähle zu Zwecken der Anatomie. Noch in seinem letzten Lebensjahr im Februar 1832 wird er darauf zurückkommen - und dem Staatsrat von Beust die „Weltangelegenheit" einer plastischen Anatomie gegenüber der zergliedernden ans Herz legen.[24]

In Wilhelms Gespräch mit dem Astronomen auf der Sternwarte trifft eine ähnlich gerichtete Polemik die Brille. „Man sieht mehr als man sehen sollte, die schärfer gesehene Welt harmoniert nicht mit meinem Innern". Dies könnte im Zusammenhang der dramaturgisch wohl inszenierten Polemiken gegen

---

[24] Vgl. dazu Durs Grünbein, *Anatomie im Todesjahr. 1832*, in: ibid., S. 114 ff.

Newton innerhalb der Farbenlehre gesagt sein. Doch der Roman nimmt die
großen Dicta zurück, die in den Polemiken des Naturforschers unvermittelt
stehen bleiben. Er schafft ‚Contrebalancen', und arbeitet, nach seinen eigenen
Worten, die Motive gegeneinander. Bei ihm deutet sich die, später von
Nietzsche zur Methode erhobene, ‚Leuchtkraft' von starken Gegenbegriffen
an: in dieser Konstellation steht Wilhelms Felix, in seiner Reserviertheit gegen
die Riten der Lebensform der pädagogischen Provinz, die durch eine solche
Gegenbildlichkeit der Verklärung entgeht, und da ist die Einsamkeit Montans
inmitten der wohl geordneten, einsichtsvollen Lebensform: seine Schroffheit
wandelt sich erst am Ende des Romans, als er nicht länger in sein Mineralreich
gebannt bleibt, sondern - frei und sanft - lieben darf.[25]
Symbolisierung im Sinn der 'Wanderjahre' könnte Goethe wohl mit den
Worten umschreiben: „Wenn eins zum andern passt". Doch ist das Symbolon
eben nicht Allegorie, nicht Verweis auf Anderes, es ist im griechischen
Begriffssinn des ‚Unterpfands' plötzlich erkannter Zusammenfall
auseinandergebrochener Hälften. Oder es ist, wie Goethe im Zusammenhang
seiner Naturforschung einmal formuliert hat, „lebendig augenblickliche
Offenbarung des Unerforschlichen".

V. ‚Wohin, ach, wohin?'
Nördlich-südliches und östlich-westliches Gelände

Eine aus *einem* Prinzip geschöpfte Naturwissenschaft und totale Weltsicht
wollte Goethe nicht begründen. Einzelnes ist ihm fraglich geworden und
aufgegangen. In glücklichen Stunden erschloss sich jäh - ‚exaiphnès', wie die
Griechen gesagt hätten, der Zusammenhang der Teile. Dies mindert die
Bedeutung solcher Einsichten nicht, es macht sie aber sprechend und insofern
bedeutsam. Dafür ist ein hübscher sprachlicher Beleg, dass Goethe an Stelle
von Anschauung, gar Weltanschauung: das französische ‚aperçu' gebraucht. In
diesem Sinn hat sich der Naturforscher als Reisender durch die
verschiedensten Gestaltungen und Umgestaltungen verstanden. Darin beweist
sich seine ‚Scheu' vor dem Phänomen, die ihm auch eigen war, wenn er über
die eigene Kultursphäre hinausblickte: Ein Fremder, der den anderen
Sprachgebrauch sich anzueignen sucht. Fremde und eigene Stimme,
Maskenspiel und Ernst, nie vielleicht gehen sie schöner ineinander über als in
den Adaptionen des Dichters Hafis, im 'Westöstliche[n] Divan.' Goethe bleibt
auch hier Reisender (vgl. HA 2, S. 126 ff.). Und das bedeutet, dass er die
persische Ghasel-Form nicht adaptiert. Er leugnet nicht ab, dass er des
Reiseführers bedurfte: an erster Stelle ist hier die Übersetzung von Josef von

---

[25] Hierzu vgl. A. Henkel, *Wilhelm Meisters Wanderjahre. Zeitkritik oder Prognose?,* in: ders.,
Goethe-Erfahrungen. Studien und Vorträge. Stuttgart 1982, S. 117 ff.

Hammer zu nennen, die er 1814 las. Hohes Gewicht kommt auch den großen
Arabisten und Orientalisten seiner Zeit zu. Auf der imaginären Reise in den
Osten *erfährt* er eine Symbiose, die in der Naturforschung nicht überzeugend
zu erreichen und auch nicht zu simulieren ist, weil sich dem Geist der Geist
erschließt und nicht die Natur. Es ist das Zeugnis einer großen Beglückung,
wenn Goethe von seiner Begegnung mit Hafis schreibt: „Scherz und Ernst
verschlingen sich hier so lieblich ineinander, und ein verklärtes Alltägliche
verleiht uns Flügel zum Höheren und Höchsten zu gelangen". Und wenig
später: „Ferner kostet's dem orientalischen Dichter nichts, uns von der Erde in
den Himmel zu erheben und von da wieder herunterzustürzen oder umgekehrt"
(HA 2, S. 163). Da ist das Symbolische, Verbindende, eben der Divan,
ausgesprochen, denn Divan heißt *Versammlung*.[26] Sein eigenes Opus hat
Goethe, nicht nur im Blick auf diesen Titel, als ‚collectives Werk' begriffen.
Zu Eckermann am 17. Februar 1832: „Im Grunde aber sind wir alle kollektive
Wesen" (Gespräche mit Eckermann, a.a.O., S. 662). Es ist gerade in der Zeit
der Arbeit am 'Divan', als er die Kindheits- und Jugendlandschaft um Main
und Rhein wieder sieht 1814/15 und, im Begriff sich selbst historisch zu
werden, seine Jugend an sein Alter anschließen lassen kann.
Wie die west-östliche Stimme so verbindet sich die Rede von Mann und Frau
zur hermaphroditischen Gestalt: ähnlich künstlich kunstvoll wie in den
'Wahlverwandtschaften' - im Zwiegesang von Hatem und Suleika.
Goethes lyrischer Weg endet allerdings nicht bei einer Dichtung, die ihrerseits
ganz Literatur, Anspielung ist und so weit wegführt von der Empfindungslyrik
von Sesenheim, dass die Frage, ob er noch derselbe sei, gerade hier
aufgeworfen werden könnte.

Goethe, der vom idyllisch bukolischen Gedicht der Anakreontik herkam, in
den großen Hymnen der Sturm und Drangzeit mit prometheischem Gestus die
Konventionen aufgebrochen hat, ist als Lyriker gerade in der Spätzeit neue
Wege gegangen. In der späten Dichtung schließt sich der Kreis. Der
Marienbader Sommer 1823 bringt nicht nur die süß unglückselige Annäherung
an die neunzehnjährige Ulrike von Levetzow. Hier hört er auch den Gesang
von Anna Milder-Hauptmann und das Spiel der Petersburger Hofpianistin
Maria Szymanowska, ein „Doppelglück der Töne wie der Liebe", das doch in
die Einsamkeit und Leere des Greisenalters mündet, dem sich - für den
Moment – der Erfahrungsbogen nicht mehr zum Symbol schließt. Vor diesem
Horizont heißt es in der 'Marienbader Elegie'. „Das Auge starrt auf düstrem
Pfad verdrossen,/ Es blickt zurück-die Pforte steht verschlossen." Oder: „Mir
ist das All, ich bin mir selbst verloren". Erich Trunz hat beobachtet, dass diese

---

[26] Vgl. dazu im einzelnen die in FN. 18 genannte Studie von K. Mommsen und: H. Birus,
Begegnungsformen des Westlichen und Östlichen in Goethes 'Westöstlichem Divan', in: Insel-
Almanach auf das Jahr 1999, S. 113 ff.

Verse einen Ton wieder aufnehmen, den man zuletzt aus den an Lili Schönemann gerichteten Gedichten gehört habe:[27] Damals vor fast einem halben Jahrhundert hieß es: „Herz, mein Herz, was soll das geben,/ Was bedränget dich so sehr?/Welch ein fremdes neues Leben - /Ich erkennne dich nicht mehr./Weg ist alles, was du liebtest,/Weg worum du dich betrübtest,/Weg dein Fleiß und deine Ruh -/Ach, wie kamst du nur dazu? [....]. Die Verändrung, ach, wie groß!/Liebe, Liebe, laß mich los!" Oder „Sehnsucht": „Dies wird die letzte Trän'nicht sein,/Die glühend Herz auf quillet".

Man wird gut daran tun, die opaken Verse der Spätzeit der Spruch- und Weltanschauungsdichtung (also den Aperçus) der späten Jahre zu konfrontieren, in denen - wie in „Urworte orphisch" das Lebensgesetz zwischen Notwendigkeit, Eros und Hoffnung angedeutet wird.

Ganz am Ende aber findet sich ein zurückgenommener Ton - innere Betrachtung seiner selbst, diesseits von Naturforschung und Literatur, in der Meditation der vertraut gewordenen Landschaft um die Dornburg bei Jena, oder als er im August 1831 noch einmal auf den Kickelhahn bei Ilmenau kam, in die Jagdhütte, auf deren Wand er 1780, ein halbes Jahrhundert früher am 6. September, „Über allen Gipfeln ist Ruh'" geschrieben hatte: wird ganz und gar uninszenatorisch noch einmal erkennbar, was Goethesche Lebenskunst ist.

Hier ist es an der Zeit, noch einmal auf die Frage von Modernität und Klassizität zurückzukommen. Naturforschung und Dichtung schießen bei Goethe zusammen - sie verbinden sich zu *einem* Panorama. Dies geschieht aber keinesfalls bruchlos. Es bedarf der Vorbereitung, des Abwartens, auch der Inszenierung, und vor allem der Lebensklugheit (wie zumal die 'Wahlverwandtschaften' zeigen), um die Lebensbedeutsamkeit des Symbols zu erkennen, das Hin und Her von Besonderem und Allgemeinem zu lesen, aus dem sich der Typus formt.

Die Verbindung wird in den Gestaltungen Umgestaltungen Ereignis, die sich ihm in der einzigartigen Morphologie des eigenen Lebens zeigten? Mit Nietzsche und Brecht, doch aus anderen Zeit- und Welterfahrungen, würde er die Lebenskunst als die höchste Kunstform begreifen. Entscheidend ist wohl vor allem, dass bei Goethe, einmal noch, die Lebenskunst glückte. Und damit wird der doppelte Goethe in einer anderen Brechung sichtbar: als einer, dem Ernst und Spiel, Tiefe und Vordergrund sich verschmelzen. Wie sich Welt und Leben zu einer solchen Einheit fügen, wie ein im allerweitesten Sinn verstandener Eros, eine Neigung zum Schönen, ihre Antriebskraft ist, dies kann in der Dichtung sinnbildlich werden.

Lebens-Fülle und Dichtungs-Polyphonie Goethes: sie scheinen so repräsentativ, dass sie einladen, in ihren Spuren zu gehen - gerade in

---

[27] Vgl. den Text der 'Elegie' HA 1, S. 381 ff. , der hervorragende Kommentar von Trunz ebd., S. 760 ff. Siehe auch J. Urzidil, *Goethe in Böhmen*. Zürich und Stuttgart 1965.

Krisenzeiten der Moderne: für Thomas Mann war dies ein Lebensunterfangen, Goethe der Repräsentant des bürgerlichen Zeitalters? Für Nietzsche war das Herbstlicht der 'Novelle' eine milde Kühlung, in der er das Ja zur ewigen Wiederkehr fast absichtslos dargestellt fand, die Absage an jedweden Geist der Rache. Und Walter Benjamin, der sich mit Goethe noch einmal in die Ottilie der Wahlverwandtschaften verliebte, schließt seinen von George und Hofmannsthal geprägten ‚Wahlverwandtschaften'-Aufsatz mit dem messianisch- marxistischen Wort: „Nur um der Hoffnungslosen willen ist uns die Hoffnung gegeben". All das sind Kapitel der Goethe-Mythologie, und zugleich einer kostbaren, auch in Missverstehen und Widerspruch unverzichtbaren Wirkungsgeschichte, noch mehr sind es die - in sich respektablen, doch von heute aus gesehen verzweiflungsvollen - Versuche, nach der Katastrophe an Goethe anzuschließen. Demgegenüber war es eine nur konsequente Verweigerung an die Goethe-Annäherung, wenn Gottfried Benn in seinen letzten Jahren festhält: „Das Zeitalter Goethes hat ausgeleuchtet, von Nietzsche zu Asche verbrannt [....] noch glimmend und schwelend ist die Luft, aber nicht von Johannis- oder Kartoffelfeuern [....]".[28] Wie man der Mythologie entgeht? Vielleicht, indem man neu und lebendig der Goetheschen Lebensreise folgt - beginnend nicht mit dem von Eckermann gestifteten ‚Goethe-Evangelium': „Goethe schwieg. Ich aber bewahrte seine großen und guten Worte in meinem Herzen", sondern von dem letzten Brief an Wilhelm von Humboldt, geschrieben wenige Tage vor seinem Tod. Hier kann man noch einmal Goethe, den Dichter, den Naturforscher und den Zeugen seiner und unserer Zeit, berühren, und hier gerät er zugleich aus unserem Blick: „Die Tiere werden durch ihre Organe belehrt, sagten die Alten, ich setze hinzu: die Menschen gleichfalls, sie haben jedoch den Vorzug, ihre Organe dagegen wieder zu belehren. Die Organe des Menschen durch Übung, Lehre, Nachdenken, Gelingen, Mißlingen, Fördernis und Widerstand und immer wieder Nachdenken, verknüpfen ohne Bewußtsein in einer freieren Tätigkeit das Erworbene mit dem Angebornen, so dass es eine Einheit hervorbringt, welche die Welt in Erstaunen setzt" (HA 4, Briefe, S. 480f). Der doppelte, der entmythologisierte Goethe setzt uns in Erstaunen. Er belebt uns, denn es glückt ihm zu sagen, was er sieht.[29]

---

[28] Gottfried Benn, *Soll die Dichtung das Leben bessern?* (Vortrag November 1955), in: Benn, Gesammelte Werke Band 1. Stuttgart 1977, S. 583 ff., hier S. 591.
[29] Zu diesem Grundmotiv, das auf die Inbildlichkeit von Goethes Leben zurückführt, vgl. M. Sommer, *‚Sagen zu können, was ich sehe'. Zu Hans Blumenbergs Selbstverständnis*, in: Neue Rundschau 109 (1998), S. 78 ff.

2. Über Jean Pauls Skepsis und Glorie. Ein Versuch über Ästhetik und Paideia

Hans-Karl Beckmann, dem Pädagogen und Lehrer, zum Gedächtnis.

Er ist, von nicht eben Geistesverwandten, zum ‚anderen Meister' von Bayreuth stilisiert worden. Die Rollwenzelei, mit dem provinziellen Gegenhimmel Sanssouci steht für sich, Miniatur der deutschen Welt-Provinz, wie die winkligen Labyrinthe neben den kosmologischen Aussichten seines Oeuvres, das des Vergleichs mit dem Meister der unendlichen Melodie nicht bedarf. Kürzungen meinte Hofmiller einmal, täten seinem Werk gut. Und das auf Fontane gemünzte ‚fast ein Klassiker', ist in die Bilder, die sich die Nachwelt von Jean Paul imaginierte, eingegangen. Die Rezeption selbst geht merkwürdige Wege. Man weiß, wie umjubelt Jean Paul seinerzeit durch Deutschland reiste. Er löste Begeisterungsstürme aus, die kein anderer Dichterkult einholte. Dass nur Ausschnitte bleiben, liegt gerade bei ihm in der Logik seiner Dichtung: der Rekurs heroischen Scheins auf die Seligkeitsspur eines kleinen Lebens von der Geburt zum Tod verbürgt in seiner Epik oftmals erst das Glück.

I

Seine 'Vorschule der Ästhetik' hat Pflöcke eingeschlagen, die sein eigenes Oeuvre treffend charakterisieren helfen. Er weiß, dass der Roman zwischen den beiden Brennpunkten „des poetischen Langkreises" verlaufen muss, je nachdem näher dem Epos oder dem Drama. Und er votiert, gerade in praxi, für die pittoreske, ausladende Form. Lawrence Sterne bleibt die Traumgestalt im Hintergrund, eine 'Selberlebensbeschreibung', die lange vor der eigenen Geburt beginnt, beim Zeugungsakt. Idylle ist das Herz der Romanform; eine Kunst, in der die „Dichtkunst durch ihr ätherisches Echo den Misston des Leidens in Wohllaut umwandelt", woraus aber auch das Recht resultiere, die enthusiastische Freude zurückzuführen und zu dämpfen.

Die Florilegien begleiten seine Wirkungsgeschichte; von den frühen Kalenderblättern bis zu der großzügigen Auswahl, die Kurt Wölfel aus dem Nachlass getroffen hat. Jene Fragmente aus dem unterirdischen Bergwerk seiner Nachlassproduktion machen jedenfalls deutlich, dass er wo er sich auch aufhielt, dachte und die Aperçus niederschrieb, so wie später ein Denker aus Röcken, den er wohl verstanden hätte, wie er Schopenhauer verstand, auch ohne ihn zu unterschreiben. Dies hinderte ihn nicht, sich in Ermattungen der Urteilskraft zu ergeben, beispielsweise bei dem zu Recht vergessenen Sprachwissenschaftler Wolken und seinem ‚Dehnungs-s'. Das Feuer des

Himmels zu bannen, so sagt es ein ganz anderer Nichtklassiker in ‚mythisch-griechischen Bilderwelten, deren Jean Paul nie bedurfte, Hölderlin.
Zur Modernität steht dieser ‚andere Meister' von Bayreuth in einem merkwürdig doppeldeutigen Verhältnis, das durch eine Analyse der Formensprache allein nicht einzuholen ist: Kontrafaktisch zu einer avantgardistischen Grundregel, die Gottfried Benn spät auf eine Formel brachte, spricht Jean Paul davon, dass das ‚Wie' oder ‚gleichsam' Brücken zwischen Bildwelten schlage, die ansonsten unverbunden zusammenstünden. Und er hat niemals primär in einer entkörperten Bildlichkeit denken können. Man solle sich nie zu sehr an die Versuchungen des engen Ohrs gewöhnen, notiert er (GW IX, S. 195),[1] und darüber das weite Auge vergessen. Den Wortspielern, die mit Tieck eine artistische Spätkonjunktur feierten, auch wenn ihre Anfänge aus dem ernsten Schmerz um das unerreichbare, nur in ‚unendlicher Annäherung' anzutreffende Absolute der frühen Romantik herrühren, blickte er skeptisch über die Schultern.
Seine Überlieferung kennt ihre eigene ‚List der Vernunft'. Denn diejenigen, die seinen Namen aufnahmen, sind sonst zumeist durch keine ‚Familienähnlichkeit' charakterisiert. Jean Paul bindet Kerr an Karl Kraus, die Tektonik seiner Romane dürfte für Doderer oder Arno Schmidt stilbildend geworden sein und seine Prosa blieb für Nietzsche ein Grundereignis aufklärerischer Luzidität, obgleich sie sich für das unmusikalische Ohr in Wege und Irrwege zu verlaufen scheint.
Auch insofern ist es ein goldenes Bonmot Jean Pauls, die Sprache als „Wörterbuch erblasseter Metaphern" begriffen zu haben (IX, S. 184). Er hat aber hinzugefügt, die sei sie in Rücksicht geistiger Beziehungen, Verkörperungen von Ideen. So virtuos er mit der Metaphorik spielte, war sie ihm doch nur ein Mittel im Zusammenhang auslotender Vergleichungen, die tiefer, in eine Wesensschau zu greifen hätte.
Man mag die Ideen der sterbenden Welt des Alten Reiches in den großen Ansichten der Gartenlandschaften und Möbel, der Turmgesellschaft und ihrer Gleichgewichtsideen finden, das Alte Deutschland in nuce entnimmt man Jean Pauls Schilderungen. Er ist, darauf hat Hans Maier einmal zu Recht hingewiesen, auch ein Kirchendichter, der nicht von der religiösen Empfindung im Ganzen, sondern von den Kanzel- und Orgelperspektiven zu reden weiß; und er selbst begriff sich als ‚Lausedichter', der die Perspektive von unten wählt, der noch ohne die Klage und Anklage sozial didaktischer Poesie die Welt der Armenadvokaten und kleinen Leute durchdringt und den unentfremdeten Glanz des nach außen hin armseligen Geistes aufscheinen lässt.

---

[1] F. Ohly, Ausgewählte und neue Schriften. Stuttgart 1995, S. 887.

Hohe Zeiten und die Prosa des Lebens greifen ineinander. Jean Paul bleibt der Dichter, der zwischen der Prosa des Lebens und dem Eros der Idee in einer Weise die Schwebe hält, die zu denken gibt, wo immer Kunst nicht nur als l'art pour l'art lebt, sondern sich auch in der Schönheit zeigt, die sich aller erst im Gebrauch erschließt und an einem Ding täglichen Lebens aufgehen kann.

Ein Kriterium für seinen Rang ist in jedem Fall, wie ein Autor die Kritik transzendiert, die sich gegen ihn richtet. Der geschmacksunsichere Chinese in Rom alias Weimar, diese Evokation war in sich selbst schief. Denn ein Mandarin kann sich in eine andere Welt verirren, sie aber hat weder Recht noch Kompetenz, über ihn zu richten. Der ‚sensus communis' ist, Kant lehrt es in der 'Kritik der Urteilskraft', zu aller erst eine innere Stimme. Anregende Gesellschaft kann ihm lediglich zu Hilfe kommen. Doch nicht, dass einer in den angemaßten oder tatsächlichen Metropolen seiner Zeit ein und aus geht, gibt ihm das Gütesiegel. Es war ein anderer Seelenforscher und Sprachkundiger am Rand von Weimar, Karl Philipp Moritz, der ihn erkannte, als er 1792 den 'Hesperus', ein Manuskript von Jean Paul Friedrich Richter zugesandt bekam, und bemerkte, das sei über Goethe. Und wenig später sah sein Karat, keinesfalls zufällig, auch ein Künstler des Vergleichs: Lichtenberg, der vielleicht als erster in den Jean Paulesken Labyrinthen die luzide Klarheit wahrnahm.

Jean Paul wusste um den Ideenhimmel der Antike, um die Kunstreligion, deren Proprium Hegel darin sah, dass einmal in der Jugend der Menschheit die Bilder der Götter unmittelbar an den Himmel geworfen worden seien. Doch die großen ‚Querelles des anciens et des modernes' schrieb er in eigener Weise weiter; der Glanz des Fichteschen ‚Ich bin', dem dessen Autor selbst nicht standhielt, den er vielmehr in immer wieder neuen Überlegungen, wie das Ich sich selbst gegeben sei, umkreisen musste, grundierte er durch einen Rückgang in die Kaverne des ‚inneren Afrika' und arkanen Selbstgefühls. Und am Ort der innersten Seele, nicht frei von magnetistischen Spekulationen, erwog er das eigentliche Problem, das zu einer Hypostase des Ich Anlass gab, die Frage nach der Seelenunsterblichkeit.

„Ein Echo, das sich selbst in das Unendliche nachhallt", so beschrieb er den Subjektivitätspunkt, wenn dieser sich in inneren Herzensworten der Dichter ausspricht. Diese gleiche Perspektive ging in seine Poetologie der Darstellung ein. Wenn Dichtung wesentlich Spiegelungen vor Augen führt, dann kann das Selbstbewusstsein nicht der Fichtesche Identitätspunkt sein. In einer Notiz führt Jean Paul deshalb den Fichteschen Identitätssatz ad absurdum: „Der Mensch ist nie allein: das Selbstbewusstsein macht, dass immer zwei Ich in einer Stube sind". Im 'Hesperus' kann Viktor eine Leichenrede auf sich selbst halten: „Ich seh ein Gespenst um diesen Leichnam schweben, das ein Ich ist ...Ich!Ich! du Abgrund, der im Spiegel des Gedankens tief ins Dunkle

zurückläuft - Ich! Du Spiegel im Spiegel- du Schauder im Schauder!". Die
Struktur solcher Spiegelungen hat er in einer kleinen Beschreibungsskizze mit
der Überschrift ‚Täuschung' festgehalten: „Ein Verhüllter sah in Abend eine
Sonne immer höher steigen aus dem Meer, endlich erreicht sie die Meerfläche
- und sogleich war die Sonne versunken. Bild und Urbild starben an einander"
(ibid., S. 277 f.). Deshalb sann er nicht nur dem aufgehenden Mond nach,
sondern vor allem dessen abgewandter Seite. Die Selbstentzweiung und
Einung kondensieren sich im Ich. Dabei gibt die Welt des Leibes der
Selbstbefragung erst ihr Zentrum zurück. Jean Paul wendet sich gegen die
‚poetischen Nihilisten', welche die Außenwelt gleichsam einschmelzen
wollen. Sie ist ihm der Kometenkern (Vorschule, S. 380 f.).

Dichtung ist für Jean Paul freilich immer zugleich Verklärung. Er spricht
deshalb, nachdem er in seinen jungen Jahren durch die Hexenküche der Satire
gegangen ist, vom „Dithyrambus des Witzes" - und als die Crux der
Weltdarstellung begreift er es, dass in der Poesie „das Reich des Unendlichen
über der Brandstätte der Endlichkeit" aufblüht, „Wenn zwar ein Chaos da ist,
aber darüber ein Heiliger Geist" (vgl. Vorschule §§ 23 und 54). In Erinnerung
an die Schwebelage der Muse zwischen Ernst und Scherz und vielleicht an die
von Aristoteles ins Gedächtnis gerufene Grundwahrheit, dass Muse
keineswegs mit Spiel verwechselt werden dürfte, hat er in den die 'Vorschule'
schließenden ‚Kantate'- Vorlesungen allen Witz im Ernst gründen lassen: „Wir
haben etwas in uns, was unaufhaltbar einen ewigen Ernst, den Genuß einer
unbegreiflichen Vereinigung mit einer unbekannten Realität als das letzte
setzt. Das Spielen der Poesie kann ihr und uns nur Werkzeug, niemals
Endzweck sein [....]. Der Grund wie der Zweck eines Spiels ist keines; um
Ernst, nicht um Spiel wird gespielt [...]. Ein Gelächter von Ewigkeit her wäre
aber um nichts ungereimter als ein ewiges Spielen des Spielens. Götter können
spielen; aber Gott ist ernst" (Vorschule, S. 422). Zwar könne der Dichter die
Endlichkeit belachen, doch die Unendlichkeit in seinen Spott zu ziehen,
bedeutete Unsinn und Disharmonie. Wie in einem Credo hat Jean Paul notiert:
„Ewig dringen wir - als auf das Urletzte und Ur-Erste - auf etwas Reales, das
wir nicht schaffen, sondern finden und genießen und das zu uns, nicht aus uns
kommt" (ibid., S. 444).

Er verfolgt die Frage nach jenem Ersten bis hinein in ein merkwürdiges
Zwielicht, das zwischen Platon und dem alten Leipziger Philosophielehrer
Platner für ihn ausstrahlte. Der späte ‚Selina'-Text steigt aber nicht nur deshalb
in die Tiefen des inneren Afrika in der Seele, weil die mesmerischen
Strömungen unter das bewusste Leben zurückführen. Dahinter leuchtet die
antike Urfrage nach der Einheit in Vielheit und Widerspruch auf, die eins ist
mit der unabschließbaren Suche nach der Unsterblichkeit der Seele. Jean Paul
dringt in die Vielstimmigkeit menschlichen Seelenlebens ein, weil die
experimentelle Auslotung des Gehirns nicht zu einem Ziel führen könne. „In

den Gehirnen vollends der verschiedenen Geister-Menschen ist auch nicht das Kleinste, was die so große Verschiedenheit wie die zwischen Wilden, Künstler, Mathematiker, Philosophen, Krieg- und Tatenmenschen und Gedächtnishelden auch nur durch Perlschrift, geschweige durch erhabene oder vertiefte Buchstaben ansagte" (ibid., S. 1175). Seine Ideen-Paradiese sind nicht zum wohlgeformten abgeschlossenen Aphorismus kristallisiert, denn der Schreibende kann erst post festum bestätigt werden, wenn er wie das Schulmeisterlein Wutz zu seinem eigenen aufmerksamen Leser wird. Dabei reflektiert sich auch die Unfreiheit, dass in das eigene Leben viele Leben eingeschlossen sind, ohne sich aus ihm herauslösen zu können. Über Wahrheiten hat er an einer Stelle notiert (Ideengewimmel, ed. Wölfel, S. 198): „Das sind die gewissesten <stärksten>, die man nicht sucht, sondern die uns suchen und verfolgen, z.b. meine von dem Tod"; und dabei begibt er sich oft in Traum-Gesellschaft, denn die Tageseinsamkeit wird, wie eine Notiz aus dem März 1820 glaubwürdig versichert, nachts durch „die vielen Traumwesen" erleichtert (ibid., S. 115).

Mit der ,Rede des toten Christus vom Weltgebäude herab, dass kein Gott sei', hat Jean Paul in einen Abgrund geblickt, wie nach ihm erst wieder Nietzsche. Die Rede steht im Zeichen Shakespeares. Sie geht von einem Traum aus, in dem zu Beginn schon das Erwachen geträumt wird. Die von der Erde losgekettete Sonne, der in einen großen Wirbel aufgelöste Kosmos bilden den Hallraum eines immanenten Evangeliums. Man erinnert sich daran, dass die Sabbattage eine entscheidende Rolle in seinem Werk spielen. Die ,Selberlebensbeschreibung' schließt mit einer Evokation des ersten Abendmahls des 12-jährigen, das eine spätere säkularere Resonanz findet: „Dieses Lenzfest des Herzens kam später in den Jünglingsjahren, nur aber als ein ruhiger heiterer Sabbat zurück, als vor mir zum ersten Male aus Plutarch und Epiktet und Antonin die alten großen stoischen Geister aufstiegen"(XII, S. 1103). Ohne die Kirchengebäude, den Weltkosmos, der am Ende auf eine Kapelle zusammenschrumpft, wäre die Rede ohne Ort. Desillusionierung als Ent-Täuschung wiederholt sich im 'Komet', einem ,Anti-Titan', wie Jean Paul selbst wusste: die theologische ist in eine diabolische Szenerie verwandelt; und das letzte Wort des Textes kann nichts anderes signalisieren als – ,Entsetzen'. „Vater Beelzebub, ich bin wieder bei dir; warum hattest du mich verlassen?' Alle traten weit von ihm hinweg." (XII, S. 1004). Man mag darin schon Antizipationen des zur Hölle fahrenden Adrian Leverkühn ausmachen, allerdings mit einem Erdenrest, den Thomas Mann dem genialischen Diabolisten vorenthalten hätte. Der Apothekersohn, der sich für einen Fürsten hält, führt auch die poetische Verklärung auf ihren sterblichen Grund zurück. Und dabei werden die Brechungen romantischer Ironie in einer Weise gebrochen, die tief in die Selbstbeschränkungslabyrinthe des Biedermeier und frühen Realismus im späten 19. Jahrhunderts von Stifter bis Raabe hineinführt. Am Ende der Exposition wählt Jean Paul nicht das Bild des Asyls, des heiligen und unversehrbaren Raumes, sondern der Enklave. Vor allem eine von ihnen gibt ein symbolisches Sigel auf die Geschichte, die im 'Komet' verhandelt wird; des ‚Kandidaten Richter Leichenrede auf die Jubelmagd Regina Tanzberger in Lukas-Stadt'. „Zum Glück ist Sterben der einzige Wunsch, der stets in Erfüllung geht, sei man noch so verlassen von Menschen und Göttern".

Die Welt in der erfahrenen Götterlosigkeit zu ertragen, dies ist wohl der Kern der immanenten Religionsphilosophie Jean Pauls, die die Folgerungen aus der Dialektik der späten Aufklärung zieht. Dass Subjektivität ein Spiel mit vielen Stimmen ist, wird eine Grundlehre der Moderne. Jean Paul hat sie lange vor Nietzsche antizipiert, dabei aber den Schmerz im Sinn behalten, der der Frage nach dem Ich eingebrannt ist. „Einheit? Wenn das Leben keine hat? Nehmt meine Biographien für die meinige, haltet mich für einen Montaigne, damit ihr mir vergeben könnt" (Ideen-Gewimmel, S. 27). Dahin gehört es, dass zwischen dem Jugend-Ich und dem späteren eine große Differenz bestehen bleibt. Jenes findet noch seinen Voltaire und seine Ideale, dem anderen ist die Welt nurmehr Spiegelung seines eigenen vielfach gewordenen Selbst. Seine Philosophie dränge ihn jederzeit zu einem Einheitspunkt, hat Jean Paul notiert, doch er könne ihn nicht finden. „Ich muss nur andeutend spielen". In der Zeichenschrift seiner selbst und des Buches der Natur zu lesen, war der damit eröffnete zweibeste Weg. „Der Mensch sei der lange Gedankenstrich im Buche der Natur", hat er einmal festgehalten, ein Bonmot, das beim Wort zu nehmen sich lohnt. Dieser Gedankenstrich durchreißt Einheiten zu bestimmten Sequenzen, so wie die Sopranistin den Ton fügt, er macht auch die Natur zu einem Text. Deshalb war ihm die Hand ein eminentes Sinnbilde und späteres Philosophieren (namentlich das Heideggers oder Derridas) hätte bei ihm in die Lehre gehen können. Ohne eine Art von Zeigefinger, die „Rand-Hand (in margine)" bleibe die Natur undeutbar. In seiner Poetik hat er im einzelnen gezeigt, wie die Kunst Auslegerin der Natur sein kann, womit bekanntlich ein großes Wort und ein noch größerer Anspruch Goethes zitiert ist. „Der rechte Dichter wird in seiner Vermählung der Kunst und Natur sogar dem Parkgärtner, welcher seinem Kunstgarten die Naturumgebungen gleichsam als schrankenlose Fortsetzung desselben anzuweben weiß, nachahmen, aber mit einem höheren Widerspiele, und er wird begrenzte Natur mit der Unendlichkeit der Idee umgeben und jene auf eine Himmelfahrt in diese verschwinden lassen" (Vorschule, § 4). Die poetisch bildende Einbildungskraft ist es, die bei Jean Paul jene ‚Teleologie der Urteilskraft' weiterführt, die Kant in seiner dritten Kritik eine außergewöhnliche Rolle zugesprochen hatte. Sie deutet aufgrund subjektiver Beurteilungen auf ein Allgemeines, das zu den erfahrenen und beobachteten Einzelphänomene aller erst gefunden werden

Über Jean Pauls Skepsis und Glorie.
Ein Versuch über Ästhetik und Paideia

309

muss und keine Entsprechung in der raum-zeitlichen Welt der Anschauung hat. Die Kantische Lehre von der reflexiven Urteilskraft fasst dieses Allgemeine so auf, dass ein Totum begründet werden kann, das nicht als Mechanismus, sondern als Organismus zu denken möglich ist. Jean Pauls 'Vorschule der Ästhetik', die sich auch in diesem propädeutischen Grundzug an der Kantischen Zurückhaltung orientiert, vermerkt im Zusammenhang von Bildungskraft und Phantasie: „Wenn der Witz das spielende Anagramm der Natur ist: so ist die Phantasie das Hieroglyphen-Alphabet derselben, wovon sie mit wenigen Bildern ausgesprochen wird. Die Phantasie macht alle Teile zu Ganzen [...] und alle Weltteile zu Welten". Das Unendliche der Vernunft kann in den Zeichen der Natur erkannt werden,[2] in einer Form plastischer Naturhermeneutik, die er strikt von der eklektischen Naturmimesis unterscheidet, die lediglich einzelne Blätter aus dem Naturbuch reißen könnte. Die phatasmatische Einbildungskraft berührt sich mit dem eigentlichen Geschäft der Poesie in dem Versuch, das Wörterbuch vergilbter Metaphern zum Reden zu bringen. Die Erinnerungsdata der Natur sind Jean Paul zufolge „nur zugeflogene Abblätterungen aus der wirklichen Welt".

II

Jene Entzifferung der Natur-Schrift ist für ihn in besonders eminenter Weise in die Erziehungslehre eingegangen, die sich der antiken Nähe von Philosophie und Paideia des inneren Menschen verpflichtet weiß, aber insoweit durch und durch rousseauistisch ist, als sie weiß, in einer Spätzeit zu argumentieren, in der es überhaupt erforderlich ist, einen Erziehungskodex aufzurichten. Das Bewusstsein, „das innere Leben in Begriffe, folglich in Worte aufgelöst zu haben" sichere die Gewissheit zu, „es durch die aufgelösten Bestandteile wieder mitteilen zu können, d.h. durch Worte" (S. 547). Es ist ein ironisches Signal, dass der Pädagoge Jean Paul seine Levana-Fiktion so ortet, dass die Antrittsvorlesung wenige Tage vor dem Abgangskolleg gehalten wird. Dies gibt den Erwägungen gleichermaßen das Siegel des Definitiven und den Charme des Vorübergehenden; es lehrt auch, dass der Pädagoge wesentlich Phänomenologe ist, der ‚hindeutet', damit die Erscheinungen selbst sprechen. Seine Explikationen sind ganz auf die Frühzeit zurückgerichtet; ein anfänglich Wahres, wie es Herder und eine halbe Generation vor ihm Vico in Neapel, thematisierten. Dies bedeutet nicht weniger als die Intuition, dass die Idee der Menschheit deren Konkretionen vorausgeht. In ähnlichem Sinn spricht Leibniz in dem großen fiktiven Denkgespräch mit Locke davon, dass das Bewusstsein in toto allen seinen Einzelzuständen vorausgeht, auch wenn es erst der

---

[2] D. Henrich, *Versuch über Kunst und Leben*. München 2001.

progressiven Klärungen bedarf und aufgrund der schwer durchschaubaren Komplexität mit einer ‚tabula rasa' verwechselt werden kann. Jean Paul hat dies im Blick auf die Erhabenheit des Gottesnamens exemplifiziert. „Je jünger das Kind ist, desto weniger hör' es das Unaussprechliche nennen, das ihm durch ein Wort nur zum Aussprechlichen wird; aber es sehe dessen Symbole. Das Erhabene ist die Tempelstufe zu Religion, wie die Sterne zur Unermesslichkeit" (IX, S. 583). Die vita religiosa lässt sich deshalb dem Kind nicht ‚didaktisch' mitteilen, durch Verkindlichung mit, sondern nur durch Raumerfahrung. Von dem leeren heiligen Ort können, wie Jean Paul betont, tiefe Prägungen ausgehen. Die Annäherung an eine absolute Sphäre lässt schweigen; es kann genug sein, das Kind darauf hinzuweisen. „Und wissen wir denn selber, ob und wo der Unausforschliche die Steigerung seiner Symbole endigen kann? Braucht nicht der höhere Geist wieder ein höheres?" (ibid., S. 585).

Im Hintergrund dieser Symbol-Lehre ist die Erinnerung an die ‚biblia pauperum', ein Grund-Signum des mittelalterlichen Europa, zu erkennen. In der Fluchtlinie der Symbole soll das Schweigen Gottes, der deus absconditus, erfahren werden: Er kann vielleicht die Sprachen einzelner Religionen auf ihre Koinzidenz in einer unerkannten Religion hin auslegen. Dass das Unaussprechliche nicht aussprechlich gemacht werde, ist für Jean Paul Dreh- und Angelpunkt der ‚inneren Stimme' von Religion. Denn des Menschen innere Idee meint er gerade in dessen jeweils verschieden begrenztem Unaussprechlichem zu finden, in dem Arkanum, das in der Platonischen Begrifflichkeit *arrheton* hieß: das in der dialogischen Wechselrede Unsagbare, um das diese jedoch stets kreist.

Jede Gegenwart führt einen Hof von Geschichte mit sich: vor dieser Maxime zieht Jean Paul die Konsequenz aus Rousseaus Forschungen im Zweiten Diskurs, wonach der Mensch einer vergangenen Zeit, aber nicht ‚der Mensch' schlechthin anthropologisch zu beschreiben ist. Der Mensch ist immer nur Mensch seiner Zeit. Diesen zu erkennen, ist zugleich Schlüssel der Selbsterkenntnis. In einer wunderbaren Kontraktion der Ich-Philosophie, der Humboldtschen Gedanken und wie in einer Antizipation von Nietzsches Einsicht in die Vielheit menschlichen Daseins hat er angemerkt, dass Ich Ur-Ich und Ur-Du zugleich sei, „ein innerer Sinn aller Sinne, so wie das Gefühl der Gemeinsinn der vier äußeren [sc. Sinne] ist" (ibid., S. 564).

Der antiken Psychagogik und Seelenlehre widerspricht Jean Paul insofern, als er die Erziehung mit dem ersten Atemzug beginnen lässt. Die Antike versuchte bekanntlich, lange vor der Geburt anzusetzen. Es ist der in der Paideia aufzusuchende Ursprungspunkt von Ich-sein, der von Jean Paul mit epiphanischen Metaphern namhaft gemacht wird. „Wann fängt die geistige Erziehung ihr Werk an? Bei dem ersten Atemzuge des Kindes, aber nicht

Über Jean Pauls Skepsis und Glorie.
Ein Versuch über Ästhetik und Paideia

311

früher. Der Seelenblitz, den wir Leben nennen, und von welchem wir nicht wissen, aus welcher Sonnenwolke er fährt, schlägt ein in die Körperwelt und schmelzt die spröde Masse zu seinem Gehäuse um" (ibid., S. 588). Es ist ein *Ur- Nu*, bei dem sich „der unsichtbare Ich-Strahl", der offensichtlich bereits vor der Geburt vorgeprägt ist, „zum Farbenspektrum seiner körperlichen Erscheinung" hindurchringt (ibid., S. 588). Für Jean Paul ist jeder kindliche Geist, ehe er sich selbst irgend etwas zuschreiben kann: ein Gott, und deshalb trägt der Geburtsakt immer theogonische Züge. Ihm liegt deshalb auffällig daran, die physische Affinität zur Mutter nur analogisch und verwandtschaftlich zu definieren. Die Mutter nähre mittelbar, nicht unmittelbar (ibid., S. 590 f.), und das Kind spreche mit seiner Geburt gleich ursprünglich auch zum Vater: „Bilde höher, denn ich atme" (ibid., S. 593). Jean Pauls Anthropologie des Anfangs ist auf das Gleichgewicht zwischen Seh- und Hörsinn konzentriert, die er als doppelte Intrade den Sinnen der Bedürfnisbefriedigung vorausgehen lässt. Das Leben beginnt mit dem Auge; dem Licht als erstem, geschauten nicht gehörten, Sinn, dem Jean Paul, phänomenologisch wohl durch die Enzentrierung, die alles Sehen mit sich bringt, sich dazu autorisiert sehend, Freiheit unterstellt, während dagegen das Ohr noch im Leib gefangen ist. An dieser Stelle macht er auf eine Antithese aufmerksam: der schönen Erscheinung des Lichtes ist der erste Misston, der mit der Geburt erzeugt wird, entgegengesetzt. Es kommt daher, ganz wie in der antiken Kosmogonie darauf an, die Erschütterung wieder auszugleichen, die harmonische Grundstimmung wieder zu gewinnen.

In der Erziehungslehre bleibt es bei Bruchstücken. Deren Gelenkstellen deuten indes auf ein System voraus, das auszuführen gegenüber dem Strom des Lebendigen eine unzulässige Verkürzung bedeutete. In dieser systematischen Fluchtlinie zeigt sich, dass Jean Paul die anthropologische Spekulation in eine Kunstlehre überführt. Sie beruht auf der Maxime, dass so, wie der Bildhauer seine Gestaltgebungen grundsätzlich auf Zeichnung zurückführen könne, Bildung und Erziehung an Wort und Stimme haften. Weil die freie, sich selbst hervorbringende Handlung auch dem Kind als Telos in jeder Erziehungshandlung erkennbar sein soll, legt sich der Grundsatz nahe: „Verbietet seltener durch Tat als durch Worte; reißet dem Kinde das Messer nicht weg, sondern lasset es selber auf Worte es weglegen; im ersten Falle folgt es dem Druck fremder Kraft, im zweiten dem Zug eigener" (ibid., S. 620). Jean Paul stellt die Erwägung an, dass die Sprache dort, wo sie ins Schweigen zurückgeht, am ehesten gehört werden wird: „Da leider ohnehin Ziehen und Lehren so viele Worte fodert: so spare man doch die gegen verwelkliche Fehler lieber für fortblühende auf" (ibid., S. 621).

Keine ‚edicta perpetua' empfiehlt Jean Paul, sondern gleichsam Gesetze von

Tag zu Tag (Dekretalien), die den Vorzug haben, jeweils zu konziser Anwendung gebracht werden zu können. Dabei soll die Gesetzestafel aber nach Möglichkeit unzerbrochen bleiben. Dies verlangt die genaue Beachtung von Kriterien der Kohärenz zwischen Teil und Ganzem: „Verbietet lieber das Ganze, wenn euch die Teile schwer aufzuheben werden, z.b. das Anrühren des ganzen Tisches, ob ihr gleich nur einzelne Gefäße darauf beschirmen wollt" (ibid., S. 620). Das göttliche Ingenium bleibt dabei leitend. Indem es als großer Mensch genommen werde, sollte ein Kind Selbst-Gesetzgeber seiner Erziehung sein, die Lehrenden dagegen nur ergänzende Katalysatoren. Dies weist auf den Grenzpunkt hin, der in der Individualität allen allgemeinen Lehren gesetzt ist. Einem jungen Petrarca wären nicht die geistigen Manschetten eines jungen Euler aufzuprägen und ebenso wenig umgekehrt. Lediglich das Sittengesetz, das, wie er andernorts notiert hat, unverändert dasteht, gilt für die verschiedenen Ingenien gleichermaßen.

Über den letzten Seiten der 'Levana' liegt eine seltsame Melancholie, die sich bei näherer Betrachtung als eschatologische Perspektive entschlüsseln lässt. Jean Paul, der Dichter von den letzten Dingen, lässt auch die Erzieh-Lehre in das fiktive Fragment einer Dichtung vom jüngsten Tag münden, das die beiden letzten Kinder am Tag des Weltbrandes beschreibt. „Sie wurden geboren, als eben die Welt voll Sünden unterging, und blieben allein; sie griffen mit spielenden Händen nach den Flammen und endlich wurden sie auch davon, wie Adam und Eva, ausgetrieben, und mit dem kindlichen Paradiese beschloss die Welt" (ibid., S. 874). Das Ende der Welt ist für Jean Paul Möglichkeit der Revelatio: der Entdeckung dessen, was ist. Einen Vorbegriff davon gewann er mit seinen Zeitgenossen aus der großen tektonischen Erschütterung der Französischen Revolution. Am Ende der pädagogischen Grundlegung wird nicht die Hinfälligkeit des Traumes und Outopikons eines ersten Atemzugs sichtbar, mit dem die Welt wieder neu werden soll - Revisionen, die aus Ingeborg Bachmann 'Alles' in die Condition moderne eingebrannt worden ist. Jean Paul hält das Erstaunliche, das stets Junge der conditio humana, fest, das an der Kindheit in eminenter Weise aufgeht. Nur Gewöhnung und „ihre uns oft andrängenden Bedürfnisse verhüllen den Reiz dieser Seelengestalten, welche man nicht weiß schön genug zu benennen, Blüten, Tautropfen, Sternchen, Schmetterlinge" (ibid., S. 872). Auch am Ende der Welt müsse man sich diesen Anfang noch jung denken.

Er wiederholt sich. Deshalb wird kindliche Unschuld zur Signatur, um die Folge der Zeiten zu begreifen. Wenn die universalhistorische Betrachtung, die ein einzelner anstellen kann, „das Ganze der Menschheit [als] ein salziges Meer" erscheinen lässt (ibid.), so verweist dies auf jene Unzufriedenheit, die aus der Erkenntnis herrührt. Die ältere Generation wird immerfort die neuen, den Kindern übergegebenen Zeiten und ihre Dekadenz beklagen. Denn „welcher wäre auch so glücklich, beim letzten Schlusse seiner Augen auf zwei schöne Welten zugleich zu rechnen, auf seine verdeckte und auf eine seinen Kindern zurückgelassene?" (ibid.). Ihre Tiefenschärfe gewinnen diese Überlegungen, indem sie auf ein großes Gespräch der Lebenden mit den Toten transparent gemacht werden: auf den Progressus, der nur aus der Rückschau auf den Kanon der Vergangenheit in Gang gehalten bleibt. Deshalb spricht Jean Paul von den „Dankopfer[n] für die Vorzeit" (ibid., S. 872), die den Eltern nicht besser ‚dargebracht' werden könnten als „auf den Händen deiner Kinder" (ibid., S. 872). Diese Maximen haben auch ihren Zeit-Ort; er ist freilich komplexer geschichtet, als es den Anschein haben könnte.

III

Denn Jean Pauls pädagogische Geschichtslehre von der Flucht der Zeiten erschöpft sich nicht, wie Wolfgang Harichs Deutung mit eindrücklicher Einseitigkeit signalisiert hat, in den Blitzgewittern der Revolution von 1789.[3] Sie reflektiert auf die zerfallenden Deutschländer und den zur Geistlosigkeit zerfallenden Körper der nachnapoleonischen Zeit und sie begleitet die Zeiten bis 1816, wobei Jean Paul die Welt des Wiener Kongresses nicht im Zeichen einer wiederhergestellten Gleichgewichtsordnung sehen konnte. In seinen 'Politische[n] Fastenpredigte[n]' hat er vielmehr, wie kein zweiter vor Jacob Burckhardt, dem Kalvarienberg der Geschichte Namen gegeben, dem „Meeresboden, welcher voll liegt von Gerippen, Untieren, Kanonen, modernen Kostbarkeiten und verwitternden Götterstatuen" (ibid., S. 921). Er widerspricht von Grund auf der Erwartung, dass die wechselnde Nemesis auf ein Ziel hin fortschreitet. Deshalb hat er in der Abhandlung 'Über den Gott in der Geschichte und im Leben', der die 'Dämmerungen für Deutschland' einleitet, Goethe und Hegel in einem Atemzug widersprochen: Wer mit Goethe sage, „das Schicksal will gewöhnlich mit vielem nur wenig, dem ist ‚die Weltgeschichte ein Weltgericht', aber eines, das unaufhörlich verdammt und sich mit" (ibid., S. 921). Er hat hinzugefügt, dass es keinen größeren Irrtum geben könne, als einen kleinen Aufflug in einer Nation mit dem universalen Progressus der Weltgeschichte zu verwechseln.

Im Rad der Geschichte standzuhalten, dies ist gleichsam die stoische Weisheit, die sich Jean Paul zu eigen zu machen versucht. Und Minerva, deren verglimmendes Licht Hegel nur für den Flug der Weisheitseule am Abend anerkannt sehen wollte, ist für ihn die Geschichtsgöttin sui generis. Sie beschirmt die Götter gegen die Giganten, so spricht er es in einer

---

[3] W. Harich, *Jean Pauls Revolutionsdichtung. Versuch einer neuen Deutung seiner heroischen Romane*. Berlin 1974.

katechontischen Wendung aus, die kontrafaktisch zu dem von Ernst Jünger
beschworenen Aufstand der Titanen gegen die Götter am Ende des
20. Jahrhunderts gelesen werden kann. Das stille Licht, nicht der Furor,
begründet die Hoffnungen auf eine Morgenröte, oder zumindest einen
Konstellationswechsel von Mars zu Pluto, denen er wiederholt in seinen
Fastenpredigten die Stimme leiht. Und die nicht geringste Erwartung ist es,
dass sich Gestalten der Natur wieder gereinigt von dem Blut zeigen, in das die
Geschichte sie getaucht hat. Einen bloßen Nachsommer könne es nur für
einzelne Völker geben; die Menschheit selber könne indes keinen Vor-,
höchstens einen Nachwinter haben (ibid., S. 1189). Dies ist gleichsam die
Grundkondition, in die Jean Paul seine Reflexionen über Gott und seine
‚Paideia'-Lehre einbezieht. Letztere sollte seiner Vorstellung entsprechend
weniger ‚sagen' als vielmehr ‚zeigen', also die Zeichenschrift der Buchstaben
zu entziffern, von denen die natürliche Welt und die Zeit der Geschichte voll
ist. „Wir wollen ein Wörterbuch und eine Sprachlehre der Zeichen. Die Poesie
lehrt lesen, indes der bloße Lehrer mehr unter die Ziffern als Entzifferungs-
Kanzlisten gehört".[4] Die Jean Pauleske Poetik möchte insofern Zeigekunst
(Deiktik), keinesfalls aber Didaktik sein. Die Dichtkunst soll die Wirklichkeit -
skeptisch gegen die großen Wortbilder der frühen Romantiker - durch die
Dichtkunst „weder vernichten, noch wiederholen, sondern entziffern."

IV

Die späten Jahre hatten ihr eigenes Gesetz, auch in seinem Leben: Viele
Gefährten sieht er sterben, darunter den eigenen Sohn und den
Nachlassverwalter. Und gleichwohl wird er in den Erschütterungen des
Deutschland um 1810 noch einmal zu einem viel gefeierten Autor. Legendär
ist der Aufenthalt an der Universität Heidelberg im Sommer 1817 und die
späte Liebe zu Sophie Paulus; dass die Leserin Geliebte wird, ist vielfach in
seinem Oeuvre angelegt. Dass die Nähe Enttäuschungen nach sich zieht, hat er
ein Jahr später erfahren. Von Morgenröten kann um 1820 nicht mehr gut die
Rede sein. „Die alte Dichtwelt ist mir untergesunken; ich gehöre nicht zu ihr,
denn ich war ihr Schüler, aber ich gehöre auch nicht zur neuen, sondern ich
stehe und bleibe allein"; so notiert er in jenen Jahren, als die großen Romane -
von Jean Paul selbst vorzugsweise als ‚Biographien' benannt - von kleinen
Skizzen abgelöst werden. Über den Tod und das eigene Vergangensein in
nächster Zukunft hat er in jener Zeit viel raisonniert, in einer Welt, in der es
keine Unsterblichkeit geben könne, da diese Welt selbst nicht dauert. Im
Ideen-Gewimmel haben die Todessequenzen, Todesfurcht aber auch

---

[4] F. Ohly, Ausgewählte und neue Schriften, a.a.O., S. 888.

Über Jean Pauls Skepsis und Glorie.
Ein Versuch über Ästhetik und Paideia

315

Todeserwartung, einen festen Ort. Die Zeit hole der Teufel, wir wollen
Ewigkeit hat er notiert (Ideen-Gewimmel, S. 241) und - andernorts - „Ich
fürchte mich nicht vor dem Tode, Verfaulen-Sarge, aber vor dem Sargdeckel"
(ibid., S. 240). Und weil er ‚das Tiefste' dachte, dass Unsterblichkeit „Leben in
einem Gedächtnis" sei, „das selber stirbt - man lebt von einem Vergessenden
zum andern" (ibid., S. 242), konnte er auch die Erwägung anstellen, man
könne die Leiche wie einen Saukopf, mit einer Zitrone „den Würmern
anrichten" (ibid., S. 240). Hier ist der Leib noch einmal als eine Zeichenschrift
gesehen - weit ab von der Erhabenheit der Weimarer Fürstengruft, in der doch
auch die Würmer wüteten. Natur markiert die Grenzen der Welt, sinniert er in
Überlegungen, die an Wittgenstein erinnern mögen, aber einen ganz un-
wittgensteinschen Hintersinn entfalten: „Auf der Welt ist alles natürlich, aus-
genommen die Welt selber" (ibid., S. 243). Man weiß, dass er in einem inneren
Zwielicht starb; er verwechselte den Mittag, an dem er das letzte Mal bei
Bewusstsein war, mit der einbrechenden Nacht. Als er nicht mehr sprechen
kann, sagt er den Seinen: „Wir wollen' s gehen lassen." Kunst führt, so hat
Dieter Henrich vor kurzem gezeigt, niemals unmittelbar zu Verständigungen
über das gelebte Leben; und das umso weniger, je mehr sie ihren
Eigengesetzen folgt. Sie eröffnet aber Ausblicke auf dessen Ganzes, das sonst
oftmals im Zickzack exzentrischer Bahnen verloren bliebe. Dies mag die
konkrete Allgemeinheit sein, auf die Jean Pauls Lebenswerks-Gebäude am
Ende und im Reichtum seiner Details hinzielt.

3. Friedrich Nietzsche - Vorspiele einer Philosophie der Zukunft

Auf das Frontispiz der Ausgabe der 'Fröhlichen Wissenschaft' aus dem Jahr
1887 ließ Nietzsche einen alten Hausspruch drucken: „Ich wohne in meinem
eigenen Haus, Hab niemanden nie nichts nachgemacht - Und lachte noch jeden
Meister aus, der nicht sich selber ausgelacht". Dass er ein Schicksal sei, hat er
in einer Mischung aus Hypertrophie und tiefdringender, abgründiger
Selbsterkenntnis immer wieder betont. Diese Selbstbezeichnung hängt eng
damit zusammen, dass sich sein Denken als ein Präludium begreift, als
vieldeutiges Vorspiel auf eine ‚Philosophie der Zukunft' und ‚Weisheit für
übermorgen'. Die Schicksalsevokation begegnet am auffälligsten in Nietzsches
letztem bewussten Jahr, im Umkreis der autobiographischen Schrift 'Ecce
homo', die eine Reihe von Selbst-Reflexions- und Erinerungs-Texten
beschließt, deren erste aus der Feder des zwölfjährigen Zöglings von
Schulpforta stammen. Nun die Stimme von 'Ecce homo': „Die Entdeckung der
christlichen Moral ist ein Ereigniss, das nicht seines Gleichen hat, eine
wirkliche Katastrophe. Wer über sie aufklärt, ist eine force majeure, ein
Schicksal, er bricht die Geschichte der Menschheit in zwei Stücke. Man lebt
vor ihm, man lebt nach ihm...". Doch er hat in einem bemerkenswerten Brief
an Carl Fuchs aus dem Jahr 1888 auch notiert: „Es ist durchaus nicht nötig,
nicht einmal erwünscht, Partei für mich zu nehmen: im Gegentheil, eine Dosis
Neugierde, wie vor einem fremden Gewächs, mit einem ironischen
Widerstand, schiene mir eine unvergleichlich intelligentere Stellung zu mir".
Daran fehlt es bis heute; den dumpfen Vereinnahmungen folgte nach 1945,
ausgehend von Georg Lukács' berühmten Verdikten, die große Diabolisierung,
die noch immer Anhänger findet. Dass Nietzsches Nachleben ein Deutsches
Drama ist, manchmal mit Zügen des Satyrspiels, ist also unbestreitbar richtig.[1]
Allerdings sind daneben auch viele Aneignungsversuche, die sich um
Gerechtigkeit bemühen, nicht zuletzt von links, von früh an bemerkenswert. In
die innere Bildungsgeschichte der Arbeiterbewegung, die ihre bedeutsamste
Reflexion in Peter Weiss' 'Ästhetik des Widerstands' fand, ist Nietzsches
Name mit eingeschrieben. Und heute, nachdem Nietzsche als unheimlicher
Gast, aus Frankreich (durch das Denken von Derrida, die Archäologie der
aufklärerischen Zivilisation von Foucault) wiedergekommen ist, nachdem zwei
Philologen nach seinem Sinn, beide Mitglieder der KPI, Giorgio Colli und
Mazzino Montinari, seine Texte in der sterbenden DDR edierten, wird vor
allem seine Modernität betont. Es scheint, wenn man Teilen der neueren
Diskussion folgt, bei Nietzsche vor allem um die Einsicht zu gehen, dass es
nicht eine (metaphysische) Wahrheit gebe, sondern nur Interpretationen; oder

---

[1] Vgl. M. Riedel, *Nietzsche in Weimar. Ein deutsches Drama.* Leipzig [1] 1997.

dass (wie es in einer spielerischen Parodie auf den ‚Chorus Mysticus' in Faust II heißt) ein Weltspiel, „das herrische [...] Sein und Schein" mischt, so dass beide ununterscheidbar werden. Wenn wir weiter die Gewissheitsträume träumen, jenen von der Weltsubstanz, von Gott oder dem seiner selbst gewissen Ich, so können wir es nur im Wissen tun, dass wir träumen. Dieser Nietzsche ist zugleich, wie sich versteht, ein ‚guter Europäer', dessen Bild von ihm tatsächlich entworfen wurde, freilich neben Texten und Notaten, die auch dieses Inbild einer befriedeten Zukunft verhöhnen. Es trifft sich gut, dass ein so urteilsklarer Geist wie Ernst Tugendhat, am Ende des Jubiläumsjahres 2000, nachdem die Festivitäten zu Ende gingen, darauf hingewiesen hat, dass dies fragwürdige Zähmungsversuche bleiben. Unzeitgemäß im Sinn seiner zweiten großen Buchpublikation, den 'Unzeitgemäße[n] Betrachtungen', bleibt Nietzsche für verschiedenste Zeiten, auch die jüngste Gegenwart. Wie sollte die Misere der Nietzsche-Deutung verwundern, da er doch jeden, der immer ihn zu verstehen versucht, zu einem Tanz auf Messers Schneide nötigt? „Verwechselt mich vor Allem nicht!" hält er in der ‚Vorrede' zu 'Jenseits von Gut und Böse' fest; und wenig später im Umkreis des 'Zarathustra' spricht er aus, dass er nicht nur gefunden, sondern am Ende verloren sein möchte. Das Maskenspiel, das ‚larvatus prodeo': (‚unter der Maske trete ich auf'), wie es sein ferner Antipode René Descartes am Beginn der Neuzeit als Emblem des Philosophen begriffen hatte, begleitet seine verschiedenen Denkwege als ein durchgehendes Motiv. Nietzsche war zwar ‚Denker auf der Bühne', doch immer in wechselnden Gestalten. Und er hat sich auch einmal in seinen Notizheften vermerkt, missverstanden zu werden, sei dem Verstandenwerden vorzuziehen. Auch deshalb mag es ratsam sein, Nietzsche heute kontrapunktisch zu verstehen oder misszuverstehen: in einer lebendigen *Cotrarietas* (Gegengesetzlichkeit) von Opposita und Contraposita, in der manches Ähnliche unter verschiedenen Vorzeichen oder Blickwinkeln erscheinen mag. Nietzsche selbst hatte dafür das Bild von der Betrachtung eines Reliefs: wir nehmen nie die Totalität der Ansicht wahr. Indem der Betrachter weitergeht, kommt ihm neues in den Blick, anderes tritt in den Hintergrund. Das Ganze sieht (‚ahnt') er nur in der Annäherung.

Zwei Schlüssel, der hypertrophe und der subtil die eigene Seele durchleuchtende, Rechtschaffenheit fordernde, müssen in seinem 100. Todesjahr an ihm erprobt werden. Es sind Schlüssel zu einem Werk, in dem (wie Rüdiger Safranski gemeint hat) dieselben Gedankenszenarios im Kammerton und als Welttheater aufgeführt wurden. Stimmig ist diese Distinktion natürlich nur, wenn beide Tonarten in ihrer engen Verschlingung wahrgenommen werden. Die Ambivalenz gilt zumal für seinen Gedanken vom ‚Willen zur Macht', dem ‚letzten Faktum', der eine dunkle Begriffskarriere nahm, von Mussolini samt dem Epitheton des ‚gefährlich Lebens' als Ideologie des Marsches auf Rom reklamiert wurde, und Titel eines von

Nietzsches Schwester Elisabeth publizierten vermeintlichen 'Nachlasswerkes'
war, das wenig fälschte, aber die vielen tausend Nachlassnotizen, entstanden
auf Wegen durch Europa, von Sils Maria über Genua bis Neapel, aus ihrem
Kontext löste und zu einem Monstersystem zusammenkompilierte. Dass er ein
Schicksal war, aufsprengendes Dynamit, dies ist nicht nur eine
Selbstwahrnehmung.

Gottfried Benn sah den bürgerlichen Überlieferungszusammenhang durch
Nietzsche zu Asche verbrannt, so dass es nur noch des schwächeren Wind-
hauchs der Späteren bedurfte, Nietzsche-Epigonen zumeist noch in der
Ablehnung, um sie in alle Winde zu zerstreuen. Zu dem Kammerspielton mag
man es hingegen rechnen, dass Nietzsche sich seine Gegner wählt und in die
Auseinandersetzung mit ihnen verstrickt bleibt. Er, der einer teleologischen
Geschichts- und Weltauffassung pointiert widersprochen hat, konnte nicht
fertig werden; kein tetelesthai (sei es als ‚Es ist vollbracht!' oder auch nur ‚Es
ist vorbei!'), konnte ein Autor aussprechen, der sich selbst als ‚Anti-Christ' zu
stilisieren suchte. Seine ‚Vorspiele einer Philosophie der Zukunft' bleiben
Signaturen des Gewesenen, sie erinnern, auch wo sie verachten und
widersprechen möchten: im Blick auf Platon, Christus, Paulus. In grellen
Farben zeigt sich dies in seiner unglücklichsten Liebe zu Wagner. Als er, bei
Hofe in Tribschen und in Bayreuth, wahrnahm, dass Wagner selbst zum
Wagnerianer geworden war (und sich von seinen Adepten mit ‚Meister'
anreden ließ) tilgte er sein Andenken wie in einem Exorzismus aus. Doch die
forcierten Liebeserklärungen an die italienische und französische Oper, die an
die Stelle des Andenkens an den ‚Einen' traten, scheinen ihn nie ganz
zufriedengestellt, noch nicht einmal überzeugt zu haben. Immer wieder, zumal
nach Wagners Tod kommt er wie zwanghaft auf ihn zurück. Die Frage: ‚Wer
erlöst uns von diesem Erlöser?' wendet sich in erster Linie auf ihn, Nietzsche,
als auf einen Unerlösten zurück. Er hat Wagner nicht hinter sich gelassen.

I. ‚Wiedergewinnung des ursprünglichen antiken Bodens': Anfänge

(1) „Es zieht mich an selbige Stätte. Warum? das wird mir nicht klar", schreibt
er im Frühjahr 1858 über Schulpforta, jene mitteldeutsche Lehranstalt, die
schon Klopstock und Fichte durchlaufen hatten. Dass Bewahrung für ihn eher
Schmerz bedeutet als Traditionsstiftung, weist zurück in das Pfarrhaus von
Röcken und Naumburg, verbracht unter bigotten Frauen und in der Obhut
eines schwachen Onkels. In die Reflexion geht diese Erfahrung in den
Anfängen des Philologen ein: eben in jener Eliteanstalt an der Saale. Es folgten
Studienjahre in Leipzig und Bonn; die Karriere schien durch einen Ruf noch
vor der Promotion auf eine Außerordentliche Professur in Basel, vermittelt von

dem Lehrer Ritschl, einen glanzvollen Anfang zu finden, als die Philosophie alles verdarb.

Der junge Philologe hatte lesen gelernt und er machte, im Sinn einer Maxime des alten Seneca sich zum Wahrspruch, dass Philologie zur Philosophie und Philosophie zur Philologie werden müsse. Nicht viel später gerann ihm diese Einsicht zu dem gnomischen Satz: „Jedes Wort ist ein Vorurtheil". Zunächst setzte er, der kenntnisreiche Philologe, sie in einem großen Wurf, der Schrift: 'Die Geburt der Tragödie aus dem Geiste der Musik', um. Sie exponierte ausgehend von der vor-klassischen griechischen Überlieferung eine Grunderfahrung, die emblemhaft mit der Natur- und Kunstgewalt des Apollinischen, der Formgebung, und des Dionysischen, seiner tragischen Auflösung, zu umschreiben war, dem Doppelklang am Beginn griechischer Geschichte. „Jetzt öffnet sich uns gleichsam der olympische Zauberberg und zeigt uns seine Wurzeln. Der Grieche kannte und empfand die Schrecken und Entsetzlichkeiten des Daseins: um überhaupt leben zu können, musste er vor sie hin die glänzenden Traumgestalten der Olympischen stellen. Jenes ungeheure Misstrauen gegen die titanischen Mächte der Natur, jene über allen Erkenntnissen erbarmungslos thronende Moira, jener Geier des großen Menschenfreundes Prometheus, jenes Schreckenslos des weisen Oidipus [...] wurde von den Griechen durch jene künstlerische M i t t e l w e l t der Olympier fortwährend von neuem überwunden, jedenfalls verhüllt und dem Anblick entzogen" (KSA 1, S. 36). Aus der Rückschau auf die nicht-klassischen Anfänge klassisch exemplarischer europäischer Kunst-Überlieferung folgert Nietzsche eine tiefdringende Erkenntnis, die nicht nur historisch gemeint ist, sondern der ‚Ewigkeitsbedeutung' zukommt; nur im Kunstwerk, vor allem in der Tragödie als der Synthese von Dichtung und Musik, die nur im Aufklingen erscheint und mit ihrer Aufführung vergeht, kann das Dasein gerechtfertigt, dem ewigen Wechsel von Werden und Vergehen kann nur darin Sein und Sinn ‚aufgeprägt' werden. Die frühen griechischen Philosophen, die Vorsokratiker, konnte sich Nietzsche deshalb nicht anders denn als ‚Hörer' des Weltdramas denken, das bis ins 4. Jahrhundert in immer neuen Anläufen, nämlich neuen Tragödien, gespielt wurde ohne die Wiederholung eines Textes zuzulassen. Erst ein Später, Sokrates, für Nietzsche Prototypon des Ethikers und Logikers, löst sich aus diesem Zusammenhang; er durchschlägt, wie Alexander, gewaltsam den ‚gordischen Knoten' tragischer Welterfahrung.

Eine solche Sicht auf die Kunst schließt von vornherein ein, dass sie nicht im Sinn wohlsaturierter bürgerlicher Ästhetik (Wahrnehmungslehre) ihren Fixpunkt im Kantischen ‚Wohlgefallen ohne alles Interesse' haben kann, sondern, wie Nietzsche mit einem Wort Stendhals anmerkt, ‚une promesse de bonheur' ist, ein Versprechen des - allenfalls - möglichen Glücks. Hier hat auch das Raisonnement seinen Ort, dass ohne Musik das Leben ein Irrtum

wäre. ,Die Kunst und nichts als die Kunst!', so wird es noch in seinen späten
Nachlass-Reflexionen widerklingen.

Man weiß (und kann rasch rekapitulieren), was aus diesem fulminanten
Anfang wurde. Nietzsche mag sich und seiner Mitwelt mit dem
grundständigen Erstling zur Kenntlichkeit gekommen sein; der Verriss eines
anderen Anfängers, des später hochberühmten Ulrich von Wilamowitz-
Moellendorff, und seiner Consekundanten, machte ihn vor der Zunft indessen
unmöglich. Seine Vorlesungen und Seminare besuchte man nicht mehr; dies ist
das Vorspiel der Preisgabe der bürgerlichen und akademischen Existenzform.
Fortschreitende Erblindung und sich mehrende Migräneattacken machten ihm
in den folgenden Jahren die akademische Tätigkeit, die dem eigentlich
fulminanten Redner und Lehrer schon verleidet war, ganz unmöglich. Man
kann den Fall so plakativ wie sinnfällig besichtigen, wenn man in Sils Maria in
der Simulation des Nietzsche-Hauses von der Baseler Professoren-Stube in die
Kammer geht, die so, oder zumindest ähnlich, Nietzsche in den mittleren
achtziger Jahren dort, auf hohen Bergen bewohnt haben mag. Jedenfalls ist
eine Anmerkung gegen glättende Legendenbildung geboten: in der Rezeption
der Tragödienschrift tritt nicht die avancierte Philologie gegen den Außenseiter
an. Nietzsche zieht tiefe Traditionslinien weiter aus, die von Schelling,
Creuzer, Bachofen in der Romantik herrühren und später von seinem Freund
Erwin Rohde (in dessen Buch 'Psyche', der belangvollsten Quelle für das
,Schnee'-Kapitel in Thomas Manns 'Zauberberg') wiederaufgegriffen
werden.[2]

Man erlaube hier eine Bemerkung in Parenthese. Sie betrifft das leidige Thema
des Verhältnisses Nietzsches zu Deutschland, das mit den frühen Philologen-
Traumata eng verknüpft ist. Nietzsche hat sechzehn Jahre später der 'Geburt
der Tragödie' den 'Versuch einer Selbstkritik' vorangestellt, in dem er,
eigenem Urteil zufolge, aus einem geschulten, verfeinerten und verwöhnteren
Geschmack die Unmöglichkeit des eigenen frühen Buches notiert, dessen
leitende Problematik aber fixiert und sich ausdrücklich noch einmal zu eigen
macht: „die Wissenschaft unter der Optik des Künstlers zu sehn, die Kunst
aber unter der des Lebens..." Verdorben habe er sich diese Disposition durch
die Beimengung von allerlei Modernismen. Damit ist zuerst das Wagner-
Problem gemeint, die Erwartung, das von Bayreuth her propagierte
,Gesamtkunstwerk' könne zur neuen griechischen Tragödie werden. Wagners
Name weist auch darauf hin, dass Nietzsche ein deutsches Delos erwartet
hatte. Und er, der kristalline Kritiker des Bismarck-Reiches (seiner
megalomanen Eseleien und Geistlosigkeiten), mochte sich später nicht
verzeihen, dass er in seinem 'Mahnruf an die Deutschen' die Urdifferenz der

---

[2] Vgl. dazu die Beiträge des Sammelbandes H. Seubert (Hg.), *Natur und Kunst in Nietzsches
Denken*. Köln, Weimar, Wien 2002 (=Collegium hermeneuticum Band 8).

griechischen Tragödie in einen deutschen Zusammenhang übersetzt hatte:
„ehrwürdig und heilbringend wird der Deutsche erst dann den anderen
Nationen erscheinen, wenn er gezeigt hat, dass er furchtbar ist und es doch
durch Anspannung seiner höchsten und edelsten Kunst- und Culturkräfte
vergessen machen will, dass er furchtbar war" (KSA 1, S. 896). Diese
Vergleichsperspektive nimmt er später zurück. Wenn er über Völker und
Vaterländer nachsinnt, ist die Ironie gegenüber den Deutschen schwerlich
überhörbar. Für Nietzsche ist dies nicht zuletzt auch ein Stilproblem („Welche
Marter sind deutsch geschriebene Bücher für Den, der das dritte Ohr hat"
(KSA 5, S. 189)). Im Licht solcher Aperçus erdenkt er sich tatsächlich den
‚guten Europäer', der polyperspektivisch, distanziert, vom Fremden ins
Eigene, vom Eigenen ins Fremde blickt. Indes: und diese gefährliche
Hintergründigkeit war schon anzuzeigen, der gute Europäer als Beförderer
allgemeiner Wohlfahrt und sozialen Ausgleichs fällt im selben Atemzug
Nietzsches beißender Kritik anheim.

(2) Nicht nur die Anfangsgründe des Abendlandes ‚verflüssigten' sich ihm
unter der Hand, auch auf die Grundbegriffe von Wahrheit und Gewissheit wirft
er einen prüfenden Blick, der ihre meta-physische Ewigkeitsbedeutung
relativiert. „Was also ist Wahrheit? Ein bewegliches Heer von Metaphern,
Metonymien, Anthropomorphismen kurz eine Summe von menschlichen
Relationen, die, poetisch und rhetorisch gesteigert, übertragen, geschmückt
wurden, und die nach langem Gebrauche einem Volke fest, caonisch und
verbindlich dünken: die Wahrheiten sind Illusionen, von denen man vergessen
hat, das sie welche sind" (KSA 1, S. 880 f.). Damit greift Nietzsche das erste
Mal auf einen Weltbegriff aus, der einen kalten, dem Menschen fremden
Kosmos vor Augen führt.

Dieser Weltbegriff ist es, der erst den Satz, Wahrheit sei die Art von Lüge,
ohne die eine bestimmte Art von lebendigen Wesen nicht existieren könnte,
interpretierbar macht: „In irgend einem abgelegenen Winkel des in zahllosen
Sonnensystemen flimmernd ausgegossenen Weltalls gab es einmal ein Gestirn,
auf dem kluge Thiere das Erkennen erfanden. Es war die hochmüthigste und
verlogenste Minute der ‚Weltgeschichte': aber doch nur eine Minute. Nach
wenigen Athemzügen der Natur erstarrte das Gestirn, und die klugen Thiere
mussten sterben" (ibid., S. 876). In solchen Zeugnissen liegt die ‚Urszene'
eines Denkens aus Differenzen, aus Kontingenzen, das dort, wo es im
20. Jahrhundert zuweilen noch einmal Nietzsches Höhenlage erreichte, bei
Derrida oder wenig erkennen lässt von der heiteren Postmoderne und ihren
‚Pluriversen', der nonchalanten Toterklärung des Subjekts. Eine solche
Postmoderne ähnelt eher dem Blinzeln des letzten Menschen, das Nietzsche in
den 'Vorreden' zum 'Zarathustra' ebenfalls vorausgedeutet hat; des Menschen,

der ein wenig Gift für sein hedonistisches Leben, und am Ende eine größere
Dosis Gift für ein leichtes Sterben benötigt.

II. Philosophie des Vormittags und neue gefährliche Fahrt

Nach dem Trauma der ersten Veröffentlichungen schreibt er anders;
aphoristisch nämlich. Dennoch bleibt er Philologe. Doch werden ihm nun
menschliches Dasein und Natur zum Text. Und immer wieder rät er das Rätsel
des Selbst und schließt sich in seinem Horizont die Fiktion des ‚Ich' auf. Er
folgt der von ihm früh erkannten „verhängnißvolle[n] Neubegier des
Philosophen, der durch eine Spalte einmal aus dem Bewußtheits-Zimmer
hinaus und hinab zu sehen verlangt: vielleicht ahnt er dann, wie auf dem
Gierigen, dem Unersättlichen, dem Ekelhaften, dem Erbarmungslosen, dem
Mörderischen der Mensch ruht, gleichsam auf dem Rücken eines Tigers in
Träumen hängend" (KSA 1, S. 760). Bewusstsein ist, so markiert Nietzsche
das Problem, selbst nur eine Täuschung des rätselhaft a-logischen Selbst und
der Vernunft des Leibes.

Auch Denkart und - methode ändern sich. Im Umkreis des Tragödienbuches
sprach er von einer ‚Artistenmetaphysik'. Die dabei zugrundeliegende
Auffassung, es könne einen metaphysischen Leitfaden aus dem Labyrinth
geben, wird jetzt preisgegeben. Das Augenmerk des Philosophen gilt den
nächsten Dingen: Nietzsche entwirft eine heitere Philosophie des Vormittags,
gleichsam eine Weisheit des spielenden Kindes, und er fingiert sich, in diesem
halkyonischen' (schwebenden) Zustand Gefährten, die er ‚freie Geister' nennt.
Poussinscher Glanz legt sich über die Denklandschaft. Den tragischen
‚Kothurn des Gefühls' und seine übermächtigende Erhabenheit, die das
menschliche Maß übersteigt, legt er ab; und geht auf Forschungsreise in einer
Richtung, die der philosophische Kompass selten anzeigt: auf die Suche nach
dem leichten Leben. Als Denk-Gefährten auf seinen Erkundungen wählt er
sich die ‚freien Geister', die er auch aus Misstrauen gegen die angemaßten
Propheten, die das Leben schwer machen, um Rezepte gegen die
Lebensschwere aufzubieten, wertschätzt (vgl. KSA 8, S. 288 f.).

Ein Zauber geht von dem ‚Verweile doch, du bist so schön!' aus. So war es
schon für Faust, so ist es für Nietzsche, und im Abschied von einem
Jahrhundert des Verrats wird dieser Gedanke unschwer nachvollziehbar sein.
Der skeptische Paul Valéry hat mit seinem Monsieur Teste und seinen Diarien
eine mediterrane Welterfahrung des Augenblicks gegen den Fluch der
Geschichte, gleichsam einen Teufel aus dem Norden, gestellt. Allerdings kann
Nietzsche nicht eigentlich im Augenblick die Ruhe finden; seine freien Geister
werden immer schweigsamer. Er setzt sie scharf gegen die historischen ‚Libres
penseurs' ab, die sich erst ‚gegen' bestehende Konventionen befreien müssen.

Jene Freigeister der Aufklärung vergleicht er mit ‚knurrenden Kettenhunden'. Seine eigenen Vormittags-Gefährten haben sich dagegen von der Emanzipation schon emanzipiert. Einzig die französischen Moralisten von Montaigne abwärts (und hier präfiguriert sich schon der spätere Gedankenzusammenhang der 'Genealogie der Moral') geben eine Vorgestalt ab. Immerhin, noch meint Nietzsche, maximenhaft das Ethos der freien Geister skizzieren zu können. Dies wird sich später ändern! Er entwirft 10 Gebote des Freigeists, worin unter anderem zu lesen ist: „Du sollst Völker weder lieben noch hassen. Du solllst keine Politik treiben. [...)] Du sollst, um die Wahrheit sagen zu können, das Exil vorziehen. Du sollst die Welt gegen dich und dich gegen die Welt gewähren lassen" (KSA 8, S. 348). Daneben findet sich auch anderes Schwerwiegende, wie: „Du sollst dein Weib aus einem anderem Volke als dem eigenen nehmen". Wie die Götter des Epikur (rheiazontisch, also im besten Sinn: leicht lebend) schweben die freien Geister in einer Zwischenwelt. Wundervolle Aphorismenbücher sind vor diesem Hintergrund entstanden; 'Menschliches, Allzumenschliches', die 'Morgenröthe' , deren taktile maßhaltende Prosa an einen Leser appelliert, der sie als Partitur aufzufassen weiß, den Gedanken verlebendigt, ihn nachdenkend gleichsam ‚aufführt'; der Crescendi und Decrescendi, Allegro und Andante zu unterscheiden weiß. Nietzsches ‚Vorreden' weisen in diese Kunst des lauten Lesens ein, die zugleich eine Denk-Kunst ist. Die Tempi zeigen Gedankenbewegungen an. Es gibt leichte, verspielte Aphorismen, 'Vermischte Meinungen und Sprüche', neben solchen, die schwerer wiegen: den ‚sententiae maximae'. Denn das ist die Crux der aphoristischen Schreibweise, dass sie wie die musikalischen Tonzeichen nur andeutet, was in Büchern gesagt werden müsste, wenn die Bücherschreiber es sagen könnten. Am Ende von 'Menschliches, Allzumenschliches' wandelt sich die Szene tiefgreifend bis in die Landschaftstektonik hinein. Es wird Abend, die Schatten werden länger, und man kann ahnen, was es heißt, wenn einige Jahre später, am See von Silvaplana, ‚Aus eins zwei' werden und Zarathustra vorbeigeht. Bereits im Schlussstück des großen, wohlkomponierten Aphorismenbuches kommt es zu einer verwandten Zwiesprache: dem Dialog des Wanderers mit seinem Schatten. Sie *bestätigt* zunächst noch einmal die Einsichten der Philosophie des Vormittags: „die goldene Losung", ein neues Evangelium: „Frieden um mich und ein Wohlgefallen an allen nächsten Dingen" (KSA 2, S. 702). Der Schatten kommentiert: „Von Allem, was du vorgebracht hast, hat mir Nichts mehr gefallen als eine Verheißung: ihr wollt wieder gute Nachbarn der nächsten Dinge werden. Dies wird auch uns armen Schatten zu Gute kommen." (ibid., S. 703). Da ist aber der längste Tag schon abgelaufen, die Zeit der Schmetterlingsgedanken der Vormittagsphilosophie. „Der Schatten: Tritt unter die Fichten und schaue dich nach den Bergen um; die Sonne sinkt." (ibid., S. 704).

Nietzsche komponiert diese Überlegungen um gegenläufige Landschaften. Wenn man sich die Zwiesprache des Wanderers mit seinem Schatten ‚auf hohen Bergen' denken muss, so ‚das große Schweigen' im Blick auf das Meer bei Genua. Das Ineinanderspiel beider extremalen Landschaftsformen hat Nietzsche immer wieder reflektiert. Am Meer erweist sich die Annahme, in einer heiteren Natur freier Geist sein zu können, als Illusion. (Natur begreift Nietzsche von hier her als die ‚umgestürzte Säule der Geschichte'). „Das Meer liegt bleich und glänzend da, es kann nicht reden [...]. Oh Meer! Oh Abend! Ihr seid schlimme Lehrmeister! Ihr lehrt den Menschen aufhören, Mensch zu sein! Soll er sich euch hingeben? Soll er werden, wie ihr es jetzt seid, bleich, glänzend stumm, ungeheuer, über sich selber ruhend? Über sich selber erhaben?" (KSA 3, S. 260). Dies kann er nicht, er kann seinem eigenen Lebensschauspiel, in dessen spezifische Konturen er die Welt getaucht sieht, nicht als Zuschauer gegenüber stehen.

Der Mensch ist, so heißt es nun, wie ein Gott in der Verbannung. Dies gilt es zu denken.

Die Philosophie des Vormittags hatte noch suggeriert, dass die ‚große Gesundheit' ein immer während er, zumindest stabilisierbarer Zustand sei. Nun wird die bis dahin unbefragte Voraussetzung dieser Illusion freigelegt. Die Gesundheit kann nur in einer Durchleuchtung der Krankheit gefunden werden. Dies ist auf einer neuen philosophischen Meerfahrt zu erkunden, deren beide Anfangssignale am Ende des Vierten Buches der 'Fröhlichen Wissenschaft' (1882) Niederschlag gefunden haben. Das Meerfahrtbild, das der Tradition gemäß das Bild vom möglichen Schiffbruch einschließt, hat Nietzsche in dem Gedicht 'Nach neuen Meeren' so gefasst: „Alles glänzt mir neu und neuer, /Mittag schläft auf Raum und Zeit:/ Nur ‿ d e i n Auge – ungeheuer/Blickt mich's an, Unendlichkeit!" (KSA 3, S. 649). Das erste Anfangssignal ist die Rede vom ‚größten Schwergewicht'; ein Gedanke, der blitzartig aufkam und auf das genaueste datierbar ist, auf „Anfang August 1881 in Sils-Maria 6000 Fuß über dem Meere und viel höher über allen menschlichen Dingen": der Gedanke von der ewigen Wiederkehr des Gleichen. Nietzsche hat ihn später als Weltmetapher und kosmische Lehre von der Zeit weiter ausgedeutet. Zunächst hat er seinen genau bestimmten Ort in der Selbsterforschung. Das Gewissen lehrt ihn, wenn es sagt: „Werde, der du bist!" - ein Satz, der seinen Ursprungsort in der zauberisch gleißenden, letztlich zerbrechenden Liebesbegegnung mit Lou Andreas-Salomé im Tautenburger Sommer 1882 hatte. Nun die Urszene des Wiederkunftsgedankens: „Wie, wenn dir eines Tages oder Nachts, ein Dämon in deine einsamste Einsamkeit nachschliche und dir sagte: „Dieses Leben, wie du es jetzt lebst und gelebt hast, wirst du noch einmal und noch unzählige Male leben müssen, und es wird Nichts Neues daran sein, sondern jeder Schmerz und jede Lust und jeder Gedanke und Seufzer und alles unsäglich Kleine und Grosse deines Lebens muss dir wiederkommen, und Alles in der selben Reihe und Folge - und ebenso diese Sonne und dieses Mondlicht zwischen den Bäumen, und ebenso dieser Augenblick und ich selber'" (KSA 3, S. 570). So wie in Kants Grundlegung des ‚kategorischen Imperativs', des einen Prinzips der Metaphysik der Moral, der eigentliche Prüfstein für die Moralität einer Maxime darin besteht, dass sie Grundlage einer ausnahmslos geltenden allgemeinen Gesetzgebung sein kann, so ist es bei Nietzsche das ‚Da capo in infinitum', das bei jedem durchlebten Augenblick die Frage stellt, ob wir ihn wiederhaben möchten. Nur wer dieses Dacapo rufen kann, lebt gut. Zu bejahen ist damit auch die Wiederkehr des Geringsten und Widrigsten eigenen Lebens, einschließlich der eigenen Schändlichkeit. Das ist philosophische Selbstgesetzgebung angesichts des Gorgonenhauptes, das das eigene Schicksal zeigt.

Die zweite Einsatzstelle des schwersten, ‚abgründlichsten' Gedankens findet man ebenfalls im Vierten Buch der 'Fröhliche[n] Wissenschaft' unter der Nummer 342 und der Überschrift ‚Incipit tragoedia'. Hier hat der Lehrer des schwersten Gedankens, Zarathustra, seinen ersten Auftritt: sein Anfang ist der Anfang einer Tragödie. Das Schicksal der Seele wendet sich, „der Zeiger rückt, die Tragödie beginnt" (ibid., S. 637). Zarathustra adressiert sich an ein späteres Menschentum, das vielleicht nie sein wird. Er träumt am Ende der Vormittagsphilosophie noch einmal von der ‚großen Gesundheit', sie ist Anzeige der „neuen, Namenlosen, (der) Frühgeburten einer noch unbewiesenen Zukunft" (ibid., S. 635), ein großes ‚Noch nicht'.

III. Zarathustras Lied und Nietzsches Naturgeschichte der Moral

(1) Von diesem Gipfel und Grundlegungspunkt aus nimmt sein Denk-Leben zwei Wege: der eine führt zur ‚Zarathustra'-Dichtung. Fingierend, bildreich, wird hier gesprochen. Stefan Georges Wort, sie hätte singen sollen, diese Seele, vielkommentiert, ist im 'Zarathustra' zumindest teilweise eingelöst. In Frage steht aber, warum sich Nietzsche damit nicht zufrieden geben konnte. Gewiss bleibt richtig, dass Nietzsche zum Dichter wurde, weil sein schwerster Gedanke nur in Bild und Gleichnis zu fassen war. Dem Schlaf Homers und der Wahrheit, dass ‚Dichter [...] sich immer zu trösten wissen', hat Nietzsche aber stets misstraut. Deshalb zeichnet sich parallel ein anderer, negativer Weg ab, er führt zu den Moral-Genealogien, die den Philosophen als Psychologen und Psychagogen zeigen, als Analytiker und messerscharfen Kritiker des spätzeitlichen Europas. 'Also sprach Zarathustra' ist vielleicht am stimmigsten als Selbstgespräch mit der eigenen Seele aufzufassen. Es sind Seelenszenarien, wenn Zarathustra aus seiner Höhle, dem Ort der Weisheit und einer Umkehrung der Platonischen Höhle, hinuntersteigt auf die Märkte, und mit den Seinen zur großen Genesung, einem ‚goldenen Lachen', der menschlichen

Variante homerischen Gelächters, hindurchzudringen versucht. Man weiß, wie dieses Buch schon bald nach Nietzsches Tod gelesen wurde, wie ein fünftes Evangelium. Seine Zeitverhaftungen, die mitunter allzu forciert nachklingenden Akkorde, ein Pathos, das nicht immer Distanz hält, trugen das ihre dazu bei. Hier ,feiert die Sprache', wie Wittgenstein es nennen wird. Indes erschöpft sich Nietzsches ,Zarathustra' darin nicht. Dies wird deutlich, wenn sich das große, weit ausgreifende Gedicht in das ,Kairos'-Epigramm (so eine treffende Bezeichnung von Eberhard Haufe) 'Sils Maria' verdichtet. Zarathustra geht vorbei, und danach ist nichts mehr so wie es war, die Unschuld des Augenblicks hat sich verloren.

„Hier sass ich, wartend, wartend, doch auf Nichts, /Jenseits von Gut und Böse, bald des Lichts/Geniessend, bald des Schattens, ganz nur Spiel,/Ganz See, ganz Mittag, ganz Zeit ohne Ziel.// Da, plötzlich, Freundin! wurde Eins zu Zwei- Und Zarathustra ging an mir vorbei..." (KSA 3, S. 649).

Sprechend wird die Zarathustra-Dichtung erst, wenn die Nebenstimmen neben den Haupttönen vernehmbar werden. Es zeigt sich, dass es nicht hinreicht, anstelle der alten Gesetzestafeln neue aufzurichten (wie es die 10 Gebote für Freie Geister noch waren). Nicht das Decretum, die Denkerfahrung in der Selbstzwiesprache, dem Sololoquium, leitet dieses Philosophieren an: „Also redete ich, und immer leiser: denn ich fürchtete mich vor meinen eigenen Gedanken und Hintergedanken" (KSA 4, S. 200f). Das Dacapo des Wiederkunftsgedankens wird im ,Zarathustra' als Lust, die Ewigkeit will, ,tiefe tiefe Ewigkeit' evoziert. Und es wird besiegelt im Ja- und Amenlied. Vor der Sprache, diesem ,springenden Brunnen', kann das Dacapo zu einem ,roßen Ja!' umfiguriert werden „Denn ich liebe dich o Ewigkeit". Nicht mehr Vormittag und Abend sind die Zeiten des Gedankens, sondern der große Mittag, dessen Antidotum die Mitternacht ist. Und in den Bildern des 'Zarathustra' (wir beziehen uns hier auf das Torweggleichnis) wird sinnfällig, dass das ,Wie' des ,schwersten, abgründigsten Gedankens' gewichtiger ist als sein propositionaler Gehalt. Nicht als eine abrollende Reproduktionsmechanik (ein Maschinengang) ist er zu fassen, daher letztlich auch nicht als Kausalbeweis, sondern als Decrescendo. „Und sind nicht solchermassen fest alle Dinge verknotet, dass dieser Augenblick alle kommenden Dinge nach sich zieht? Also sich selber noch."

Dass Nietzsche, anders als die meisten seiner Leser, der ,Zarathustra'-Dichtung und dem Ornat ihrer Sprache misstraute, ist für jeden offensichtlich der mit dem dritten Ohr in sie hineinhört. Am Ende von 'Jenseits von Gut und Böse' fällt er sich kommentierend selbst ins Wort: „Ach was seid ihr doch, ihr meine geschriebenen und gemalten Gedanken! Es ist nicht lange her, da wart ihr noch so bunt, jung und boshaft, voller Stacheln und geheimer Würzen, dass ihr mich niesen und lachen machtet" (ibid., S. 239). Der sedimentierte, Text und Schrift gewordene Gedanke ist nur noch Abglanz seiner lebendigen

Erfindung. In allen seinen Facetten liegt, so sagt es Nietzsche, noch immer „viel bunte Zärtlichkeit und fünfzig Gelbs und Brauns und Grüns und Rots: - aber Niemand erräth mir daraus, wie ihr in eurem Morgen aussahet, ihr plötzlichen Funken und Wunder meiner Einsamkeit, ihr meine alten geliebten - - schlimmen Gedanken!" (ibid., S. 240).

(2) Der andere Weg wird in 'Jenseits von Gut und Böse' und der 'Genealogie der Moral' skizziert. Man könnte diese Bücher als Nietzsches ‚negative Philosophie' lesen. Die Heiterkeit der 'Fröhliche[n] Wissenschaft' und der Vorschein der Weisheit Zarathustras sind der Lohn „für einen langen, tapferen, arbeitsamen und unterirdischen Ernst, der freilich nicht Jedermanns Sache ist" (ibid., S. 255). ‚Fundamenta inconcussa' europäischer Kultur werden hier aufgegraben und auf ihren Rechtsgrund befragt. ‚Schuld', ‚schlechtes Gewissen', ja die moralische Leitunterscheidung von ‚Gut' und 'Böse' erscheinen als Konstruktion; die Rede von ‚Werten' wird, mit einem in der Sache sich mit Marxschen Denkkategorien berührenden Blick (obwohl Nietzsche selbstredend Marx nie gelesen hat), auf Feudalverhältnisse und die notwendigerweise gewaltsame Einhegung von Rechtssphären zurückgeführt. Der Sprengstoff, der in der genealogischen Sichtweise liegt, ist offensichtlich. Wenn die Genalogie zutrifft, dann müssen wir wissen, dass wir lügen, wenn immer wir in den Ideenhimmel von Recht und Moralität blicken. Damit gibt es aber keinen Gegenhalt zu den einander wechselseitig bedrohenden und transitorisch einhegenden Äußerungen eines ‚Willens zur Macht'. Nietzsches Genealogie skizziert Gegenbilder zu dem asketischen Ideal, der großen Krankheit, die ihm durch die Platonischen Ideen, vor allem aber durch das jüdische Gesetz und durch das Christentum in die Welt gekommen zu sein scheint - Urbilder aus der vorderasiatischen und zumal griechischen Frühgeschichte. Dass solche Lebensformen und -möglichkeiten existierten, wird vor allem durch etymologische Beweise gezeigt. Edel, vornehm, großer Stil, Tauglichkeit, dies stand am Anfang. Später wurde aus diesen Urteilsbegriffen Moralbegriffe. Man bemerkt, dass eben hier die Differenz zwischen ‚Herren- und Sklavenmoral' ihren geschichtlichen Ursprungsort haben soll.

Nietzsches Methodik in der 'Genealogie' und den sie flankierenden Aufzeichnungen verdient eine eigene Reflexion: er spricht zwar unverkennbar die Sprache des 19. Jahrhunderts, die Sprache Darwins von Zucht und Züchtung und Artenauslese. Doch sie ist Maske. In der 'Vorrede' zur 'Genealogie' wird dem Naturalimus der Darwinianer eine deutliche Absage erteilt, wobei Nietzsche den Freund Paul Rée vor Augen hatte: Die ‚Kritik der moralischen Werte', zu der Nietzsche sich selbst auffordert, ist nur *historisch* zu führen. Wenn Nietzsche eine Naturgeschichte der Moral fordert, liegt auf beiden Teilbegriffen (Natur und Geschichte) das Betonungszeichen. Diese Naturgeschichte hat den Menschen mithin nicht an seiner ‚condition honteuse', als bloßes Bedürfniswesen der ersten Natur, aufzufassen, sie fragt nach dem dünnen Seil, an das die großen Tafeln gehängt sind, und sie weiß mit Nietzsche: „kurz, die Moralen sind auch nur eine Z e i c h e n s p r a c h e d e r A f f e k t e" (KSA 5, S. 107).

Gerade deshalb kann die Genealogie in Nietzsches Sinn ‚mitleidlos' sein. Sie hat Sprengstoff in sich, der sich auch gegen sie selbst richtet (Selbstgerechtigkeit oder -schonung sind dem Moralgenealogen versagt). Dies meint Nietzsche, wenn er von Selbstüberwindung handelt. Man kann es am Beispiel illustrieren. Der Philosoph als Moralgenealoge wäre der letzte, der das Recht hätte, den Priester als eine ihn nichts angehende Vergangenheitsgestalt zu begreifen. Seine intellektuelle Physiognomie ist nämlich zu einem Gutteil nur aus den monastischen Sozial- und Lebensformen zu begreifen. Nietzsche exponiert deshalb die Fiktion eines Klerikers, der sich als Philosoph zu Bewusstsein kommen spürt und sich vor sich selbst hütet. Unausweichlich muss der, der die Genealogie der Moral erforscht, von sich selbst und seinen eigenen Verwundungen sprechen: „Und um auf unsre erste Frage zurückzukommen ‚was bedeutet es wenn ein Philosoph dem asketischen Ideale huldigt?', so bekommen wir hier wenigstens einen ersten Wink: er will von einer Tortur loskommen" (KSA 5, S. 349). Daraus können Grundzüge einer Ethik hervorgehen, in der es vor allem anderen darum geht, „sein (eigenes) Für und Wider in der Gewalt zu haben", „je mehr Affekte wir über eine Sache zu Wort kommen lassen, je mehr Augen, verschiedene Augen wir uns für dieselbe Sache einzusetzen wissen, umso vollständiger wird unser ‚Begriff' dieser Sache, unsere ‚Objektivität' sein" (ibid., S. 364 f.).

Nietzsche hat unbestritten Anklagen gegen das Christentum erhoben, die jene vieläugige Gerechtigkeit ganz und gar vermissen lassen. Zumal in dem im letzten bewussten Jahr niedergeschriebenen 'Antichrist' finden sich allzu viele Gedanken, die nicht, wie es Nietzsches Intention war, auf Taubenfüßen kommen, sondern von grober Art sind. Doch der ‚Begriff' des Christentums ist für ihn mit all dem nicht ausgeschöpft. Als eines seiner Corollarien wird in der 'Genealogie der Moral' die unbedingte christliche Forderung nach Wahrhaftigkeit aufgewiesen, sie - nicht zuletzt ein jüdisches Erbteil - hat, so Nietzsches große These, das Christentum als Dogmensystem im Zug ständiger Selbsterforschung irgendwann aushöhlen müssen. Im Versuch christlicher Selbstverständigung liegt schon Aufklärung und Entzauberung, so wie auch umgekehrt aus wahrhafter Aufklärung der eingeprägte christliche Habitus nicht wegzudenken ist. Wenn Nietzsche am Ende nach dem ‚Wert' von Wahrheit fragt, so verweist er auf die Tiefensemantik der Moralgenealogie, auf die Einsicht in die Unmöglichkeit, sich voraussetzungslos zu begreifen und die daraus eröffnete zweitbeste Seefahrt, dies versuchen zu müssen.

Manche der Fäden der 'Genealogie' sind im 20. Jahrhundert aufgenommen worden und haben seine intellektuelle Genesis bestimmt. Die Ambivalenzen und Dialektiken von Aufklärung und Rationalität von Horkheimer und Adorno bis zu Foucault sind nicht zuletzt an einem Nietzscheschen Leitfaden entlang aufgedeckt worden.

In diesem Verständigungszusammenhang hat Nietzsche die jüdische Tradition auch ausdrücklich reflektiert: „Was Europa den Juden verdankt? Vielerlei, Gutes und Schlimmes, und vor Allem Eins, das vom Besten und Schlimmsten zugleich ist: den grossen Stil in der Moral, die Furchtbarkeit und Majestät unendlicher Forderungen, unendlicher Bedeutungen [....]. Wir Artisten unter den Zuschauern und Philosophen sind dafür den Juden – dankbar." (ibid., S. 192). Deshalb konnte er sich, neben vielen anderen Erscheinungsweisen, auch als Anti-Antisemiten verstehen. Mehr indes nicht; eine Notiz aus dem Herbst 1888: „Ah welche Wohlthat ist ein Jude unter deutschem Hornvieh!... Das unterschätzen die Herren Antisemiten. Was unterscheidet eigentlich einen Juden von einem Antisemiten: der Jude weiß, dass er lügt, w e n n er lügt: der Antisemit weiß nicht, dass er immer lügt." (Nietzsche, Die nachgelassenen Fragmente, hg. G. Wohlfart. Stuttgart 2000, S. 287).

Ungleich gewichtiger ist, dass ihm hebräische Moralität und Religion Kriterium waren, eine Rasse konnte es nicht sein. Argumente aus der ersten (physischen) Natur und dem biologischen Wahn des späten 19. Jahrhunderts, erst recht Totschlagsargumente, können sich auf ihn nicht berufen.

IV. Welt-Gedanken: der Wille zur Macht, der europäische Nihilismus, der Tod Gottes

Immer wieder ist das Zusammenspiel seines Denkens als ‚Metaphysik' oder als ein letztes philosophisches ‚System' begriffen worden; besonders eindrücklich geschah dies in Heideggers zweibändiger Nietzsche-Auslegung, und in der Folge von manchen Heidegger-Epigonen. Unstrittig treten in Nietzsches Denken der achtziger Jahre bestimmte Leitgedanken in einem zusammenhängenden Gefüge hervor. Neben dem schwersten Gedanken der ewigen Wiederkehr des Gleichen, ist hier noch einmal der ‚Hauptgedanke' ins Spiel zu bringen, der ‚Wille zur Macht', der für Nietzsche das letzte Faktum der Welt beschreibt, zu dem wir hinunterkommen. Jeder Wille ist Wille zur Macht, einziger Impetus auch in Lebenssphären, die es nicht vermuten lassen: in Moral, Kunst, oder Philosophie. Für Nietzsche bedeutet der ‚Wille zur Macht' zunächst zweierlei: er ist Selbstmaxime an den Denkenden, Kraft zu den eigenen tiefsten und höchsten Einsichten zu finden, über sich hinauszugehen; sodann ist er elementarste, basalste Weltbeschreibung. In einer Notiz aus dem Sommer 1885 heißt es: „Und wisst ihr auch, was mir ‚die Welt'

ist? Soll ich sie euch in meinem Spiegel zeigen? Diese Welt: ein Ungeheuer
von Kraft, ohne Anfang, ohne Ende, eine feste, eherne Größe von Kraft [...],
vom Nichts umschlossen als von seiner Gränze [...]. Diese Welt ist der Wille
zur Macht - und nichts ausserdem! Und auch ihr selber seid dieser Wille zur
Macht - und nichts außerdem!"(Fragmente ed. Wohlfahrt, S. 157). Der Wille
zur Macht, heißt es wenig später im gleichen Jahr, ist das letzt Factum, zu dem
wir hinunterkommen (ibid., S. 165). Neu ist das Theorem nicht: es ist in
Baruch de Spinozas, eines in seinem Einfluss immer wieder unterschätzten
maßgeblichen Gewährsmannes Nietzsches, 'Ethica' als ‚conatus' definiert, als
Tendenz zur Selbsterhaltung, der alles bewusste und instinktive Seiende
unterworfen ist. In der Seinsweise des conatus steht, so hat Spinoza es
meisterhaft beschrieben, ein Individuum gegen das andere. Sie geben einander
wechselseitig den Tod, wie Hegel im Zusammenhang des Lehrstücks vom
‚Kampf um Anerkennung' zeigen wird. Ähnlich hat Sartre die zerrissene Welt
des Sozialen gesehen: der Andere erscheint als Einschränkung der Freiheit
meiner selbst. Bei Spinoza kann dieser Widerstreit freilich beruhigt werden, in
der intellektualen Schau der leidenschaftsfreien ‚göttlichen' *einen* Substanz;
mehr noch, seine 'Ethik' ist eine große Therapie zur Lösung aus der
Affektivität. Nicht so bei Nietzsche. Der Widerstreit der ‚Willen zur Macht'
verlängert sich in infintum.

In einer seiner Masken erst ist der ‚Wille zur Macht' für Nietzsche in der Tat
auch ein Grundzug ‚großer Politik'. Deren Richtung bleibt merkwürdig
unbestimmt. Eine Aura der Gewalt und Welteroberung wird man aber schwer
übersehen können. Es kommt die Vision des ‚europäischen Nihilismus' hinzu.
Bildhaft hat sie Nietzsche in die Metapher von der Wüste, die wächst, gefasst,
und hat jenem nihilistischen Grundgeschehen in einem auf den 10. Juni 1887
datierenden Text, dem Lenzerheide-Fragment Konturen gegeben. Das ‚Ja' zu
einer ewigen Wiederkehr muss sich, so wird hier deutlich, an dem ‚Umsonst!'
bewähren: „Das ist die extremste Form des Nihilismus: das Nichts (das
‚Sinnlose') ewig!" (Wohlfahrt, a.a.O., S. 194). Nietzsche fügt hinzu:
„Europäische Form des Buddhismus: Energie des Wissens und der Kraft
zwingt zu einem solchen Glauben." Jener europäische Nihilismus, ist nach
Nietzsche schwerer als der Buddhismus zu leben, der ins Nichts zielt und den
Schopenhauers Philosophie in europäische Weltgegenden versetzte. Er kann
sich nicht in die Einheitserwartung retten, er bleibt auf Differenzen orientiert.
Und er wird nicht resignativ Nichts (oder das Nichts) wollen, sondern nicht
mehr wollen, also nichts anderes zu wollen, als ihm je widerfährt: ‚amor fati'.
Im Ensemble jener großen Denkfigurationen ist dem ‚Übermenschen' ein
zentraler Gedächtnisort gewidmet. Wenn Nietzsche ihn umreißt, so geschieht
es stets gebrochen, durch mehrere Spiegel hindurch; wissend dass der
Übermensch in der Kultur fremd bleibt, und dass der Habitus der Kultur nur
um einen hohen Preis abzustreifen wäre, wenn dies überhaupt möglich sein

sollte: Philosophie und Kunst löschten sich dann selbst aus, die Welt würde dumm. Wenn bei Nietzsche von der ‚blonden Bestie' als einer Erscheinungsform des ‚Übermenschen' die Rede ist, dann ist eher an den ‚uomo universale' des Medici-Florenz gedacht oder an Cesare Borgia, gewiss Gestalten ‚jenseits von Gut und Böse', als an germanische Atavismen. Ursprünglich ist Nietzsches ‚Übermensch' aber ein kristallklares Selbstbesinnungsexperiment. Im Sommer 1876 notiert er: „Wer die Präposition ‚über' ganz begriffen hat, der hat den Umfang des menschlichen Stolzes und Elends begriffen. Wer *über* den Dingen ist, ist nicht *in* den Dingen - also nicht einmal *in* sich. Das Letztere kann sein Stolz sein" (KSA 8, S. 303). Derart ‚über sich hinaus' zu sein, ist schwer, wäre der Satz zu ergänzen. Denn gerade Nietzsche hat festgehalten, dass es versagt ist, Zuschauer seiner selbst zu sein. Insofern ist der Übermensch nicht eine bestimmte Gestalt, er ist eine Deutung je eigenen Menschseins; und wenn Nietzsche davon spricht, dass der Mensch ‚überwunden', also transfiguriert werden müsse, so bedeutet dies aus seinem Mund auch, dass er den höchsten ihm erreichbaren Punkt nicht erreicht habe.

Doch es verhält sich hier ähnlich wie mit dem ‚Willen zur Macht'. Nicht immer bleibt Nietzsches ‚Übermensch' in der skizzierte Ambivalenz. Der mit dem Stilett geritzte Gedanke soll mitunter mit dem Dolch (oder schlimmeren Waffen) erkämpft werden. Es bleibt die Essenz, dass der Übermensch jener ist, der die ewige Wiederkehr zu leben versucht, und der sich nicht in den ‚Geist der Rache' verstrickt hat. Sein Glück soll das Dasein rechtfertigen (KSA 4, S. 15). Doch dort, wo die Übermenschen-Vision im 'Zarathustra' zur Sprache kommt, ist sie nicht frei von Überanstrengung. Die ‚Stunde der großen Verachtung' ist ihre Zeit.

Und in denselben Gedankenzusammenhang gehört schließlich das Wort ‚Gott ist tot'. Es hat einen düsteren Klang, obgleich es an lange vor Nietzsche auch drastisch entfaltete Motive des ‚mysterium crucis', der christlichen Kenose-Religion gab: Hegels spekulative Deutung des Karfreitags, Jean Pauls ‚Rede des Toten Christus vom Weltgebäude herab, dass kein Gott ist' und Heines: „Was sind denn die Kirchen noch, wenn sie nicht die Grüfte und Grabmäler Gottes sind?" Diesen abgründigen Satz hat freilich erst Nietzsche geschrieben. Doch jener ‚tolle Mensch', der Gott mit der Laterne auf dem Markt sucht (man hört den Anklang an Diogenes Suche nach dem Menschen!) spricht eine conditio moderna aus, gerade in Unterscheidung von den ‚letzten Menschen', die wie selbstverständlich ‚gottlos' leben. Ob seine Frage in heutiges Selbstverständnis eingeholt worden ist, würde ich bezweifeln. Das globalisierte Netz und seine wechselnden Lebensstile sind vielleicht nur Auffederungsversuche jenes - ich spreche mit Nietzsche - „ungeheuren Ereignisse(s)", das noch unterwegs ist und wandert - es ist noch nicht bis zu den Ohren der Menschen gedrungen" (KSA 3, S. 481). Kosmisch ist der

Hallraum, in dem der ‚Tod Gottes' evoziert wird. („Irren wir nicht wie durch ein unendliches Nichts? Haucht uns nicht der leere Raum an? Ist es nicht kälter geworden? Kommt nicht immerfort die Nacht und mehr Nacht?"). Der Tod Gottes ist ein Mord, ein Verrat, von Tätern, die ihrer Tat nicht gewachsen sind und deren Dimensionen nicht einmal ermessen haben: „Wir haben ihn getödtet, - ihr und ich! Wir Alle sind seine Mörder. Wer gab uns den Schwamm, um den ganzen Horizont wegzuwischen? Was thaten wir, als wir diese Erde von ihrer Sonne losketteten?" Der Tod Gottes, nur so viel kann man andeutend für weitere Überlegung festhalten, eröffnet nach Nietzsche den ‚Horizont des Unendlichen'. Wieder wird dies mit einer Schifffahrtsmetapher umschrieben: „Wir haben das Land verlassen und sind zu Schiff gegangen! [...]. Aber es kommen Stunden, wo du erkennen wirst, dass [...] es nichts Furchtbareres giebt, als die Unendlichkeit [...]- und es giebt kein Land mehr!" (ibid., S. 480). An anderer Stelle zieht er daraus Folgerungen, die ewige Wiederkehr und Tod Gottes aufeinander beziehen: wir können von Gott nicht loskommen, da bereits die Grammatik (im Subjekt-Prädikat-Verhältnis) auf ihn verweist. Doch die ‚condition moderne' kann auch nicht auf ihn zurückkommen. Damit ist ein großes Fragezeichen gesetzt, das Nietzsche in seinen letzten Wochen variiert, wenn er den Gekreuzigten und den Gott Dionysos als eine Doppelgestalt aufeinander bezieht.

V. Urteile und Fehlurteile: Zu Nietzsches unzeitgemäßer Gegenwart

Die Verführbarkeit des Philosophen, der Hans Blumenberg schöne Betrachtungen widmete und die bei Nietzsches Interpreten vielfach anzutreffen ist, sehe ich an seinem eigenen klaren Blick in Nichts zerrinnen. So hat Nietzsche gerade den ‚Vorurtheilen der Philosophen' scharfe Erwägungen gewidmet; warum Wahrheit, und nicht lieber Unwahrheit, Unwissenheit? hat er gefragt; und dahinter eine luzide Einsicht formuliert, vor deren Hintergrund er selbst gelesen werden sollte: „Allmählich hat sich mir herausgestellt, was jede große Philosophie bisher war: nämlich das Selbstbekenntnis ihres Urhebers und eine Art ungewollter und unvermerkter mémoires" (KSA 5, S. 19). Er dachte zwischen den Zeiten und daher greift sein Denken jeder Gegenwart, auch der unseren voraus. Bei all seiner epochalen Reichweite ist es zugleich untrennbar verbunden mit aller persönlichsten Verletzungen: rückhaltlos in immer neuen Versuchen, mit *einem* Grundton, ohne je ‚anzukommen'.

Mir scheint es ein Irrtum zu sein, dieses Denk- und Lebenswagnis ohne ein Leitseil mit heutigen Hermeneutikern als ‚schwaches Denken' zu begreifen. Was schwaches Denken sei, hat Nietzsche vielmehr definiert, als er das Wesen einer alt gewordenen, vergilbten Metaphysik umschrieb: „Für die Spinne ist

die Spinne das vollkommenste Wesen; für den Metaphysiker ist Gott ein
Metaphysiker: Das heisst, er spinnt", so notiert er sich im Spätsommer 1888.

Von hier her ist einer zeitgenössischen Nietzsche-Deutung zu widersprechen,
an der ärgerlich nicht zuerst ist, dass sie mit Nietzsche den Anfang einer un-
und nach-humanistischen Weltepoche anbrechen sieht; und dass das neue
Instrument der ‚Humanisierung' die ‚Anthropotechnik', die Menschen-
züchtung sein soll. Diese soll zu den neuen Ufern einer Verbesserung des
Humanum führen, an die zwei Jahrtausende Humanität, Paideia und ‚cultura
animi' nicht hätten denken können. Der Einwand liegt auf der Hand:
Nietzsches, des Geistmenschen, Rancune wendet sich allzu offenkundig gegen
Peter Sloterdijks Elmauer Rede, die wesentlich zum Ziele hatte, einer
kritischen Intelligenz den Tod zu erklären. Eben dies ist mit Nietzsche zu
allerletzt möglich. Kritik kommt von ‚Krisis': ‚krinein', und verweist auf den
unterscheidenden Schnitt, der Urteilskraft voraussetzt. Kaum ein Denker hat
ihn konsequenter als Kern der philosophischen Methode in Gebrauch
genommen als Nietzsche. Skandalös und ganz und gar nicht von Nietzsches
Geist ist auch das Einlenken des wirren Interpreten in die Konsensualiät der
Berliner Republik. Vor wenigen Wochen hielt Sloterdijk in Weimar einen
Vortrag, in dem er Nietzsche als Prototypon des sich lobenden und sich selbst
designenden Menschen des 21. Jahrhunderts zu erkennen meint. Und an
Nietzsches Evokation: „Die Welt ist vollkommen!" schließt er die Sätze an:
„Hier heißt der Autor sich selber aufhören, Autor zu sein [....]. Wir müssen uns
den aufhörenden Autor als einen glücklichen Menschen vorstellen". Als
Affirmator des Zeitgeistes irgend einer Provenienz taugt Nietzsche zuletzt.
Sein ‚dekadentes' spätes Europa, dessen Edelfäule sich nach seinem Tod noch
einmal an ihm berauschte (Benn), ‚ermüdete' ihn, der heraufkommende letzte
Mensch erst recht. Wie hätten ihn nicht unsere Zeiten ermüden sollen? Babette
Babich, die amerikanische Nietzsche-Forscherin, weist zu Recht auf den
dezidiert unegalitären Zug in Nietzsches Denken hin. Wenn er von der
Selbsterfindung spricht, dann will er zugleich sagen, dass es nur wenigen
gegeben ist, sich zu erfinden. Nietzsche denkt in Unterscheidungen; und dabei
lässt er ‚von ferne' treten. Doch nie verlässt er den Grund einer radikalen
Aufklärung und Geistigkeit.

Nietzsche steht deshalb in einer bemerkenswerten Genealogie und eröffnet
keineswegs ein nach-humanes Zeitalter. Dass Philosophie in eminentem Sinn
Seelenkunde sei, verbindet ihn mit dem sokratisch platonischen Anfang von
Logik und Ethik, dass sie Selbstgesetzgebung in einer nicht-gesetzlichen Welt
ist, verbindet ihn mit Kant; sein philologischer Zug rückt ihn an die Seite des
Renaissance-Humanismus, das Verständnis von Moralistik als Erkundung
menschlicher Sitten, nicht als Moralpredigt, lässt ihn in die Nähe von
Montaigne oder Emerson treten. Und unter den Zeitgenossen sind es die Anti-
Philosophen, Kierkegaard, Marx, jene, die die Grenzen der Vernunft an der

Wirklichkeit ausloten, die ihm an die Seite zu stellen sind. Seine Einsicht in
die ‚condition moderne' führt über den mit diesen Namen bezeichneten
Horizont hinaus,   geradewegs in allzu gegenwärtige Probleme hinein.
Nietzsches Bruch mit der jüdisch-christlichen Überlieferung ist scharf
gezogen. Er ist keiner Ausgleichung oder Harmonisierung zugänglich. Man
darf aber eine tiefe Affinität nicht übersehen, wenn man die Unbedingtheit, die
Einsicht, dass jede Erkenntnis Handlung ist und Handlung nie neutral sein
kann, mit in Rechnung stellt. Emmanuel Lévinas hat aus der jüdischen
Mischna-Tradition heraus zwischen einem Denken und einer Ethik
unterschieden, die kühl ist, und dem Gegenbild: einer Ethik mit ‚brennender
Seele'. Nietzsches Ort in dieser Topologie ist eindeutig zu bestimmen. Und
Heines, eines Geist- und Sprachverwandten Wort, „Überall wo ein großer
Geist einen Gedanken ausspricht, ist Golgatha" , trifft wohl in eminenter
Weise auf Nietzsche zu. Nicht von den Irrationalisten, von den Erkundern der
Topologie und der Widersprüche von Aufklärung ist sein Gedankenfaden auf
gleicher Augenhöhe aufzunehmen.

VI. Am Anfang: Das Ende

Bei dem späten Nietzsche der letzten bewussten Wochen ist noch einmal kurz
innezuhalten. Er hatte lange Jahre zuvor die ‚Hochzeit von Licht und
Finsternis' als seinen gnostischen Denkversuch entwickelt. In jenen späten
Lineaturen wird es in durchaus tragischer Weise zum Ereignis. Da ist die
luzide Liebeserklärung an die in mildes Oktoberlicht getauchte Goethesche
Novelle (Goethes Eckermann-Gespräche galten ihm als das beste Buch in
deutscher Sprache!) neben solchen hybriden Sätzen, die alles zurücklassen,
was er je dachte: „Kurz und gut, sehr gut sogar: nachdem der alte Gott
abgeschafft ist, bin ich bereit, *die Welt zu regieren...* ". Ich möchte die
Absonderung als ein Leitmotiv verstehen, das in dieser letzten Zeit offen
ausgesprochen wird. Das Emblem jener ‚Absonderung' hat Nietzsche in
seinem Gedicht ‚Vogel Albatros' skizziert. Jener Vogel ist ein merkwürdiges
Tier; er zog die Dichter an, wie sonst nur noch das Einhorn. Denn in
Geselligkeit kann er nicht existieren: „O Wunder fliegt er noch? Er steigt
empor und seine Flügel ruhn!/ Was hebt und trägt ihn doch?/Was ist ihm Ziel
und Zug und Zügel nun?/ Er flog zuhöchst - nun hebt / Der Himmel selbst den
siegreich Fliegenden: / Nun ruht er still und schwebt,/ Den Sieg vergessend
und den Siegenden" (KSA 3, S. 341). Baudelaires Albatros-Gedicht aus den
'Fleurs du mal' (auch Stefan George hat eines geschrieben!) könnten als
Kommentar daneben stehen und dann sprechen diese Verse nicht, wie bei
Baudelaire beabsichtigt, einfach nur von 'dem Dichter', sondern von
Nietzsche: „Exilé sur le sol au milieu des huées, Ses ailes de géant

l'empêchent de marcher" („Am Boden ausgesetzt, mitten im frechen Volke,/Hindern ihn seine Riesenfittiche am Gehn.")
Was blieb? Die zunächst dramatisch, dann stupide verlöschenden letzten Jahre kann man besser als in jeder Nietzsche-Biographie in der wundervollen Abbreviatur Thomas Manns lesen, die die letzte Lebenszeit des erloschenen Leverkühn zwischen gwonnener Ruhe, der Erbärmlichkeit des Siechtums und der Rückkehr in ein allzumenschliches Maß zeichnet. Das Ende besiegelt indessen ein Leben, das wie kaum ein anderes Krankheit zum Tode war. Gesundung und Erkrankung waren für Nietzsche niemals nur Metaphern. Bilder halten dies fest: Curt Stoevings Skizzen von dem Kranken, bis zu der erdenschweren und zugleich gedankenheiteren Plastik des Otto Dix, die Nietzsche als Denk-Spieler und großen Versucher zeigt, und als den Probierstein der Überlieferung, den Schatten der Moderne, der anzeigt, welche geschichtliche Bewandtnis es mit ihren Formexperimenten hat. Edvard Munchs Nietzsche-Portrait (1906/07) ließe sich daneben- und dagegenstellen: umdunkelt sich fassend, ragt er in den Horizont. So mag er gegen das Fundamentale, nie Triviale, seines Daseins angedacht haben: gegen die Migräneanfälle, die Erblindung. Nietzsche schrieb im Juli 1888 den Satz: „Die tief Verwundeten haben das olympische Lachen; man hat nur, was man nöthig hat". Dies kann zum Ende Anlass geben, der eingangs zitierten Auslegungsmaxime aus dem Brief an Carl Fuchs eine Ergänzung folgen zu lassen. Die Distanz, mit der man Nietzsche als fremdes Gewächs wahrnehmen wird, kann sich mitunter in Bewunderung vor einem derartigen, keine Fesseln und Grenzen akzeptierenden Denken, vertiefen. Nietzsche: „Es ist eine feine und zugleich vornehme Selbstbeherrschung, gesetzt, dass man überhaupt loben will, immer nur da zu loben, wo man n i c h t übereinstimmt: - im andern Falle würde man ja sich selber loben, was wider den guten Geschmack geht -" (KSA 5, S. 231).

4. Text und Spiegelung - Ernst Jünger im Spiegel seiner Exegeten

I. Zum Anfang: Ernst Jünger heute. Impressionen

Das Bonmot, dass gegenwärtig ein besonders reges Interesse an Hundertjährigen aufkomme, war vor einigen Jahren wohl als Hinweis auf einen desperaten Historismus der neuen Berliner Republik, die sich noch nicht gefunden habe, gemeint.[1] Und gemeint war damit auch Ernst Jünger. Einige flüchtige Impressionen dürften jedoch genügen, um zu erkennen, dass kaum eine geistige Biographie weniger geeignet ist, lineare Sinnerwartungen zu bedienen wie jene Jüngers. Nicht zu Unrecht sah er in Gegenwart des damals amtierenden Bundeskanzlers und Bundespräsidenten am 29. März 1995 seine Vita vom Heraklitischen Grundgesetz der gegenstrebigen Fügung geprägt; denn in seiner Gestalt und seinem Werk kann tatsächlich ein Weltalter besichtigt werden - (ähnlich wie vielleicht in der Gestalt Goethes), doch ist es im Falle Jüngers das Weltalter der Brüche, der totalitären Erfahrung der ‚Schinderhütten' und des Schocks aufkommender planetarischer Technik, gebündelt im brechungsreichen Kaleidoskop des Oeuvres. Strengster epigrammhafter Stil geht mit dem anarchischen Ausbruch aus der bürgerlichen Welt- und Wertordnung einher, seit sich der Knabe zur Fremdenlegion meldet; große mythopoietische Deutungen historischer Wirklichkeit finden sich neben dem akribisch zergliedernden Blick des Entomologen und dem Schritt über die Grenzen bewusster Wahrnehmung durch die Droge LSD in 'Annäherungen. Drogen und Rausch'.[2] Der kalte Blick der ‚Desinvolture' rückt von ferne mit der Grundstimmung des Dankes in späten Schriften zusammen, der Technikenthusiasmus (im 'Arbeiter') begegnet einer tiefen Skepsis gegenüber der technischen Welt im Spätwerk, was eine zweite Impressionsreihe wachrufen könnte: Ernst Jünger, wie er zum zweiten Mal den alle 76 Jahre aufscheinenden Halleyschen Kometen wahrnimmt, einst, 1910 mit Vater und Geschwistern im niedersächsischen Rehburg, im April 1986 in Kuala Lumpur, und wenig später aus Anlass der Nachricht vom Atomunglück in Tschernobyl den in seiner eigenen Generation futuristisch übersteigerten Fortschrittsjubel des Vaters auf einen Nullpunkt zusammenschrumpfen sieht. „Persönlich käme ich mit der Technik und mit dem Stande der Wissenschaft zur Zeit Alexanders und des Aristoteles aus."[3] Die Eindrücke ließen sich fortschreiben - Jünger in

---

[1] Vgl. Jürgen Habermas, *1989 im Schatten von 1945. Zur Normalität einer künftigen Berliner Republik*, in: ders., *Die Normalität einer Berliner Republik*. Frankfurt/ Main 1995, S. 167 ff.

[2] Vgl. dazu Ulrich Baron, *Jüngers Erzählung 'Besuch auf Godenholm'* (1952). *„Annäherungen' an 'Drogen und Rausch'* (1970), in: Hans-Harald Müller und Harro Segeberg (Hgg.), *Ernst Jünger im 20. Jahrhundert*. München 1995, S. 199 ff.

[3] Ernst Jünger, *Zwei Mal Halley*. Stuttgart 1987, Eintragung vom 15.4.1986, S. 27 f.

der Betrachtung seiner Schildkröten im Wilflinger Garten, der bereits vor über
zehn Jahren einen Gesprächspartner wissen lässt, dass er sich das Wort des
alten Goethe zu eigen machen wolle: „Ich ziehe mich allmählich aus der
Erscheinung zurück", und der noch als Hundertjähriger mitten im Streit stand.[4]
Allerdings liegt im Versuch einer Annäherung über Eindrücke zugleich
Problematisches: scheint doch gerade dieser Autor die Nachgeborenen, allein
schon aus historischen Gründen, zur Distanz zu nötigen. Seine erste
Erinnerung an ein historisches Ereignis gilt dem 12.8.1901, der siegreichen
Rückkehr des Feldmarschalls Waldersee vom China-Feldzug; und noch mehr
scheinen Jüngers Schriften, die dichterischen ebenso wie die
zeitdiagnostischen, wenn auch aus unterschiedlichen Gründen, dem Leser
Distanz abzufordern. In diesem Sinn spricht Peter Koslowski vom ‚Minenfeld'
des Jüngerschen Werks, und Durs Grünbein meint in einer zu Jünger affinen
Metaphorik, dass über Person und Oeuvre zu sprechen so gefährlich sei „wie
für den Laien die Gelegenheitsarbeit im Reptilienhaus: jedes Wort ein Griff
zwischen Schlangen. Und das letzte kann leicht der Skorpionstich sein."[5]
Fraglich erscheint es, wenn Jünger in den Arbeiten, die sich seinem Oeuvre
während der letzten Jahre verstärkt zuwandten,[6] als Figur der Moderne des
20. Jahrhunderts oder der Erwiderung auf sie verstanden wird. Zwar hat dieser
Ansatz im einzelnen interessante Ergebnisse hervorgebracht, doch bedarf er im
ganzen kritischer Überprüfung. So scheint er einerseits zu unspezifisch und
andererseits zu kleinmaschig für die Weltdeutung in metaphysischem Ausmaß,
die Jünger dem planetarisch erdgeschichtlichen Übergangszeitalter mit
Gedankenfiguren wie jener vom Rückzug der Götter und der Verwandlung des
Menschen in einen titanischen Typus gewidmet hat. Zur unabdingbaren
Differenzierung verhilft eine zweite Linie der Forschungsliteratur, die
ausgehend von Karl Heinz Bohrers Dissertation 'Ästhetik des Schreckens'
genaue Formanalysen des Jüngerschen Werkes unternahm und seinem
ästhetischen Charakter gerecht zu werden suchte.[7] Zu einer großen Biographie
kam es indes bislang noch nicht, wie wohl Anläufe vorliegen. Doch mehr als
alles Sekundäre zogen während Jüngers letzter Lebensjahre seine eigenen nicht
verebbenden Publikationen in den Bann, gleichsam die Flaschenpost vom
anderen Ufer, des Uralters, sie, namentlich die Tagebücher 'Siebzig verweht
III' und der noch darauf folgende IV. Band, berühren sich mit Zeugnissen
später, mitunter letzter: oftmals überraschender Begegnungen und

---

[4] So in der Geburtstagssendung des ZDF im März 1985.
[5] Vgl. Peter Koslowski, *Der Mythos der Moderne. Die dichterische Philosophie Ernst Jüngers*.
München 1991, S. 13 und Durs Grünbein, Antwort auf eine Umfrage der FAZ vom 29.3.1995.
[6] Diese Diskussion ist insbesondere von Peter Koslowski angestoßen worden: P.K., *Der Mythos
der Moderne*, a.a.O., dazu auch: Helmuth Kiesel, *Wissenschaftliche Diagnose und dichterische
Vision der Moderne. Max Weber und Ernst Jünger*. Heidelberg 1994.
[7] Karl Heinz Bohrer, *Die Ästhetik des Schreckens. Die pessimistische Romantik in Ernst Jüngers
Frühwerk*. Frankfurt/Main, Berlin 1983 (erstmals 1978).

Bezauberungen - wie Rolf Hochhuths subtilem Essay 'Besuch bei Ernst Jünger', in dem der Gang des Gesprächs selbst wie ein Arkanum verschwiegen wird. Zu nennen wäre auch die Faszinationsgeschichte in Heiner Müllers Autobiographie:[8] aus Jüngers Stoizismus gewinnt Müller Anhalt für seine eigene Maxime, Geschichte mitleidlos als Sprachmaterial zu begreifen.

Hinzu kam nach Jüngers Tod manches Zeugnis, das umso mehr spricht, je weniger es sich der Historisierung fügt und je mehr es die Magma, auch jene des Ärgernisses, am Glühen hält. Serge D. Mangins 'Annäherungen an Ernst Jünger' in den kurzen Jahren von 1990 bis 1998, der Versuch, den Anarchen in ein gültiges Altersportrait zu bannen, ist eine aufschlussreiche Spiegelung, gerade bei den Inkommensurabilitäten und Übersetzungsnotwendigkeiten, die Mangins Versuche, sein Verhältnis zu Jünger in Worte zu fassen, auszeichnen. Die Historisierung selbst war zum Centenarium leichter zu haben als post mortem: Paul Noacks Biographie kommt kaum über den Charakter der Reportage hinaus und sie krankt daran, ganz und gar nicht auf Jüngerscher Stilhöhe zu sein. Vieles bleibt noch offen und weist auf die Immanenz der Jüngerschen Texte und ihre Macht, aber auch auf die Rätsel des Mannes zurück. Der lange erwartete Briefwechsel zwischen Jünger und Carl Schmitt zeigt dies auf eigene Weise. Eher durch das Verschwiegene und die Wendungen, die beide gegeneinander kühl werden ließ, als durch ausgesprochene Worte besticht er. Begegnungen und Verfehlungen in Paris oder im Berliner Tiergarten zeigen unter der Hand die sehr unterschiedlichen geistigen Physiognomien: nach außen verbunden, nach innen getrennt.

II. Stahlgewitter und Selbstgespräche des verschwindenden Ich: Reflexion über die Kriegstagebücher

Während Hans Castorp am Ende von Thomas Manns 'Zauberberg' im Taumel der Schlachtfelder des Ersten Weltkriegs, Schuberts Lied vom Lindenbaum auf den Lippen, aus dem Blick schwindet, nachdem der Donnerschlag des August 1914 der alteuropäischen Welt ein jähes Ende gesetzt hat, begreift der neunzehnjährige Ernst Jünger den Krieg als großes „incipit" einer ‚Epoche der

---

[8]Vgl. Rolf Hochhuth, *Besuch bei Jünger*, in: R.H., *Täter und Denker. Profile und Probleme von Cäsar bis Jünger*. Stuttgart 1987, S. 347 ff. und Heiner Müller, *Krieg ohne Schlacht. Leben in zwei Diktaturen*. Köln 1992, S. 275 ff. Heiner Müller, *Krieg ohne Schlacht*, a.a.O., S. 282; vgl. dazu Helmut Lethen, *Verhaltenslehren der Kälte. Lebensversuche zwischen den Kriegen*. Frankfurt/Main 1994, S. 198 ff.
Vgl. zu biographischen Hintergründen: auch Karl Otto Paetel, *Ernst Jünger in Selbstzeugnissen und Bilddokumenten*. Reinbek bei Hamburg 1962; Paetel war mit Jünger seit den späten Zwanziger Jahren, aus Zeiten der ‚Konservativen Revolution', vertraut. Martin Meyer, *Ernst Jünger*. München 1990; zum bewusst unbiographischen Verfahren vgl. das Vorwort ebd. S.11 ff.

Enthüllung'. Auch Jünger hätte seinerzeit wohl Thomas Manns Wort vom „Weltfest des Todes" prägen können, schwerlich aber die verhaltene Frage, ob aus dessen sumpfigem Grund „einmal die Liebe steigen" werde.[9]

„Jüngers Problem ist ein Jahrhundertproblem: bevor Frauen für ihn eine Erfahrung sein konnten, war es der Krieg", so Heiner Müllers holzschnittartig treffender Befund über die Diarien eines Neunzehnjährigen, der seine „Erlebnisse in vierzehn noch existierenden Notizbüchern festgehalten hat"[10] und sich auf dem schmalen Grat zwischen der neuen Welt gefährlicher Begegnungen, der Entfesselung chthonischer Lebenskräfte in der Destruktion von Individualität im Feuerbrand einerseits und dem Medium dieser neuen Erfahrung, der Materialschlacht, einem letzten Triumph des Positivismus des 19. Jahrhunderts andrerseits, selbst beschrieb. Die literarische Annäherung an das eigene Urerlebnis ging windungsreich vonstatten, und schon der frühe Jünger ist der „Bearbeitungsmanie" verfallen, die später sein schrift-stellerisches Verfahren kennzeichnen sollte. Mit 'In Stahlgewittern' versuchte er, den eigenen Bildungsroman zu dokumentieren: in die Schale einer Pathogenese des hypermodernen Krieges wird der Kern einer Enttäuschungsgeschichte gefasst. „Nach kurzem Aufenthalt beim Regiment hatten wir fast alle Illusionen verloren, mit denen wir ausgezogen waren. Statt der erhofften Gefahren hatten wir Schmutz, Arbeit und schlaflose Nächte vorgefunden, zu deren Bezwingung ein uns wenig liegendes Heldentum gehörte" (hier nach 'In Stahlgewittern', 2. Auflage Berlin 1922, S. 6; leicht verändert SW 1, S. 19). Gleichwohl (oder gerade deswegen) wird der Desillusionierung ein kompensatorischer Subtext eingeschrieben: nicht wenige Kampfszenen sind als Zweikämpfe nach dem Muster der Homerischen 'Ilias' angelegt; was Jünger später (SW 13, S. 469) distanziert kommentiert: „So konnten wir den ersten Weltkrieg absolvieren, ohne zu merken, dass die eigentlichen Fronten quer durch die Stellungen gingen und dass wir mit Krieg weder im Sinne Homers noch des 19. Jahrhunderts mehr zu tun hatten."[11]

Die Diskussion über Jüngers frühe Kriegstagebücher hat jenseits von Apologetik und Denunziation längst die ernsthaften Formen genauer geistesgeschichtlich oder ästhetisch instrumentierter Lektüre angenommen. Den initiierenden Anfang für diese Forschungstendenz setzte Karl Heinz

---

[9] Hier nach Thomas Mann, *Der Zauberberg*, Einzelausgabe Frankfurt/Main 1967, S. 757.

[10] Heiner Müller, *Krieg ohne Schlacht*, a.a.O., S. 282; vgl. dazu Helmut Lethen, *Verhaltenslehren der Kälte. Lebensversuche zwischen den Kriegen*. Frankfurt/Main 1994, S. 198 ff. Sehr reizvoll ist auch die dreifache Annäherung an Jünger durch Francois Mitterrand, Michel Tournier und den Büchnerpreisträger des Jahres 1995 Durs Grünbein als Vertreter einer jungen Generation, abgedruckt in der FAZ vom 29.3.1995.

[11] Hier zit. nach: E.J., *Dank an Cervantes, Marx und Ariost. Spanische Spiele, europäische Lektüre*. Rede vor der Philosophischen Fakultät der Universität Madrid im Escorial; in: FAZ 14.7.1995, S. 29.

Bohrers Studie 'Ästhetik des Schreckens', in der das Spiel mit Facetten des
Grauens in den frühen Diarien als furioser Gegenentwurf gegen bürgerliche
Wahrnehmungsweisen und eine Ästhetik des Schönen in bürgerlicher
Überlieferung begriffen wird. Allerdings hatte der frühe Jünger seinen Stil
noch nicht gefunden (was nicht wundernehmen muss, wenn man sein Alter
bedenkt!), so dass Bohrers Versuch, ihn in den Zusammenhang des
europäischen Surrealismus zu rücken, erst aus der rückschauenden Perspektive
auf spätere Texte, vor allem die Capriccios des 'Abenteuerliche[n] Herz[ens]',
durchschlagend erscheint. Mithin konnte Hans-Harald Müller zu Recht
gegenüber Bohrer darauf hinweisen, dass Jüngers Phänomenanalysen zwar aus
der Kriegserfahrung heraus Geschwindigkeit, Monotonie und Uniformierung
als Signa der Moderne namhaft machen, sie jedoch in einer Wieder-
beschwörung atavistischer Epik an die „Kräfte der Seele" zurückzubinden
suchten. Die Erosion des Individuums komme, anders als im Surrealismus,
nicht auch in der Form zu konsequenter Darstellung. Obwohl damit richtiges
gesehen ist, ist die Argumentation zu linear geführt, zumal wenn die
vermeintlich konservative Ästhetik des Jüngerschen Erstling mit einer
‚konservativen' Anthropologie gleichgesetzt wird.[12] Solche Mischungen, die
auch auf einer Ignoranz der Geschichte des Konservatismus beruhen,[13] sucht
eine 1991 publizierte Dissertation von Reinhard Brenneke[14] noch zu
überbieten: in der Kontinuität einer langjährigen, verkürzenden Wahrnehmung
von Jüngers frühem Werk wertet es Brenneke als Faktor in der geistigen
Wegbereitung von Faschismus und Nationalsozialismus, die kaum
unterschieden werden, wobei er seine These im Medium eines Vergleichs des
Jüngerschen Textes mit Marinettis 'Battaglia peso + odore' zu erhärten
versucht,[15] einem den Frontszenarien im libyschen Krieg 1911/12 gewidmeten

---

[12] Vgl. dazu Hans-Harald Müller, *„Im Grunde erlebt jeder seinen eigenen Krieg".* Zur Bedeutung
des Kriegserlebnisses im Frühwerk Ernst Jüngers, in: *Ernst Jünger im 20. Jahrhundert,* a.a.O., S.
13 ff.; vgl. auch ders., *Der Krieg und die Schriftsteller. Der Kriegsroman der Weimarer Republik.*
Stuttgart 1986, insbesondere S. 224 ff. und Harro Segeberg, *Regressive Modernisierung.*
Kriegserlebnis und Moderne-Kritik in Ernst Jüngers Frühwerk, in: ders. (Hg.), *Vom Wert der*
Arbeit. Zur literarischen Konstitution des Wertkomplexes ‚Arbeit' in der deutschen Literatur
(1770-1930). Tübingen 1991, S. 379 ff.
[13] Vgl. hierzu Bohrer, *Die Ästhetik des Schreckens,* a.a.O., insbes. S. 168 ff.. Vgl. auch: Josef
Fürnkäs, *Ernst Jüngers 'Abenteuerliches Herz. Erste* Fassung' (1929) im Kontext des
europäischen Surrealismus, in: Müller, Segeberg (Hgg.), *Ernst Jünger im 20. Jahrhundert, a.a.O.,*
S. *59 ff.* und bereits Alfred Andersch, *Jünger-Studien,* in: ders., *Öffentlicher Brief an einen sowje-*
tischen Schriftsteller. Zürich 1977, S. 71 ff.
[14] Vgl. Müller, *Der Krieg und die Schriftsteller,* a.a.O., S. 250. Vgl. auch Kiesel, *Wissenschaftliche*
Diagnose, a.a.O., S. 102 ff.
[15] Diese Verbindung wird noch fragwürdiger, wenn man die etwas späteren Kriegsbücher 'Der
Kampf als inneres Erlebnis' und die 1923 erstmals erschienene, 1960 wiedergefundene Novelle
'Sturm' hinzunimmt, die beide alle Idealisierungen hinter sich lassen und auf eine namenlos
vorreflexive Weltsicht inmitten des Feuersturms zielen, darauf, „ein ganz einfaches Tier zu sein,

Stenogramm, in dem Syntax, Grammatik und Sinnstruktur aufgelöst werden, um zu versinnbildlichen, wie auch die Differenz zwischen Tat (Aktion) und Literatur einzuschmelzen ist. Die vergleichende Argumentation trägt indes nicht weit. Jünger selbst nämlich wandte sich, in ausdrücklicher Kenntnis des Marinetti-Textes, bereits 1924 gegen eine „unmittelbare und rohe Kristallisation des Erlebnisses", da sie „in kurzer Zeit schon rätselhaft vor dem Leser stünde, wie das Knochengerüst eines ausgestorbenen Tieres." In dieser Erwägung leitet ihn die Einsicht, dass nur im persönlichen Bericht die psychische Seite des Kriegsgeschehens, die durchschlagende Zerstörung der Persönlichkeit, „de[r] Rückschlag [...] diese[r] Entladung wieder gegen das Innere des Kämpfers"[16] zur Darstellung kommen kann. Sehr zu Recht hat Helmuth Kiesel[17] an jene Differenz erinnert und ebenso daran, dass Marinettis Schlachtbeschreibung von den Zeitgenossen keinesfalls als avantgardistische Verarbeitung der neuen Kriegsrealität wahrgenommen wurde, wofür als Zeugnis Alfred Döblins 'Offener Brief an Marinetti'[18] stehen könnte, der dem Verfasser eine Verwechslung von Imitation und Kunstwerk vorhielt und ihm bescheinigte, die erstrebte Wirkabsicht ums Ganze zu verfehlt.

Erwägenswerter und noch weitgehendes Desiderat scheint es, die Zwiespältigkeiten in Jüngers Texturen vor der Folie von Sigmund Freuds unzeitgemäß der eigenen Zeit entgegenblickenden kultur- und bewusstseinskritischen Reflexionen über die Selbstzerstörung der Kultur und die Manifestation des Todestriebes zu befragen.[19]

III. Fanfare im beginnenden Weltbürgerkrieg der Ideen: ‚Der Arbeiter'

Mit einer dreifachen Fanfare, der Essaytrias: 'Der Arbeiter', 'Die totale Mobilmachung' und 'Über den Schmerz' kommentiert Jünger den Übergang von den späten zwanziger zu den dreißiger Jahren. 'Der Arbeiter' ist als Menschen*typus* in Zeiten planetarischer Technik, gleichermaßen aus den

---

eine Pflanze, Leben schlechthin, noch nicht im mindesten verzweigt", so Ernst Jünger, *Sturm*, hg. von Hans Peter des Coudres. Olten 1963, S. 86.

[16] Vgl. Reinhard Brenneke, *Militanter Modernismus. Vergleichende Studien zum Frühwerk Ernst Jüngers*. Stuttgart 1992, insbesondere S. 223 ff. Von seiner ‚Manie der Bearbeitungen' spricht Jünger in einem Brief an Ulrich Böhme, in: U.B., Fassungen bei Ernst Jünger. Meisenheim/Glan 1972, S. 3.

[17] Marinettis Text: 'Battaglia Peso + Odere' wird hier angeführt nach Kiesel, Wissenschaftliche Diagnose, a.a.O., S. 103.

[18] Döblins ‚offener Brief' an Marinetti wird hier zit. nach: Döblin, *Schriften zur Ästhetik, Poetik und Literatur*, hg. von E. Kleinschmidt. Olten und andere 1989, S. 113 ff.
Vgl. auch die Vorrede zur zweiten Auflage von *In Stahlgewittern*. Berlin 1922, S. V.

[19] So Martin Meyer, *Ernst Jünger* a.a.O., S. 74 ff.; möglicher Vergleichstext wäre Freuds Schrift: *Zeitgemäßes über Krieg und Tod* (1915), hier nach Freud, Kulturtheoretische Schriften. Frankfurt/Main 1974, S. 33 ff.

Vernichtungsräumen des Ersten Weltkrieges und den raschen ‚Passagen' der
großen Metropolen hervorgegangen. In ihm findet Jünger eine Zeitsignatur
jenseits von Sozialismus und Nationalismus zur Gestalt verdichtet; die
Frontstellung beider Ideologien erscheint ihm in der Folge Nietzsches als
Anachronismus. Auch dem Marxistischen Verständnis von ‚Arbeit' ist Jüngers
‚Arbeiter' nicht kommensurabel. Er hat vielfach darauf hingewiesen, dass sich
die Ubiquität des Arbeitscharakters den Kategorien von nationaler und
politischer Ökonomie entziehe.[20] Sein Ziel ist es vielmehr, im Arbeiter-Typus
Nietzsches Gedanken vom ‚Willen zur Macht' eine Physiognomie zu geben
und eine Gestalt zu kreieren, die dem technischen Säkulum gewachsen ist.[21]
Daher wird der ‚Arbeiter' Gegenbild zu diversen Erscheinungsformen
bürgerlicher Lebensform: vom *pursuit of happiness*[22] des aufklärerischen
18. Jahrhunderts, über die Kultur der Empfindsamkeit bis zur Eigentumsfrage
und einem spezifisch bürgerlichen Sicherheitsstreben: „Der Akt, in dem (sich)
dies (zeigt), ist eben der, dass das Gefährliche sich im Scheine der Vernunft als
das Sinnlose offenbart und damit seines Anspruches auf Wirklichkeit verlustig
geht" (SW 8, S. 55).

Einige Bemerkungen zum methodischen Status des ‚Arbeiter'-Traktates sind
an die Exposition des Typus anzuschließen. Wie Peter Koslowski[23] zu Recht
feststellt, spricht Jünger vom ‚Arbeiter' und dementsprechend auch vom
‚Bürger' nicht als von Kategorien der existierenden sozialen Welt. Er meint
damit vielmehr einen jeweiligen ‚Typus der Existenz', der letzten, kältesten
Ausprägung des Verhältnisses menschlichen Daseins zu sich selbst. Zugleich
ist für Jünger die Arbeiter-Gestalt Fokus der Epochenphysiognomik und -
morphologie.[24]
Auch ist nicht zu verkennen, dass er zur Zeit der Niederschrift des Traktates
als Publizist durchaus noch in nationalkonservativen und bolschewistischen

---

[20] Vgl. Kiesel, *Wissenschaftliche Diagnose und dichterische Vision der Moderne*, a.a.O., S. 106 ff.
Vgl. dazu auch Peter Demetz, *Worte in Freiheit. Der italienische Futurismus und die deutsche
literarische Avantgarde* 1912-1934. Mit einer ausführlichen Dokumentation. München 1990,
insbesondere S. 60 f.
[21] Vgl. dazu jetzt die eingehenden Auseinandersetzungen Heideggers mit Jüngers 'Arbeiter' als der
Gestalt des planetarischen Gestells in: Martin Heidegger, *Zu Ernst Jüngers ‚Der Arbeiter'.
Heidegger;* hgg. von P. Trawny. GA IV. Band 90. Frankfurt/Main 2004.
[22] Dazu Michael Stürmer, *Scherben des Glücks. Klassizismus und Revolution.* Berlin 1987.
[23] Peter Koslowski, Der Mythos der Moderne, a.a.O., S. 60 ff.
Vgl. dazu Jünger, Sämtliche Werke, Band 8, S. 34 ff. Vgl. auch die Adnoten *Maxima-Minima*,
insbesondere SW 8, S. 363 ff.
[24] Vgl. dazu Uwe-K. Ketelsen, *„Nun werden nicht nur die historischen Strukturen gesprengt,
sondern auch deren mythische und kultische Voraussetzungen". Zu Ernst Jüngers 'Die totale
Mobilmachung' (1930) und 'Der Arbeiter' (1932),* in: Müller, Segeberg (Hgg.), *Ernst Jünger im
20. Jahrhundert,* a.a.O., S. 77 ff.

Rastern argumentiert, die von der Epochendiagnostik des großen Essays her wie Anachronismen erscheinen müssen. Diese Zweideutigkeit des Autors Jünger ist mitzubedenken, wenn man mit Peter Koslowski darauf verweist, dass sein ,Arbeiter' „nicht im Bannkreis der völkischen Variante des Nationalismus" stehe und daher inkommensurabel zu aller NS-Ideologie sei,[25] also auch nicht als der arkane „Mythos des Zwanzigsten Jahrhunderts" gelesen werden dürfe, wie Hans-Peter Schwarz einmal meinte; und noch weniger als „die Konstitution des Nationalsozialismus", wie Fritz J. Raddatz in allbekannt ideologischer Manier kühn konjizierte.[26] Weiter ist für Jüngers Gedankengang eine Paradoxie konstitutiv: so wird, in manchen Zügen an Hölderlins Versuch einer Balancierung des ,Organischen' und des ,Aorgischen' erinnernd, inmitten der partialisierten Verhältnisse der technischen Moderne nach einer neuen Einheit von Mensch und Welt gesucht: ein Gedanke, der in die Paradoxie einer „organischen Konstruktion" einmündet (SW 8, S. 181).[27] Auch diese Paradoxie kulminiert im ,Arbeiter'-Typus selbst. Ihn zeichnet eine *artifizielle Elementarität* aus, mittels deren er sich auf natürliche Weise der technischen Welt bedient und sie beherrscht, ohne ihr irgend die Freiheit des Einzelnen entgegenzusetzen: er fühlt sich nach Jüngers Beschreibung „mit seinen (technischen) Mitteln in jener naiven Sicherheit verwachsen [...], mit der sich das Tier seiner Organe bedient" (SW 8, S. 243). In Anklang an die Schillersche Unterscheidung ist er durch und durch ,naiv', nicht ,sentimentalisch' konzipiert. Es ist aufschlussreich, dass Jünger die ureigene Attitüde, die er dem ,Arbeiter' zuweisen wollte, später in einer Formulierung von Léon Bloy wiederfindet: „Tout ce que arrive est adorable", ein Satz umfassender und differenzloser Weltbejahung, der ihm zum Zeitpunkt der Niederschrift seines Traktates freilich noch nicht bekannt gewesen sein dürfte.[28] En passant wirft er zwar die Frage nach der Legitimation des ,Arbeiters' auf, sie findet aber vorläufig keine andere Antwort, als jene, dass seine Fähigkeit zur Technikbeherrschung den neuen Typus zur Machtergreifung berechtige: es ist allein seine Faktizität, die ihn rechtfertigt. Für Jünger ist dies die Konsequenz in einer Weltepoche, in der die Mittel den Menschen bestimmen (SW 8, S. 76). Die problematischen Implikationen liegen auf der Hand: Überanpassung, die Tendenz zur Entindividualisierung, ein Dezisionsdenken ohne weitergehende Begründung sind die einzig

---

[25] Koslowski, *Der Mythos der Moderne*, a.a.O., S. 66 ff. mit einer Reihe von wichtigen Nachweisen aus zeitgenössischen Kritiken des ,Arbeiter'-Traktats.

[26] H.-P. Schwarz, *Der konservative Anarchist*, a.a.O., S. 93; Raddatz mehrfach, unter anderem in die ZEIT 28 (1992), S. 55.

[27] Vgl. in sachlicher Nähe etwa Hölderlins Aufsatzfragment: *Der Gesichtspunkt aus dem wir das Altertum anzusehen haben,* Große Stuttgarter Ausgabe Band IV,1. Stuttgart 1961, S. 221 ff .

[28] Vgl. dazu Bohrer, *Die Ästhetik des Schreckens*, a.a.O., S. 194 f.

verbleibenden Faktoren zum Ausgleich der Differenz zwischen Mensch und technischer Welt.[29]

Indes ist Jüngers Oeuvre auch zu Beginn der dreißiger Jahre keineswegs einsträngig auf den ‚Arbeiter' fixiert. Komplementär zur Exposition des ‚Typos', in dem der Mensch, das nach Nietzsche nicht-festgestellte Tier, sich selbst fixiert und in den Umriss gebannt hält, geht Jünger der Frage nach dem elementaren Lebenshabitus der einzelnen Individualität im totalen Arbeitscharakter in dem Essay 'Über den Schmerz' nach (1932 bzw. 1934). Obgleich es in Jahrhunderten neuzeitlicher Zivilisierung gelungen sei, immer mehr schmerzfreie Räume zu schaffen, bleibe der Schmerz der Zivilisation latent: auf einem Untergrund des Daseins, der gemeinhin verdrängt werde.[30] Während auf Gesetzeswegen die Todesstrafe abgeschafft werde, schneiden sich in den Jahren nach dem Ersten Weltkrieg, der Urkatastrophe des 20. Jahrhunderts, nachts die Weißen und die Roten die Hälse ab (vgl. etwa SW 7, S. 153).

Obgleich er unter den Konditionen der Moderne kaum wahrgenommen wird, ist der Schmerz für Jünger das arkane Emblem des totalen Arbeitscharakters der Welt: „Der Geist der seit über hundert Jahren an unserer Landschaft formt, ist ohne Zweifel ein grausamer Geist" (SW 7, S. 188). Die Lebensmaxime des einzelnen kann deshalb Jünger zufolge nur darin gipfeln, ein verändertes Verhältnis zum Schmerz zu gewinnen. Er kristallisiert mithin eine pointierte „Verhaltenslehre der Kälte" heraus.[31] Es gelte, mit Nietzsches Wort, ein ‚Pathos der Distanz' zu entwickeln, und den leiblichen ‚Raum', durch den der einzelne Mensch die Welt – und zugleich - den Schmerz wahrnimmt, wie einen Gegenstand zu betrachten. Die Lebenslehre empfiehlt also, nicht zu versuchen, dem Schmerz zu entrinnen, sondern ihn zu bannen, indem er in eine derart stoische Existenzform des Nicht-Involviertseins eingeschlossen wird. Als ‚Feldherrenoptik' und ‚Caesarenblick' auf das eigene Ich begreift Jünger dieses Selbstverhältnis, durch das in erneuter harter Kontrapunktik zu bürgerlicher Mitleidskultur „die Zone der Empfindsamkeit aus dem Leben herausgeschnitten" werden soll (SW 7, S. 162). Daher nimmt sich Jüngers Ethik des Schmerzes höchst zweideutig aus: einerseits kann sie in den Dienst nihilistischer und totalitärer Aktionen genommen werden und ist wohl auch in erster Linie auf diesen Horizont hin entworfen, zugleich sind in ihr Grundzüge

---

[29] Vgl. im Blick auf die neuere Jünger-Literatur die kritischen Voten bei Uwe-K. Ketelsen, *Ernst Jüngers 'Der Arbeiter' - ein faschistisches Modernitätskonzept,* in: ders., *Literatur und Drittes Reich.* Schernfeld ²1994, S. 264 ff. und Klaus Vondung, *Ernst Jüngers 'Der Arbeiter' - nach fünfzig Jahren. Faschistisches Weltbild oder gültige Zeitdiagnose?,* in: Frankfurter Hefte 37 (1982), S. 11 ff.

[30] Der Essay: *Über den Schmerz* findet sich in SW 7, S. 143-195.

[31] Lethen, Verhaltenslehren der Kälte, a.a.O., S. 198 ff.

einer Ethik des Selbstverhaltens und der Selbstbeherrschung angelegt, die zu Widerstandsakten prädestinieren könnten.[32]

Wiederum mag der Diskurs der neuesten Forschung auf die erörterte essayistische Konstellation projiziert werden. Verkürzend erscheint Harro Segebergs Charakterisierung des Jüngerschen Gedankengangs als Entwurf regressiver Modernisierung, hat sich doch seit den Kriegsdiarien wesentliches verändert. So ist nicht mehr von einer Beseelung der Technik die Rede und zugleich wird auch die radikale Desillusionierung der ‚Stahlgewitter' nicht fortgeschrieben. Vielmehr erweist sich Jüngers versuchte Ausgleichung von Technik und Natur als so hochgradig artifziell, dass triftiger als alle Kategorien des Regressiven die Beschreibung zu sein scheint, wonach er den Modernismus in eine Übermoderne zu überbieten suche.[33]

In diesen Zusammenhang gehört auch der Befund, dass sich, vor allem aus den ‚Adnoten' zum 'Arbeiter', ein etatistisches Konzept ablesen lasse, an dem Jünger später nicht mehr festhalten wird. In diesem Zusammenhang prägte er den Begriff von der „Arbeits- oder Staatsdemokratie", [34] und längst überholt sollten die Formen undifferenzierter Lektüre sein, der die einschlägigen Notate „bis in die Details" im nationalsozialistischen Totalitarismus eingelöst schienen. 'Der Arbeiter' plädiert vielmehr (wie Kiesel richtig gesehen hat) für einen autoritären, vielleicht sogar totalen Staat, als Übergangsgebilde in der technisch planetarischen Welt. Dieser Entwurf kommt den Überlegungen nahe, die Carl Schmitt etwa um die gleiche Zeit vertreten hatte. Allerdings war Schmitts Denken konstant an der großen politischen Form ausgerichtet, jenes Jüngers hingegen war nur auf Zeit etatistisch orientiert. Und überdies ist Jüngers Position von Schwankungen durchzogen, von denen Schmitt frei blieb: so gilt ihm bereits 1935/36 die NS-Bewegung als anachronistisch, weil sie noch allzu viele Relikte staatlicher Form enthalte; ein Eindruck, dem Schmitt gleichermaßen und je länger das NS-Regime währte, desto vehementer widersprochen hätte.

IV. 'Strahlungen': stoische Nachtgedanken - auf den zeitlichen Frieden zu

Die essayistische Trilogie erfuhr während der dreißiger und vierziger Jahre feine, doch weitreichende Umformungen. Aus den Rückblick totalitärer

---

[32] Vgl. zur Genese des stoischen Ethos Jüngers: Joachim Fest, *Würde auf engstem Raum. Die 'Strahlungen' wiedergelesen nach fünfzig Jahren. Zum hundertsten Geburtstag Ernst Jüngers,* in: FAZ-Wochenendbeilage Bilder und Zeiten 25.3.1995, S. 1 f.

[33] Vgl. Segeberg, *Regressive Modernisierung,* a.a.O. und Richard Herzinger, *Feldzeichen des Nichts: die Gewaltphilosophie der Konservativen Revolution und der Chiliasmus der deutschen Übermoderne,* in: Neues Jahrbuch für Gegenwartsliteratur 1 (1994), S. 74 ff.

[34] Vgl. dazu SW 8, S. 250 ff.

Erfahrung erschien Jünger die Exposition des ‚Arbeiters' als Gewaltakt. Er habe mit der Schere der Begriffe das Leben zu Papierblumen zurechtgestutzt, wird er selbst notieren. Im Oktober 1942 hält er fest, dass er die Signal- und Fanalzeichen, die er vor wenigen Jahren selbst geprägt habe, nun nicht mehr verwenden könne, etwa das Wort ‚total': „In Zeiten der Inflation zieht man das Gold zurück."[35] Dem entsprach Jüngers veränderte Lebensweise nach 1933, die zweimalige Ablehnung eines Reichstagsmandates der National-sozialisten,[36] die Übersiedlung vom Brennpunkt Berlin in die Provinz - zuerst nach Goslar, dann nach Überlingen und seit 1939 nach Kirchhorst in die Nähe von Hannover, der von so unverdächtigen Zeugen wie Richard Löwenthal oder Peter de Mendelssohn Züge einer respektablen Dissidenz bescheinigt wurde.[37] Jedenfalls war es der zurückgezogene Habitus zeitüberlegener Elite. Traumatisch dürfte dann eine dienstbedingte Reise an die Ostfront vom Oktober 1941 bis Januar 1942, beschrieben in den 'Kaukasischen Aufzeichnungen' (abgedruckt in SW 2, S. 407-492), geworden sein: Massenexekutionen traten in das Gesichtsfeld des seismographisch scharf Beobachtenden, die Welt sah er in eine riesige ‚Schinderhütte' verwandelt, die Stadt Kiew erschien ihm als Kaleidoskop zweier Totalitarismen; deutsche Ver-nichtungsaktionen und die kriegsorientierte sowjetische Modernisierung griffen hier in ihrer entzaubernden und vernichtenden Wirkung ineinander. Und zugleich wird sich Jünger während dieser Reise erstmals der Zerstörung der natürlichen Welt durch die Technik bewusst: am Fluss Pschisch trifft er auf eine Werkstättenlandschaft, ein Sägewerk, in dessen Umkreis der Wald „auf weite Entfernung kahlgeschlagen" ist.[38] Technische Inventionen erscheinen durch solche Impulse, katalysiert durch das Gespräch mit dem Bruder Friedrich Georg, der bereits seit Frühjahr 1939 an seinem Essay 'Die Perfektion der Technik' arbeitete, im Zwielicht. Ihr verzehrender, die Ressourcen der natürlichen Welt aufbrauchender Charakter und ihre Eigendynamik kommen erstmals in Jüngers Blickfeld, ebenso ihre Indifferenz gegenüber den politischen Mächten, von denen technische Innovationen genutzt werden können (SW 2, S. 466). Die in den früheren Texten provokant offen gelassene Legitimitätsproblematik des Zeitalters des Arbeiters wird

---

[35] So in einer Tagebucheintragung aus dem Oktober 1942, SW 2, S. 403.
[36] Vgl. dazu mit Einzelnachweisen aus Jüngers nicht wieder aufgelegter politischer Publizistik: Hans-Peter Schwarz, *Der konservative Anarchist*, a.a.O., S. 121 ff.
[37] Vgl. Löwenthal, *Widerstand im totalen Staat*, in ders. und Patrik zur Mühlen (Hgg.), *Widerstand und Verweigerung in Deutschland 1933 bis 1945*. Berlin, Bonn 1984, S. 11 ff.; hier insbesondere S. 22 ff.; Peter de Mendelssohn, *Gegenstrahlungen. Ein Tagebuch zu Ernst Jüngers Tagebuch*, in: Der Monat 3 (1949), S. 149 ff. Vgl. dazu Schwilk, *Ernst Jünger*, a.a.O., S. 106 und Kiesel, *Wissenschaftliche Diagnose und dichterische Vision der Moderne*, a.a.O., S. 146 f.
[38] Vgl. dazu Jünger Sämtliche Werke, Band 2, S. 466.

Jünger erstmals zum Thema,[39] und das Diktum, dass anbetungswürdig sei, was immer als neue Tendenz entstehe, zerbricht ihm unter der Hand. Die Folgerungen zieht seine 1944 abgeschlossene Schrift 'Der Friede', Technik dürfe nicht alles bestimmend sein, sie sei auf ihr Gebiet einzuschränken. Führungsrecht wird daher nicht mehr den Technikern, also auch nicht dem Typus des ,Arbeiters', konzediert, sondern jenen, „die sich zum Glauben an eine höhere als die menschliche Vernunft bekennen" (SW 7, S. 229 f.). Projektiv vorweggenommen ist diese Wendung in den dichten parabolischen Texturen des 1939 erschienenen Romans 'Auf den Marmorklippen', vor allem in den Bildern der Usurpation und der ,Schinderhütten' und ,Stankhöhlen' von Köppels-Bleek, in denen kaum verschlüsselt die Lager des totalitären Zeitalters zu erkennen sind. Bis in die Details der Allegorisierung hinein ist die Erzählung bereits von den Zeitgenossen als Widerstandsindiz, ja -fanal verstanden worden. Jüngers Selbstdeutungen fielen verhaltener aus: zwar fügten sich, so meinte er, die deutschen Vorgänge in den Rahmen der Erzählung, diese sei jedoch nicht auf sie gemünzt gewesen, vielmehr sollten kristallinisch immer wiederkehrende Strukturmuster des Totalitären angezeigt werden. Nicht nur auf den Einzelfall des NS-Totalitarismus und das Typische des totalitären Charakters sind die 'Marmorklippen',[40] deren Grundkonstellation nach Jüngers Zeugnis auf einen Überlinger Traum zurückging, zu beziehen, ein dritter Akzent kommt hinzu: der auf das Spätwerk vorausverweisende Blick auf das ,Allgemeine', in der Frage, „ob die Gewalt nicht das ewige Pendel (ist), das die Zeiger vorwärtstreibt, sei es bei Tage, sei es in der Nacht?"[41]

Vom diaristischen Werk dieser Jahre her wird die skizzierte Veränderung in ihrer Tragweite erkennbar. Das Tagebuch ist für Jünger Ausdruck der eigenen Unzeitgemäßheit und tritt an die Stelle des Gebets (SW 13, S. 454). Ihm ist das Diarium, wobei er an die französischen Diaristen der eigenen Zeit wie Gide und Montherlant denken mag, Form der Literatur der Moderne. Im Tagebuch kann die durch die allwissende Perspektive des bürgerlichen Romans nicht mehr zu bannende kaleidoskopartige Wirklichkeit in die Ordnung eines

---

[39] Vgl. dazu: F.G. Jünger, *Die Perfektion der Technik*. Frankfurt/Main 1949, vgl. auch Stefan Breuer, *Die Gesellschaft des Verschwindens. Von der Selbstzerstörung der technischen Zivilisation*. Hamburg 1992, S. 103 ff.
[40] Vgl. zu den ,Marmorklippen' die folgenden neueren Arbeiten: Helmuth Kiesel, *Wissenschaftliche Diagnose und dichterische Vision der Moderne*, a.a.O., S. 146 ff. und ders., *Ernst Jüngers 'Marmor-Klippen'. „Renommier"- und Problembuch der 12 Jahre*, in: Internationales Archiv für Sozialgeschichte der deutschen Literatur 14 (1989), S. 125 ff.; vgl. dazu Jüngers Skizzen zur Wahrnehmung des Romans: E.J., *Jahre der Okkupation*. Stuttgart 1958, S. 45 ff. Zur zeitgenössischen Rezeption: Günter Scholdt, „*Gescheitert an den Marmorklippen". Zur Kritik an Ernst Jüngers Widerstandsroman*, in: Zeitschrift für deutsche Philologie 98 (1979), S. 543 ff.
[41] Vgl. dazu Jünger Sämtliche Werke, Band 2, S. 466.

begrenzten doch fokussierenden Zauberspiegels gebannt werden, des eigenen
Selbst. Dadurch kann sich der Diarist seinen Geist in weitgehender Präsenz
transparent halten, „bei Tag und Nacht, im Wachen und im Traum, in allen
Grenzen und Entfernungen."[42]
Jüngers Pariser Erfahrungswelt seit 1941, als er im Kreis um Speidel und
Stülpnagel im ‚Hotel Majestic' Dienst tut, ist in den Tagebüchern als
eindrückliches Panorama bewahrt,[43] und im gleichen Kaleidoskop leuchten das
kultivierte Gespräch in den Pariser Salons im Schatten der Besatzung, und das
temporäre Glück, verbürgt in der Naturbetrachtung, auf. Die das Spätwerk
durchstimmende Goethesche Einsicht, dass alles Denken von der Anschauung
ausgehen müsse, gewinnt in dieser Zeit deutliche Konturen. Hervorzuheben
sind die Berichte über Gespräche mit Speidel oder Cäsar von Hofacker, der
Jünger im Frühjahr 1944 in die Attentatspläne einweihte: etwa über die
Unterredung vom 16. Juli 1944, in der vermutlich Speidel die Frage stellte,
wann es endlich möglich sein werde, sich die Schießbudenfigur Hitler vom
Hals zu schaffen (SW 3, S. 287).[44] Solche Berichte sind große, Grundzüge ins
Relief bringende Seismogramme aus dem Zentrum des Widerstandes, belichtet
aber im Gestus Jüngerscher ‚Desinvoltura'.
Den Diarien ist allerdings auch abzulesen, wie skeptisch Jünger den
Attentatsplänen gegenüber blieb: dem Bauplan der Welt- und Erdgeschichte,
dem sich sein Denken anzunähern suchte, schienen sie nicht kommensurabel,

---

[42] So Jünger, Sämtliche Werke Band 2, S. 12 f. Siehe auch Armin Mohler, *Die Schleife.
Dokumente zum Weg von Ernst Jünger*, Zürich 1955, S. 98 f und Lothar Bluhm, *Ernst Jünger als
Tagebuchautor und die „Innere Emigration". 'Gärten und Straßen' (1942) und 'Strahlungen'
(1949)*, in: Müller, Segeberg (Hgg.), *Ernst Jünger im 20. Jahrhundert*, a.a.O., S. 125 ff.
[43] Jünger war seit Juni 1941 dem Stab des Militärbefehlshabers in Frankreich, Speidel, zugeordnet,
und residierte im ‚Hotel Majestic'; teils war er für die Zensur zuständig, teils für Geheimvorgänge
im Zusammenhang der Auseinandersetzung zwischen Militärbefehlshaber und Partei in
Frankreich. Vgl. die Dokumentation bei Schwilk, a.a.O., S. 170 ff., in der noch unpublizierte
Briefe, etwa an Carl Schmitt und Horst Grüninger, mitgeteilt werden.
[44] Vgl. zur Veränderung des Hitlerbildes Jüngers: Schwarz, *Der konservative Anarchist*, a.a.O., S.
118; wichtig ist etwa die Eintragung vom 10.5.1945 (SW 3, S. 438 ff.), in der Hitler (wie auch an
anderen Stellen) als „Kniebolo" evoziert, und, im Zusammenhang von Jüngers antietatistischem
Denken, zustimmend Valeriu Marcus Charakterisierung von Hitler als dem „Napoleon des
allgemeinen Wahlrechts" zitiert wird. Vgl. auch ebd. S. 613 f. (die Eintragung vom 31.3.1946), wo
Jünger selbst die Wandlungen seines Urteils resümiert - von „Der Mann hat recht", über: „Der
Mann ist lächerlich", zu: „Der Mann wird unheimlich". Dennoch täuscht er sich nicht darüber,
dass es vor allem Hitler geschuldet gewesen sein dürfte, wenn er, nach der Publikation der
Marmorklippen ungeschoren blieb. Reichsleiter Bouhler etwa intervenierte um ein Verbot und
Goebbels unterstützte dieses Ansinnen; vgl. dazu Schwilk, a.a.O., S. 160 f. In ein
Widmungsexemplar des von ihm herausgegebenen Bandes Feuer und Blut für Hitler schrieb
Jünger im Januar 1926: „Dem nationalen Führer Adolf Hitler!", Hitler war für ihn, wie Schwarz
meint, ein Führer, nicht der Führer (ibid. S. 117). Nach Jüngers eigener Erinnerung (SW 3, S. 614
ff.; 2. April 1946) kam es zu einer persönlichen Begegnung, die für 1926 geplant war, nicht. Von
Hitler fasziniert war Jünger wohl zu keinem Zeitpunkt.

so sehr er ihnen den Rang der Größe im Scheitern und das Recht zuerkannte, auf immer erinnert zu werden.[45] Nicht das Desaster am Ende, das vorübergehende Gelingen des Aufstandes in Paris, verwunderte ihn. In dieser Situation sucht er nach seiner stoischen Grundhaltung, die allerdings nicht mehr mit der früheren Verhaltenslehre der Kälte in eins geht und von Selbstzweifeln unterhöhlt ist. „Auf das Leiden der Schwachen und Namenlosen herabzusehen, wie man vom Senatorensitze in die Arena blickt" (SW 7, S. 187), sei ihm und seinem Bruder nicht mehr möglich gewesen, und Joachim Fest vermutet wohl zutreffend, dass der durch die sprachliche Form der Pariser Tagebücher nahegelegte Eindruck von Unerreichbarkeit „nur eine Maske war",[46] zumal seit dem Kriegstod von Jüngers achtzehnjährigem Sohn - Ernstel - im November 1944 in Carrara, oder seit einer Begegnung mit durch den Judenstern Gebrandmarkten, bei deren Anblick ihn ein Ekel gegen Uniform und Orden erfasst.

V. Peripetie: Nomos, Maß und Menschenrecht - die Propria der Friedensschrift

Am Ende dieser Selbstbesinnung steht die 1941 entworfene Schrift 'Der Friede' die seit 1943/ 44 in Abschriften unter anderem in Rommels Hauptquartier, kursierte, und für die Alfred Toepfer Publikationsmöglichkeiten innerhalb Deutschlands ermitttelte,[47] ein Text, zu dem es in Jüngers Werk keine Entsprechung gibt.
Ausgangslage der Analyse ist die ‚babylonische Verwirrung' kurz vor Ende des Krieges, in einer Situation, in der zum ersten Mal „die Kugel des Planeten mit glühenden Nähten" geschweißt wurde (SW 7, S. 197). Sie nötigt dazu, nach einem neuen ‚Nomos der Erde' zu suchen. Dieser Ordo werde postnational sein müssen und die abendländische Einheit zu einem konsistenten Gestaltzusammenhang zu fügen haben. Die Forderung nach internationaler Sicherung der Würde und der Freiheitsrechte der Person, der in späteren Texten Jüngers keine nennenswerte Rolle mehr zukommt, erscheint ihm als unabdingbare Konsequenz aus der zurückliegenden Epoche und ihren Erschütterungen. „Der wilde Strom hat sich das Bett gegraben, in dem er friedlich wird" (SW 7, S. 222). Seine Einsicht in das Selbstläufertum der

---

[45] Vgl. das 'Vorwort' zu *Strahlungen*, SW, 2, S. 18.
[46] So Fest, *Würde auf engstem Raum*, Abdruck FAZ 25.3.1995, Bilder und Zeiten, S. 2.
[47] Eine aufgrund ihres nur mündlichen Tradierungscharakters wohl für die Forschung kaum fruchtbar zu machende andere Version, von Toepfer im vertrauten Gespräch und mit allen Zügen vornehmer Zurückhaltung mitgeteilt, besagt, dass er der eigentliche Verfasser des Textes gewesen sei, was viele der in Jüngers Werk singulären Züge dieses Textes besser verständlich machen könnte.

Technik konkretisiert Jünger zur Forderung nach einer Theologie des neuen
Zeitalters als der eigentlich ersten Wissenschaft, „als Kenntnis der tiefsten
Gründe und der höchsten Ordnung, nach der die Welt geschaffen ist" (SW 7,
S. 229). Im Entwurf dieser Theologie deuten sich bereits spätere Allegorien
und Mythopoiesen zwar an,[48] allerdings mit dem in den folgenden Jahren
konsequent preisgegebenen Zusatz, dass die neuen *titanischen* Kräfte den
göttlichen und den menschlichen unterzuordnen wären. Die christliche
Erfahrungsdimension, die sich Jünger während der Pariser Jahre erschloss und
deren Herzstücke eine ,lectio continua' der Bibel und die Léon Bloy-Lektüre,
samt dem Studium anderer loci classici des *nouveau catholique* waren, scheint
hier noch einmal auf. Besonders prägnant ist die Grundstimmung, die Jüngers
Besinnung auf den Kantischen Gedanken eines ,ewigen Friedens' motivierte
und die er in seinen Kirchhoster Blättern, einer Reihe von Tagebuchnotizen
aus den letzten Tagen vor Kriegsende, festhält. „Von einer solchen Niederlage
erholt man sich nicht wieder [...]. Sie deutet eine Wende im Leben der Völker
an, und nicht nur zahllose Menschen müssen sterben, sondern auch vieles, was
uns im Innersten bewegte, geht unter bei diesem Übergang" (SW 3, S. 400 f.).

VI. Jenseits von Mythos und Historie: Die Zeitmauer

Die veränderte Perspektive wird mit dem Essay 'Über die Linie' und einigen
in seinen Umkreis gehörenden Texten weitergeführt und besiegelt. Der
Überlieferungszusammenhang von ,Nomos' und ,Ethos' sei zusammen-
gebrochen und an seine Stelle sei die „technische Ordnung" getreten, eine
Schwundstufe menschlicher Personalität, die Jünger in Analogie zu Nietzsches
Zeitprognostik[49] und zu seiner eigenen Fiktion des ,Arbeiters' in der Gestalt
eines insektenartigen und gleichwohl intelligiblen, doch „letzten Menschen"
kulminieren sieht. Diesem Reduktionismus des Humanum entsprechen
Vereinfachungen und Primitivierungen in den zwischenstaatlichen
Beziehungen und die Beschleunigung aller lebensweltlichen Abläufe, sämtlich
Indizien eines nach vorne schnellenden, um sich greifenden Anihilements im
europäischen Nihilismus. Da er „mit ausgedehnten Ordnungssystemen"
harmonieren kann (SW 7, S. 245 f), ist diesem Zustand die Fähigkeit zur
Selbststabilisierung eigen. Damit aber sei das nihilistische Weltalter an sein
Ende gelangt und könne gleichsam in eine Gegenbewegung umschlagen, in
einem Schritt ,über die Linie', den Nullmeridian des Nihilismus. Die
Gegenwart wird also als Moment der Krisis gedeutet und das heißt im

---

[48] Vgl. dazu Koslowski, *Der Mythos der Moderne*, a.a.O., S. 77 ff. und S. 177 ff.
[49] Angespielt ist vor allem auf Nietzsches Gedanken vom ,letzten Menschen', Colli/Montinari,
Kritische Studienausgabe Band 4, S. 19 f. Vgl. zum Problem heute: G.Rohrmoser, *Nietzsche als
Diagnostiker der Gegenwart*. München 2000.

Wortsinn als möglicher Wendepunkt, was von Jünger gegen den griechischen Wortsinn von ‚katastrophé' unterschieden wird (SW 8, S. 590 ff.). Zwar bedeutet die Katastrophe für Jünger zuerst, und dieser Gedanke rückt ihn in der Tat (wie Wolf Jobst Siedler meinte[50]) in geistige Nachbarschaft zum alten Goethe, Gestaltung, Umgestaltung, nicht Auslöschung, es sei denn, sie vollziehe sich in kosmischem Ausmaß. Diese Möglichkeit freilich wird in dem ‚Linien'-Essay nicht ausgeschlossen. Er signalisiert, dass der Ausgang der Krise offen sei. In dem 1960 publizierten Weltstaats-Traktat (SW 7, S. 481-527) weitet Jünger die skizzierten Überlegungen auf eine Analyse der neuen bipolaren und nuklearen zwischenstaatlichen Realitäten hin aus. Der Weltstaat erscheint als Signum des Nivellements, in ihm kann sich der totalitäre Charakter ins letzte steigern, keinesfalls ist er (wie es etwa zur gleichen Zeit Carl Friedrich von Weizsäcker erwartet) eo ipso Friedensgarant, sei es auch nur in höherem Grad als die fragile Tektonik eines Mächteverhältnisses aus verschiedenen Staaten.[51]

Jünger geht von dem Befund aus, dass seit der Kabinettspolitik unter der Ägide des alteuropäischen ‚Ius Publicum Europaeum', über Bismarcks pentarchisches Balancement mit den fünf Kugeln bis zur bipolaren Zweimächte-Konstellation des Kalten Krieges die zwischenstaatlichen Konstellationen zunehmend an Komplexität verloren hätten; in idealtypischer Verlängerung dieses Gedankens nimmt er an, dass sich in der Zukunft die Großmächte einander angleichen würden. Damit wäre das Ende der ebenso fragilen und artifiziellen wie letztlich befriedenden Gleichgewichtstektonik erreicht.

Es legt sich die Vermutung nahe, „dass es sich bei dem roten und weißen Stern nur um das Flackern handelt, wie es auftritt, wenn ein Gestirn sich über dem Horizont erhebt. Im Zenit wird die Einheit offenbar" (ebd., S. 492). Diese Analyse ist offensichtlich aus einer Perspektive ‚jenseits von Gut und Böse' formuliert, deshalb versagt sie sich bewusst der ethischen und politischen Differenz zwischen parlamentarisch demokratischem Rechtsstaat und totalitärer Diktatur. Dies könnte ihr kritisch vorgehalten werden, doch geht es Jünger um etwas anderes: darum, die Tiefenstrukturen planetarischer Politik

---

[50] Vgl. Wolf Jobst Siedler, *Die Entzifferung der Zeichen*, in: Goethe-Preis 1982 an Ernst Jünger. Frankfurt/Main 1982, S. 11 ff.

[51] Vgl. etwa: Carl Friedrich von Weizsäcker, *Bedingungen des Friedens*, in: Friedenspreis des deutschen Buchhandels. Reden und Würdigungen 1961-1965. Frankfurt/Main 1967, S. 79 ff. Oftmals wird eine Form des Weltstaatsgedankens aus Kants Schrift 'Zum ewigen Frieden' abgeleitet. Dies ist, wie ich vielerorts gezeigt habe, nicht zutreffend.Vgl. zum Sachproblem auch meine Auseinandersetzung mit Vittorio Hösle: H. *Seubert, Moral, Politik, Natur und Selbstbewusstsein. Grundsätzliche Bemerkungen aus Anlass der Ethik von Vittorio Hösle*, in: B. Goebel, M. Wetzel (Hgg.), *Eine moralische Politik? Vittorio Hösles politische Ethik in der Diskussion*. Würzburg 2001, S. 59 ff.

im Zeichen einer atomaren Pattsituation, wie sie zumindest seit der Suez-Krise offensichtlich war, zu erfassen. Allenfalls indirekt ist in seinen Gedankengang eine ethische Erwägung eingewoben: wiederum in der Selbstverständigung über eine Lebensmaxime. So fingiert Jünger nun die Figur des „Anarchen", der, dem Konservativen der französischen Gegenrevolution am nächsten stehend, nicht wie der Revolutionär, von dem Ausruf 'Der Staat ist tot!' in das Gegenvotum springt 'Es lebe der Staat!', und der ebensowenig wie der Anarchist mit einem fest gefügten dogmatischen Lehrgebäude antritt. Anders als diese mit scharfer Feder umrissenen Gegenbilder soll die Figur des Anarchen Vorgestalt für die Ausprägung eines möglichen neuen Ethos sein.

In ersten Umrissen wurde sie acht Jahre früher als 'Waldgänger' skizziert, der dritten der symbolhaften Figuren im gegenwärtigen Zeitalter, neben dem Arbeiter und dem 'unbekannten Soldaten'. Wenn der Arbeiter intelligentes Insekt ist, das die technische Aufrüstung der Erde betreibt, und an seiner Seite der 'unbekannte Soldat' zum Werkzeug und zugleich zum Opfer des nivellierenden Mobilisierungsvorgangs wird, erscheint der Waldgänger eher als Defätist denn Widerständler in offener Konfrontation. Treffsicher hat Kiesel die stoische Ambivalenz jener Attitude umschrieben, eine Zweischneidigkeit, die bis zuletzt in Jüngers Denkweise eingegangen ist; der Waldgänger tritt nicht als offener Gegenspieler gegen die nihilistische Zerstörung an. Dass das gegenwärtige Weltalter seine Schrift ins Menschenfleisch ritzt,[52] nimmt er hin, doch ist es seine Maxime, auf diesem kontingent entstandenen Kalvarienberg Päläste zu errichten, die den „Termitenhügeln" der hypermodernen Massengesellschaften in ihrer Architektur und Zweckbestimmung entgegengesetzt sind. Die innere Freiheit zu einem eigenen Welt- und Selbstentwurf ist in totalitären Zeiten nur um den Preis der Todesstrafe zu gewinnen.

Den Horizont solcher Überlegungen, den Entwurf einer umgreifenden Meta-Historie, exponiert Jünger dann in der 1959 datierenden Abhandlung 'An der Zeitmauer'. Sie setzt sich nicht weniger vor als eine Deutung der Welt- und Erdgeschichte überhaupt, in der messbare Zeit und Schicksalszeit zusammengehen sollen. Die bislang unbeantwortete Frage nach Aufgabe und Richtungssinn der 'totalen Mobilmachung' wird nun in einer gnostische Erkenntnisform eingeholt. Koslowski trifft wohl den Kern der Problematik, wenn er in Jüngers Exposition einen monistisch immanenten Gnostizismus erkennt, gegenüber dem dualistischen der Gnosis-Tradition bei Valentinus oder Marcion.[53] Die Jüngersche 'Gnosis' richtet sich gegen die Götterwelt

---

[52] Vgl. Büchner, *Dantons Tod*: III, 3. Nach Georg Büchner, Werke und Briefe, hg. von Werner R. Lehmann. München 1980, S. 47.
[53] Vgl. Peter Koslowski, *Die Rückkehr des Titanen Mensch zur Erde und das Ende der 'Geschichte'. Jüngers Essay'An der Zeitmauer'* (1959), in: Müller, Segeberg (Hgg.), *Ernst Jünger im 20. Jahrhundert*, a.a.O., S. 217 ff.

überhaupt, also gleichermaßen gegen die Olympier und den Schöpfergott des
Alten Bundes, und nicht, wie die gnostische Überlieferung, gegen den
Demiurgen im Namen der fremden, unbekannten pneumatisch hyperkosmi-
schen Gottheit. Die gnostische Attacke wird bei Jünger in Annäherung an
Nietzsches Denkfigur vom ‚Sinn der Erde' und sein Evangelium der Treue zu
den nächsten Dingen geführt.

Am Anfang der Analyse steht die Auslotung des ‚Rückzugs der Götter',
Kehrseite der technischen Eingriffe in den Urgrund (SW 8, 636). Die totale
Mobilmachung besiegele das Ende der *Weltgeschichte* und den Eintritt in eine
neue *erdgeschichtliche* Phase: dies ist die Bedeutung der erdgeschichtlichen
Selbstverortung ‚an der Zeitmauer'. Angezeigt ist damit ein Zeitort, der das
weitgespannte Weltalter, das mit Herodot begann, abschließt, seine
Fortsetzung unmöglich macht und wie aus der Vogelperspektive den
Zusammenhang zwischen geschichtlicher und mythischer Welt sichtbar
werden lässt. Zwar konnte die erstere an ihrer Urstiftung sich nur im
Widerstreit gegen die letztere ins Recht setzen, doch verlaufen zwischen ihnen
Konstanten, wie die Dignität des Personseins, die erst in den Ma-
terialschlachten dieses Jahrhunderts ausgehöhlt wurden. Erst der ‚unbekannte
Soldat', ähnlich wie der Arbeiter, „hat keinen Namen, im Grunde kein
Vaterland. Er ist ein Erdsohn, ein dunkler Heimkehrer, ist weder Stifter noch
Gründer, ist eher Befruchter der Erdmutter" (SW 8, 474). Dass indessen der
Mensch sich von einem Teil seiner selbst, von der chthonisch titanischen
Dimension, abspaltet, verbindet Mythos und Geschichte. Diese Trennung
umspielt tiefe Trauer, wie Jünger andeutet und damit den Welt-Schmerz am
Beginn der griechischen Kultur, dem Nietzsches Erstlingsschrift gewidmet war
und den bereits Hegel scharf diagnostizieren konnte, seinerseits *ortet*, ein
Leiden, das ein geschichtliches Menschentum dadurch zu kompensieren
suchte, dass es „im Bündnis mit den Göttern gegen die Söhne der Erdmutter"
kämpft. Im neuen erdgeschichtlichen Weltabschnitt werde sich diese Tendenz
in einer protomythischen und protohistorischen Wendung umkehren. Deshalb
kann Hegels und Nietzsches Wort „Gott ist tot" zur Beschwörungsformel eines
neuen ‚Ordo saeculorum', mit Zügen eines zweiten goldenen Zeitalters,
umgedeutet werden (SW 8, 593).

Zugleich mit den Göttern aber schwinden die *Grenzen*. Der zum Titan sich
transformierende Mensch wird zum Proteus und ist in unaufhörlichem
Gestaltwandel begriffen, da doch seit dem griechischen Mythos der Gott
Garant von Gestalt ist. Daher manifestiert sich der neue Titanismus nicht nur
in einzelnen Angriffen gegen die kosmische Macht des Göttlichen, wie sie sich
in einzelnen Episoden der Aufklärungsgeschichte, etwa der Erfindung des
Blitzableiters im Jahr 1752, manifestiert, sondern ungleich signifikanter in den
Gestaltmutationen der Genetik. In diesem Zusammenhang gehört es auch, dass
nach Jüngers Vorstellung dem Menschen als Titan die enervierende Monotonie

technischer Wiederholung zum Normalfall geworden ist. Er führt in
vollständiger Einwilligung eine sisyphoshafte Existenz. Der ewigen
Wiederkehr des immer Gleichen in den Systemkreisläufen der
Maschinenwelt[54] will er nicht mehr entgegentreten, wie Anarch und
Waldgänger (SW 6, 441).

Dadurch, dass auch Jüngers projektive erdgeschichtliche Mythopoiese
konsequent außermoralisch perspektiviert ist, könnte sie in ein moralisches
Zwielicht geraten. Ganz in diesem Sinn wendet Peter Koslowski ein,[55] dass die
eigentlich maßgebende *Grenze* aus christlicher Perspektive nicht zwischen
Gestalt und Ungestalt, sondern zwischen sittlicher und unsittlicher
Gestaltgebung verlaufe. Indes sollte man nicht übersehen, dass die
außermoralische Argumentationsweise durchaus geeignet ist, eine Kritik an
Amoralitäten und Nachtseiten der Moderne zu üben und alle linearen Fort-
schrittserwartungen an deren ‚Projekt' von Grund auf in Zweifel zu ziehen.
Diese Intention deutet Jünger in einem Brief an Carl Schmitt vom 13.
Dezember 1933 in den Worten an: „Der Vorgang, den wir als die Moderne
bezeichnen, besteht vor allem in der Auflösung des Bösen; alle Amoralisten
sind deshalb für uns besonders modern."[56]

Zumal von Koslowski ist der theologische Motivzusammenhang in Jüngers
mythologischer Deutung des 20. Jahrhunderts hervorgehoben worden. Dies
legt eine Modifizierung nahe.
Im 'Abenteuerliche[n] Herz[en]' notiert Jünger, dass „das Leben [...] zwei
Richtungen birgt: die eine [...] der Sorge, die andere dem Überflusse
zugewandt", gleichsam in einer Variierung des daimonischen Doppelsinnes
von Poros und Penia, der dem ‚Eros' im Platonischen 'Symposion' zukommt.
Die wissenschaftliche Weltwahrnehmung erfasse lediglich die erste
Dimension, der Festcharakter des Daseins bleibe ihrem entzaubernden Blick
verschlossen. Und daher gelte es, eine Wissenschaft vom Überfluss zu
erfinden, „wenn sie nicht seit jeher bestände - denn sie ist keine andere als die
Theologie" (SW 9, 311). Freilich konstatiert Jünger ebenso scharf, dass die
gegenwärtige Theologie mitnichten in der Lage sei, mit dem universellen
Nivellement in Widerstreit zu treten. Eine aus christlichen Theologoumena
motivierte Einzelkritik, wie jene, dass Jünger nicht zwischen Selbst- und
Fremdopfer unterscheide, mag dem sachlichen Diskurs hilfreich sein, Jünger

---

[54] Vgl. dazu Walter Benjamins Rezeption des Nietzscheschen Gedankens ewiger Wiederkehr in
seinen ‚Zentralpark'-Aufzeichnungen, hier nach ders., *Illuminationen. Ausgewählte Schriften.*
Frankfurt/ Main 1977, S. 233 ff. Bei Benjamin begegnet Nietzsches ‚schwerster', ‚abgründigster'
Gedanke im Sinn einer mechanischen Itineration.
[55] Vgl. Koslowski, *Der Mythos der Moderne,* a.a.O., S. 107 f.
[56] Zitiert nach Schwilk, *Ernst Jünger,* a.a.O., S. 126 f.

selbst bleibt sie hingegen letztlich fremd. Die dezidiert christlichen
Einsprengsel in der Friedensschrift scheinen zu singulär, um als Gegengewicht
ins Feld geführt werden zu können.

Helmuth Kiesel dagegen gewinnt eine andere Perspektive, indem er auf die
Bedeutung von Max Webers Modernediagnose für Jüngers Schriften seit 1925
hinweist.[57] Er zeigt, dass dichterische Mythopoiesis und die Konstatierung
einer entzauberten Welt in den asketisch gesetzten Grenzen wissenschaftlichen
Denkens auf grundverschiedenen Methodenbahnen und unterschiedlichen
Gesetzen gehorchend, zu durchaus vergleichbaren Befunden geführt hätten.[58]

VII. Gegenläufige Leitstimmungen im Uralter:
Reflexionen über das Spätwerk

In Jüngers spätem Romanwerk erfahren diese Erwägungen eine Zuspitzung: es
wird nämlich ein Totalitarismus jenseits des Weltbürgerkriegs der Ideologien
und jenseits der planetarischen Katastrophe umrissen. 'Eumeswil' etwa, der
nach dem Diadochen Eumenes benannte Entwurf einer Gesellschaftsordnung,
in der alle Unterschiede, einschließlich der Geschlechterdifferenz, anihiliert
sind und die Evolution sich erschöpft hat, eine Wirklichkeit, die einzig aus
Simulationen besteht, hat ihr erdgeschichtliches Datum nach dem Ende der
großen nuklearen Feuerschläge, ebenso wie die andere utopische Fiktion
Jüngers, die Welt des Romanwerks 'Heliopolis' (1949). In diesen
ausgreifenden Konstruktionen kann er demonstrieren, dass auch die Zeit nach
der Katastrophe in die im 20. Jahrhundert vorgezeichnete Krise verstrickt
bleibt, und der Staat nach dem Ende aller Geschichte und Politik an der
totalitären Erfahrung teilhat.[59] Die Krise wird damit zur potentiellen
Weltagonie, ein Gedanke von Jacob Burckhardtscher Wucht.[60]

Vor diesem Horizont verdient Peter Koslowskis These Interesse, ob Jünger
nicht durch den gegenläufigen erzählerischen Rückgriff auf eine in legendärer
Vergangenheit versunkene Welt die Problematik der Hypermoderne hinter sich
lassen wollte. Dies gälte auch für den Kosmos der pädagogischen Provinz in
der späten Jugenderzählung 'Die Zwille' (1973), mit ihrer Fokussierung auf
die Gestalt des überängstlichen, hochsensiblen Träumers Clamor. Wie Kiesel
zu Recht eingewandt hat, griffe es zu kurz, 'Die Zwille' als thematische

---

[57] Vgl. H. Kiesel, *Wissenschaftliche Diagnose und dichterische Vision der Moderne*, a.a.O.,
passim, insbesondere S. 19 ff.; S. 169 ff. und S. 193 ff.
[58] Vgl. dazu Stefan Breuer, *Die Gesellschaft des Verschwindens*, a.a.O., S. 103 ff., in Andeutungen
auch ders., *Anatomie der konservativen Revolution*. Darmstadt 1992, S. 67 ff. u.ö.
[59] Vgl. dazu auch: Rolf Günter Renner, *Modernität und Postmodernität im erzählenden Spätwerk
Jüngers*, in: Müller, Segeberg (Hgg.), *Ernst Jünger im 20. Jahrhundert*, a.a.O., S. 249 ff.
[60] Auf diesen signifikanten Unterschied gegenüber der Diagnose der Großessays weist auch sehr
zutreffend Koslowski hin: P.K., *Der Mythos der Moderne*, a.a.O., S. 135 ff.

Fermata Jüngerschen Geschichtsdenkens zu begreifen. Dagegen spricht schon, dass die totalitäre Hypermoderne nach wie vor sein Thema bleibt, und dass die Welt Clamors allzu eindeutig als Reminiszenz auf das ausgehende Alteuropa, eine nicht mehr restituierbare Welt, angelegt scheint. Dennoch ist Koslowskis Intention damit nicht ad absudrum geführt: so behält die Figur des schöpferischen Träumers in Jüngers späteren Texten über 'Die Zwille' hinaus leitmotivische Bedeutung auch im Zusammenhang der Diagnostik der aufziehenden titanischen Welt. Man denke an den Roman 'Heliopolis', der die Sphäre des Prokonsuls, einen an das Ciceronische Tusculum erinnernden Kreis von Dichtern, Theologen und Philosophen, die auf eine Heilung der Welt durch *vita contemplativa'* und Humanisierung orientiert ist, dem Bezirk bürokratisch technischen Verfügungswissens entgegenstellt, letzteres verkörpert in der Gestalt des Landvogts. Der Dichterphilosoph Ortner formuliert als Maxime des ersten Kreises eine Ethik der Sorge für die nächsten Dinge. „Ortner schätzte die Pläne der Weltverbesserer nicht [...]. Zeig mir, wie du mit deiner Magd, mit deiner Frau, mit deiner Katze lebst, und ich erlasse dir die Theorie. Er liebte das Handwerk, die kleinen Leute, das väterliche Regiment" (SW 16, 331). Eine Atmosphäre von Haus und Garten, kurz ein Leben in menschlichem Maß, und ein Begriff vom Glück, das aus der liebenden Begegnung erwächst, werden zum Gegengewicht der Megalomanie, des - mit Heidegger gesprochen[61] - ‚Gestells' planetarischer Technik. Dadurch scheinen Leitgedanken der Friedensschrift wieder auf: das Bild einer Ruhe im geläuterten Selbst. Beide Grundstimmen, die Dissonanz in den Annäherungen ans Wesen des Titanischen und die verhaltene Konsonanz formen eine Spannungsstruktur aus, die auch Jüngers späte Tagebücher durchzieht.

Es ist der die Diarien selbst ebenso wie das Notizkonvolut 'Autor und Autorschaft', das Jünger nahezu bis an seinen Tod weitertreibe, durchstimmende konsonante Ton, der zu Formulierungen wie „Die Welt ist wunderbar im Ganzen" führt und zu einer Goethes ‚Entsagenden' ähnlichen Grundhaltung.[62] Sinnbildhafte Ausgestaltung finden solche Gedanken in der Rundung, dem Symbol für das Wiedererkennen, das sich Jünger selbst beim zweiten Anblick des Halleyschen Kometen epiphanieartig nahelegt. „Es rundet sich. Das ist zu jeder Zeit und an jedem Ort möglich und im Beschränkten eher als im Großen, im Garten leichter als im Reich." (zit. nach Schwilk, Ernst Jünger, a.a.O., S. 288). Die ekstatisch bejahende Stimmung geht ihre

---

[61] Vgl. zum ‚Gestell' planetarischer Technik bei Heidegger insbesondere GA III. 65: *Beiträge zur Philosophie (Vom Ereignis)*. Frankfurt/Main 1989, sowie GA III 79. *Bremer und Freiburger Vorträge*. Frankfurt/Main 1994. Vgl. die Profilierung dieser These bei Koslowski, a.a.O., S. 144 und die kritischen Repliken bei Renner, in Müller, Segeberg (Hgg.), *Ernst Jünger im 20. Jahrhundert*, a.a.O., und Kiesel, a.a.O., S. 190.
[62] Darauf weist ganz zu Recht Wolf Jobst Siedler in seinem in FN 50 genannten Essay hin.

Verbindung mit einem Grundtenor der Gelassenheit ein: etwa in Evokationen des religionsübergreifenden zustimmenden Gebetes. Nicht minder aber ist in dem Alterswerk, an dem der über Hundertjährige täglich wob, bis er mit einem Tag die Feder aus der Hand legte und nach dem Zeugnis seiner Frau ,nicht mehr wollte', der oft harte und unvermittelte Übergang in den Gegenton präsent: „Was ist zu retten, vor allem: was ist zu hoffen in Erwartung einer Sintflut, die mit Feuer droht?" (ebd., hier nach Schwilk, S. 295). Die Gegentonart selbst kulminiert in den Tagebuchbänden 'Siebzig verweht' (vor allem den letzten beiden)[63] auf die Einsicht, dass das „Urgestein der Bestialität" unveränderbar sei und dass angesichts der perfektionierten Technik die Erdbevölkerung in einer Leere zurückbleibe, der Situation von tödlich gefährdeten Kosmonauten im All vergleichbar (vgl. Siebzig verweht I, S. 10). Im Licht solcher Visionen erscheint (auch dies ein Novum von Jüngers Altersradikalität) die Schöpfung selbst als Irrgang und es wird, wie Thomas Assheuer gezeigt hat,[64] unter den Auspizien des ,Uralters' selbst noch der Mythos destruiert. Die spielerische Inkonsequenz des 'Zeitmauer'-Essays, die nachmythische Zeit noch mythopoietisch auszumalen, zerbricht beim späten Jünger. „Die explosive Welt wird sich ad absurdum führen; sie wird sich erschöpfen, wenn die Ausbeutung keinen Stoff mehr findet, oder in einer Superexplosion endigen. Ein Schauspiel, von, aber nicht für Menschen erdacht" (SW 5, 398). Der Übergang von der Welt- in die Erdgeschichte mündet für Jünger in die Namenlosigkeit und, anders als der späte Carl Schmitt, kann er im arkanen Bekenntnis zur „Herrschaft des Alleingottes" keinen Gegenhalt sehen.

Aus der Perspektive seines Ur-Alters wiederholt Jünger daher die Frage, um die bereits Hölderlins späte Hymnen kreisen, ob Welt und Mensch von ihrer Bestimmung abfallen, ein deutungsloses Zeichen werden; und es scheint bemerkenswert, dass in diesem Zusammenhang der Begriff der ,Verantwortung' beim späten Jünger an Gewicht gewinnt. Freilich hat er einen zugleich tragisch und stoisch getönten Verantwortungsbegriff vor Augen. Die mögliche Katastrophe abzuwenden, begreift er als Sache des Politikers. Des Autors Teilnahme an dessen Unterfangen könne nur *zensorischer* Art sein, was bedeutet, dass er auch als unaufhaltsam erkannte Entwicklungen nach seinem menschlichen Maß verurteilen muss; immerhin auch eine späte Rückerinnerung an den Widerstand des 20. Juli. Die *Fluchtlinie* von Jüngers ästhetischer Ethik in der Mitte des Mahlstroms des Zwanzigsten Jahrhunderts

---

[63] *Siebzig verweht III* umfasst die Jahre 1981 bis 1985 und erschien im Herbst 1993, *Siebzig verweht IV* geht bis zum Silvesterabend des Jahres 1990 und erschien zu Jüngers 100. Geburtstag im März 1995.

[64] Thomas Assheuer, *Paläontologie der Gegenwart. Ernst Jüngers Tagebüchher 'Siebzig verweht I- III'* (1980/81/ 1993), in: H.-H. Müller und H. Segeberg (Hgg.), *Ernst Jünger im 20. Jahrhundert*, a.a.O., S. 269 ff.

zeigt jedoch in eine andere Richtung: nämlich auf die Maxime seiner Selbstgespräche, dass das dichterische Werk die „Überwindung der Todesfurcht" ausstrahlen könne, womit ein Inbegriff allenfalls möglicher Weltüberlegenheit gewonnen ist.

5. Thomas Mann und seine Zeit. Prolegomenon einer philosophischen Lesart

Für Günter Rohrmoser, den scharfen Diagnostiker der Gegenwart zum 75. Geburtstag

I

Als er 1950, zu seinem fünfundsiebzigsten Geburtstag und im amerikanischen Exil, über seine Zeit nachdachte, war unverkennbar geworden, dass Zeit und Person in einem unmittelbaren Konnex zueinander standen. Wer wie er inmitten der Hitlerei angemerkt hatte, dass, wo er sei, die deutsche Kultur sei, der konnte sich jene Koinzidenz wohl erlauben. Und er ging auch insofern kühn in ,Goethes Spuren', als er dessen Wort, die bewegtesten Zeiten durchlebt zu haben, gleichsam die Welt- und Menschheitsgeschichte in nuce, sich ganz zu eigen machte. Dabei scheute er die Kontingenz nicht: die eigene Zeit war auch ablesbar an wechselnder Höhe von Rocksäumen und an der Veränderung von Badereisen. Und ins Detail verliebt zu sein, war und blieb kennzeichnend für den Epiker, der dem Umstand und dem Umständlichen eine eigene Dignität zuerkannte. Ebenso hatte er Freude am Spiel, dem höheren Jocus, und er kommt damit in idealtypischer Weise dem Bild des Dichters nahe, das Nietzsche zeichnet: Dichter wissen sich immer zu trösten, denn sie können mit dem Mittel der Fiktion Raum und Zeit wenn nicht verwandeln doch verklären. Dass zu jenem Trost auch die Lüge Homers und sein Schlummer gehört, ja die Selbstfiktionalisierung des eigenen Lebens, dies hat Nietzsche deutlich unterstrichen. Zwischen dem Epiker und dem Tragöden liegt die trennende Kluft, dass der Epiker einen Kosmos malt, der Tragiker aber in das Weltspiel schuldlos schuldig verstrickt ist.

Des siebzigjährigen Thomas Mann 'Doktor Faustus' war (wie die Reaktionen viel Jüngerer zeigen) wohl ein stärkerer Schock für die Bürgerwelt als die mit scharfen Röntgenstrahlen operierenden Entgegenwärtigungen der eigenen Zeit durch Musil oder Joyce. Denn es war das Bürgertum, das sich selbst sein Valet sang. Die epische Form erfordert eine Naivität, die sich Thomas Mann selbst zubilligte, wenn es auch eine Naivität zweiten Grades war, durch das gefrorene Leben in der immanenten Ästhetik vom 'Tonio Kröger' bis zum 'Doktor Faustus' hindurch; in ihr rundet sich eine gebrochene Geschichte, und die Sprache singt, auch in Prosa. Sein Sohn Golo hat, diesen Befund am Einzelfall verortend, deshalb mit gutem Recht geschrieben, ganz ohne Frömmigkeit hätte die Josephs-Tetralogie, zumal der erste Band, nicht entworfen werden können.

Die Gröberen begegneten ihm mit dem Vorwurf fehlender Transzendenz. Die
Feineren konnten einwenden, die Ironie könne nicht zur Dichtung werden.
Denn in dieser stehe die Erfindungsfreude still abgerissen und das Geheimnis
aufgedeckt.

Dass die eigene Zeit durch Bewegungen gekennzeichnet war, in deren
Springflut sich der großbürgerliche Erzähler, der die Verwicklungen des Jahres
1848 in Lübeck, also weit im Windschatten der Geschichte, tiefdringend als
das Abtreten einer Generation und als großen Bruch verstand, bei dem nicht
nur Fensterscheiben zerstört wurden, nicht ohne weiteres zurechtfinden
konnte, bezeugen seine Tagebücher aus den Jahren 1919 bis 1921. Was muss
Thomas Mann dazu bewegt haben, wenn auch nur für die Dauer eines halben
Tages - ernstlich von Erich Mühsams und anderer Anarchismus etwas zu
erwarten?

Die eigene Zeit und Zeitlichkeit im weiteren Sinn schlägt bei Thomas Mann,
dem raunenden Beschwörer des Imperfekts, zugleich ein genuin historisches
und ein genuin philosophisches Thema an. Die Veränderungen der messbaren
Zeit dort oben, im Davos des Zauberbergs, das nunc stans der
durcheinandergewirbelten Winter- und Sommertage, sind der Horizont. Das
sich Verlieren in die Gleichförmigkeit eines ‚Finis Europae' werden auf diese
Weise angezeigt. Und während sich die gesittete europäische Welt (oder das,
was sie noch einmal repräsentieren soll) mehr und mehr in die Auflösung
verflüchtigt, der Schlechte Russentisch ein Symbol für die veränderten
Gewichtungen wird, bereitet sich eine ungeahnte Beschleunigung aller
erdenklichen Zeiten vor, kulminierend in dem Donnerschlag, der dem Spuk ein
Ende setzt. Das temporale Crescendo scheint von der ersten Zeile und ihren
extrem langsamen Tempi her vorbereitet. Die Zeiten, die Thomas Mann selbst
dem ‚Kriegsdienst mit der Feder' gewidmet hat, liegen hier schon hinter ihm.
Und zwischen dem in die Tiefen Palestrinas Eintauchenden und dem
Zivilisationsliteraten klafft ein Zeitsprung eigener Art. Man mag fragen, ob der
für Pfitzner und dem deutschen Geist Votierende überhaupt dem
20. Jahrhundert angehört oder aus welchen Tiefen des Raumes er dort
angelandet sein mag. In dem Blick in die Tiefen des Zeitraums, wie ihn der
'Doktor Faustus' eröffnet, ist das Problem des Anachronismus
wiederaufgenommen: Gespräche werden geführt, Gestalten begegnen, die als
Wiedergänger begriffen werden müssten. Wie schon im Disput zwischen
Naphta und Settembrini treten mittelalterliche Geissler und Pestheilige gegen
die Humaniora der Aufklärung aller nur möglichen Zeiten auf. Und als er für
die ‚Deutsche Republik' votiert, da ist (ähnlich wie bei dem späteren Votum
für die Emigration, letztere zustandegekommen unter erheblichem Ziehen und
Drängen der Tochter Erika!), nicht einfach ein Seitenwechsel zu verzeichnen.
Die Gemengelage ist schwierig. Die Sinnlinien überkreuzen sich. Und vor

Thomas Mann und seine Zeit.
Prolegomenon einer philosophischen Lesart

361

allem ist hier die Dokumentation einer Selbsttherapie, wo nicht: eines Selbstexorzismus zu erkennen. Der Repräsentant des bürgerlichen Zeitalters sieht sich im Licht der Aufklärungsperiode angekommen, und er weiß, dass dies nur durch die Auslotung der Seelentiefe und Nachtverliebtheit möglich war. Wenn Walt Whitman eine Bedeutung haben kann, dann nur, insofern Novalis ihm zur Seite tritt.

In Leverkühn gehen die Höhen einer gefährdeten Künstlerexistenz in eins zusammen mit den Tiefen und Untiefen einer versumpften Zeitgeschichte. Doch, wenn Thomas Mann auch für die Hitlerei nur die kennzeichnende Verachtung des Großbürgers übrig hatte, die niemand so sehr kultivierte wie seine Tochter Erika, so begab er sich doch auf das gefährlich Glacis einer Auseinandersetzung. Er versuchte, wenn nicht zu verstehen, doch den Anteil des Bruders Hitler in ihm zu selbst freizulegen. Und am Ende eines Jahrhunderts, in dem Albert Camus' Satz vielfach bewahrheitet worden ist: dass wir Millionen Menschen töten, insofern wir bestimmte Gedanken zulassen und andere unterdrücken, mag man darin eine Art des kategorischen Imperativs und der eingelösten Selbsterkenntnis erkennen.

Die Zeit indes, die im 'Doktor Faustus' zur Erzählung kondensiert ist, ist zum einen gestundete Zeit: Teufels- und Werkzeit, deren Ende festliegt in einem mittleren Abstand von der Gegenwart, wobei sich in der gewährten Zeitstrecke verschiedenste Augenblicksformationen gegeneinander stellen: das fast berauschte Glück der Komposition und die verödende Erfahrung der Niedergeschlagenheit und Antizipation späterer Höllen. Melancholisch wird die Zeitstruktur, indem für die Erzählzeit Serenus Zeitbloms die erzählte Zeit schon definitiv vergangen ist. Jenes Bürgertum ist nicht mehr, dem gegenüber das ganz und gar nicht mehr bürgerliche Experiment von Leverkühns Musik nur laut werden konnte. Erst recht ist das Ende der vielen Randfiguren, die den München-Schwabinger Bilderbogen so interessant machten, der Rudi Schwerdtfegers und vieler anderer schon Zeugnis einer niedergegangenen Welt, als Zeitblom beginnt.

Der Weg zwischen den ‚Buddenbrooks' und dem ‚Faustus' ist denkbar weit. Dies könnte die Vermutung nahe legen, dass dieses Werk wie ein Seismograph seine eigene Zeit nachgezeichnet hat. Dies aber war (wie die Leerstellen in Thomas Manns Tagebüchern belegen!) seine Auffassung keinesfalls. Er selbst ließ Leben und Werk nicht vom Leben her miteinander konvergieren. Eben hier hat die Goethe-Nachfolge ersichtlich ihre Grenze. Die in vielen autobiographischen Berichten aufscheinende Bemerkung, er habe sich in Gesellschaft zurückgehalten und seine Furiosität aufgespart, das dem zeitweiligen Schwiegersohn Gustaf Gründgens gegenüber betonte Glühwürmchen-Dasein des Künstlers stehen in auffälligem Gegensatz zu Goethe, dem Lebensmenschen.

Ein Fünfundzwanzigjähriger legt in Fontaneschem Parlando vor genau einhundert Jahren den Grundstein zu diesem Werk. Doch das innere Telos ist von Grund auf anders: es öffnet sich nicht mehr eine vergangene Welt auf die Streitfälle eines veränderten Deutschland wie noch im 'Stechlin'. Vielmehr wird in die bürgerliche Romankunst eine absteigende metaphysische Sinnlinie eingetragen, die sich vordergründig aus Schopenhauer herleitet und den Zerfall mit Verfeinerung, dem Umweg zum Künstlertum umschreibt. Doch so gegenwärtig Schopenhauers Bilder auch sind: das weite Meer und die Entgrenzung in Musik und Tod sind zugleich Zitat, wenn Thomas Buddenbrook als Schopenhauer-Leser firmiert.

Die Distanz setzt sich fort. Bedeutend bleiben die 'Betrachtungen eines Unpolitischen' und die 'Gedanken im Kriege' gerade darin, dass sie ihren Ort jenseits der seinerzeit vielbeschworenen Differenz zwischen den ‚Ideen von 1789' und jenen von ‚1914' suchten.

II

Und wenn sich Thomas Mann als Europäer artikulierte, so ist dies nicht nur im Horizont mancher Naivitäten der späten Jahre zu sehen, in denen er den Bruch zwischen beiden Teilen Deutschlands hinauszuschieben versuchte. Eingebrannt ist seinen Reflexionen allenthalben das Husserlsche ‚Europa ist Einsicht'. In dieser Fluchtlinie wird noch in seinem 'Versuch über Schiller' aus dem letzten Lebensjahr 1955 der Bogen weit ausgespannt, über den Bereich des Nationellen in ein Raum und Zeit übergreifendes Geisterreich, in dem gleichsam Schillers ästhetischer Staat auch moralisches Ereignis geworden sein sollte. Dieser mundane Maßstab ist längst nicht mehr europäisch. Er hat Züge einer *Pax Americana* und globalen Weltordnung, denn die feinen Differenzen, die das europäische Gleichgewicht ausmachen, kommen in ihm nicht mehr vor. Sie sind allerdings bis in die letzten Lebensjahre hinein in Thomas Manns Essays zu den National-Literaturen, der heiligen russischen vor allem in ihrer Konfrontation mit der deutschen, gegenwärtig; und sie sind es in einem seltsamen Zwielicht in seiner Studie 'Deutschland und die Deutschen', in die die eigenen Gefährdungen eingegangen waren, aber anders als in 'Bruder Hitler' nicht mehr in einer sololoquialen Ambivalenz, sondern in Gestalt eines Exorzismus.

Eine Geister- oder Moralistenpolitik, zu der die folgenden Schriftstellergenerationen neigten, war ihm fremd. Gerade der Gestus der 'Betrachtungen eines Unpolitischen' wurde ihm zum Schibboleth gegen diese Tendenz. In diese Abhandlung ist eine mehrfache Zeitspur eingegangen. Die jugendbewegten Gespräche im 'Doktor Faustus' und die Gestalt eines Breisacher revidieren

Thomas Mann und seine Zeit.
Prolegomenon einer philosophischen Lesart

363

nichts von dem eigenen Impetus. Auffallend ist nicht zuletzt, wie er in den ‚Betrachtungen' einen Palimpsest zwischen dem Engagement eines Waffendienstes mit der Feder und der Suche nach bleibenden, monumentalisch erinnernden Geistesgestalten wob. Dies kulminierte in einem Werk, das keines mehr war, das im Lauf der Zeit aus den Fugen geriet und seinen Verfasser melancholisch, ja ärgerlich stimmte. Man wird die Ambivalenzen nicht übersehen. Wenn die ‚Betrachtungen' den Zivilisationsliteraten verspotteten, das geistige Profil Zolas und des Bruders Heinrich, so war doch das Gedanken-Experiment selbst auf dem Boden der Zivilität verwurzelt, denn darauf ist alle Kultur gestellt. Die ‚Betrachtungen' sind keinesfalls in die Faszinationsgeschichte deutscher Intellektueller angesichts des Ersten Weltkriegs einzubeziehen, auch wenn sie ebenso wenig mit der Gegenseite, der pazifistisch rhetorischen Alliance eines Stefan Zweig und Romain Rolland, zu tun haben. Der Waffendienst des Bürgers bleibt eine Contradictio. Aber er hält sich in der Bürgergesellschaft. Er durchbricht sie nicht auf mythische Untergründe hin, so wie je verschieden die Jünger und Remarque den Weltbrand deuteten. Und wenn die Rede 'Von deutscher Republik' aufwies, wie eine Zivilverfassung in Deutschland (von Demokratie ist dabei in einem nur beiläufigen Sinn, von Republik in einem emphatischen die Rede) nicht ohne einen tieferen Grund, der sich von Novalis und der deutschen Romantik herschreibt, zu denken ist, so wird gleichsam aus dem Rückblick der Ort der ‚Betrachtungen' bestimmt. Diese Genesis hätte, auch daran ist kein Zweifel, fünf oder zehn Jahre früher ihm nicht transparent werden können. Deshalb hat der biographische Befund einer ‚langsamen Genese' der politischen Selbstmodifikationen Thomas Manns, den Hermann Kurzke jüngst in seiner Biographie wieder zum Ausdruck gebracht hat, zwar einen äußerlichen Explikationswert, in den Kern der Sache trifft er nicht. Denn zu dem postfesten Aufweis der Einsatzstelle der ‚Betrachtungen' gehört die große Rechenschaft, die der 'Zauberberg' über den eigenen Weg und den Weg Europas bis in sein ‚Finis' ablegt: eine Rechenschaft im halb bewussten Raum, die sich mit der überbewussten Explikation des 'Doktor Faustus' nicht berührt. Das Verhältnis zwischen 'Zauberberg' und 'Tod in Venedig' ist allbekannt. Umso mehr besteht Anlass, die Differenzlinien zu akzentuieren: dort, wo in der Tragödien-Novelle ein gleichsam geschichtsfreier Kulturraum war, der den Mythos einschloss und die eigene Zeit auf ältestes hin öffnete, trat in dem Satyrspiel-Roman die Zeit als Historie ein und beschleunigte den epischen Fluss am Ende zu dem Furioso des ‚großen Knalls', gleichsam dem Fiberwahn der Epoche. Doch wie immer man die Dinge auch durch genetische Fiktionen erläutern mag, man sollte nicht verkennen, welche Gewichte der Epiker als Spieler, Träumer und Täuscher gegenüber dem politischen Wirrsal auf sich nahm. Repräsentanz bedeutete, Antwort auf seine Zeiten und nicht auf eigene Fingierungen von ihnen zu geben, und eben so mag vielleicht der hyperbolische Begriff der Verantwortung, auf ihn gewendet, einen präziseren Sinn ergeben. Wer daran zweifelt, könnte sich durch die ästhetischen Profile der deutschsprachigen Nobelpreisträger nach Hermann Hesse und Nelly Sachs eines besseren belehren lassen. Die still insistente Zeitgenossenschaft Heinrich Bölls ist der Erinnerung wert, auch wo sie - selbst mit Maßstäben der eigenen Zeit gemessen - irrte. Und doch musste Böll, der gute Mensch von Köln, betonen, dass es ihm nicht um litérature engagée, sondern immer zuerst um die Ästhetik der Erzählung gehe. Der andere betont das genaue Gegenteil; und auch er hatte dazu guten Grund. Zum Spieler geboren, sieht er sich durch die Zeitläufte in die Geschichte hineingezwungen. Bei Thomas Mann findet sich noch nichts von ‚Geister-Politik' und, wie virtuos auch immer cachierter, ‚Moral-Literatur',- so wenig, dass man auch nicht von einem ‚Mittelweg' sprechen kann. Das Werk und die Zeitgenossenschaft schließen sich noch einmal, nicht ganz ohne Not, in eins zusammen; und das indem und weil die Gattungsgrenzen gewahrt bleiben. Diese zugleich ethische und ästhetische Stilsicherheit mag der bleibend konservative Zug an der geistigen Gestalt Thomas Manns sein, im Sinn eines Konservatismus, dessen philosophische Koordinaten Günter Rohrmoser, jenseits ideologischer und tendenziell einen Weltbürgerkrieg antizipierender Grenzen, seit Jahren absteckt. Eine gedämpfte Variation von Nietzsches Reflexionen ‚Was ist vornehm?' aus 'Jenseits von Gut und Böse' bezeichnet Thomas Manns Ort in jenem Spektrum wohl sehr präzise. Die Misslichkeit der Späteren demgegenüber wird auch dadurch nicht außer Kraft gesetzt, dass sie anders als Thomas Mann intuitiv in richtigeren Kategorien sprachen, nicht wie der geschreckte Großbürger von dem ‚Chock', der Hitlerbarbarei.

Zeit berührt sich bei Thomas Mann auf eigentümliche Weise mit der Erfahrung von Geschichte. Und man mag annehmen, dass sein Rückgang in den ‚tiefen Brunnen der Vergangenheit', seine Distanzierung von einem linearen Zeitbegriff wesentlich mit der Wahrnehmung der ins Unheimliche beschleunigt sich ändernden Zeiträume zu tun hat, durch die seine eigene Lebensbahn führte. Eine Enthistorisierung wie Nietzsches Philosophie des Vormittags sie nahe legte, verbot sich. Ebenso wenig verklärt und verwandelt sich bei Thomas Mann die Historie unvermittelt in den Mythos, wie in einer Wiedergeburt des antiken Epos in der Moderne, etwa bei Joyce.

Wenn sich im Briefwechsel zwischen Heidegger und Hannah Arendt die tiefe Bewegung von Thomas Manns 'Zauberberg' spiegelt, wird von den philosophischen Gesprächspartnern gleich hinzugesetzt, dass es nicht die explizit philosophischen Reflexionen über die Zeit sind, die zählen. Es ist die erzählte Zeit selbst, die Tektonik von Gespräch und Weltkatastrophe.

Man kann die kühnsten Ansätze einer Selbstbespiegelung aus 'Bruder Hitler' im 'Doktor Faustus' weitergeführt sehen. Es ist das Gefährdete einer Existenz

Thomas Mann und seine Zeit.
Prolegomenon einer philosophischen Lesart

365

am Absturz, die den Künstler der Moderne und das Hitler-Ich derart vergleichbar machen. Jener Blickpunkt ist schonungslos gegenüber sich selbst, denn er ist ungewollt und doch unabdingbar, er hat nichts von der Ästhetik einer den Bürger schreckenden Ästhetik, wie sie die Surrealisten aufbrachten. Doch nicht nur die soziale Ortlosigkeit der eigenen Künstlerexistenz, die keiner mit mehr Widerwillen wahrnahm und virtuoser zu verbergen wusste als Thomas Mann, auch die Unmöglichkeiten, mit denen die zählende Kunst der Moderne es zu tun hat, ein Eschaton, erstes und letztes, sein zu sollen, macht die Analogie verständlich, die als Konstruktion doch opak bleibt. Hier setzte eine Selbstbetrachtung an, die sich deutlich von den begriffsschärferen analytischeren Versuchen, im modernen Roman die eigene Zeit in Gedanken zu fassen, unterschied. Man denke an Brochs Massenwahntheorie, die die Generationenkonstruktion der ‚Schlafwandler'- Trilogie tragen sollte oder an Musils ‚Parallelaktion', die Auffassung, dass die Jahre von 1915-1918 den Keim der folgenden Katastrophe in sich tragen würden. Joseph Roth sah dies auf einer ganz anderen Ebene der Reflektiertheit durchaus ähnlich. Hier wurde, wie dann besonders virtuos in Canettis 'Masse und Macht' die Signatur der Zeit ausbuchstabiert als ein Verlust von Differenzierheit und Vernunft, eine Umdämmerung der alteuropäischen bürgerlichen Welt. Indes ist jene essayistische Analytizität salvierend und schonend gegenüber einem Blick nach innen. Von der von Musil phänomenologisch positivistisch in eine Typenlehre gebannten Dummheit lässt sich noch in Allgemeinbegriffen und von außen reden. Dies ist nicht mehr möglich, wenn man die Konfiguration einer synkritischen Betrachtung des Künstlers in der Art Leverkühns und der deutsche Katastrophe wie ein Selbstgespräch exponiert.

Merkwürdig in mehrfacher Hinsicht ist Thomas Manns Verhältnis zu Freuds Psychoanalyse. Vordergründig begegnet bei ihm Freud als Weiser, der den kategorischen Imperativ aufstellt, dass wo ‚Es' sei, ‚Ich' werden soll; eine bei Freud selbst philologisch wie sachlich überaus strittige Stelle. Der Gedanke einer Vernunft, die in die Abgründe hineingeleuchtet habe, ist in dieser Lesart von Freud her zu gewinnen. Und ganz in diesem Sinn hat Thomas Mann die 'Josephs'-Romane verstanden wissen wollen. Allerdings verwendet er Freuds analytisches Instrumentarium im einzelnen durchaus in einem anderen Sinn. Das Licht wird angesteckt, um die Dunkelheiten zur Kenntlichkeit zu bringen.

Ein Schlüssel in jene Grundverhältnisse ist der Umgang mit dem Mythos. Dieser ist beim frühen Thomas Mann noch zitierbares Versatzstück. Man denke an die offensichtlichen, neben Arrangements aus der eigenen Biographie gerückten Ingredienzien des griechischen Orkus, der Dionysos-Gestalt, im 'Tod in Venedig', an die vielfach variierten liebreizenden Hermes-Figuren, die psychagogisch in einen versagten, verschlossenen Raum führten. Noch einmal kehren sie in der Felix-Krull-Welt wieder. Das Verschlüsselte ist Oberfläche,

es zu entziffern ist höherer Witz, so wie im 'Zauberberg' die Faustsche
Walpurgisnacht.

In den ‚Josephs'-Romanen hingegen rückt der Mythos selbst in die
Zentralperspektive ein. Er wird Wirklichkeit und entfaltet sein eigenes
Deutungspotential; denn jeder Mythos ist, wie Horkheimer und Adorno nahe
gelegt haben, Augenaufschlag einer Vernunft, Bann des Schrecklichen, nicht
Sagbaren. Doch hat er bei Thomas Mann immer zugleich ein anderes, dunkles
Gesicht: es wird jählings im Schneekapitel des Zauberberg sichtbar, dessen
Quellen zwar auch entschlüsselbar sind: aus Stifters 'Bergkristall' und seiner
‚Eisgeschichte' und aus dem Steinbruch der blutigen von Nietzsche schon in
eine schöne Traumgestalt stillgestellten Dionysos-Orgien. Doch der
Richtungssinn jener humanen Gnome, wonach *der Mensch dem Tod keine
Macht einräumen soll über seine Gedanken* , und der Abgründigkeit der raum-
und zeitverlorenen Unter- und Innenwelt verwirren einander gegenseitig. Nur
in einem Moment dieser Konfiguration kann ein ironisches Motiv ins Spiel
gebracht werden: in Hans Castorps Vergessen.

Die ästhetische Vernunft findet eine ähnliche Verwandlung. Wenn man die
‚Tonio Kröger'-Novelle betrachtet, so sieht man Geheimnisse des guten,
erheiternd erhebenden Kunstwerks aufgedeckt, in dem gewundenen, in seiner
Reminiszenz an die ‚heilige russische Literatur' berührenden Gespräch mit
Lisaweta Alexandrowna. Doch dies ist kokett gesagt und konnte vielleicht
gerade deshalb zum Verständigungstext für alle in einer Traumlage zum Leben
stehenden, auf die Literatur Fixierten werden. Deren Gemeinde ist wenig
spezifisch.

Im 'Doktor Faustus' wird daraus Ungeheueres: der moderne Künstlermythos,
nicht lieben zu dürfen, gefroren zu sein, um die geronnene Formensprache
noch einmal aus ihrer textuellen Verfügbarkeit in einen lebendigen Strom, der
nie gehörte Modulationen entbindet, zu befreien.

III

‚Larvatus prodeo', ‚ich trete unter Masken hervor', war ein Ausspruch des
René Descartes. Und es ist ein Signum Thomas Manns. Der Zeitsinn, der im
Werk zu besichtigen ist, ist ernstes Spiel, Welt-Spiel, mit Elementen, die
chevaleresk nur mehr Kabinettsstück zu sein begehren, wie später das
Gespräch von Professor Kuckuck und Felix Krull. Ein anderer Zeit- und
biographischer Richtungssinn tritt in den Tagebüchern entgegen. Sie spielen
nicht mit der Zeit. Sie registrieren ihr Voranschreiten und damit die langsame,
mitunter quälende Entstehung des Werkes, den engen Konnex von

welthistorischer Begebenheit und Katastrophe einerseits und Banalität zum anderen, wie er sie ähnlich im Blick auf Wagner beschrieben hat. Sie verschweigen nicht und erzählen nicht im epischen Fluss. Sie sagen aus, sehr knapp, eindeutig; das äußerlichste der Maniküre neben die Beben der eigenen Psyche haltend. Er mag an eine Veröffentlichung in Auszügen gedacht haben, gekannt zu sein in allen Zügen wünschte er jedenfalls nicht. Das eigene Ich und seine Rollen sind in Thomas Manns Werk jedenfalls vordergründig weniger präsent als in anderen Romanen der klassischen Moderne, namentlich bei Proust.

Die Philosophie des 20. Jahrhunderts, die nur zu einem geringen Teil getroffen ist, wenn sie als Philosophie der Moderne angesprochen wird, hat Zeit in einer eminenten Weise neu zu denken versucht. Das Exerzitium, ihre Distentio in einen Einheitssinn zu fügen, scheint zu wiederholen, was Augustinus im XI. Buch seiner 'Confessiones' leistet. Sie hat dabei auf die Differenz zwischen Weltzeit und Lebenszeit hingewiesen und die chronikalisch ablaufende Zeit als fraglich erkannt. In der Zeit zu sein, heißt zeitlich, also in Selbst-Modulierungen begriffen zu sein, jenseits derer sich ein Ich nicht bestimmen kann.

Der Weg in die denkend erfahrene eigene Zeit war für Thomas Mann eminent musikalisch getönt. Auch deshalb ist es töricht, ihm Transzendenz und dichterisches Vermögen abzusprechen. Zeitliche Selbstmodulation wird wesentlich als musikalisches Ereignis kenntlich wie in den fünfziger Jahren von einem später reuigen Kritiker geschehen. Doch es sind weite Wege von der ‚Tristan'-Simulation oder auch von der ‚Fülle des Wohllauts' im 'Zauberberg', einem im Zeitalter technischer Reproduzierbarkeit hoch auratischen Absinken in verbotenes Gelände, so dass Hans Castorp nicht ohne tiefere Bedeutung, das Lindenbaumlied auf den Lippen, in den Taumel des Todesfestes steigt, hin zu Leverkühns Kompositionen. Thomas Mann schrieb wohl seit den Romantikern und Jean Paul die bezauberndste, soghafteste Musik-Prosa. Dabei ist das *Phänomen des Gehörten* entscheidend. Die Sprache sucht nachzubilden, sie folgt erstaunlich bilder- und assoziationsarm dem Gang des Klanggefüges, in Unterscheidungen und Artikulationen aber zugleich in ihrer Rücknahme in die unendliche Melodie. Zwischen einer inneren Wahrnehmung und einer vernommenen Tonfolge werden Brechungen eröffnet, etwa wenn der Erwartungshorizont eines Hans Castorp auf das Lindenbaum-Lied trifft. Ein solcher Zugriff auf Musikalität lässt die Sprache stets Sprache bleiben. Sie verliert sich nicht in onomatopoietischen Nachbildungen von Tönen. Doch auch der Aufführung, dem Geheimnis der Stimme, ist diese musikalische Prosa nahe. Sie bewahrt das Heilige der singulären Stimmgebung. Anders ist es im 'Doktor Faustus'. Hier ist die Musiksprache wesentlich aus der Leverkühnschen Textur abgelesen. Es ist die

Partitur, nicht die Erfahrung, die Thomas Mann vor Augen hat.
Möglicherweise war sein halb diabolischer Ratgeber dabei Katalysator.

Die Schwierigkeiten, dem Totenhaus der Texte Stimme zu geben, tritt nirgends
expliziter hervor, als in der Abschilderung der Vorträge von Wendel
Kretzschmar. Sein Stottern markiert Grenzen der Sprache vor der Partitur, die
nicht durch Empfindungsströme einer inneren Psychologie ausgeglichen
werden können. Und dies wiederholt sich im verdunkelten, kaltgewordenen
Sinnbild noch einmal, als Adrians Stimme versagt und er die Höllenfahrt aus
'Doctor Fausti Weheklag', die er seinen Freunden zum Abschied markieren
möchte, am Cembalo vorführt.

Die Annäherung an die Partitur bringt es aber auch mit sich, dass die Sprache
das Notenbild streift; dass die Genauigkeit bis in die Mikrostruktur einzelner
Akkorde reicht. Vordeutungen für ein solches Verfahren gab es zwar schon in
der ‚Tristan'-Novelle und in früheren Texten. Allerdings waren es nicht
ungeschriebene Werke, die hier abbreviativ zur Kenntnis gebracht wurden,
sondern kultische Klänge, jedem Leser aus der eigenen Wagnererfahrung
vertraut. Darstellung des Undarstellbaren ist die Wiedergabe einer Klangwelt
mit den Mitteln der Sprache immer. Sie lässt die Eitelkeit der Frankfurter und
des Schönbergkreises, die Thomas Mann zu einem ‚dem Eigentlichen' nötigte,
lächerlich erscheinen und nicht auf der Höhe des Begriffs von Ästhetik, der im
'Doktor Faustus' angesonnen ist. Einen ‚Eigentlichen' konnte es im engeren
Sinn nicht geben. Mittel dieser Darstellung ist auch die Nähe und die feine
Bruchlinie zwischen Partitur und zugrundeliegendem Text. In den Brentano-
Gedichten schimmert als Zitat die Landschafts-Szenerie auf, die im Leben
nachgespielt wird. Landschaft in der originären Beschreibung des Erzählers
hat dagegen eher Züge des Arbiträren, der Distanznahme. Es ist im besten Fall
der Blickpunkt des Bahnreisenden aus dem Abteil, der Schlittenpartie oder der
Exkursion an die Erhabenheit von Wasserfällen, so wie von Diltheys
Erfahrungsbegriff her Joachim Ritter die Verschiebung von Natur in
Landschaft beschrieben hat. Eine primäre unvermittelte Nachbildung von dem,
was sich zeigt, ist versagt. Diesen Epigonen-Gestus der Bürgerwelt hat
Thomas Mann offensiv durch eigenes Misslingen in seinem späten
Michelangelo-Essay durchbrochen. Und damit hat er Aschenbachs
mimetischen Schreibversuch nachgebildet und zugleich konterkariert. Auch
dafür steht im 'Doktor Faustus' der Berichterstatter Zeitblom. Man mag ihm
jene Musikprosa am wenigsten zutrauen, denn in ihr schwingt sich der Autor -
Thomas Mann - selbst auf eine Position letzter avantgardistischer
Sprachmittel, die nicht mehr Ausdruck sein können, die im moderaten
Gesamtklang seines Oeuvres eher isoliert, jedenfalls hoch exponiert steht.

IV

Dass Thomas Mann fälschlich auf Ironie verkürzt wird, dass ihm mehr oder minder subtil, bejahend und verneinend, Transzendenz abgesprochen werden konnte, dies hat auch mit dem essayistischen Zug seiner Autorschaft zusammen. Dieser ist, anders als bei Musil, nicht strictu sensu auf den ‚Essay als Form' begrenzt, die auch die epische Schreibweise prägen würde. Vielmehr spielte Thomas Mann als Epiker mit dem versuchenden Denken. Der Essay lässt, wie Adorno im Anschluss an ein Wort aus Goethes ‚Pandora'-Dichtung vermerkte, Erleuchtetes sehen, nicht das Licht. Er ist mit einem ‚raunenden Verständnis des Dichters als Seher' nicht vereinbar. Der Essay ist immer eine Form der Erprobung. Und die Frage der Selbstmodifikationen Thomas Manns gewinnt im Essay ihr eigentliches Profil. Hier probt er sich an anderen Dichterprofilen aus; an der Abgründigkeit Dostojevskijs, mit der Vorliebe der Affinität aber an Tolstoi und immer wieder an Goethe, wobei die Anverwandlung auch zeigt, wer er nicht ist. Die bruchlose Verfolgung von Goethe-Spuren war bei Gerhart Hauptmann zu betrachten. Sie hatte Züge des Kuriosen und parodierte sich selbs. Thomas Mann aber blieb nichts anderes, als die Parodie ihrerseits weiter auszuzeichnen zu dem in Bedeutungsschwere lallenden Peeperkorn.

Die Ausprobung kann freilich auch einen anderen Charakterzug haben. Sie lotet aus, wie viel preiszugeben erlaubt ist, wen die Verborgenheit hinter verschiedenen Masken gewahrt bleiben soll. Hier leuchtet ein weiterer bedeutender Essay Thomas Manns, die Rede über Platen (1922 bereits in Ansbach gehalten) am ungeschütztesten in die homoerotischen Untiefen. Die Art, in der Thomas Mann ein Meister der Andeutung und Anspielung ist, unterscheidet sich freilich fundamental von jener der andeutenden, verschweigenden Schriftgelehrten und Philologen von Nietzsche bis Carl Schmitt. Für das Lento des Lesens und Schreibens, wie Nietzsche es zelebrierte, ist der Hinweis charakteristisch, jeder Aphorismus sei die Abbreviatur einer Abhandlung, die sich der Leser aber erst ergänzen müsse. *Andeuten* heißt in diesem Kontext: Verschweigen. Allenfalls werden Textsplitter offengelegt, die in einer subkutanen Verweisungsstruktur stehen und von ihr, also aus dem Verschwiegenen, erst ihren Sinn entfalten. Bei Thomas Mann ist es anders, eher wie in Poes Erzählung vom Flaschenfund: das Verborgene liegt offen zu tage, die Textur wird nicht durch Verknappung zum Rätseltext, sondern zwischen den Nahtstellen eines ausgreifenden, in sich bruchlos gewobenen Teppichs. Seine Wagner- und Goethereferenzen sind allzu offensichtlich, als dass sie übersehen werden könnten.

Thomas Mann hat mit seiner Zeit experimentiert und er hat sie sich widerfahren lassen. Dabei mag er kein anderer geworden sein als der, der er von Anfang war. Er ist es aber auf andere Art geworden. Und eben dies setzt seinen Spielen den Gravis, den Akzent eines eigentümlichen Ernstes der Versuche mit sich selbst.

Er ist Fiktionalist, ein täuschender, mitunter lügender Epiker von größtem Format. Wie sehr er auch über die sentimentalischen Ideengebäude gebietet und sie ironisch herbeizitiert, so ,weiß' er sie doch nach einem kundigen Wort Erikas, wie er alles wusste, nämlich als ein Mittel zur Abzweckung seiner narrativen Zauberkunst und nur so lange wie er an einem Erzählteppich arbeitete. Details aus Medizin und Theologie waren ihm derart transitorisch gegenwärtig. Das Wissen wird aber durch die artistische Spielfreude überwölbt, die Virtuosität von Mimikry und Verstellung, die er naiv betrieb. Eitelkeiten können, solange sie die erste Anmut nicht zerstören, jene Naivität nicht durchbrechen. Man bemerkt keine Absicht und ist nicht verstimmt.

Jene untergründige Naivität mag Thomas Manns Verhältnis zu der literarischen Avantgarde des 20. Jahrhunderts zu einem Teil erklären. Es war von Seiten der Avantgardisten nicht nur gestört, sondern nachgerade hasserfüllt. Davon zeugten zuerst Nachrufe, die ein schlechter und ungerechter Nachhall waren, wie Döblins ,die Bügelfalte als Stilprinzip', und davon gab das mit beißender Bitterkeit bezeugte Nichtverhältnis zum Centenarium 1975 noch ein spätes Echo, auch wenn sich hier allenfalls Döblin-Epigonen artikulierten. Man lese etwa Hans Erich Nossacks kaustische Würdigungsverweigerungen nach. Das große Formexperiment geht nicht selten mit einer Weltidee zusammen, die nichts weniger erträgt, als eine naiv konturierte Relativierung. Eine Ausnahme ist Gottfried Benn: er, der aus der sezierenden Kälte der Morgue Gedichte kommt, und in der Spätform seiner 'Statischen Gedichte' eine härtere, stählerne Klassizität aus der inneren Exilierung in der Wehrmacht mitbringt, bis ein leichter Singsang, wie er seit Heine nicht zu hören war, in seinen allerletzten Gedichten den spezifischen Bennsound ausmacht; Benn begreift den ,Großen Thomas' als einen Erzengel, neben dem sich „wir anderen" bloß wie Putten ausnehmen.

Dass sich in Thomas Manns artistisches Spiel, wie es sich im Detail in den musikalischen Mischungen seiner Sprache zeigt, Nietzsches Exposition des Rausches als einer lebenssteigernden und kunstgenerierenden Tätigkeit etwa begreift er als ,höhere Beschwipsung', der harte Widerstand der Faktizität durchlebter Geschichte mischt und zur Zeitgenossenschaft wird, ist die Crux von Thomas Manns Vita.

Sein Bruder Heinrich hat in seiner Autobiographie 'Ein Zeitalter wird besichtigt' versucht, eine Synthese dieser Zeitläufte zu geben. Erinnernswert Großartiges findet sich dabei neben Obskurem, eine aufklärerische

Thomas Mann und seine Zeit.
Prolegomenon einer philosophischen Lesart

371

Durchdringung der eigenen Zeit neben Stenogrammen ihres ‚Nichtverstehens'. Thomas Mann quittierte den Text des Bruders mit Wehmut, einer nur leicht gespielten Bewunderung und ein wenig Nachsicht. Indes, sein Jahrhundert war ihm kein wie immer verwirrendes Theater, das man besichtigen könnte, er hätte vielmehr darauf verwiesen, dass es sich nur mit tiefer Trauer würdigen lasse: eine Einsicht, die wiederholt von Ernst Nolte ausgesprochen wurde. Hart und als oft dissonante Hintergrundmusik des täglichen Lebens hat Thomas Mann in seinen Tagebüchern diese Trauer protokolliert. Doch die Zeitfremdheit und gestörte Zeitbürgerschaft hatte immerhin einen Ort. Heinrich Mann ist ins 18. Jahrhundert gerichtet, in die französische Moralistik, zu der sein Henri Quatre ein reizvoll verspäteter Beitrag in der Mimikry des Entwicklungsromans ist. Bei T.M. lässt sich ein solcher Ort nicht angeben, anders auch als bei Brecht, den man im Horazischen Rom seinen Part spielen lassen könnte.Und wenn er über das späte Opus magnum seines Bruder bemerkte, dieses sei eine Autobiographie in Gestalt eines in die Zeitläufte verstrickten Diariums, so gilt dies erst recht für seine eigene Tagebuch-Autobiographie. Sie urteilt ad hoc und zumeist politisch klüger, wenn auch nicht mit dem mitunter geradezu aphoristischen Scharfblick des Bruders. Dieser hatte ein einzigartiges Psychogramm der Weimarer Republik exponiert und Tucholskys Wort, wonach es eine Republik ohne Republikaner gewesen sei, umgekehrt. Da und dort, so Heinrich Mann, habe es wohl Republikaner gegeben, eine Republik aber nie. Sie trat gegen die alten Chargen nämlich nie offensiv an und kam nicht einmal gegenüber sich selbst je zur Kenntlichkeit. Nahe neben dieser Luzidität, die Golo Mann noch in späten Jahren hochgradig bewunderte, finden sich bei Heinrich aber Verwicklungen in die eigene Zeit: etwa im Lobpreis Stalins als des großen intellektuellen Strategen.

Die Goethezeit jedenfalls gibt bei Thomas Mann keine zweite Zeitorientierung vor. Wenn er auch bemerkt ‚in den Spuren' des Alten gegangen zu sein, so bleibt das Missverhältnis doch fundamental und ist nicht einfach auf die Asymmetrien zwischen Urbild und Abbild zurückzuführen. Unstrittig, Thomas Manns Goethe trägt Züge des Mürrischen, ironischer Kälte, die dem Olympier und ihm selbst gemeinsam waren, wenn sie ein klassizistisches Goethe-Bild auch mit Vorliebe ignorierte. Auch die in 'Lotte in Weimar' eher zurück-tretende, in den Essays hinreichend artikulierte Weltfrömmigkeit und Lebens-rundung, der Humor über aller Ironie, findet sie in einem Gleichklang, selbst wenn Thomas Mann konstatierte, dass die Zeitgenossen diese Züge nicht an Goethe fanden. Der Weltdichter vom Frauenplan wäre aber in den Zeitläuften schlechterdings unmöglich, in denen Thomas Mann unter Erschütterungen sein Werkgebäude errichtete und unter der Maske der Repräsentation ein Lebenshaus eher fingierte als aufbaute. Es bleibt gegenüber Goethe in einer Weise Fiktion und Konstruktion, höhere Erfreuung, fern des Impetus einer Weimaraner Geistigkeit, deren Maxime es war, ‚wechselseitig uns auszubilden', die sich darin niederschlagen mag, dass Thomas Mann nur als Großepiker denkbar ist, nicht als Dichter, der in allen ,Naturformen'-Gattungen Exemplarisches hervorbrachte, und dass eine Goethesche Naturfrömmigkeit bei dem Seebadreisenden nicht einmal als Verkleidung sinnfällig werden könnte. Gottfried Benn erkannte diesen Hiat, am Leitfaden von Nietzsches Diagnostik des ,europäischen Nihilismus', wenn er notierte, das Zeitalter Goethes sei von Nietzsche verbrannt und seinem ,klugen Affen' Spengler (so Thomas Mann) in alle Winde zerstreut worden. All jene magisch selbstverständlichen Züge hat er einem anderen, eo ipso lächerlichen Goethe-Imago zugeschrieben: eben dem Peeperkorn gebenden Gerhart Hauptmann. Um die Differenz offen zu halten, höre man in die Obertöne der Maxime von der ,Forderung des Tages' hinein. Bei Goethe hat sie einen vollen Klang des sich von selbst Verstehenden eines ETHOS, in Thomas Manns Zeit und Vita ist mitunter nicht einmal klar, dass noch ein Tag auf den gerade heutigen folgen wird, geschweige denn, dass seine Forderung Dritte noch erreicht.

Thomas Mann ist also, es mag gefallen oder nicht, nur als Zeitbürger des 20. Jahrhunderts zu denken, und doch ist er in ihm fremd. (Nicht nur die gemeinsame Herkunft aus Lübeck und ihre Traumata, die Divergenz von umhegter Lebenswelt und einer Kosmos- und Geschichtserfahrung, in der sich nicht zuhause sein lässt, mag Thomas Mann, zumal in seinen Tagebüchern, für Hans Blumenberg je länger je mehr zu einem solchen Faszinosum gemacht haben). In Fortschreibung dieser geistigen Genealogie mag es augenfällig sein, dass der *Anachronismus*, das Gegen- und doch In-der-Zeit-Sein ein Grundzug seines epischen Kosmos ist. Offenkundig ist er Stilprinzip in den 'Buddenbrooks'. In Decadence und Schopenhauerscher Philosophie waren die Grundmuster dieses Horizontes vorgeprägt. Im 'Zauberberg' ist eine alteuropäische Welt noch selbstverständliche Gegenwart, als er die ersten Striche an diesem Satyrspiel zur Künstlertragödie des 'Tod in Venedig' tut, und sie ist es nicht mehr, als mit den 'Betrachtungen eines Unpolitischen' eine ganz und gar nicht in bürgerlicher Selbstverständlichkeit ruhende Sicht der Dinge exponiert wird und den langsamen Fluss des Romans durchbricht. Die Zeit-Brüche verlaufen stets gleichermaßen in Erzählzeit und erzählter Zeit. Der 'Zauberberg' erscheint aus der Sicht des Erscheinungsjahres, da die Inflationen und großen Depressionen schon in der Vergangenheit lagen, die Civitas von Weimar sich aber nicht mehr lange darüber hinwegtäuschen kann, in einem Belagerungszustand zu leben, wie eine Gespenstergesellschaft. Und die Konfiguration des 'Doktor Faustus' musste Nachgeborenen immer schon als ein Anachronismus erscheinen. Doch wenn Ruprecht Wimmers These zutrifft, dass in jenem großen Roman nicht das in den Fängen des Teufels gehaltene Deutschland noch einmal abgeurteilt werde, sondern der Erzähler zuerst mit sich selbst Gerichtstag halte, so war diese erzählerische Konstellation unabdingbar. Denn von gleich zu gleich konnte Thomas Mann mit dem

Deutschland seiner Zeit nicht sprechen. Der ironisierte Parnass lag zu weit ab von den Kleinbürgerklitschen, aus denen der Brodem angemaßter Weltherrschaft kam. Also sprach er als Fremder und aus einer fremden Zeit, in der vom Grund eines bürgerlichen Überlieferungshorizontes her, woher auch sonst?, die Frage der fundamentalen Veränderung der Ästhetik, die Omnipräsenz des Zitats und zumindest vordergründige Unmöglichkeit der Originalschöpfung zu Weltfragen werden konnten, in deren Spiegel allein das Zerrbild der totalitären Politik analytisch zu durchleuchten war. Am nächsten an dieser Zeit war er in den ‚Betrachtungen', die die Wogen der Selbstverständigung zu glätten suchten, und zugleich Zeugnis der Aufgewühltheit ablegen, oder - dies mag überraschen - in den ‚Josephs Romanen', die, wie Thomas Mann selbst sah, wohl ohne Hitler nicht entstanden wären. Die eigene sich überstürzende Zeit ging hier nicht in die epische Textur ein, wie im 'Doktor Faustus'. Es war eine andere Zeit, die aus dem ‚tiefen Brunnen der Vergangenheit' aufstieg, mit dem Eigenrecht musikalischer Tempi, und mit der in Nietzsches ‚schwerstem Gedanken' von der ewigen Wiederkehr des Gleichen vorgedachten Wiederholungsstruktur des Mythos behaftet. In diese ‚andere Zeit' waren deshalb Modi der eigenen Zeit ohne den Brennspiegel des eigenen Ich und seines Habitus einzutragen, von Grausamkeit und Barbarei in Josephs Brüderhorde bis zum New Deal des Ernährers eines Weltreiches. Den Grundzug dieser Schreibart kann man, weniger komplex, in der Novelle ‚Das Gesetz' finden, in der die Urgeschichte einer Zivilisierung und die Omnipräsenz des Rückfalls Faktum ist. Wenn Thomas Mann Adorno, dessen Form von Assimilation ihn wohl von der Lektüre abhielt, anvertraut hat, dass sein Bild in den Josefsromanen am klarsten und ungetrübtesten zu finden sei, dann hat dies vielleicht mit dieser Unmittelbarkeit in der Entfernung zu tun.

V

Wenn am Ende gefragt werden soll, was eine philosophische Interpretation des Werkes, der Zeit- und Weltgestalt von Thomas Mann überhaupt heißen kann, so ist zu differenzieren: sie kann nicht Ideen- oder Begriffsgeschichte sein und sie kann nicht nur Kontexte ermitteln wollen. Diese liegen zu Tage und sie sind von der Nietzsche- und Schopenhauer-Zitation an, bis zu einem gewissen Widerwillen, mit dem er die Hervorbringungen von Horkheimer und Adorno freundlich besprach (oder durch Golo besprechen ließ), nicht seine ipsissima vox. Dies ist, wie Heidegger an Hannah Arendt schrieb, in der Tat nicht das, was zählt. Die philosophische Weltgestalt Thomas Manns begegnet in dem Ganzen, zu dem sein Werk sich noch einmal, vielleicht letztmals in der

Weltgeschichte der Dichtung, zusammenfügt, Spiegel und Seismogramm,
doch auch eine Reflexion der eigenen Zeit.

Seine immanente Ästhetik und Poetik ist nicht nur in den leicht larmoyanten
‚Confessions sentimentale' des 'Tonio Kröger' grundgelegt, sondern auch in
der wundervoll schwebenden Variierung der Einsicht, dass das Spiel der Kunst
und das Ethos letztlich eins seien, die er seinem ein Jahr vor dem Tod
niedergeschriebenen 'Versuch über Tschechow' eingelegt hat: „Und man
arbeitet dennoch, erzählt Geschichten, formt die Wahrheit und ergötzt damit
eine bedürftige Welt in der dunklen Hoffnung, fast in der Zuversicht, dass
Wahrheit und heitere Form wohl seelisch befreiend wirken und die Welt auf
ein besseres, schöneres, dem Geiste gerechteres Leben vorbereiten können".
Dies ist der stille kategorische und zugleich ästhetische Imperativ der
Decadents, der Thomas Mann mit Tschechow und mit dem Wagner, den er im
Lichte Baudelaires 1933 gegen eine martialische Komponistenzunft freigelegt
hat, verbindet. Vielleicht ist es die Maxime eines, der wie der Baudelairesche
Albatros unter Menschen nicht leben kann und es dennoch tut - Jahr um Jahr in
einer nicht freundlichen Zeit.

V. TEIL

ANFÄNGLICHKEIT

SKIZZEN ZU EINER PROTOÄSTHETIK DER
KREATIVITÄT

Skizzen zu einer Protoästhetik der Kreativität

Das Wunder des Neuen und der Kreativität begegnet in genuiner Weise am Kunstwerk, dem Augenaufschlag seines genuinen Daseins, das weder auf die eindeutigere Phänomenalität des Gemacht-seins (factum est) zurückzuführen ist, noch auf die des physishaften Da. Im letztgenannten Sinn wollte Heidegger das Wesen der Kunst verstanden wissen; der selbstverständliche griechische Grundsatz in der Bestimmung der techné, als Kunst *und* herstellendes Handwerk, besteht darin, dass ihr von der Physis ihre Leitgestalt vorgezeichnet wird. Das genuine Kunstwerk ist allenfalls vergleichbar mit dem Odium heiliger Dinge, in denen Offenbarung materiell sedimentiert scheint. Und jener Aura tut, soweit ich sehe, gegen Benjamins Diagnose, das Zeitalter technischer Reproduzierbarkeit nicht im grundsätzlichen Abbruch.[1] Die Aura der Stimme, der Gestus einer Bewegung bezaubern auch im filmischen oder auf Tonband gebannten Abbild. Die unmittelbare Aufführung kann durch Köperschwere hinter ihrem Eidos zurückbleiben, das in der Reproduktion ans Licht treten mag. Man kann wie Sartre oder Cioran die kontemplativ gehörte Aufnahme einer einmaligen Einspielung etwa von einem Dirigenten wie Günter Wand dem Konzerthallenbesuch mit seinen pekuniären Eitelkeiten mit guten Gründen vorziehen - all dies zeigt nur, wie müßig soziologische Kontrastbildungen sind. Und schließlich: Sehr zu Recht wurde ein Zurücktreten des Originären gegenüber dem Sekundären in der ästhetischen Realität der Gegenwart aufgewiesen. George Steiner, einer der schärfsten Diagnostiker dieser Tendenz, hat freilich zugleich dargelegt, dass der Blick von der Schöpfung her, der ‚intuitus originalis', zu der menschliche Weltnatur im Sinn einer elementaren Höflichkeit aufgefordert sei, solange sie Gast der Schöpfung ist, nicht verschlossen sein kann, wenn große originäre Kunstwerke noch irgend sprechen. Wenn - mit Peter Handke - der Bilderverlust als Signatur einer preisgegebenen bzw. verspielten Aura begriffen wird, setzt dies einen Vollbegriff geglückten Bildsehens voraus.[2]
Das Kapitel ‚Fülle des Wohllauts' in Thomas Manns 'Zauberberg' oder die künstlerische Verfahrensart eines Andy Warhol können gleichermaßen deutlich machen, dass Benjamins Befund das letzte Wort nicht haben kann, denn offensichtlich ist ein Spiel zwischen der numinosen Aura und ihrer

---

[1] W. Benjamin, *Das Kunstwerk im Zeitalter seiner technischen Reproduzierbarkeit.* Frankfurt/Main 1970 (E.A.).
[2] Vgl. dazu H. Seubert, *Wiederkehr der Drachen? Spuren Heimito von Doderers in der Europa-Topologie in der ‚kakanischen'Gegenwartsliteratur,* in: W. Segebrecht (Hg.), *EUROVISIONEN IV. Europa in den Europäischen Literaturen der Gegenwart.* Frankfurt/Main, Würzburg 2002, S. 400 ff.

Reproduzierbarkeit, ein ständiger Wechsel von Verführungskraft des Absoluten und Entzauberung, der seit der Romantik, erst recht aber in spätneuzeitlicher, avantgardistischer Montage- und Collagetechnik gängig ist, ohne das Hintergrundsgemälde dargestellter Originarität nicht möglich.[3] Walter Benjamins Diagnostik wird durch den Augenaufschlag, den pneumatischen ersten Atemzug, den ein großes Kunstwerk auslöst, stets von einem dementiert: das Wunder des Akkordes oder einer spezifischen Farbgebung lässt die Einbildung auf das Original hinspielen, woraus Facettierungen des Übergangs zwischen der faktischen Erfahrung und der eröffneten Imagination hervorgehen. Und dies kennzeichnet einen Spannungsbogen, der auch aus früheren soziologisch-historischen Stadien der Kunst nicht wegzudenken ist. Weder Mozart noch Beethoven hörten den eidetischen Klang ihrer Instrumentierungen und entwarfen im Vorgriff auf eine ideale Instrumentierung *und* im Rückgriff auf das faktisch Gegebene. Rilke hat schon in frühen Jahren über den genuinen Charakter dichterischer Sprache festgehalten, dass der dichterischen Imagination die armen, abgenutzten Worte - Ilse Aichinger wird von ,schlechten Wörtern', dem Verzicht auf forcierte Originalität - sprechen „wie ein nie berührt und zum erstenmal und strahlend vor Jugend" entgegenkommen. Es ist gleichsam die „Auferweckung aller Dinge", die Erschließung einer vergessen scheinenden Hieroglyphenschrift und die Transposition kleiner Worte ins Große, die Rilke damit meint, Hölderlin und Nietzsche vor Augen: „Jemand sagt: ,Das Licht', und es ist als ob er sagte: ,zehntausend Sonnen'; er sagt: ,der Tag' und du hörst: ,die Ewigkeit'. Und du weißt auf einmal: Seine Seele hat gesprochen".[4] Dies erschließt sich allerdings nicht in einer Art von Zwiesprache,[5] so als wäre die Apperzeption[6] des genuinen Neuen als eine Form von Dialog zu begreifen - die Hermeneutiken Schleiermachers und Gadamers legen dieses Modell zugrunde - vielmehr wird am Grund des Dialogischen der Monolog erkennbar, in dessen Medium erst das Gesagte in der Weise anverwandelt werden kann, dass es ,sprechend' und ,evident' wird, so wie dies - mit einem Gedanken von Gadamer - dem eminenten Kunstwerk eigen ist. Dabei ist die dialektisch zu wahrende Rücksicht auf den anderen nicht mehr maßgeblich. Der Monolog überschreitet die „Strahlenbrechung des Gedankens", den „Spiegel, in welchem wir unsere Gedanken möglichst schön wiedererblicken wollen"

---

[3] Dies zeigt sich besonders schlagend in der ,gemalten Metaphysik' Max Beckmanns.
[4] F. Schlegel, Kritische Ausgabe (hg. von E. Behler). Paderborn 1958 ff., Band IV, S. 125 f.
[5] Vgl. dazu M. Riedels Manuskript: *Pathos des Hörens. Studien zu Rilke und Nietzsche.*
[6] Diesem Leibnizschen Grundbegriff hat H. von Doderer hoch interessante Überlegungen angestellt. Vgl. ders., *Commentarii 1957 bis 1966. Tagebücher aus dem Nachlass Band 2.* hg. von W. Schmidt-Dengeler. München 1986 und ders., *Sexualität und moderner Staat* (Endfassung 1948), in: Doderer, *Die Wiederkehr der Drachen. Aufsätze, Traktate, Reden.* München 1996, S. 275 ff.

(Nietzsche, Menschliches Allzumenschliches KSA 2, S. 261).[7] Es ist erst der ‚medius terminus', der die schöne Spiegelung zerbrechen muss und von dem her sich eine hermetische Evidenz einstellt. Sie ist nicht als ‚Nach-schaffen' zu denken, sondern als eine die Differenz von Schaffen und Bewahren, aber auch von reiner Kunst und der Kunst als Lebens-modus übersteigende Kongruenz des Anfänglichen, die am Kunstwerk aufgehen kann.[8] Es deutet sich an, dass an diesem Punkt die Grenzen zwischen Produktions- und Rezeptionsästhetik hinfällig werden: sie sind so sehr vorläufige, heuristische Abstraktionen wie jene zwischen ‚theoria' und ‚praxis'. Und jede große neuzeitliche Ästhetik von Kants dritter Kritik über die monumentalen Ästhetiken Hegels und Schellings bis zu Nietzsche, Heidegger, nicht zuletzt auch dem jungen Georg Lukács und Ernst Bloch ist als Versuch zu lesen, diese Grenzlinie in die Schwebe zu versetzen.[9] Das frühromantische Wort von der ‚progressiven Universalpoesie' gibt davon eine erste Ahnung.

Die Ambivalenz des Schaffens ließe sich in verschiedenen Variierungen bei Nietzsche erkennen: obgleich er in der frühen ‚Tragödien'- Schrift mittels einer Artisten-Metaphysik von der Kunst der Schaffenden her das Dasein zu rechtfertigen sucht, wird eben dieser Zug später von ihm zurückgenommen. Der Lehrer der Wiederkunft misstraut seinen schön geformten Gedanken, der stabilierten Harmonie des ‚Abgründigsten ins Bild, ein Motiv, das noch den 'Zarathustra' durchzieht. Die ‚schenkende' Tugend ist ein poietischer Begriff: Sie soll aber im Sinn des 'Zarathustra' in eine sein-lassende Selbstzwiesprache modifiziert werden, die das unvollkommene Selbst vor den ‚grausen Moiren' nicht zur Vollkommenheit ‚ergänzt', ihm also seine Krankheit nicht mit dem Vorwand nimmt, ihm etwas zu geben. Rilke fasste den Hebelpunkt von Nietzsches Widerstreit mit einer Metaphysik des Schaffenden genauestens auf: das Schaffen soll sich in die Transparenz und Einfachheit einer Oberflächenstruktur zurücknehmen, die die Unendlichkeit jedes klaren Akkordes zum Klingen bringen kann.

Der Einwand gegen die Poetiker und Philologen der Renaissance, dass es ihnen an Ehrfurcht vor der Musikalität gemangelt habe, meint bei Nietzsche ein Defizit an Einstimmung in jene Anfangs-Einfachheit.

Das Verhältnis von Theorie und Praxis wird nicht zufällig auf diesen Zusammenhang projiziert: denn ob die evidenzhafte Konvergenz sich poietisch oder in einer Praxis, im letzten einer genuinen Selbstdeutung, eben der - mit einem Platonischen Begriff - inneren Handlung Bahn bricht, kann in der Frei-

---

[7] Dazu G. Picht, *Nietzsche*. Stuttgart 1988, S. 57 ff.
[8] Vgl. U. Hommes, *Der Glanz des Schönen*. Regensburg 1992 H. Lützeler, *Wege zur Kunst*. Freiburg 1967, G. Nebel, *Das Ereignis des Schönen*. Stuttgart 1953.
[9] Vgl. G. Picht, *Kunst und Mythos*. Stuttgart 1986 sowie W. Perpeet, *Das Kunstschöne*. Freiburg 1987.

legung der Grundstruktur von Kreativität mit guten Gründen noch offengelassen werden. Die Stimme und Geste, die einer Partitur oder schriftlich sedimentierten Dichtung zu niegewesener noch geahnter Wirklichkeit verhelfen, sind, von der skripturalen Vorlage her angesehen, gewiss Epiphänomene. Sie mögen von einem möglichen Betrachter oder Hörer her in den Blick kommen, woraus sich zwangsläufig eine ästhetische Antinomie ergeben kann. Das Ursprungsprinzip beider gegenläufiger Seiten kann nur in einer ihnen beiden gleich ursprünglichen Kreativität gefunden werden.

Im Folgenden soll daher in drei Schritten die Vorzeichnung eines Weltbegriffs der Kunst versucht werden, die das elementare Ziel verfolgt, Kreativität nicht nur als Erinnerung an die Anfangsvergessenheit, sondern auch als Aufklärung der Anfangsstruktur zu begreifen; um jenes Dunkel der ARCHE, das, wo es als geschichtliche Urstiftung figurierte, immer auch obsolet schien, zu größter möglicher Sinnklarheit zu bringen.[10]

Zunächst gehe ich dem aus Neuplatonismus und Renaissance herrührenden Begriff der kreatorischen Grundverfassung des Intellektus *zwischen* Endlichkeit und Unendlichkeit nach (I), sodann nehme ich einige Problemstücke aus Whiteheads kosmologischer Metaphysik des Werdens (II) auf, um schließlich auf den Zusammenhang von Können und Formgebung zu verweisen (III).

I

Die mit Aristoteles einsetzende Unterscheidung in ,praxis' und ,theoria' als eine Grundgliederung der Philosophie ist, so lässt sich an allen ihren bedeutenden Vertretern zeigen, niemals unbefragt in Geltung gewesen. Bei Aristoteles selbst sind es die beiden Eschata des Einzelfalles und der reinen zeitenthobenen Theorie, an denen die Vorläufigkeit der Distinktion abgelesen werden kann. Aristoteles erwog zudem eine Mitte, eine Wissenschaft von der Herstellung (Poietik), die in seiner 'Poetik' nur zu einem kleinen, Stücke aus der Dichtungslehre betreffenden, Teil überliefert ist.

Sie fand erst sehr spät, in der Renaissance-Philosophie von Ficino bis Vico ihren Widerhall. In der ästhetischen Wissenschaft seit Baumgarten, einem Gebilde neuzeitlichen Rationalismus, die ihren Gegenstand aller erst im

---

[10] Vgl. K. Bertau, *Erwägungen zum Sprechen über die Anfänge von Sprache*, in: Th. Grethlein und H. Leitner (Hgg.), *Inmitten der Zeit. Beiträge zur europäischen Gegenwartsphilosophie. Festschrift für Manfred Riedel*. Würzburg 1996, 233 ff., insbes. S. 252. Bertau geht sehr stimmig von Droysen Historik, hgg. von P. Leyh (Fassungen 1857, 1857/58, 1882. Stuttgart 1977, S. 160 aus: „Denn einen unvermittelten, einen absoluten Anfang können wir wohl spekulativ denken und religiös glauben, aber nicht historisch finden, und wer ihn finden will, suche ihn nicht historisch".

Bewusstsein sieht, ist die Poietik, das ‚factum est' eine Voraussetzung und damit eine Randbedingung eigentlicher Reflexion.

Indes ist, wenn vom Menschen als einem „Werk der Freiheit" (Schelling) die Rede ist, mit impliziert, dass seine Weltnatur wesentlich gestaltschaffend ist. Rudolph Berlinger hat in der Folge Schellings darauf hingewiesen, dass der Mensch zwar immer raumzeitlich bedingt bleibt, in dieser Endlichkeitssigniertheit aber gleichsam „das Weltprojekt seiner selbst" (Perspektiven der Philosophie 1986, S. 137) werden könne. Weltgestaltung ist ein Akt ursprünglicher Freiheit, in dem durch das schaffende Subjekt eine „dynamische Differenz" gesetzt wird. „Ist diese Differenz von Dasein und Existenz gesetzt, dann ist erwiesen, dass das poietische Subjekt Mensch unter allem, was ist, allein dazu befähigt und ermächtigt ist, sich als Person selbst zu bestimmen, indem es sich zur Weltgeestalt der Existenz bildet" (ibid., S. 141). Den weiter oben in begriffsgeschichtlicher Hinsicht angedeuteten Verweis auf die Unzulänglichkeit in der Unterscheidung zwischen Theorie und Praxis hat Berlinger als systematisches Problem ausbuchstabiert. Das Problem von „Theorie und Praxis" könne, so hält er fest, „nur im Bereich der Kontingenz angesiedelt werden" (ibid., S. 151). Gestalt kann nämlich innerhalb der endlichen Zeitsukzession nicht mit einem Mal, gleichsam wie ein Blitz, gewonnen werden. Weltgestaltung ist „[...] ein Werdegang", nicht „eine in sich stehende Tat eines reinen Seins".

Damit ist im Blick auf die personale Weltnatur des Menschen die ontologische Bedeutung einer ‚Poietik' angedeutet. In nuce wurde dieses Problem in der Rede vom Menschen als ‚anderem Gott' (‚alter Deus') ausbuchstabiert, das an prominenter Stelle in Julius Caesar Scaligers 'Poetices libri septem' 1561 unter die Lehrstücke normativer Poetik aufgenommen wird.Cusanus und Ficino haben diese Fragezone durchmessen. Die spekulative Umkreisung zentriert sich darauf, dass - kurz gesagt - die menschliche mens als schaffende die ‚infinitas absoluta' zwar sehen kann, aber nur als „unendliches Ziel" ihrer selbst. Dies ist der poietische Grundton von Cusanus Schrift 'De docta ignorantia', die in seiner exoterischen Einführung in die Koinzidenzlehre in der Abhandlung über den Beryll weiter verdeutlicht wird. Der menschliche Intellekt erfährt, gerade indem er schafft, die Ähnlichkeit einer göttlichen Intelligibilität *und* Kreativität (die ‚similitudo divini intellectus in creando'). Der Cusaner rehabilitiert deshalb den seit Platon als unphilosophisches Sophisma gebrandmarkten Grundsatz des Protagoras, wonach der Mensch das Maß aller Dinge sei. Der menschliche Intellekt erfasst aus seinen Werken das Maß seiner selbst und des intelligiblen göttlichen Einen, indem er aufgrund der Situierung von Ähnlichkeiten eine Proportion zwischen Endlichem und Unendlichem generiert, kann er daran auch ein Maß Gottes erst ablesen: mensurat divinum intellectum, sicut veritas mensuratur per imaginem.

Wie man weiß, ist damit eine neue Signatur menschlicher Würde angedeutet. Der Cusaner gab ihr in einer Passage seiner Schrift 'De visione Dei' in der folgenden Weise Kontur und Konkretion: „O unausforschbare Güte, die sich dem, der dich sieht, darbietet, als empfingest du von ihm das Sein" (De vis.15,70). Dass sich Gott zeigt, so dass die endliche kreatürliche Intelligibilität ihn erkennt, heißt, dass er sich *quasi* als Geschöpf zu erkennen gibt, wobei das ‚quasi', wie Kurt Flasch sehr zu Recht festgehalten hat,[11] nicht die bloße Scheinhaftigkeit eines ‚Als Ob', sondern die Koinzidenz von Bild-Sein und wahrem Sein anzeigt. „Wir bestimmen den Anblick mit, den Gott uns bietet. Insofern sind wir das Maß Gottes. Aber wir sind es als sein Bild". Noch einmal im Bild gesprochen: Wir kennen Gott, weil wir den alter Deus unserer selbst nicht zuletzt aus unseren poietischen Hervorbringungen kennen; oder: wir kennen den Weltgrund, insofern wir mit unserem poietischen Handeln an ihn rühren.[12]

Berlinger hat zu Recht festgehalten,[13] dass Weltgestaltung, da sie „allein als eine endliche Tat in der Zeit (Sukzession) möglich ist [...], immer nur als eine Tat im Schatten der Zeit gesetzt werden" könne. „Das Spannungsfeld der Weltgestaltung ist also abgesteckt durch die Begriffe Nichts und Etwas. Die Identität des Menschen ist deswegen eine zeitgebrochene, eine vom Nichts angefochtene".[14]

Wenn dies, wie Berlinger scharfsichtig anmerkt, ‚Achse der Nachdenklichkeit' und ‚nervus probandi' der von Nicolaus Cusanus grundgelegten poietischen Metaphysik ist, verwundern poietische Antworten nicht, die in der totalen Kunst (Doderers und Güterslohs Ansatz zu einem totalen Roman sind nicht die bekanntesten, aber vielleicht die ingeniösesten Zeugnisse aus jüngerer Zeit!) gipfeln. Der Akt der Weltgestaltung lässt sich im Sinn Berlingers als Verfolgung des ‚nisus', der Grundtendenz zum Sein verstehen. In einem jeweiligen gelingenden Weltgestaltungsvorgang kann „das Nichts hinfällig" und „die Negativität der Endlichkeit eliminiert" werden.[15] Gestalten bedeute, so hält Berlinger im nächsten Schritt fest, etwas zur Anschauung zu bringen: dies Etwas ist - wie man den Gedankengang systematische ergänzen muss - nicht nach dem metaphysischen Gefügezusammenhang seines ‚Dass'- und ‚Was-Seins', sondern seines ‚Wie-seins' zur Anschauung zu bringen: nämlich als „Fülle einer Sache, [als] Idee in der Gestalt der Zeitlichkeit des

---

[11] Vgl. dazu exemplarisch: K. Flasch, *Nicolaus Cusanus*. München 2001, S. 79. Siehe auch ders., *Nikolaus von Kues. Geschichte einer Entwicklung*. Frankfurt/Main 1998.
[12] Zur Schrift 'De beryllo', vgl. auch R. Berlinger, *Philosophie der Kunst. Zum Homo-Creator-Motiv bei Nikolaus von Kues*, in: Perspektiven der Philosophie 20 (1994), S. 13 ff.
[13] Dazu R. Berlinger, *Metaphysik der Weltgestaltung. Das morphopoietische Problem*, in: Perspektiven der Philosophie 12 (1986), S. 131 ff., hier inbes. S. 140 f.
[14] Ibid., S. 140.
[15] Ibid., S. 142.

Endlichen".[16] Die Gestalt wird in diskreten Zeitschnitten individuiert, so dass sie jeweils nur Bedeutung innerhalb einer Sukzession hat. „Es ist die Paradoxie des Aktes der Hervorbringung, dass er zwar allein in der Sukzession der Zeit geschehen kann und dass es Zeitmomente sind, durch die eine gültige Hervorbringung möglich ist, aber dass die Zeit es wiederum ist, die gerade verhindert, dass der Weltgestaltungsakt in eine absolute Hervorbringung oder in eine absolute Rückbeziehung umschlägt".[17] „Freitätige Hervorbringung einer Gestalt von Welt" bleibt also immer konditionierte Schöpfung, mitbestimmt von der Notwendigkeit, wählen zu müssen, falls man handeln will - und mithin in jedem Augenblick von der Zeit abhängig. Diese Grundkondition gilt es in einer protologischen Ästhetik des Schöpfertums zu reflektieren. Reiner Wiehl hat zu Recht in einer noch weiteren Blickbahn von der Schwebelage und Wechselbegrifflichkeit zwischen Metaphysik und Erfahrung gesprochen, die gleichsam ein ‚Stück philosophischer Ethik' sei.[18] Zwischen dem Endlichen und Unendlichen besteht ein Bezug, der doppelt situierbar ist, wobei seine beiden Seiten nicht verwechselt werden sollten. Er ist bedingt durch den creatorischen Konstitutionsakt des Unendlichen *und* durch die Rückkehr des Endlich-Seienden zu seinem Grund. Möglichkeiten und Grenzen der mens werden daher - gerade im Schöpfungsakt - ausgelotet, der sich schließlich in eine ‚visio facialis', die Schau zum göttlichen Einen, erhebt und mit diesem Eins wird.

Ficino zeichnet diese Figuration in eine emphatisch belegte ‚infinita virtus mentis' um. Es gibt für diese Ontologie der Kreativität tief verwurzelte Bilder, die nicht in einer Ästhetik, sondern in der Artistik ihren Wurzelgrund haben.

Es sei bereits an dieser Stelle an Dürers Bild der Melancholia erinnert, an die Figurierung der Endlichkeit, die sich in der Schwermut des endlichen Schöpfertumes bekundet, und dem Weltentwurf mit dem Reißzeug kompositorisch Contra bietet. Ein romantischer Nachhall ist in der Zeile des Schumann-Liedes vom tiefen Leid zu vernehmen, das sich im Lied bekundet.[19]

---

[16] Ibid., S. 143.

[17] Ibid., S. 145.

[18] R. Wiehl, *Einleitung: Die ewige Wiederkehr des Ungleichen – Zwischen Metaphysik und Erfahrung*, in: ders., *Metaphysik und Erfahrung*. Frankfurt/Main 1996, S. 9 ff., hier S. 38.

[19] Vgl. L. Richters Dürer-Studien sind bislang publiziert in: Perspektiven der Philosophie 24 (1998), S. 63 ff. und 25 (1999), S. 63 ff. eine igeniöse Interpretation der ‚Melancholia', die sich besonders dadurch auszeichnet, dass sie ikonographische Analyse mit einer präzisen Konstatierung der Abweichungen Dürers von der Tradition verbindet.

II

(1) Neben C.S. Peirce ist es nicht zuletzt A. N. Whitehead gewesen, der in seinem philosophischen Spätwerk, allem voran 'Process and Reality', die Substanzontologie konsequent auf eine Metaphysik der Kreativität hin umzeichnete. Whitehead bezweifelt, dass die prädikative Subjekt-Objekt-Form der Aussage die letztlich adäquate Darstellungsform hinsichtlich der wirklichen Welt verkörpert.[20] Er nimmt deshalb auf die Auffassung Bezug, dass „Kreativität" eine andere, gemäßere Darstellung der aristotelischen Materie und des neutralen Stoffs sei. Jede Bestimmung, nach dem alten metaphysischen Grundsatz ‚Omnis determinatio est negatio', muss in der Konsequenz des Whiteheadschen Ansatzes zugleich ontologisch und gnoseologisch verstanden werden. Welt ist Whitehead zufolge „nie zweimal dieselbe", obwohl sie immer über das feste Element des göttlichen Ordnens verfügt". Mithin scheinen gewichtige Gründe dafür zu sprechen, die Spinozanische 'Ethik' als den prägenden Subtext von Whiteheads Ansatz zu begreifen, der über dessen philosophische Tiefengrammatik zumindest ebenso viel zu verstehen gibt als die in sehr viel umfänglicheren Diskussionen und Referenzen präsente Auseinandersetzung mit Empirismus und Sensualismus. In seinem Buch über ‚Wissenschaft und moderne Welt' hat er sich darüber freilich selbst Rechenschaft gegeben.

Kreativität ist ihrer Grundbestimmung nach von Whitehead als reine Aktivität gedacht, sie ist selbst bestimmungslos, liegt sie doch allen realen Eigenschaften zugrunde. Gott kommt aber eine Doppelnatur zu. Er ist Kreatur seiner selbst, Urtatsache als „uranfänglich erschaffene Tatsache".[21] Im Sinn des metaphysischen determinatio-Grundsatzes lässt sich mit Whitehead auch sagen, Gott sei „nicht-zeitlicher Akt allumfassender, ungefesselter Wertung", ein Geschöpf der Kreativität und deren Bedingung".[22] Welt aber ist von hier her als die „Folgenatur Gottes" zu verstehen. Insofern ist Gott qua Folgenatur ganz in die Welt, und diese in ihn verschränkt. Ein Zusammenhang, den Whitehead mit dem Begriff der „objektiven Unsterblichkeit" umschreibt.

Von hier her rühren mehrere tiefgreifende Umzeichnungen überlieferter metaphysischer Begriffstektonik: im Sinn Whiteheads ist jedes Einzelwesen - womit er die Cartesische Subjekt-Objekt-Trennung kosnequent zurücklässt,

---

[20] A. N. Whitehead, *Prozess und Realität. Entwurf einer Kosmologie.* Übers. von H. G. Holl. Frankfurt/Main 1987, S. 78. Ich begrenze mich im weiteren auf eine systematische Rekonstruktion Whiteheadscher Denktopoi vor dem Hintergrund einer Metaphysik der Kreativität. Zentrale Termini werden im englischsprachigen Original, die Zitate dagegen in der Hollschen Übersetzung angeführt. Vgl. durchgehend den vor allem den Kontrast-Begriff klärenden Aufsatz von R. Wiehl, *Prozesse und Kontraste. Überlegungen zur Ästhetik,* in: ders., *Zeitwelten. Philosophisches Denken an den Rändern von Natur und Geschichte.* Frankfurt/Main 1998, S. 69 ff.
[21] Ibid., S. 79.
[22] Ibid., S. 80.

„ein Prozess, in dessen Verlauf viele Operationen mit unvollständiger subjektiver Einheit in einer vollständigen Einheit der Operation terminieren, die ‚Erfüllung' genannt wird. Die ‚Erfüllung' ist die Befriedigung des kreativen Drangs durch die Einlösung seiner kategorialen Erfordernisse".[23] Die „Erfüllung" ist aber - und hier greift die Resultativität in Potentialitäten zurück - nicht auf die zeit-räumlich begrenzte Charakteristik des Einzelwesens begrenzt. „Seine Auswirkungen", so stellt Whitehead fest, seien, auch wenn es sich selbst verbraucht hat, „seine Eingriffe in andere Konkretisierungsprozesse".[24] Das bedeutet, dass jedes Einzelwesen - der Begriff sehr weit gefasst und von Whitehead selbstverständlich und ‚per definitionem' mit ‚Ereignis' identisch gesetzt - in dem ihm eigenen Prozess und dem Universum, das es aus sich entbindet, auf die Welt als Ganze einwirkt. Den Zusammenhang, der sich daraus ergibt, bezeichnet Whitehead in einer stark pragmatistisch gefärbten, aus der liberalen politischen Tradition angelsächsischer Rechtsstaaten schöpfenden Sprache als ‚Solidarität des Universums'. Er wäre nicht weniger treffend mit Leibniz' 'Monadologie' zu umschreiben, wenn die Innen-Spiegelung des Welt-Ganzen durch das Bild einer vielfältigen Vernetzung und Verflechtung, gleichsam eines Rhizomen-Netzes am Grund der Einzeldinge ergänzt würde.[25]
Dieser Ansatz der Ontologie des Einzeldings hat für die Begriffsprägung von kreatorischer Subjektivität weitreichende Folgen: Whitehead denkt in der Sache die auf Cusanus und Ficino zurückgehende Bestimmung des Verhältnisses von endlicher und unendlicher Kreativität der ‚mens' zu Ende. Subjektivität transponiert sich unter seinem Blick in die „Lehre von der Inhärenz des Subjekts in seinem Erschaffungsprozess", wodurch die Schellingsche Gedankenfigur von der Konvergenz zwischen der Philosophie des Absoluten und radikalem Empirismus begrifflich einzulösen ist. An dieser Stelle ist die eminente Bedeutung der Rede von der ‚Empfindung' in der Whiteheadschen Philosophie verankert. Empfindungen, so wird bei dem Schritt hinter die Aussagenstruktur von Subjekt und Prädikat offensichtlich, formieren ein subjektives Ziel (subjective aim), das sich als Perzeption, also aufgrund seiner Empfindungsstruktur, herausbildet. „Ein Empfinden kann nicht von dem wirklichen Einzelwesen abstrahiert werden, das es aufnimmt" (S. 405). Dabei verweisen ‚subjektive Ziele' auf die Zweckursache. Sie

---

[23] Ibid., S. 401 f.
[24] Ibid., S. 402.
[25] Vgl. dazu den eigenwilligen, einen eminenten Subjektivitäts- und Intersubjektivitätsbegriff mit einbeziehenden Ansatz von R. Hönigswald, *Die Grundlagen der Denkpsychologie. Studien und Analysen.* München 1921. Aufschlussreich sind auch die, noch unpublizierten, Hönigswald-Mitschriften und Exzerpte des Theologen R. Hermann, die ich Anfang der 90 er Jahre in Bonn und Berlin einsehen konnte.

konkretisieren Wirklichkeiten, „die jenseits dieses erfüllten Superjekts [...]"
(ibid., S. 174) - als des sich selbst entwerfenden Subjektes - liegen.
Bezeichnenderweise markiert Whitehead, problemgeschichtlich gesprochen,
an diesem Punkt einen Konnex, der schon einmal in der Historie, nämlich im
Pantheismusstreit mit Moses Mendelssohns Mitteilung der Bedeutung der All-
Formel des HEN KAI PAN für den späten Lessing eine Rolle gespielt hatte.[26]
Dies führte seinerzeit zu der Verschmelzung einer teleologischen Ausdeutung
des Weltbegriffs (seinerzeit am Leitfaden der dritten Kantischen Kritik zu
gewinnen) *und* der Allformel des HEN KAI PAN, die gleichgewichtig auch
eine Einheitsformel ist. Strittig blieb in den verschiedenen Positionen des
Pantheismusstreits bis tief in den frühen Idealismus hinein die Eintragung des
Einzeldinges, der Cartesischen ‚res vera' und des Einzelsubjekts in den
Allheitsgedanken. Auch bei Whitehead lässt sich von jedem „wirkliche(n)
Einzelwesen" sagen, dass es ‚causa sui' ist, also den Begriff der Substanz
erfüllt.[27] Dies ist eine zwingende Folgerung. Denn wenn „die Kreativität [...]
keine äußere Instanz mit ihren eigenen jenseitigen Zielen" (S. 406) ist, kann
angenommen werden, dass „alle wirklichen Einzelwesen [...] dieses Charakteristikum der Selbstverursachung mit Gott" teilen; woraus aller erst das
Charakteristikum des Universums resultiert, kreatives Fortschreiten ins Neue
zu sein.[28] Whitehead expliziert diese Problematik mittels eines teleologischen
Ansatzes, der - verwunderlich, wenn man die Verortung der Teleologie im Reflexionsurteil in Kants dritter Kritik vor Augen hat - für ihn Teil der Ersten
Philosophie ist. Er konturiert eine Teleologie der Urteilskraft, die nicht als
zwischen Einbildungskraft und Verstand spielendes Tertium, sondern als
begründender Modus der Theoriebildung fungiert.[29]
Dabei beschreibt er die zielhafte Selbstdeutung und Transzendierung in der
Setzung von ‚subjective aims' als ‚Superjekt', „das bereits als eine Bedingung
gegenwärtig [ist], die bestimmt, wie jedes Empfinden seinen eigenen Prozess
steuert".[30] Und er markiert von hier her seine ‚Kategorie der subjektiven
Einheit,' deren Spezifikum aus dem - mit Reiner Wiehl gesprochen - ‚Vorrang
der Kreativität vor der Rationalität' resultiert. Sie ist teleologisch in dem Sinn
begründet, als das *eine* Subjekt als das abschließende Ziel gelten muss, das
jedes an ihm „beteiligte Empfinden bedingt".[31] Auf diese Weise wird in einer
zweckhaften Orientierung die Synthesis von Empfindungen (feelings) fassbar -

---

[26] Vgl. H. Scholz (Hg.), *Die Hauptschriften zum Pantheismusstreit ziwchen Jacobi und
Mendelssohn.* Berlin 1916; ferner H. Timm, *Gott und die Freiheit. Studien zur
Religionsphilosophie der Goethezeit.* Frankfurt/Main 1974 Band 1. Ein zweiter Band ist nicht
erschienen.
[27] Whitehead, *Prozess und Realität*, a.a.O., S. 406.
[28] Ibid.
[29] Ibid.
[30] Ibid., S. 409.
[31] Ibid.

und dies in toto, nicht in einem Kontingenzen eo ipso ausschließenden kategorialen Zugriff auf das raum-zeitlich Gegebene im Sinn der theoretischen Philosophie Kants. „Auch wenn es in jeder unvollständigen Phase viele unsynthetisierte Empfindungen gibt, bleibt doch jede dieser Empfindungen durch die anderen bedingt. Der Prozess jedes Empfindens ist so beschaffen, dass „dieses Empfinden mit den anderen Empfindungen integrierbar ist".[32] Was von Whitehead als ‚Solidarität des Universums' umschrieben worden ist, soll in seinem Immanenzzusammenhang in dem Vernunftkriterium der Kohärenz erfassbar sein. Kohärenz bedeutet dann, dass jedes Glied mit jedem in dem Sinn zusammenhängt, dass jeder einzelne Teil, aus seinem ‚konkreten Gesamtzusammenhang durch Abstraktion herausgelöst, ohne Bedeutung wäre. An dieser Stelle hat Whiteheads Grundbegriff des Kontrastes seinen systematischen Ort, der anzeigen soll, dass ‚Relationen' lediglich Abstraktionen von Kontrasten sind. Kontraste werden als Arten der Synthese von Einzelwesen in einem Erfassen gedeutet.[33] Entscheidend ist, dass sich ein Kontrast nicht sinnvoll „von den im Kontrast stehenden Relata" trennen lässt.[34] Die Aristotelische Akzentuierung der Einzelsubstanz gegenüber dem Allgemeinbegriff (katholon) und die Lehre von Gattungs-Art-Spezifizierung wird von Whitehead auf das Problem der Kontrastierung zurückgeführt. „Der Kontrast zwischen Blau und Rot lässt sich als *dieser* Kontrast nicht zwischen irgendeinem anderen Farbenpaar, Klangpaar oder zwischen einer Farbe und einem Klang wiederholen".[35] Kontraste entstehen aus den einmaligen Interpretationen des Subjekt-Superjekts, die keine Kontinuität untereinander gewährleisten.

Jeder Kontrast hat aber kategorialen, bzw. eidetischen Charakter. Hier ist es aufschlussreich, dass nach Whitehead eine Rückführung ‚mehrfacher' auf ‚duale' Kontraste Schein und Abstraktion erzeugt. Zwar lasse sich ein mehrfacher Kontrast „nach den darin enthaltenen dualen Kontrasten analysieren. Aber ein mehrfacher Kontrast ist nicht bloß eine Ansammlung von dualen Kontrasten. Es ist *ein* Kontrast, der noch über die in ihm enthaltenen Kontraste hinaus besteht."[36] Dies sei, meint Whitehead, eine ‚Binsenwahrheit der Kunst'.

Hier könnte sich ein möglicher Gesprächszusammenhang mit der methodisch freilich diametral entgegengesetzt orientierten transzendentalen Phänomenologie des späten Husserl andeuten. Die Crux im Husserlschen

---

[32] Ibid.
[33] Ibid., S. 64.
[34] Ibid., S. 417 f.
[35] Ibid., S. 418.
[36] Ibid.

Ansatz besteht bekanntlich darin, die Selbstgegebenheit vor dem reinen Ich im Bewusstseinsstrom und seinen Digressionen festzuhalten. Die Gefährdung eines radiklaen Skeptizismus besteht dabei aber fort. Es könnte lediglich das ‚Dies-da' (Aristotelisch: ‚to de ti') der momentanen Gewissheit sein, das jeweils mit Gewissheit erschlossen wird. Die Apodiktizität reiner Selbstgebung betrifft gleichwohl auch die Modifizierungen des Bewusstseinsstromes. Husserl hat daher paradeigmatisch vorexerziert, dass in einer radikal subjektivitätstheoretischen Rückwendung des ontologischen Problems Kontingenz methodisch zu bearbeiten ist, ohne notwendigerweise überformt zu werden. Dies setzt freilich voraus, dass das transzendentale Ich nicht seinerseits auf den Bewusstseinsstrom bezogen wird.
So reichert sich die transzendentale Konstitution auch aus der Eigen- und Fremdleib-Erfahrung erst an.

Mit Whitehead könnte man auf einem der phänomenologischen Methodenvorzeichnung diametral entgegengesetzten Weg zu einem entgrenzten Subjektivitätsbegriff kommen; zumal er seinen Ansatz im Sinn des Grundsatzes von der negatorischen Kraft der Distinktionen fortschreibt. Das grundlegende begriffliche Empfinden erfährt „in den folgenden Konkretisierungsphasen eine Vereinfachung. Es geht von bedingten Alternativen aus und wird durch spätere Entscheidungen auf Kohärenz reduziert."[37] Da Whitehead die skizzierte Problematik exemplarisch am Begriff der ‚Verantwortung' erörtert, legt sich eine ethische Interpretation nahe: Nicht nur die Mittel werden im Sinn eines hypothetischen Imperativs auf diese Weise bestimmt; im Sinn der originären Kreativität steht auch die Wahl des eudaimonischen Zielbegriffs in Frage; kurz die sich in der Selbstdeutung dokumentierende Frage, als wen man sich verstehen will und wie von dort her das Leben zu entwerfen ist. Sie markiert den selbst-causierenden Anfangspunkt von Verantwortung und Wertebezug. Weiß man doch, durch die antike Ethik belehrt, dass die Gleichsetzung der eudaimonia mit einem spezifischen Gut die Transzendenz der, Platonisch, auf eine Aufhebung der Hypothesen zielenden unbedingten Zweckhaftigkeit des Guten durchbricht - und im Grund ‚hedonistisch', jedenfalls aber empirisch und daher heteronom bestimmt ist.[38]
Bemerkenswert ist in diesem Zusammenhang die Stärke des Whiteheadschen Philosophiebegriffs, der sich auf die Freilegung eines Ursinns von Erstheit im

---

[37] Ibid., S. 400.
[38] Vgl. die Klassifizierung der ‚praktischen materialen Bestimmungsgründe' in der KpV, in: AA V, S. 40. Wie es aufgrund von Kants Präferenz für Cicero und den Widerstreit zwischen stoischer und epikureischer Ethik nicht verwundern wird, geht Kant auf die spezifische Figurierung der Platonischen ‚Ethik' nicht ein, die von der ‚hypothesis des eidos' und seiner Rechenschaftsablegung gleichermaßen zu reflektieren wäre und durch Kants Tafel m.E. in keiner Weise getroffen ist.

Sinne der Kreativität gründet. „Eine Kette von Tatsachen ist wie ein Grenzriff. Auf der einen Seite herrscht Schiffbruch und auf der anderen warten Hafen und Sicherheit. Die Kategorien, welche die Bestimmung der Dinge beherrschen, sind die Gründe dafür, dass es Übel gibt, und auch die Gründe, aus denen beim Fortschreiten der Welt einzelne schlimme Tatsachen schließlich transzendiert werden".[39] Kategorien sind niemals nur *Beschreibungsbegriffe* von raum-zeitlich Gegebenem, sondern in gnoseologischer und ontologischer Bedeutung selbst Momente der kreatorischen Selbstbestimmung des kreatorischen Anfangsgrundes. Dass teleologische und Deus sive natura-Problematik derart enggeführt werden können, hängt methodisch mit Whiteheads bereits umrissener Option für das Empfinden (,sentiri') zusammen. Empfindung, im aller weitesten Sinn von Perzeption, wird als „das esse [der] Erfüllung" eines Einzelwesens gedeutet.[40]

Dabei trifft Whitehead eine subtile Unterscheidung, die Aufmerksamkeit verdient: jedes Einzelwesen (,actual entity') kann „sowohl ,objektiv' als auch ,formal' betrachtet werden".[41] Zielt die objektive Betrachtung auf seine Gestalt als Einzelding, so ist der konstituierende Prozess als ,transzendent' zu dieser zu fassen, das prozessual angezielte Telos transzendiert also die Einzelgestalt. Zugleich ist im Sinn einer Formbetrachtung die Form der ,actual entity' nur funktional sinnvoll, denn der Prozess ist deren Einzelsein immanent. Ergänzt wird dies durch eine pragmatische Betrachtung, in der beide Sichten gleichsam zur Überlagerung gebracht werden können, so dass das ,wirkliche Einzelwesen' in Bezug auf seine Konsequenzen erörtert wird. Diese offensichtlich erst im Zusammenhang der Theorie der Empfindung getroffene Klärung lese ich als kontrastierende Näherbestimmung des basalen, jede Konkretisierung betreffenden Grundsatzes,[42] wonach ein jedes Einzelwesen ,äußerlich frei', ,nach innen' aber determiniert ist. Die innen-außen Differenz ist in einem ersten Schritt in die doppelte Optik von objektiver und funktionaler Betrachtung zu verflüssigen, woraus sich eine Wechselbegrifflichkeit zwischen der Wirkverursachung und der inneren Morphologie gewinnen lässt. Beide schließen sich zur Resultante des Prozesses zusammen.

Es ist bei dieser Dimensionierung von Whiteheads Ansatz offenkundig, dass das ,Empfinden' nicht auf die Leibstruktur, und deren bereits von Schopenhauer scharfsinnig als unthematisierter Grund von Kants

---

[39] Whitehead, *Prozess und Realität*, a.a.O., S. 408.
[40] Ibid., S. 403.
[41] Ibid., S. 402.
[42] Vom deutschen Sprachgebrauch und der zugrundeliegenden Problemgeschichte her gesehen, erfordert der Whiteheadsche Begriff der feelings eine ausdrückliche Differenzierung zwischen ,Gefühl' und ,Empfindung'.

transzendentaler Ästhetik begriffene Apriorität eingeschränkt werden darf; auch die Leibstruktur ist freilich eine Manifestation des ‚Empfindens'.[43] Seiner Grundstruktur nach ist jedwedes Erfassen nach Whitehead „ein Übergang, der eine Konkretisierung bewirkt".[44] Aufschlussreich ist, ausschließlich von der Ebene der formalen Strukturbestimmtheit her gedacht, Whiteheads Nuancierung, dass besser gesagt werden könne, „dass die Empfindungen auf ihr Subjekt *zielen,* als zu sagen, dass sie *auf* ihr Subjekt *gerichtet sind.*"[45] Die lapidare Begründung besagt, dass die „Zweckursache [...] ein dem Empfinden inhärentes Element" sei[46] „das die Einheit dieses Empfindens begründet".[47] Mithin geht es in der Whiteheadschen Philosophie der Kreativität um den Prozess, „durch den ein Empfinden dazu übergeht, sich selbst zu konstituieren".[48]

Modaltheoretisch ist auffällig, dass Whitehead die Grunddifferenzen der metaphysischen Tradition auf die skizzierte Differenz hin zuspitzt. Reiner Wiehl hat dies treffend bemerkt und darauf hingewiesen, dass diese - letztlich aristotelische Grundunterscheidung - sowohl „ontologisch" als auch „ontisch", gnoseologisch als auch methodologisch fungiere.[49] Auch Notwendigkeit und Freiheit haben also innerhalb der Empfindung ihren jeweiligen systematischen Ort, was bedeutet, dass die Orientierung auf Empfindungen (‚feelings') eine Topologie vermeintlich antinomischer Begriffsdifferenzen ermöglichen kann. Von hier her dürften sie, wie in näherer Erörterung zu zeigen wäre, nicht nur mit dem Kantischen Antinomien-Kapitel in Verbindung zu bringen sein, sondern auch mit der Platonischen Forderung im 'Philebos', dass nicht die unvermittelte Entgegensetzung des Einen und unbegrenzt Vielen (apeiron), eine Kennzeichnung der sophistischen oder naturphilosophischen Position gleichermaßen, Merkmal dialektischer Kunst sei, sondern erst die präzise Ermittlung aller Einheit zwischen dem Einen und dem Unendlichen (vgl. Phil. 15a-16d).

---

[43] Vgl. dazu u.a. den Ausgang vom Spürenszusammenhang als dem elementaren Weltbegriff bei Hermann Schmitz, repräsentativ dazu M. Großheim und H.-J. Waschkies (Hgg.), *Rehabilitierung des Subjektiven.* FS. Für Hermann Schmitz. Bonn 1993, insbes. U. Pothast, *Lebendige Vernünftigkeit als philosophischer Gegenstand,* S. 3 ff. Siehe auch ders., *Philosophisches Buch. Schrift unter der aus der Entfernung leitenden Frage, was es heisst, auf menschliche Weise lebendig zu sein.* Frankfurt/Main 1988. Aus phänomenologischer Sicht wären hier maßgeblich die Arbeiten von M. Merleau-Ponty heranzuziehen, insbesondere *Das Sichtbare und das Unsichtbare,* hgg. von C. Lefort. München 1986, vgl. auch B. Waldenfels, *Phänomenologie des Leibes.* Frankfurt/Main 2001.
[44] Whitehead, *Prozess und Realität,* a.a.O., S. 404.
[45] Ibid., S. 406.
[46] Ibid.
[47] Ibid.
[48] Ibid., S. 414.
[49] R. Wiehl, *Whiteheads Kosmologie der Gefühle zwischen Ontologie und Anthropologie,* in: ders., *Zeitwelten. Philosophisches Denken an den Rändern von Natur und Geschichte.* Frankfurt/Main 1998, S. 96 ff., hier ibid., S. 108.

Es ist (wiederum aus der Kantischen Tradition) bemerkenswert, dass Whitehead keine Begriffsdeduktion durchführt, die der Komplexität des eigenen Kreativitätsbegriffs standhielte. Dies ist, wohlgemerkt, auch nicht sein Anspruch. Whithead verfährt am Anfang von 'Process und reality' axiomatisierend, wobei der Fortgang des Werkes die Axiomata erläutern und aller erst verständlich machen soll. Ein gänzlich gegenläufiger Weg ontologischer Kategorienbegründung zeigt sich bei Hegel, als der Versuch, die Momente des Begriffs aus seiner Selbstbewegung zu gewinnen. Möglicher Konvergenzpunkt zwischen Hegel und Whitehead wäre es, dass nicht explizit von der formierenden Leistung eines die Begriffsgenese Subjektes ausgegangen wird. Dieses ,sieht', im Sinn einer mehrdeutigen und höchst auslegungsbedürftigen Hegelschen Metapher, der Begriffsentwicklung nur zu; womit zumindest angezeigt ist, dass sich die begrifflichen Entitäten an sich selbst fortbestimmen. Wie in dieser Begriffsentwicklung Subjektivität ihrerseits vorausgesetzt und grundgelegt ist, bleibt aber problematisch.
Auf diesem Punkt ist auch zu insistieren, weil eben hier ein unbearbeitetes Residuum der Metaphysik der Kreativität zu fixieren wäre. Es kann zwar mit Wiehl festgehalten werden, dass „[...] das Abstraktum seinen Sinn und seine Bedeutung nur in Verbindung mit dem Konkreten" habe.[50] Dies müsste, aus einer Hegelschen Perspektive, jedoch auch im Ansatz der Begriffsbewegung erkennbar werden. Dabei ist in der Sache freilich mehr von der Kontrastierung zwischen Whitehead und Hegel als von einer Hegelianischen Kritik zu erwarten. Whiteheads evolutionäre Metaphysik erlaubt aufgrund der einmal aktuierten Betätigung reflexive Rückschlüsse auf die teleologische Zielsetzung des Ansatzes.

An diesem Punkt kann ein schon zitierter Kernsatz der Whiteheadschen „spekulative[n] Philosophie der Gefühle [feelings]"[51] noch einmal ins Spiel gebracht werden, wonach jede ,actual entity', also alles im Sinn der Ereignisphilosophie Seiende „äußerlich frei und innerlich determiniert" ist. Damit ist das Formverhältnis von Freiheit und Notwendigkeit, oder anders gesagt: dem geprägten Einzelding und seinem Entwurfscharakter im teleologisch offenen Horizont des Universums bestimmt. Dieter Henrich hat in einer Überlegung zu Welt und Einzelding, einem ,Prolegomenon zu einer Metaphysik des Endlichen', eine ähnliche Bestimmung anvisiert. Seine nicht kosmogonische Zugangsweise und der Verzicht darauf, die Grundstruktur von

---

[50] Vgl. dazu Wiehl, a.a.O., S. 108 f. Die von ihm benannten „[...] absoluten Differenzen zwischen Tatsachenwahrheiten und Vernunftwahrheiten, zwischen philosophischem Wissen und philosophischem Glauben" halte ich, wenn man sie an die dafür in Frage kommenden Referenzen aus der metaphysischen Tradition hält, für eine eindeutige Überzeichnung.
[51] Wiehl, *Whiteheads Kosmologie*, a.a.O., S. 99 f.

Kreativität mit in Rechnung zu stellen, hält seine Reflexionen allerdings in einem reduzierten Problemzusammenhang befangen. „Wir müssen Endliches als Einzelnes denken und Wesen als solche anzunehmen wissen".[52] Dies schließe die Kontingenz eines Denkens und Erfahrens ein, „in dem sich das Dunkel in der Verfassung der Welt von einem Ersten her versteht, das selbst auch Einzelnes ist [...]. Doch bleibt es ebenso zu denken möglich, dass sich uns die vielgestaltige Welt, unter Einschluss der Einzelnen in ihr, als die Verwirklichung eines absoluten Hervorganges erschließt. Aus ihm müsste dann Einzelheit begriffen werden, während ihm selbst mit keinem Gedanken von Einzelnheit, in welcher Verfassung immer, entsprochen werden könnte".[53]

(2) Um vor diesem Problemhintergrund Fluchtpunkt der Kreativitäts-Metaphysik namhaft zu machen, sei auf den impliziten Schluss- und Mittelstein und eine mit ihm zusammenhängende Erwägung über den analogischen Zusammenhang zwischen Kreativitäts-Ästhetik und Metaphysik bzw. Ontologie hingewiesen.

Zum einen: Das Universum muss nach Whitehead in seiner gegenläufigen Koordinierung auf Gott expliziert werden, womit in der Sache die Cusanische Grundformel der Koinzidenz eingeholt wird.[54] Das Universum müsse „so gedacht werden, dass es seine eigene Vielfalt von Gegensätzen selbst aktiv zum Ausdruck bringt".[55] Welt und Gott sind dabei in einer gegenläufigen Prozessualität zueinander gedacht. Während Gott „[...] die uranfängliche Einheit der Relevanz vieler potentieller Formen" ist, ist die Welt „uranfänglich vieles" als Komplexion aus „vielen wirklichen ‚Ereignissen in ihrer physischen Endlichkeit". Im Prozess, also in jeder einzelnen Ereignisrealisierung, und zuletzt in deren Totalität erreicht sie eine folgerichtige Einheit, die ein neues Ereignis ist und in die Vielheit des uranfänglichen Charakters aufgenommen wird.[56] In einer geradezu chymisch emphatischen Sprache begreift Whitehead das derart bestimmte Inmanent-sein Gottes in der Welt und der Welt in Gott als wechselbegriffliches Verhältnis. „Was in der Welt getan wird, verwandelt sich in eine Realität des Himmels, und die Realität des Himmels geht wieder über in die Welt. Aufgrund dieser Wechselbeziehung geht die Liebe der Welt

---

[52] Ibid., S. 96.

[53] D. Henrich, *Ding an sich. Ein Prolegomenon zur Metaphysik des Endlichen*, in: J. Rohls und G. Wenz (Hgg.), *Vernunft des Glaubens. Wissenschaftliche Theologie und kirchliche Lehre. FS zum 60. Geburtstag von Wolfhart Pannenberg*. Göttingen 1988, S. 42 ff., hier S. 92.

[54] Ibid., S. 92f.

[55] Allerdings gibt es im Cusanischen Denken sowohl systematisch als auch entwicklungsgeschichtlich bedingte Differenzen, die sich schon an der Unterscheidung zwischen ‚coincidentia oppositorum' und ‚coincidentia contrarium' ablesen lassen. Vgl. dazu K. Flasch, *Nikolaus von Kues*, a.a.O., S. 44 ff. und S. 318 ff.

[56] Whitehead, *Prozess und Realität*, a.a.O., S. 624.

in die Liebe des Himmels über und flutet wieder zurück in die Welt."[57] Kategorial ist dieser Zusammenhang als Verschmelzung von Einem und Vielem, von Bewegung und Statik zu beschreiben. Von Whitehead wird dies beispielhaft an dem Abendgebet der Emmaus-Jünger demonstriert, an einer der phänomenal erschließendsten Passagen von 'Process and reality'. Seine elementare Grundform gibt eine Bestimmung des ‚Immer-Währenden', das sich in der vergehenden Zeit als Grundton durchhält: ‚Herr bleibe bei uns, denn es will Abend werden und der Tag hat sich geneiget'. Dies beruht, wie es bei einem Ausgang von Schöpfertum wohl nicht anders sein kann, auf der transzendentalen Unhintergehbarkeit der Zeit, die - um noch einmal mit Schopenhauer, dem vielleicht radikalsten Denker von Zeit und Raum zu sprechen, ausschließlich Sukzession ist und nichts sonst. Whiteheads Explikation des ‚Universums', das im Einzelereignis einer ‚actual entity' in einer spezifischen Weise ‚konkretisiert' ist, kann in der Sache die von Leibniz ausbuchstabierte Bedeutung des Universums verdeutlichen: Universum meint etymologisch ein ‚in uno versari', es ist also eine Um- und Rückkehrbewegung von Vielheit auf Einheit.

Diese Überlegung macht ein ‚Faktum kreativer Vernunft' zum eigentlich Erstaunlichen, dem thaumastikon, mit dem die Philosophie beginnt, das der von Heidegger so benannten, von Leibniz und Schelling aufgeworfenen ‚Grundfrage der Metaphysik' noch voraus liegt und sie aller erst ermöglicht: Warum ist Seiendes und nicht vielmehr nichts. „Beide, Gott und die Welt, bilden füreinander das Instrument des Neuen".[58] Und: „Der Begriff ‚Gottes' ist die Weise, in der wir diese unglaubliche Tatsache verstehen - dass doch ist, was nicht sein kann".[59] Damit wird das logische Nicht-sein-können, also die traditionelle Auszeichnung des ‚nihil negativum', zu dem (ontologischen) Ausdruck des Staunens, dass etwas ist, überführt.

Beide Sätze sind aber von ihnen kontrastierenden Gegen-Sätzen flankiert, die den Akzent in eine Schwebe bringen. Gott und Welt seien, so heißt es zur ersten Stelle, „dem Zugriff der elementaren metaphysischen Grundlage ausgesetzt", nämlich dem Fortschreiten ins Neue.[60] Damit ist zugleich ein Urbegriff von Kontingenz gegeben. „Gegensätze sind Elemente in der Natur der Dinge".[61] Bei Whitehead führt dies letztlich, am Schlusspunkt des Gottes- und Weltkapitels zur Figur eines spezifischen Theodizee-Gedankens. „Die Schöpfung erreicht die Versöhnung von Beständigkeit und Fluss, wenn sie bei

---

[57] Ibid., S. 623.
[58] Ibid., S. 626.
[59] Ibid., S. 623.
[60] Ibid., S. 625. Siehe zu diesem Komplex auch Whitehead, *Essays in Science and Philosophy*. New York 1947.
[61] Ibid., S. 622.

ihrem letzten Ziel angelangt ist"[62]; dies gibt nämlich zu verstehen, dass „die Funktion ein Mittel zu sein [....] nicht losgelöst" von der anderen zu denken ist, „ein Zweck zu sein;"[63] was von Whitehead in einem verhaltenen Pathos umschrieben wird: Im Zeichen der Versöhnung zeige sich Gott als „Begleiter - der Leidensgefährte, der versteht".

Das zentrale neuzeitliche Problemfeld, das sich mit der Theodizee-Problematik verbindet, wird im tiefengrammatischen Subtext dieser Stelle durch eine antike pathematische Grundfrage der Philosophie ergänzt: die Frage nach der Unsterblichkeit. Im Platonischen 'Phaidon' wird am Ende besiegelnd festgehalten, dass nicht auszumachen sei, ob es sich mit der Unsterblichkeit in Wahrheit so verhalte, wie in der dialektischen Zwiesprache aufgewiesen wurde; aber jeder vernünftige Mann müsse zugeben, dass es sich zumindest ähnlich verhalte (vgl. Phaidon 107a ff.). Und der Sokrates des 'Phaidon' empfiehlt den Fortgang philosophischer Ergründung, mit einem Gedankenzug aus dem 'Philebos': jene zweitbeste Fahrt,[64] die darin besteht, sich selbst zu ergründen. Whitehead geht weiter, indem er eine paradigmatische Selbstergründung vor Augen führt, die verdeutlicht, dass die Kette sterblicher Ereignisse als Sein in Gott gerade Unsterblichkeit ausmacht. Wie selbstverständlich bezeichnet er, der sich darin als verschwiegener Kenner der antiken Überlieferung zu erkennen gibt, damit auch die Schnittstelle zum philosophischen Eros. Das Sein der Dinge in Gott teilt sich als Transformation jedes Dings selbst mit und geht aus „der Natur der Dinge" hervor. „Auf diese Weise ist die beharrliche Sehnsucht gerechtfertigt [...], dieser Drang nach Existenz möge aufgefrischt werden durch die allgegenwärtige, nicht nachlassende Bedeutung unserer unmittelbaren Handlungen, die vergehen und doch für immerdar leben werden".[65]

Zum anderen: Am Leitfaden einer Metaphysik der Kreativität wird ein analogischer Zusammenhang zwischen Kunst und Moralität, damit aber dem eidetischen Gipfelpunkt der Theoria erkennbar, welcher der gemeinhin bemühten Analogie entgegengesetzt ist. Auf diese Transparenz zwischen Ethik und Ästhetik wird man treffen, insofern erkannt wird, dass es nicht hinreicht, diese Konvergenz von der Gleichsetzung des sittlich Schönen mit der Erscheinung, einem ek-phanestaton gleichzusetzen. Diese, noch von Kant in der dritten Kritik herangezogen, stützt sich auf den Konnex des sinnfälligen

---

[62] Ibid., S. 625.
[63] Ibid., S. 622. Vgl. auch R. Berlinger, *Metaphysik der Weltgestaltung*, in: Perspektiven der Philosophie 12 (1986), a.a.O., S. 140 ff.
[64] ‚Deuteros plous' im Sinne von Phaidon 100; es ist jene Fahrt, die sich nicht auf den Wind, sondern auf Rudern stützen muss. Mit dem Wind vergleicht Platon eine unmittelbare Selbstmitteilung und Offenbarung der Natur, die aber nicht gegeben ist. Vgl. in Bezug auf den 'Phaidon' Christina Schefer, *Platon und Apollon. Vom Logos zurück zum Mythos*. St. Augustin 1996 und dieselbe, *Platons unsagbare Erfahrung. Ein anderer Zugang zu Platon*. Basel 2001.
[65] Whitehead, ibid., S. 624.

Schönen und der Erscheinung des Schönen im praktischen Urteil, wobei Kant ein komplexes Symbolisierungsverhältnis anvisiert, nämlich eine Darstellung (exhibitio) der gemeinsamen Reflexionsregel. Das Symbol wird von Kant strikt dem ‚Charakter' als der bloßen „Bezeichnung der Begriffe durch begleitende sinnliche Zeichen" (A 255) entgegengesetzt. „Nun sage ich: das Schöne ist das Symbol des Sittlich-Guten; und auch nur in dieser Rücksicht [...] gefällt es mit einem Anspruche auf jedes andern Beistimmung" (ibid., S. 258). Schiller wird stark vereinfachend und unter Verzicht auf die Kantische Reflexionsform das Schöne als ‚sittliche Wahrheit in der Erscheinung' auszeichnen: eine Bestimmung, die sich deutlich erkennbar in der Spur des Platonischen 'Symposion' hält. Platon hatte in der Diotima-Rede und ihrer Instrumentierung den Aufstieg (anhodos) zum Weg der Weisheit vom schön-guten Einheitsbegriff in der Idea tou agathou abhängig gemacht. Von einer Kreativitäts-Metaphysik her ist indes nicht die Erscheinung des Schönen Ausgangspunkt der Analogie, sondern sein Neuheitscharakter, der, um in der Kantischen Begriffssprache zu bleiben, das freie, nicht begriffsbestimmende sondern auslegende Spiel der Erkenntnisvermögen in Bewegung setzen kann. Es ist jene Kategorie der Neuheit, die sich aus subtilsten Kontrastierungen und Nuancierungen ergibt, die keineswegs zuerst die ‚curiositas' anspricht, sondern die Bestimmung des Menschen durch eine leichte Verrückung der Perspektive in Gang setzen kann. Deshalb übt das Schöne in Kunst und Natur einen Sog aus, der dazu nötigt, bei ihm zu verweilen. Wird von dem Anfangspunkt des Zweitschöpfertums, der Formung von Geformtem, eine Protoästhetik angelegt, so ist sie in Parallele zur Selbst-Aktivität des Gewissens als Fußpunkt der Ethik zu denken.

Ich kann den systematischen Problemzusammenhang an dieser Stelle nur andeuten: er läuft aber darauf hinaus, dass die beiden großen Versuche in der neuzeitlichen Philosophie eine Metaphysik der Sitten zu beschreiben, die Kantische und jene in der phänomenologischen Wertephilosophie Max Schelers an dem Punkt koinzidieren, dass sie beide das Gewissen als ihr Organon voraussetzen. Das Faktum der Vernunft als unmittelbar praktisch werdende Triebfeder kann nur im Gewissen erkannt werden. Werte indes müssen in der Selbstverständigung als eigene Werte angeeignet werden, wobei ihre Evidenz an einem Punkt des Verstehens aufgehen muss, über den es selbst keinen Zweifel geben kann.[66] (vgl. H. Rombachs bis heute nicht eingeholte frühe Untersuchung 'Über Ursprung und Wesen der Frage'. Freiburg, München [2]1988). Kurt Port der in bemerkenswerter Weise Schelers Wertephilosophie weiterführte, hat diesen Punkt umschrieben, ohne ihn systematisch ausfigurieren zu können. Im Wert konvergieren Port zufolge ein

---

[66] Whitehead, *Prozess und Realität*, a.a.O., S. 627.

intuitiver Zug subjektiver Geltungsevidenz durch Gefühle und Erfahrungen und das Phänomen einer ‚Wert-Autarkie', in dessen Sinn Werten selbst der Zug inhärent sein soll, Handlungen zu motivieren.[67] Die ethische Formel „Ens et bonum convertuntur"[68] könnte - einzig - in dieser Weise auf Werte übertragen werden, deren abkünftiger, Größen messender Charakter vielfach zu Recht hervorgehoben wird und die demnach schwer geeignet scheinen, eine autonome Ethik einzuführen. Historisch evident zeigt sich dies erstmals in der Rolle der ‚Axia' in der stoischen Ethik.

Es ist die Evidenz von Erfahrungen im Gewissen, die diesen historischen Eindruck korrigiert, und die über Schelers intuitionistischen Aufweis der Absolut-Geltung von Werten auf ein Begründungsziel führt, wie er es im Sinn gehabt haben mag. Bei Whitehead heißt es dazu nur lapidar im Folgesatz zu der Überlegung, dass Mittel-sein nicht getrennt von Zweckhaftigkeit sei: „Der Sinn für jenseits liegende Werte wird unmittelbar als ein überwältigendes Element der Selbsterschaffung erlebt".[69]

Das Gewissensphänomen hat mit der kreatorischen Auszeichnung des Zweitschöpfertums dies gemeinsam, dass es, mit Heidegger gesprochen, als eine Stimme, die zugleich aus uns und über uns kommt, oder in einer enger an Whitehead anschließenden Begrifflichkeit, als eine Subjektivität, die sich erst aus den auf sie zielenden Formen von Erfahrung konstituiert, zu erfahren ist. Dies bleibt die systematische Pointierung von Heideggers Gewissens-Analytik, wohingegen der Vorraum des ‚Gewissenhaben-wollens' arbiträr scheinen könnte.[70] „‚Es' ruft, wider Erwarten und gar wider Willen. Andererseits kommt der Ruf zweifellos nicht von einem anderen, der mit mir in der Welt ist. Der Ruf kommt *aus* mir und doch *über* mich" (Heidegger, Sein und Zeit E.A., S. 275). Das Gewissen begreift Heidegger im selben Artikulationszusammenhang als ‚Ruf der Sorge', die im Sinn von Heideggers Rekurs auf Hygins cura-Fabel (SuZ, S. 197 f.) die anfängliche Grundnatur menschlichen Da-seins ausmacht. Dies gäbe ihrer begleitenden Rolle erst den sachlichen Rechtsgrund.

Dass das Gewissen ‚begleitet', wird in der griechischen und lateinischen Begriffsbedeutung (syn-eidesis; con-scientia) gleichermaßen deutlich.[71]

---

[67] Vgl. dazu die Rückerinnerung an Kurt Port von Christoph Horn, *Die deutsche Wertphilosophie– Eine zu Unrecht vergessene Tradition?,* in: Perspektiven der Philosophie 26 (2000), S. 61 ff.

[68] Vgl. dazu auch Chr. Horn a.a.O., S. 71 ff. Vgl. im Blick auf Max Schelers, der Methode nach vor allem intuitionistisch verfahrende Rehabilitierung des taxis-Begriffs R. Spaemann, *Daseinsrelativität der Werte,* in: ders., *Grenzen. Zur ethischen Dimension des Handelns.* Stuttgart 2001, S. 145 ff.

[69] Whitehead, *Prozess und Realität,* a.a.O., S. 624.

[70] Siehe dazu Heidegger, *Sein und Zeit,* §§ 59 f., E.A., S. 289 ff., die Figur des ‚Gewissen-haben-wollens'.

[71] Erich Heintel (1912-2001) hat in einer Reihe noch unpublizierter Arbeiten diesen Zusammenhang im einzelnen freigelegt. Vgl. meine Überlegungen: *Erich Heintel zu Ehren. Aus*

Gewissen ist gleichsam der Rückverweis auf die eigene Anfangsnatur, eine Situierung, die Heideggers Rede von der trans-moralischen Schuldigkeit, die im Gewissensruf avisiert werde, plastisch werden lässt. Sich als Gegebener *selbst* ein Gesetz geben zu können, aus einem höchst komplexen und vielsträngigen Konglomerat zu sein und sich darin als autonomer Selbstgesetzgeber zu betätigen, führte kreativitätsmetaphysisch Kunst und Ethik in einer noch wenig entfalteten Weise zusammen. Die Betonung liegt dabei nicht zuerst auf dem phänomenalen Sich-Zeigen der Kunst, sondern den komponierten Pausen und dem Verschweigen, das traditionell mit der aus der Natur geschöpften Kategorie des Erhabenen verbunden wurde. Whiteheads Begriff vom ,symbolischen Bezug' nimmt diesen Faden in der Sache auf: „Daher ist die Symbolisierung, einschließlich der symbolischen Transferenz, durch die sie bewirkt wird, nur ein Beispiel für die Tatsache, dass eine Einheit der Erfahrung aus dem Zusammenfluss vieler Komponenten entsteht. Diese Einheit der Erfahrung ist komplex und daher analysierbar. Die Komponenten der Erfahrung sind nicht eine strukturlose Ansammlung, die unterschiedslos zusammengebracht werden. Jede Komponente steht aufgrund ihrer eigenen Natur in einem bestimmten potentiellen Beziehungsschema zu den anderen Komponenten. Es ist die Transformation dieser potentiellen Einheit in eine reale Einheit, wodurch jene aktuale konkrete Tatsache, die ein Akt der Erfahrung ist, konstituiert wird."[72] In diese Beschreibung der Konstituierung des ,in uno versari' geht die Phrasierung durch Kontingenz, „Hemmungen, Intensivierungen oder Ablenkungen von Aufmerksamkeit, emotionale Ergebnisse, Ziele und andere Erfahrungselemente" ein, die, wie Whitehead betont, „ebenfalls wirkliche Komponenten des Erfahrungsakts" sind, die keineswegs von vorne herein determiniert sind. Eine solche Symbolisierungstheorie kann Whitehead zufolge die „Wunder [an] Sensitivität für eine entfernte Umgebung und eine problematische Zukunft" erklären,[73] wie sie sich vielfach in der Geschichte der Menschheit zeigen. Whitehead hat, so wenig er dem Gewissensbegriff selbst eine systematische Formulierung gab, die Aufmerksamkeit als das innere Gebet des Herzens, um mit Malebranche zu sprechen, in der Kategorie des Kontrasts als methodisches Instrument erkannt.[74] Damit wird überdies dem Sachkern eines anti-hermeneutischen Affektes Rechnung getragen, den Karl

---

Anlass von zwei neuen Bänden seiner gesammelten Abhandlungen, in: H.S., *Spekulation und Subjektivität. Studien zur Philosophie des deutschen Idealismus*. Hamburg 2003, S. 350 ff.

[72] Whitehead, *Strukturelle Symbolisierung*, hgg. von R. Lachmann. Frankfurt/Main 2000, S. 144.

[73] Ibid., S. 145.

[74] N. Goodman, *Weisen der Welterzeugung*, übers. von M. Looser. Frankfurt/Main 2000, S. 13 ff. Siehe auch die anregenden Überlegungen des passionierten Kunstsammlers Goodman, *Sprachen der Kunst. Entwurf einer Symboltheorie*. Frankfurt/Main 1995.

Popper in einigen seiner späten Gespräche und Interviews gegen die Deutung von Kunst als Ausdrucksphänomen hegte. Das Faszinosum für die Tatsache, dass etwas geschaffen sei, fokussiert das Interesse an der Kunst.

Ein drittes ist im Blick auf den weiteren Bezugszusammenhang einer Metaphysik des werdenden Seins festzuhalten: wenn diese auf die Genesis des Neuen und zugleich auf die Einprägung von Ordnungsstrukturen transparent ist, enthebt sie sich der Gefahr eines Naturalismus. Dieser bliebe an der ,Unschuld des Werdens' (mit einem Wort Nietzsches) oder dem ,von sich her – Sein' der zeithaften Dinge orientiert, an jenem Widerspiel von Genesis und phtora in der Ursprungsdimension der griechischen ,physis', von dem es nach Platon kein Wissen geben kann. Die Genesis kann letztlich wiederum in zweifacher Weise verstanden werden, indem reduktiv auf einen Uranfang zurückgegangen wird, oder indem das kosmogonische Gesetz des seienden Universums in seinem jeweiligen Konstitutionszusammenhang freigelegt wird. Letzteres ist offensichtlich der Erkenntnistypus, dem Whitehead folgt, ersteres jener des mittleren Schelling der ,Freiheits'-Abhandlung, der nach dem Hervorgang der Existenz aus deren Grund fragt und damit kosmogonisch einen Erstanfang freilegen will. Walter Falk, von dessen Rückgang auf die Erstheit weiter oben die Rede war, folgte eher dem Schellingschen Methodenweg. Dies bringt es mit sich, dass ein Ort des Hervorgangs von Gestalt und Ungestalt, also des Bösen, innerhalb der Sukzession der Weltgenesis anzuzeigen ist. Letztlich geschah dies auch im späteren Überlieferungszusammenhang der Platonischen Akademie in der Differenz zwischen den Erstprinzipien des Einen und der unbestimmten Zweiheit.

Von Whitehead her wird der Schellingsche Begründungstypus als eine Abstraktion, im Sinn einer Abbildung des immer-seins auf dem Zeitstrahl defizient erscheinen. Die Kreativitätsmetaphysik kann tendenziell an jeder ,actual entity' ansetzen. Schelling scheint dies bemerkt zu haben, als er in seinen ,Weltalter'-Fragmenten den Umriss von Grundstrukturen einer vorseienden Geschichte angab und die Nachholung von deren Genealogie der späteren positiven Philosophie der Offenbarung überließ.[75] Allerdings haftet dem Whiteheadschen Erklärungstypus das andere Defizit an, das schon benannt worden ist: dass er die Selbstentwicklung des Begriffs nicht auf einen Ursprungspunkt zurückführt, sondern die Axiomatik festschreibt und nach und nach zu plausibilisieren versucht.

An diesem systematischen Punkt ist auf das Problem aufmerksam zu machen, das sich vor dem Hintergrund der beiden bezeichneten Typen metaphysischer

---

[75] Zu deren prekärem Verhältnis gegenüber der – negativen – Begriffsarbeit vgl. meine Überlegungen zur Schellingschen Philosophie der Offenbarung, die bislang vor allem in dem Sammelband H.S., *Subjektivität und Spekulation. Studien zur Philosophie des deutschen Idealismus*. Hamburg 2003 erschienen sind.

Anfangsbezogenheit an einem „Dunkel [...] noch ganz anderer Art" zeigt und das, wie Dieter Henrich gezeigt hat, der Einzelheit in eminentem Sinn anhaftet.[76] Einzelheit als endliche anzuerkennen und im werdenden Zusammenhang des Universums zu denken, dieser Grundzug einer kreatorischen Metaphysik der Endlichkeit, hat in jedem Fall, von welcher Warte aus auch immer, das Böse mitzuthematisieren. Denn, noch einmal mit Henrichs Abgrenzung gegenüber einer buddhistischen Weltlehre, „das Dunkel in der Verfassung der Welt" hat sich „von einem Ersten her [zu verstehen], das selbst auch Einzelnes ist".[77] Würde im ersten Erkenntnistypus das Böse als eine in der Sukzession dem Zweitschöpfertum schon vorgängige Gegen-Bildlichkeit fixiert, so im zweiten als jene Hemmung durch die Endlichkeit, die in das ‚in uno versari' dauerhaft nicht einzubeziehen sind und an denen, mit dem Schlusspunkt von 'Process and reality' die Kreativitätsmetaphysik der Stimme der Versöhnung bedarf, des Übergangs von dem Gericht in der Natur der Dinge[78] auf die Welt-Begleitung Gottes. Oder in Whiteheads eindrücklicher Formulierung: „Genau auf diese Weise wird die Unmittelbarkeit von Sorge und Schmerz in ein Moment des Triumphes transformiert. Das ist die Vorstellung der Wiedergutmachung durch Leiden, die man überall in der Welt antrifft. Es ist die Verallgemeinerung ihres geringsten Belegs, nämlich des ästhetischen Werts von Missklängen in der Kunst".[79] Whitehead scheint in der Konfiguration jeweiliger morphologisch gegliederter subjektiver Einheiten (patterns), nicht freilich im Prozess als ganzem, einen Zustand prästabilierter Harmonie anzunehmen, ein bestmögliches Balancement von Hemmungen und Integrationen, so dass sich das Problem des unintegrierbaren Bösen, des Stachels und Schmerzes, der nach Schelling der Impetus der Philosophie ist, nicht mehr stellt. In der Sache wird eine Metaphysik der Kreativität um die Gegenachse der erfahrenen Zerstörung kreisen müssen, einer Destruktion, die zu keiner Gestaltgenesis führt und sich der Einbeziehung

---

[76] D. Henrich, *Ding an sich*, in: FS. Pannenberg, a.a.O., S. 92.

[77] Ibid.

[78] Whitehead, *Prozess und Realität*, a.a.O., S. 626.

[79] Ibid., S. 624. Reiner Wiehl, einer der wichtigsten Mentoren der Whitehead-Forschung in Deutschland, gab, wie mir von Jean Strepp berichtet wurde, gegenüber seinem Lehrer Hans-Georg Gadamer, als wesentlichen Grund für sein Interesse an Whitehead an, dass mit Whitehead Zerstörung, also auch der radikale Abbruch einer Tradition wie jener der deutsch-jüdischen Symbiose, zu denken sei. Dies sei in den Denkformen und Grundtexten der klassischen deutschen Philosophie nicht in vergleichbarem Ausmaß der Fall. Dies ist ein gewichtiges Argument gegen meinen Einwand einer fehlenden Gebrochenheit, der in systematische Reflexion einzuholen wäre.

in Formverhältnisse von Grund auf widersetzt.[80] Die damit berührte Leerstelle hat wohl damit zu tun, dass nach Whitehead der Konkretisierungsprozess mikrologisch als eine teleologische Selbstfindung von Einzelwesen zu begreifen ist, makrologisch aber ist jede ,actual entity' als Konkretisierung des Universums, die in nur dieser faktischen Weise geschehen kann, zu verstehen. Alles, was der Fall ist, ist eine faktische Konkretisierung dessen, wie das Universum geschehen kann. Damit ist die etwa in der Philosophie Girodano Brunos bekannte Differenz, wonach Gott alles ist, was er sein kann und die Welt, was sie sein kann, wieder aufgenommen.

Dass Konkreszenz ein radikales Differenzverhältnis zwischen Begriffsvernunft und Faktizität impliziert, ein Grundgedanke Hegels, der das Aufbrechen nicht-integrierbarer Differenzen denkbar macht, wird von Whitehead m.E. nicht wirklich in Erwägung gezogen.

III

Walter Falk sprach treffend vom Zweitschöpfertum des Menschen, einem Ingenium, das sich als Con-creativität oder Zweitschöpfertum manifestiert. Dass er die Inspiration, zum Widerspruch unkundiger Fachkollegen, als Kategorie dichterischer Sprach-Kunst wieder entdeckte, beruht auf diesem Verständnis eines unhintergehbaren Schöpfer-Seins. Er ist, wenn auch stets als bedingter, der Entwurf seiner selbst. Dieses Grundverhältnis begegnete offensichtlich in Whiteheads Unterscheidung zwischen der Anfangs- und der Folgenatur Gottes, ein poietisch-ästhetisches Verhältnis, das in der Platonischen Philosophie unter dem Problemtitel des Paradeigma verhandelt wird. Im wörtlichen Sinn genommen meint ,pará-deigma' „das daneben Gezeigte", also neben der reinen Form von Einheit und der formlosen unbegrenzten Figurierung des Vielen, das im faktischen, auf die Phänomene bezogenen Lebens begegnet. Daher ist das Paradigma unterschieden sowohl vom Urbild als vom Nachbild, der reinen gotthaften Idee des Einen und seinem Abglanz. Es ist Vorentwurf, der in Hinblick auf Sein *und* Erkennen auf das Urbild zurück verweist. Nach Platon ist es die ,dynamis des Eidos', die in das Urbild eingeht und das Werk eigentlich erst sein lässt. Von subjektiver Vorstellung ist das Paradigma unterschieden. Es hat nicht doxastischen Charakter, sondern ist das in der Sache Gemeinte. Auf diesen Klärungen, die sich im Platonischen Frühdialog abzeichnen, im X. Buch der 'Politeia' die Unterscheidung zwischen dem eigentlichen Urbildner (dem Phyturgen, also dem die Physis bildenden Schöpfer) und dem Demiurgen, der nach dem

---

[80] Damit ist keinesfalls behauptet, dass Whitehead die Dunkelheit des schlechterdings nicht Integrierbaren nicht beachtet hätte. Wiehl hat gerade jene Züge bei Whitehead besonders hervorgehoben.

Paradigma arbeitet, anzuleiten, beruht der Gedanke der ‚imitatio naturae', der Vorzeichnung des durch techné zu Schaffenden in der Physis. Noch Hegels Rede von der ‚Mimesis des Absoluten' ist auf diesen Zusammenhang transparent. Nicht zu übersehen ist, dass der kosmogonische Dialog 'Timaios' die Welt selbst als ein Paradeigma begreift, das nach einem erstanfänglichen Eidos gebildet ist. Der Demiurg, der die Ordnung der Natur herstellt, ist nicht Erstschöpfer, seine Gedanken bei der Schöpfung nachzudenken, hieße, die Spuren der Dynamis der Erstschöpfung zu lesen, was sich Platons kosmo-nomes Lehrgedicht versagt,[81] und mit dem ungleich geringeren Anspruch auftritt, einen ‚eikos mythos' oder ‚eikos logos', also selbst eine Bild-Rede zu entfalten.

Dieser parádigmatische Zusammenhang deutet sich jüdisch christlich in der Gestalt des Engels zu einer über-seienden Person aus. Rilke hat in seinen 'Duineser Elegien' in einer im Grundsinn des Wortes hermetischen Weise, das heißt in die Evidenz des sich zeigenden Phänomens, die mitunter verdunkelt scheinen kann, hineinleuchtenden eindringenden Sprechgestus dichterisch davon gehandelt.[82]

In der zweiten Elegie nennt er die Engel: „frühe Geglückte, ihr Verwöhnten der Schöpfung,/

Höhenzüge, morgenrötliche Grate/aller Erschaffung, Pollen der blühenden Gottheit,/Gelenke des Lichtes, Gänge, Treppen Throne,/Räume aus Wesen, Schilde aus Wonne, Tumulte/" die zugleich ‚Spiegel' für das endliche Leben sein könnten: „die die entströmte eigene Schönheit/wiederschöpfen zurück in das eigene Antlitz".

Rilke weiß allerdings, in einer Reminiszenz an das Tobias-Buch, dass das Person-sein des Engels prekär ist. Er destruiert die schöne Gestalt, das Schöne zeigt sich durch ihn als ‚des Schrecklichen Anfang'. „Jeder Engel ist schrecklich", dies variieren die erste und die zweite Elegie gleichermaßen und im zweiten Gedicht des Zyklus sind die Engel gleichsam Musen in modo inverso - sie geben nicht den Gesang, sie zwingen zu verstummen: „Und dennoch, weh mir,/ ansing ich euch, fast tödliche Vögel der Seele".

Rilke hat an der Gestalt des Engels einen zweifachen Grundzug ans Licht gebracht, der offensichtlich auch für die Figurierung des Engels auf dem Höhenweg der Moderne, in Paul Klees im äußersten zurückgenommenen Engelsbildern im Todesjahr, in Barlachs chthonischen Engeln, in Walter Benjamins Figur des ‚angelus novus' maßgeblich ist. Engel sind und stiften

---

[81]Näheres dazu werde ich demnächst in einer kleineren monographischen Arbeit über den Platonischen 'Timaios' mitteilen.

[82] Vgl. J.-R. von Salis, *Rilkes Schweizer Jahre*. Frankfurt/Main 1975Vgl. dazu das im Erscheinen begriffene Buch von M. Riedel, *Pathos des Hörens*, wo dieser Zug insbesondere am Gebetsgestus von Rilke-Gedichten freigelegt wird.

Ordnungen (1. Elegie), sie führen mithin hinter das zufällige Spiel der Gestalten zurück. Dass das Schöne ‚des Schrecklichen Anfang' ist, meint, wenn man diese Zeile als Schritt in einem reduktiven Meditations-zusammenhang begreift,[83] dass alle Heiterkeit des Schönen auf einer nicht-phänomenalen Ordnung beruhe, dem ‚stärkeren Dasein' der Engel oder dem ‚reinen Bezug', wie Rilke sagt. Zum anderen lässt Rilke die Engel als ‚Potentialitäten', als reines Können erscheinen, ein Zug, der ihnen in der alttestamentlichen Prädikation der ‚Mächte und Gewalten' zukommt; und in der christlichen Legende variiert und domestiziert wird. „Engel!: Es wäre ein Platz, den wir nicht wissen, und dorten/Auf unsätlichem Teppich, zeigten die Liebenden, die's hier bis zum Können nie bringen, ihre kühnen hohen Figuren des Herzschwungs,/ihre Türme aus Lust, ihre längst, wo Boden nie war, nur an einander lehnenden Leitern, bebend, und könntens, vor den Zuschauern rings, unzähligen lautlosen Toten" (so das Ende von Rilkes Fünfter Elegie).

Durch sie wird in den Möglichkeitsmodus überführt, was unter dem Irrealis der Geschichte zu stehen scheint. Sie verweisen also auf die ihrerseits voraussetzungslose Potenz des ‚Könnens', das selbst herangezogen werden müsste, um die transzendentalen Bedingungen seiner Möglichkeit erklären zu können: In diesem Sinn hat Nicolaus Cusanus in seinem späten Lehrdialog über das ‚Poss-Est', das ‚Können-Ist', den Begriffssinn des Könnens erläutert. Engel sind der Figur des Daimonischen, als eines Zwischenwesens zwischen Gott und Mensch, einer Geburt aus Reichtum (Poros) und Armut (Penía), als das im Platonischen 'Symposion' der Eros figuriert wird (Symp. 206) entgegengesetzt. Im Zentrum ist aber das kreatorische Vermögen des Könnens exponiert. Nach Nicolaus Cusanus ist das Können (POSSE) die Bedingung der Möglichkeit aller transzendentalen Fragen. Damit aber erreicht die Folge von Regressen einen letzten Punkt; den Ursprungspunkt, den die Platonische Dialektik als ‚anhypotheton' bezeichnet hätte. Denn die Möglichkeit ist selbst kein Vorgriff auf Vollkommenheit. Deshalb gab er, wie weiter oben zu zeigen war, seine eigene frühe Gewalt brauchende Terminologie auf, die von dem POSS-EST sprach; beruht jedes ‚esse' auf dem ‚posse', so ist das posse seinerseits nicht in einem spezifizierten Esse zu fundieren. Dieses reine Können scheint Rilke als Grundierung seines Rückgangs hinter die Synthesis von Seiendem durch das Subjekt vorgeschwebt zu haben, als er in eminentem Sinn vom ‚Ding' sprach, in dem der ‚reine Bezug' aller erst grundgelegt ist.

Als Anzeige der Richtungsstruktur von Geschichte begreift selbst Walter Benjamin den Angelus novus, den er nicht selbst gefunden, sondern Klees Spätskizze, die später im Besitz von Gershom Scholem war, nachgedacht hat. Von hier her verweist die Engelsfigur auf ein zweifaches Dunkel: die Sprach- und Deutungslosigkeit vergangener Gottheiten, wie sie die Griechen in den

---

[83] Dazu grundlegend H. Rombach, *Strukturontologie. Eine Phänomenologie der Freiheit*. Freiburg Br., München ²1988 (E.A.1971).

Titanen erinnerten und die selber keine Sprache haben, um mit den Sterblichen in Rede und Gegenrede zu treten. Engel sind Hermeten und bedürfen vorbereitend der Hermeneutik, die sich an der Anzeige der Phänomenalitätsstruktur aber selbst überflüssig machen muss.[84] Im Blick auf die olympischen Götter findet diese Entzogenheit kein Pendant, denn sie können in Kult und Standbild dargestellt werden.[85] Das andere Dunkel wird im gefallenen Engel sinnbildhaft, einem Motiv, das bei Rilke nur mit äußerster Zurückhaltung aufscheint, Spiegelung einer Angelogie in der Diabolik. Walter Falk hat in literar- und geistesgeschichtlichen Arbeiten darauf verwiesen, dass die Strukturmuster, die im Engel versinnbildlicht werden, im 20. Jahrhundert aus der Realität des Bösen, nicht als einer Privatio nur, sondern als Eigenmacht hervorgegangen ist (Kafkas Entwurf: 'Ich mache Pläne' bleibt dafür ein literarischer locus classicus).

Falk hat zeitlebens energisch auf den hiatus zwischen christlicher und paganer Weltwahrnehmung hingewiesen. Philosophisch wäre sie an der Präsenz von Versöhnung, oder mit Hegel: Verzeihung innerhalb der Genesis von Seiendem namhaft zu machen.

In beiden Hinsichten verweist das Engelsinnbild auf zwei Grundformen von Kontingenz, Entzogenheit der Sprach- und Verständigungsbilder und das radikal Böse als über Kant hinausgehende Verkehrung der kreatorischen Formprinzipien. Destruktion ist darüber hinaus als ein Akt mit Eigenrecht zu verstehen, dessen Phänomenstruktur als ‚Umkehrung des Guten' nicht hinreichend erkannt wäre.

An diesem Punkt hätte eine Verständigung einzusetzen, die klären müsste, inwieweit das Böse anders in das kreatorische, in uno versari' eingehen kann denn im Hegelschen Bild vom ‚Anderen der Vernunft'; womit von der kreativitäts-metaphysischen Protoästhetik auf die Anfangsfrage von der Ordnung in der Geschichte zurückverwiesen wäre.

Der Strukturzusammenhang von Form und Können deutet hinter die Zweiteilung der metaphysischen Leitfrage nach dem Dass und dem Was, die Schulunterscheidung von essentia und existentia zurück, in der sich beispielsweise Heideggers Auseinandersetzung mit der metaphysischen Tradition gehalten hatte. Sie führt in einer Absolvenz-Bewegung, wie sie Schelling vorzeichnete,[86] in das ‚Wie der Dinge', dessen Bereich sich am Grund der metaphysischen Grundfrage zeigt: ‚Warum ist Seiendes und nicht

---

[84] Dazu H. Rombach, *Welt und Gegenwelt. Umdenken über die Wirklichkeit: Die philosophische Hermetik*. Basel 1983.
[85] Vgl. dazu das magistrale Werk E. Simon, *Die Götter der Griechen*. München 1985 und: K. Heinrich, *Vom Bündnis denken. Religionsphilosophie*. Frankfurt/Main 2000.
[86] Vgl. auch F.W.J.Schelling, *Initia Philosophiae. Erlanger Vorlesung WS 1820/21*, hgg. und kommentiert von H. Fuhrmans. Bonn 1969, S. 63 ff.

vielmehr nichts'. Husserl näherte sich diesem Wie unter der transzendentalen Epoché als dem Wie des Gegebenseins: das Wie jeweiliger konkreter Genesis bei Whitehead eröffnet darüber hinaus das Spektrum rationaler Metaphysik der Endlichkeit, die zugleich eine Proästhetik der Konkretion ist. Ein ‚Stück philosophischer Ethik' wird angesichts des kreationslogischen Problems daraus, dass, nach einer Fragesentenz von Rilke, das Wie-sein nach uns fragt, wenn wir nicht wissen wer wir sind. Subjektiviät ist Einholung ihres eigenen Telos. Heinrich Rombach hat von hier her die Potentialität des Humanen akzentuiert. Humanität, so hält er fest, verweist auf die Grundgestalt des ‚menschlichen Menschen'. Sie ist daher „das höchste und einzige Gebot. Aber Humanität enthält kein Programm, keinen Katalog von Ideen, sondern ist die konkret vernehmbare Stimme des lebendigen Alls in uns. Nenne man dieses mit welchem Wort auch immer".[87]

Zum Schluss: In seinen Notizen 'Über Gewissheit' hat Wittgenstein notiert: „Die Sätze, zu denen man, wie gebannt, wieder und wieder zurückgelangt, möchte ich aus der philosophischen Sprache ausmerzen".[88] Wie man weiß, sind es gerade Wittgenstein-Sätze, die diese bannende Faszination bis heute ausüben. Whiteheads Misstrauen gegen die unmittelbare Erschließungskraft von Sprache, das Theorem, dass Propositionen kategorial-ontologische Untergliederungen von Ereignissen sind, die sich in sprachlicher Proposition nur ‚dokumentieren', nicht aber in ihr erschöpfen, sensibilisiert dafür, dass Metaphysik und sprachliche Behexung keineswegs eins sind. Eine derart ernüchterte Metaphysik, die nicht in die Falle läuft, es bedürfte eines ‚schwachen Denkens' um die Konkretion phänomenaler Einzelheit erfassen zu können, könnte für eine gesteigerte Aufmerksamkeit auf die Dimension des Ursprungs, die Entstehung von Neuem unerlässlich sein, so wie die Cusanische Koinzidenzlehre auf schwierigsten Erwägungen beruhend, sich letztlich zu einem bloßen ‚Sehen' des Grundes des Seienden in Allem schließt. Dieses ‚anhypotheton' diese eine einzige Substanz (hypostasis)[89] begriff der Cusaner bekanntlich in seiner letzten Schrift ‚De apice theoriae' als Können. Anhypotheton ist das Können darin, dass der Rückgriff auf seine Ermöglichungsbedingung seinerseits wieder ein Könnens-Verhältnis zur Voraussetzung machen muss. Goethe antwortet dem Cusaner in der Sache mit

---

[87]H. Rombach, *Drachenkampf. Der philosophische Hintergrund der blutigen Bürgerkriege und die brennenden Zeitfragen.* Freiburg/Br. 1996, S. 149. Vgl. auch ders., *Der Ursprung. Philosophie der Konkreativität von Mensch und Natur.* Freiburg/Br. 1994.
[88] L. Wittgenstein, *Über Gewissheit.* Hgg. von G.E.M. Anscombe und G.H. von Wright. Frankfurt/Main [8]1992, S. 17.
[89] Der Cusaner vermeidet es im fraglichen Zusammenhang in ‚De apice theoriae' peinlich, von Substanz zu sprechen. Vgl. Flasch, *Nikolaus von Kues*, a.a.O., S. 625 ff.

seinen beiden ‚ungeheuren Sätzen':[90] ‚Gegen Gott niemand als Gott selbst' und: ‚Nur der Mensch vermag das Unmögliche', ein Satz, der nicht das falsche Pathos aus der ‚alter Deus'-Metapher herauszieht, sondern die Spannung zwischen morphopoietischer Weltnatur und erfahrener Endlichkeit.[91]

In Grundzügen beruht der vorliegende Beitrag auf der Nachschrift von Überlegungen, die ich bereits Ende der achtziger Jahre vor Künstlern und Schriftstellern gehalten habe. Die Hinweise auf Whitehead, die dem Gedankengang seinen Ort und seine systematische Kontur geben, sind später hinzugefügt worden. Der Titel einer Proto-ästhetik meint zweierlei: einmal den Vorhof ästhetischer Überlegungen, die ich andernorts in summa vorlegen möchte, andrerseits aber deren unabdingbare Vorbedingung. Wie hier nahegelegt werden soll, ist eine Protoästhetik meines Erachtens nicht aus anthropologischen Prämissen allein anzulegen, obwohl Dieter Henrich in seiner Arbeit über Kunst und Leben einen solchen Versuch mit denkbar subtilen Mitteln vorgelegt hat. Bei aller Vorläufigkeit versuche ich in diesen Überlegungen also, Vorzeichnungen einer ‚Prote Philosophia' der Kunst (als Metaphysik der Kreativität) und ihres Verhältnisses zum Ganzen eines Weltbegriffs zu skizzieren: jener Brücke zwischen Moral und Physik, die nach Kants Opus postumum zu finden ist, wenn das ‚ganze der Philosophie' in Frage steht und in der System und Geschichte miteinander koinzidieren.

---

[90] Vgl. dazu Hans Blumenberg, *Arbeit am Mythos*. Frankfurt/Main 1980.H. Blumenberg, *Lesarten des ‚ungeheuren Spruchs'*, in: ders., *Arbeit am Mythos*. Frankfurt/Main ⁵1990, S. 567 ff.

[91] H. Blumenberg, *Lesarten des ‚ungeheuren Spruchs'*, in: ders., *Arbeit am Mythos*. Frankfurt/Main ⁵1990, S. 567 ff.

REGISTER

PERSONEN[1]

---

[1] Kursivierungen verweisen auf FN-Texte, allerdings wurden Namen nur aufgenommen, wenn ihnen eine gewisse Aussagekraft zukommt. Auf Nennungen von Herausgebern oder auf Namen in Buchtiteln wurde deshalb im Regelfall verzichtet.

SACHEN[1]

---

[1] Das Verzeichnis begrenzt sich auf die prägnantesten Verwendungen der jeweiligen Begriffe.

Zum Verfasser:

Geboren 1967 in Nürnberg, aufgewachsen in Nürnberg und Oberbayern. Studium der Philosophie, Geschichte, Literaturwissenschaft, Soziologie und Evangelischen Theologie. 1997 Promotion (Erlangen), 2003 Habilitation (Halle-Wittenberg) in Philosophie. Wissenschaftliche Lehr- und Forschungstätigkeit unter anderem an den Universitäten Erlangen-Nürnberg, München, Halle-Wittenberg sowie während der neunziger Jahre an der Stiftung Wissenschaft und Politik in Ebenhausen/Isartal. Zahlreiche Gastdozenturen und -professuren; ausgedehnte Vortrags- und Vorlesungstätigkeit im In- und Ausland. Derzeit Privatdozent der Martin Luther-Universität Halle-Wittenberg und Ständiger Gastprofessor an der Adam Mickiewicz-Universität Posen /Polen.

Jüngste Buchveröffentlichungen u.a.: Spekulation und Subjektivität. Studien zur Philosophie des deutschen Idealismus. Verlag Dr. Kovac 2003; Polis und Nomos. Untersuchungen zu Platons Rechtslehre. Duncker und Humblot 2004; Grundzüge der Religionsphilosophie Warschau, Freiburg 2005; Nicolaus Cusanus-interkulturell gelesen. Bautzverlag Nordheim 2005.

Zahlreiche Herausgeberschaften und Kongressorganisationen; Aufsatz- und Abhandlungspublikationen u.a. zu Fragen der Ästhetik, Religionsphilosophie, Ethik, Rechts- und Sozialphilosophie, Ontologie, Metaphysik; Forschungen u.a. zu Platon, Aristoteles, Meister Eckhart, Cusanus, Kant dem deutschen Idealismus, der Philosophie der Moderne seit Nietzsche. Ständige interdisziplinäre Forschungsarbeit mit Historikern, Psychoanalytikern und Theologen.

Aus unserem Verlagsprogramm:

BOETHIANA – Forschungsergebnisse zur Philosophie

Harald Seubert
Spekulation und Subjektivität
Studien zur Philosophie des deutschen Idealismus
Hamburg 2003 / 426 Seiten / ISBN 3-8300-0708-6

Alexander Wörner
Karl Poppers ‚The Open Universe' und der Indeterminismus
Eine Kritik
Hamburg 2003 / 196 Seiten / ISBN 3-8300-1004-4

Reinhard Zecher (Hrsg.)
Unterwegs mit und in der Philosophie
Festschrift für Karl Anton Sprengard
Hamburg 2003 / 282 Seiten / ISBN 3-8300-1065-6

André Kraus
Kierkegaard und Lessing
*Sören Aabye Kierkegaards Rekurs auf Gotthold Ephraim Lessing
in den „Philosophischen Brocken" und der „Abschließenden
unwissenschaftlichen Nachschrift zu den Philosophischen Brocken"*
Hamburg 2003 / 422 Seiten / ISBN 3-8300-1129-6

Guido Ghia
J. G. Fichte und die Theologie
*Elemente und Figuren einer theologischen Interpretations- und
Wirkungsgeschichte von Fichtes Philosophie*
Hamburg 2005 / 492 Seiten / ISBN 3-8300-1741-3

Gang Xian
Schellings Idee der Weltalterphilosophie und seine Lehre von der Zeit
Hamburg 2005 / 262 Seiten / ISBN 3-8300-2006-6

VERLAG DR. KOVAČ

FACHVERLAG FÜR WISSENSCHAFTLICHE LITERATUR

Postfach 57 01 42 · 22770 Hamburg · www.verlagdrkovac.de · info@verlagdrkovac.de

Einfach
Wohlfahrtsmarken
helfen!